惊魂的谜团

一部关于超自然现象、离奇事件、历史谜题的探秘之书

惊魂的谜团

姜波——主编

江西美术出版社
全国百佳出版单位

图书在版编目（C I P）数据

惊魂的谜团 / 姜波主编 . -- 南昌 : 江西美术出版
社 , 2018.5
ISBN 978-7-5480-5991-2

Ⅰ . ①惊… Ⅱ . ①姜… Ⅲ . ①科学知识 – 普及读物
Ⅳ . ① Z228

中国版本图书馆 CIP 数据核字 (2018) 第 026192 号

出 品 人：周建森
责任编辑：陈军 廖静
责任印制：谭勋

惊魂的谜团 姜波 主编

出 版：江西美术出版社
社 址：南昌市子安路 66 号 邮编：330025
电 话：0791-86566274
发 行：010-88893001
印 刷：北京海石通印刷有限公司
版 次：2018 年 5 月第 1 版
印 次：2018 年 5 月第 1 次印刷
开 本：850mm × 1180mm 1/32
印 张：22
ISBN：978-7-5480-5991-2
定 价：39.80 元

前言

这是一个被恐怖笼罩的诡秘世界，在这里许多事情像谜一样演绎着，一不留神令人揪心的恐惧就会扑面而来，它一直深入你的灵魂，给你的脑海留下永久的烙印。这些惊魂的事件超乎科学的解释，超乎人类的逻辑思维和想象，震撼着你恐惧的心灵，让你不寒而栗，毛骨悚然。

美国作家洛夫克拉夫特曾说："人类最古老而强烈的情绪，便是恐惧，最古老而强烈的恐惧便是未知。"

面对一个个震撼心灵的悬疑，一个个无法索解的谜团，一幕幕魅影重重的历史往事，一页页有关生命的惊人话题，我们惊悚，我们敬畏，我们疑惑，我们惊叹。到底是什么东西以超自然的力量，神不知鬼不觉地操控着我们的生活，那些匪夷所思的谜团背后又隐藏着怎样的玄机？大自然赋予我们神奇的头脑，使我们不得不密切关注和发出疑问。

在人类科学尚不发达时，人们囿于知识的局限，对这些现象只能靠主观猜测与揣摩；当人类的科学知识水平获得空前大发展以后，很多过去遗留的难题，都做出了合理的解释，然而尽管有些事情已经得到科学上的印证和解释，但这并不影响它的非同寻常所带给人们的心理冲击和心灵震撼。

地球上总有一些异常现象发生，有很多神秘地带，犹如一条条死亡飘带，处处都沾染着生命的鲜血，在其统治下的区域，人类神秘死亡事件层出不穷，这些地方究竟隐藏着什么？无人知晓。

道听途说也好，现场目击也罢，有一些野人、雪人、蜥蜴人、卵生人在现实中活动着。还有各种各样的奇人，他们有"千里眼""第六感"，甚至还能"自燃"，是特异功能？还是神明附体？众说纷纭，莫衷一是。

生活中也经常发生一些灾难悲剧的巧合，让人感到扑朔迷离，就像一双无形的巨手在操纵着这一切。牵涉生死，却又带有更多神秘色彩的巧合事件，使我们看不到巧合的前因后果，尤其在双胞胎之间常常存在着种种神话般的不可思议的巧合，让人迷惑难解。

世界各地到处都隐藏着各式各样的宝藏，探险家们都试图把这些宝藏收入自己囊中，但却赔上了自己的性命，这些宝藏为什么如此难以接近?

…………

当你读完这些惊魂的谜团时,你会突然惊愕地发现，原来你对这个世界并不了解。这个世界有太多的神秘无法揣测，有太多的神奇无法解释。它们不断露出朦胧的脸庞，向人类的智慧和耐力发出挑战。这些谜团就像一篇篇尚无结局的传世之作，等待着我们用大胆的设想和精益求精的态度去续写更多的精彩。

本书几乎涵盖了当今世界各个领域的最恐怖、最玄妙的各种谜团，生活中无奇不有的怪异现象，带着你在悬疑丛生的叙述中品味神奇的大千世界，随着情节变化而荡气回肠。我们在这里并不是想给大家一个答案，连科学家都无法定案的事情，我们也不能盲目地下定论，只是把这些事情展现给读者，科学家们的观点也是见仁见智、各不相同，有的听起来甚至有点“离经叛道”，但这当中不乏智慧的闪光，我们可以自己去参透、去领悟。

同时，本书还精选了100多幅与文字相契合的图片，它们或渲染恐怖气氛，或阐释故事情节，为事件本身笼罩了一层朦胧、神秘的氤氲，为本书增加了悬疑和恐怖色彩，我们试图为读者全方位地展现出一幕幕神秘诡异而又充满想象力的情景，给读者最具震撼力的视觉冲击，引领读者进入精彩玄妙、匪夷所思的神秘世界，同时带来毛发倒竖、脊背发凉却又欲罢不能的阅读快感。

难得生活在这样的神秘世界，那就准备好感官，阴森恐怖的气氛、悬念重重的故事就藏匿在本书中，从本书出发，去发现、去探索那未知中的未知吧。

目录

第一篇　奇妙的生命谜团

第二篇　惊悚的异世界谜团

第三篇　玄秘的外星生命谜团

第四篇　神奇的古文明谜团

第五篇　可怕的政治谜团

第六篇　骇人的军事谜团

第七篇　惊险的考古谜团

第八篇　奇谲的文化艺术谜团

第九篇　惊魂的自然谜团

第十篇　致命的灾难谜团

第十一篇　离奇的巧合谜团

第一篇

奇妙的生命谜团

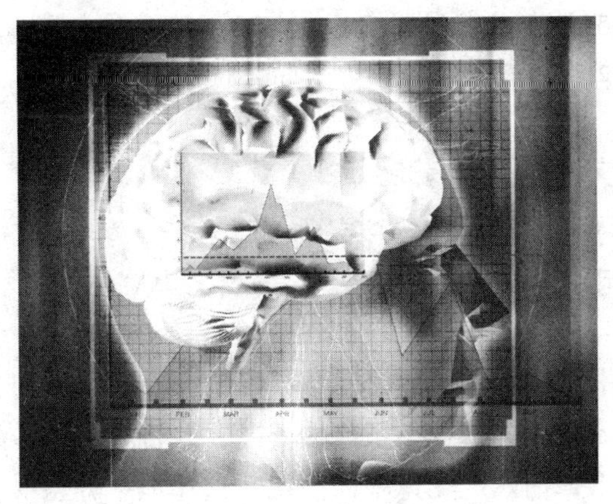

第一章 人体灵异

为什么有的人很正常，有的人却不正常？到底是正常的人不正常，还是不正常的人正常？

人体“第六感”产生之谜

一般人都拥有五感，然而有的人却拥有“第六感”，能感觉到你所感觉不到的世界。

获得多项大奖与提名的经典影片《灵异“第六感”》，讲述了这样一个故事：8岁男孩柯尔拥有灵异的“第六感”，可以见到常人见不到的鬼魂，并向他提出了许多问题，并带给他许多超自然的能力。长久以来，柯尔饱受鬼魂的困扰，这让他十分恐惧。杰出的儿童家庭心理学者麦尔康医生决定帮助他。柯尔并不容易接近，但麦尔康还是慢慢赢得了他的信任，得知了柯尔的秘密。麦尔康在证实了事情的真相后，帮助柯尔接受了这个事实，并学会在“第六感”的召唤下，帮助别人走出生活的阴影。可就在问题即将得到解决的时候，麦尔康却在柯尔的引导下发现了一个更令人震惊的秘密，原来自己早已经死了……

古希腊科学家、哲学家亚里士多德很久以前就认为，人有五种感觉：视觉、听觉、嗅觉、味觉和触觉。现实生活中的人究竟有没有“第六感”呢？加拿大心理学家新发现的“心智直观”机制或许能为这一谜团提供一些线索。

加拿大心理学家罗纳德·任辛科试图通过实验来验证“第六感”的存在。在实验中，实验对象被要求观看在计算机屏幕上闪现的一系列图像，每个图像在屏幕上停留大约1/4秒，接着被短暂的空白灰屏所取代。40名实验对象被分成两组，其中“实验组”观看到的图像之间存在细微的差别，而“控制组”前后看到的图像则是完全相同的。结果显示，“实验组”中的12人在504次测试中，有82次报告说在他们能确认图像发生的是什么变化之前，他们已感觉到图像发生了变化。而在“控制组”中，同样的被测人员也确信没有发生什么变化。这说明人们对两种实验的反应确实是不同的。

任辛科分析说，我们的视觉系统能产生一种强烈的不明感觉，它能察觉到某物已经发生了的变化，即使我们的智力难以对该变化进行形象化处理，并且不能说出发生了什么变化，或哪里发生了变化。因此，他认为这可能是一种新发现的、有意识的视觉模式。他把这种现象命名为“心智直观”。尽管目前他还无法从物理学上解释“心智直观”是如何产生的，但是他认为可以使用脑扫描技术来验证它是否存在。任辛科的发现，似乎并无太大的意义，因为按统计分析的一般规律，此结果没有普遍性，不足以成为一个科学的结论。更有专家认为，对心理学研究来说，“第六感”有点像UFO、外星人一样，没有直接的证据表明它确实存在。

尽管如此，2006年12月13日的英国《泰晤士报》的一篇报道似乎又为“第六感”的存在提供了证据。

一名因中风导致处理视觉信号的脑部区域受损而完全失明的男子，虽然看不到物体的运动、形状、颜色或光亮，也分辨不出动物的面孔是否有攻击性，却能“看到”人类面部愤怒、快乐或恐惧的表情，并对其做出反应。

英国威尔斯大学的研究人员向他展示了200幅人类各种表情的照片，他辨认的成功率近60%。科学家对其脑部进行的核磁共振扫描结果显示，这名男子在面对有表情的人类面孔时，脑部的右情绪中枢就会活跃起来，而且面对恐惧表情时反应最大。研究报告称，右情绪中枢区域远离脑部的视觉中心，通常会对非言语表达的情绪和面部表情等视觉信号做出反应。而他并没有接收到视觉信号，因此可以表明，该区域可能负责处理“第六感”收集的面部表情信息。

无论认为“第六感”是无稽之谈，还是对其深信不疑，科学始终没有给出明确的答案。而相信“第六感”的人，认为不同的人会有程度不同的感知性，并列出了“第六感”的10种表现:

1.曾经做过的梦境在现实中果然发生了。

2.到一个从未去过的新地方，却发现非常熟悉那里的景物。

3.在别人尚未开口时，已知道他将说什么。

4.常有正确的预感。

5.身体有时会有莫名其妙的感觉，如蚁爬感、短暂的刺痛感。

6.能预知电话铃响。

7.预见会碰到某人，果然如此。

8.在灾祸到来之前有不适的生理反应，如窒息感、乏力等。

9.常做色彩缤纷的梦。

10.会不时听见无法解释的声音。

如果一个人真的具备了灵异的“第六感”，对他个人而言，不知是可怕，还是可喜?

人体“第三只眼”之谜

人类真的存在“第三只眼”吗？它到底具有什么功能呢?

关于“第三只眼”的说法由来已久，我们从中外神话中可以看到许多神仙都有“第三只眼”。在《西游记》中,二郎神杨戬的额头上有“第三只眼”,这“第三只眼”具有特异超凡的功能,能够识破妖魔鬼怪的变化；在印度的神话传说中,印度教“三神”中的“破坏神”湿婆也有三只眼,其中两只眼与凡人无异,而“第三只眼”却长在额头中间。印度教祖师认为，“第三只眼”是人体“未卜先知”的器官，印度人习惯在双眉之间画上灵轮，认为这样便可获得与宇宙直接交流的通道。古希腊哲学家也认为，“第三只眼”位于大脑的中心部位，为宇宙能量进入人体的闸门。那么，人真的有“第三只眼”吗?

在公元200年时,古希腊的解剖学家盖伦在已经绝灭的古代爬行动物的头盖骨上发现了一个小洞,他对此百思不得其解。许多生物学家研究后推测,这个小洞是远古时代爬行动物“第三只眼”的眼眶。在远古时代,当这些巨大的动物从水中刚露出水面时,可能就是用头顶上那只眼来观看周围及岸上环境的。也就是说,水生动物是为了适应进化的需要而长出了“第三只眼”。现在还活着的爬行动物喙头蜥,就有极发达的“第三只眼”。爬行动物的“第三只眼”对光波和磁场都非常敏感，还能感知超声波和次声波，因此它们对地震和火山爆发等自然灾害非常敏感。

据此,生物学家认为人类在很早以前,与鱼类、两栖动物、飞禽以及哺乳动物在生理结构上是一样的,也有“第三只眼”，而这只眼退化痕迹残留在大脑半球下。

那么，“第三只眼”对于人类来说有什么作用呢？佛教寺庙的壁画佛像和雕塑的前额上都有“第三只眼”。传说认为，这只眼睛具备遥视等超自然能力。很多人，特别是佛教徒，通过日积月累的修炼，也可以获得这种奇异的能力。在极少数情况下，现代人也会保留这一功能。如一位美国的教师的头后生有“第三只眼”，平时她用头发将其覆盖住，据称“第三只眼”非常有用。

松果腺体分泌过多会使唤起细胞工作的其他激素减少,人会显得无精打采,昏昏欲睡。

经研究发现，“第三只

眼”出现在人类胚胎发育两个月的时候，但它刚一出现，马上就开始退化，最后成为小脑前豌豆大的松果体，就是所谓“退化的眼睛”。另外，科学还证实松果体具有眼睛的一切结构和分辨光与颜色的蛋白质。

俄罗斯圣彼得堡的生物学家发现，松果体的组成细胞类似视网膜的色素细胞，能分泌血清素和褪黑激素。褪黑激素在夜晚分泌，具有镇静作用；血清素通常在白天分泌，能激发肌体的活性。所以有的科学家认为，人类的大脑将宇宙中的能量汇集起来，松果体能从宇宙获得超凡的想象力，而“先知”眼前出现的画面，正是松果体作用的结果。

当然，松果体是不是“第三只眼”，它是否具有特殊功能目前尚无定论。相信随着科学的发展，“第三只眼”之谜会最终被揭开。

人体天线之谜

牙齿通常和舌头一起相互合作，担任嚼碎食物的工作，可是你听过一些人的牙齿能收听广播吗？

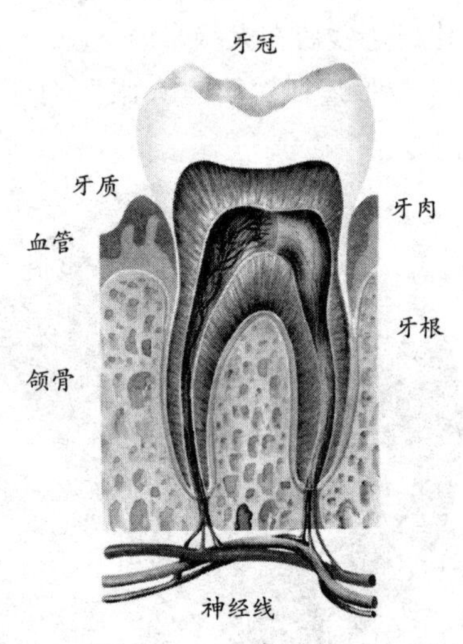

一些人的牙齿真的能收听广播吗？或者，清晰的广播声音只是嘴里的化学反应？

芝加哥的一名男子说，他小时候掉了一颗牙齿，大约在1960年，牙医用金属丝将一个套子拴在他的牙床上。从那以后，他开始明显地听到脑袋里有音乐声，尤其是在户外的时候。他说音乐轻柔而清晰，但他分辨不出是哪个电台。一两年之后，新牙医解下了金属丝套子，音乐也停止了。另一个美国人在1947年也曾有过类似的经历，当时她乘火车从家乡克利夫兰去罗得岛上学。她说自己的头部接收到了某个广播电台，并持续了大概10分钟，她记得听到的是商业节目，还有一个广播员的声音。她曾有几个牙齿里面填充过银，但她记不清楚是不是在这件事之前填充的。

最有名的例子发生在喜剧女演员露西·鲍尔身上。她说在1942年，自己临时用铅填充了几颗牙齿，过了几天，她晚上在加利福尼亚开车的时候忽然听到了音乐。她写道："我弯下腰去关收音机，但它本来就关着。音乐声越来越大，我才发现声音是从嘴里发出来的。我甚至听出了是哪首曲子。我的牙齿嗡嗡作响，被鼓点敲击着，我以为自己昏头了。我想，这是见什么鬼啦？然后声音开始平息。"第2天，她在摄影棚里满腹狐疑地把这件事讲给演员巴斯特·基顿听，基顿笑着告诉她说，那是因为她牙齿里的填充物收到了广播，他有个朋友也遇到过这种事。当然，这个故事可能被好莱坞夸大了，但是在20世纪30年代和40年代，当美国各地安装了功能强大的AM发报机之后，的确有许多当地居民说从栅栏的铁丝、浴缸和牙齿填充物上发出了音乐。这完全是民间传说，还是具有科学依据的事实呢？

一些科学家说，只要有合适的条件，人的嘴完全可以像收音机电路一样工作。收音机电路最基本的构成只需要3部分：天线，用来接收广播电磁信号；检波器，一种把无线电波转换成人耳可以听到的声音信号的电子元件；转送器，即任何能实现喇叭功能的东西。他们说，在极少数情况下，人的嘴能够达到这种构造。人体具有导电性，可以充当天线。牙齿里的金属填充物和唾液反应，能像半导体一样检验波音频信号。转送器可以是嘴里任何能振动并产生声音的东西，例如松动的填充物。

其他人不认同这种想法，说听起来像无线电波的东西，其实只是一种化学反应，由嘴里的填充物和唾液中酸的奇特作用引起。当然，这只是理想化的情况。

不管怎样，虽然通过牙齿听到音乐的报道偶然还会出现，但此类事件的多发时期已经过去40多年了。这是否与收音机的过时或与牙齿填充物类型的变化有关呢？我们也许永远都不会知道。

人体衰老之谜

自古及今，很多人都在寻找长生不老之药，但是，所有的尝试都成了黄粱一梦。

人们总希望能够推迟衰老，延年益寿。但尽管人们一再努力，人类的平均寿命也只是由2000多年前的45岁提高到了74岁。迄今为止人类寿命最高者是英国人弗姆·卡恩，活了200岁。科学家指出，人类的自然寿命应该是100～150岁。目前人类的实际寿命显然与此相差甚远。为什么人的寿命有长有短？人类为什么会衰老呢？

多少年来，科学家们对于人体衰老的原因进行了不懈的探究，目前的研究成果主要有以下几点：

1.对“daf—2”基因进行干预。线虫是一种长约1毫米、全身透明、生命周期短、容易培养的生物，发育生物学家非常喜欢以线虫为模式进行研究。美国加州大学旧金山分校的塞西亚·肯约教授及其同事在不造成明显生理副作用的情况下，成功地使线虫的寿命延长了两倍。而延长寿命的关键是在线虫某个适当的生命周期中调控一个名为“daf—2”的基因。“daf—2”基因在线虫成长的不同阶段扮演着不同的角色。在线虫发育阶段，“daf—2”基因控制其生育能力；进入成年期后“daf—2”基因转变为控制寿命的衰老基因。在果蝇和老鼠中，科学家们也发现了“daf—2”基因。因此，科学家认为，人类也可能存在“daf—2”基因。如果用类似的方法对人体中的“daf—2”基因进行干预，可以安全地延长人类的寿命。

2.突破细胞分裂的极限，从而推迟衰老。美国科学家研究发现，人体细胞从胚胎开始分裂，连续分裂50代便全部衰老死亡，人的生命也就此了结，而癌细胞分裂了上千次，仍然生机勃勃。这是因为正常细胞与细胞之间连接紧密，基本上不与外界进行信息交换，而癌细胞则不受什么约束，它与病毒或其他物质之间发生遗传信息交换，从而使癌细胞生生不息。有位科学家将哺乳动物的神经细胞核移植到去掉核的金鱼卵中，发现神经细胞核经过100次分裂也没有衰老的征兆。这如果在人身上得以实现，推迟衰老便可成为现实。

3.细胞老化是由于细胞中产生了导致老化的物质。美国洛克菲勒大学的细胞生物学家尤金尼亚从人体结缔组织细胞中分离出一种特殊的蛋白质，这种蛋白质只是在老化的、停止分裂的细胞中才有，而在年轻的细胞中不存在。她认为，这种蛋白质就是细胞老化的产物，也许正是这些老化的物质最终“杀”死了细胞。如能找到清除老化物质的方法，人类将能大大推迟衰老的进程。

4.从植物中提取出一种能消除动物体内自由基因的物质。人类由于受到各种射线的照射、服用化学药剂,以及食物中含铁量过多等因素，体内会积累有害的自由基因。这种自由基因是导致人体衰老的罪魁祸首。美国刘易斯维尔大学的生物学家从植物中提取出一种能消除动物体内自由基因的物质，用它去喂蚊子，使1200只蚊子的平均寿命从29天延长到了45天。据此，将来只要能把这种物质注射到人的体内，即能消除体内的自由基因，从而延长生命。

5.人体老化的关键步骤发生在大脑之中。前苏联科学院动物进化形态和生态研究所通过对小白鼠进行试验，证实了大脑对身体的生理过程产生直接影响的理论，移植的神经细胞得到恢复，即可加速细胞的生长。以上实验说明，免疫系统的功能是直接依靠于大脑的。据推测，人有可能学会有目的地支配自己的健康甚至加强意志。为此，该研究所指出：如果从遗传角度说人可活到200多岁的话，只要对人脑做一次不太复杂的手术，这个年龄极限还可以往后最少推迟100年，即可活到300多岁。

6.日本的医学研究小组发现了决定生物寿命的蛋白质。该小组培育出了长命系(寿命52天)和短命系(最长寿命35天)两个系列的纯系果蝇，找出它们的差别。结果发现，有一种长寿蛋白质在长命系的果蝇中大量存在，而在短命系果蝇中极少。这种蛋白质的分子量为

76600。试验表明，如果将少量的蛋白质掺入果蝇的食料中让其进食，短命系的果蝇寿命能延长到41天，而长命系的则延长至61天。而且，即使死亡前喂食这种蛋白质，也能达到延长寿命的效果。同时，该小组还研制出一种对抗长寿蛋白质的抗体。结果确认，老鼠和人的胎儿中，早期也有与抗体起反应的蛋白质。将来如果能弄清这种蛋白质的机制，研究长生不老药的梦想将会变成现实。

这些研究从不同侧面为人们在新的世纪里全面揭示衰老之谜奠定了很好的基础，但短期内青春依然难以唤回。

双胞胎有“心灵感应”之谜

人们都知道双胞胎相貌相似，但他们的心是否也有灵犀，是否真的有“心灵感应”？

美国有一对孪生兄弟，生于俄亥俄州，出生后不久就分别被人收养。40多年后，两人团聚时，惊奇地发现两人的生活有着惊人的相似：他俩都叫詹姆斯，都受过执法训练，都喜爱机械制图和木工，而且他们各娶过一个名字叫琳达的妻子，各有一个儿子，并且两个儿子的名字都叫詹姆斯·阿伦。他俩又都离婚，而以后又都娶了个名叫贝蒂的女人。此外，两家宠物狗的名字都叫“玩具”。

这种神奇的相似，经常会发生在双胞胎之间。这是为什么，怎么那么巧，这是不是就是传说中的“心灵感应”呢？双胞胎之间到底有没有“心灵感应”存在呢？

美国明尼苏达大学的研究人员，对9对分别在不同环境下抚养大的同卵孪生双胞胎进行了6天的医学测验、心理测验和多次访问。让他们回答有关兴趣、爱好以及判断力等15000个问题，测验结果是令人惊奇的：47岁的奥斯卡和杰克是一对出生在特立尼达岛的双胞胎兄弟。父亲是犹太人，母亲是德国人。出生不久，奥斯卡由母亲带到德国抚养，并且成为一个天主教徒。杰克则由父亲按照犹太人的风俗抚养，住在加勒比海一带。这两兄弟的工作、生活和家庭状况都完全不同，可是当他们阔别40年后第一次见面时，却带着相同的眼镜，穿着同一类型的衣服，留着同样的胡子。在他们接受一组问题测验时，也显示出同样的态度和习惯。

而在双胞胎之间的各种神秘联系中，最让人称奇的莫过于转移疼痛。一方的痛苦，完全不知情的另一方真的可以感同身受吗？

里克和罗恩是异卵双胞胎，即两个卵子同时受精，就产生了两个不同的受精卵。1955年3月，当里克和罗恩在休斯敦即将降生的时候，医生不得不为他们的母亲施行了剖宫产手术，因为她的儿子们看起来似乎并不愿分离，竟把四肢都缠绕在了一起。

当这对兄弟稍长大些时，他们同时学会了走路和讲话，并且在学校喜欢着相同的科目。再后来，他们发现，他们能知道彼此心里在想什么。

1995年1月，里克从休斯敦国际机场起飞，前往非洲安哥拉的一家石油公司审核账目。在安哥拉起初的几天都很平静，但5月31日凌晨4时，里克突然被腹部剧烈的疼痛惊醒。

里克说当时剧烈的疼痛导致全身麻痹。4小时过后，疼痛逐渐消失。稍后，医生为里克做了全身检查，但并未发现身体有任何危险迹象。

不过坏消息却在当天夜里降临了。里克的双胞胎哥哥罗恩于前一天夜里被杀。验尸报告和911的电话记录都表明罗恩的死亡时间正是里克夜里因腹部疼痛惊醒的时间。

里克相信他感应到的巨大疼痛，一定和哥哥被杀时感受到的一样，这种刻骨铭心的疼痛让他牢记一生。

全世界双胞胎平均出生率为1∶89，双胞胎一般可分为同卵双胞胎和异卵双胞胎两类。同卵双胞胎指两个胎儿由一个受精卵发育而成，这样的双胞胎一定是性别相同，外貌极为相似，在性格爱好方面也非常相近。全球每250个新生儿中就会出现1对同卵双胞胎，即同卵双胞胎的出生率大约为1∶125。由于基因的接近和生活环境的相同，同卵双胞胎会呈现出很多的相似之处。在英国的约克郡有这样一对双胞胎，她们的外貌、性格、思维、行为方式和爱好都完全相同。她们总是异口同声地表达感情，而且声调都一样，甚至她们连说话打手势时手所指的方向也是一致的。两人走路的时候，手和脚的动作也完全相同。

与同卵双胞胎不同，异卵双胞胎是由不同的受精卵发育而成的，他们的相似程度与其他非双生的兄弟姐妹一样，因为他们只拥有50%的相同基因。

一些研究者把“心灵感应”定义为排除借助所有已知的、可能的物质传递方式而出现的心灵信息传递现象。如果说双胞胎的“心灵感应”仅仅是一种巧合，那么这种巧合的概率也太大了。但是到目前为止，还没有科学的证据证明“心灵感应”现象的存在。

特异功能之谜

世上总有许多常人无法做到，却又不违反科学规律的奇异现象发生，这是否与特异功能有关？特异功能到底存在吗？

近些年来，世界各地对人体特异功能现象的发现和研究成果，屡屡见诸报端。

1977年，《四川日报》发表了一篇报道。文章说，小男孩唐雨能以耳朵认字，且能对密封的字加以辨认。有人还专门拍摄了具有特异功能的人神奇地从密封的瓶子里倒出药片的录像。从录像看，试验者通过某种过程，会使药片从瓶子里飞出来，而瓶子完好无损，盖子也密封如旧。自从传出唐雨“耳朵认字”的消息后，中国后来又陆续发现了许多其他小孩、气功师有“遥视”“透视”“意念搬运”等特异功能现象。很多科研工作者和感兴趣的人士开始进行调查研究，证实了这些现象确实是真实存在的。另据介绍，美国有个妇女能感知死者现在何处，据说曾多次帮助警察找到了失踪者和受害者。这些新闻都引起了一定的轰动，特异功能是否存在再度引起人们的关注。

“特异功能”在国外称为“超心理现象”。目前我们所知道的特异功能主要有以下几种：

1.打开天目：大约在两眉之间打开天目，开了天目的人能看到任何地方的物体。

2.空中取物：可以将杯子等物品在空中移动或取物。

3.快速修复：将扑克牌撕碎，放在手心揉搓发功，发功后扑克牌如新的一样。

4.双眼透视：可以将包或色盅看穿，看到物体里面的东西。

5.意念催眠：可以通过与人对视产生催眠，让你做任何事情。

特异功能究竟是否存在？这是一个无论是中国人还是外国人都十分关心而又具有争议的话题。

中国古人对人体之玄妙有许多深刻的认识：道家认为人体是一个小宇宙，通过修炼，返璞归真，人体就会出现特异功能；古代许多神医被认为具有超越常人的能力和智慧；许多修炼者对特异功能的存在深信不疑，他们认为这是人类天生就具有的能力，只是随着人类道德的衰败而逐渐丧失了。

1980年，美国《科学》杂志调查了1139名科学家，确信有特异功能的占16%，认为可信的占50%，34%的人认为特异功能不可信。经过若干年的实验研究，人体特异功能已被确认存在，并且科学家们日趋清楚地认识到所有这些功能密切联系，全部来源于现代生理科学认识到的神秘心理能量。我国已故科学家钱学森也认为特异功能是存在的，并不神秘，并且认为它与现代科学技术最前沿的发展密切相关。

尽管对特异功能还没有一种合理的说法，但一些具有理论物理学和粒子物理学基础的心灵研究者相信，随着这两门学科的发展，特异功能现象将得到科学的解释。也有一些学者认为，人类动能的某些部分将永远存在于任何一种科学解释能力之外。

目前的研究表明，人类对自身的认识还很肤浅，正站在一个新的起点上。对特异功能的研究，将有可能使人类重新认识自己，看到一个新的自我。

神奇的“千里眼”

“千里眼”不只是神话中的故事，在现实中可能真的有人具备“千里眼”的特异功能。

200多年前，瑞典有一个闻名遐迩的人，他的名字叫马纽埃尔·波尔克。其实，从外表上看，他也就是一个普通人，可是为什么说他非常有名呢？因为他具有一双 “千里眼”，能看到千里之外发生的事情。

1759年7月10日，马纽埃尔到哥德堡游玩。傍晚时分，他约了十几个好友一起进餐，大家边吃边聊，非常开心。突然，马纽埃尔大惊失色地说道：“不好！现在斯德哥尔摩市的谢典马尔摩发生火灾，火势正在蔓延……”马纽埃尔的家就在谢典马尔摩，而他所在的哥德堡离斯德哥尔摩有400多千米，马纽埃尔竟然知道相距遥远的地方此刻正发生火灾！朋友们不相信他的话，以为他喝多了产生了幻觉。

“不好！邻居家也着火了，我家看来危险。消防员怎么还没到啊？”过了一会儿，马纽埃尔神情紧张地说道。朋友们还是不以为然，继续吃饭。到了晚上8时，马纽埃尔方才如释重负：“好了，火终于灭了。大火在我家隔壁的第三幢楼房处被扑灭了。”朋友们以为他真的喝醉了，也没说什么，就各自回家了。但是不久，朋友们偶然看报纸，发现那天马纽埃尔所说的火灾竟然是真的，当时谢典马尔摩真的发生了火灾，而且情况与马纽埃尔说的一模一样。朋友们惊呆了，对他“千里眼”的神力惊叹不已。从此，马纽埃尔的特异功能渐渐传开了，许多人都慕名而来，见证一下这匪夷所思的特异功能。

有一次，荷兰驻瑞典大使从一个商人手里买了一套银器，付了钱以后，却溘然长逝。商人利欲熏心，趁机向大使夫人索取买银器的钱。虽然这笔钱在大使生前明明已经支付，但是由于找不到购买时的收据，无法说明事实，大使夫人感到束手无策。最后，在别人的推荐之下，大使夫人远道赶来求助于马纽埃尔。

马纽埃尔听了大使夫人的遭遇后，目睹前方，向着大使馆看去。他稍稍沉思了一会儿，就对大使夫人说，“这张收据没有丢失，现就存放在您家二楼桌子的抽屉内。”大使夫人回家一看，收据果然就在抽屉里。由于马纽埃尔的非凡能力，那个敲诈勒索的商人的阴谋遭到破产。从此以后，马纽埃尔的名声更加响亮了。

无独有偶，在马纽埃尔200多年以后，荷兰海牙又出现了一个具备“千里眼”功能的人，他的名字叫佩达·伏罗库斯，是一个油漆匠。1943年秋，伏罗库斯在工作时不慎从10米高的地方跌落下来，头部受伤，当场不省人事。后来经过救治，3天以后他才恢复知觉。可是这时出现了奇迹：大难不死的伏罗库斯能看到很远的地方，对相隔遥远的地方发生的一切了如指掌，人们都称他为“千里眼”。一时间他声名鹊起，许多人求他寻找失物，甚至连巴黎的警方也求助于他，请他协助侦破复杂的杀人案件。

目前科学家对这一现象还没有准确、完善的解释，他们是否真的具备“千里眼”的功能，这个话题的讨论还在进行中。

神奇的“生物钟”

在世界上，整个生物界好像都在按着同一个时刻表在有规律地运转着，例如夜晚万物入眠，清晨鸡啼鸟鸣。那么人体是否一样也有“生物钟”呢？

当你每天都需要在某一特定时刻内醒来，在开始几天可能必须借助于闹钟之类的提醒，可是，日子一久你就会惊奇地发现，当不再借助闹钟时，你仍然能在大约这个时刻里醒来，中间的误差甚至相差不了几分钟。

这说明，人体内部有一定的生命节律，有一种类似时钟的机构，这种结构不依赖外部条件而自行运转，指挥人体的正常生理活动，这就是人体的生物钟。可是，究竟是什么使人体产生了生命节律，这个控制节律的生物钟在哪里？

有人根据达尔文的进化论提出了进化学说，这种学说认为，人类之所以有生物节律，是因为生存的需要，人类只有在生理上、行为上适应了环境的节律，才能得以生存。

人类在长期的进化过程，使得体内有利的基因能够得到遗传，这样，就使后人出现天生的生物节律来，而这种节律又受到周围环境的影响。

另有一些人认为，人体的生物节律是外源性的，也就是说控制生命节律现象的动因，是某些复杂的宇宙信息。人类对广泛的外界信息，如电场变化、地磁变化、月球引力以及光的变化等特别敏感，这些变化的周期性能够引起人体生命节律的周期性。

日本科学家也有了一个新的发现：原来人类的生物钟同时钟并不同步。人类生物钟的周期是24小时18分钟，也就是说人类生物钟每天比时钟慢18分钟。

既然人体生物钟每天会晚18分钟，那么为什么生物钟与时钟这种不同步现象不会累计起来最终打乱人们的生活规律，从而让人醒来得一天比一天晚呢？研究者说，光线会通过影响体内激素水平和体温等多重因素来不断重新设定生物钟，这种解释是否合理呢？还需要科学家进一步探索。

梦游者是醒还是睡

我们有时会听到这样一种说法：如果看到一个人在梦游，千万不要去叫醒他，因为如果把他叫醒的话他可能会突然死掉。事实真的如此吗？

有专家认为，梦游症只是各种睡眠紊乱症状中的一种。对于大部分人来说，在梦游过程中所做的都是些平常的举动，例如，起身坐在床上、在房间里走动，或是自已穿衣服、脱衣服等。那么对于少部分人来说呢？

有这样一则报道：某医学院发现解剖室许多尸体的鼻子不翼而飞，这究竟是怎么回事呢？该不会是闹鬼了吧。经过周密调查，真

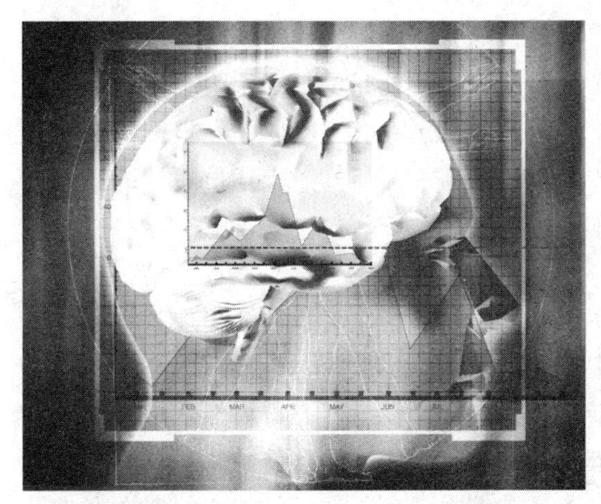

弗洛伊德认为梦是由人的潜意识决定的，“日有所思，夜有所梦”便是其最好的解释。

相大白。原来是该校的一名有梦游症的学生常常在夜间起床去解剖室咬食尸体的鼻子，然后回到宿舍躺下睡觉。

梦游真的挺恐怖，幸亏吃的是尸体，如果吃的是活生生的人呢？

梦游的恐怖不仅如此，有的梦游时间竟然长得让人无法相信。据说，法国有一位名叫雍·阿里奥的梦游症患者，一次梦游竟长达20年之久。一天晚上，他熟睡之后突然爬起来，离开妻子和5岁的女儿，来到了英国伦敦。他在那里找到了工作，又娶了一个妻子，并生了一个儿子。20多年后的一个晚上，他急匆匆地返回法国。阿里奥一觉醒来了,他的法国妻子看到了白发苍苍、失踪20多年的丈夫，便悲喜交集地问道：“亲爱的，你逃到哪里去了？20多年来音讯全无。”可是，阿里奥却伸了伸懒腰，若无其事地说：“别开玩笑！昨天晚上我不是睡得好好的吗？”

据统计，有17%的孩子有过至少一次梦游经历。其中，在11岁和12岁的孩子中梦游的人数最多。进入青春期后，梦游的人数开始逐渐下降。在成年人中，发生梦游的人数很少，只有2.5%的成人会梦游。

是什么原因造成梦游的呢？目前，有两种观点：

1.弗洛伊德的精神分析

梦游患者总有一些痛苦的经历，因此他认为梦游是一种潜意识压抑的情绪在适当的时机发作的表现。当本我力量积聚到一定程度时，它们冲破了自我的警戒。面对来势汹涌的本我力量，自我只可逃避不管，有个别的自我还被抓来做助手，因为人的言行都是自我的职责。当本我胡闹了一会儿以后，能量消耗了不少，自我立即把本我赶回了牢笼。为了逃避超我的惩罚，自我隐情不报，结果梦游者醒来以后便会对刚才发生过的事一无所知。上述虽然从逻辑上讲是言之有理的，但是解释得却近乎天方夜谭。

2.催眠理论

迈斯麦创立催眠术时，就发现被催眠者往往会出现梦游症状。催眠的原理是在大脑中枢根据言语暗示产生一个兴奋中心，同时抑制其他部位的活动。梦游也是一样。梦游状态很可能就是催眠可导致的最深状态。如果催眠师将被催眠者诱导入梦游状态以后，命令被催眠者做一些日常事务，被催眠者可以像正常状态下那样完成得很好。

伯汉姆鲁做过一个催眠后暗示实验，以证明催眠后暗示可使人体回到与现实一样逼真的幻觉。这个实验是这样进行的：

伯汉姆鲁给一位聪明、敏感，但一点也不歇斯底里的妇女进行催眠，并给了她一个很复杂的催眠后暗示，使她的所有的感官都能参与其中。

伯汉姆鲁暗示她在医院的庭院里听到军乐声，士兵们走上楼来进入房间……一个乐师醉醺醺上来说胡话，还想拥抱她，她给了他两记耳光，还呼喊护士与护士长，很快护士赶到轰走了醉汉。这上面的情景都是在催眠中描述给被催眠者听的。结果，她醒来后，生动地感受到了上述的一幕幕场景。她以前从未有过同样的幻觉，现在她怎么也无法摆脱这种幻觉。她左右回顾，问其他病人是否看到了刚才发生的一切。她无法分辨现实与幻觉。当这一切都结束的时候，伯汉姆鲁告诉她："这仅仅是我暗示你的幻觉。"她方才相信刚才的一幕确实是幻觉，但她坚持认为这几乎与现实一样，比梦境要逼真得多。

患者从催眠状态醒来以后，将催眠过程中所发生的一切全忘记了。过了不久，因为受催眠后暗示作用，患者体会到了逼真的幻觉。这个实验提供了说明梦游症的一个模式：正如被催眠者一样，梦游者不过是将预先设计好的剧本进行一次幻觉式的排演。当然，这种解释只是一种近似的比喻。

美国明尼苏达州睡眠障碍研究中心的卡洛斯·申克则表示："在梦游时，人处在一种半梦半醒的状态。"同时几乎不会做梦。那么，梦游所做之事，责任归谁呢?

催眠术之谜

一块怀表在人的眼前晃来晃去，人就像睡着了一样，然后按照催眠师的指令行动。

相信只要听说过催眠术的人，都会对催眠术的亦正亦邪的神奇惊讶不已。自20世纪50年代以来，医学领域就开始使用催眠止疼，近年来催眠术则用于治疗焦虑症、抑郁症、精神创伤、过敏性肠胃综合征以及饮食失调等。然而，催眠术就如一把双刃剑，可以为人类造福，也可能危害人间。

德国警署的梅尔医师的医学报告记录了这样一个案例：1934年，一个名叫法蓝资·瓦特的男子将一位已婚妇女催眠后，不但与她发生性关系，还命令她去当妓女，赚来的钱都交给他，而且还指示她从银行里提出3000马克的存款给他。直到有一次，瓦特下指令要她谋杀她的丈夫时，她的丈夫起疑而向警方报案。

梅尔医师参与这宗案件的调查后，发现瓦特利用催眠术来控制她。虽然瓦特曾经下指令要她不管在任何状况下都不可泄露瓦特的身份，但是梅尔医师顺利破解了瓦特复杂的指令系统，让她完全说出了真相。瓦特后来被判处10年有期徒刑。

虽然瓦特最后得到了应有的惩罚，但是他所运用的催眠术让人忐忑不安。

催眠术到底是怎么回事呢?根据科学家的解释，催眠是以人为诱导(如放松、单调刺激、集中注意、想象等)引起的一种特殊的类似睡眠又非睡眠的意识恍惚心理状态。其特点是被催眠者自主判断、自主意愿行动减弱或丧失，感觉、知觉发生歪曲或丧失。在催眠过程中，被催眠者遵从催眠师的暗示或指示，并做出反应。

催眠术起源于18世纪，最初带有欺骗性质。当时，德国医生弗朗茨·梅斯梅尔博士发明了一种神奇的疗法，可以治愈各种无法解释的怪病。在昏暗的灯光和玻璃碗琴演奏的虚无缥缈的音乐声中，他向病人灌输一种只有他可以控制的看不见的“催眠气流”。这样经过催眠之后，病人就会痊愈了。

历史学家说，尽管最终证明梅斯梅尔博士所言并非全部属实，然而他是第一个发现思想可以被暗示控制而影响身体的人。英国眼科医生詹姆斯·布莱德博士根据希腊语的“睡眠”一词发明了英文单词“催眠”。

根据当时的记录，布莱德通过用眼睛死死盯住别人的方法让他们进入昏睡状态。在那以后，催眠术士、迷信的人和魔术师也学会了这个方法。他们用摇摆的手表把观众中的某些人引入催眠的状态，让他们跳舞、唱歌或者假装自己是另外一个人。直到观众鼓掌和大笑，被催眠的人才会醒过来。

有人认为，催眠术打开了通向潜意识的大门；还有人认为，催眠状态是非睡非醒的心理边缘状态；有的人干脆称之为伪科学。但有一点是不容置疑的：人处在催眠状态下最容易接受暗示，可以让他做出一些改变，因为那个时候，大脑甚至身子开始身不由己。

不久前，美国斯坦福大学研究催眠临床运用的精神病专家戴维·施皮格尔博士根据大脑最新研究成果解释了催眠术的实质。数十年的研究表明，只有10%～15%成人极易接受催眠。而在12岁以前，人的大脑信息传递途径还未成熟前，80%～85%的儿童极易接受催眠。1/5的成人对催眠有抵抗力，其余的介于两者之间。

近年来许多关于大脑成像的研究也反映了相似的机制，即在暗示影响下存在自上而下的大脑运行机制。哈佛大学神经学家斯蒂芬·柯斯林博士说，大脑自上而下的处理过程控制了感觉信息，或称自下而上的信息。人们认为，对外部世界的所见所闻所感构建了现实。柯斯林博士说，其实大脑是根据过去的经验构建它所感知的事物。多数情况下，自下而上的信息与自上而下的预期相符，但催眠让两者发生了错位。

然而催眠究竟是为了服从催眠师，还是精神高度集中、陷入沉思，以至忘了周围环境的一种自然状态呢？至今仍然是一个谜团。

虽然作为催眠师的职业操守，他不能下指令要被催眠者去做违反个人意愿、违背道德良知的事情。实际上，没有人能够保证每个催眠师都如此诚善、自律、恪遵专业伦理。而且，催眠术博大精深，不断有人开发出各种复杂的技巧，如果有人蓄意运用催眠术来造恶，又如何是好呢？

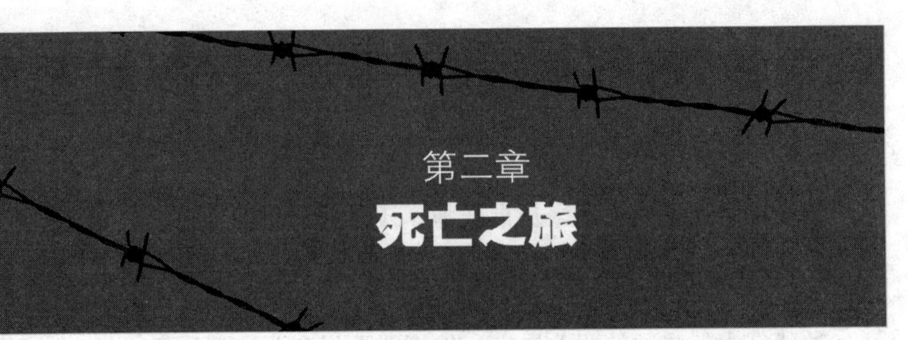

第二章 死亡之旅

每个人都会死去，你知道死亡的感觉吗？你知道死亡之旅的风光吗？

奇幻的死亡“幻觉”

想一下，人死了会有什么感觉呢？

一个人在临死前的一瞬间会想到什么？脑海里会出现什么图景？又有哪些感受……这些问题似乎无法回答。20世纪70年代中期，美国著名医学家雷蒙德·摩迪采访了数十名死而复生的人，得到了有关濒死经验的大量资料。他根据那些“复活者”体验的惊人相似或相近之处，对人的死亡作了一番描述：

当他奄奄一息时，听到医生宣布死亡的话音，紧接着一阵刺耳的噪声传来，像是铃声叮当在响，或像是飞虫嗡嗡在叫，他觉得自己正在飞快地穿过一条长长的黑暗隧道，忽然发现远处有自己的身影，但不是生前的那个了，只是“躯体”而已。不一会儿，他碰见了已故的亲友——他们的“灵魂”，并给他看全景“录像”，他一生中的重大事件一一在眼前闪过。他感到自己走到了尘世与“天国”的边界线上，但认为自己应当回到人间，还未到死亡的时刻。然而，他已沉湎于生命之后的舒适与安逸，真不愿回来了。不知怎么的，他觉得自己的灵魂又回到了自己的躯体上……

这种死亡体验，与中国广为流传的人死后灵魂离开人的躯壳，到另一个世界与早已死去的亲人团聚的说法，是这样的相似！这是那些“复活者”精心编造的故事吗？不是。大多数科学家认为，死亡体验是一个人在弥留之际的幻觉或幻变，是大脑细胞在人的心跳、呼吸停止后延喘工作的结果。

那么，奇异的幻觉又是怎样产生的呢？许多医学家认为，是人临死前急救药物中的致幻物质引起的，或者是有的人长期用药造成的。药物致幻会使人产生脱离躯体的感觉，仿佛自身与现实世界分离了。当人恢复知觉后，脑海里留下的就是幻觉影像或生动的死亡之梦。然而，有些人临“死”前并未用过任何药物，也无吸毒习惯，同样产生了类似的幻觉。于是，有的科学家又提出，濒死时大脑缺氧，人体处于严重的紧张状态，幻觉现象正是垂死大脑最后工作失常的反映。可是某些濒死现象发生时并不出现生理上的紧张状态。因此，人们又从神经学的角度提出，垂死者的神经系统因发生故障而失常，因而脑海中闪现出异常生动的三维幻象或具有时间扭曲感。

科学家还从心理学和梦幻的角度对死亡体验进行实验研究，如利用实验室对志愿受试者进行合理研究。结果表明，在这种“与世隔绝”的情况下，一个人会产生许多异常的心理现象，因而会出现各种各样的幻觉或梦幻。死而复生者的濒死体验也与此相似，重返人世后他们怀有转世投生感，在个性上与以前判若两人。

科学家从心理学的角度提出：死亡体验是一个人在弥留之际的主观体验，这种体验受到个人死亡心理的左右，因而产生各种各样的幻觉或梦幻。这个观点似乎比较合理。然而，要真正了解人的死亡体验，揭示产生死亡体验的原因，恐怕不是那么容易的，毕竟这是和“死神”打交道的事，有谁敢冒险呢？

恐惧而神奇的地狱之旅

死亡临近的时候是什么感觉？每个人死亡的时候感觉是一样的吗？

活着的人无法说出死亡的感觉，但是有许多濒死经历的人实实在在地经历了死亡。

“我感到自己飞在天花板上，飘飘荡荡，有一个躯体（我的）躺在病床上。我清楚地感受到了他的脉搏和呼吸。”这是一位精神病学专家对他的同行讲述的一次亲历离体体验，我对此确实感到特别吃惊。

人濒死时在对生活历程进行回顾，近半数的人产生意识从自身分离出去的感受，觉得自身形象脱离了自己的躯体，游离到空中。自己的身体分为两个：一个躺在床上，那只是空壳；而另一个是自己的身形，它比空气还轻，晃晃悠悠飘在空中，感到无比舒适。约1/3的人有自身正在通过坑道或隧道样空间的奇特感受，有时还伴有一些奇怪的嘈杂声和被牵拉或被挤压的感觉；还有约1/4的人体验到他们“遇见”非真实存在的人或灵魂现象，这种非真实存在的人多为过世的亲人，或者是在世的熟人等，貌似同他们团聚。

著名哲学家和医学博士雷蒙德·穆迪发表了一本名为《生命后的生命》的书，轰动了西方。在这本书中，穆迪把这种现象定名为“濒死体验”。

他认为，濒死体验是人在弥留之际因为恐惧死亡而产生的一种现代科学尚未发掘的奇特现象。濒死体验的理论在科学研究史上具有极其重要的现实和深远意义，它向现代科学家们提出了如下的挑战：记忆究竟是什么？意识又究竟是什么？人能够记忆自己诞生的经历吗？人在临死的时候想些什么？人在临床死亡后还会有记忆吗？身躯究竟是什么？为什么细胞不断变化而人的脸庞却能保持原有的形状？人体中的气是什么？现实又是什么？

心理社会学家肯尼斯·赖因格将临床死亡后经过救生法抢救又死而复生的人叙述的这种奇特的濒死体验基本归纳为五大阶段。

第一阶段，安详和轻松。持这种说法的人约占57%，他们大多数在生理和心理上具有较强的适应力。他们觉得自己在随风慢慢地飘荡，当飘拂到一片黑暗中时，感到极度的平静、安详和轻松。

第二阶段，意识逸出体外。有这种意识的人占35%，他们大多数觉得自己的意识游离到了半空中。许多人还觉得自己的身体形象脱离了自己的躯体，在远处极其冷漠地观察着医生们在自己躯体周围忙碌着。这种躯体外的身体形象具有呼吸、脉搏等生命特征，而且，这种自身形象有时还会返回躯体。

第三阶段，通过黑洞。持这种说法的人占23%，他们觉得自己被一股旋风吸到了一个巨大的黑洞口，并且在黑洞里飞速地向前冲去。而且觉得自己的身体被牵拉、挤压，洞里不时发出嘈杂的声响。这时，他们的心情更加平静。

第四阶段，与亲朋好友欢聚。黑洞尽头隐隐约约闪烁着一束光线，当他们接近这束光线时，觉得它给予自己一种纯洁的爱情。亲朋好友们都在洞口迎接自己，他们有的是现实中活着的人，有的早已去世。唯一相同的是他们全都形象高大、绚丽多彩、光环萦绕。这时，自己的一生中的重大经历在眼前一幕一幕地飞逝而过，其中大多数是令人愉快的重要事件。

第五阶段，与宇宙合而为一。持这种说法的人占10%，他们同那束光线融为一体，刹那间，觉得自己犹如同宇宙融合在一起，同时得到了一种最完美的爱情，并且自以为掌握了整个宇宙的奥秘。

还有一些科学家对有过濒死体验的幸存者进行了调查，发现除了这五大阶段的濒死体验外，还有醒悟感、与世隔绝感、时间停止感、太阳熄灭感、被外力控制感、被“阎王审判”感、升天成仙感等。

从20世纪80年代初期开始，许多科学家们就分别对五大阶段进行认真的研究，他们发现，自杀未遂者的濒死经验总是局限在第一阶段。心理社会学家赖因格则发现，经历过第一阶段至第四阶段的濒死体验者往往能消除了对死亡的恐惧。而经历过第五阶段的濒死体验者会在身体、智能和精神三方面出现巨大的三重变化，他们会犹如重新投胎转世，变成了“超人”。轰动美国的汤姆·索耶事故就是个典型的例子。

汤姆·索耶居住在纽约安大略湖边的罗切斯特。30岁的他身材矮胖，有两个女儿，在与自己家毗邻的工厂里做一名机械修配工。

一天下午，索耶正满身油污地躺在小型载重卡车下修理。突然，千斤顶松脱，3吨重的卡车压在他的腹部上，索耶发出一阵撕心裂肺的惨叫。

正在花园里玩耍的女儿奔了过来，只见父亲已经被压扁。然而，索耶的双眼还睁着，神志依旧清醒，他示意女儿快去求救。不一会儿，消防队员赶来了。他们将一只抓斗放在小卡车下的底盘两边，慢慢启动绞盘。当3吨重的卡车从索耶的胸腹部移开时，他失去了知觉，接着呼吸停止。把索耶从卡车底盘下抢救出来的过程持续了10分钟，然而，对于索耶来说，这是极端痛苦的10分钟，因为，他的意识始终是清醒的。事后，索耶对人说："当时，我感到犹如一根滚烫的铁杠在研磨自己的胸廓和腹部，似乎要将这一切磨碎。我犹如在遭受极刑。"

后来，在医护人员的通力抢救下，索耶坚强地站立起来，他描述起自己的濒死经验。当消防队员将他从卡车下抱出来时，索耶已经停止呼吸；与此同时，索耶蓦地感觉到一种从未有过的安宁和轻松。他觉得自己的躯体一分为二，一半在消防队员的手上，不过，那只是个空的躯壳；而另一半是真正的身形，它比空气还要轻，晃晃悠悠地飘落到一张床垫上，他感到无比舒适。

突然，索耶看到了消防队员们拥挤在工厂里，自己的另一躯体正躺在担架上，血从嘴里喷涌而出，满地的油污也变得通红。很快，救护车在街道上急速倒车，一群人手忙脚乱地将担架送上了车。两个女儿在哭天叫地，脸色苍白的邻居拉住了她们。路边挤满了观望的人，他们的神情有震惊、恐惧、悲戚、漠然……起初，索耶觉得自己是在离地面3米左右的距离观看，随即上升到4米、5米、10米、100米……接着，索耶看到载着自己躯体的救护车在高速公路上飞驰而去。

这时，索耶发现眼前的景象消失，自己被推进了一个黑洞中，心绪依旧保持着无限的安宁。渐渐地，某种力量越来越强烈地拖着他向前而去！而且不时被挤压，不时碰到洞壁上。他问自己：“我还活着吗？”接着，他又肯定地意识到，自己死了。

突然，前方出现了一丝光线，它先是犹如天际中的一颗星星，瞬间，又变成一轮黎明时的太阳，飞快上升，不一会儿就成了一个巨大的圆球。光芒四射的阳光并不使他感到炫目耀眼；相反，眼望着这轮红日，他感到无与伦比的快乐。他愈是朝金色的阳光接近，对宇宙的认识就愈加深刻。

就在这时，一个似乎被深深埋没的爱情记忆蓦地出现在他的脑海里，并且渐渐地照亮了他的意识域。这是一种美妙的记忆。他醒悟到，这奇特的光线本身就是由爱情组成的，但他没有陶醉在这种爱情中。

他觉得自己一生中从未如此的集中和专注，而且，愈是接近光线，这种感觉就愈强烈。忽然，洞口出现了他那已经过世的父母，他们身材高大，浑身放射出彩色光芒，头顶上环绕一束光轮。他们笑吟吟地朝他走来，转眼间，他的脑海里出现了一幕幕重大的生活经历，如生日盛典、初中毕业典礼、订婚仪式、甜蜜的婚礼……

最后，他同光线融合在一起，感觉到了一种无以形容的心醉神迷。他似乎与宇宙合为一体，许多美妙的景色在他的眼前闪过，他清醒地意识到，自己就是这些美景，就是飞逝的森林、高山、河流、天际、银河……宇宙的一切奥秘全部展现在他的面前。

如今，索耶已不再是原来的索耶，他的身体、智能和精神三方面都已经发生了巨大的变化，其中突出的表现是他陡然狂热地迷恋上了物理学，尤其是量子力学。几年后，毫无物理学基础的索耶在大学里获得了物理学士学位。他对记者说：“在那次事故发生以后，我在同神秘光线融合的瞬间，就忽然意识到自己已经掌握了物理学的全部知识。在大学里，只不过是将这些知识一段一段地从记忆中追回来。”

濒死体验的五大阶段论给死亡罩上了神秘的色彩，成了千百万人梦寐以求的向往。他们认为，如果能够因此变成超人，自己也就成了万能的上帝。现在，西方科学家们纷纷试图从科学的不同角度对濒死经验进行探索，以图解开濒死经验之谜。然而一切都是茫然。

前世与今生

如果真的有前世，你会在今生做什么呢？

每个人的一生中恐怕都会突然萌生一些奇怪感觉。在看什么东西的时候，会突然意识到：这事有一次曾经发生过，我曾经到过那里，做过这件事，听过这样的话，当时也是这样的灯光……难道真的存在前世与今生吗？

自古希腊以来，在编年史、年代记以及哲学和文学著作中，已经记录有1000多个故事，都是说有人突然觉得自己变成了另外一个人，或到了另外一个时代，而且他们还经常援引不少连自己也不知道的细节，因为这事根本就没发生过。1900年，法国医生弗朗伦斯·阿尔诺还为它取了记忆错觉这个名字。他还断定，这种现象不仅存在于视觉中，还会以听觉错觉、阅读错觉和体验错觉等形式出现。

大部分记忆错觉的表现形式都离奇得叫人难以置信，根本无法解释。比如说，有人相信预兆吉凶的梦，按迷信人的说法，这是他们的灵魂在定期回到过去“出差”，于是看到和体验到了一切。而几天甚至几年之后，当梦得到了应验，他们会惊讶地“认出”陌生的境况，预见就这样变成了回忆。另一些人则把这些归咎于在强烈情绪作用下产生的世代相传的“先祖记忆”。

对赞同轮回转世理论的人来说，记忆错觉还是他们有过前世的一个证据。

相信轮回转世理论的人很多，这里面还包括一些科学家和哲学家。比如说，毕达哥拉斯认为他的前世有可能是个牧人；西尔维斯特·斯塔洛涅认定自己的前世是一个游牧部落的监督哨兵；吉阿努·利夫兹尼认为自己的前世曾是曼谷大庙的一个舞者。他们的记忆错觉都通过催眠术得到了证实，是催眠术让他们回了一趟自己的过去。

著名的瑞士心理学家和哲学家卡尔·古斯塔夫·荣格12岁时就首次有过这种感觉。从那时起他坚信一点，他同时在过着另外一种生活，有时候还生活在18世纪。

杰克·伦敦和柯南道尔也描写过记忆错觉的情节。苏利克主演的喜剧《魔力》跟记忆错觉恰恰相反，也就是说完全是所经历的现实感觉。记得剧中主角在准备考试的时候，他在大街上找提纲时是挨着一个姑娘站着，由于看书入迷竟没发现走进了姑娘的家。可到后来，在“神志清醒”时去到姑娘家做客，才突然想起来过这里。

俄罗斯国立人文大学最高人文学研究所研究人员、哲学副博士列昂尼德·卡拉谢夫有他的一套独到见解。他说，有很多学者都认为记忆错觉是源于过度疲劳、大脑混乱，所以把未知当成已知，他却倾向这是一种“全息摄影错觉”。

在他看来，所谓全息摄影术的原理，就是拍出的照片任何一个局部都可以复现原照片的所有资讯。也就是说，把一张照片撕成碎片，只要有一个碎片，就可以复原原照片的整个图像。所谓“全息”就是指局部包含整体资讯。记忆错觉这种奇异现象很可能就是以相似方式形成的。

实际上我们生活中总要接触的整体资讯是以代码化形式存储在大脑里，只是我们看到和听到的东西藏得很深，藏在潜意识里。这些资讯只要有风吹草动就会蹦出来，像气味、声音、灯光照明、与相似情景的瞬间遭遇，都会诱使我们产生一种错觉，仿佛5～10年前曾有过类似的境况。虽说如果细细分析，还是有不少不同之处。

卡拉谢夫还认为，17岁的青少年由于阅历不多，对各种各样的生活境况还相当敏感，所以最容易出现记忆错觉。35～40岁的时候又会遭到记忆错觉的第二次冲击，不过这时的感觉中已缺少青少年时期的那种纯真喜悦，更多的还是一种神秘色彩。到40岁以后，记忆错觉已经是一种对所有逝去的事物的伤感。那些抑郁症患者以及非常神经质和敏感的人一生中会常常出现记忆错觉。

事情真的像科学家所解释的那样吗？事情的谜底显然并没有揭开。

生命轮回之谜

你听说过传说中的六道轮回，但你亲身经历过生死轮回吗？

佛教认为，生命是有轮回的。人们依据一生的善恶，上升天堂，下降地狱；一般的人，仍轮回为人，依其福泽而有高下。史传和笔记小说记载有人能记忆前生，甚至三生的往事。直到现代，仍不断有转生借体还魂的说法存在。

一般科学家、心理学家、医学家，由于不是亲眼所见，对此都加以全盘否定。即使偶尔目睹，也以精神不正常、心理幻想等而一概抹杀。于是，信者自信，不信者则斥为迷信。

出身耶鲁大学的医学博士布莱恩·魏斯医师担任过耶鲁大学精神科主治医师，迈阿密大学精神药物研究部主任，在匹兹堡大学教过书，现任西奈山医学中心精神科主任，曾发表过37篇科学论文和专文。然而，就是这位受过严格科学训练的医师，竟提出人类有轮回的说法。

1980年，有一位年龄27岁，名叫凯瑟琳的女子，因受焦虑、恐惧和痛苦的侵扰，找他求治。他花了18个月的时间，做传统心理治疗，毫无成绩。于是用催眠法，想追踪她童年的伤害，哪知道竟催眠到了她的前世。她在催眠中的说话毫不迟疑，名字、时间、衣服、树木，都非常生动。她并不是在幻想、杜撰故事，她的思想、表情，对细枝末节的注意，和她清醒时的人完全不同，无法否认其真实性。在一连串的催眠治疗状态下，凯瑟琳记起了引发她症状的前世回忆，也传达了一些高度进化的“灵魂实体”的讯息。

前辈大师告诉她，在地球上她活过80多次。但催眠治疗中，只前后出现过12次，有几次且重复出现。在催眠中，她自己说出：曾是埃及时代的女奴，18世纪殖民地的居民，西班牙殖民王朝下的妓女，石器时代的穴居女子，19世纪美国弗吉尼亚的奴隶，第二次世界大战的飞行员，被割喉谋杀的荷兰男子，在船上作业时受伤的威尔斯的水手，参加大姐婚礼的小女孩，18世纪目睹父亲被处死刑的男孩……她栩栩如生地描述身处的景象。魏斯测试过凯瑟琳，确定她没有说谎。魏斯说：“恐怕这不是相信或不相信的问题，而是让我知道，轮回是真实的事。”

每一世死亡的情形，都很类似。死后自己会浮在身体之上，可以看到底下的场面。通常死后感觉到一道亮光，可以从光里得到能量，被光吸过去，光愈来愈亮。继而飘浮到云端，接着自己感觉到自己被拉到一个狭窄温暖的空间，很快要出生，转到另一世。

在前世中，常出现今生中对自己关系重要的人。根据许多次研究，一群灵魂会一次又一次地降生在一起，以很长的时间，清偿彼此相欠的债。人们对人的暴力和不公，都得偿还。过完的每一生，若没有偿清这些债，下一生就变得更难，这些是轮回转世偿债的情形。

于是，魏斯花了4年的时间，写下了《前世今生》这本书。他鼓起勇气，甘冒专业的风险，透露这些不正统的讯息，让大家都了解我们所知道的不朽和生命的真义。这本书出版后，在佛罗里达州上了连续两年的排行榜，平装书印刷10次，译成11国文字，风行一时，得到医师和专家的好评。魏斯说：“自从接触这个病人，我的生命全然改观。”

在中国民间，流传着许多有关因果报应、轮回转世的故事，在诸家野史、笔记，甚至在正史中，皆有许多此类记事。即使20世纪，民间轮回转世、借体还魂之事依然存在。这类事实，超心理学研究者从国内外已搜集到不少的实例，除身处其境的人深信不疑外，一般的人未必全信，只是当做奇闻逸事流传而已。

虽然如此，《死亡之后的生命》一书在前言中说："早在19世纪中叶，受当时那些据说和死者灵魂有感应力量，并与精神世界取得联系的层出不穷的报告影响和刺激，人们已经开始一本正经地认真对这一现象展开了研究。从那以后，为了最终决定性证明这种交流与感应到底可不可能，这些先驱者突破万难，千方百计地对数以百计、难以解释的实例进行了调查和探索。而另一个吸引人们进行仔细深入研究和调查的领域是艺术领域，如音乐绘画、文学作品等，作者是平凡的人，但他们宣称其作品是受到早已去世大师的指导而产生的。"

关于生命的轮回，仅仅是宗教的传说，还是科学的迷信，抑或是真有其事呢？

第二篇

惊悚的异世界谜团

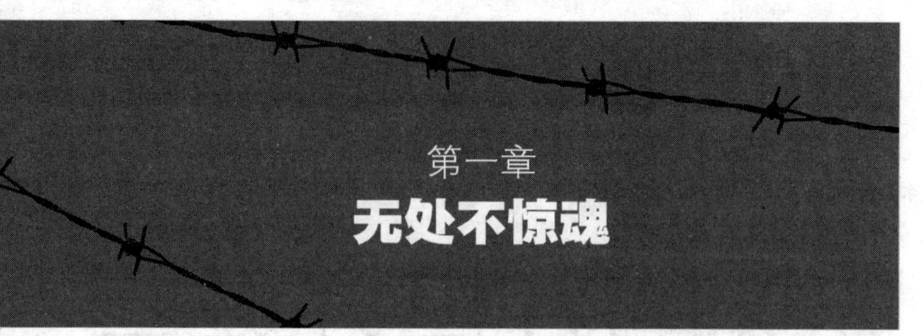

第一章

无处不惊魂

另一个世界就在我们身边，不要转身。

杀人魔镜

法国有个杀人魔镜， 在250年中夺去38个人的生命。

在2000年，香港拍摄了一部惊悚影片《午夜凶镜》，讲述了一面魔镜的故事：明末，一位女子对着镜子整理头发，却被自己的情人派来的杀手杀害。而她的鲜血沾到了镜子上，从此使这个镜子有了一种特殊的能力，成为一个魔镜。1922年，在上海，马丽收到一份表姐送来的奇特的生日礼物——魔镜梳妆台，而表姐早在5年前就已经去世。魔镜就如同神秘的使者一样将马丽5年前如何设计害死姑妈和前夫的罪行一一揭露。1990年，新加坡著名律师詹辛禁不住巨额律师费的诱惑，为一个分明犯下奸杀罪的富家子弟辩护，使他免予刑事处罚。功成利就的詹辛在返回家的路上遭遇车祸而毁容，被送往医院后由著名的整容师为他整容，拆线的日子终于到来了，以为大功告成的詹辛在魔镜中见到的竟是一张被富家子弟杀害的人的脸。1999年，在香港，含辛茹苦将孙子麦迪抚养成人的蓝姨终于盼到孙子从英国学成归来，但他领回一个洋气十足的女人，不久蓝姨就成为那个女人争夺遗产的牺牲品，麦迪失去了奶奶之后才懂得了亲情的珍贵。在离开这个伴随他长大的祖屋时，他将一个小时候和奶奶一起玩耍的棒球拿起来扔了出去，没想到球被一只无形的手接住：奶奶来为他送行了……

影视中的魔镜杀人已让人心颤不已，然而，在法国却真的出现了一面杀人的魔镜。1997年，法国古玩收集协会突然召集巴黎各大报社的记者开新闻发布会，并向记者们发布了一个匪夷所思的警告——请那些古董收藏家们千万不要买一面有250年历史的镜子，因为它是一面会杀人的“魔镜”，自它诞生至今已经杀死了38个人！如果这一事件发生在500年前的巫术时代也许情有可原，但它偏偏发生在20世纪末——一个最具理性的年代。任何人向这面镜子中观看，就会因脑出血而死，但一直无人能解释它令人神秘死亡的真正原因！

在这面“魔镜”的边框上写有“刘易斯·阿尔泼1743”字样。这面镜子出厂日期是1743年，刘易斯·阿尔泼是制镜工匠的名字，也是首位被害人。这位做了一辈子镜子的匠人，在制作完这面镜子的两天后，突然一头栽倒在工作房内。经医生检查，他死于脑出血。

22年后，魔镜的得主是一个35岁的出版社编辑阿内诺卡，他在巴黎街头的小摊上看到了这面旧镜子，便将它买回家，挂在卧室的墙上。之后，阿内诺卡便突然失去了音信，焦急的老板派人去他居住的公寓中寻找，可房门紧锁。请来房东太太打开门后，人们惊骇地看到他倒在卧室的地板上，脸上还涂抹着剃须膏。法医鉴定其死因为脑出血。

6年后，一家古董店的老板亨利在旧货市场看中这面古老而精美的镜子，于是以极低的价格买了回去，将它摆在古董店里。3天后的一个正午，亨利在店里一边悠闲地喝着咖啡，一边看着门外来往的人流。可是，两小时后亨利太太来找他时，惊骇地看到丈夫扑倒在桌子上。她惊慌地找来人将亨利送进医院抢救，可20分钟后，医生宣布他已死亡，死因仍是脑出血。亨利的家人将这面镜子扔掉了。

时间一晃又过去了近70年，身为外科医生的尤娜在跳蚤市场见到这面镜子，便买了下来，将它放在书桌上。汉默先生看到镜子对妻子说，它看上去太陈旧了，但尤娜坚持认为它放在这里正合适。就在这时，两人突然双双摔倒在地，家里的佣人连忙将他们送往医院，可在途中他们都停止了呼吸，死因仍是脑出血。

至此，这面刻有“刘易斯·阿尔泼1743”的镜子正式进入到人们关注的视线中。在之后漫长的时间里，围绕这面镜子，陆续又有30多人死去，死者年龄从22～57岁不等，大部分人生前健康状况良好，他们都是在得到这面镜子3天内就突然遇难，且死亡原因出奇的一致。

最后的死者也就是第38位，是史密斯博士，这位科学家决心揭开魔镜的谜团。1997年5月，史密斯博士费了很大周折才弄到这面镜子，它一直被封在木盒中，卖主一再警告博士，最好不要使用。史密斯博士不以为然，他迫不及待地打开木盒，小心地从里面取出这面充满传奇的古镜。但第三天中午，史密斯博士在书房突然感到一阵眩晕，而后倒在地上，家人准备将他送往医院时，他用最后的力气交代他们，将那面镜子密封起来，千万不要再让它害人了。从此以后，这面镜子便被史密斯的家人像所罗门封印下的魔鬼瓶子一样贴上了标签，严密收藏了起来。

后来，这件异事传到了美国，引起了考古学家怀恩博士的好奇。2005年4月，他专程来到巴黎，向法国古玩收集协会提出申请，想对“魔镜”进行研究，却遭到拒绝。怀恩又找到了史密斯博士的孙子，他终于答应将镜子重新拿出来。于是，怀恩在史密斯家的地下室中见到了这面传奇的镜子。它被严密封在一只木盒当中，数年前贴上的封签完好如初。回到美国后，怀恩将木盒拿到自己家里的实验室，妻子玛丽痛哭着请求怀恩停止这个疯狂的举动。在怀恩的劝说下，玛丽哭着离开了实验室。

史密斯博士是在查看镜子后3天死去的，怀恩想：即使自己也难逃噩运，也要充分利用有限的时间将魔镜之谜揭开。怀恩仔细查看镜面，根据多年的考古经验，他认定，镜面的年代没有传言中的那么久远。于是，怀恩对它做了测试，果然这块镜面仅有不到100年的历史。那就是说，镜面曾被人更换过。这样看来，秘密不在镜面上，难道镜框才是杀人的真凶吗?怀恩大脑中灵光一闪，一个想法钻进了他的脑海，他急匆匆地打开门跑了出去。

当怀恩掏出钥匙打开实验室的门时，玛丽发出一声尖叫，她骇然看到，镜子对面的两只小白鼠，正全身僵硬死在铁笼里。怀恩立即冲到实验台前，对死去的小白鼠做了解剖，结果发现两只老鼠脑内都积存着大量的血液，它们也都是死于脑出血！怀恩小心地从镜框上刮取了一些样本，然后把镜子放回到木盒中。第二天，他把这些样本送到了专业的科研机构进行鉴定。

两天后，样本检测结果出来了，果然不出所料，制作这面镜子的木材是一种极罕见的树木——库拉树，它在100多年前已经绝种了。据记载，库拉树的木材中含有一种剧毒物质，在接受强光照射后会大量释放有害气体，可导致吸入者脑部血管在短时间内爆裂，引发脑出血。这次是怀恩的日常习惯救了他。他平日在实验室工作的时候习惯拉上窗帘，所以缺乏光照才使他死里逃生。而当怀恩离开实验室后，玛丽曾走进来拉开了窗帘，在阳光的照射下，镜框释放出有害物质夺走了对面两只小白鼠的性命。谜团终于破解了!

然而，正当怀恩准备召开新闻发布会时，他却惊奇地发现盛放“魔镜”的木盒不翼而飞了!“杀人魔镜”又一次成了一段悬案!

杀人骨能杀人于无形吗

只要被杀人骨指过，即使逃到天涯海角，也是难逃死劫。

1953年，澳洲北澳区有个土著人从故乡由飞机送到达尔文市的一家医院。他既没受伤、中毒，也没患任何已知的疾病，却奄奄一息。在医院勉强维持了4天，第5天便死了。原来他是美利族人，因犯了族规而需接受族人的审判。但他拒绝出席，逃离故乡，于是族中杀手便制成一根杀人骨，对他进行追杀。他被杀人骨指过后，虽然住进医院，但仍难逃一死。杀人骨是什么，竟然具有如此之威力、如此之歹毒?

17世纪，荷兰航海家发现了澳大利亚这块孤悬海外的陆地，在这里，他们发现澳洲土著人的一种神秘的杀人方法，能够杀人于无形，那就是“骨指术”。

据说，那些用人骨和头发制作的工具附有超自然的力量，澳洲土著人用它施法执行死刑。这种骨指的方式，杀人者不需与受害人有身体方面的接触，但只要被这人骨指过，再尖声念出一串咒语，受害人便犹如长矛刺心，在劫难逃。

杀人骨可用人骨，也可以袋鼠骨或木头制成，样式因族而异。要想使它生效，必须举行复杂的仪式，才能赋予它强大的超自然力量。而妇女和非本族以外的人是无法知道这种仪式过程的。在执行任务过程中，杀人者需穿一种用白羽毛和人头发制成的鞋子，寻获逃犯后走到离他较近的地方，其中一人跪在地上，将杀人骨像手枪一样握在手里，对准并指向犯人，再念出一串咒语，便算完成任务并立即离开。据说，这种杀人方法永不失手，而且不留任何痕迹。

1969年4月，土著人韦布因来复枪走火打死了一个同族人。法院因系意外事故判他无罪。但族人却要他接受族中审判，韦布立即逃走。族人在缺席审判中判他死刑。韦布带着妻子、女儿和3只狗，驾驶一辆小货车在澳洲一个又一个城市流亡，全家人住在车上，夜里睡觉时身边也放着来复枪，白天以打工为生。他说，族中的杀手必然要用杀人骨来对付他，为了防备被杀手的杀人骨指中，他一有风吹草动就立即逃离。到1976年，他已逃亡了7年。

然而为什么单单靠一根骨头的指向，就能够使人吓得浑身发抖，昏倒在地，进而痛苦地死去呢?有人说，这是因为被指的人因极端恐惧，而产生一系列不良的生理反应，如血流量减少，血压降低等而导致死亡。但是澳洲昆士兰北部曾有一个卡纳卡族人，自从被骨指后就去找医生检查，身体各方面正常，但他也没活几天就死去了，这又怎么解释呢？看来这种杀人于无形的方式，至今仍是个难以解说的谜。

一具神秘的木乃伊

凡是和这具木乃伊接触的人，不是惨遭不幸，就是神秘死亡。

1912年4月，一位美国考古学家花了一笔可观的费用，买下了一具木乃伊，并打算将她安置在纽约市。于是，将她运上一艘当时轰动造船界的巨轮。为了慎重起见，他还将她安置在船长室附近，希望她能安安稳稳地抵达纽约。这艘巨轮就是现在妇孺皆知的“泰坦尼克号”！当“泰坦尼克号”沉没时，有人称是那具木乃伊在作祟，所以才酿成了1000多条人命的惨剧。事实真的如此吗？这是谁的木乃伊，竟有如此大的邪恶？

据记载，这具木乃伊是3000多年前埃及的亚曼拉公主的。她去世之后，其遗体按照古埃及习俗被制成了木乃伊，葬在尼罗河旁的一座墓室之中。

1890年年末，4位英国年轻人来到埃及。当地的走私犯向他们兜售一具古埃及棺木，棺木中就是这位亚曼拉公主的木乃伊。

4位英国人经过一番商量，决定由其中最有钱的那个人以数千英镑的高价买下这具木乃伊。从此，这位在古埃及历史上默默无闻的公主便给许多人带来了一连串离奇可怕的厄运。

买下木乃伊的那位英国人将棺木带回旅馆。几小时后，没有人知道为什么，这位买主竟然无缘无故地离开了旅馆，走进附近的沙漠，以后，再也没有回来。第二天，他的一位同伴在埃及街头遭到枪击，受了重伤，最后不得不将手臂切除。剩下的两个人也都先后遭到了厄运。其中一人回国后无缘无故地破产；另外一人则生了重病，最后沦落在街头贩卖火柴。

这具神秘的木乃伊后来还是被运回了英国，但沿途依旧怪事不断。运到英国本土后，一位钟爱古埃及文化的富商买下了这具木乃伊。不久后，富商的3位家人在一场离奇的车祸中受了重伤，富商的豪宅也惨遭火灾。在经历这样的变故之后，这位富商只好将这具木乃伊捐给大英博物馆。

亚曼拉公主的魔力还没进大英博物馆便已经开始出现征兆。在载运木乃伊入馆的过程中，载货卡车失去控制撞伤了一名无辜的路人。然后，两名运货工人将亚曼拉公主的棺木抬入博物馆时，在楼梯间失手将棺木掉落，压伤了其中一个工人的脚，而另外一个工人则在身体完全健康的情况下两天后无故死亡。

然而，真正的麻烦才刚刚开始。亚曼拉公主的棺木后来被安置在大英博物馆的埃及陈列馆中。在陈列期间，夜间的守卫报告说，常常在她的棺木附近听见敲击声和哭泣声。更有甚者，连陈列室中的其他古物也常发出怪声。不久之后，一名守卫在执勤时死去，吓得其他守卫打算集体辞职。

因为怪事层出不穷，最后大英博物馆决定将木乃伊放入地下储藏室。

事实证明，这一切都是徒劳的，因为不到一个星期，决定将木乃伊送入地下室的博物馆主管又无缘无故地送了性命。

至此，这具充满诅咒的木乃伊已经名声大噪。有一位报社的摄影记者特地深入地下室，为这具木乃伊拍了一些照片，结果却在其中一张照片上洗出了可怕的人脸。然而就在第二天，这名摄影记者被发现陈尸自己家中，死因是自杀。

不久以后，大英博物馆将这具木乃伊送给了一位收藏家，这位收藏家当即请了当时欧洲最有名的巫婆拉瓦茨基夫人为这具木乃伊驱邪。在经过了繁杂的驱邪仪式后，拉瓦茨基夫人宣布这具木乃伊上有着“大量惊人的邪恶能量”，并且表示要为这具木乃伊驱邪是不可能的事，因为“恶魔将永存在她的身上，任何人都束手无策”。最后，拉瓦茨基夫人给这位收藏家提出忠告：尽快将它脱手。

但是，谁愿意接受一个被诅咒的木乃伊呢？毕竟短短的10年，就已经有20人因为她而遭到不幸，甚至失去了生命。下一个接手亚曼拉公主木乃伊的人是谁？他会幸免吗？

奥兹冰人之谜

人体在冰山下封存了几千年，却仍然保存完好，奥兹冰人就是这个奇迹。

1991年，一群德国游客在意大利和奥地利边界的阿尔卑斯山奥兹山谷的冰川上发现了一具有5300年历史的男性遗体。他年约30岁，身上有很多文身，服装较完整。由于他看来较完整，被冻在冰层里，人们一开始以为他刚刚死去。

然而研究结果却令人震惊，奥兹冰人属于青铜时代（公元前3500～公元前1000年）。他死时埃及的金字塔还未建好，欧洲人正在尝试车轮的发明。

奥兹冰人是目前保存最完好的史前人遗体，他引起人们的广泛关注。冰人被发现时，已被阿尔卑斯山上的冰雪制成木乃伊。他身体上皮肤的孔仍清晰可见，甚至连眼球都保存完好。他身高有1.59米，身上穿着由羊皮、鹿皮和树皮及草制成的3层服装，戴着帽子和羊皮护腿。他身旁还放置了一把铜制的斧头和一个装有14支箭的箭袋。

奥地利因斯布鲁克大学古人种学家奥格教授领导的研究小组证实，冰人患有关节炎，体内有鞭虫寄生。在遇难前的几个月，他还曾患过3次严重疾病。由残留在他头发中高含量的铜和砷可以推断，他曾经做过冶炼铜的工作。

奥兹冰人的死因始终是科学家争论的一大焦点。据意大利考古博物馆的研究人员认为，奥兹冰人是在雪地里睡着了冻死的或是死于雪崩。华盛顿邮报的报道则称，在对奥兹冰人经过一种被称做层面X线照相术的技术测试后，科学家发现冰人的左肩下有一枚箭头，在骨骼上还发现箭头射入他身体后留下的痕迹。研究人员称，奥兹冰人很可能是死于战争，因为他身上武装着斧头、刀和弓箭。箭头进入体内的角度表明他是被人从下方击中。这柄箭不到2.5厘米长，穿过他的背部，切断臂上的神经和血管，停在肩膀和肋骨之间。由于箭没有射到任何重要器官，研究人员估计奥兹冰人流了很多血，最后在痛苦中死去。

奥格教授发现，从奥兹冰人结肠中提取的内容物含有完整的蛇麻草角树的花粉颗粒。这种树在春季开花，并且只生长于低海拔地区。由于花粉在空气中分解得很快，因此可以推断奥兹冰人应该死于春季或初夏。另外，对他的皮肤分析表明，奥兹冰人的躯体在冻成冰人前，曾在水中浸泡了几个星期。奥格教授的发现使得从前有关奥兹冰人死因的猜测受到了质疑。过去科学家认为史前人受到秋季的一场突如其来的暴风雪的袭击，最终死于寒冷恶劣的天气。新的证据还迫使研究人员重新思考奥兹是如何陈尸于高山之上的。奥兹冰人的死亡之旅依然显得相当神秘。一些研究人员甚至猜测，他是作为新石器时代的某种献祭被拽到那里的。

奥兹冰人死亡之谜尚未被完全解开，目前奥兹冰人被保存在意大利小城的木乃伊博物馆，科学家正通过各种研究弄清他的情况。而意大利博尔扎诺的科学家正与发现频道合作，计划完成一部介绍奥兹冰人木乃伊的纪录片。

千年不腐的马王堆古尸

历经千年的女尸居然面色鲜活，真让人感到惊叹！

1972年，在中国湖南马王堆古墓中出土了一具女尸，它震惊了世界。为什么呢？原来，尽管历经2000年，但这具女尸外形完整，面色鲜活，发色如真。解剖后，其内脏器官完整无损，血管结构清楚，骨质组织完好，甚至腹内一些食物仍存。为什么这具古尸历经千年而不腐呢？

一般来说，古墓中的尸体留至今天，只会出现两种结果:一是腐烂。因为在有空气、水分和细菌的环境里，大量的有机物质会很快腐烂，棺木也会腐朽，最后尸体也难免烂掉。二是形成干尸。这需要极为特殊的气候条件，在特别干燥或没有空气的地方，细菌微生物难以生存，这样，尸体会迅速脱水，成为“干尸”。

马王堆的女尸为何是“湿尸”而不腐烂呢？其原因是：

第一，尸体的防腐处理完善。经化学鉴定，它的棺液沉淀物中含有大量的乙醇、硫化汞和乙酸等物。这证明女尸是经过了汞处理和其他浸泡处理的，硫化汞对于尸体防腐的作用很大。

第二，墓室深。整个墓室建筑在地底16米以下的地方。上面还有高20多米，底径五六十米的大封土堆。既不透气也不透水，更不透光。这就基本隔绝了地表物理和化学的影响。

第三，封闭严。墓室的周壁均用可塑性大、黏性强、密封性好的白膏泥筑成。泥层厚约1米左右。厚为半米的木炭层衬在白膏泥的内面，共5000多千克。墓室筑成后，墓坑再用五花土夯实。这样，地面的大气就与整个墓室完全隔绝了，并能保持18℃左右的相对恒温，光的照射被隔绝，地下水也不能流入墓室。

第四，隔绝了空气。由于密封好，墓室中已接近了真空，具备了缺氧的条件。在这种条件下，厌氧菌开始繁殖。存放在椁室中的丝麻织物、乐器、漆器、木俑、竹简等有机物和陪葬的大量的食物、植物种子、中草药材等，产生了可燃的沼气。从而加大了墓室内的压强。沼气能杀菌。细菌在高压下也无法生存。

第五，棺椁中存有具有防腐和保存尸体作用的棺液。据查，椁外的液体约深40厘米，棺内的液体约深20厘米。但它们都不是人造的防腐液，而是由白膏泥、木炭、木料中的少量水分和水蒸气凝聚而成的。而内棺中的液体是女尸身体内的液体化成的“尸解水”。这种自然形成的棺液防止了尸体腐败，并使得尸体的软组织保持了弹性，肤色如初，栩栩如生。

在重见天日之时，千年的亡魂随同所有出土的文物，散发着迷人的光芒，让人不禁惊叹于造化的神奇。

神秘村庄诡异自燃

人体自燃的谜团尚未解答，又出现了诡秘的村庄自燃，这究竟是怎么回事呢？

意大利西西里岛的一个小村庄里频频发生神秘自燃事件，诡异的火光让当地人纷纷撤离村庄。

据英国《泰晤士报》、《卫报》报道，这个名叫卡尼托·迪·卡罗尼亚的村子位于意大利西西里墨西拿海岸上，全村仅有150多人。大约一半人家中使用的家用电器和保险丝盒都已经发生过自燃。

安东尼奥·佩齐诺家最先发生自燃。当时，家里的电视机突然就着了火，他还以为是电线发生了短路，根本就没在意。可是没过多久，村子里其他的邻居家里也都先后发生了物品自燃现象。

自燃的物品多种多样，小到充电器，大到汽车，还包括洗衣机、电视机、空调、床垫、椅子等，整个村子几乎什么东西都可能莫名其妙地燃烧起来。

神秘自燃事件发生后，当地政府宣布卡罗尼亚村进入“紧急状态”，在那里居住的39户居民已经全部撤离。当地警察曾猜测是否恶作剧或纵火犯所为，但当他们亲眼看见金属丝“着火”后，就排除了这种可能。

为了随时灭火，一个消防小组打算长期驻扎该村，随时待命。一名意大利电力公司发言人悲伤地称，尽管电力公司早在10天前就切断了通往该村的所有电力供应，但这种奇怪的自燃现象仍然照常发生。

一些村民怀疑，“神秘火灾”可能归咎于附近一条从墨西拿通往巴勒莫的铁路线，这些村民怀疑，可能是铁路线上积聚的电流以一种尚未可知的方式传递到了村庄的房子上。

对此，意大利铁路公司不得不发表声明，称铁路部门已经停止运行该铁路线上的所有列车，并切断了该铁路线上的所有电力。然而，神秘的火灾仍然照常发生。

村长斯皮纳托说：“幸运的是，到目前为止还没有一人死于火灾，但我们全都提心吊胆，充满恐惧。”村民西奥夫说，她9岁的女儿可能还不愿回家，因为到现在，一开电视或是打开浴室的换气扇时，她都会心惊胆战。

自燃事件发生后，100多名由电力专家、磁场专家、电话工程师、地质学专家组成的科研小组已赶赴现场，手持各种设备对卡罗尼亚村进行检测，寻找该村物体神秘自燃的原因，但最终一无所获。

面对科学家也无法解释的神秘火灾，当地一些老村民甚至开始怀疑该村可能已被一个“邪灵”盘踞，它从一个房间穿行到另一个房间，不停地引发火灾。

意大利超自然现象控制委员会负责人马西莫·波利多罗说：“这里的燃烧现象都只在有人在场的情况才会发生，这个事实让人非常费解，难以确定这到底是正常的自然现象还是一种超自然现象。”

神秘自燃猜测种种，恶作剧？魔鬼作祟？还是超自然现象？让人费解。

神秘的“四维空间”

地球和某种神秘世界之间，存在着一种不可捉摸的通道。通道另一侧的神秘世界就是“四维空间”。

1968年6月的一个夜晚，阿根廷的毕达尔律师夫妇驱车行驶在去往买普市的路上，竟然神秘失踪，当被发现的时候，竟然远在千里之外的墨西哥城！这是怎么回事呢？

1968年6月1日深夜，两辆高级轿车在南美阿根廷首都布宜诺斯艾利斯市郊疾驰着。6月，在南美是冬季渐渐降临的季节。然而，阿根廷的滨海地区几乎没有经历过严冬。那里离赤道的距离与东京相仿，可是，在最寒冷的7月，平均气温也保持在10℃。而在盛夏的1月，气温也难得有达到25℃的日子。这或许是大西洋洋流起了调节气温的作用所致吧。这天夜里，两辆轿车疾驰着，浓雾正笼罩着四野。后面车上坐着布宜诺斯艾利斯的律师毕达尔和他的妻子，前面车上坐着的夫妻二人是他们的朋友。为了探望熟人，他们由布宜诺斯艾利斯南面的查斯科木斯市，向南150千米的买普市彻夜驱车而行。

阿根廷的西部屏障着险峻的安第斯山，由中部直到东部是绵延的大平原，那是南美最大的谷仓。道路穿过连绵无际的麦田，又直插沙尘漫漫的荒野。不知是因为前面的车速太快了还是由于律师夫妇的车发动机出了故障，两辆轿车的距离渐渐拉开了。

前面的车临近买普市郊时，两人回首顾望，后面是浓雾迷漫，什么也看不见。于是，他们决定停车等候后面的律师夫妇。可是，等了半小时、1小时后，迷雾中依然不见他们的踪影。道路平坦而无分叉，他们心中狐疑，掉回车头来寻望。然而，既没有车行驶，也没有车停在路旁，甚至连出了故障或破损的车的碎片都没有见到。就是说，律师夫妇乘坐的车在公路上行驶途中，忽地化作云烟消失了。

第二天，亲戚朋友们找遍了查斯科木斯市与买普市之间所有的地方。然而，不论是人还是车，连影子都不曾见到。

两天过去了。正当最后要报警时，由墨西哥城打来了长途电话，说："我们是墨西哥城的阿根廷领事馆。有一对自称是毕达尔律师夫妇的正在我们保护中，您认识他们吗?"朋友接到电话很是诧异，于是请毕达尔本人来通电话，一听，果真是失踪的毕达尔律师的声音。这就是说，律师夫妇6月3日确是在墨西哥城。

律师夫妇不久被送回了阿根廷，据他们说，他们坐的车离开查斯科木斯市不久，大约夜里12时10分，车前突然出现白雾状的东西，霎时间把车包围了。毕达尔惊慌中踩下刹车，不一会儿，便失去了知觉。

不知过了多长时间，两人几乎同时苏醒过来。这时已是白天，车在公路上行驶着。可是，车窗外面的景色与阿根廷的平原已迥然不同了，行人的服装也多未曾见过。他们急忙停下车来打听，竟然说这里是墨西哥城！"这真是怪事！"他们这样想着，又开动起车来，这时，街道和建筑物都无可置疑地说明这确是墨西哥城。带着梦境未醒的神态，两个人跑进阿根廷领事馆求助。惊魂稍定后才知道，他们的表在他们失去知觉的时刻——12时10分已停住了，而跑进领事馆则是6月3日了。这是完全如谎言一般的故事，可是，律师夫妇在待人接物上都是十分讲信用的，不可能说出如此谎言。

由阿根廷的查斯科木斯市到墨西哥城，直线距离也在6000千米以上，即便利用了船舶、火车和汽车之类，要在两日内抵达也是不可能的。若只是人，还可以认为是乘飞机飞去的，可是，连轿车一起在墨西哥城出现，确实让人无法理解。

类似的事情很多，1893年10月25日夜里，一个西班牙籍士兵在菲律宾总督府门前站岗时，突然神志不清昏睡过去。次日清晨，当他醒来时，发现自己在墨西哥的政府大厦前。他感到十分奇怪。可墨西哥人认为他是精神失常者，而被交给教会处理。受冤枉士兵别无他法，只好向墨西哥人打赌："昨天夜里，菲律宾总督被人用斧子暗杀了，这个消息总有一天会传到你们这里，那时你们就会相信我没有说谎。"两个月后，消息传来证实了士兵所讲的属实。人们才不得不相信他的话，将他从教会里放了出来。

这些事究竟怎么解释呢？科学家认为，地球和某种神秘世界之间，存在着一种不可捉摸的通道，通道的两边是两个不同层次的世界，通道另一侧的神秘世界就是"四维空间"。即毕达尔律师夫妇被卷进了突然出现的空间的窟窿里。就是说，由于空间发生了某种反常，使得地球上某一处的某一物体陷落到另外的时空，穿越了"四维空间"，又返回到现实的空间。"四维空间"真的存在吗？

宇宙是无穷无尽的，在浩瀚无涯的宇宙中，科学家们将如何解开通向"四维空间"这个神秘世界的谜团，我们拭目以待。

莫名其妙的消失

一个大活人，光天化日之下在你面前消失得无影无踪，他能去哪里呢？

如果站在你面前的一个人，突然间消失得无影无踪，你会有什么反应呢？认为这是不可能的吗？不。这种事确确实实发生过，而且不是发生在普通人身边。

一名英国驻奥地利首都维也纳的大使班杰明·巴沙斯特，因为公事必须回伦敦一趟。

当时大使正走出官邸的大门，乘上停靠在一旁的马车，然而就在脚刚跨上去的瞬间，突然就消失了身影。

周围一些前来送行的官员惊讶得异口同声地说："大使的身影就当着我们众人的面如烟雾般地消失无踪了。"大家只能眼睁睁看着，都束手无策。

代表一国的公使莫名其妙地失踪了，这可不是开玩笑的。维也纳的警政署出动所有的刑警，做了一次地毯式的大搜查。可是，却再也没人看见过巴沙斯特大使的身影。

类似的事情不久以后又在美国重演，主要目击者之一是一名法院的法官。

1880年9月23日的傍晚。在美国东部的田纳西州，有个叫卡兰迪的乡间小镇。大卫兰克先生正邀请贝克法官以及其妻弟洛伊先生到家里共进晚餐，受邀的两人便乘着马车来到兰克家门前。

当时，站在大门前面的兰克听到马车声，便与妻子及两个十几岁的儿子，一同前往迎接。

"欢迎!欢迎!"

兰克先生一边热情地挥着手，一边朝正从马车上走下的客人靠近。谁知，就在这一瞬间，兰克先生就消失了踪影。

出事的地点刚好在马车的正前方。

对于这突发的景象，在场的客人以及他的妻子无不瞠目结舌、惊讶不已。

在夕阳斜照、光线明亮的院子里，好端端一个人竟然消失得无影踪了。

"兰克先生!兰克先生!"

"爸!爸!你跑到哪里去了!"

法官与孩子们大声地呼喊，可是却一点回音也没有。这桩离奇事件就像噩梦一般。

当然，兰克是不可能进到马车里。而且即使他走进去，从外面也能一目了然。

“怎么会有这么不可思议的事呢？”贝克法官除了吃惊之外，茫然不知所措。

从庭院到牧场，尽是一片宽广草原，根本没有可藏身的地方。兰克的妻子一时受到过度刺激，也因此失去了理智。

接获报案飞奔而至的警方人员，对于此事件刚开始也是左思右想、有所怀疑。不过，再怎么说，堂堂的法院法官也是目击者啊!

刑警们开始将整栋建筑物的里里外外做彻底搜查，更动用猎犬到处搜索，可是始终没有发现兰克先生的踪影。

一个月过去了，整个事件仍然没有头绪。经过数月之后，兰克先生的儿子来到父亲消失的马车之前，忽然听到一阵奇怪的声音：“我好苦啊!好苦啊!”

于是一度又使警方紧张起来，不过最后还是像谜一般无法解开。

一个大活人，在众目睽睽之下，事先没有任何征兆，就悄然消失了，确实让人费解。不知警方何时能破此案，将真相大白天下。

神秘的集体失踪

光天化日之下，一个大活人消失得无影无踪已经很可怕了，如今却又出了集体失踪的事，谁来破此案呢?

1915年8月21日，土耳其加里波里群岛清风和煦，第五诺福克团正准备向60号地区进攻。正当第一营官兵登上山冈时，一团云雾飘过来把第一营的官兵笼罩起来，当云雾散去时，一个营的兵力如幽灵般突然消失了。

当年和这些英军同在一个阵地的22名新西兰士兵也亲眼目击这一事件，他们向上级做了报告，英军大规模搜寻后毫无结果。

当时英军一直认为最大的可能是全队人马均为土耳其军所生俘，等到战争结束时，英国向土耳其提出交还那些失踪的英军官兵，然而土耳其一直坚持说从未看到过这支部队。英国政府把这一事件列为机密，尘封了整整50年，直到1967年，才把这一事件的22名证人的证词文件公开，但是这一直成为英国军事史上一大悬案。

类似的集体失踪案早在公元1590年就已经发生过。有100名成年人和孩子当时居住在美国的殖民地罗亚诺克岛，然而当美国士兵进入一个村庄时，蜡烛仍在燃烧，小屋里摆着饭桌，但居住者已无影无踪。

一开始美国士兵认为可能是印第安人杀死了他们，但士兵们将现场和周围地区找了个遍，也没有发现一具尸体。他们唯一的发现是牧师家附近一棵树上的几个字:“它看上去不像……”

而世界上最大的一桩集体失踪案——西班牙士兵的失踪案，更是耸人听闻。公元1711年，约4000名西班牙士兵被围困在一座山顶，等待援军到来。

司令部决定派遣援军于次日赶到山顶。可是，当第二天早晨援军到达山顶时，却发现了十分奇怪的事情。这支仅在山上露宿一夜的西班牙部队竟不知去向。宿营地里，炉火依然燃烧着，整个驻扎地一片沉寂。也许他们睡得太死了吧! 可是当援军踏遍营垒之后，他们惊异地发现4000多名官兵一个不剩地集体失踪!他们究竟去了哪里呢？军方调查了好几个月，也没有找到任何线索。这件事被记录在西班牙官方文献和权威军事史上。

多起集体失踪案，给人们带来了恐慌和疑惑。科学界也存在种种猜测，归纳起来主要有3个方面:

1.地球“黑洞”搞的鬼。有学者认为，地球“黑洞”是人眼看不见的引力世界，人一旦被吸入“黑洞”中，就什么知觉也没有了。所以，历史上神秘失踪的人、船只、飞机等，实际上是进入了这个神秘的地球“黑洞”中。

2.时空隧道。美国著名科学家约翰·布凯里教授认为，“时空隧道”是客观存在，是物质性的，它看不见，摸不着，对于我们人类生活的物质世界，它既关闭，又不绝对关闭，偶尔开放。

3.“静电浮力”的观点。研究员理查德·拉扎鲁斯认为，世界各地发生这么多起集体失踪案件，陨星可能是罪魁祸首。陨星在落向地球的过程中，可以产生高达10亿伏的电压。如果撞向地表，它们会引发大爆炸，但有时候，陨星尚未落到地表就分崩离析了，只有巨大的能量波冲击地表，产生静电浮力。在这种情况下，大群的人、船只，甚至火车都有可能被浮到空中或转移到很远的地方。

然而，无论是哪一种观点，都很难让人信服，恐惧与迷惑仍然悬在人们心头。

时空隧道

“时空隧道”就是中国传说中“洞中方一日，世上已千年”的仙境吗？

1912年4月15日，世界最大的豪华邮轮“泰坦尼克号”在首航北美的途中，因触撞流动冰山而不幸沉没，造成了1000多人死亡的大悲剧。

80多年过去了。1991年8月9日，欧洲一个科学海洋考察船在冰岛西南387千米处，发现一座冰山上坐着一位60多岁的男子，他穿着20世纪初的船长制服，静静地吸着烟斗，双目眺望着大海。但谁会想到，他就是80多年前沉没在大西洋中的“泰坦尼克号”船长史密斯！

“泰坦尼克号”上的幸存者

史密斯船长当即被救上这艘科学考察船，并立即被送往奥斯陆。在医院里，经著名的精神病心理学家哈兰特博士认真检查后，认为他生理和心理一切正常。科学考察船的负责人、著名海洋学家艾德兰博士和精神病心理学家哈兰特博士在1991年8月18日举行新闻发布会，向欧洲新闻界宣布：经英国海事机构的指纹和照片验证以及航海记录表明，救起的这位老人确确实实是史密斯船长，他现在有140多岁了。据海洋学家艾德兰博士说，在营救史密斯船长时，他拒绝援救、并称应与“泰坦尼克号”共存亡。这是一位船长应该做的。确实，在“泰坦尼克号”沉没时，史密斯船长在指挥营救，拒绝登上救生船并和“泰坦尼克号”一起沉没在大洋之中。史密斯船长一直认为“泰坦尼克号”沉没是发生在昨天的事。此事如何解释呢？欧美的有关海事机构认为，史密斯船长是属于“穿越时光再现”的失踪人。

美国物理学家斯内法克教授认为，在空间存在着许多一般人用眼睛看不到的却客观存在的“时空隧道”，历史上神秘失踪的人、船、飞机等，实际上是进入了这个神秘的“时空隧道”。有的学者认为，“时空隧道”可能与宇宙中的“黑洞”有关。“黑洞”是人眼睛看不到的吸引力世界，然而却是客观存在的一种“时空隧道”。人一旦被吸入“黑洞”中，就什么知觉也没有了。当他回到光明世界时只能回想起被吸入以前的事，而对于进入“黑洞”遨游无论多长时间，他都一概不知。

有些学者反对这种假设，认为这不能说明问题。“泰坦尼克号”邮轮和乘客同时沉没、消失，乘客们进入“时空隧道”，为什么邮轮没有进入呢？如果邮轮也同时进入，它应该和船长史密斯同时再现吗？

然而，泛美航空公司编号为914号班机的所有乘客却是实实在在都做了一次时空之旅。

1990年9月9日，在南美洲委内瑞拉的卡拉加机场的控制塔上，人们突然发现一架早已淘汰了的“道格拉斯”型客机飞临机场，而机场的雷达根本找不到这架飞机。

机场人员说：“这里是委内瑞拉，你们是从何处而来？”飞行员听罢惊叫道：“天啊！我们是泛美航空公司914号班机，由纽约飞往佛罗里达州的，怎么会飞到你们这里，误差2000多千米？”接着他马上拿出飞行日记给机场人员看：该机是1955年7月2日起飞的，时隔了35年。

机场人员吃惊地说：“这不可能，你们在编故事吧！”后经电传查证，914号班机确实在1955年7月2日从纽约起飞，飞往佛罗里达州，突然途中失踪，由于一直找不到，机上的50多名乘客全部都赔偿了死亡保险金。这些人回到美国的家里也令他们的家人大吃一惊。孩子们和亲人都老了，而他们仍和当年一样年轻。美国警方和科学家们专门检查了这些乘客的身份证和身体，认为这不是闹剧，而是事实。

最近，美国著名科学家约翰·布凯里教授经过研究分析，对“时空隧道”提出了以下两点理论假说：

1.“时空隧道”和人类世界不是一个时间体系，进入另一套时间体系里，有可能回到遥远的过去，或进入未来，因为在“时空隧道”里，时间具有方向性和可逆性，它可以正转，也可倒转，还可以相对静止。

2.对于地球上的物质世界，进入“时空隧道”，意味着神秘失踪；而从“时空隧道”中出来，又意味着神秘再现。由于“时空隧道”里时光可以相对静止，故而失踪几十年就像一天或半天一样。

“时空隧道”究竟存在不存在，究竟是怎么回事，还需要科学家的进一步探索。

印第安人的人头缩制术

在印第安的希瓦罗族，头颅就像空气一样，可以被压缩。

在秘鲁国立人类学和考古学博物馆的库房里，保存着几个被缩小的人头原物，只有拳头般大小，其中一个留着八字胡须、秃头、满脸怒气，十分生动。那么，世界上真的有人头缩制术吗？

全副武装的印第安人泥塑像
威风凛凛的印第安战士，连同充满恐怖色彩的缩制人头术，令敌人闻风丧胆。

据说南美洲印第安人的一个部落就使用人头缩制术缩小人头，以此来锁住灵魂。传说公元前1450年前后，有一个特殊的希瓦罗族部落，这个部落非常神秘。他们对缩制敌人人头很在行，并且满足于砍下敌人人头留作战利品，人头被他们缩成拳头那样大小，死者不散的灵魂也永不得翻身。他们相信头脑内藏有灵魂，所以最怕灵魂受制不得脱身。希瓦罗人缩制人头为的正是要把敌人的灵魂牵制住。他们在把人头缩制之前，仿佛要举行某种仪式，以使人头里的灵魂不能报复杀死他的人。因此，如果说希瓦罗人也有害怕的事物，就是敌人那逃掉的灵魂。

缩制猎回的人头通常要好几天的时间，或者是在武士回乡后，再进行缩制工作，不然就常在凯旋途中举行缩制仪式。在每一次缩制过程中，都要有大吃大喝和跳舞的仪式。缩制好的人头，要缝合两眼，以使一心想报复的灵魂无法看到外面的世界，缝起嘴来使灵魂无法逃脱，然后在隆重仪式中把干人头用布包好，用陶罐盛起来，通常埋在得胜战士的茅屋下面。

当然，这是个传说，其真伪性还有待于考证，但是秘鲁博物馆里确实存放着被缩小的人头，这引起了科学家的兴趣，许多科学家开始为解开人头缩小之谜而奔波。

20世纪50年代左右，联合国教科文组织派遣一些著名的科学家到南美洲的安第斯山脉深入考察，他们在一个被莽林掩盖的山岩上发现了几十个30厘米多高的龛式洞穴，每个洞壁间赫然陈放着一个仅拳头般大小的人类头颅，不仅五官俱全，而且科学家经过生理切片等一系列检验，证明它们都是成年人的头颅。这些头颅是当地与世隔绝的希巴洛斯族人制作的。

原来，希巴洛斯族盛行一种奇特的殡葬仪式:族里人死了，祭师就把死者的头颅割下，用一种名叫“特山德沙”的草药剂浸泡，把头颅缩小成拳头一般大小，既保持原来面目而又经久不烂；如果是受全族尊敬的酋长、元老死了，则全身都用“特山德沙”的草药微缩剂浸泡，使全身缩制成不到30厘米高的“小人”干尸，以供全族祭祀。那么，希巴洛斯族的草药微缩法是否就是传说中的印第安人的神秘“人头缩制术”呢？看来，这或许是有共通处，但却是难以证实的了。

第二章 又见幽灵

抬头不见，低头见。一不小心，幽灵又现。

照片中的鬼魂

地板擦得越亮，鬼影越清楚！

第一次世界大战期间，在英国弗兰普顿的玛格丽特·谢里登家的祖宅里。谢里登父亲是英国陆军军官，在德国前线服役，母亲把她和哥哥带到弗兰普顿宅等候父亲的消息。谢里登后来这样写道：

“到了吃茶点的时候，我下楼到客厅去，在楼梯碰见了一个男孩，身穿白色水手服，头戴圆草帽。他看了我一眼，我也看了看他，大家没说话就走过了。保姆跟我说过多次，不许随便跟陌生人谈话。我猜想他一定是来陪我玩的。

“我刚到客厅就兴高采烈地叫道：‘我看见一个小水手呢。’没人接腔，我又说一遍，依然是一片令人不安的沉静，祖母双手发抖，只叫我吃涂了黄油的烤面包。此事过后很久我才知道，那个小水手出现会为我家带来不幸。原来他是我家一位先人，生前当海军见习军官时溺毙。此后他的‘鬼魂’只在家族继承人临终时才在弗兰普顿出现。奇怪的是，依他的画像看来，他是个十六七岁的少年，但我看见的分明是个小孩，年纪跟我差不多。”

过了不久，噩耗传来，谢里登的父亲在前线阵亡。

精神病学家认为，“鬼魂”是潜意识的愿望、未解除的罪恶感、零碎的想象等混杂后的表现形式。

无独有偶，在20世纪70年代西班牙的一个小村庄也发生了类似有关“鬼影”的事情。

1971年8月一个炎热的早上，西班牙南部离柯多瓦市的贝尔梅芝村，一个老妇和她的幼孙正在厨房里闲坐，突然间，小孩子紧张地大叫起来。他看见一个突然出现在粉红瓷砖上的脸孔，表情无限凄惨。家人赶紧去擦，只见眼睛越擦张得愈大，面容变得愈加凄惨，更加令人毛骨悚然。

家人惊慌失措，便把地面上的瓷砖掀去，改铺混凝土。但3个星期后，第二个脸孔出现了，而且比第一个更加清晰。同时，第三个、第四个脸孔也陆续出现。厨房锁了起来并加了封条，可是4个脸孔在房屋的其他地方又同样神秘地出现，其中一个是女的。随后，异象消失，其消失的突然犹如其出现之突然一般。伴随脸孔的出现，录音机录下了人类听不到的声音——怪异的语言和悲苦的呻吟，跟地面鬼脸的痛苦神情正相配合。专家推测这间屋子里可能曾发生过与中世纪某种巫术有关的悲剧和意外。后来政府开始调查，当工人们把地面掘开，才发现地下是一个中世纪的坟场。

专家如此推测是不是就是承认了鬼魂的存在呢？在拍得的照片中发现了清晰的额外人像或物像，让鬼魂之说更加神秘。有人说，照片中的“鬼影”证实了“鬼魂”的存在，另一些人则认为，那些影像可能是一种看不见的力量所为。种种解释虽然有其合理的成分，但是仍然不能令人满意。鬼影之谜仍在继续。

伦敦塔里的鬼影

断头台旁，古堡之内，百年来不断有鬼魂在此游荡徘徊，似乎不舍得离去。

在伦敦泰晤士河畔有一座古老城堡——伦敦塔，这座古堡不仅有着悠久的历史，而且至今还弥漫着浓重的血腥气息。长久以来，这里一直是传说中鬼魂出没的地方。这里面隐藏着什么秘密呢？古堡中的鬼魂是谁呢?

伦敦塔始建于公元11世纪，建造者是当时的英王——威廉，这座以白塔为核心的城堡建筑群曾做过皇家宫殿、监狱、造币厂、刑场、军械库。从建立之初就有数不清的人在该城堡内丧命。在它的地下土牢里，有各种残酷的刑具，而堡外的塔山则是家喻户晓的断头台。从此，无数的鬼魅似乎就顺理成章地徘徊在伦敦塔内，许多人都声称自己曾亲眼见到过这些游荡的鬼魂。

伦敦塔内最有名的鬼魂，也是塔内第一个显赫的受难者，王后安妮·博林——原英王亨利八世的第二位妻子。她由于被控犯有叛国罪和通奸罪，于公元1536年5月19日，在塔内绿地上被斩首。临死前她的丈夫亨利八世满足了她最后的一个愿望——用剑而不是斧头行刑，为此，亨利八世专门从法国加莱物色了剑客充当刽子手。在她死后不久就有人声称看到她的鬼魂——一袭白袍游荡在塔内的绿地和回廊上。

另一个有名的鬼魂是马格利特女伯爵，为了扫除政敌，亨利八世以叛国罪宣布处死她，公元1541年5月28日，年近七旬的女伯爵被押上了刑场，但她秉性刚烈，绝不肯跪伏在断头台上，不仅如此，刽子手刚刚向她走来，她竟然撒腿就跑，但很快被刽子手一顿乱砍，顷刻殒命。于是每年的5月28日，塔内的看守都说可以听到垂死女伯爵痛苦的呻吟声。

许多个夜晚，塔内的守卫报告，曾在城堡西南方的“血塔”附近看到过两个身着睡衣的小孩子的身影，更为奇怪的是他们还手牵着手！熟悉英国历史的人明白，这正好印证了500多年前发生在这里的一宗离奇命案：英王爱德华四世于公元1483年去世后，他的两个儿子——爱德华五世和弟弟约克公爵被送到塔里等待继承王位。可最后他们却在塔内神秘地失踪了，而他们的舅舅理查德成了英国国王。直到200年后的公元1674年，工人在整修塔内阶梯时，从砖石中发现两具小孩的遗骸，几乎可以确定正是当年失踪的两位小王子！

那么，这些难道真的是鬼魅作祟么？

2003年，赫特福德郡大学的学者们携带最先进的物理电磁感应仪器对伦敦塔内诸多“鬼魅”频繁出没的地区进行调查发现，塔内某些地点磁场异常强烈，某些地点建筑格局造成了气流通过时速度较高，而且会发出空气在隙穴中的啸叫。此外，光线的昏暗客观上可能对人产生了心理暗示的作用。

于是，科学家们得出结论：“闹鬼”事件都是环境造成的，伦敦塔内某些地点的磁场异常、空气流动以及次声波，加上昏暗的光线，特别容易激发起人们内心深处对幽闭环境的恐惧感，如果再联想到数百年前塔内发生过的种种血腥事件——包括死刑和谋杀，就很容易相信自己发现了鬼魂。所谓“鬼魂”不过是人大脑对现象的解读。

科学家的解释并不能令人满意，伦敦塔内的鬼魂究竟是真是假？即使是现在，在城堡的某些通道里，人们常常会感到莫名其妙的阴风袭来，而且还能听到呓语般的嗫嚅声，更有甚者还曾看到过白色的影子若隐若现……

警察局闹鬼

你在屋子里遇到“鬼”了，可以打“110”，那么警局大楼“闹鬼”，警察该找谁呢？

只听说过普通百姓家闹鬼，然而，谁又能想到警察局竟然也会闹鬼呢，而且警察竟然被吓坏了。这是怎么回事呢？

据美联社和美国广播公司报道，有段时间，谢比维尔市警察局大楼仿佛成了“鬼屋”，在寂静的晚上，楼梯间的门会自动打开；白天上班时，办公桌的抽屉有时会自己跳出来；此外他们还听到一些奇怪的走动声。据报道，这幢红色砖墙建筑始建于183年前，经重新装修后成为当地警方的办公楼，谢比维尔市的警察是在今年年初才搬进这幢大楼的。据谢比维尔市警察局警官约翰·威尔逊称，在这幢警察大楼刚被使用后不久，大楼内就接连发生了“怪事”。

一天晚上当他值夜班时，他看到左边一扇门突然无风自开，威尔逊说道："就像有个隐形人在打开它一样。"接下来的一些天，威尔逊和其他警官经常能听到敲门和敲墙声，此外，他们在值夜班时还能听到楼梯上有人走路的脚步声，而事实上那儿根本不可能有另外的人。

令人啼笑皆非的是，对罪犯并不畏惧的美国警察却被这间所谓的"鬼屋"给吓坏了。谢比维尔市警察局局长斯图亚特·谢利称，他手下的官员已被此事折磨得疑神疑鬼、疲惫不堪。据报道威尔逊已经联系了"捉鬼队"——美国刘易斯维尔的"科学研究幽灵追踪小组"前来帮忙。

"科学研究幽灵追踪小组"的负责人斯蒂夫·康利都不相信警察大楼会"有鬼"。康利说:"在99%的情况下，这些所谓的奇怪现象都可以得到正常的解释，譬如，由于这座警察大楼是新装修的，其中一些窗户和门链也许会有松动现象等。"

99%的情况可以找到解释，那1%的不可能的解释又能说明什么呢？究竟是什么在作怪呢？

硅谷"鬼屋"再现

硅谷里不仅有高科技，它的"鬼屋"也相当出名。

说起硅谷，相信谁都不会陌生，它是全世界信息技术最发达的地方。这里充满了理性和科学的气息，也是一个旅游城市。其热点是一座古旧的庄园，庄园的主楼邪气十足，俗称"鬼屋"，每年都会招徕数百万游客。

"鬼屋"不是生存着厉鬼的荒宅，它是高7层、有160个房间的一幢建筑物。温切斯特夫人是这幢建筑的修建者。后来人们了解到，温切斯特夫人原本居住在美国东部的康涅狄格州。19世纪时，该州的机械制造业雄冠全美，生产了大量的枪炮，被称为"美国军火库"。温切斯特夫人的丈夫是著名的军火商，所经营的温切斯特牌连发来复枪是当时火力最猛的单兵武器。这种枪在南北战争中夺去了万千生命，在开拓西部的岁月里将无数印第安人变为冤魂，累累白骨把温切斯特牌来复枪推上了“战胜西部之王”的宝座。

温切斯特用滔滔鲜血铸成了数不尽的金元，却不能铸就幸福——他唯一的女儿出生6个月即夭折，本人也在15年后因肺病逝世，留下身高只有1.34米的妻子在孤寂、惊惶的苦海中挣扎。

受过高等教育的温切斯特夫人却相信鬼魂之说，她修建这幢建筑完全就是为了躲避“鬼魂”，她的女儿夭折，她的丈夫早亡，她把这一切都归于让他们家富裕起来的来复枪，他们卖出去的枪沾染了太多鲜血。由于害怕那些死在他们卖出的枪下的人会来找她索命，温切斯特夫人抛弃了丈夫留下的血腥生意，逃到千里之外的圣荷塞来。她购置161英亩土地，营建了亦工亦农的庄园，并雇佣工人种植农作物，生产农具、渔具。温切斯特夫人在经营管理方面很有能力，庄园获利丰厚。但她的心灵依旧被“鬼魂”折磨得惶惶不可终日，于是便挖空心思地建造了这幢诡异的大楼。她相信人不会在建造房子时死去，所以一直施工不停。要不是她在1922年逝世，工程还会继续下去。

这幢高7层、有160个房间的楼房是维多利亚式建筑，于1884年开工，连续建了38年仍未完成。庄园的主人温切斯特夫人是一个既富有又凄凉、既坚强又脆弱、既聪明又愚昧的神秘女人，“鬼屋”凝集了她大半生的心血。

“鬼屋”的顶部极其复杂，除了几个大三角形的结构外，还有几个尖塔，尖塔下面分别是四方形、六角形、八角形、圆锥形的小阁，怪异得令人愕然。而“鬼屋”的屋内结构更是诡秘得不可思议。

通向主人卧室的楼梯阴森可怕，楼梯两边被板墙紧夹，窄得仅能容纳一个瘦人通行，梯级之间的距离只有5厘米，小得出奇。这一封闭式的回转窄梯，在世上堪称绝无仅有，体现了主人只让瘦小的自己使用，不让“宽魂”通行的用心。

“鬼屋”的房门都很矮，它们的开向十分古怪：有的一打开竟是一道墙，前无去路；有的则架空而开，一脚踏出就会掉到园子里去。这大概是为了抵御“鬼魂”侵袭而特意制造的迷阵。现在不少游客走进去都会晕头转向，如果没有导游带引，大半天也走不出来。

在西方人的心目中，“13”是个不吉利的数字，但温切斯特夫人却对“13”情有独钟：通向卧室的窄梯拐13个弯；与鬼魂对话的密室有13条通道；二楼的各个专用房间都开13个窗子；窗户的玻璃上有13种不同颜色的圆珠图案；从德国进口的水晶大吊灯被改装为13个灯头；楼中有13个浴室，她用的镀金洗漱盘有13个出水孔……

此外，每逢某月的13日是星期五，庄园就会在当天13时敲钟13响（这一规定至今不变）。温切斯特夫人的遗嘱分为13部分，签了13个名；庄园的价值高达500余万美元，但她在遗嘱中指定的拍卖成交价是13万美元。

这是运用“以毒攻毒”的策略来抵御“鬼魂”，还是借助“负负得正”的公式来争取好运？女主人的“创意”思路实在难以揣摩！但为了对付“鬼魂”，她已施尽浑身解数。

石棺中的“圣水”

石棺或许是被赋予了某种神力，所以才会源源不断地流出“圣水”来。

在法国比利牛斯山区的代奇河畔，有一个名叫阿尔勒的小镇。在这个小镇的教堂里摆放着一口石棺。据说，这口石棺是公元4～5世纪时一个修士的灵柩。石棺是在1500多年前制作的，大约有1.93米那么长，是用白色大理石精雕制成的。

从外表看，这也只是一口普通的石棺，可是阿尔勒镇的这口石棺却长年盛满了清泉一样的水。当地人对石棺里的水非常虔诚，却没有一个人知道这水是从哪里来的。

据说，在公元760年的时候，有一天，一个修士从罗马带回来两个人，一个叫圣阿东，另一个叫圣塞南，这两个人都是波斯国的亲王。在修士的开导下，两位亲王信仰了基督教，成了基督教的忠实信徒。

圣阿东和圣塞南来到阿尔勒镇，除了宣传基督教教义，还带来一样圣物。可是他们把圣物放在了教堂的石棺里面保存了起来，至于这个圣物到底是什么，没有人能够知道。不过，从那以后，这口石棺里面开始出现源源不断的“圣水”。这“圣水”为当地的老百姓带来了吉祥和幸福。后来，圣阿东和圣塞南终于成了“圣人”。

当地的人们纷纷传言，圣阿东和圣塞南拿的“圣物”在来到阿尔勒镇教堂之前，曾经在一个罗马的教堂里放置过，而那个教堂的旁边一定会有一眼泉水井。泉水井里的泉水渗透到了“圣物”上，从此“圣物”就有了出水的神奇功能，为当地人带来了福泽。

为了纪念圣阿东和圣塞南，感谢他们的恩德，只要一到每年的7月30日这天，阿尔勒镇上的人们都要举行传统的纪念仪式。纪念仪式完了以后，人们就排着队到这口石棺前边领取一份“圣水”。石棺的盖子上有一个小孔，小孔上面有一根弯的铜管，铜管上有一个开关，修士们就是通过控制这个开关给大家分发“圣水”的。平时，铜管上的开关都是合上的，只有每年的7月30日这天，修士们才把它打开，让“圣水”流出来。人们对得到的“圣水”非常珍惜，小心翼翼地收藏在家里，只有到了万不得已的时候才拿出来使用。据说，这“圣水”有一种特别神奇的力量，可以医治好多种疾病。

有一些专家对这口石棺进行过认真的观察，发现它的整个容量还不到300升。而历史上对“圣水”的记载也大都符合其容量。

公元1529年，有一队西班牙士兵曾经从阿尔勒镇路过，并在镇上驻扎了好几天，他们从石棺里汲取了大约有100升的“圣水”。公元1850年，这口石棺仅仅在一个月的时间内，就蓄了大约有200升的“圣水”。

可是，在法国大革命期间，当地的一些人胡乱造反，将石棺当了垃圾箱，什么东西都往这口石棺里边倒。这口石棺在遭受厄运的几年当中，竟然没有流出一滴“圣水”。后来，法国大革命结束了，人们怀着虔诚的心情清除了石棺里边的脏东西，石棺才又重新流出了神奇的“圣水”。即使在旱灾的年头，这口石棺照样向当地人们提供着清泉一样的“圣水”。

关于石棺“圣水”的传说有很多，虽然说法都不尽相同，但从这口石棺里流出来的“圣水”却是真实的。这时，也就出现了许多疑问，让人们感到纳闷。阿尔勒镇教堂的这口石棺为什么会有这样源源不断的“圣水”呢？另外，这神奇的“圣水”究竟是从哪里来的呢？

1961年7月，两个来自格累诺布市的水利专家来到阿尔勒镇，他们想解开石棺中的“圣水”之谜。两人走进教堂，围着石棺认真地观察了半天。开始，这两个水利专家以为这是一种渗水或者凝聚现象，才使得石棺里面有了“圣水”。于是，他们征得了修士们的同意以后，把石棺垫高，使它和地面隔离开来。然后，又用塑料布把石棺严严实实地包裹了起来，为的是不让外边的雨水渗入到石棺里面去。

做完这些后，两个水利专家又日夜值班地守在这口石棺前，不让别人往里面加水。然而过了几天以后，他们打开石棺一看，石棺里边的“圣水”一点儿也没有减少，还是那样源源不断。他们又对这口石棺里面的“圣水”进行了鉴定，结果发现石棺里面的“圣水”即使不流动，它的水质也是纯净不变的，好像石棺里的“圣水”能够自动更换一样。这到底是怎么回事呢？两位水利专家也感到一头雾水。

后来，又有许多科学家试图解开这口石棺“圣水”之谜，然而他们全都没能成功。要解开阿尔勒镇教堂石棺“圣水”之谜，还得需要科学的进一步发展。

现在，阿尔勒镇的人们还是像以前一样，每年只要到7月30日这天，都会来到教堂，举行传统的纪念仪式，然后排着队，到石棺前边去领取“圣水”，希望它能够给家人带来吉祥和幸福。

第三篇

玄秘的外星生命谜团

第一章 UFO 的传说

UFO难道是近几年才知道地球上有人类吗？不，他们早就知道，而且可能还来过。

试问UFO为何物

有些东西不是你相信它就存在的，但是也有些东西不是你不相信它就不存在。

UFO，是英文“Unidentified Flying Object”的缩写，中文意思为“不明飞行物”，也称“飞碟”。在地球上，有千千万万人声称自己见到过空中出现的不明飞行物，更有许多人写下了报告或拍下照片。那么，UFO到底是什么东西呢？是从何时开始光临地球的呢？

人类关于UFO的最早文字记载可以追溯到埃及法老的时代，公元前1504～公元前1450年，法老赛莫斯三世在位之时，这个事件用象形文字记录在一种古埃及的纸莎草纸上：“二十二年冬季第三月六时……生命之宫的抄写员发现天上飞来一个火环。它无头，喷出恶臭。火环长一杆（相当于5米），宽一杆，无声无息。抄写员惊慌失措，齐齐俯伏在地上……他们前去见法老禀报此事。法老下令……核查所在生命之宫纸莎草纸卷上的记载。法老默思此事。数日之后，天上出现更多此类物体，其光芒足以掩蔽日光，并展至天之四维……火环强而有力，法老站于军中，与士兵静观奇象。晚餐之后，火环向南天高升……法老焚香祷告，祈求平安……并且下颁命令，要史官把这件事记录在生命之宫的史册上……以传后世。”

从那时起直到20世纪，在东西方各国众多的文件中，都有关于发现UFO的记载。1883年，墨西哥沙卡塔卡天文台台长邦尼亚在观察太阳黑子的时候，发现有一些不明飞行物从太阳表面掠过，他当即拍下了一些照片，这可能是人类有史以来最早拍下的UFO照片。第二次世界大战期间，美国飞行员和德国飞行员都曾发现过一些不明飞行物，双方都以为是对方研制的新型武器。直到战后发现UFO的消息传来，这些飞行员才意识到，他们看到的原来也是这种东西。

UFO真正引起世界轰动，当从1947年6月24日美国人肯尼斯·阿诺德的遭遇开始的。阿诺德是美国爱达荷州波希市一家消防设备公司的老板兼民航机驾驶员。那天下午两点，他驾机从华盛顿的麦哈里斯机场起飞，去搜寻在卡斯开山坠毁的一架C–46 型运输机。

当时天气晴朗，能见度很高。阿诺德驾机在莱尼尔峰上空3500米的高度飞行时，忽然发现飞机侧方有一道耀眼的闪光。他环视四周，看到有9个闪闪发光的圆盘形物体排成两列梯队，正从贝克山方向往南飞来。当它们从飞机前飞过时，阿诺德测算了一下它们的飞行速度，约为1900千米/时，是当时一般飞机时速的3倍。阿诺德在接受记者采访时说，这些飞行物“像馅饼碟一样扁平”，它们飞行时能够不规则地转向，“就像碟子掠过水面”。由于这个生动的比喻，阿诺德遭遇“飞碟”的故事成为当日报纸的头条新闻。于是“飞碟”这个名词顿时在全世界不

这张拥有经典外观的 UFO 照片拍摄于 1967 年美国罗得州。

胫而走。

1978年12月30日黄昏，澳大利亚墨尔本电视台的福加迪等3名摄影师，乘一架货运飞机沿新西兰的惠灵顿至基督城之间的航线巡航。31日凌晨2时15分，他们飞临新西兰南岛以东上空时，摄影师们看到一个“底部明亮，上面有某种透明圆盖”的物体，在距飞机16千米处。摄影师们连忙打开摄影机，为它拍摄下2300个16毫米胶片。这个物体后来飞到飞机前面、左面，最后疾飞而去。当时地面雷达也证实了飞机附近确有不明飞行物。这些胶片后来全部送交美国海军部光学物理学家麦凯比分析。麦凯比用电脑处理了胶片，并进行了认真研究。他估计该不明飞行物直径在20～30米之间，亮度相当于10万瓦白炽灯的灯光。在做8字形翻滚飞行时，速度约达4500千米/时，这是人类首次成功地拍下UFO的影片，并做了现场录音和雷达追踪。

这些胶片和其他文件后来送交20多名美国有关光学、生物物理学、光学生理学、天文学和雷达专家研究，这些专家都一致认为，胶片上拍摄到的物体不是任何行星、恒星、流星、高空气球、偏离航线的飞机、人造卫星、大气造成的错觉、反射光，也不是恶作剧。

到现在为止，全球各地最少有133个国家报道发现了UFO。一些科学家相信，UFO是外星智能生命派来的星际交通工具。另一些科学家则认为是人们的幻觉。还有少数人认为，UFO可能是地球上某种超自然存在的实体。看来，在UFO的问题上，科学家的分歧还是不小的，究竟UFO为何物，还需要等待。

中国古籍中记载的UFO

在中国浩如烟海的古籍中，竟然也发现了大量的有关不明飞行物的记载，这些记载能说明什么呢？这些飞行物是UFO吗？外星人光临过中国吗？

世界上究竟有没有UFO？这一问题众说纷纭，莫衷一是。在我国的古籍中，也有许多关于UFO——不明飞行物现象的记载。这些记载所述，至今仍叫人心谜频生。

中国最早的外星人可能是出现在7000年前的贺兰山岩画中。在那些记载氏族公社生活的画面上，可以看到头戴圆形头盔、身穿密封宇航服的人，与现代宇航员的形象极其相似。最令人惊叹的是贺兰山南端、宁夏冲沟东的一幅岩画。画面左上方有两个旋转的UFO，UFO开口处一个身穿“宇航服”的人正飘然而下，地面上的动物和人群在惊恐地跑散。这可能是外星人在贺兰山一带出现时的生动写照。

东晋干宝的《搜神记》中记载：“吴以草创之国，信不坚固，边屯守将，皆质其妻子，名曰保质。童子少年，以类相与嬉游者，日有十数。永安二年三月，有一异儿，长四尺余，年可六七岁，衣青衣，来从群儿戏，诸儿莫之识也。皆问曰：‘尔谁家小儿？今日忽来？’答曰：‘见尔群戏乐，故来耳。’详而视之，眼有光芒，爚爚外射。诸儿畏之，重问其故，儿乃答曰：‘尔恶我乎？我非人也，乃荧惑星也。将有以告尔：三公钼，司马如。’诸儿大惊。或走告大人。大人驰往观之。儿曰：‘舍尔去乎’竦身而跃，即以化矣。仰面视之，若引一匹练以登天。大人来者，犹及见焉。飘飘渐高，有顷而没。时吴政峻急，莫敢宣也。后四年而蜀亡，六年而魏废，二十一年而吴平，是归于司马也。”

“异儿”所指的荧惑星即是“火星”，此后过了4年，蜀亡；又过了17年，吴国也灭亡了；三国分裂混战的局面结束，司马氏统一了中国。这正应了火星人的预言。

如果说《搜神记》多记载神异之事，记述并不客观的话，那就让我们来看与诸葛亮有关的记载吧。

据载，公元234年秋天，诸葛亮率蜀军驻扎陕西五丈原。时蜀、魏两军对峙，成胶着状态。一夜，大风狂吹，突然，东北空中出现了一个放射红光、周有芒角的圆状物体，向西南飞来，投向诸葛亮军营。它降了两次，又升了两次，在第三次降落中，消失在黑暗中。是夜，诸葛亮病逝。

这不是《三国演义》里的编造，在《三国志》和《文献通考》中，都有类似的记载。记载中所描述的飞行物肯定不是流星，因为它几降几升，发红光，体状圆形带棱，极像UFO。真如有人所说，诸葛亮大智非地球人类，其卒，实乃返回外星天界了吗？

古籍《晋阳秋》则如此记载了不明飞行物的情况：“有星赤而芒角，由东北西南投于亮营。三投，再还，往大，还小，俄而亮卒。”一颗发着红光的“星”，从东北向西南三来三往，以后便悄然消失了。然而，它若真是一颗星，怎能“三投，再还”“往大，还小”地自由飞行呢？以现在的眼光看，难道它是UFO吗？

唐人段成式的《酉阳杂俎》也有关于UFO的记载：“长庆中，八月十五夜，有人玩月，见林中光属天，如疋布，其人寻视之，见一金背虾蟆，疑是月中者。”细想，文中所记这个光芒照天的“金背虾蟆”“月中者”，完全就是一个发着强光的UFO。

宋人阳百一居士所著《壶云录》中则记载了扬州上空出现的一次奇异现象：“苏城于七月十六日，有火光一道，大若车轮，自东而西，如星之陨，如电之掣，露露有声，门外居民悉见之。”这不明飞行物有如车轮大小，发强光，有声响，速度极快，如“星之陨”“电之掣”，和今人描述的UFO简直是一模一样。

宋人庞元英在《文昌杂录》中还记有一则宋神宗元丰年间发生的异事：秘书少监孙莘老“庄居在高邮新开湖边，一夕阴晦，庄客报湖中殊见。与数人同行小草径中，至水际，见微有光彩，俄而明如月，阴雾中人面相睹。忽见蚌蛤如芦席大，一壳浮水上，一壳如帆状，其疾如风。舟子小艇竞逐之，终不可及，既远乃没。”文中所述“其疾如风”“蚌蛤如芦席大”的帆状物体，不正像是UFO吗？

北宋沈括《梦溪笔谈》中还记载了这样一件事：“嘉祐中，扬州有一蚌甚大，初见于天长县陂泽中……凡十余年，居民行人常常见之。余友人书斋在湖上，一夜忽见其蚌甚近，初微开其房，光自吻中出，如横一金钱。俄顷忽张壳，其大如半席，壳中白光如银，珠大如拳，烂然不可正视，十余里间林木皆有影，如初日所照，远处但见天赤如野火，倏然远去，其行如飞，浮于波中，杳杳如日。”如果说前面所记都是出自文人之手，有夸张、编造之嫌的话，沈括是一位科学家，他是定然不会杜撰了。那么，他记载的这个光亮使天发红，把十余里之间的林木都照得清清楚楚，“其行如飞”，“倏然远去”的有半席之大的珠状物体，不是UFO又是什么呢？

宋朝大诗人苏轼游镇江金山，留宿山寺，夜交二更时，突见一个光亮的物体在江心降落，并发出光焰，于是就写下了《游金山寺》来记录这个奇观：“是时江月初生魄，二重月落天深黑。江心似有炬火明，飞焰照天栖鸟惊。怅然归卧心莫识，非鬼非人竟何物？”诗写完了，还加了个注：“是夜所见如此。”说明不是虚构，是实见。时至今日，苏轼诗中所记一直为人们所疑惑：这个“飞焰照天”“非鬼非人”的东西是什么？UFO，还是外星人？

无独有偶，明朝国师刘伯温也曾写诗记录了所见UFO的经历：“……招摇指坤月坚日，大月如盘海中出。不知妖怪从何来，惝恍初惊天眼联。儿童走报开户看，城角咿呜声未卒……”这个从海中飞出来的形状如盘并发出鸣声的“大月”，完全符合现代UFO的特征。

这些古籍记载的飞行物究竟是什么？只有现代人的UFO之谜揭开后，这个问题才能得出可信的答案。

UFO基地在月球背面吗

吴刚月球砍桂树，难道真有其人其事！因为人类在月球发现了一个秘密。

1970年，在巴西圣保罗市召开的美国和中南美各种宇宙现象研究会上，展示了132种UFO照片，大体上可分为12类。这些UFO中，最小的直径仅有30厘米，它只能是不载人的探测器。最大的直径

UFO 想象图

达600米，可能是母船。

1966年12月21日上午7时51分，由船长弗拉克·鲍曼、驾驶员詹姆斯·拉佩尔和威·恩道达斯3人乘坐的“阿波罗8号”飞船从肯尼迪宇航中心飞向月球，在圣诞节的早晨进入月球轨道，他们3人是人类有史以来第一次进入月球轨道，并成为用肉眼观看月球背面的最早的人类。在离月球表面100千米高处用带望远镜的照相机拍摄了第一张月球背面的照片，并且显示出UFO的降落点。

当你看了照片后，一定以为是从人造卫星或飞机上拍摄的地球表面照片。可是，这些景物不是地球上的东西，而是月球背面拍摄的月面照片的局部放大。在荒凉、贫瘠的月面上看到这些景物就非同寻常了，它绝非大自然的造型物，而是人类长期争论不休的UFO存在的实证。照片清晰地反映出这些地外文明的存在。

照片所照的UFO超出了我们想象的机械观念。因为照片中UFO是在不同高度，所以不清楚是否同一机种，假定是同样大小的话，估计其直径大于10千米，相当于一个城镇那么大。对比照片中仰望UFO矗立的纺锤形物体，则旁边的UFO有其10倍那么大，大得实在吓人。因为这是来自其他星球超智能生物的杰作，当然不能用现代人类的技术水平或价值观去衡量它。

托恩·威洋孙在其所著的《月球的原住者》一书中透露了“阿波罗8号”在月面发现巨大UFO的情况，书中是这样叙述的：“‘阿波罗8号’，一边接近月面，一边察看将来的着陆地点时，出现了意料之外的事情。‘阿波罗8号’进入轨道，迂回到月球背面时，发现正在着陆的巨大UFO，并且成功地拍摄了那张照片。这个物体四周有10千米那么大。当飞船再一次来到月球背面时，宇航员们准备再一次拍照，可是，这个巨大的物体已消失得无影无踪，连一点着陆的痕迹都没留下。”

至今，美国当局对UFO情报仍采取否定态度，但是，不管怎样否定也不会改变UFO存在的事实。

瑞典科学杂志《莱顿》也曾报道前苏联宇宙飞船在月球背面发现一个UFO基地和一个由形状奇特的高大建筑群组成的城市。克里姆林宫的决策者在分析了收集到的照片和数据后，最后决定不发表这一惊人的发现。据前苏联《宇宙》杂志编辑廉阿普拉哈姆·维里斯博士说：“苏联政府决定不正式发表这条消息，是害怕让别国知道。苏联对其他国家不信任，不想让自己的知识被别人知道。”参与美国宇宙计划的一位人士说：“苏联在月球上发现了什么，完全是有可能的。”

为什么月球背后会有UFO基地存在呢？这些UFO到底是干什么的呢？有些科学家认为，这个UFO基地是外星人建的，很可能是监视地球的大本营。

这就是说，月球背后这个UFO基地是属于外星人对地球进行军事行为的兵器基地。虽然这仅仅是一种分析，但是这种分析已经让人心中不安，毕竟没有人能否定这种可能性。

第二次世界大战中的“第三者”

在第二次世界大战中，有一支神秘的部队，既不属于盟军，也不是来自法西斯集团。

1939年，罪恶的法西斯轴心国德国、意大利、日本发动了反人类的第二次世界大战。1939～1945年，是血雨腥风的6年，整个地球都被历史上最可怕的屠杀震撼着，先后有61个国家和地区、20亿以上的人口被卷入战争，据不完全统计，战争中军民共伤亡9000余万人。

在这场战争中，有一支部队发挥了巨大的作用，那就是空军。空军的飞行员以其特殊的心理素质、超常的能力，无可争辩地成为军队的王牌。

然而在战争中及战后的空军报告中，有这样一种现象引起了人们的关注：双方在空战的生死决战中经常发现有不明飞行物前来观战，这些飞行物是地球上所没有见过的。由于很多飞行员提供了目击报告，所以这无疑具有很大的影响力。报告中有两种情况特别引起了交战国参谋部的兴趣：一是飞行物体达到了令人难以置信的速度；二是这些飞行物体表现出机敏和好奇心，但并不参与冲突，不进攻，甚至是在被地球飞机攻击时也不还击。当时甚至在战后，每个交战国都曾把这些神秘的飞行物看成是敌人的秘密武器。

1942年3月25日，英国皇家空军战略轰炸机大队的波兰籍突击队员罗曼·索宾斯基奉命对德国城市埃森进行夜袭。在圆满完成任务后，索宾斯基驾驶着轰炸机升到5千米高空，借助漆黑的夜色掩护，返回英国空军基地。经过1小时的艰难飞行，飞机终于飞出了德国领空。这预示着他们被德国空军攻击的可能性已经很小了。

正当索宾斯基和他的伙伴们松了一口气，准备全速返航的时候，机上的后机关炮炮手突然发出警报说，他们的飞机正被一个不明物体跟踪，而且速度很快。不一会儿，机上的其他人员都发现了那个奇怪的物体，它闪着美丽的橘黄色的光，像一个巨大的圆盘。索宾斯基认为这是德国的秘密飞机，丰富的战斗经验告诉他要马上迎战。于是，索宾斯基机长下令炮手开火。但是，令全体机组人员感到惊愕的是，那个陌生的飞行物尽管离轰炸机只有将近150 米，而且又被大量炮弹击中，但并没有还击，反而显出满不在乎的样子，一直紧紧地跟着轰炸机。炮手们惊慌失措，不知道该怎么办，只好停止射击。那个奇怪的物体就这样静静地伴着轰炸机飞行了一刻钟，在此过程中机上人员的神经都紧张到了极点，害怕被它攻击。然而最后，不明飞行物突然升高，以令人难以置信的速度从飞行员的眼前消失了。看着它消失不见了，机上的所有人都长舒了一口气。

1943年10月14日，盟军对拥有全欧洲最重要的滚珠轴承厂的德国城市施魏因富特进行空袭，以打击敌军的武器装备工厂。空袭完毕后，编入B-17型轰炸机方阵的英国少尉霍姆斯却在其作战报告中说，在他的飞机编队到达目标上方并且开始发起攻击的时候，一些闪闪发亮的大圆盘突然迅速地靠拢过来，所有轰炸机成员都被吓了一跳，以为中了德国空军的埋伏。谁知那些奇怪的“大圆盘”（其大小与一架B-17型轰炸机差不多）并没有攻击英国空军，而是来回穿梭于英军轰炸机方阵。他们似乎对机群的700门机关炮的疯狂射击以及地面上无数高射炮组成的火力网并不在意，一架也没有被击落。

英国飞行员惊讶地发现那些奇怪的“无翼飞盘”并无恶意，对他们的疯狂射击也不反击，徘徊了一会儿后，静静地飞远了，一点儿也没有妨碍他们的轰炸。英国的军事专家和科学家们对报告的内容既感兴趣，又迷惑不解，猜测它们可能是德国人研制出的新型秘密武器，因为“大圆盘”刚巧是在德国飞机到来前10分钟出现的。

1943年10月24日，英军作战部对情报部发出一份指令，命令火速查明这件事，一定要弄清德国新型秘密武器的性能及作战能力。3个月后，英国情报部门汇报说，奇怪的“大圆盘”跟德国空军以及世界上任何一国的飞机都毫无关系，这种飞行物在地球上并没有见过，也没有人接触过他们……

由于人们不知道这些飞行物的来源，就将他们称为“第二次世界大战中的‘第三者’”，他们既不帮助盟军，也不助纣为虐，帮助德国。他们似乎只是来看人类互相残杀的。就今天看来，它们纯粹是一些UFO。

华盛顿遭遇UFO入侵

号称无敌的美国空军，却被UFO耍得团团转。

UFO光临地球在许多地方都发生过，自称看到UFO的人都对它的奇特性惊呼不已。在1952年，美国爆发了震撼全球的“UFO入侵华盛顿上空”事件，这是一次让美国军方绷紧了神经的UFO事件，其可信度也是极大的。

1952年7月19日晚上11时40分，正当美国公民沉浸在周末的温馨气氛中时，华盛顿国际机场控制塔的雷达屏幕上突然出现了7个闪光点。不仅如此，这7个闪光点中的两个竟然以每小时1.12万千米的超高速在空中飞行，不一会儿就从雷达屏幕上消失了，这显然不是普通飞机所能达到的速度。与此同时，安德鲁斯空军基地的雷达也捕捉到了相同的情况。紧接着，卡塔尔机场807航班、610航班的飞行员也报告说亲眼看到了这些东西。这件事情引起了美国军方的重视。

“入侵”事件发生后，美国空军司令部为了保护美国的领空安全，立即命令先进的F-86型喷气式战斗机出击，以防止不明飞行物的任何危险行为。但战斗机刚一升空，不明飞行物就“唰”的一下消失了，战斗机根本无法追赶。等到F-86返航时，那些不明飞行物又神不知鬼不觉地出现在华盛顿上空。它们就像与美国空军捉迷藏一样，一直折腾到天亮，将不可一世的美国空军彻底戏弄了一番。

第二天夜晚，这些谜一般的飞行物再次成队地飞临华盛顿上空。战斗机又出动了，但又如同上次一样，一直折腾到清晨，仍一无所获，美国空军又被戏弄了一次！

迄今为止，不仅是美国人，所有地球人还从未击落过一架UFO！

古印度的“战神之车”

飞船不是如今才有的，在有神的年代，就已经有了飞船。至于是谁造的，就难说了。

无论是中国，还是古希腊，都有神之间的斗争，这些神或腾云驾雾，或以兽为坐骑，但是古印度的神却有自己实实在在的交通工具——“战神之车”。

印度南部的甘吉布勒姆有“寺庙之城”之称，据说最多时有寺庙1000座。在这里的神庙中，除了湿婆、毗湿奴、黑天、罗摩等众多古印度的神灵雕像外，还有一种类似飞船的“战神之车”的雕塑。人们一般认为，“战神之车”就是神话人物的交通工具，是子虚乌有之物。然而，事实真是这样吗?

1943年，印度南部的迈索尔市梵语图书馆从一座倒塌的庙宇地下室中，发现了一份题为“Vymaanila-Shaastra”的古代梵文木简稿件。在这份稿件中，以6000行的篇幅，详细记载了“战神之车”的构造、驱动方式、制造飞船的原料乃至飞行员的训练与服装等众多细节。据记载，“战神之车”的飞行速度若换算成现代计算单位为5700千米/时。

研究者们认为，“战神之车”是一种多重结构的飞船，当时的飞船已装备了绝缘装置、电子装置、抽气装置、螺旋翼、避雷针，以及安装在飞船尾部的喷焰式发动机。文献中多次指明飞船呈金字塔形，顶端覆盖着透明的盖子。

依据这份文献和其他古籍中的记载，技术专家们虽然成功对“战神之车”进行了仿造，但是，同时也发现建造这样的飞船无疑需要多种现代高科技水平的能力，更需要现代物理学特别是空气动力学的理论基础。这对现代人来说，也是在20世纪初才刚刚解决了的难题，2000多年前，是谁在古印度制造了这样的飞船呢?

古印度人既没有建造飞船必要的技术能力，也没有驾驶飞船的科学知识，似乎并不是飞船的建造者。如果不是古印度人，那又会是谁呢？这些驾驶飞船的古印度神灵，究竟又是谁呢?难道是外星人吗？至今不得而知。

外星人长得什么样

许多人都说自己见过外星人，那么外星人长得什么样呢？

1954年12月19日，在委内瑞拉的一条公路上，何塞·帕拉正在跑步。当他跑到一大片坟地附近时，突然看见有6个小矮人正在公路旁拣一些石块。他们把这些石块装进一个圆盘状的物体中，这个物体当时就悬浮在半空中，离地面并不高。

何塞·帕拉从没见过这么矮小的人和飞行物，他有些害怕，连忙逃跑。但是，他的脚步还没迈开，就被一个小矮人发觉了。小矮人迅速地用一个小器械对准他，小器械发出紫色的光芒，使他根本无法动弹，就像施了定身法那样。

很快，这些小矮人停止了活动，纷纷跳进不明飞行物中，飞行物迅即消逝。这时，何塞·帕拉的手脚才又能重新活动了。他马上把这一情况报告了警察。一小时之后，一个耀眼夺目的圆盘状不明飞行物在这附近的低空中飞行而过。

与何塞·帕拉所见到的外星人不同，铁匠胡安·弗罗扎见到的外星人形态与地球人很接近，身高1.20～1.80米，长相不丑陋。皮肤黝黑，穿着贴身的上衣连裤服。

1980年6月14日凌晨1时左右，乌拉圭的一位铁匠胡安·弗罗扎听到一阵奇怪的响声。他打开灯从窗户向外看，见到门外有一男一女正好奇地打量着门和灯。这两个人身材和仪表与地球人差不多，相貌漂亮，头发短而卷曲，特别浓黑。脸圆圆的，脖子又瘦又长，上额都有一道“疤痕”。他们穿着紧身服，脸和手在外，显得十分苍白。估计是两个青年，男的双臂、双腿和胸部肌肉隆起，十分壮实;女的乳峰高耸，曲线优美，十分苗条。

很快，那男的用手推门。弗罗扎想把门顶住，但力量相差悬殊，门一下子被推开了。弗罗扎本能地用左手攥住那人的手背，整个手顿时感到剧烈的疼痛，仿佛在火上烧烤一般。

他们离去了。弗罗扎的手上有许多烧伤，伤处呈点状，散布在手心上,但伤势并不重。

还有人见到的外星人身高变化大，在0.60～2.10米之间。手臂特别长，“手”就像是巨大的爪。

1955年8月12日晚7 时，美国肯塔基州克利城郊，萨顿和泰勒两人与外星人相遇了。

他们首次见到一个类人生命体，有1米高，头大而圆，双眼很大且发出黄光；两臂很长几乎垂到地面，手掌很大，手指像爪子，而整个身躯好像是由银色金属制成的，俨然是“巨爪人”。

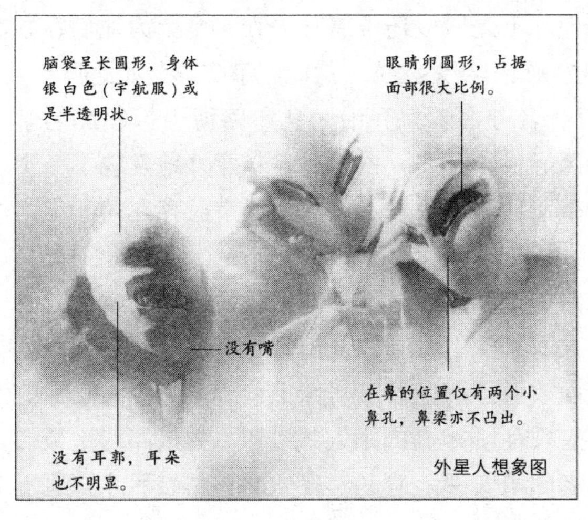

外星人想象图

他们不断地向不止一个类人生命体开枪，距离都比较近，虽然都“打中了”，却不见尸体，每次“巨爪人”都神秘地消失了。到次日凌晨5时15分，整个夜晚“巨爪人”们屡屡出现，但从未有任何敌对行为。

还有一类外星人，体型有高有矮，在1～2米之间，能够自如地飞翔。

1967年8月29日上午10时左右，在法国古萨克一个牧场上，13岁的弗朗索瓦带着9岁的妹妹和一条小狗看护着牛群。他无意中回头看见在公路另一侧有4个“孩子”站在40米外的绿篱笆后面，旁边有个很亮、很刺眼的发光大球。弗朗索瓦喊了一声：“过来跟我们一起玩吧！”那几个“小孩”马上一个个飞到发光球体的上方，倒着钻了进去，第四个“小孩”飞上去又跳下来，在地上拣起个什么东西，又腾空而起。这时，球体已经飞向空中，他便飞着追上去，一头钻进球内。

如果这些目击者的报告是真实的，那么，外星人形象为什么有这样大的差异呢？难道它们不是同一个地方来的吗？究竟谁见到的外星人才是真实的呢？

外星人为何光临地球

飞碟频繁地光临地球，那么驾驶飞碟的外星人来地球的目的是什么呢？

有科学家认为，地球上之所以还没有外星人，是因为他们在有可能到达地球之前就被伽马射线杀死了。然而，事实真是如此吗？

1988年，由巴西著名考古学家乔治·狄詹路博士带领20名学生到圣保罗市附近山区寻找印第安人古物时，却意外地发现了一个外星人曾居住过的城市遗址。迹象显示，这个城市已存在8000年之久。当时，这个考古队的一名学生无意中跌落到一个6米深、又湿又黑的洞穴之中。狄詹路博士和其他同学立即去救他，这才发现洞穴内别有天地，不但宽大而且深不可测。他们在手电的照明下，找到一个巨大的密室，里面放满了陶瓷器皿、珠宝首饰。更令人吃惊的是，他们还发现了一些只有1.2米高的小人状骷髅。狄詹路博士最初还以为找到了一个古老印第安部落遗迹，直到细看骷髅后才知道不是。它们头颅很大，双眼距离较一般人近得多，每只手只有两个手指，脚上也只有3个脚趾。

1988年8月初，一位巴西科学家说，在南美的原始森林中，有几十年来被外星人劫持的7600多名地球人！该科学家6月份在亚马孙河时，意外地在原始森林中发现这些人。他们过着群居生活，年龄最大的80多岁，最小的才几岁。他们当中有60多年前被外星人劫持的，有的是最近几年才被劫持的。他们都曾被带往其他星球，或作苦役，或被当做怪物展览，或被用做活体研究，受尽了各种折磨。这些人大部分神志清醒，但被问及外星人的特征及劫持经过等问题时，他们都缄默不语，看来他们可能是受到了外星人的威胁。这些人现已被转移到一个秘密的地方，以便进一步调查。据说，美国中央情报局和原苏联有关当局对此事甚为关注，原苏联还专门为此发了一个内部文件。

如果外星人频繁地来地球的目的是掳掠人类，那实在是太恐怖了。

外星人给人类“洗脑”之谜

外星人对部分人类“洗脑”的背后隐藏着更巨大的阴谋吗？

美国UFO共同组织外星人研究组有一份报告记载着世界各地著名的劫持事件，共166起，这些事件的10%与UFO有着直接的关系。

美国UFO共同组织收集到的案例，都发生在1970～1975年。这5年当中共80多起，占总数的53%。其中半数发生在美国，其次是巴西（20%）和阿根廷（6%）。在这些事件中，除了几件分别发生在1915年、1921年和1942年外，其他的事件都发生于现代，即1947年之后。从1965年起，这类事件奇怪地增多了。

但是，令人感到震惊的是，这类已知的事件仅仅是劫持事件中的一小部分。那么，为什么许多劫持事件没有被披露出来呢？物理学家戴维·韦布在谈到这类劫持事件的某些特点时说：“外星人会在飞行物内对被劫持的人进行医学检查，他们往往使被检查的人身患健忘症，他们在劫持者与被劫持者之间进行着一种难以理解的联系，使被劫持者全身瘫痪。”

大多数被劫持的人能够神志清醒地回忆起自己曾经看到过一个UFO时，他们头脑中的“劫持情节”会奇怪地总是处于一种下意识的状态，即他们总是依稀觉得劫持的情节好像故意从他们头脑中消失掉似的。他们所能记起的和意识到的，只是无法解释的时间上的“漏洞”，即有几分钟或几天时间，他们也不知道自己待在什么地方。

随着时间的推移，一些被劫持者往往在突然清醒或梦幻中想起了自己遭遇中的某些情节。科学家们认为，这些人的健忘是由于某种形式的“洗脑”引起的。

那么，这些外星人将地球人劫持到UFO上后，为什么要对他们进行各种各样的医学检查呢？对这个问题，有些学者认为，外星人这种可疑的“诊断”行为是极令人费解的。但他们认为，对这类事件进行研究是我们研究人类有其环境不可缺少的一部分。

外星人的这些怪异的行动，不禁使我们想到了我们地球人为监视正在消亡的生命体的运动和行为制订的“预防”计划。我们是否可以认为，UFO把我们地球人看成了银河系中受到威胁的人类呢？

根据被劫持者被外星人抽了血（一般都是抽淋巴液和关节的血），并且一些奇怪的物质被注射进劫持者的静脉之中，以及外星人对被劫持者进行身体检查使之丧失记忆的事实。一些学者认为，在劫持的后面，隐藏着更加险恶的阴谋。

持这种“险恶阴谋”理论最有名的学者约翰·A·基尔说：“如果外星人对我们淋巴系统和人体的其他保护组织感兴趣的话，我们对出现在夜空中的奇异光芒感到忐忑不安是完全有理由的。”

基尔甚至认为，有些被劫持者也许被外星人用外科手术改变了性格：“我们知道，‘洗脑’技术在同外星人接触的事件中是占有重要地位的。我们还知道，许多目击者能清楚地回忆起深深印刻在自己脑海中的伪造的情节，显然是这些外星人想把事实掩盖起来，这的确是很可怕的。目前，世界各地的研究人员收集到的大量证据说明，许多目击者的性格突然发生了变化，他们的生活方式也发生了变化。这些行为上的骤变清楚地说明，被劫持者的大脑被施以了某种形式的大手术。”外星人的目的是什么呢？

秦始皇曾接见过外星人吗

外星人不仅光顾过地球，还来过中国，“功高三皇，五帝不及”的秦始皇还接见过外星人。

秦始皇灭六国，结束了战国时期混战的局面，建立了大一统的大秦帝国，成为中国历史上的第一位皇帝。关于他的历史，几乎没有哪一个中国人不熟悉的。然而，据《拾遗记》记载，外星人拜见了当时地球上称雄一方的秦始皇。这事是真是假呢？

《拾遗记》卷四一记载道：“有宛渠之民，乘螺旋舟而至。舟形似螺，沉行海底，而水不浸入，一名‘论波舟’。其国人长十丈，编鸟兽之毛以蔽形。始皇与之语及天地衫开之时，了如亲睹。”他们还掌握着惊人的高效能源，若用于夜间照明，只需“状如粟”的一粒，便能“辉映一堂”。倘丢于小河溪之中，则“沸沫流于数十里”。这些“宛渠之民”究竟是何许人？秦始皇认为，“此神人也。”那么，天地间真有神人吗？古往今来，众多的学者对这一记载百思不得其解。

近年来，有不少学者用外星来客的观点对这一记载进行了解释：一群具有高度文明的外星人很早就来到地球并安下基地，称为宛渠国，对地球进行科学考察。这群外星人活动于占地表面积2/3的海洋中，用“形似螺”的“论波舟”作交通工具，这种交通工具水陆两用，日行万里，这就是今天所说的UFO。这些人“两目如电，耳出于项间，颜如童稚”。他们注意观察人类世界，一有新的动向，哪怕“去10万里”也要“奔而往视之”。他们对洪荒时代的地球“了如亲睹”，对“少典之子采首山之铜，铸为大鼎”之类事情甚为关心，曾赶到现场考察，结果看见“三鼎已成”。他们对中国当时社会组织结构的变化、生产的重大成果，也都一一“走而往视”。万里长城上也留下了他们活动的身影。

1994年3月1日，人们在秦始皇兵马俑2号俑坑内发现一批青铜剑，长度为86厘米，剑身上共有8个棱面，考古学家用游标卡尺测量，发现这8个棱面的误差不足一根头发丝，已经出土的19把青铜剑，剑剑如此。这批青铜剑内部组织致密，剑身光亮平滑，刃部磨纹细腻，纹理来去无交错，它们在黄土下沉睡了2000多年，出土时依然光亮如新，锋利无比，且所有的剑上都被镀上了一层10微米厚的铬盐化合物。铬是一种极耐腐蚀的稀有金属，地球岩中含铬量很低，提取十分不易。再者，铬还是一种耐高温的金属，它的熔点大约在4000℃，德国在1937年、美国在1950年才先后发明并申请了专利。在2000多年以前是什么人、用什么方法将这种金属镀到剑上去的呢？

在清理1号坑的第一个洞时，考古工作者发现一把青铜剑被一尊重达150千克的陶俑压弯了，其弯曲的程度超过45度，当人们移开陶俑之后，令人惊诧的奇迹出现了：那又窄又薄的青铜剑，竟在一瞬间反弹平直，自然恢复。当代冶金学家梦想的“形态记忆合金”，竟然出现在2000多年前的古代墓葬里。秦始皇的士兵手里挥舞的长剑，竟然是现代科学尚未发明的杰作？秦始皇时期的铸剑技术是谁人传授的呢？他们的技术渊源是什么呢？结合《拾遗记》所说的，有学者认为可能是外星人给他们造的剑。有些学者则对这种解释提出异议，表示难以接受。目前，还没有哪种解释能被大多数人所接受。

秦始皇接见的是谁呢？这个问题仍然是一个谜。

外星人住在地心吗

人类可以穴居山洞，外星人有可能居住在人类的脚底下吗？毕竟最危险之地也是最安全的。

地心有UFO基地，这听起来简直像是天方夜谭。然而，曾是美国海军少将的拜尔德日记的面世，公开他驾机探访地心UFO基地的神奇经历，似乎使天方夜谭变成了现实。

根据拜尔德飞行日记记载，他于1947年2月率领探险队驻扎在北极地区某一基地内，19日，一切准备就绪后，他们朝北方进行飞行探测。圆形六分仪和指南针均经过再三检验，无线电通信也正常。

他们到达飞行高度707米时，东风带来轻微地展动；下降到518米时，飞机又趋于稳定，但尾风增强，后又产生展动，爬升到610米则又一切平稳。这时，他们看到地面上覆盖着无尽的冰雪，呈现出微黄色的光泽，但奇怪地分散成直线状，还略微透出微红色和紫色。

拜尔德除将此奇景立即电告基地外，又环绕飞行两圈。这时，他发现指南针和六分仪不停地旋转抖动，无法测出飞行方向，接着，看到地面不再有冰雪，远方出现了山脉。那些山脉的范围并不大，但绝不是幻觉。此时已飞行29分钟。

爬升至900米时，拜尔德的飞机遭遇到强烈地震动。继续朝北飞越这些山脉后，他竟然看到了绿意盎然的山谷，山谷中有小溪流过，左边的山坡上分布着茂密的森林。此时罗盘又开始旋转，并在两点之间来回摆动。于是，他下降至427米，向左急转，以便仔细观察这个山谷。他看到青苔或稠密的青草覆盖着的地面，但这里的光线却非常奇特，因为并没有看到阳光。

他还看见了似乎是大象的动物，再下降至305米，在望远镜中他吃惊地发现了地球上本已经绝种的猛犸象!继而又看到绿色的起伏山丘，外面的温度为27℃，各种仪器恢复正常，无线电通信却失灵了。

地面更趋于平坦，拜尔德发现竟然有城市存在，而空中的飞行器似乎具有奇特的浮力。在舱门上端和右侧出现碟形发光飞行器，上面有无法形容的符号。结果，拜尔德的飞机被一股无形的力量所吸住，无法加以控制。

更不可思议的事情随即发生，无线电发出的哗哗声中竟然传出带着北欧语言或德语音调的英语："欢迎将军的光临"，并称不必担心，7分钟之后将安全降落。

接着，飞机的引擎停止运转，飞机在轻微地震动中平安着陆，好像是由看不见的升降机支撑着。几位金发碧眼、皮肤白皙、体形高大的人出现了，这些人并没有携带任何武器。而这座城市闪闪发光，有规律地发出彩虹般的色彩。

拜尔德和无线电通信员受到热诚地款待，他们登上了没有轮子的平台车，急速奔向灿烂的城市。城市似乎是用水晶修筑而成。随后，他们走进一巨大的建筑物，饮用风味绝佳的热饮料。10分钟后，拜尔德暂时离开通信员，进入一架升降机，向下运转数分钟，后来升降机的门朝上无声地开启，他走过充满玫瑰红色的走廊，光线似乎是从墙壁上放射出来的。

他在一扇巨大的门前停下，门上有奇特的文字。在进入该房间之后所发生的事情更具有震撼性。拜尔德一再使用"前所未有""不可思议""难以形容"等词汇来描述他亲眼看到的华丽精致的房间，那些人的声音既悦耳又热诚，他们告诉将军，因他具有高贵的素质，并在"地表"世界有一定的知名度，所以让他入境。

那些人还告诉他，这个地下世界名为"阿里亚尼"，自从美军在日本广岛投下两颗原子弹以后，他们才开始关注外面的世界，并在那个危机四伏的时代，派遣许多飞行器到地表展开调查。他们表示，地下世界的科技和文化要比地上世界进步数千年，原先他们并没有干涉地上世界战争的想法，但因为不愿再见到人类使用原子武器，因此派出密使访问超级大国，可未受重视。这次借邀请将军的机会，传达地上世界可能会走上自我毁灭的信息。那些人抱怨说，他们派出的人在地上世界受到了不友好的待遇，而飞行器也常遭战机恶意攻击。人类文明之花惨遭蹂躏，明暗的幕罩已经降临，全世界将陷入极度的不安之中。黑暗时代将出现，但新世界将从废墟中再生，地下世界的人类会协助地上世界的人类重建家园。

拜尔德在结束会晤后，沿原路返回，与满脸狐疑的通信员会合。在两架飞行器的引导下，他们升至823米，然后平安返回基地。临行之前无线电传来德语“再见”的声音，27分钟后着陆。

1947年2月，拜尔德出席美国国防部的参谋会议，所有的陈述均有详细的记录，并且向杜鲁门总统做了汇报。会议历时6小时40分钟，他还接受了最高安全部门及医疗小组的调查，后被有关方面告知严守机密。拜尔德身为军人，只能服从命令。但他仍在1965年12月24日的日记中写道：“那块土地在北极，那个基地是一个巨大的谜。”

人类出现在地球这个蓝色行星上，至少已有300万年的历史，但对地球本身到底了解多少呢?

太阳系地外生命探疑

地球是拥有生命的唯一天体吗？人类是孤独的吗？在广袤无垠的宇宙中，是否还有同样具有生命的天体？

自从人们知道了地球不是宇宙的中心，就开始猜测有地外文明的存在，也创造出了关于外星生命的神话传说。

随着现代天文学、生物学、无线电技术和航天技术的日益发展，更多的人开始接受这样的观点:宇宙中的天体数目如此庞大，其中不可能没有适合生命生存的另一个天体，不可能没有与我们地球人相似的、有智慧的、能创造自己文明的生物存在;甚至很有可能有些球外生物创造出的文明比我们地球上的人类文明更为先进，更为优秀。对地球外文明的研究早已不是人们所传说的神话故事，而成为一门严肃的科学。

人类对地外生命的研究由来已久，离地球较近的月球首先进入了人类的视野。早年有人猜想月球很可能是一个空心体，里面居住着外星人。其主要理论依据是因为当年阿波罗登月飞船在月球上登陆的时候，指令舱中的记录仪记录到的持续震荡波长达15分钟，这一结果使科学家感到极为惊异。有学者认为，如果月球是实心体，那么在碰击后产生的震荡波至多维持5分钟。由此，便出现了月球可能是空心体的设想。但在仔细研究月岩标本后，科学家发现其中金属含量较高，而且其中的亲氧金属如铁等并没有被氧化。据此有人得出了一个大胆的假设：月球很可能是一个空心体，而且是外星人人工制造的。也有了诸如月球的内部可能是一个奇特的生态系统，也许居住着一些比人类更文明的“月球人”，那里可能是外星生命为了监视地球而设置的一个巨大的航天站等各种奇思妙想。但是这种种设想都被无情的事实推翻了,一切不过是人类依据科学观测所做出的主观猜想，也可以认为是半真半假的神话故事。

而在19世纪30年代，曾出现过一个“月亮骗局”的故事，影响极大，轰动一时。事情的经过是这样的：1835年8月，美国新创办了《纽约太阳报》，该报为吸引读者和打开销路、扩大销量，便诚邀英国作家洛克为自己撰稿。当时英国天文学家约翰·赫歇耳正前往非洲南部的开普敦去观测研究南天星空。洛克便选中了这件事，用自己的生花妙笔杜撰出了一个神奇而又引人入胜的月亮的理性生物的故事。他在故事中说，赫歇耳的望远镜在不久以前已能分辨出月球表面有约18英寸，即大小约45厘米的物体。用这样高分辨率的望远镜，他看见了月亮上有鲜花和紫松等树木，也有一个碧波千里的湖泊，还有一些类似野牛、齿鲸等动物的大型动物。他还惊讶地看到了一种长有翅膀并且外貌有些像人的动物。文章这样写道：“他们的姿势看上去充满了热情而且很有力度，因此我们推论这种生物是有理性的。”结果许多人对这一重大新闻深信不疑，人们奔走相告，该报一度成为当时最畅销的报纸。

天文学家们很快把这个骗局拆穿了。科学证明，如果要把月面上45厘米大小的物体分辨出来，光学望远镜的口径至少需要570米那么大，这么大的望远镜到今天人们仍没有能力造出来。同时，当时虽然还没有一位天文学家登上月球亲眼看看月球的样子，但由地面天文观测分析也能推知，月球上没有水，也没有大气，是一个死气沉沉的荒凉世界。

随着科学技术的发展，人类对地外生命的研究也变得更加科学。为了寻找地外生命，科学家们首先研究了地球人的进化过程。他们认为：地球人虽是“万物之灵”，具有很高智慧，但起源也和地球上的动植物一样，是从地球上进化出来的。换言之，地球上的碳、氢、氧、氮等元素，先是发生了长期的化学变化和物理变化，后来又经历了复杂而漫长的生物演化过程，最后才演化出了人类。科学实验也已经证明，人类生命的化学基础是蛋白质和核酸，而蛋白质又是由各种氨基酸构成的，氨基酸则是由复杂的有机分子组成的。在宇宙中，不仅碳、氢、氧、氮等元素广泛存在，而且在温度极低的星际空间也发现了几十种复杂的有机分子，在许多陨石中甚至还找到了十几种重要的氨基酸的存在。这就可以认定，只要地球外的星球环境适于生命体的存在，那么就很可能会发生大量的有机体演化。

当然，如果以我们地球生命的形成、演化历史作为标准，还需要很多条件才能从氨基酸逐渐演化成生命。如合适的温度、足够厚的大气层的保护、水的存在、液态的氨或甲烷的存在、足够长时间而且较为稳定的光和热。

在宇宙中，地球只是一个再平凡不过的行星，但对于人类来说，它是我们生命的摇篮，是最重要也是最熟悉的天体。地球是如此适合我们人类生活，有充足的水，空气中富含氧气，温度不冷不热，这与它距离太阳的位置等条件有关系。譬如水星和金星是离太阳最近的两颗行星，水星的白天热得如火，夜晚却冷得比冰还凉;厚厚的金星大气成分以二氧化碳为主，温室效应很明显，导致环境极为恶劣，任何生物根本就生存不下去。火星在地球轨道以外，虽说距离太阳并不是很远，但比起地球来，不但气候极其寒冷，而且根本没有水，生物在这种情况下也不可能生存下去。土星和木星上没有任何生命存在，这一点十几年前就被宇宙飞船的空间探测所证实了。位于太阳系边远空域的3颗大星是天王星、海王星和冥王星，科学家们通过空间探测以及各种地面观测知道，它们同样不具备适宜智慧生命生存的环境。到目前为止，所有的太阳系探测结果都表明，太阳系中的行星中只有地球是适于像人类这种智慧生命生存繁衍的星球。

不过一些科学家，尤其是化学家认为，生命可能不需要以碳和水为基础。在高温情况下，生命的化学基础有可能是硅。另一种有理性的生命不一定有物质外壳，其存在形式可能是以能的形式。

由此看来，太阳系中是否存在有生命的星球，至今仍无定论。不过，随着科学技术日新月异的发展，人类探索太空的足迹将会出现在更多的星球上，到那时这个问题一定会大白于天下。

遗留在地球上的外星人尸体

作为外星人的星际交通工具飞碟，在地球人眼里无疑是非常完美的，转瞬之间旋转即逝，速度之快，令人瞠目结舌。然而，地球上还是会发现飞碟失事的事，或许世界上没有十全十美的事，在整个宇宙中也是通用的。

地球人最早记载的回收外星人尸体的事件至少可以追溯到1950年。1950年12月7日，美国空军上校威廉·克哈姆和上尉巴金斯，在与美国临界的墨西哥境内目睹了美国军方回收一个坠毁飞碟的情况，在这个飞碟的残骸中就有一个外星人的尸体，这个坠毁的飞碟和外星人的尸体都被运到了美国。美国回收飞碟和外星人尸体的事件在世界各国是最多的，但由于这涉及高度的军事和科技机密，美国政府总是想尽办法掩盖事情的真相，这本来也是可以理解的。日本的著名作家矢追纯一先生花了大量的时间和精力，在美国各地拜访了许多与回收外星人尸体有关的人员，获得了大量的资料。在此基础上，他在1989年出版了一部引起世界飞碟研究界高度重视的著作《外星人尸体之谜》。在这本书中，他详细记载了自己在美国调查访问的情况。他认为这些年来美国回收飞碟和外星人尸体的事件竟有46起之多，现在还有数十具外星人的尸体在美国，他们被冷冻在地下室的秘密器皿中，美国还解剖过外星人的尸体等。

一家房产公司的建筑师塔博驱车行驶在潘帕斯草原的公路上，发现路旁草地上静静地停着一个盘状的金属物体。出于强烈的好奇心，他停车走近物体。从圆形物体的舷窗往内看，他发现舱内有4张座椅，其中3张座椅上各坐着一个小矮人，他们纹丝不动，肌肉却已僵硬，显然已经死了。这几个小矮人样子与地球人差不多，有眼睛、鼻子和嘴巴，棕色的头发不长不短，皮肤黝黑，全身套着铝灰色的服装，第四张座椅则空着。

塔博发现，舱内有灯，有各种仪表，还有电视荧光屏，但看不出有电线和导管。他被眼前的景象惊呆了，知道这一定是一艘坠毁的外星人的飞船。于是，他赶紧驾车逃到旅馆，把自己的奇遇告诉了他的两个朋友。第二天，他和他的朋友驾车赶回原地，但地上只剩下了一堆烫手的灰烬。他的一个朋友抓起了一把灰，手马上就变紫了。后来，塔博得了怪病，连续数月高烧不退，皮肤也像干涸的土地一样破裂了，谁也治不好他的病。

这3个外星人的尸体被人们发现却未能回收到，是不是第四张座椅上的外星人在飞碟坠毁时幸免于难，最后不得已把飞碟和3个外星人的尸体一同销毁了呢？

原苏联科学家杜朗诺克博士曾在南斯拉夫透露，1987年11月，苏联一支考察队在茫茫的戈壁沙海中，发现了一个被埋于沙丘中的碟形飞行器，其直径为22.87米。苏联科学家们认为，这个飞碟的坠毁距今已有上千年历史了，包括引擎在内的各种装置仍保存完好。在这个飞碟的舱内，科学家们还发现了14具已变成干尸的外星人遗骸。

飞碟残骸和外星人的尸体对地球人的研究是极为重要的。因此，不论在地球的什么地方，只要发现飞碟的残骸或外星人的尸体，那里的政府和研究人员都在极为保密的情况下进行回收，而回收以后的研究情况又从来都是秘而不宣的。所以，有关外星人的尸体以及飞碟残骸的公开记载非常之少，具体的情况人们更是所知无几了。

从天而降的“外星婴儿”

外星人可能也不是无所不能的，他们或许在地球丢弃了他们的婴儿。

1983年7月14日傍晚8时左右，苏联中亚发生一件奇事。在群山环抱的索斯诺夫卡村，突然一个火红的发光体出现在天空中，照亮了群山和山庄。过了几秒钟，空中传出几声巨响，爆炸声震撼着山谷，爆炸规模极大，方圆20千米的山民都听到了巨大响声，村民们惊恐万状。山村的一片空地上有一堆冒着烟火的残骸。有人说看见一个圆形飞行物，外形像飞碟、直径约30米，从天上掉了下来。苏军立刻赶去封锁了现场。从一个长、高、宽约1.5米的球体里发现一个男婴，像是在熟睡，身发绿光。

1988年，瑞士人类学家波顿·史皮拉在巴西原始森林中也发现了一个被遗弃的“外星婴儿”。史皮拉原以为这是一个弱智儿童或残疾人，但是后来，史皮拉终于发现那婴儿与地球人有很大的区别。婴儿的年龄在14~16个月之间，耳朵是尖角形，双目无色，鼻子如同一根管子，史皮拉认为这个婴儿是一个足以证明地球之外有智慧生命存在的活证据。据说，这个婴儿在阿诺里市以南的军事机构接受了研究。

另据墨西哥电视台报道：一个活生生的“外星婴儿”于2007年5月间在一个农场中的动物陷阱被捕获。现在，科学家们开始对事件进行了调查。

据称，当时农场的农民发现这个生物陷在陷阱中，并且发出喊叫。出于恐惧，他们首先试图将其溺死。他们这样尝试了3次，最后一次他们将这个生物溺入水中长达数小时之久才成功。

对于这个生物体的检测结果表明，该生物不属于任何地球上的已知生物。其身体结构有类似蜥蜴的特征（比如牙齿没有根部，可以较长时间在水中生存），但也有类似人类的地方（比如一些关节）。生物的头部非常大——特别是后脑部分，以人类来说，这个部位是负责学习与记忆的区域。由此科学家推断，这个生物具有非常聪慧的头脑。

在事发地区经常会有UFO目击与麦田怪圈的报告，由此，人们怀疑这个生物是“外星婴儿”，他被外星访客无意或有意地留在了地球上。在场农民表示，当时还有一个同样的生物在场，但当人们接近陷阱时，他便逃之夭夭了。

当时发现这个“外星婴儿”并将其溺死的农民Marao Lopez，在事发几个月后死在了他的汽车里。受害者是被极高温度的火焰烧死的，尸体完全被烧成灰烬，要达到这种效果，火焰的温度要比日常的火焰温度高得多。一些UFO专家推测，这起神秘的死亡事件很可能是外星人的报复行为。

研究人员提取了“外星婴儿”遗体的一些组织，如骨骼样品、毛发、皮肤样品去做DNA测试。但是，3个墨西哥的实验室与1个加拿大的实验室都不能给出结果。他们宣称，样品高度腐化，因此不能确定DNA测试结果。另一方面，细胞测试得出结论，细胞组织确实是属于某种(未知的)生物，皮肤质地很好。外观上，眼睛、大脑、内耳部位比灵长类动物的更为突出。

UFO研究者表示，目前“外星婴儿”遗体的组织很快就干燥了，并没有腐烂。实验室DNA测试失败，是因为“外星婴儿”的DNA是以前从未见过的。UFO研究者、墨西哥著名电视节目主持人Maussan表示，他们将进行更多的试验。

神奇的麦田怪圈

麦田怪圈已形成近4个世纪，有人猜测这是外星人所为，或者是某些人的恶作剧，然而如此庞大、复杂的图案在短短的时间内完成显然不可能是人为的杰作……

“麦田圈”在科学界被称为“迪安圈”，因为20世纪70年代在英国首先研究“麦田圈”的人是迪加多和安德鲁斯。“麦田圈”一般在每年的4月份至8月份出现在麦田等农作物的种植地里，并且被

1980 年英格兰西部出现的倒伏的麦田怪圈

“雕塑”出来的图形呈现出越来越复杂的多样性组合，例如，多种几何形状、对称和非对称形、旋涡倒形、圆锥状、方格阵列等形状，甚至呈现出3D效果。

最早记录的麦田怪圈发生于17世纪，当时人们在木刻画上记录了神秘怪圈是如何形成的：一个魔鬼在晚上用大镰刀切割麦子，第二天早上便形成了图案怪异的麦田怪圈。

这是人们对麦田怪圈最初的猜测，虽然所谓的魔鬼并不存在，但是从中可以看出当时人们对于这一现象无法进行解释，只得如此渲染。

随着时间的流逝，麦田怪圈的现象仍未得到解释，但科学家发现天空中存在着一些无法解释的神秘现象，并猜测可能外星人曾经光顾地球，自然地就将麦田怪圈现象与UFO和外星人事件联系在一起。

1966年，澳大利亚昆士兰州有人目击了UFO，该地点恰好存在着麦田怪圈。一位农夫称，他看到一个飞碟状神秘飞行器距离地面9~12米，掠过一片沼泽地。当飞碟掠过水面时，水面上的芦苇呈顺时针方向倒下。

目前许多人认为如果麦田怪圈是外星人所为，那么这些奇特的图案形状实际上是外星生命向地球人传送的一种信息，或许是警告人类正在严重破坏地球生态环境，或者是暗示着未来地球的命运。

1991年，两位男子宣称它们于1976年制造了麦田怪圈，他们还示范了仅用1米宽的木板、绳索、帽子和金属线就建立了平坦的麦田怪圈；1995年，约翰·卢德伯格建立Circle-makers.org网站，他和同事们证实了如何制造麦田怪圈，但事实上他们是伪造的；另一位叫做马特·里德赖伊的“麦田怪圈制造者”详述了如何用简单的技术方法制造麦田怪圈，甚至他的一番“详解”竟欺骗了一些专家。目前，在英国网站上经常可以看到某些号称“麦田怪圈制造者”的制造怪圈方法。

尽管如此，人们仍无法相信这些短时间内形成、具有错综复杂图案的麦田怪圈就是人类所为，研究人员也表示麦田怪圈的制造十分复杂，不可能是人类制造的。

2002年，《探索频道》委托美国麻省理工学院5位航空系学生研究如何制造麦田怪圈，麦田怪圈研究员南希·塔尔博特称，人类无法制造出麦田怪圈，在怪圈中的这些农作物呈现出3个特征：顶端茎叶进行了延伸；植物茎秆变得中空；土壤中出现10～50微米直径磁性范围。而且麦田怪圈中倒伏的麦子不折断，可以继续生长，秋收后，倒伏的麦子比正常生长的麦子增产40%左右。圈内可使动物尸体不腐烂，不招苍蝇等。有的鸟将鸟巢筑在麦田怪圈中，巢中的卵很快会孵化。

除了UFO、外星人和人为的说法外，目前关于麦田怪圈还有3种说法。

1.磁场说

有专家认为，磁场中有一种神奇的移动力，可产生一股电流，使农作物“平躺”在地面上。美国专家杰弗里·威尔逊研究了130多个麦田怪圈，发现90%的怪圈附近都有连接高压电线的变压器，方圆270米内都有一个水池。由于接受灌溉，麦田底部的土壤释放出的离子会产生负电，与高压电线相连的变压器则产生正电，负电和正电碰撞后会产生电磁能，从而击倒小麦形成怪圈。

2.龙卷风说

从有关记载来看，麦田怪圈出现最多的季节是在春天和夏天，有人认为，夏季天气变化无常，龙卷风是造成麦田怪圈的主要原因。很多麦田怪圈出现在山边或离山六七千米的地方，这种地方很容易形成龙卷风。

3.异端说

一些人相信，麦田怪圈背后有种神秘的力量，就像百慕大三角一样。根据这种猜测，就有人把麦田怪圈说成是“灾难预告”，借以散布异端邪说。

任何一种说法都缺乏有力的证据支撑。麦田怪圈到底是如何产生的？有何用途？是谁制造的？看来还要继续困扰人们。

澳大利亚原始洞穴手印是谁留下的

在澳洲的史前文化中，南澳大利亚的库纳尔洞穴发现的2万年前的岩壁画，成为一个引人注目的现象。

土著先民们最初用手指甲刻在软石灰岩壁上的一些细小线条、一些弯曲迂折的但仍然很流畅的凹线刻画，成为库纳尔洞穴岩壁画中最早的遗存。那时的岩壁画的图形已经有横切面呈“V”字形的，甚至还有几个颇为工整的格形图案。作为太平洋岩画群体中年代最为久远的画面之一，澳洲岩画画面虽然很简略，但作者的原始意念已经有明确的表露，包括原始的祭祀仪式及与新石器时代文化的源流关系。

在早期的具有代表性的岩刻画的画面上，脚印和手印也醒目地分布在其上，而且对脚印和手印的刻画粗细、手法并不相同。脚印的雕琢很精致、细腻，造型准确，生动形象，依脚趾的排列和方向去选取刻画的维度，而不是根据踩踏的脚印去刻画，画技不能和蘸了颜料而印成的岩绘画相比，但其留下了澳大利亚原始土著居民的较早的足迹。手印的刻画有些粗糙、拙陋，用较为宽而粗的块面表现，不仔细辨别很难看出是手的印记，但拇指还是很容易辨别出来的，整个手的画面显得抽象而简单。在太平洋岩画的群体中，岩画的作者大都是崇鸟的氏族，动物脚印的数量在岩刻画的画面中也占有一定的比重。以鸟类的脚印为最多，而且这些脚印大都随鸟类在其生存环境中的地位而有大小的区别。尺寸较大、粗壮、痕迹较深的鸟脚印，或许应为表示鸵鸟在那个生活环境中所拥有的不寻常而非同一般的地位，其他鸟的脚印很小，但是种类很多，有三叶片状，有圆点状的，也有箭头状的。

澳洲原始居民在岩壁上留下足印之后，人类艺术起源时期的一个可靠而珍贵、神秘而伟大的标本就产生了。在澳大利亚的古人类遗址中，人们普遍地发现了赤铁矿石块以及磨盘，这分别是用作颜料和研磨用的。而土著人在向自己的身上涂抹红色时，澳洲土著人再生的意念已经萌发，伴随与之的是用颜料在岩石上作画的原始艺术的诞生。在新南威尔士西南部的蒙戈尔湖的河床一带，曾出土了大量史前猎人的生产和生活的遗迹，他们采集植物的果实，捕猎袋鼠、山猫和鱼类等。而且在这处遗址中还发现了一位妇女的墓葬，这是具有一定仪程的葬礼，所埋葬的洞穴便成为岩画的写实素材，并开创了太平洋岩画画面中大量出现的圆穴凿刻艺术的先河。

在澳大利亚广阔的领土上有上万幅原始洞穴岩画。或许从2万年前开始一直到今天，澳大利亚的土著居民从来没有停止过岩画的绘制与雕琢。北澳大利亚岩画中的“祖灵”形象非常显著。地处约克半岛的一个洞穴里保存着几百幅主题是人物的岩画，那些人物或许是英雄、是神灵、是祭司，艺术家们不得不为原始土著居民的人物画所赞叹与倾倒。而种种人物形象或许都与澳洲人心目中的祖先即最先来到这片土地的人们有关。原始人类的迁徙活动使澳洲最早住民的构成众说纷纭。总之，北澳大利亚岩画中的祖灵形象为研究澳洲提供了丰富形象的资料，对寻觅澳大利亚史前文化的源头具有重要的意义。

此外，在澳大利亚一些文化遗存十分丰富的地区，岩画画面的主要题材是鸟形人。作者用一条带状的彩色线条勾出椭圆形的脸框，在用密集的短线条在脸框上装饰出细细的绒毛，眼和嘴连在一起，眼睛用细线条勾画出睫毛，很似鸟的形象。鸟形人面的岩画在东亚和太平洋地区的岩画中也很丰富，在夏威夷岛上的崖壁画中，鸟形人面成为最引人注目的主题。澳大利亚的鸟形岩画，清楚地反映了崇鸟部族的迁徙路线，而这条路线与澳洲的最早住民进入大洋洲的历程恰好是重叠的。岩画能不能成为亚洲的先民迁徙到澳洲汇合的一种印证？土著人谨慎地崇敬岩画中的人物，认为他们是澳洲山河的缔造者，他们有着永存的精神和无穷的力量。成为氏族印记的岩画中的鸟形人面形象，其背后是一种强大人群与种群的力量。

澳大利亚岩画通常采用夸张的手法而对人身体的某个部位进行放大。画人的双臂时，采用“透视法”，将其画得颀长劲健，充分显示出人攫取食物的力量。双腿用粗实的线条画得很有力量。用明确的线条勾勒出脚趾和脚踝。虽是夸大、变态的造型，人体的主要特征还是很明显的。可以把变态的人体看成是一种写实的记录和一种大胆的创意，早期农业开发的艰难，强大的人体是落后的经济形态的一种补充，也包含了早期人类祈望谷物丰收、人丁兴旺的执着的理想和愿望。澳洲岩画对人类早期生活的记录可谓文明史上的重要一页。

同时澳洲的原始岩画在一些形象上展现了一种古老而又新奇的原始美，一种人类初萌时期的混沌美、朦胧的美，某种程度上是超现实的美。从澳大利亚原始岩画中，我们看到了澳洲原始土著居民及人群的足迹，看到了人群不断迁徙与融合的痕迹，看到了原始居民对生命的理想与祈望，更看到了原始艺术的灿烂光芒。

谁绘制了南极古地图

南极洲是目前地球上唯一一个无人居住的大洲，也是人类最后到达的大陆。然而，事实并非如此。

有这样一张地图，它准确地勾画出了南极洲的轮廓。在古地图上的南美大陆的南面画着蜿蜒的海岸线，原是从威德尔海到毛德皇后地的南极大陆海岸线。

南极洲位于地球最南端，为太平洋和大西洋所包围，终年冰天雪地、风暴频繁，最强风速达100米／秒。自古以来，人们都没有到过南极洲，也不知道它的存在。直到1738～1739 年，法国人布维航海时才发现了南极附近的一个岛 (今称布维岛)。1820～1821年，美国的帕尔默、沙俄的别林斯高和高扎列夫、英国的布兰斯菲尔德才第一次发现了南极大陆。在18世纪以前，古代任何人都不可能知道南极洲地形的真貌，可地图绘制者却勾画了出来，他们到过南极洲吗？为何图画得如此清楚而准确呢？

这几张地图就是18世纪初在土耳其伊斯坦布尔的托普卡比宫发现的，它原是由一个土耳其奥斯曼帝国海军舰队司令名叫比瑞·雷斯私人收藏的。有的是古人复制、临摹的，有的是他亲笔绘制。这在当时还没引起特别大的轰动。从20世纪40年代开始，有人重新对古地图产生了兴趣。美国的一位地图学家俄林敦·H·麦勒瑞对雷斯司令的古地图进行了仔细研究。结果证实，地图上所有的地理资料是真实存在的，并非古人主观想象。接着，麦勒瑞与美国海军水文局制图员俄勒特尔斯共同研究，并把这些古地图和一个现代地球仪对照研究。结果发现，这些古地图非常准确。

更令人不解的是，南极冰的平均厚度达1880米，最厚达4500多米。几千年来，谁也不知冰层下面有山脉，而古地图上还画着南极洲的山脉，而且十分准确，甚至标出了高度。现代人直到1952年才用地震波探测得知在冰层下面确有那样高度的山脉，我们今天的地图也是借助回声探测仪才绘制成的。那么，原图制作者是怎样得知的呢？

根据现代地球物理学的推测，距今约6000年前，在南极洲还有过温带地区，那时有些山脉还没有被冰雪覆盖。据此有人推测，古地图可能是在6000多年前即山脉未被覆盖之前绘成的。原图后来被人多次复制。可很多学者也怀

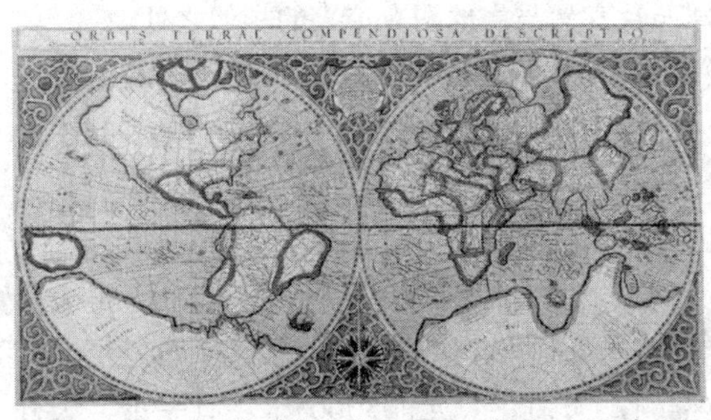

这是 18 世纪欧洲人绘制的世界地图。从中可以看出人们对世界的认识不全面。

疑：6000多年前的古人，真的到过南极吗？那时他们真具有如此高超的绘制地图的能力吗？

在一幅地图上注有“公元1380年”的日期，名为“泽诺地图”。地图上的挪威、瑞典、丹麦、德国、苏格兰等地的精确度和岛屿经纬的精确度，竟达到了令我们现代人吃惊的地步。此外，“泽诺地图”还绘有现在并不存在的岛屿，据专家猜测，这些岛屿可能后来被沉入海底或被冰块覆盖住了。在雷斯司令的地图里，格陵兰岛却是由两个岛屿组成的。直到1947～1949年，由皮克特尔率领的法国北极探险队对格陵兰岛进行了实地考察，证实在冰层下确实存在山脉、河流。但这次考察不如古地图详尽。

另外有两块羊皮纸的地图残片，上面写着：“回历919年”(即公元1513年) 和“回历934 年” (公元1528年) 的日期，经分析研究：这幅古图竟与第二次世界大战中美国空军采用的正距方位作图法绘制的军用地图相似。由于从空中看地面，陆地和海岸线呈歪斜现象。研究核对后，发现与北非上空绘制的地形几乎完全吻合。宇宙飞船从非洲开罗上空飞过时，飞船上的相机正好对着下面的开罗，照片清晰地显示了开罗周围80千米半径内的地形，但随着视线移动，照片中的陆地和海岸线也越来越走形和歪斜。因为地球是一个球体，离开照片中心的区域就好像“下沉”了，歪斜了，如南美洲看上去就比实际大了许多。古地图的绘制情况是如此的，而在美国登月飞船上所拍的地球照片竟然与古地图有惊人的相似之处。

学者们认为，要绘制如此准确的世界地图，必须具备两个条件。其一是必须在空中飞行；其二必须有空中拍摄的器具和技术。而在几千年前的古代，既没有飞机、人造卫星或飞船，也没有空中拍摄的器具和技术，因此是无法绘制的。

另一猜测则认为，是“天外来客——外星人”乘坐宇宙飞船在地球上空飞行时绘制的。瑞士学者达尼奇撰写了《来自外层空间的播种者》一书，他推测，大约在公元前5000 年，有一批“天外来客”访问过地球，古地图即是外星人留在地球上的作品。后来又经过多次按照原图临摹、复制，便流传到今天。但很多学者不同意此说。

难道真的是外星人绘制了南极古地图？虽然不少学者不同意这种说法，但是有没有更合理的说法呢？谜团仍然有待探索。

古埃及浮雕图案之谜

埃及浮雕上的直升机图案是人类的灵感还是外星人的飞行器呢？

古埃及人一直是考古学家的研究对象，这个文明古国一直像谜一样困惑着人们。众所周知，直到1903年地球人才制造了第一架飞机。可奇怪的是，在埃及3000多年前的浮雕上，考古学家却发现了飞机模型，这实在让人摸不着头脑。

古埃及庙宇除了有祈福用途外，还是具有政治色彩的地方。祭师除了是宗教领袖之外，还参与不少政治上的决策，古埃及无疑是一个政教合一的部族。

在1979年，英籍考古学家韦斯在埃及东北部一片荒芜沙漠中，发现一座古庙遗址，起初他只视之为废弃的庙宇。不过，当韦斯细看庙宇内的壁画时，却在其中一处浮雕壁画中，发现一个奇怪现象：他在里面看到了与现代直升机、潜艇形状极其相似的浮雕，以及一系列类似飞行物的物体。飞机在20世纪才被研发出来，那么，这些貌似现代直升机、潜艇的图案怎么会出现在3000多年前的古埃及？

在世界历史中，不少远古民族在发展语言和文字之初，均以壁画记载历史。出现在庙宇中的浮雕，也应该是古埃及人用以记载某一件事或表达某一种意思，但3000年前的人可以预言到今日的文明产物吗？

研究UFO的学者一直相信，远古的高度文明是由外星人传来的。类似传言，在亚特兰蒂斯与玛雅文明中都不绝于耳。古埃及人是否曾经接触过外星人，虽然暂时不可妄下定论，但学者们认为，对古埃及这个注重历史与教育的民族而言，如果真的接触过外星文明，断无可能在相关资料中找不到任何记载。

虽然科学家历来对古埃及文明的研究不遗余力，但所知依然有限，这个文明古国至今仍有不少未能解开的谜团。很难断定3000年前的古埃及人，有否看过直升机、潜艇或其他飞行物体，但即使外星人真的降临过，亦不可能产生出这种概念。虽然这些壁画可能只是一种当地语言或图像，然而不能抹杀的是，近代人也可以想出不少先进或超现实的意念，慢慢地逐步成形。那么可以想象，拥有高度文明的古埃及人，可能也会出现相同的情况。

天狼伴星与非洲多贡人

在远古时代，天狼伴星的智慧生物降临地球，向非洲的多贡人传授了一些秘密？

20世纪20年代，法国人类学家格里奥和狄德伦在西非的多贡发现了一个神秘的现象：多贡人口头流传了400年的宗教教义中，蕴藏着有关一颗星星的丰富知识。那颗星用肉眼是看不见的，即使用望远镜也难以看到，那就是天狼伴星。多贡族是居住在西非的尼日尔河流域的黑人土著民族，他们以耕种和游牧为生，大多数人还居住在山洞里。他们没有文字，只凭口授来传授知识，同西非其他土著民族没有什么两样。就是这样一个民族，怎么会知道天狼伴星呢？

多贡人把天狼伴星叫做“朴托鲁”。在他们的语言中，“朴”指细小的种子，“托鲁”指星。他们认为这是一颗“最重的星”，而且是白色的。这就是说，他们已正确地说明了这颗星的3种基本特性：小、重、白。实际上，天狼伴星正是一颗白矮星。

而天文学家最早猜测到天狼伴星的存在是在1844年，借助高倍望远镜等各种现代天文学仪器，1928年人们才认识到它是一颗体积很小而密度极大的白矮星。直到1970年才拍下了这颗星的第一幅照片。生活在非洲山洞里的多贡人显然没有这种高科技的天文观测仪器。那么，他们是怎样获得有关这颗星的知识的呢？

多贡人认为，天狼伴星是神所创造的第一颗星，是整个宇宙的轴心。此外，他们还早就知道行星绕太阳运行，土星上有光环，木星有4个主要卫星。他们有4种历法，分别以太阳、月亮、天狼星和金星为依据。

不仅如此，多贡人还在沙上准确地画出了天狼伴星绕天狼星运行的椭圆形轨迹，与天文学的准确绘图极为相似。多贡人说，天狼伴星轨道周期为50年（实际正确数字为50.04±0.9年）；其本身绕自转轴自转。

另外，天狼星系中还有第3颗星，叫做“恩美雅”，而且有1颗卫星环绕“恩美雅”运行。不过直到现在，天文学家仍未发现“恩美雅”。

据多贡人说，他们的天文学知识是在古代时，由天狼星系的智慧生物到地球上来传授给他们的。他们称这种生物为“诺母”。在多贡人的传说中，“诺母”是从东北方某处来到地球的。他们所乘的飞行器盘旋下降，发出巨大的响声并掀起大风，降落后在地面上划出深痕。“诺母”的外貌像鱼又像人，是一种两栖生物，必须在水中生活。在多贡人的图画和舞蹈中，都保留着有关“诺母”的传说。

多贡人神奇的天文学是天狼星系的智慧生物所传授的吗？天狼星系的飞船是否在古代降临过地球？如果说不是，那么多贡人关于天狼伴星的知识又是从哪儿传授来的呢?

第三章

有多少生命可以探寻

苍茫宇宙，浩瀚无边，除了地球上的生命，还有哪些星球有生命存在呢？如果其他星球上真的有生命存在，他们是如何生活的呢？

宇宙到底有没有尽头

茫茫夜空，常令我们无限地遐想，可是宇宙的尽头在哪里呢？

宇宙究竟有没有尽头呢？每当人们翘首仰望茫茫夜空，看着一望无际的宇宙，总要提出这样的疑问。

在太阳周围，有地球、金星、火星、木星等大小不同的8个行星在不停地运转，这些行星组成了太阳系。那么，在太阳系以外，又是一个怎样的世界呢？那个聚集着约二亿颗像太阳一样的恒星，又形成了一个宇宙，这就是银河系。银河系的形状像面凸镜，镜头的直径为10万光年，中心部分厚度为1.5万光年。一光年就是每秒钟速度为30万千米的光，用一年时间到达的极其漫长的距离。因此，光若从银河系宇宙的一端出发，需不断地飞驰10万年才能到达它的另一端。这是人类无法想象的一个距离。

那么，如果飞出银河系又会到达什么地方呢？在那里，有无数像银河系一样的宇宙，叫做星云。与银河系邻近的一个宇宙称为仙女座流星群，这是个和银河系大小、形态大致相同的宇宙体系，约聚集着2000亿颗恒星。如果能画出一个20亿光年的大球，那么其中就容纳了约30亿个星云，这些无数的星云聚集在一起，形成一个大宇宙系。那么，这个大宇宙系有没有边缘呢？我们能不能看到这个大宇宙之外的东西呢？

1929年，美国的科学家哈佛尔根据常年观察发现了一个奇异的现象：所有星云正离我们越来越远。离我们约2.5亿光年的发座星云正以每秒6700千米的速度离我们而去，5.7亿光年外的狮子座星云正以每秒19500千米的速度前进，此外还有12.4亿光年的牵牛座星云以每秒39400千米的惊人速度渐渐远离我们。

通过上述情况可以预见，如果这种情况持续下去，星云到达100亿光年的彼方，它们的速度将达每秒30万千米，这和光的速度相等。这种情况产生的结果是：所有星云的光永远照射不到我们的地球上来了。因此，100亿光年的彼方将是我们所能见到的大宇宙的尽头。前面还有星云，但是，由于光无法到达，我们也就无法观测了。

当然这只是一种关于大宇宙的推测，毕竟谁也没有见过大宇宙。关于大宇宙还有其他不同的解释。有人认为，大宇宙呈气球形，它像气球一样不断膨胀，其中有些星云随之离我们远去。但到一定的时候，气球又会缩小，星云也会随之接近我们。有的人认为大宇宙是马鞍形，其内部结构不断地朝着鞍的4个边缘方向扩展。按照这一解释，在遥远的将来，星星将逐渐远离，夜空变得黑暗一片，再也看不到星星了。还有的人认为大宇宙是永恒的，虽然它会无限地扩展，但在扩展了的空间还会产生新的星球，大宇宙再怎样膨胀，还会增加新的星家族，这样大宇宙空间不会荒寂了。

宇宙到底有没有尽头呢？按照目前的天文测量水平，科学家还无法给出确凿的答案。宇宙的尽头，或许是人类永远也接触不到的空间。

宇宙末日会不会来临

人有生老病死，浩瀚的宇宙最终也会毁灭吗？

根据宇宙的大爆炸学说可知，宇宙产生于200亿年前，而且在不断膨胀。这使得人们不禁要问，宇宙要膨胀到何时，宇宙的归宿是什么样呢？

宇宙间的万物生生死死，变化无穷。但宇宙永恒、无始无终。然而，宇宙寿命究竟是多少岁？科学家试图破解这个谜团。

宇宙物质的运动是循环衍生的（生命只是物质运动的一种形式）。据计算，任何恒星经过100万亿年都会与另一颗恒星接近一次。这样恒星周围的行星就会被撞出而流离失所。这时，90%的恒星逃离星系，剩余者则形成一个大黑洞。新的粒子理论同宇宙的结局密切相关。新理论告诉我们，原子核内的质子可能不是永恒的物质，它的寿命是1亿亿亿亿年。如果真是这样，经过1亿年后，只剩下几种基本粒子和黑洞了。

说到宇宙的年龄，人类不能再用通常的尺度，不是用百万年，而是用亿年为单位。但对宇宙的年龄，科学家们只是在推测和估算，还没有找到一种绝对准确的方法。所以科学家们采用各种方法来取得能够接近真实的结果。用同位素年代法测量地球、月球和太阳年龄是一种好方法。经测定，地球年龄为40亿～50亿年，月球年龄为46亿年，太阳年龄为50亿～60亿年。运用这种方法测定宇宙年龄，天文学家布查测定的结果为120亿年。球状星团测定法是根据恒星演化理论来测算恒星年龄的一种方法，利用该法求得的宇宙年龄为80亿～180亿年。但是，人们对恒星进行观测发现，最老的恒星年龄约200亿年，因此，180亿年的年龄是不够的。那么，宇宙的年龄到底是多少呢？

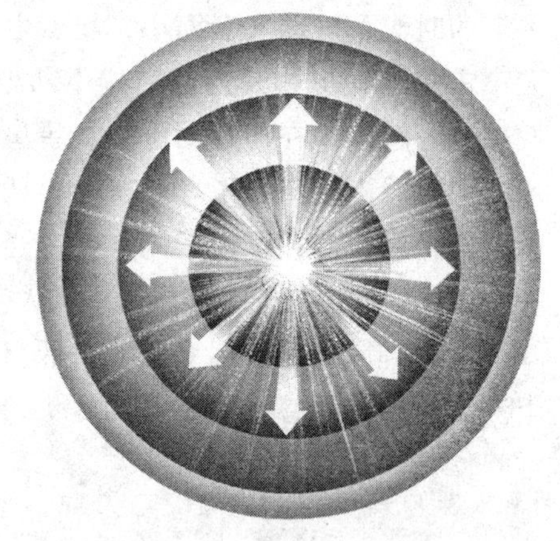

约150亿年前，宇宙经过一次巨大的爆炸（即“创世大爆炸”），开始了它膨胀和变化的过程，而这种膨胀和变化至今仍在继续进行着。经过千百万年之久的变化，星系、恒星以及我们今天所知道的宇宙逐渐形成。

哈勃常数测定法是基于宇

宙膨胀的观测事实确立的。在一个不断膨胀的宇宙中，测定膨胀速度可通过红移量的测量来获得。测出邻近星系与地球的距离，再由此标定红移与距离的关系，就可求得宇宙的年龄。由此可知，关键是测出邻近星系与地球之间的距离。测量地球与邻近星系之间距离的方法有两种，但两种方法最终求得的宇宙年龄都在100亿~200亿年之间，这就是宇宙存在的年限。

不少科学家对宇宙寿命为100亿~200亿年之间的理论提出了异议。英国著名物理学家斯蒂芬·霍金认为，宇宙将无限膨胀下去。按霍金的说法，宇宙始于悬浮在一片没有时间的真空的豌豆大小的极密物体。简而言之，宇宙有始无终。

月亮是撞出来的吗

月亮是地球的卫星，紧紧地围绕着地球而旋转，但月亮到底是怎样形成的呢?

科学家们提出了许多假说。目前，有关月亮形成的最重要的学说认为，大约是46亿年前，一颗大小与火星相似的星体强烈划过并碰撞地球形成了月亮。当时因碰撞形成的大量熔岩碎片和尘埃被撞落在地球周围轨道之内，长时间的相互碰撞和聚集后形成了今天的月亮。

阿波罗登月计划的发现有力地支持了这种碰撞学说。宇航员们从月球上采集了大量的土壤标本，这些土壤标本里所含有的矿物质和地球上的非常相近，因此科学家们确信，地球和月亮有着共同的起源。

通过对美国“阿波罗号”宇宙飞船从月球带回的岩石进行了大量的研究后，瑞士联邦科技研究所的科学家发现的最新证据表明，月球和地球曾经真的相撞过。

目前，科学界还有一种月亮生成的理论。此种理论认为，月亮在最早的时候和火星一样大，科学家叫它为Theia，大约在太阳系形成5000万年后，即地球生成的早期，此星球与地球剧烈相撞，并撞击出大堆大堆的熔岩，今天的月球即由其中某些熔岩聚集而形成的。

此外，瑞士科学家们这次还发现，月球岩石里面氧气的同位素含量和地球的完全一致。另外，科学家通过计算机进行碰撞模拟试验，试验显示月球主要构成物质来源于Theia星球的材料。

为此，瑞士的科学家们断定，月亮和地球同位素的含量既然是一致的，那足以证明Theia曾经同地球发生过碰撞。

一个新的计算机仿真模型，为月球起源的大冲撞假说提供了新的证据。

大冲撞假说认为月球是地球与一个路过它附近的天体相互撞击而产生的，月球的某些特征能用此理论来解释。但在此之前建立的大冲撞模型认为，当初的相撞过程必须具备一些条件才能形成现在的月球，比如相撞的天体体积要非常大、发生撞击的次数要足够多；或者是地球还处于体积比现在小得多的早期状态等。由于这些条件过于严格，难以达到，因此大冲撞假说也一直受到科学界的挑战。

在一期英国《自然》杂志上，美国科罗拉多州西南研究所的罗宾·卡内普及其合作者说，在研究中他们把地球和与之相撞的天体划分为20000多个部分，分析相撞时产生的各种现象如各部分之间的压力、引力等相互作用以及温度升高，然后用计算机模拟不同初始速度和角度下的相撞过程并生成三维图像。结果显示，尺寸类似于今天的地球与一个火星大小的天体斜斜地相撞，足可以形成现在的月球。也就是说，相撞所需的初始条件并不像旧模型认为的那样苛刻，月球很有可能通过大冲撞而产生。

现在还没有哪一个假说能完满地解释月球到底是来自何方，天文学界对此也没有确切的解释。也许随着科学技术的发展，有关月球的来源能得到明确的解释。

难窥其实的月球背面

月球是地球的卫星，可是为什么它总是“犹抱琵琶半遮面”呢？

月球是地球唯一的天然卫星，它围绕地球回旋不息。自从它诞生40多亿年以来，从未离开过地球，是地球最忠实的伴侣。由于月球的自转周期与绕地球公转的周期相同，所以几十亿年来，它总是以同一面对着地球，人们只能看到月貌的59%，它的背面形态如何就成为人类文明史上的千古哑谜。

月球的自转周期和绕地球公转的周期相同，不是偶然巧合，而是因为地月之间相互潮汐引力的作用。月球过去的自转速度比现在要快得多，那时它的表面存在着如熔岩流之类的流体。地球强大的起潮力引发了月球上的潮汐，而潮汐摩擦会使月球自转减慢，直至自转周期等于公转周期。此时，地球不再引起月球上明显的潮汐作用，月球便只能以同一面朝向我们了。

在地球上，人们只能用肉眼依稀辨别出月球上阴暗的月海和明亮的月陆。借助地面望远镜，我们永远只能看到月球的正面，对背面的形貌依然一无所知。由于长期看不到月球的背面，所以月球的背面蒙上了一层十分神秘的色彩。1959年，作为人类的使者,苏联发射的“月球3号”自动行星际站第一次拍摄到了月球背面的照片。在这些照片上，天文学家辨认出500多个实体，其中大部分是环形山。此后，一些国家又多次发射探测器对月球背面进行拍摄，这使天文学家进一步查明了月球背面的情况，绘制了几乎整个月球背面图。

与正面相比，月球背面有很大不同，地形更加崎岖不平，甚至找不出一块平坦的场地可以作为宇宙飞船的登陆点。月球背面密集分布的许多环形山，纵横交错，重叠相连，有时构成一些绵延数百千米的环链，令人叹为观止。月球背面有5座环形山是以中国人的名字命名的，它们是石申、张衡、祖冲之、郭守敬和万户。前4位是中国历史上著名的天文学家，万户则是明朝的一位官员，是世界上第一个以身尝试用火箭飞行的人。这充分说明了中国人研究天文历史的悠久与巨大成就。

随着观测的深入，产生的有关月背的疑团却愈复杂了。这主要是月球背面与正面的显著差异，令人迷惑不解。

月球背面与正面的最大差异是它的大陆性。在总共30多个月球“海洋”和“湖”“沼”“湾”等凹陷结构中，90%以上都在正面，约占正半球面积的一半。在月球背面，月海的数量很少，月背上完整的“海”只有两个，仅占背半球面积的不足10%，月背其余90%多的地方都是山地，山地的分布呈现出几个巨大的同心圆结构，地形严重凹凸不平，起伏悬殊，这种地势是正面所没有的。

而另一件让人捉摸不透的怪事是月球的最长半径和最短半径都在月背。一般天文学书上说月球直径3476千米或半径1738千米，都是指平均值。实际上，月球半径最大处比平均半径长4000米，最小处比平均半径短5000米，而且都在月背。

月球正、背巨大差异的又一表现是月瘤都集中在正面。月瘤也叫月质量瘤，是月球表面重力比较大的地方，科学家们估计，在这些地方的月面以下集中着比较多的高密度物质。此外，月球上还有些地方重力分布小于正常值。奇怪的是，月瘤所在的正异常区和重力偏小的反异常区都在正面，而且发现了多处，月背上却一处也没有。

究竟是什么原因造成了月球正面与背面这些显著的差异呢？科学界有种种不同见解。有人认为，当地球运转到太阳与月亮之间，月亮上便发生了日全食(在地球上却是月全食)，日全食会形成月正面巨大温差，一次又一次温度骤变造成了正背面的差别。有人认为，是地球吸引月球而使月球发生像潮水涨落那样的现象，即“固体潮”造成了正背面的差别。但这些解释都不大令人信服。

大多数科学家认为，应该从月球自身的结构和运动来说明月背之谜，但是今天还没有一个好的答案。

神秘的“太白”金星

太白即金星，又称“白帝子”，是天边启明星的神格化人物。你对神秘的金星了解多少呢？

金星是全天空最明亮的一颗星星。晚间在西方天空出现时，被叫做“长庚星”。早晨在东方天空出现时，被叫做“启明星”。它距太阳的平均距离为1.08亿千米，人们之所以能时常看到它，主要是因为其大部分时间同太阳的角距离较大。夜空中除了月亮以外，其他所有的星星在亮度上都比不上它。由于常有银白色的、像金刚石的闪光从金星发出，所以，它在中国素有“太白”的别称。

科学家们后来知道，金星非常明亮的原因与其周围有浓密的大气层有关，大气反射了照在它上面的75%左右的太阳光。金星离地球最近时，平均为4000多万千米。人们常将金星视为地球的孪生姊妹，因其大小、质量和密度与地球差不多。金星的公转周期约为225天。20世纪60年代初，通过用雷达反复测量，天文学家得知金星的自转周期为243天——竟然长于它的公转周期。另外，金星的自转方向是逆向的，确切地说，它的自转方向是自东向西的，在金星上太阳西升东落，昼和夜(一天)的时间远远长于地球，在那里看到的太阳约是我们所见到太阳大小的1.5倍。

金星有厚厚的大气层，这一点天文学家很早就知道了。用望远镜观看，金星只是一个模糊不清的淡黄色圆面，在金星大气的笼罩下，根本无法看清其“庐山真面目”。人们现在所掌握的金星表面及其大气等知识，主要来自空间飞行探测。

自1961年以来，苏联和美国先后向金星发射的探测器有30多个(虽然有几个发射失败)，获得了大量的研究成果。1970年8月17日，苏联的“金星7号”无人探测器成功地实现了在金星表面上

航天探测器拍摄的金星照片

9000多米高的玛亚特山是金星上最大的火山之一，而飘浮在远处夜空中的则是我们的地球家园。

着陆探测，曾测得金星温度高达480℃，表面为100个大气压。此后还有多个苏联的探测器都在金星表面实现了成功着陆。美国于1989年5月发射了“麦哲伦号”探测器对金星进行空间探测，为期5年，取得了大量的研究成果。

人类根据对金星的探测结果得知，它那厚厚的大气层几乎全部由二氧化碳组成，因此，它具有巨大的温室效应。其高层大气中的二氧化碳达97%，而低层处可达到99%。从许多宇宙飞船发回的照片来看，金星的天空呈橙色，大气中有激烈的湍流存在，还有强烈的雷电现象，有人推算金星上的风速约达100米/秒。更让人惊讶不已的是，厚厚的浓云笼罩在金星表面上30～70千米左右的高空，云中有具有强腐蚀作用、浓度很大的硫酸雾滴。

总体上看，金星大气层好似一个巨大的温室或蒸笼。尽管金星大气将约3/4的入射太阳光反射掉了，但其余那部分阳光到达金星表面并进行加热。大气中的二氧化碳、水汽和臭氧好似温室玻璃，阻止了红外辐射，结果金星蓄积了大量所接受到的太阳能，因而使那里的温度高达465℃～485℃。

与水星不同的是，金星上面环形山很少，表面比较平坦，但也有高山、悬崖、陨石坑和火山口。金星上的凹地与月面上的“海”(平原)相似，“海”上有火山。金星有十分活跃的地质活动，其表面有众多的火山、巨大的环形山、许多地层断裂的痕迹以及涌流的熔岩。

金星表面最高的麦克斯韦山位于北半球，远远高于地球上的珠穆朗玛峰；在南半球赤道附近并与赤道平行的地方，是阿芙洛德高原。金星上一处横跨赤道的大高原有近10000千米长、3200多千米宽。有些探测器成功地完成了在金星上的自动钻探、取样和分析任务，人们因此知道了金星表面最多的是玄武岩。

随着科学技术的发展和进步，人类有关金星的探索和研究将会取得更大的成就，金星也将不再神秘。

金星上的古城遗址之谜

人类探测器在金星上发现了古城遗址，难道金星上也曾存在着智慧生物？

据人类目前所知，相对于火星来说，金星的自然环境要严酷得多。其表面温度近500℃，大气中的二氧化碳占到90%以上，时常降落狂暴的具有腐蚀性的酸雨，还经常刮比地球上12级台风还要猛烈的特大热风暴。金星的周围是浓厚的云层，以致20余年(1960～1981年)间从地球上发射的近20个探测器仍未能认清其真实面目。

20世纪80年代，美国发射的探测器发回的照片显示，金星上有大量城墟。经分析，金星上共有城墟两万座，这些城墟建筑呈金字塔状。每座城市实际上只是一座巨型金字塔，门窗皆无，可能在地下开设有出入口。这两万座巨型金字塔摆成一个很大的马车轮形状，其圆心处为大城市，呈辐射状的大道连着周围的小城市。

研究者认为，这些金字塔式的城市可以有效地避免白天的高温、夜晚的严寒以及狂风暴雨。

苏联科学家尼古拉·里宾契诃夫在比利时布鲁塞尔的一个科学研讨会上首次披露了在金星上发现城墟的消息。1989年1月，苏联发射了一枚探测器。该探测器带有能穿透浓密大气的雷达扫描装备，也发现了金星有两万座城墟这一重大秘密。

刚开始的时候，人们还不敢断定这就是城墟，认为可能是探测器出了问题，也可能是大气层干扰造成的海市蜃楼的幻象。但经过深入研究，人们确信这些是城市的遗迹，并推测是智能生物留下来的。不过，这些智能生物早已绝迹了。

里宾契诃夫博士在会上指出，我们渴望弄清分布在金星表面的城市是谁造的，这些城市是一个伟大的文化遗迹。这位苏联科学家详细地介绍说：“在那些以马车轮的形状建成的城市的中间轮轴部分就是大都会。根据我们推测，那里有一个庞大的呈辐射状的公路网将其周围的一切城市连接起来。”他说:“那些城市大多都倒下或即将倒塌，这说明历史已经很悠久了。现在金星上不存在任何生物，这说明那里的生物已绝迹很久了。”

由于金星表面的环境极差，因此不具备派宇航员到那里实地调查的条件。但里宾契诃夫博士强调说，苏联将努力用无人探险飞船去看清楚那些城市的面貌，无论代价多大，都在所不惜。

而在1988年，苏联宇宙物理学家阿列克塞·普斯卡夫则宣布:金星上也存在“人面石”，这一点与火星一样。联系到金星上发现的作为警告标志的垂泪的巨型人面建筑“人面石”，科学家推测，金星与火星是一对难兄难弟，都经历过文明毁灭的悲惨命运。科学家还说，800万年的金星经历过地球现今的演化阶段，应该有智能生物的存在。后来，金星中的大气成分中二氧化碳越来越多，以至于温室效应越来越强烈，进而使得水蒸气散失，最终使得金星的环境不再适合生物的生存。

迄今为止，人们在月球、金星、火星上都找到了文明活动的遗迹和疑踪，甚至在距离太阳最近的水星表面也发现了一些断壁残垣。地球、月球、火星、金星上都存在金字塔式的建筑。人们将这些联系起来后认为，地球并不是太阳系文明的起点，而是其终点。

倒塌的金星城市中，究竟隐藏着什么秘密呢？那个垂泪的人面塑像到底是否经历了金星文明的毁灭呢？由于这实在太令人捉摸不透了，所以只有等待人类未来的实地探测，但愿这一天能尽早到来。

木星上的大红斑

木星是太阳系中最大的一颗行星，它表面的大红斑是怎样形成的呢?

木星古称岁星，在太阳系的8大行星中体积和质量最大，它有着极其巨大的质量，是其他7大行星总和的2.5倍还多，是地球的318倍，而体积则是地球的1321倍。按照与太阳的距离由近到远排，木星位列第五。同时，木星还是太阳系中自转速度最快的行星，所以木星并不是正球形的，而是两极稍扁，赤道略鼓。木星是天空中第四亮的星星，仅次于太阳、月球和金星。

长久以来，木星一直披着神秘的面纱，不为人们所了解。1973年12月3日，为了确切地探测木星的情况，美国发射了“先锋10号”无人勘查器。经过一年零九个月的宇宙旅行，“先锋10号”飞了10亿千米，终于来到了离木星13.14万千米的最近处。

到达预定位置后，“先锋10号”迅速拍摄了木星外形的彩色照片发回地球。在照片上，人们发现在木星的南半球有一个色泽鲜艳的大红斑。这个大红斑并不是自古以来就在同一位置上的。仅在最近30年里，它在东西约3万千米，南北约1万千米的范围内不断地移动。虽然看到照片时人们还无法解开大红斑的秘密，但“先锋10号”的发射及探测使人们大大加深了对木星的了解。

其实，这不是人类第一次看到木星的大红斑。在1664年，英国天文学家罗伯特·胡克画的木星图上，就有一个类似的大红斑。可能当时人们已经能清楚地看到木星上这种现象了，因此可以断定，大红斑出现在木星的表面已经有300年以上的历史了。人类第一次拍摄到木星的这个大红斑的照片是在1831年。

木星的这个大红斑究竟是什么呢？人们作了种种猜测。木星的周围有一层很厚的大气层，由氧、阿摩尼亚、甲烷、氦等物质构成。大气层表面温度低达零下129摄氏度。但是，根据“先锋10号”提供的资料，人们第一次发现，木星的内部温度很高，从中散发出来的热量为从太阳光中接收到的热量的2.5倍。有人推测，大红斑可能是木星内部温度最高的部分成柱状的旋涡不断朝外喷射的地方。柱状的旋涡与大气接触，和大气中的阿摩尼亚、甲烷等产生化合作用，形成红色的物质，这就是斑点的颜色。当然这种推测仅仅是种想象，还没有确切的证据。

另外，有人提出设想：大红斑会不会是木星产生新卫星的地方？也有人认为道理很简单：大红斑就是带红色的一氧化碳的旋涡在木星的大气层中移动形成的。

自从胡克发现大红斑以来，到今天已有300多年了，它为什么能持续如此长的时间呢？有人认为木星的大气又密又厚是大红斑长寿的主要原因，但这只是一种猜测。大红斑和木星上其他卵形结构的长寿，主要包含两个问题：一个是这些斑状结构必须是稳定的，不然它们只能存在几天；另一个就是能源问题，一个稳定涡流如果没有能源维持，很快就会下沉。

在“先锋10号”所拍摄的木星照片上可以看到，除了大红斑外，在南半球还有一个巨大的呈椭圆状的白点。有科学家认为，木星的表面刮着剧烈的狂风，风速可达每秒333米，近似地球的热带性低气压，形成庞大的云柱，这就是白点的真面貌。

由此看来，木星上一定是个狂风肆虐的世界。大红斑是木星内部某种剧烈的运动所产生的现象。尽管如此，木星的真面目如今仍然不为人知。

木星上有生命吗

木星是具有生命的天体吗？争论仍在继续。

也许我们能十分有把握地断定，在太阳系的诸天体中，除地球外，没有任何一个天体拥有智慧生物，但仍无法肯定，在这些天体中也不存在任何生命活动，特别是那些低等的原始的微生物。除火星外，如今木星也被列入了“怀疑名单”。

木星之所以被怀疑可能有生命存在，是因为它的生态条件与地球比较接近。但是，这颗太阳系体积最大的行星上根本没有可供登陆的固态地表，这是一颗由气体构成的巨大星体，大气层中充满了氢气、氦气、氨、甲烷、水，这样的条件对生命的生存有着极大的障碍。

随着科学技术的进步，人们对木星了解得越来越多。科学家们对木星大气层的成分进行研究后发现，木星大气成分和形成于早期地球海洋的物质十分相似。因此，木星上存在生命形式也成为一种可能。

然而，进一步的调查显示，木星大气层具有强烈的乱流，而且大气下方温度极高，在这种情况下，很难形成生命。任何生物只要一碰到这股乱流，就会被卷入下方的高温中，化为灰烬。

科学家认为，唯一可以在这种环境下维持生命的办法就是在被烧焦之前复制新的个体，并且借助气流的力量把后代带到大气层中较高、较冷的地方。这种极少的生命形态可以在大气层外侧飘浮，其生命活动的能量主要来自所取用的食物。

令科学家欣喜的是，美国“伽利略号”探测器前不久拍摄的照片显示，在木星的一颗卫星(木卫二)的表面下可能隐藏着一片海洋。如果这片海洋真的存在，那么其中就可能存在生命现象。“伽利略号”探测器拍摄的照片揭示出木卫二表面上有 个网状系统，该系统中的一些山脊和断层很像地球上板块构造形成的形态。有人在“旅行者号”飞越木星以后就猜测木卫二经历过火山活动，此次“伽利略号”拍下的近景照片为这一猜测提供了有力的证据。

据此，某些理论工作者假定，有一片深达200千米的液态水海洋被掩盖在木卫二的冰壳之下。这一观点进一步论证了下述推测：木卫二可能存在类似于在地球深海温泉处富含矿物质的水中繁衍生息的那些有机体的生命形态。

总之，对于木星是否存在生命这一问题，目前我们还无法做出肯定的回答。

水星上的水冰之谜

水星不是因为有水才被称做水星，可是水星上可能真的有水存在。

在太阳系8大行星中，水星是最接近太阳的一颗行星。在古罗马神话中，水星是商业、旅行和偷窃之神，即古希腊神话中的赫耳墨斯，为众神传信的神，或许由于水星在空中移动得快，才使它得到这个名字。

既然被称为“水星”，那么，水星上有水吗？这是每个初次接触水星的人都会提出的问题。其实，天文学家在探索宇宙时，有没有水也是他们非常关心的事。水，意味着生命的保障，意味着孕育生命的可能，也有助于探索人类生命的起源，关系到人类的千秋万代。

根据科学探测，水星上残存的大气压不足地球大气的一千万亿分之一，高温、微弱的引力和强大的太阳风使气体很快地向太空逃逸。因此，科学家一直都认为水星上不会有任何形式的水。

然而在1991年，美国科学家在对水星进行雷达回波实验时的发现，改变了人们对水星传统的认识。他们发现，从水星北极反射回来的信号特别强，这表明水星北极表面物质与其他地方不同，有很高的反射率，而水或者水冰则是其中最简单的解释。在水星这么恶劣的环境下，怎么可能存在水或水冰呢？科学家的解释是：水星的自转轴几乎垂直于它的公转轨道面，水星两极一些深陷的陨石坑可能永远照不进太阳光，里面的温度可能低达约零下160摄氏度，因此太空陨石坠落时带来的水冰或者内部挥发出来的水汽，能够一直保留在水星两极一些深陷的陨石坑内，因而不会挥发到太空中。当然究竟有没有水冰，还有待于实地考察。

火星上人头像的困惑

火星上是一片荒漠，然而在卫星图片上却出现了清晰的人头像，这是怎么回事呢？

1994年，为了进一步探测火星的秘密，美国发射了“火星观察者号”探测器，准备在火星上作实地考察。然而，在进入火星轨道时，“火星观察者号”突然失踪，再也没有了联系。

不为人知的是，就在美国“火星观察者号”失踪的前13天，探测器曾经传回两张神秘的照片。一张照片是火星上的一座巨大的人头雕像，它是从火星上空另一个角度近距离拍摄的。另一张照片更

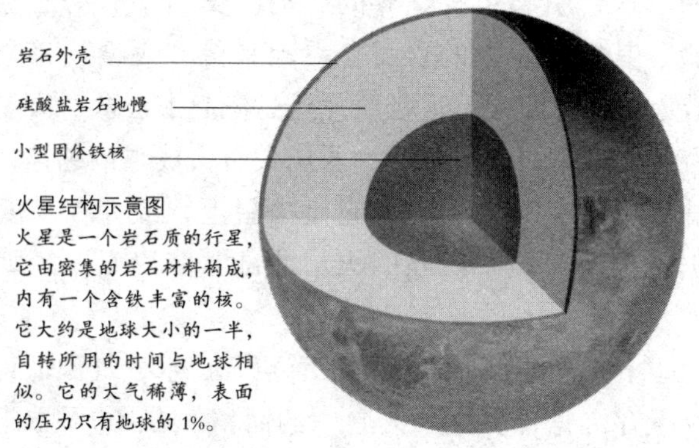

火星结构示意图
火星是一个岩石质的行星，它由密集的岩石材料构成，内有一个含铁丰富的核。它大约是地球大小的一半，自转所用的时间与地球相似。它的大气稀薄，表面的压力只有地球的1%。

令科学家们百思不得其解，照片上竟出现一只巨大无比的鱼形太空生物。它长着一条鲸鱼般的大尾巴，扁圆状身躯，金鱼一样的大眼睛，张着三角形的大嘴，俨然是“太空鱼怪”。背景上充满着大大小小闪烁着的宇宙星光。

美国航天局的专家们认为：在对火星的考察进入关键时期，发生“火星观察者号”失踪和地面接收到它发回的“太空鱼怪”照片两件事并非偶然。也有人认为，“火星观察者号”的神秘失踪，可能是火星上的智慧生物将它击落。“太空鱼怪”可能是火星上的智慧生物制造的一种用特殊动物外貌作伪装的大型宇宙星际母舰。

其实，早在1975年，美国就先后发射了“海盗1号”和“海盗2号”两艘火星探测飞船，这两艘飞船的着陆器分别于1976年7月和8月在火星上成功着陆。同年7月底，美国宇航局公布了一张“海盗1号”拍摄到的火星表面照片——看起来它很像一张人脸，冷冷地向上凝视。而科学家们在“维京1号”火星观察卫星发回的数千张的火星照片上，也发现了几张巨大无比的“人脸”像，非常清晰。照片上显示着一个人的面部，眼睛、眉毛、头发、嘴唇和鼻子十分清楚，就连两个鼻孔都能看见。这是一位长相英俊、潇洒的男性脸，因为它嘴唇上有胡须。

照片的出现，引起了科学界的震动。美国宇航局的专家解释说，“人脸”其实是巨大的岩石，看起来像“人脸”完全是由光影造成的错觉。尽管如此，这张照片还是激起了公众对火星的强烈兴趣，成为各大媒体的热门话题。这块大石头被越传越神，有人称它像埃及法老的脸，有人干脆说它是火星上曾经存在高度发达的文明的证据，而“人脸”所在的火星北部基多尼亚地区则被奉为“圣地”。

火星是一个荒漠的世界，那里没有空气、水，气温低得不可能使任何生物生存。据计算这“人脸”的面积约有100平方千米。这样大的巨幅“人脸”像又是谁造的呢？又是怎样造成的呢？因此，有些科学家们怀疑，这些“人脸”照片是有些人恶作剧，通过美国太空总署的宇航微波接收网络传来的。为此，美国太空总署在1989年聘请了一些优秀的电脑专家对“人脸”照片作分析、鉴定，识别真伪。

著名的电脑专家通过使用最新的电脑绘图技术对“人脸”照片做分析后，确定了这些照片确是从“海盗1号”和“维京1号”火星观察卫星上发回来的。此外，还发现“人脸”“狮身人面像”“建筑物”照片，并非光影上的错觉，而是一个个庞大的实体。所以就有人认为：那些“人脸”“建筑物”照片是数百万年前，曾在火星上出现过文明的一个标志。显然那个文明已在火星上消失了，但它留下了永恒的标志。

奇怪的是，从1992年9月开始，从火星上拍回的照片，那张“人脸”突然消失，变得无影无踪了。此事使火星文明之谜，更蒙上了神秘的色彩：为什么图像会忽隐忽现呢？

1997年7月4日，美国“火星探路者号”探测器在火星着陆，当时数百万美国电视观众坐在电视机前焦急地等待着“火星探路者号”从火星上传回震惊世界的新发现。但令人遗憾的是，“火星探路者号”在火星着陆和“外来者号”漫游车在火星上行驶的镜头虽已向观众播放，但另外一个震惊世界的场面并未向观众们播放。“外来者号”漫游车上的摄影机镜头上清晰地出现了一艘酷似地球上的挪亚方舟的高大船体，它半埋在一片沙滩上。美国航天局的科学家们立刻接到一道严格的命令：“在官方当局尚未决定向社会公众发布这一令人绝对难以置信的震惊世界的新闻之前，必须守口如瓶!”

据说地球上曾经发生过洪水，是挪亚方舟拯救了人类，难道火星上曾发生过巨大洪水？这场大洪水也给火星上的智慧生物带来了巨大的灾难吗?

“火星上可能存在生命”的观点已经流行了几个世纪，但科学家对火星生物究竟是什么模样可以说是一无所知，要知道，迄今为止，还没有任何实际观测证据可以断定火星上存在生命，哪怕是最简单的生命，更不要说最高级的生命——人。要想查明火星上究竟有没有过生命，最好的办法还是派人上火星去实地寻觅，但是这一天恐怕还要等若干年才能到来。

火星上的神秘标语之谜

火星人用英文写的警告标语，意在让地球人离开，这真的是不可思议的事情。

一次，在莫斯科一个大型记者招待会上，苏联太空专家于特·波索夫宣布了一个惊人的消息：一艘由苏联发往火星进行探测任务的无人太空船，在1990年3月27日从火星荒凉的表面上拍到一个奇怪的警告标语后，便突然中断了一切信息，再也没有了联系。一些科学家分析认为，它可能是被火星人给击毁了。

太空船拍到的这个警告标语是用英文写的“离开”两个字。从无线电传回的照片上看，这个巨大标语好像是用石块雕刻出来的，按比例估计，这两个字至少有800米长，75米宽。从地形上看，标语似乎是依着巨型山石凿出来的，从其光滑的表面看，可能是用激光切割成的。

这条标语不像1976年美国太空船在火星拍到的神秘人面像，它显得非常古老和饱受侵蚀，可能很多年之前就被雕刻出来了。然而这个警告标语是最近才出现的。

火星人为什么要写这么两个字呢？他们怎么知道地球上的英文呢？这一切似乎是不可思议地。波索夫博士认为，这个标语显然是针对地球人的，可能是由于地球派往火星的太空船太多，骚扰到火星上生物的安宁，所以他们便发出这个警告，叫地球人远离火星。难道火星上真的有智慧生物存在？可是目前的火星探测工作还没有发现火星人。

波索夫博士透露说，苏联派出的太空船开始时一切都很顺利，但当它把上述写了警告字句的照片传回地球后，便神秘地失踪了。如果火星上真的存在智慧生物，那么那艘太空船是被火星上的生物毁灭了，还是暂时被他们扣押了呢？众说纷纭。

黑洞之谜

黑洞其实不黑，只是因为光无法被反射出来，它真的无法看见吗？

为了研究太空中看不见的光线，美国宇航局研制发射了高能的天文观察系统。在其发回的X射线宇宙照片中，天文学家发现了最惊人的一幕：那些人们认为已经湮灭了的星体，依然能放射出比太阳这样的恒星体更为强烈的宇宙射线。这证明了长久以来人们的一个大胆设想：宇宙中确实存在着看不见的“黑洞”。

“黑洞”很容易让人望文生义地想象成一个“大黑窟窿”，其实不然。所谓“黑洞”，就是这样一种天体：它的引力场是如此之强，就连光也不能逃脱出来。黑洞是由大于太阳质量的3.2倍的天体发生引力坍塌后形成的（小于1.4个太阳质量的恒星，会变成白矮星）。天文学的观测表明，在很多星系的中心，包括银河系，都存在超过太阳质量上亿倍的超大质量黑洞。

根据爱因斯坦的广义相对论，引力场将使时空弯曲。当恒星的体积很大时，它的引力场对时空几乎没什么影响，从恒星表面上某一点发的光可以朝任何方向沿直线射出。而恒星的半径越小，它对周围的时空弯曲作用就越大，朝某些角度发出的光就将沿弯曲空间返回恒星表面。

等恒星的半径小到一特定值（德国科学家史瓦西计算出了一个可能具备无穷大引力的天体半径，天文学上叫“史瓦西半径”）时，就连垂直表面发射的光都被捕获了。到这时，恒星就变成了黑洞。说它“黑”，是指它就像宇宙中的无底洞，任何物质一旦掉进去，似乎就再不能逃出。

那么，黑洞是怎样形成的呢？其实，跟白矮星和中子星一样，黑洞很可能也是由恒星演化而来的。

当一颗恒星衰老时，它的热核反应已经耗尽了中心的燃料（氢），由中心产生的能量已经不多了。这样，它再也没有足够的力量来承担起外壳巨大的重量。所以在外壳的重压之下，核心开始坍缩，直到最后形成体积小、密度大的星体，重新有能力与压力平衡。

根据科学家的计算，中子星的总质量不能大于3倍太阳的质量。如果超过了这个值，那么将再没有什么力能与自身重力相抗衡了，从而引发另一次大坍缩。于是，物质将不可阻挡地向着中心点进军，直至成为一个体积趋于零、密度趋向无限大的“点”。而当它的半径一旦收缩到一定程度(史瓦西半径)，巨大的引力就使得光也无法向外射出，从而切断了恒星与外界的一切联系——“黑洞”诞生了。

与别的天体相比，黑洞是显得太特殊了。黑洞具有“隐身术”，人们无法直接观察到它。那么，黑洞是怎么把自己隐藏起来的呢？答案就是——弯曲的空间。一般来说，光是沿直线传播的。可是根据广义相对论，空间会在引力场作用下弯曲。这时候，光虽仍然沿任意两点间的最短距离传播，但走的已经不是直线，而是曲线。

在地球上，由于引力场作用很小，这种弯曲是微乎其微的。

而在黑洞周围，空间的这种变形非常大。这样，即使是被黑洞挡着的恒星发出的光，虽然有一部分会落入黑洞中消失，可另一部分光线会通过弯曲的空间绕过黑洞而到达地球。所以，我们可以毫不费力地观察到黑洞背面的星空，就像黑洞不存在一样，这就是黑洞的“隐身术”。

其实，黑洞也是个星球，只不过它的密度极大，靠近它的物体都被它的引力所约束。对于地球来说，以第二宇宙速度来飞行就可以逃离地球，但是对于黑洞来说，它的第二宇宙速度之大，竟然超越了光速，光速已经是极限速度了。所以连光都跑不出来，于是射进去的光没有反射回来，我们的眼睛就看不到任何东西，只是漆黑一片。

“黑洞”无疑是20世纪最具有挑战性、也最让人激动的天文学说之一。许多科学家正在为揭开它的神秘面纱而辛勤工作着，希望有一天它的秘密能被彻底揭开。

第四篇

神奇的古文明谜团

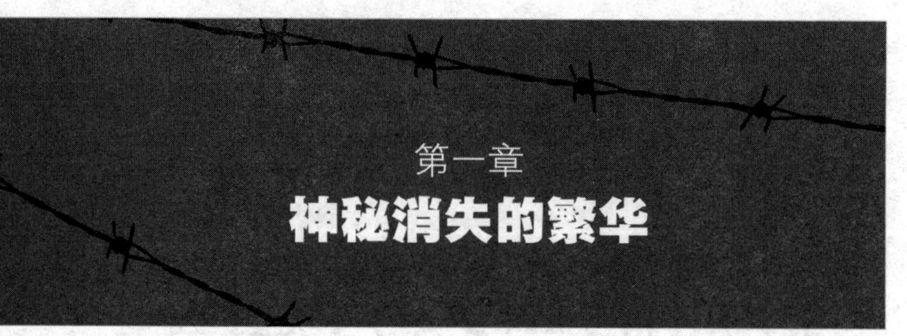

第一章
神秘消失的繁华

神秘的繁华，还不清楚从哪里来，就消失得无影无踪。

夜郎古国在哪里

夜郎国因“夜郎自大”这一成语而家喻户晓，千百年来无人不知。

公元前28~公元前25年，夜郎最后一个国王“兴”举兵与周边诸侯发生战争，汉朝官员仅派使者去劝说。但夜郎王兴并不买账，还杀了使者，于是汉朝发兵灭了夜郎。夜郎国退出历史舞台，由于它的鼎鼎大名，现在许多地方争着说自己是夜郎古国的旧地所在，更使得这一问题迷雾重重。

首先是“贵州说”，持这种观点的人认为夜郎国无可置疑的是现在贵州境内。《后汉书》中记录了夜郎国的产生:“夜郎者,初有女子浣于月逐水,有三节大竹流入足间,闻其中有号声,剖竹视之,得一男儿,归而养之。”古夜郎民族以竹为图腾,贵州多竹,今境内的仡佬族、彝族、布依族等少数民族都有奉竹为神灵的习俗,不少地方还建有“竹王祠”。贵州省会贵阳简称“筑”,也是“竹”演变而来。从考古发掘来看，贵州也有众多证据。新中国成立后，在贵州境内不断有夜郎国文物被发现，考古工作者9次在赫章可发掘的200多座夜郎民族墓葬中的出土文物，足以支撑那里曾是古夜郎人居住中心区域之一的论断。

其次是“湖南说”，他们认为，史书中记载的夜郎文化均带有浓厚的楚文化气息，其国都应在楚地，并提出怀化西部属古夜郎发源地，而新晃县就是夜郎国的核心区域。

持“湖南说”的人认为，他们的观点并不否认夜郎国也包含有贵州一部分，不过夜郎国的核心和起源是在湖南湘西，那里现在的民风同样有夜郎国的影子。还有人认为夜郎国的中心在四川、在云南。夜郎古国在哪里？至今依然是个未解之谜。

轰动世界的“三星堆”

高鼻深目，颧骨突出，阔嘴大耳，耳朵上还有穿孔，表情似笑非笑，似怒非怒。这是些什么人呢？

1929年春，四川省广汉市太平镇月亮湾的燕道诚在自家院子边挖水渠时，挖开了一个沉睡了3000多年的三星堆惊世宝藏。人们陆续在此发现了大量造型怪异的青铜人头像、面具、青铜礼器及玉石器。令人困惑的是，这些器物均被损毁。由于没有文字记载，三星堆文化成为一个巨大的谜团，猜想与争议从此开始。

1.神秘的器具

三星堆出土的大量青铜器中，基本上没有生活用品，绝大多数是祭祀用品，这表明古蜀国的原始宗教体系已比较完整。这些祭祀用品带有不同地域的文化特点，特别是青铜雕像、金杖等，与世界上著名的玛雅文化、古埃及文化非常接近。三星堆博物馆副馆长张继忠认为，大量带有不同地域特征的祭祀用品表明，三星堆曾是世界朝圣中心。

在坑中出土了5000多枚海贝，经鉴定来自印度洋。有人说这些海贝用做交易，是四川最早的外汇，而有的人则说这是朝圣者带来的祭祀品。还有出土的60多根象牙引起了学者们“土著象牙”与“外来象牙”的争议。“不与秦塞通人烟”的古蜀国，居然已经有了“海外投资”，不可思议。

2.消失的古都

古蜀国的繁荣持续了1500多年，然后又像它的出现一样突然地消失了。历史再一次衔接上时，中间已多了2000多年的神秘空白。关于古蜀国的灭亡，人们假想了种种原因，但都因证据不足始终停留在假设上。

（1）水患说

三星堆遗址北临鸭子河，马牧河从城中穿过，因此有学者认为是洪水肆虐的结果。但考古学家并未在遗址中发现洪水留下的沉积层。

（2）战争说

遗址中发现的器具大多被事先破坏或烧焦，似乎也印证了这一解释。但后来人们发现，这些器具的年代相差数百年。

（3）迁徙说

这种说法无须太多考证，但它实际上仍没有回答根本问题：人们为什么要迁徙？

成都平原物产丰富，土壤肥沃，气候温和，用灾难说解释似乎难以自圆其说。那么，古蜀国消失在历史长河的真正原因究竟是什么呢？

3.文明起源何方

三星堆的发现将古蜀国的历史推前到5000年前。三星堆文化来自何方？这里数量庞大的青铜人像、动物不归属于中原青铜器的任何一类。青铜器上没有留下一个文字，简直让人不可思议。出土的“三星堆人”高鼻深目、颧骨突出、阔嘴大耳，耳朵上还有穿孔，不像中国人，倒像是“老外”。有专家认为，三星堆人有可能来自其他大陆，三星堆文明可能是“杂交文明”。

另外，三星堆铜人的发型有两种：一种是后脑勺垂有发辫的，一种是前额及两鬓削平，后脑勺戴有发笄的。许多学者认为，三星堆文化是吸收了一些中原文化或近东文化的本土文化，三星堆的人们是起源于四川西北岷江上游的人群，经过迁徙，最后根植于成都平原建立了王国。现在，另一个观点颠覆了以上的看法。那就是，在三星堆王国中，有一支来自中原的人群，具体地说，这群人是来自中原二里头王族中东方的氏族。

4. “巴蜀图语”

在祭祀坑中发现了一件价值连城的瑰宝——世界最早的金杖。其权杖之说早已被学术界认同，但所刻的鱼、箭头等图案却引起了一场风波。

青铜立人像 三星堆文化

此像是三星堆青铜器的代表作，像高 1.7 米，底座 0.9 米，共达 2.6 米，是三星堆最大一尊铜像，也是迄今发现的最大的一座青铜人像。这尊铜像应为巫师的形象。

一个民族必备的文明要素，三星堆都已具备，只缺文字。学者们对此的争论已有些历史，《蜀王本纪》认为古蜀人“不晓文字，未有礼乐”，《华阳国志》则说蜀人“多斑彩文章”。

至于金杖上的图案是文字？是族徽？是图画？还是某种宗教符号？仁智各见。有的已在试图破译，另一些专家则认为刻画的符号基本上单个存在，不能表达语言。不过，如果能解读这些图案，必将极大促进三星堆之谜的破解。三星堆在文字方面尚存问号，也是它吸引人的地方之一。

5.政权性质及宗教形态

三星堆古蜀国是一个附属于中原王朝的部落军事联盟，还是一个相对独立的已建立起统一王朝的早期国家？其宗教形态是自然崇拜、祖先崇拜还是神灵崇拜？或是兼而有之？

6.为何消失

如此众多而贵重的国家礼器为什么会遭受损毁和掩埋呢？

有专家认为，在三星堆王国的末期，三星堆执掌权力的两个氏族在内部权力分配问题上发生了争执，从而引发了激烈的暴力冲突。三星堆城变成一片废墟，两个冲突集团开始放弃三星堆城，分别向附近的成都和陕西南部转移。大概认为三星堆神庙中的像设和器物已经损坏，再使用有不祥的可能，最后离开三星堆的王族在举行了隆重的仪式后，将这些不能再使用的器物掩埋了。

三星堆遗址及其出土文物的许多重大学术问题，至今仍是难以破译的千古之谜。虽然专家学者对这些谜团争论不休，但终因无确凿证据而成为悬案。

楼兰古国之谜

新疆维吾尔自治区，对一个探险旅游者来说，有一处地方是充满吸引力的,这就是被称为“沙漠中的庞贝”的神秘古城——西域古国楼兰。

1979年冬天，考古学家在孔雀河古河道北岸发现了数十座“太阳墓”，距今已有3800年之久。墓的中间用一圈圆形木桩围成死者墓穴，外面用0.3米多高的木桩围成7个圆圈，并组成若干条射线，呈太阳放射光芒状。

1980年，在孔雀河下游铁板河三角洲曾发现一具女性干尸，她埋藏在地下4000年而容颜依旧，“牙齿、毛发、指甲都保存完好，仿佛刚刚睡去。那健壮的骨骼、古铜色的皮肤让人相信她随时会站起来奔跑”。经研究，女尸属欧洲白色人种。

1980年6月，著名科学家彭加木率考察队在罗布泊地区考察时，不幸遇难失踪。国家出动了飞机、军队、警犬，花费了大量人力和财力大规模寻找，最终也没有结果。

1996年6月，中国探险家余纯顺在罗布泊徒步孤身探险中失踪。当直升机发现他的尸体时，法医鉴定已死亡5天。既不是自杀，也非他杀，身强力壮的他，死亡原因还是个谜。

2000年3月，内蒙古自治区自治州史志办张体先在塔克拉玛干沙漠一条干涸的小河道里，意外发现了一具独木舟棺材——楼兰彩棺！但是当他们再度去寻找时，彩棺却在漫无边际的沙漠腹地不翼而飞，至今下落不明。

这就是声名赫赫的楼兰，这就是神秘莫测的罗布泊！

其实，最早发现楼兰的时间要追溯到1900年，这一年，瑞典探险家斯文·赫定完成了罗布泊西部的探险开始返程。这时，他和他的维吾尔族向导阿尔迪克发现用于考察的一把铲子遗留在了营地。阿尔迪克返回营地寻找时遇到了风暴，迷失了方向，但在迷途中意外地闯入了一座古城，他发现了许多文物和雕刻精美的木板、古代铜钱。斯文·赫定对阿尔迪克的发现大喜过望。1903年，斯文·赫定进入了这座古城，发掘了大量文物，包括钱币、丝织品、粮食、陶器、36张写有汉字的纸片、120片竹简和几支毛笔……

回国后，根据斯文·赫定带回的木简，德国语言学家研究后确认：这座古城就是史籍中记载的楼兰！

就在斯文·赫定发现楼兰将近100年的时候，1999年12月，新疆维吾尔自治区文物考古研究所的专家们又公布了一条消息：在距楼兰古城4.8千米的风蚀台地上发现了两座楼兰人墓葬。这两处墓葬相距仅百米，其中的彩棺老年男人墓属汉晋时期，而另一座6个月大婴儿干尸墓却是距今4000年前后的遗存，它们之间隔着2000年的跨度。彩棺墓的男尸身着棉里、绢里长袍，是蒙古人种，他的彩棺墓上绘有东方文明象征日、月的“朱雀”“玄武”，棺上覆盖着罗马风格的狮纹栽绒毛毯。那个夭折的婴儿则是头戴尖顶毡帽，细软的金黄色头发，深陷的眼睛微闭着，鼻子明显高隆，而且身穿粗毛布，脚上是带毛的皮制鞋。很明显，这两座墓代表不同文明，楼兰文明又因此增添了几许神秘的色彩。

楼兰古城是古楼兰国目前被发现的最重要的历史遗迹，它对研究新疆维吾尔自治区以至中亚的古代史、丝绸之路的历史变迁、中西文化的交流与融合具有至关重要的作用。

1979年，新疆维吾尔自治区社会科学院考古所受中央电视台邀请协助拍摄电视片《丝绸之路》。他们克服重重困难，3次深入罗布泊地区，获得了魏晋时期的汉文木简、文书及大量的古钱、丝织品、皮革制品等珍贵文物。军区测绘大队配合考察队深入楼兰勘测绘制了楼兰古城地形图。经精确测量，判定古楼兰城位于罗布泊西北岸,东经89° 22′ 22″ ,北纬40° 29′ 55″ 。城垣为方形，总面积10.824万平方米，一南一北两条河流绕城而过，城东则是碧波万顷的“盐泽”罗布泊。一条西北—东南走向的古河道贯穿城中，将城分成两部分，城东北是佛塔、寺院，城西南是官署、居民区。

古楼兰的城墙用泥土、芦苇、树枝修筑，至今仍依稀可辨。城中规格最高的建筑是并排的三间房子，属土坯建筑。除房顶不翼而飞外，房子的门、窗还依稀可辨。斯文·赫定就曾经在这三间房的墙角下发掘出大量珍贵的文书。古城内，盖房用的木梁、檩条、椽子也比比皆是。这些建筑材料都是胡杨木的，有的还凿了眼，甚至刻上了花纹，显示出相当的工艺水平，格外引人注目。另据考古学家证实：楼兰是一个兼有农、牧、屯田、贸易的城邦。汉王朝经营丝绸之路，控制西域时，楼兰的水利、屯田得到大规模开发，楼兰人一度过着十分安逸的生活。东方的丝绸制品、陶器、漆器、铁器，中亚的棉布、毛布制品、铜镜甚至海贝，波斯、希腊、罗马的艺术品都曾在楼兰出现。

其实，自楼兰古城发现之后，国外的大批考古学家、地理、地质学者就接踵而至，在楼兰古城及罗布泊地区发掘了难以计数的珍贵文物。其中最珍贵的是晋代手抄《战国策》和汉锦。这份手抄的《战国策》，仅仅比我国纸的发明晚一二百年，比欧洲人最古的字纸要早六七百年。汉锦则色彩绚丽、华美精致，上面都绣有祝词，制作年代在公元1～2世纪之间。另一重大发掘收获是发现了当年任西晋西域长史的李柏给焉耆王的信件，即所谓的“李柏文书”。楼兰因此被称为埋藏在“沙漠中的宝地”，是历史遗落下来的“博物馆”。

楼兰，这个曾经活在诗歌和传说中的古城，它的文化遗存是古人留给我们的一笔无法估量的历史遗产。它曾经有过的辉煌，形成了它在世界文化史上的特殊地位。如今，在干涸的罗布泊湖滨，还可以俯拾石器时代楼兰人遗留的磨盘、玉斧、刮削器以及一只只吐诉古今幽情的螺壳……

然而，楼兰国是怎么消失的呢？

楼兰属西域36国之一，位于今新疆维吾尔自治区巴音郭楞蒙古族自治州若羌县北境，罗布泊以西，孔雀河道南岸7千米处，西南距若羌县城220千米，东距罗布泊西岸28千米。

关于古楼兰的记载，最早始于张骞。公元前126年，张骞出使西域，回到长安后撰写了出使报告。报告中提到楼兰是一个有“城郭”的城邦文明。后来司马迁也在《史记》中记载楼兰“有城郭，临盐泽”。古楼兰是古丝绸路上西出阳关的第一站。当年，在这条交通线上是“使者相望于道”的繁荣景象。西汉末年，西域交通断绝，楼兰也随之“城门昼闭”。到曹魏时期，楼兰又重新开始繁荣起来。《后汉书·西域传》中写道：“驰命走驿，不绝于时月；胡商贩客，日款塞下。”

史籍中对于楼兰古城建于何年，何时形成楼兰王国没有记载。但根据在罗布泊周边及楼兰城边地发现的史前器物表明，楼兰古城距今约有6000年。然而，奇怪的是，楼兰王国在繁荣兴旺了五六百年以后，却从公元4世纪之后突然销声匿迹了。公元399年，东晋高僧法显路经楼兰时，这里已是“上无飞鸟、下无走兽，遍望极目，欲求度处则莫知所拟，唯以死人枯目为标识耳”。到了公元7世纪，唐玄奘看到楼兰国“城郭岿然，人烟断绝”，这个时候的楼兰，已经成了一座空城。

关于古楼兰的神秘消失，目前尚无定论。但归纳起来，主要有以下几种观点：

1.断水而废

据《水经注》记载，东汉以后，塔里木河中游的注滨河改道，导致楼兰严重缺水。敦煌索勒召兵来到楼兰，不分昼夜横断注滨河，引水进入楼兰，缓解了楼兰缺水的困境。但在此之后，尽管楼兰人为疏浚河道做出了最大限度地努力和尝试，但楼兰古城最终还是因断水而废弃了。

2.生态环境恶化

楼兰曾是个河网遍布、生机勃勃的绿洲，然而声势浩大的“太阳墓葬”却为楼兰的毁灭埋下了隐患。在已发现的7座“太阳墓”中，成材圆木竟达一万多根！这种墓葬的盛行，致使大量树木被砍伐，致使水土流失，风沙侵袭，河流改道，气候反常，瘟疫流行，水分减少，盐碱日积，楼兰人在不知不觉中埋葬了自己的家园。

另外，战争直接导致楼兰古国的消亡也是完全可能的。在海上贸易时代之前，东西方贸易只有一条漫长的“丝绸之路”。“丝绸之路”沿线各国，尤其是塔里木南边的鄯善，就成了周边列强掠夺的重要对象。

但是，不管怎么说，楼兰国还是瓦解了，徒留一座空城在茫茫荒漠，慢慢地被风沙掩盖，变成暗藏着灾难和死亡的王国。楼兰，一个等待人们去破解的千古之谜。

扶桑国在哪里

扶桑国，人们通常想到的是日本，还有“东渡扶桑”之说。不过一直以来都有人认为扶桑不是指日本，中国自古对日本的称呼为“倭国”。如果不是日本，那么扶桑国又是指哪里呢，东渡扶桑又如何解释？

持“日本”说的人认为，扶桑是中国远古传说中一棵与太阳有关的神木。《海外东经》记：“汤谷上有扶桑。十日所浴，在黑齿北，居水中。”其中指明了扶桑的所在地，为黑齿国北。那么古东方历史地理中，是否的确有一个黑齿国？如果有，此国位置在哪里？经考察，在史书中确实有过这么一个地方，周成王时，即有黑齿国人献白鹿、白马。而据考证日本古民俗确有崇奉白鹿、白马的风俗，黑齿国所在地，就在今日的日本列岛上。

明李言恭《日本考》记述，直到明代，日本贵族尚普遍流行染牙成黑齿为贵的风俗。他还记述了染牙方法。所以黑齿国在现在日本之内。

然而，近代广为流行的见解认为扶桑国与墨西哥有关。始倡此说的是法国人金涅，他于1761年提交的一份研究报告中说：根据中国史书，在公元5世纪时，中国已有僧人到达扶桑，而扶桑，他认为就是墨西哥(按金涅所说的中国史书，指《梁书·扶桑传》)。在中国学者中较早响应此说的是章太炎，他在所著《文始》中也认为扶桑即墨西哥。

据说，所谓扶桑木，就是古代墨西哥人所谓“龙舌兰”。在墨西哥北部地区，古代有巨大的野牛，角很长。这同样符合《梁书》的记载。

那么，慧深是怎样到墨西哥去的呢？根据慧深记录的航线，先向东北航行，然后转向正东，最后折向东南到达扶桑国，很明显，他是利用季候风和海洋环流到达了目的地。

如果根据文献描述而言，扶桑国指的是北美墨西哥倒更为可信，其风貌都能得到较好解释，不过慧深是否有能力出海到北美仍然是个疑问，所以扶桑在何地之谜至今仍没有解开。

“女儿国”消失之谜

传说中的“女儿国”或许真的存在，那么它是怎么消失的呢？

《西游记》中女儿国美丽的女王对唐玄奘痴情的爱恋是一个凄美的爱情故事，而那条让人喝了水就能生孩子的子母河更是留给人无数的幻想。“女儿国”究竟是吴承恩全凭天马行空的想象力虚构出来的理想乐园，还是历史上果真有过这样一个“女儿国”呢？

史书中记载的东女国是否就是传说中的“女儿国”呢？

据一些学者考证，“女儿国”在历史上的的确确存在过，而且现在有一些村寨一直将“女儿国”的古老习俗留存至今。经过长期研究和实地考察，专家认为，今天四川甘孜州的丹巴县至道孚县一带就是《旧唐书》中记载的东女国的中心。

据《旧唐书》第197卷《南蛮西南蛮传》记载：“东女国，西羌之别称，以西海中复有女国，故称东女焉。俗以女为王。东与茂州、党项接，东南与雅州接，界隔罗女蛮及百狼夷。其境东西九日行，南北22行。有大小八十余城。”按照《旧唐书》的记载，东女国南北长22天的行程，东西长9天的行程，如果按照过去一天骑马40千米或者步行20千米，那么东女国应该南北覆盖400~800千米，东西覆盖180~360千米。

据史书记载，东女国建筑都是碉楼，女王住在九层的碉楼上，一般老百姓住四五层的碉楼。女王穿的是青布毛领的绸缎长裙，裙摆拖地，贴上金花。东女国最大的特点是重妇女、轻男人，国王和官吏都是女人，男人不能在朝廷做官，只能在外面服兵役。宫中女王的旨意，通过女官传达到外面。东女国设有女王和副女王，在族群内部推举有才能的人担当，女王去世后，由副女王继位。一般家庭中也是以女性为主导，不存在夫妻关系，家庭中以母亲为尊，掌管家庭财产的分配，主导一切家中事务。

《旧唐书》关于东女国的记载是十分详细的，但是到了唐代以后，史书关于东女国的记载几乎就中断了。难道东女国的出现只是昙花一现吗？

唐玄宗时期，唐朝和吐蕃关系较好，吐蕃从雅鲁藏布江东扩到大渡河一带。可是到了唐代中期的时候，唐朝和吐蕃关系变得紧张，打了100多年仗，唐朝逐步招降一部分吐蕃统治区的少数民族到内地，当时唐朝把8个少数民族部落从岷山峡谷迁移到大渡河边定居，这8个部落里面就有东女国的女王所率领的部落。

当时东女国女王到朝廷朝见，被册封为“银青光禄大夫”，虽然是虚衔，但是品级很高，相当于现在的省级官员。后来到了唐晚期，吐蕃势力逐渐强大，多次入侵到大渡河东边，唐朝组织兵力反击，在犬牙交错的战争中，东女国的这些遗留部落，为了自保就采取两面讨好的态度。

后来，唐逐渐衰落直至分裂，吐蕃也渐渐灭亡。吐蕃崩溃后，曾经被他们统治的青藏高原重新回到了原来的部落时代，唐代分裂后，也没有力量统一管理，到了后来的宋元明三代，对于青藏高原地区的统治很薄弱，因此基本没有史料记载，一直到清代才把土司制度健全。而东女国的遗留部落有些由于靠近交通要枢，受到外来文化的影响，女王死后没有保留传统习俗，逐渐演变成父系社会，而有一些部落依旧生活在深山峡谷，保留了母系社会的痕迹。

根据专家考察，历史上的东女国就处在今天川、滇、藏交汇的雅砻江和大渡河的支流大、小金川一带，也是现在有名的女性文化带。而扎坝极有可能是东女国残余部落之一，至今保留着很多东女国母系社会的特点。在扎坝，女性是家庭的中心，掌管财产的分配和其他家庭事务，与东女国“以女为王”相似。

在婚姻制度上，扎坝人依然实行走婚，通过男女的集会，男方如果看上了女方，就从女方身上抢来一样东西，比如手帕、坠子等，如果女方不要回信物，就表示同意了。晚上男方到女方家过夜，天亮就会离开，从此两人互相没有任何关系。男女双方之间的关系叫做“甲依”，就是伴侣的意思。女方可以同时有很多“甲依”，但也有极少数姑娘一辈子只有一个“甲依”，两个人走婚走到老。

虽然扎坝仍然保留着部分女儿国的传统习俗，但它与《旧唐书》中记载的女儿国还有很多的差异。真正的女儿国究竟走了怎样的一条发展道路，又是怎样突然没有任何记载了呢？这是史学家需要努力探究的一个问题。

古格王国之谜

神秘的古格王国300年前一夜之间在地球上消失，是由于内战，还是被外族残酷灭国呢？

古格王国是吐蕃王朝瓦解后建立的，从公元9世纪开始到公元17世纪结束，前后世袭了16个国王。它是吐蕃王室后裔在吐蕃西部阿里建立的地方政权，统治中心在象泉河流域，北抵日土，最北界可达今克什米尔境内的斯诺乌山，南界印度，最东面势力范围一度达到冈底斯山麓。其都城扎布让位于现札达县城西18千米的象泉河南岸。古格王国在西藏自治区的经济和文化发展史上占有重要的地位，当时古代印度的许多重要佛教教义，就是从这里传入西藏自治区腹地的，它还是古代西藏自治区对外贸易的重要商埠之一。

可就是这样一个盛极一时、曾供养了10万之众的王国却在一夜之间从历史上彻底地消失了。当几百年后它被发现的时候，甚至还保留着毁灭时的现场。这一切困惑着人们：难道它的消失仅仅是由于那一场王室之间的战争吗？

公元17世纪时，古格王国已经有了西方传教士，当时的古格国王和自己的弟弟，也就是古格的宗教领袖矛盾尖锐。为了巩固自己的势力，古格国王开始借助西方传教士的力量削弱佛教的影响。公元1633年，佛教僧侣们发动叛乱，古格国王的弟弟勾结了拉达克王室来攻打古格都城，企图推翻古格王国，一场战争就这样开始了。但是，古格王宫建在山上，通向王宫的唯一隧道地势险要，“一夫当关，万夫莫开”，拉达克很长时间都无法攻下。气急败坏的拉达克就驱赶着古格的老百姓在半山腰修建一座石头楼，想等这石头楼和山顶一样高的时候，最终拿下古格都城。

古格王国遗址

西藏自治区阿里地区札达县。

石头楼最终还是没有修完，因为古格国王做出了决定。关于国王的决定也有不同的说法，有的说国王最后从悬崖上跳了下去摔死了，国王一死，古格都城自然也就破了；也有人说是为了挽救百姓，古格投降了。但根据一些史料的记载，应该是后一种情况更加可信。

在古格王国的遗址上，曾经日夜奔跑着一只灵性非常的纯色黑猫，它在寻找失落的爱情，还是在缅怀古国的繁华？

传说在古格王国即将消亡的时候，国王为了保护他心爱的王后，请来了国中最老的巫师，把王妃变成了一只黑猫，让王后逃出了即将被攻陷的王宫。然后国王下令，找到这只黑猫的人便是以后古格王国的继承人。他想用这样的办法来挽救王国的命运，但是古格都城还是在那次恶战中沦陷了，只留下一些残垣断墙。从那时起，就有一只灵性非常的黑猫日夜奔跑在这座被遗落的古国的遗址上，从不曾离去。直到现代人的足迹踏上这片神秘的国度时，那只守候王朝遗址的黑猫才倒在了画家曹勇的猎枪下……

在今天的认知世界里，我们当然可以确定那只黑猫不是王后所变，但是古格都城沦陷时的悲壮和凄惨却因此而清晰。古格王国是在20世纪初才开始被历史学家、考古学家和西藏学专家所关注，但它所处的环境却使问津者甚少。在少数几个成行者之中，最早的当属英国人麦克沃斯·杨。1912年他曾对古格故城和扎达托林寺做过考察，并写有《西藏西部的托林和扎布让的旅行》一文，发表在印度旁遮普历史学会杂志上。其后的20世纪30年代，意大利藏学家G·杜齐在考察西藏自治区的古迹时到了古格故城，他将拍摄到的一部分照片刊于他的著作《穿越喜马拉雅》上。但是，中国的考古专家们一直未能亲自抵达这个神秘的古国遗址。

直到1979年6月，西藏自治区文物管理委员会和新疆维吾尔自治区文物管理委员会共同组队前往扎布让，对遗址作了初步的观察和记录。这是对于古格遗址的首次科学考古调查，考察结果被写成《阿里地区古格王国遗址调查记》发表在1981年的《文物》杂志上。同年9月，建筑勘测专业人员对古格故城进行了测绘、考察。7年后出版了《古格王国建筑遗址》。对古格王国故城所作的最全面、最深入的考察是在1985年，这年西藏自治区文物管理委员会组织了专门的古格遗址考察队，调查遗址的相关情况。这时候古格亡国已有350年之久，王宫遗址的土质材料变得松脆，正在一点一点粉碎，化作尘埃。断壁残垣的凸显部位也都被磨损了棱角，昔日都城正在消失。

西藏自治区文化界掀起了一阵“阿里热”“古格热”，沉寂了300多年的古格故城再一次热闹起来。

古格都城扎布让的北面，有一个名叫“鲁巴”的地方，这个名字在藏语中意为“冶炼人”。传说，当时这个地方以精于冶炼与金银器制造而闻名，他们铸造的佛像用金、银、铜等不同的原料合炼而成，工艺精湛，通体全无接缝，如自然形成，其价值甚至超过了纯金佛像。其中，最为神奇的是一种名叫“古格银眼”的铜像，只有古格才能制作，尤为珍奇。1997年夏，在皮央遗址杜康大殿的考古发掘中就出土了一件“古格银眼”铜像。它头戴化佛宝冠，4臂各执法器，结跏趺坐于兽座莲台，头上有3只眼睛，正中的一只为纵目。这3只眼的眼球都采用镀银的技法做成，银光闪闪，晶莹锃亮。可见，古格时期的金属制造业已经达到相当高的水平。

古格王国的古城中保存最好的一组建筑是红殿、白殿和度母殿。其中拥有古格艺术精华的是壁画。这些壁画历经几百年依然光彩照人，各种颜色都那样纯正而沉稳、熠熠生辉而不浮华。那些妩媚动人的菩萨、绝艳惊人的度母，以及国王王后礼佛图与佛传故事图，都令人怦然心动，流连忘返。壁画中的佛造像、佛祖传记故事数量最多，且画风粗犷、颜色厚重。这些记录古格王统世系，反映古格地区政治、经济活动以及文化风情的壁画在整个西藏自治区绝无仅有。从这些壁画中还可以看到古格城堡的建筑场面、王室贵族与僧俗各界、域外王侯使节的礼佛图，以及男人农耕、出牧、狩猎、骑射，女人挤奶、歌舞的生动画面，他们的动作、服饰都是那个时代的真实写照。还有许多一尺见方的小型供养菩萨造像遍布大型造像四周，这些小幅画像文饰精细，姿势也各不相同，有拉弓的，有一脚弯曲一脚腾空的，尤为生动逼真。传说，因为拉达克人原也是佛教徒，他们对神佛心存敬畏，这些古格壁画才得以幸存。

古格王国有着700年的历史，产生了如此精美而浑厚的艺术，可是它却在公元17世纪时无声无息地消失了，给人们留下了许多未解之谜。

古格王国灭亡后留下的最后遗迹是一个阴森恐怖的“干尸洞”。洞窟开凿在距地表近3米高的山沟崖壁上，洞口很小，宽0.8米，高仅1.2米。这个洞是一组三室洞窟，主室面积约10平方米，地面是不规整的方形。后室和南侧室各有一个小洞口与主室相通。这几个洞室内都堆放着30厘米厚的散骨骼、破衣、碎布、绳子和小木棍等。骨骼非常杂乱，都是身首异处，根本无法一一辨识每具尸体。奇怪的是洞内没有发现一个颅骨，只找到两件下颌骨，还有许多发辫和绑扎着的发束，这说明尸体本来应当是带着头颅被堆进洞内的，后来这些头颅却不翼而飞。根据乱骨堆中夹杂大量破衣、布块和多节毛织绳以及捆绑迹象分析，堆放到此的尸体最初全都是穿着衣袍，有些还裹着大块毛织布，用绳子捆绑成屈肢状放入洞中的。

关于“干尸洞”同样有一个传说：古格国王在向拉达克人投降时，要求他们不得伤害百姓，但当古格国王和战士们放下武器之后，背信弃义的拉达克人却将古格人民全部押解到干尸洞前处以极刑，抛尸于洞内，将古格残酷灭国。

但这样就杀死了所有的古格人吗？如果没有的话，那生存下来的古格人哪里去了呢？这是古格给我们留下的千古之谜。今天的古格故地，只有十几户人家守着一座空荡荡的城市废墟，从他们身上我们无法看到古城的影子。

古格，这个独自坐落在世界屋脊上的古城遗址，这个离纯净天空最近的地方，读它的过程就像行走在不可知的朝圣之路，神秘而悠长。

古罗马帝国的消失

盛极一时的古罗马帝国的灭亡，是疟疾导致的，还是铅中毒引起的呢？

公元1～2世纪，古罗马帝国曾是称霸世界的一大强国，它雄踞于地中海一带，俨然是一个不可一世的大帝国。然而，自鼎盛100多年以后，古罗马帝国却每况愈下，内外征战频繁，人口减少，城市衰退，国民饱受贫困之苦，最终走向灭亡。那么，到底是什么原因导致了古罗马帝国灭亡和古老文明消失的呢？

有学者认为疟疾的致命性爆发才是导致古罗马帝国崩溃的真正原因。在罗马的北部，考古学家在一座墓葬里发现了一具古罗马时期的小孩尸骨，从小孩骨头中提取的DNA分析揭示出，小孩受到了能导致疟疾的寄生虫的感染。领导这项研究的曼彻斯特大学的萨拉利斯博士认为，小孩死于疟疾是相当肯定的。研究人员指出，人类历史上第一次有了基因证据，表明古罗马文明是因为遭到疟疾瘟疫的袭击而毁灭。

疟疾是非常古老的疾病，史前人类就遭受过疟疾的袭击。现在，每年有3亿～5亿的人口由于疟疾而致病。在非洲、印度、东南亚以及南美每年有数百万人死于疟疾。

根据记载，早在公元541～591年期间，古罗马帝国就曾发生过4次可怕的瘟疫。《圣徒传》的作者兼历史学家约翰见证了第一次瘟疫，而教会历史学家伊瓦格·瑞尔斯则亲身经历了这4次瘟疫。在第一次瘟疫中，古罗马帝国的人口减少了1/3，在首都君士坦丁堡有一半以上的居民死亡。

伊瓦格·瑞尔斯记载道："在有些人身上，它是从头部开始的，眼睛充血、面部肿胀，继而是咽喉不适，再然后，这些人就永远地从人群当中消失了。有些人的内脏流了出来。有些人身患腹股沟腺炎，脓水四溢，并且由此引发了高烧。这些人会在两三天内死去。"

约翰的《圣徒传》记叙得更为详细：瘟疫流行时，到处都是

“因无人埋葬而在街道上开裂、腐烂的尸体”；四处都有倒毙街头、令所有的观者都倍感“恐怖”与震惊的“范例”。他们腹部肿胀，大张着的嘴里如洪流般喷出阵阵脓水，他们的眼睛通红，手则朝上高举着。尸体叠着尸体，在角落里、街道上、庭园的门廊里以及教堂里腐烂。“在海上的薄雾里，有船只因其船员遭到了上帝愤怒的袭击而变成了漂浮在浪涛之上的坟墓”；“田地当中满是变白了的挺立着的谷物，却根本无人收割储藏”；“大群已经快要变成野生动物的绵羊、山羊、牛以及猪，这些牲畜已然忘却了耕地的生活以及曾经放牧它们的人类的声音”；在君士坦丁堡，死亡的人数不可计数，政府当局很快就找不到足够的埋葬地了。“由于既没有担架也没有掘墓人，尸体只好被堆在街上，整个城市散发着尸臭”。“有时，当人们正在互相看着对方进行交谈的时候，他们就开始摇晃，然后倒在街上或者家中。当一个人手里拿着工具，坐在那儿做他的手工艺品的时候，他也可能会倒向一边，灵魂出窍”。“一个人去市场买一些必需品，当他站在那儿谈话或者数零钱的时候，死亡突然袭击了这边的买者和那边的卖者，商品和货款尚在中间，却没有买者或卖者去捡拾起来”。

陆地的墓地用完之后，死者就被葬于海中。大量的尸体被送到海滩上。成千上万具尸体“堆满了整个海滩，如同大河上的漂浮物，而脓水则流入海中”。虽然所有船只穿梭往来，不停地向海中倾倒它们装载的可怕货物，但要清理完所有死尸仍然是不可能的。因此，查士丁尼皇帝决定采取一种新的处理尸体的办法——修建巨大的坟墓，每一个坟墓可容纳7万具尸体。“由于缺少足够的空间，所以，男人和女人、年轻人和孩子都被挤在了一起，就像腐烂的葡萄一般被许多只脚践踏。接着，从上面又头朝下扔下来许多尸体，这些贵族男女、老年男女、年轻男女以及小女孩儿和婴儿的尸体就这样被摔了下来，在坑底摔成碎块”。“每一个王国、每一块领地、每一个地区以及每一个强大的城市，其全部子民都无一遗漏地被瘟疫玩弄于股掌之间”。

约翰说："用我们的笔，让我们的后人知道，上帝惩罚我们的数不胜数的事件当中的一小部分，这总不会错。也许，在我们之后的世界的剩余岁月里，我们的后人会为我们因自己的罪行而遭受的可怕灾祸感到恐怖与震惊，并且能从中得到启迪而变得更加明智，从而能将他们自己从上帝的愤怒以及未来的苦难当中解救出来。"曾经有人说："每当人类处于危险境地的时候或者是被历史淘汰的时候，都是人类道德极端败坏的时候。"古罗马帝国的灭亡也是如此吗？

但是，另外有一些学者认为古罗马帝国是毁灭于铅中毒。在发掘古罗马贵族、王公的墓葬时，考古学家发现这些千年古尸的尸骨上常有一些十分奇怪的黑斑。经分析，原来这是沉积于骨骼中的铅与尸体腐烂时产生的硫化氢生成的硫化铅黑斑。

在攻占古希腊后，古罗马人发现，涂铅的器皿不再像铜器那样会随时间的推移而生出令人厌恶的绿锈；如果把铅粉加入古罗马人爱喝的葡萄酒中，可以除掉酸味并使酒醇香甘美；把蜂蜜加到这类闪光的容器中加热，还可以止泻治病。

更让古罗马女性看重的是，铅粉可以制成化妆品，能使女性的皮肤变得白皙细嫩，更为漂亮。于是，古罗马女性乐此不疲，长期使用铅来美白皮肤，使得铅蓄积在骨骼和软组织中、特别是脑中，导致人体生理功能下降，幼儿智能低下，行动异常。蓄积在古罗马人体内的铅毒在下一代人中充分发挥了杀伤力。古罗马特洛伊贵族35名结婚的王公有半数不育。其余人虽能生育，但所生的孩子几乎个个都是低能儿和痴呆儿。几代以后，罗马皇室就再也找不到嫡亲的可以传位的子女了。这样，古罗马帝国还能不衰亡吗？考古学家经过大量的理化分析，证明历史学家的论断是有一定科学道理的。

是谁灭亡了印加帝国

西班牙人给印加帝国带去的是福音和文明，还是灾难与毁灭？

在欧洲许多国家的眼里，都认为是西班牙"发现"了美洲新大陆，并给当地带去了文明和福音。然而在南美的秘鲁人，却说西班牙人带来的并非文明和福音，而是屠杀、疾病、奴役和毁灭，不但如此，这些西班牙人还摧毁了一个伟大的文明。西班牙人摧毁的伟大文明是什么呢?

在3000年前，被誉为“美洲的罗马人” 的印加人，创建了印加帝国，建造了世界上最伟大奇迹之一的马丘比丘，建设了全美洲当时最复杂的道路体系，还铸造了无数堪称杰作的黄金器物，并且在公元15世纪征服了整个安第斯山地区。

在没有轮轴运输工具，也没有文字的情况下，印加帝国成功地创造出高度的文明，在短短100年的时间里，形成了人类历史上组织最精细复杂的社会之一。然而，随着流星一般地崛起，却继之是以更快的速度衰落，印加帝国留给后人的是太多的历史谜团……

由于印加人崇拜太阳神，发掘了金矿，他们看到黄金发出的光泽与太阳的光辉同样璀璨，因此特别钟爱黄金，千方百计地聚敛黄金。他们国内所有的神庙和宫殿都使用了大量的黄金，大多数印加人都佩戴黄金饰品和收藏黄金。没有想到的是，有关印加帝国遍地黄金的传说引起了殖民者的占有欲望，为其印加帝国带来了不幸的灾难。

在印加帝国到了多拿卡巴克王统治时，开始了印加帝国无与伦比的盛世，多拿卡巴克王死后，把印加帝国分为两部分，传于瓦斯卡尔和阿达瓦尔巴两个儿子统治。公元1532年，兄弟反目，互不相让和战争种下了自取灭亡的祸因。

“他们在太平洋上，乘坐浮水的大房子，掷出快如闪电、声如雷霆的火团，渐渐靠近了。”正如预言所说，猫眼、尖鼻、红发、白皙的皮肤、蓄着胡须的天使回来了，印加人甚至没有抵抗，便献出一座空城逃逸了。其实，他们错了，这一批被误认为神祇的人是西班牙征服者比萨罗和他率领的180名士兵。

比萨罗深知必须擒获印加帝国的国王方可掳获更多的金银财宝，于是比萨罗和同来的西班牙籍神父商量后，邀请阿达瓦尔巴——印加国王前来卡萨玛尔卡镇，接受天使的蒙召。阿达瓦尔巴带着2000名壮士，手无寸铁地诚心接受召见，谁知竟然遭受监禁的命运。

比萨罗囚禁了国王后，便将所有珍宝集中，并冷酷地杀死了国王，以除后患。

贪得无厌的比萨罗在杀死国王后，率兵前往印加首都库斯科，企图搜寻更多的宝藏。然而令人讶异的是，在库斯科城中，无论是宫殿、神庙都空无一物，连称为“太阳的尼姑庵”中百位美女亦不知去向，整个库斯科城成了一所死的世界。

究竟印加帝国的人们以及财富，何以霎时间消失得无影无踪呢？至今仍令历史学家们费思难解。

有一种说法是印加人自知抵抗不过刀剑锐利、心思狠毒的西班牙人，于是用竹筏载满国王的木乃伊和国内所有的金银财宝，经向上天祈祷过后，把这些昂贵的宝物沉到250米深的喀喀湖中。

然而仔细思考，印加人拥有7万骑精锐，难道不敢和180名西班牙人做殊死战，而任由比萨罗横行霸道，私下做大迁移，逃向不为世人知晓的高山中吗？这似乎说不通。

然而，今日许多考古学家在绵延的安第斯山脉中，陆续发掘到许多印加帝国的遗迹，证明印加人确实曾经抛弃辛苦经营的帝国，而在蛮荒的山地中再建王国。

在玛殊比殊，考古学家丙海姆发现了一个洞穴，两边排着雕琢极工整的石块，可能为一陵墓。陵墓上是一座半圆形建筑物，外墙顺着岩石的天然形势建造，契合的巨石间插不进一张纸，墙是用纹理精细的纯白花岗岩方石砌成，匠心独具，颇有艺术价值。在这山上的墓穴中的骨骸，女性占绝大多数，从其中贵重的明器看也表示她们是重要的人物。是不是当年“太阳的尼姑庵”中的美女被送到这里，继续为印加帝国祈祷呢？

由于印加人没有用文字记载，使得遗留下来的问题更具神秘性。又有一班学者根据印加人的记录，大胆推测当时印加帝国虽然拥有高度文明，但被突袭而来的恐怖瘟疫横扫全国。

然而，就算是发生瘟疫，难道当时的西班牙人具有免疫力吗？遗留下来的谜，疑云重重，仿佛为古代印加帝国的神秘灭亡增添点点色彩。有没有可能在西班牙人一入侵印加帝国，另一位国王瓦斯卡尔率领着数以百万的印加人深入蛮荒的安第斯山中，以无比坚毅的信念与勇气，在整座山上遍筑藏身的栖息之所，于是一座座宏伟的建筑物在隐秘的丛林中再现。当他们养精蓄锐，打算再度恢复当年的印加势力时，一场大瘟疫侵袭，残存的印加人无力重振势力，只得继续逗留在丛林中，埋葬死者，消灭遗迹，为了避免再度引起纷争，他们销毁了高度的文明，企图掩饰当年印加帝国的强盛……

众说纷纭，谜团仍然是谜团。

示巴古国在哪里

示巴女王究竟是女神还是恶魔呢？示巴古国真的存在过吗？

示巴女王，是《圣经·旧约》中略用文字提及的人物，在传说中，她是一位阿拉伯半岛的女王，在与所罗门王见面后，慕其英明及刚毅，于是发生了一段甜蜜的恋情，并孕有一子。传说中的示巴女王有两种形象，一是惊艳绝伦，一是丑陋无比。

在非基督教信仰的世界里，示巴女王的形象是基本上被丑化了的。犹太教的传奇故事，把示巴女王描绘成有着毛茸茸双脚的恶魔形象，并把她比喻为古代亚述和巴比伦神话中诱人堕落的淫妇。

不过，在许多国家较为流行的民间传说中，示巴女王还是更多地被描绘成天生丽质、聪颖不凡的动人形象。并传说所罗门在耶路撒冷见到她的时候，就为其美丽的外貌和端庄的仪表所倾倒，两位互相爱慕的君主还结成了金玉良缘。

示巴女王在《圣经》中偶然闪烁的神秘色彩，引起了历代史学家、文学家、诗人和民间艺人的极大兴趣，由此而生的种种臆想、传说更显得浪漫离奇甚至荒诞不经。在中世纪流传很广的一个传说里，示巴女王被说成是预晓耶稣将受难于十字架的女先知。除了这种神乎其神的传说外，示巴女王在中世纪和文艺复兴时期的宗教艺术中，时而作为美丽的女王形象，时而又作为丑陋的女巫形象交替出现。有关示巴女王的种种传说尽管充满了传奇色彩，但显而易见的是它们都缺乏考古或文字所提供的可靠依据。

由于《圣经》的记载过于简略，人们对于示巴女王身世及示巴古国的具体位置所知甚少，因而千百年来给人们留下一个不解之谜。

经过长期的考察和新的考古发现，人们已经初步判定，《圣经》中提到的示巴王国位于濒临红海的阿拉伯半岛西面，在现今阿拉伯也门共和国境内。据考证示巴王国的首都就是现今阿拉伯也门共和国的东部城市马里卜，现在这个城市还是沿用着古代名称。公元前1世纪,希腊史学家奥多勒斯曾形容马里卜是一个用宝石、象牙和黄金做艺术品装点起来的城市。这种描写也许有些过分，但马里卜故去的华美、繁荣从中也可窥见一斑了。

过去传说马里卜建有一个规模巨大的蓄水坝，水坝都用大石块铺砌，石块之间密接无缝，显示了示巴人民高超的建筑和工艺水平。这座水坝维持供水达12个世纪之久，公元543年，因年久失修而塌陷。人们还在马里卜郊外沙丘上发现了一处设计奇巧的建筑物废墟，考古学家们证实它是公元前4世纪所建的“月神庙”。

示巴古国是公元前10世纪兴盛一时的文明古国之一，在古代东方的发展史上曾起过积极影响。示巴古国由于紧靠当时的通商要道——红海，同与红海相接的以色列、埃及、埃塞俄比亚、苏丹等结成了密切的贸易关系，商业一度十分发达。示巴古国盛产香料、宝石和黄金，这使它在产品交换中处于十分优越和有利的地位。

据说，示巴商人当时已经会利用红海的季风之便远洋航行了。他们在每年2～8月海风吹向印度洋和远东时，便加大对这个地区的贸易运输量。等到8月以后海风回吹时，他们又溯红海而上与以色列和埃及交往。这个季风的秘密长期未被泄露，直至公元1世纪时才被希腊人发现。示巴的陆路贸易也很发达，骆驼商队活跃在阿拉伯半岛和西亚的广阔地带上。

示巴古迹的发掘，已透射出这个文明古国的奇光异彩。但失落的示巴文化这个历史之谜，还远未全部揭开。

云南抚仙湖水下古城

水下古城神秘传说成为现实，古滇文明将重见天日。

云南省滇中地区有大大小小很多湖泊。抚仙湖位于云南中部玉溪市郊，距昆明约60千米，面积约211平方千米，最深处155米，平均深度约为80米，是我国第二大深水湖。抚仙湖属云南高原第三纪抬升过程中形成的断陷型湖盆地之一，在云南民间世代流传着关于抚仙湖水下古城的许多传说。难道这里真有传说中的水下古城吗？如果是真的，它又是一座什么样的城市？达到了怎样的文明程度？是否就是一直未被发现的古滇国都呢？

当地一位年近百岁的老人曾指着水中隐现的石墙说："那条石龙呀，我们七八岁时就曾在上边走过。湖里的石头堆多了……"出于对传说的好奇，1992年，从小生活在云南澄江抚仙湖边的一名业余潜水爱好者耿卫先后38次潜入抚仙湖底，竟然拍摄到了水下古城的一些景观。

2005年年底，耿卫在云南澄江县披露了近两年来水下考古的最新发现，一张张金色的声呐扫描图显示出水下城市宏伟的轮廓，令人惊诧。耿卫介绍说，目前已经探明的古城遗迹面积达2.4平方千米，规模不逊于20世纪70年代的澄江县城。主要建筑共有8个，其中两个高大阶梯状建筑和一座圆形建筑最为重要。

其中一座高大的阶梯状建筑共分3层，底部宽60米，第二层宽32米，顶层宽18米，整个建筑高为16米，从声呐扫描图上可以看出，它的台阶非常整齐对称。

而另一座阶梯状建筑气势最为恢宏。它上下共5层，第一层底部宽63米，第二层宽48米，三四层倒塌比较严重，无法仔细测量，第五层宽27米，整个建筑高21米，类似于美洲玛雅人的金字塔。在每一层大的台阶之间都有小台阶相连，其中第一级大台阶从底部有一条笔直的小台阶直通而上。

此外，在这两座建筑中间还有一条长300多米、宽5～7米的石板路面，用不同形状的石板铺成，石板上面有各种各样的几何图案。在另外一片区域里，还发现了一座圆形建筑，底部直径为37米，南面偏高，依稀可以辨别出台阶。该建筑北面倒塌得比较严重，东北面有个缺口，形状类似于古罗马的斗兽场。

在云南晋宁石寨山曾出土大量古滇国时期的青铜器，很多青铜扣饰（一种青铜质地的圆形小饰品）上都有台阶式建筑的图案，有的上面还有用于祭祀的栏杆式建筑图案。这表明祭祀活动在古滇人的生活中已经相当重要，那些高大的台阶式建筑就是古滇人祭祀活动的遗存。

目前，关于古滇国的考古成果几乎全都集中在墓葬和文物的出土上，曾经兴盛500余年的古滇国没有发现任何生活建筑的遗迹，湖底高大的建筑与青铜器上的图案相似绝非偶然。

云南有关方面用声呐对抚仙湖底进行了探测。声呐探测图上可以清楚地看到，抚仙湖的水下古城大约由8个石头建筑群组成，分布在南北长2千米、东西宽1.2千米的水域中，每个群落面积大小不等，区域面积约2.4平方千米。核心区域的5个群落基本连成一片，其中6号、7号群落水深75～90米。根据水下声呐显示的目标，1号、2号、3号群落遗址均有古建筑群的存在，其余5个群落则需要继续考证。通过对抚仙湖周围地区地理地质环境的考察和比较，该建筑群依山傍水，旁边山体有明显的大面积断裂陷落痕迹，同时这里位于小江断裂带西支的深断裂带上，东汉时期这里曾经发生过一次大地震，古城有可能就是在这次地震时沉入湖底的。

由于水下考察时没有发现任何动植物残骸及陶瓷、砖瓦的残片，这给探测年代带来了相当的困难。但从水下建筑群的石料的打制方式来看，湖底的建筑群与滇中发现的古长城颇为相似，应与其处于同一年代，即距今大约2000年前。水下古城再次为“古滇王国”的存在提供了有力佐证，但古滇国都到底在哪儿，是什么样子，历史上从来没有记载。那么，这座水下古城是否就是一直未被发现的古滇国都呢？石头废墟下是否掩埋着曾经辉煌的古滇文明遗迹？……这不过是解开抚仙湖之谜的一个开始。

火山下挖出的庞贝古城

一座火山毁灭了一座古城，一个文明。类似的悲剧还会重演吗？

公元1709年，一群工匠在离那不勒斯不远处打造一口水井时挖出了不少大理石块。这些石块表面有着精致的图案，雕刻工艺让人叹为观止。地下有宝贝的消息很快传开，越来越多的人赶到这里挖掘。不久，有人挖出一块刻有“庞贝”字样的大理石。人们这才知道，这就是古书中记载的庞贝古城，它是真实存在的。但是，这座古城当时怎么会消失的呢？如今又怎么会在地里被挖掘出来呢？

庞贝古城，始建于公元前6世纪，位于意大利那不勒斯东南的维苏威火山脚下，有古罗马的“美丽花园”之称。在这座面积达1.8万平方千米的“花园”中生活着约两万的居民，周围绕着4800多米长的石砌城墙。两条笔直平坦的大街将全城分成9个城区，里面街巷纵横相连，路面用碎石铺成；大街两旁有人行道，街宽达10米，铺着整块的大石板；十字路口雕花石砌的水池里满是清凉的泉水。庞贝在公元前4

庞贝遗址

庞贝原是一个平凡的城市，住着平凡的市民，在历史上只能占一个不起眼的地位。但是一场浩劫把它从活人的世界上抹去，把庞贝人的生活冻结了十几个世纪。

世纪开始逐渐受到罗马势力的影响，公元前89年与赫库兰尼姆城一同并入罗马。

当时罗马的权贵和富豪们奢侈成风，他们在庞贝城兴建豪华的游乐场所和宅邸，使庞贝城规模不断扩大，街市日益繁荣，成为世界著名的大都市。经济的繁荣带动了科学文化的发展，在同一时期，庞贝文明已经远远超过了还处于蛮荒时代的欧洲其他国家。然而，就在庞贝城达到繁荣巅峰时，它却神秘消失了。曾经辉煌一时的庞贝文明遁迹于历史长河中，留下的唯有一个个难解的谜团……

在公元1778年的考古挖掘中，考古学家们挖掘出了2000多具尸骨。当他们将石膏浆灌进已经干枯了的尸体空壳制成石膏像时，吃惊地发现这些遇难者的面部表情都是痛苦绝望的。当年的庞贝遭受了什么，让全城居民无所遁逃而死于痛苦？考古学家对古城遗址、地质做了大量考察，推测古城的消失与离此不远的维苏威火山有关。于是，一个具有震撼力的灾难场景推测出现了：

在公元79年8月，维苏威火山不断冒出股股白烟，已经出现火山爆发的前兆。8月24日中午，闷热的天气令人窒息。突然，一团奇怪的云从维苏威火山顶升起，太阳暗淡下来，接着一声巨响，火山口揭盖了！熔化的岩石携带着1000摄氏度的高温冲出火山口，火红色的砾石飞上7000米的高空。火山灰、浮石、火山砾构成的“阵雨”在庞贝城下了8天8夜，接着是高热水蒸气形成的瓢泼大雨扫荡了山顶的灰渣，浑浊的泥流冲涌而下。由于火山灰的遮盖，天空变得一片黑暗，火焰显得分外耀眼。地震频频不断，人们都不敢外出，因为那燃烧着火的碎石正像冰雹一样从天上猛砸下来！火山爆发18个小时后，火山碎屑将整个庞贝城掩埋，最深处竟达19米，曾被誉为“美丽花园”的庞贝城一夜间消失了，只有火山岩浆冷却后留下的一条一条像河流的长长焦土地带，周围一片死寂，静寂得让人生忧！

此后，维苏威火山又有多次爆发。由于火山灰和熔岩的层层覆盖，地下的古城被埋得更深，后人从地面上再也见不到古城的一点踪迹。于是，庞贝古城渐渐成为神秘的传说。

一直到18世纪，这个沉睡千年的古城才初现人间。经过长达100多年大规模的系统挖掘，庞贝城这座沉睡了千年的古城逐渐揭开了神秘面纱。在庞贝出土的一幅壁画中写到“没有任何东西可以永恒”，可突如其来的灾难在毁灭了庞贝的同时也使得当时的古城风貌得以永生。正如伟大的诗人歌德所说：“在世界上发生的诸多灾难中，还从未有过任何灾难像庞贝一样，它带给后人的是如此巨大的愉悦。”

人们从这片遗址中惊喜地发现，富有表现欲的庞贝人在公元前6世纪至公元前8世纪中期，创造了空前的文明神话。

庞贝人对神极为崇拜，也不排斥外来的神，他们认为赫克力士是庞贝的创造者，维纳斯则是庞贝的守护者。他们热爱戏剧、绘画、雕刻……庞贝不但是当时艺术的集中地，也是奢华的享受场所。城里遍布着舒适先进的浴场，完整的供水系统将城外山上的泉水引入城中水塔，通过铅制供水管再分流到城中各处。在十字路口一般设有带雕像的石头水槽，高近1米，长约2米，供市民饮用。城内有3座公共浴室，每座用一个锅炉统一烧水，再将热水温水分导到男女浴室。城西南有一个长方形广场，专家们据残存的巨大大理石圆柱和雕琢精美的拱门推测，原来这里应该是全城的政治、经济和宗教活动的中心。

庞贝城除了富丽堂皇的公共建筑外，还有许多达官贵人的别墅。这些住宅大多为平房，但装饰华美。粗大的大理石圆柱，光滑的大理石地板，色彩鲜艳的壁画，以及竖在花园中的各种各样精雕细刻的青铜和大理石雕像，无不弥漫着古罗马式的奢华情调。

如今的庞贝城一派繁华，漫步在断壁残垣之间，从中能够依稀看到当年古罗马的繁荣和奢华。但是，人们禁不住会问，悲剧还会重演吗？因为维苏威火山自庞贝城覆灭后，就从没平静过。专家预测，在最近200年间，维苏威火山将会像2000年前那样大规模地爆发。若是如此的话，庞贝城莫非将会再次遭受灭顶之灾？

塞外雄关玉门关之谜

一提到玉门关，人们便会联想起大漠孤烟、缭绕烽火和离愁哀怨的画面。这在很大程度上是由于唐代诗人王之涣那句“春风不度玉门关”给人们的印象太深刻了。

其实，1000多年前，玉门关是一个繁华的边关。那里万里晴空鸿雁高飞，茫茫旷野驼铃急促，商队络绎不绝，旅客川流不息。沿着这条道路，中国把美丽的丝绸，精致的瓷器，特产的茶叶，独到的中草药，率先发明的火药、造纸和印刷术通过这条“丝绸之路”传送到世界各地。同时，中国又从“丝绸之路”上输入了不少有用的东西，例如苜蓿、菠菜、葡萄、石榴、胡麻、胡萝卜、大蒜、无花果等原来没有的作物，渐渐从西域到内地落地生根。汉朝时，从伊犁河流域引进乌孙马，从大宛引进汗血马。从丝绸之路还传来了西域各地的音乐、舞蹈和宗教，使中华文化艺术吸取了新的养料。

玉门关地处“丝绸之路”的咽喉要道，控制着河西走廊以西的北线。翻开地图，在甘肃西部边陲地区不难找到“玉门关”。然而，这是现代的玉门关市，它与历史上的玉门关名同实异。现在的玉门关市，是中国大西北的一座石油城。

根据古籍记载，玉门关在敦煌西北90千米的地方，人们在这一带的荒漠之中，发现了一个名叫小方盘的土城堡，它曾经被认为是汉代玉门关遗址。登上古堡远眺，它的北面，有北山横亘天际，山前有疏勒河流过。残存的汉长城由北向南，连贯阳关。在这里还发现过写着“玉门都尉”的木简。看起来像是“铁证如山”，小方盘定是玉门关无疑。

然而，对这座里面仅有几间土房，大小与北京的四合院相差无几的古堡，今天也有人提出了质疑：难道当年设有重兵守备、通往西域的重要交通孔道，竟是这样的一个小据点?

虽然，人们对于汉代玉门关的故址莫衷一是，但是，人们宁愿把这仅存的古堡视为玉门关的遗迹。千百年来，多少人千里迢迢来到这里瞻拜，登上古堡，遥望大漠，追忆祖先的光辉业绩。在古炮台上，人们会思念起汉朝大将李广利挥麾浴血奋战的壮烈场面，可以“听到”唐朝诗人王昌龄“黄沙百战穿金甲，不破楼兰终不还”的豪迈歌声。

神奇的羽蛇城

你见过雕塑上的蛇会动吗？羽蛇城的蛇身雕塑就有这种神奇功能。

奇钦伊查古城位于墨西哥尤卡坦半岛北部梅里达城东120千米处，素有“羽蛇城”之称。奇钦伊查古城最早建于公元432年，公元11～13世纪时，城市发展达到顶峰，是古代中美洲玛雅文明的三大城市之一。公元15世纪，这座城市被废弃。在历经了短暂辉煌之后，奇钦伊查古城神秘地湮没在中美洲的蓊郁丛林之中，这也使得它因此成为世界上最具吸引力的古代文明遗迹之一。

现在的奇钦伊查古城遗址是其后期的建筑。遗址占地5平方千米，南北长3千米，东西宽2千米，有各种建筑数百座，是古玛雅文化的著名遗址。保存至今的建筑有金字塔神庙、千柱厅、球场、天文观象台等遗迹，其中最著名的建筑是建于公元987年的库若尔甘金字塔和武士神庙。

库若尔甘金字塔由塔身和神庙两部分组成，因祭祀奇钦伊查主神库若尔甘而得名。“库若尔甘”在玛雅语中意为“带羽毛的蛇神”，即羽蛇神。羽蛇神是玛雅众神之首，受到玛雅农民和中美洲各民族的崇敬和信奉。羽蛇神金字塔高30米，四方对称，底大上小，四边棱角分明。底层呈长方形，向上逐层缩小至梯形平台，上下共9层，最上层为羽蛇神神庙。庙内安放一红色美洲豹雕像，豹身镶有晶莹闪光的绿松石及其他颜色的玉石片。塔身四面有台阶通向塔顶，每面台阶各为91级，加上最高层一共365级。台阶数代表了玛雅太阳历的一年天数。另外，52块有雕刻图案的石板象征着玛雅日历中52年为一轮回。金字塔底部雕有一个羽蛇神头像，而蛇身则隐在金字塔的阶梯断面内。

羽蛇神金字塔里，充满了与水相关的象征物，特别是各波浪图形和许多精美的石雕贝壳，这是因为羽蛇神是当时人们最重要的司雨神。在这座金字塔北面边墙下端，雕有两个石质的带着羽毛纹饰的蛇头，蛇头高143米，长180米，宽107米，蛇嘴里吐出一条长16米的大舌头。羽蛇神金字塔里的蛇身雕塑不是一般的雕塑，它里面存在着玄机，是一种奇特的现象。

在春分、秋分之日的下午，可以看见塔上的蛇影。夕阳西下之时，从某个特定角度望去，人们就可以看见蛇头投射在地上的影子与7个等腰三角形的影像连套在一起，从上到下，直到蛇头，形成波浪形的长条，犹如一条巨蛇从塔顶游向大地，使人恍见苏醒的羽蛇神爬出庙宇，直到太阳落山，这条巨蛇才渐渐消失。每一次，这个幻象都是持续整整3小时22分钟，分秒不差。这就是奇钦伊查特有的“光影蛇形”的神秘景观。

从“光影蛇形”的景观可以看出，当时的玛雅人已掌握了精密的计算技术和天文知识，但他们却把这一奇景看做是羽蛇神从天而降，赐予他们太平盛世的吉兆。玛雅人的神奇无处不在，羽蛇城的更多秘密还有待于后来人继续考察。

吴哥古城之谜

吴哥古城在密林中隐藏了400多年，最终还是让人类看到了它的青春与活力。

历史的车轮滚滚向前，一刻也没有停息，光阴的流逝带走了太多的奇珍异宝，也留下了许多的未解之谜。庞贝古城、玛雅文化遗址已让人们感慨不已，而吴哥古城更在丛林之中吸引着人们的目光。吴哥古城是柬埔寨的象征，它是人类文化宝库中的瑰宝，与埃及金字塔、中国的长城、印度尼西亚的波罗浮屠共同被誉为“东方四大奇观”。

1861年，法国的博物学家亨利·穆奥千里迢迢来到了柬埔寨进行考古工作。在进入森林的第5天，他和随从人员突然发现前面不远的森林里显露出5座高大的石塔，在蓝天白云的映衬下显得格外清晰美丽，尤其是中间的那座最高的塔尖，在夕阳的照耀下更是金光闪闪。这就是传说中的吴哥古城。从此，这个被茫茫林海淹没而沉睡400多年的古都终于再次重现于世，焕发出独特的青春与活力。

吴哥，在梵语中意为“城”，它是公元9～15世纪时吴哥王朝的都城，主要是由公元9～13世纪创建的一组石造建筑群和精美的石刻浮雕组成，又分为大吴哥和小吴哥。大吴哥又称吴哥通，“通”意为城；小吴哥又称吴哥窟，意为“首都的寺院”。时至今日，吴哥窟还保存完好。古城约占地15平方千米，四周环以高墙，内有宫殿、庙宇、宝塔多处。其建筑之精细、浮雕之生动、设计之巧妙均堪称绝品，是柬埔寨古代艺术的代表。吴哥古迹总共有大小各式建筑物600余座，散布在约45平方千米的森林里。

据史料记载，吴哥窟建于公元12世纪前半叶吴哥王朝全盛时期。当时信奉婆罗门教的高棉国王苏利耶跋摩二世，为了祭祀“保护之神”，同时也为了炫耀自己的功绩，以及为供他死后做陵墓而专门建造了这座神庙。

吴哥窟的整个结构呈正方形：最外层是壕沟，中间是围墙，里面是3道回廊，层层相套，浑然一体。而中心建筑是大神殿，分为3层台基。位于最上层的是中央佛塔，离地高度达65米，其余4座较小的则位于第2层的四角。神殿各层皆环以圆柱回廊，墙壁上更是布满精美的浮雕和壁画。整个建筑象征着佛教传说中的宇宙中心须弥山。由于都是用巨石垒砌而成，因而显得格外整齐肃穆，和谐庄严。此外寺内还有图书馆一座和供饮用的蓄水池一处。

与之相对应，吴哥通位于吴哥窟的北部，是耶跋摩七世统治时期建造的新都。吴哥城规模非常宏伟壮观，它占地9公顷，城墙周长12千米，墙高7米，厚6米，周围环以相当宽的护城河，真可谓“固若金汤”。而且全城5道城门中，有4道通向市中心的巴扬庙，另1道通往皇宫。5个城门上方都建有无数巨大的石塔，塔的四面雕有佛的头像，高达2米多。吴哥通的中心是巴扬庙，它是王城的主体建筑，高达45米，与周围的16座中塔和几十座小塔，构成一组完美整齐的阶梯式塔型建筑群。据史书记载，这16座中宝和几十座小塔象征当时高棉的16个省。其中，被称为“吴哥古迹明珠”的女王宫，更是以它精美绝伦的石雕著称于世。

重现于世的吴哥古迹，具有独特和永久的魅力，这使世人为之倾倒、赞服。从建筑上看，吴哥古城无疑是世界建筑史上的奇迹，但更令人迷惑不解的是，是何人建造了美妙绝伦的古城？它的每一块石头都是精雕细琢，遍布浮雕壁画，其技巧之娴熟、精湛，想象力之丰富、惊人，使人难以置信，以至于长时间流传吴哥古迹是天神的创造，不可能出自凡人之手。在垒砌这些建筑时，没有使用黏合剂之类的材料，完全靠石块本身的重量和形状紧密相连，丝丝入扣。时至今日，吴哥古迹的大部分建筑虽历经沧桑，仍岿然不动。

吴哥古迹充分向人们展示了柬埔寨人民高度的艺术才能和充分的智慧。公元15世纪上半叶，吴哥王朝被迫迁都金边，曾经繁华昌盛的吴哥城杂草灌木丛生，逐渐被茂密的热带森林所湮没，这使吴哥古城变得更加神奇。由于有关柬埔寨中古时代的史料极其缺乏，重现于世的吴哥古城只能有待后人去探索研究。

印度古城摩亨佐·达罗之谜

许多古代文明都莫名地消失了，印度古城摩亨佐·达罗也是如此。

摩亨佐·达罗位于巴基斯坦信德省境内，拉尔卡纳县城南20千米处，距卡拉奇约500千米，是巴基斯坦著名的旅游胜地。摩亨佐·达罗的原意是“死亡之地”，它靠近印度河右岸，处在一望无际的信德沙漠中，气候干旱，环境荒凉，在很长的历史时期里人迹罕至，没有人知道在黄沙漫舞下竟然埋藏着几千年的繁华都市。

1921～1922年间，考古学家班纳吉在印度河干流的沙丘上，发现了一些“奇怪的史前遗物”——许多古物和两枚印章，印章上刻着一些奇怪的符号，有的像牛头，有的像鱼纹，还有的刻画着大象、羊等形象，这引起了考古学家的注意。几年以后，印度考古学者又在信德地区的一个佛塔下面发现了更多的印章，上面同样刻画着许多象形符号，考古学家以这些印章为线索追本溯源，经过进一步发掘，一个大约建于4500年前的古城遗址终于露出了端倪。这座“被埋没的城市”，是一个青铜时代的古城遗址。这一发现堪称古印度考古史上最伟大的发现，因为它直接把印度的历史向前推进了2000年。

当年繁华的城市，现在仅剩下一片片砖瓦残迹。一些被发掘出的珍贵文物表明了摩亨佐·达罗的文化已到了相当发达的程度。但是，摩亨佐·达罗城是怎样衰落直至葬身黄沙之下？摩亨佐·达罗人是在什么时候遗弃这座城市的呢？他们后来又到哪里去了呢？摩亨佐·达罗以其惊人的古代文明、神奇的难解之谜，吸引着无数的学者和游客。

摩亨佐·达罗的突然消失标志着哈拉帕文化的灭绝，这一过程迅速而干净，没有给后人留下任何凭证，甚至连神话传说都没有留下。世界各国的许多考古学家、历史学家、人种学家和古文字学家一直试图通过发掘出来的古城遗址和大批石制印章、陶器、青铜器皿等文物，揭开古城的秘密。

经一些科学家考证，摩亨佐·达罗在公元前15世纪突然消失就是由于猛烈的爆炸和大火而造成的。1922年，印度考古学家巴纳尔季在印度河口的一个小岛发现

摩亨佐·达罗古城遗址

从这一片废墟中似乎可以看出它曾经遭受过人为的破坏，所以有的学者怀疑它遭受过核打击。

一片古代废墟，所有迹象表明，这个城市是毁于一次突然的灾难。该地区到处是烧熔的黏土和矿物碎片，显示出一种爆炸和大火的痕迹。巨大的爆炸力将古城半径约1000米内的所有建筑物全部摧毁，还有一个明显的爆炸中心，在这个中心所有建筑都夷为平地，由中心向外延伸，距离越远，破坏程度越轻。

古印度史诗《摩诃婆罗多》中这样描绘："突然空中响起巨大的轰鸣，接着是一道闪电撕裂天空，南边天空一股火柱冲天而起，耀眼的火光胜过太阳，被割成两半的天空——（与通古斯大爆炸相类似）房屋街道及一切生物都被这突如其来的大火烧毁了……"

另外，印度历史上也曾经流传过远古时发生过一次奇特大爆炸的传说，用许多诸如"耀眼的光芒""无烟的大火""紫白色的极光""银色的云""奇异的夕阳""黑夜中的白昼"等词来描述。

那么，大爆炸是由什么引起的呢？有人说是自然灾害，有人说是外星人的飞船大爆炸，然而这种说法过于荒诞且没有旁证。

后来，考古学者曾经在摩亨佐·达罗的下城南部的一座房屋内发现了十几具尸体遗骸，遗骸上留有刀痕，而且横躺侧卧，杂乱无序，有的尸体上还戴着手镯、戒指、串环等，他们身体扭曲，四肢挣扎，一副痛苦的样子，应该是遭到了突然的杀害。于是许多人重新认为摩亨佐·达罗的毁灭是由于外敌入侵，并开始寻找新证据，然而十几具尸骨遗骸并不能说明出现了大规模的外族入侵，因而探索摩亨佐·达罗消失的原因仍然前路漫漫。

特奥蒂瓦坎古城之谜

"众神之城"的原貌究竟是什么样呢？它为什么突然衰落了呢？

特奥蒂瓦坎古城，是印第安文明的重要遗址，它坐落在墨西哥波波卡特佩尔火山和依斯塔西瓦特尔火山山坡谷底之间，距墨西哥首都墨西哥城约40千米，是公元1～7世纪建造的圣城，有着"众神之城"的美称。古城面积250公顷，以几何图形和象征性排列的建筑遗址及其庞大规模闻名于世，其建筑的主要代表是太阳神金字塔、月亮神金字塔、羽蛇神庙等，至今仍保留。太阳神金字塔和月亮神金字塔都用沙石泥土垒砌而成，表面覆盖石板，再画上繁复艳丽的壁画。沿逝者大道南行，终点有一座城堡，内有神庙、住宅等建筑。特奥蒂瓦坎古城遗址是墨西哥的主要旅游胜地。1987年，联合国教科文组织将其作为文化遗产，列入《世界遗产名录》。

据留存的建筑遗址和出土的文物判断，在公元5世纪的全盛时期，特奥蒂瓦坎是墨西哥的圣城，是西半球最大和最重要的城市，也是当时世界上屈指可数的大城市之一。公元6～7世纪，该城居民可能多达20万，他们创造了光芒四射、辉煌灿烂的文化。举世闻名的太阳神金字塔和月亮神金字塔，更是对当地后来的建筑产生了深远的影响。

城市原来的名字已经无从知晓了。公元12世纪时，阿兹特克人到达这里，发现它已是一座空城。他们把这片广阔的废墟叫做特奥蒂瓦坎。在印第安语中，这里是“众神信徒得道之地”，或者说是“众神之城”，在他们的神话传说中，只有神才能建造如此雄伟的城市，而诸神就在这里升起了第五个太阳，世界就是在这里被创造出来的。

令人迷惑的是，在公元650～750年左右，特奥蒂瓦坎的文明突然中断，此后全是一片衰落的景象。这座当时世界上首屈一指的大城市突然被废弃。不知是由于什么原因，“众神之城”的居民和它的文化好像都一下子消失了。特奥蒂瓦坎神秘毁灭的800年后，当公元16世纪西班牙人来到这里时，他们见到的是仍然生活在石器时代的阿兹特克人。

如今游客们看到的遗迹，也只不过是特奥蒂瓦坎当年壮丽面貌的一小部分。其实，整个城市的9/10仍然埋在泥土之中。特奥蒂瓦坎的电脑复原图，即使与当代最先进的大都市设计图相比也毫不逊色。

考古学家经过了100年的研究，至今还并不了解特奥蒂瓦坎人使用的是什么语言。而且特奥蒂瓦坎衰落得非常突然，也非常神秘。街道人迹全无，神庙倒塌，居民们都走光了。人们不知道特奥蒂瓦坎人从哪里来，又去了什么地方。

在整个中美洲，没有人能说清究竟是谁建造了这座“众神之城”，也不能确定它是如何建造的，甚至也无法说清，这座古城到底是什么年代建造的。

一般学者认为，埃及的吉萨大金字塔大约是在4500年前兴建的，对于特奥蒂瓦坎城建立的年代，学者却没有一致的看法。大多认为，这座城市兴盛于公元前100～公元600年之间；最近，在考古学家利用碳-14对古城内的灰烬和木块进行测定的过程中，有人认为整座古城的历史年代，应比目前断定的还要早几百年；也有人认为，特奥蒂瓦坎城的崛起，时间应该更早，约在公元前1500～公元前1000年之间。还有的学者根据地质资料，将特奥蒂瓦坎建城日期推到公元前4000年之前。

特奥蒂瓦坎建筑的宏伟、巨大和它建造年代的久远，都远远超出了人们的想象。而它莫名其妙的衰亡，更是令人不可理解。这座神秘的“众神之城”给后世留下了一个巨大的问号。

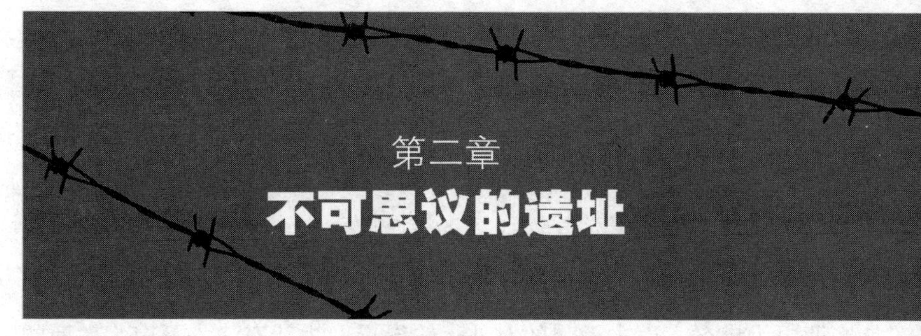

第二章
不可思议的遗址

来过了，留下了痕迹，更多的是不可思议的谜团。

黄山脚下的花山谜窟

如此庞大的工程为何史书没有记载？花山谜窟凿痕说明了什么？

在安徽省黄山脚下屯溪东郊的新安江畔有一片高不过一二百米的连绵小山——花山。这里有巧夺天工开凿而成的怪异石窟，这些石窟点多面广，形态殊异，人称“花山谜窟”。其规模之恢宏、气势之壮观、分布之密集、特色之鲜明国内罕见，堪称中华一绝，被誉为“古徽州石文化历史博物院”。那么，这些石窟源于何时，如何形成，何人开凿的呢？数以百万方石料到底去了何处？如何开采和运输的呢？

与举世闻名的敦煌石窟相比，花山谜窟洞内不但没有壁画，没有佛像，也没有文字，更无任何史料记载，就是在当地的民间传说中也难寻其踪影。石窟具有丰富独特的历史研究及观赏价值：35号石窟宏伟雄浑、2号石窟曲回通幽、24号柱洞奇幻神秘、姐妹胭脂洞色彩明丽……

花山谜窟这样巨大的石窟建筑工程全系古代人工所建。更让今人不可思议的是，花山有石窟36处，而在其东侧延长线的歙县烟村方圆4平方千米的200多座小山包中也发现了类似的石窟36处。

花山谜窟谜团众多，带来了各种猜想，目前仅就为什么开凿如此大规模的石窟，相对比较成熟的猜想就有20多种，这也为花山谜窟增添了更多神奇。

1.徽商囤盐说

徽商囤盐说是指这些石窟由于囤放盐等大量的货物需要而开凿的。自古以来，徽商的足迹遍及天下，其中尤以明、清两代的盐商更为出名，而古徽州的对外运输渠道即为新安江，石窟为徽商的仓库。

2.功能转化说

功能转化说认为，这些石窟并非某一朝代某一时期一次性完成的，而是在漫长的历史中不断开凿而成的。最初可能是为采石，但后来人们又将它用做避难、屯兵、储粮等用途。这种假说可以解释同一石窟中石纹凿痕不同、花纹图案不同的现象。

3.越王勾践伐吴的秘密战备基地说

此种说法是目前对石窟形成时代最悠久的一种猜想。公元前494～公元前473年，越王勾践“十年生聚，十年教训”，《史记》记载，伐吴越军总数为49000人，全在外秘密训练而成。

4.环保巢居说

“北方有窑洞，南方有石窟”，这是中国先人在人居环境上追求朴素环保理念的两大发明。一个掘土坡为房，一个凿石山为屋，不占肥田沃土，不破坏山坡山形，不毁坏山坡植被，营造出冬暖夏凉的栖息地。石窟内有房、走廊、石桥、厅堂、石水池、石水窖等，具备人类生存的基本条件。

5.屯兵说

据《新安志》载，东汉时期，孙权为铲除黟、歙等地山越人，派大将贺齐屯兵于溪水之上，后改新安江上游这些水域为“屯溪”。这也似乎印证了花山谜窟是贺齐屯兵和储备兵器弹药的地方。

6.采石场说

这是最普通的一种用途说。徽州留有许多做工精巧的古民居、古桥、古道，还有渔梁水坝等古老水利工程，花山谜窟恰处于新安江边，大量石料是不是通过新安江而运输到徽州各地作为建材的呢?

然而，猜想虽然很多，言之凿凿，但是毕竟只是猜想，由于毫无史料记载，花山谜窟依然有串串难解之谜。

凿于万仞绝壁的僰人悬棺

一具具棺木悬挂于万仞绝壁之上，充满了永恒的神秘色彩。

在我国四川南部的珙县境内，曾经生活着一支特立独行的少数民族：僰人。从春秋时期到明代万历年间长达2000年的时间里，他们一直在这片土地上耕作、生息、繁衍。在春秋时期，他们被称为“僰人野人”，在汉代，被称为“滇僰、僰僮”，明朝则呼为“都掌族”。然而在明神宗万历元年的“僰汉大战”之后，这个部落从此就神秘地销声匿迹了，除了高悬在离地高达百米的断壁悬崖上的265具棺材，他们没有给这个世界留下任何其他的信息。

这些高高在上的“僰人悬棺”总重超过千斤，都是用质地坚硬的整木雕凿而成。其外形主要有船形和长方形两种。有的选择最为险峻的天然或人工凿成崖石安放，棺木还裸露在外面；有的在绝壁上凿孔，插入木梁，把棺木架在上面。悬棺离地面数十米到一百多米，在山风中凌空俯视地面，令人可望而不可即。这些悬棺已经在高

四川珙县悬崖峭壁上的悬棺近景

高的空中悬挂了数百年，经历着风风雨雨的剥蚀，至今仍牢实地迎空展示着。悬棺的崖壁上有许多红色彩绘壁画，内容丰富，线条粗犷，构图简练，形象逼真。

现存悬棺最集中的地方是宜宾地区珙县洛表乡的麻塘坝和曹营乡的苏麻湾两处景区。其中麻塘坝亦称僰人沟，距四川省珙县城60千米，南北狭长，东西两侧奇峰挺拔，险拔峻峭的岩穴之间现存有悬棺160多具，许多棺木半悬山崖，距地面一般高约25～50米，最高的有100多米。苏麻湾距麻塘坝10多千米，在陡峭的石灰岩壁上分布着48具悬棺，沿着浩浩荡荡的江水，人们在船上就可以看见这些奇特的悬棺。

僰人为何要把棺木高悬于千仞绝壁之上呢？专家们认为，按古僰人的意思，悬棺入云，是吸日月之精气。从科学上来说，西南地区的少数民族由于长期居住在山水之间，他们对山水产生无比崇高的感情，死后葬在靠山临水的位置表明亡灵对山的依恋和寄托之情。至于把棺木放得很高，那是因为高处可以防潮保尸，并可以防止人、兽的侵扰。

可是所有放置悬棺的地方，上至峰顶、下距空谷，都有数十米到一二百米，而且到处都是异常陡峭的石壁，没路可走。古人是怎样将这些悬棺放置到悬崖峭壁上去的呢？对此，人们多方猜测，代表性的解释有“栈道论”和“吊装论”，还有“洪水说”“隧道说”“天外来客说”等，众说纷纭，悬棺因此被蒙上了一层异常神秘的色彩。

“栈道论”认为，悬棺是通过修栈道运到悬崖上的洞穴中的。古人可能就像今天造房子搭架子那样沿着悬崖向上搭，当搭到洞穴口时便可将棺一层层递上来，直至送入洞中，或者由山顶搭栈道向下直至洞口。证据是现在只要乘竹筏沿九曲而游还可以在两岸的岩壁缝隙处看到一些残存的木料，这就是安置船棺后为确保它的安全而将栈道拆除的遗物。但是存放船棺的悬崖多是单独成峰的，突兀峭拔，崖壁坚硬，由下而上搭架子能搭到数百米谈何容易，特别是在工程技术还极其落后的古代少数民族地区很难实现。“吊装论”认为悬索下柩可以解决千斤之物如何挂上悬崖的问题。1973年9月，公安部门曾侦破了一起盗悬棺案。两名盗贼供认，他们买了数百千克粗铁丝制成软梯，上端紧绑在岩顶的大树根部，一人把风，一人顺梯而下至洞穴，再设法在崖壁上开辟一条栈道，随后盗棺而出。有些人因此认为僰人是反其道而行：先找到安葬洞口，在洞口前架设数米长的栈道，棺木在峰顶就地制成，装殓死者后吊坠而下至洞口，再由人推进洞去。但人们至今不能断定古人是用什么简陋的机械将悬棺放到洞穴里。因为山顶到涧谷一般均有一二百米，鞭长力微，即使百人在峰顶一起用力绞拉辘轳之类的简单机械来吊升岩底的棺木，吊到洞口时也不能放进穴内。

悬棺隐身在云雾缭绕的峭壁之上，充满了永恒的神秘色彩，它作为文化发展史中的一个奇迹，沉积了往日逝去的回忆。僰族为何悬棺而葬?刀耕火种的年代如何置棺高岸？僰族人是怎样消失的?棺上的红色岩画又在讲述什么故事?这些谜还有待今人解答。

神秘的金字塔

金字塔是人类智慧的结晶，还是有更高智慧的协助?

埃及是世界上历史最悠久的文明古国之一，金字塔之谜，一直是人们探索古代文明的热点话题。这些高超的建筑技术，似乎向我们显示着一个高度发达、超智慧文明的存在。

在埃及，大大小小的金字塔共有近百座之多，其中最大的一座是胡夫金字塔。该金字塔高约146.5米，据一位英国考古学者推算共用了230万块巨石砌成。每块石头都有一人多高，重量约为2.5~15吨不等，有的甚至上百吨、几百吨。据古希腊历史学家希罗多德的估算，修建胡夫金字塔一共用了30年时间，每年用工10万人。

胡夫金字塔建于埃及第四王朝第二位法老胡夫统治时期（约公元前2670年），被认为是胡夫为自己修建的陵墓。在古埃及，每位法老从登基之日起，即着手为自己修筑陵墓，以求死后超度为神。

胡夫金字塔的4个斜面正对东、南、西、北四方，误差不超过圆弧的3′，底边原长230米，由于塔外层石灰石脱落，现在底边减短为227米，倾角为51° 52′。塔原高146.59米，因顶端剥落，现高136.5米，相当于一座40层摩天大楼，塔底面呈正方形。整个金字塔建筑在一块巨大的凸形岩石上，占地约52900平方米，体积约260万立方米。

在4000多年前生产工具很落后的中古时代，埃及人是怎样采集、搬运数量如此之多，如此之重的巨石垒成宏伟的大金字塔的呢？真是令人费解。

金字塔岿然傲立，万古长存。其中的奥秘又是什么呢？根据“自然塌落现象的极限角和稳定角”规律，堆放体最稳定的极限角是接近52°，奇怪的是金字塔正好是51° 50′ 9″。说明它就是按照这种“极限角和稳定角”来建造的。这种构造不仅使建筑本身高度稳定，而且可以将风暴的影响降为最低。

沙漠的风是暴戾的，由于金字塔独特的造型，迫使凌厉的风势不得不沿着塔的斜面或棱角缓缓上升，塔的受风面由下而上，越来越小，在到达塔顶的时候，塔的受风面趋近于零。这种以逸待劳、以柔克刚的独特造型，把风的破坏力化解到最低程度。

科学家们研究表明，金字塔内还存在微波谐振腔体和宇宙波，并形成一种不可思议的神秘力量。在塔高1/3的地方，能形成一种奇异的“能”。它具有防腐保鲜的作用；能使尸体迅速脱水，加速“木乃伊化”；还能使生锈的金属变得光亮如新。假如把一枚锈迹斑斑的金属币放进金字塔，不久就会变得金光灿灿；假如把一杯鲜奶放进金字塔，24小时后取出，仍然鲜美清新。

那么，这些在金字塔内所产生的超自然力量的“能”，在四五千年前的古人又是如何认识与精确把握、运用这种不可思议的神秘力量的呢？

越来越多的有关金字塔的神秘现象困惑着人们。人们开始反思如此巨大而精密的金字塔单凭人类的智慧是否能够创造出来？

现在学者认识到，仅埃及基沙三座金字塔的石料重量就已经超过了伦敦所有建筑重量的总和，古埃及10万工人在20年内搬运它们根本不可能。而要把几百万块巨石再切削得精密平整到不差分毫，即使再用上20年也是难以做到的。更何况要更精确的建造——没有一丝失误的痕迹，这即使再花上几十年，也难以建造完成。更重要的是这种精确建造以正常的建造技术是根本不可能实现的。

帝华纳科遗址的新发现使人们推测到这些建造技法的高超之处：他们似乎是把相邻的巨石之间凿出凹槽，并倒入熔化的金属，金属凝固后，就把相邻的巨石牢牢地连在一起了。而这就需要一个移动自如的冶金车间，一次能熔化好几加仑的金属，而且随着巨石向高处堆砌，冶金车间能够自如轻便地上升，并且不会使下边的石块留下任何压划的痕迹。如果真是这样，那么足见冶金车间是多么的高级与轻便。而这些技术在今天都是无法做到的。

另外，埃及基沙三座金字塔正对着猎户星座带纹的三星，帝华纳科的神庙的正门和墙角精确地定位了春天、夏天、冬天第一天太阳升起的位置。所有建筑的方位和天体保持高度一致，表明建造者们掌握了精密的天文学技术。如何把那样重的巨石摆放得那么整齐、方向极为精确，是今天的建筑师根本无法想象的。

金字塔到底凝结着古埃及人多少知识和智慧，谜底至今仍然没有完全解开。

神奇的“太阳门”

在海拔4000多米的高原上有座神秘的城，这座城里有座神奇的“太阳门”。

玻利维亚的充满神秘的城市——蒂亚瓦纳科城，在这个谜一般的城市中，一片散乱的远古建筑和废墟的石块间，耸立着一块重逾百吨的超巨型石雕——“太阳门”，它是南美大陆最负盛名的古代文明奇迹。“太阳门”高3.05米，宽3.96米，用一块完整的巨型安山石岩凿成。每年9月21日，黎明的第一束阳光总是从这石门的中间射入大地，这就是“太阳门”这一名字的由来。

凡是看到过“太阳门”的人，无不为它的宏伟壮观惊叹不已。更耐人寻味的是，“太阳门”不仅是个庞然大物，而且它上面还雕刻着极其精美的图案。在“太阳门”的石门楣中央，刻着一个谜一般的人像，据说是代表造物主维拉科查。人像双手持着鹰头装饰的节杖，每只手只有4个手指。其两旁平行排着3排共48个较小的神像。其中上下两排刻有长翅膀的勇士，中间那排则刻着某种人格化了的飞禽。此外，还有众多至今仍难了解其含义的符号。

面对着“太阳门”，人们惊叹之余必然要产生种种疑问。首先，古代的印加人为何要不惜巨大的劳动力来建造这巨大的石门呢？“太阳门”的作用究竟是什么呢？

在古代美洲居民还没有制造出带有轮子的运输工具，也没有使用驮重牲畜的情况下，到底是什么人，在什么时候，又是为什么在这云雾缭绕、峭拔高峻的安第斯高原上建造了这座雄伟壮观的“太阳门”呢？

太阳门

太阳门位于玻利维亚的蒂亚瓦纳科城，是古印加文化最为杰出和典型的代表，它是用一整块巨石雕刻而成的。

美国考古学家温德尔·贝内特用层积发掘法证明蒂亚瓦纳科文化的最早年代是在公元300～700年，而太阳门和其他一些建筑应是在1000年前正式建成的。

蒂亚瓦纳科考古研究中心主任、玻利维亚考古学家卡洛斯·庞塞·桑西内斯和阿根廷考古学家伊瓦拉·格拉索用放射性碳鉴定，蒂亚瓦纳科建筑应该是开始于公元前300年，而建成美洲这一灿烂辉煌的文明大约是在公元8世纪以前，一般看法认为在公元5～6世纪。建筑者可能是居住在安第斯山区的科拉人，他们认为蒂亚瓦纳科曾是一个举行宗教仪式的中心场所。太阳门极有可能是阿加巴那金字塔塔顶上庙堂的一部分。

美国历史学家艾·巴·托马斯也同意遗址是科拉人建立的这一理论，但他说那里是一个大商业中心，或文化中心。阶梯通向的地方是中央市场，石门框上的那个人形浅浮雕是雨神，辐射状的线条是雨水，两旁的小型刻像象征着他们朝着雨神走去，以承认他的权威。

更有甚者，说蒂亚瓦纳科是外星人在某一时期建造在地球上的一座城市，“太阳门”是外空之门。

“太阳门”吸引了众多学者的目光。尽管许多人做了努力的研究，但这一切仍无法解释。

令人困惑的克诺瑟斯迷宫

走不出克诺瑟斯迷宫，就面临被牛首人身的怪物吃掉的命运。

古希腊神话里有这样一个故事，克里特岛的国王迈诺斯自称是最高天神宙斯的儿子。迈诺斯的妻子帕西淮和公牛私通，生下一个牛首人身的怪物。家丑不可外扬，迈诺斯命工匠造一座宫殿囚禁怪物，让怪物出不来，外人也进不去。怪物每9年要吃童男童女各7名，由当时臣服于迈诺斯的雅典进贡。过了26年，迈诺斯王派使臣到雅典摧索第三次贡品。刚继王位的青年英雄提修斯决意为民除害，自充童男来到迈诺斯的首都克诺瑟斯。迈诺斯王的女儿阿里阿德尼公主对提修斯一见钟情，爱上了他。她送给提修斯一团线球和一柄魔剑，线头系于迷宫入口处。提修斯手提魔剑，一路放线，朝扑朔迷离的迷宫中心前进。经过一场恶斗，斩了牛怪，然后沿着线路走出迷宫。神话是惊险而美妙的，克里特岛的这座迷宫真的存在吗?

英国考古学家艾文斯爵士在20世纪初叶，把克诺瑟斯的遗址发掘了出来。这次发掘的工程相当浩大，耸人听闻。

王宫基本完整，坐落在凯夫拉山麓，总面积22000多平方米。主体为二层建筑，低坡地的东宫是4层楼，共拥有大小宫室1700多间。支撑屋面的立柱都用整棵大圆木刨光而成，上下一般粗，极其整齐协调。1400平方米的长方形中央庭院将东宫和西宫连成一体，各个建筑物以长廊、门厅、复道、阶梯连接。国王宝殿、御寝、后妃居室、贮宝库、亭阁等，巧妙配置。千门百廊，曲巷暗堂，忽分忽合，前堵后通，神机莫测，确实是座名副其实的迷宫。牛怪之说不一定有，但迈诺斯王残暴成性，怕人暗算，造一座刺客进不来的王宫供己享用，倒是合乎情理的。据说，设计师代达罗斯在工程完毕后，自己也陷入迷宫出不去了。

那么，这座富丽堂皇、结构复杂的巨大建筑真的是一座王宫吗?虽然历史学家和考古学家一般都同意这种说法，但德国学者沃德利克则不赞同，而且其说法好像有所依据。在1972年出版的一本书中沃德利克说："克诺瑟斯这座宏伟建筑，绝对不是国王生时居所，而是贵族的坟墓或王陵。"依据沃德利克的说法，被大多数考古学家所认为的是用做储藏油、食物或酒的大陶瓮，其实是用来盛放尸体的。尸体被放在里面后，加入蜜糖浸泡以达到防腐的目的；石地窖则被用来永久安放尸体;壁画代表的是灵魂转入来生，并且把死者在幽冥世界所需物品画出来。沃德利克还认为那些精密复杂的管道，不是为活人设置的，而是为了防腐措施的需要。

为了支持自己的说法，沃德利克提出几项很有意思的事实，比如说，克诺瑟斯这座建筑物的位置，绝对不是建筑王宫的绝佳位置，因为它所处的地方过于开敞，四面受敌，若有人从陆上进攻即无从防卫。同时，当地没有泉水，必须用水管引水，水量很难供应那么多居民。"王宫"及附近范围内也无一望即知是马厩和厨房之类的房屋，这里的居民难道不需要交通工具和食物吗?

至于那些被认为是御用寝室的房间，都是些无窗、潮湿的地下房舍，在气候和暖、风和日丽的地中海地区，绝不可能选择这样的地方来居住。

人们对迷宫究竟是王宫还是陵墓尚无定论，不知学者们能否走出这座迷宫。

令人生疑的马耳他地窖

一个神秘的地窖，竟然存有7000多具人的骨骸，这是怎么回事呢？他们究竟是什么人呢？

1902年，马耳他岛上的一群建筑工人在施工的时候，发现了一座人工开凿在坚硬岩洞里的地窖。令人惊奇的是，里面竟存有7000多具人的遗骸。这是怎么回事呢？

这座巨大的石制地下建筑共分3层，最深处距地面12米，错综复杂，仿佛一座地下迷宫。它由上下交错、多层重叠的多个房间组成，里面有一些进出洞口和奇妙的小房间，旁边还有一些大小不等的壁孔。中央大厅耸立着直接由巨大的石料凿成的大圆柱、小支柱，支撑着半圆形的屋顶。整个建筑线条清晰、棱角分明，甚至那些粗大的石架也不例外，没有发现用石头镶嵌补漏的地方。它的石柱、屋顶风格与马耳他其他许多古墓、庙宇如出一辙，但别的庙宇都建在地上，这座建筑却深藏于地下的石灰岩中。由于构造奇特，人们借用希腊文“地窖”一词来形容它，意为“地下建筑”。

这座“地下建筑”是“庙宇”还是“坟墓”呢？在生产力极其落后的石器时代，马耳他的岛民为何耗费如此巨大的精力来建造这座庞大的地下建筑呢？

有人认为它是一座地下庙宇。在这座地下建筑中，有一个奇妙的石室，人们称之为“神谕室”。由于设计独特，石室内产生了一种神奇的传声效果，因此石室又被称为“回声室”。这个石室的其中一堵墙被削去了一块，后面是状似壁龛、仅容一人的石窟，一个人坐进去同平常一样说话，声音会传遍整个石窟，并且完全没有失真。由于女人声调较高，不能产生同样的效果，设计者就在石室靠顶处沿四周凿了一道脊壁，女人的声音就沿着这道脊壁向外传播。正因为有这个石室存在，考古学家断定这座地下建筑是一个在宗教方面有着特殊用途的建筑物，说不定它就是祭司的传谕所。

此外，考古学家在发掘过程中发现了两尊侧身躺卧的女人卧像，还发现了几尊丰乳肥臀也许以孕妇作为蓝本的女人卧像。据此，考古学家推测，这里或许是崇拜地母的地方。由于整个建筑埋在地下，不见天日，因而显得阴森怪异。设想一下，当一个虔诚的原始人置身于这样一个诡秘幽玄的地下石室时，突然传来隐身人的说话声，他能不毛骨悚然对其产生敬畏之情吗？

然而，这座建筑真的就是一座地下庙宇吗？事实并非如此简单。越往地下深层发掘，考古学家发现它越不像是庙宇所在。在一个不大的室内，竟然存放了7000多具人的遗骸，恐怕不能仅仅用宗教用途来解释。骸骨不是一具具完整的尸骨，因为那么狭小的地方根本容不下那么多尸体。室内骨骼散落，表明是从其他地方移葬过来的，这种埋葬方式，在原始民族中非常普遍。这样，地窖就成了善男信女们长眠安息之地了。这座地下庙宇到底是供人祭祀之地，还是供死者安息之地呢？马耳他岛上的这些居民的宗教也包括崇拜死者吗？

根据挖掘出来的牛角、鹿角、凿子、楔子、两把石槌以及做精细活用的燧石和黑曜石判断，再根据其建筑风格推测，此地下建筑建于公元前2400年前后，当时岛上正处在石器时代。那么，岛上居民什么时候把尸骨放到这个地方来的呢？马耳他的居民又为什么要如此安放骨骸呢？至今无人知晓。也没有人知道这座地下建筑在什么时候变成了墓地。兴许初建时它就兼有庙宇和坟墓的双重用途，也许这是一座仿效地上建筑而建的一座地下庙宇，也许它就是死者的安息之地。

随着历史车轮的滚滚向前，一切都将尘封在历史的记忆之中。神秘的马耳他地窖将永远是一个未解之谜。

南美洲的奇城异堡

印第安人越来越少了，和印第安人相关的历史、古迹也变得越来越神秘了。

据考古记录，南美文明开始于公元前1万年，第一批北美与中美移民到达时，他们定居于火地岛、阿根廷、智利南部、大厦谷地区的中南部平原及中央安第斯山的部分。因为他们的食物充裕，所以能够维持较大且稳定的社会单位。其他在加勒比海沿岸和安第斯山北部定居的民族，以军事及宗教仪式为基础，在农业技术支持下，出现了较复杂的社会组织形态。

公元1000年前后，出现了奇穆、蒂瓦纳库王国，以及后来的印加帝国。可以说，南美洲在欧洲人来到以前是印第安人的王国。在印第安人的历史中仍有数不清的谜团缠绕着我们。

1956年，一些科学家乘飞机飞越安第斯山脉时，发现了位于海拔6000米高处的塞拉加兰古城堡废墟。于是，科学家们对此城堡进行了科学考察。经过鉴定，这座城堡的历史比闻名的印加帝国还要久远。城堡有坚固的围墙，里面有许多高12米的堡垒和塔楼。它们全是用大块的打磨平整的石块砌成的，并且没有使用灰浆。堡垒和塔楼都没有门和窗，唯一的进出口是房顶上正方形的口子。可以想到，修建这座城堡的人们不需照明、取暖、食品和饮用水，因为方圆数百千米内没有森林、动物、河流和湖泊。他们不用梯子就能爬上塔楼，并且能够生活在海拔6000米、几乎缺氧、就连秃鹰都很少问津的地方。而且，只有乘坐直升机才能到达古城堡，因为该地区没有足够宽阔的平地可供其他飞机降落。再者，城堡周围密布着峻峭的山峰和危险的深渊，过去和现在都没有可以行走的路。对于科学界来说，在这样高海拔的地方，巨大的石块如何能够加工和垒砌，城堡的居民如何生存，都无法加以解释。

1979年，一支科学考察队乘飞机飞越秘鲁阿雷基帕省时，偶然发现地面上有一些巨大的图案，图案分布在利马东南1000千米的马赫斯和西华斯沙漠中。1980年，科学家开始对这些图案进行仔细的考察。这些图案有3000年的历史，其中有鸟类、爬行动物、猴、猫科动物，它们的长度均在20～60米左右，其中有一条巨蟒竟长达72米，宽2米。同时，在这里还发现了14个巨型圆圈，最大的直径有40米。实际上，它们是圆形平台，当中带石子的土层的硬度几乎与混凝土一样，只有在500米的高空才能看清楚。在附近的一些不大的土岗上，发现了两个坚固的古堡。古堡的墙有5～6米厚，用火山熔岩砌成。考虑到火山熔岩坚硬无比，而古堡的墙垣又坍塌和侵蚀得厉害，古堡的历史估计在6000年以上。印加人之前的什么人能够在没有生命的沙漠中(最近的水源在300千米之外）修建起这些雄伟的古堡呢？不知名的建筑者们是用什么方法把重达10吨的巨大石块从数十千米远的地方运来、起吊和砌成墙的呢？

在智利圣佩特罗沙漠中，人们发现了长达数十米的石刻布满在坚硬的岩石上，表现的内容是长翅膀的人物和圆形、三角形、正方形、七边形等几何图形，以及几篇两米多长的石刻文字，其形状与古代北欧语言的字母表相似。然而，虽有图案存在，却在圣佩特罗沙漠中没有发现人类活动的踪迹。这里的自然条件非常恶劣，白天气温高达零上50℃，而夜间的温度则在-10℃以下，方圆数百千米内没有任何水源。在南美洲秘鲁的拜迪那拉布兰卡山中，矗立着查文多王塔尔古堡。古堡坐落在群山之中，常人几乎是无法涉足的，但古代的堡垒、墙垣、内室的建造方式都是很特殊的。确切地说，墙壁是用打凿深谷、高峰和山洞的岩石雕刻而成的。古堡的防御非常坚固，入口处布满无穷无尽的机关陷阱。科学家们解不开的谜在于新石器文化时期的人们如何能用他们拥有的唯一工具——石头去开山凿岩石？查文文化时期（南美洲古印第安文明萌芽时期的文化），当地的居民人口极少，因此古堡的建设不可能像古埃及法老建造金字塔那样，动用成千上万的奴隶。古城堡的中央矗立着一个堡垒，外人只有经过在山岩上凿出的无数迷宫一样的地道才能进入堡垒。在堡垒的中央大厅，有一根被称为“石头匕首”的石柱，高5米，呈尖头短剑的形状，石柱的尖刃牢牢地插在地面的花岗岩里。3500年过去了，对于这种不可思议的现象，至今没有找到科学的解释。石柱和其地面都是由无比坚硬的花岗岩构成。在重达数吨的“匕首”刀锋上雕刻着一个女人的形象，她的面孔奇特，仿佛是人和美洲豹的结合体，头上没有头发，而是盘踞着几条凶狠的蛇。它非常像希腊神话中蛇发女怪美杜莎。女人的形象非常令人费解，因为安第斯山中根本没有美洲豹。

这些神秘的城堡，随着时光的消逝，也逐渐成为无人能解的谜。

无法解读的津巴布韦遗址

大津巴布韦有许多令人难忘的石头结构遗址，它们既没有灰泥，也不用拱门和圆顶。

“弯弯曲曲的走道和过于复杂的防御工事是卫城最显著的特征……这是我有幸见过的最为神秘、最为复杂的建筑结构。”探险家西奥多·贝特对津巴布韦遗址内的卫城发出了如此感叹。

在津巴布韦的马斯温戈省，有一座撒哈拉沙漠以南非洲地区规模最大、保存最为完好的石头城建筑群体。“津巴布韦”一词源于班图语，意为“石屋”，或“受敬仰的石头城”。究竟是什么人、在什么年代以及为什么要建造这么庞大的石头城呢？

有关津巴布韦遗址奇观的传说，大约在中世纪就通过阿拉伯商人传到了欧洲。然而，在阿拉伯人的传播中，却把津巴布韦与所罗门王的名字连在了一起。这样一来，当欧洲人发现这个废墟时，误认为这就是所罗门王的藏宝之地。

津巴布韦遗址三面环山，一面是波平如镜的凯尔湖。整个的遗址范围包括山顶的石岩和山麓的石头大围圈及其东面的一片废墟，组成了相互联系的建筑群。据考证，这座石头城建于公元600年前后，是马卡兰加古国的一处遗址。古城分为外城和内城两部分，外城筑在山上，城墙高10米，厚5米，全长240米，由花岗岩巨石砌成。内城建在山坡谷地，呈椭圆形。城内有锥形高塔、神庙、宫殿等，都由石块砌筑，而且这些建筑的入口、甬道和平台等都是在花岗岩巨石上就地开凿出来的。

1871年，来到这里探险的德国地理学家卡尔·莫赫最先把这个奇迹公之于世。他说："那是一大片聚在一起的石造建筑物，全没屋顶，都用灰色的花岗岩石块以精巧的技术建成，有些石块还曾雕琢。山上那些高大的石墙，分明是欧洲式的建筑。"莫赫进入城内作了一番考察，认为有证据显示石头城的最初建造者们生活富裕、势力强大。他的有关津巴布韦的报告于1876年出版，引起了世界各地不少学者和探险者们的兴趣，他们开始相继前往津巴布韦考察。

津巴布韦遗址是一个大面积的复合体，有防御工程、塔状建筑和排水系统，占地达一万多亩，共有三组建筑：第一组是一连串如堡垒般的城墙，内有复杂通道、石级和走廊，这组建筑现在一般称做卫城。城墙与一个大孤丘结合在一起，随着岩石起伏，以精湛的技术把花岗岩石堆砌起来，顺其自然之势与大孤丘混为一体。站在卫城顶上，可将整个津巴布韦遗址风光尽收眼底，可见当初设计者的别具匠心。第二组是一处椭圆形花岗石围墙，称做神庙。围墙的东北、南、北三面分别有一个进出口，围墙高约6米，东面城高约9米，围墙底部宽约5米。神庙位于卫城下的平地上，至今仍然完整无缺，充分显示出当初建造者的艺术才干和建筑水平。神庙内有一座气势庄严的高塔。第三组介于围墙和神庙之间，包括好多小的房屋。

据最初记载，大津巴布韦城上有7座实心塔，现今只剩下4座。这4座塔的真正用途，人们至今仍弄不明白。更令人费解的是神庙里面的圆锥塔，此塔高20余米，没有任何文字标记。多少年来，一批又一批考古学家和前来企图在塔内搜寻黄金宝藏及古物的人，曾千方百计想钻进去探察，却无法找到一个入口。离圆锥塔不远处有一祭塔台，据说，在原始社会，这里是举行生殖崇拜的场所。对塔的作用，专家们众说纷纭，有人认为它是瞭望台，有人认为它是宗教的象征，有人认为它是粮仓的模型，还有人说它是男性生殖器的象征，但这种种说法都缺少足够的依据，至今人们仍不明白它的真正用途。

事实上，不仅圆锥塔，就是那整座的石头城到底是干什么用的，人们至今也没能真正弄明白。有人说这是一个消失了的帝国的皇帝住所，有人说这是宗教场所，但是也有人认为这是古代人开采、提炼黄金的地方。由于这些石头建筑上没有文字，历史上也没有记载，这种种说法都不过是人们的推测和设想。

有人认为津巴布韦遗址是由公元前来自地中海的腓尼基人建造的，也有人认为是阿拉伯人建造的，但更多的人则认为是非洲黑人建造的。根据历史记载，最后在津巴布韦这个已颓败的城市居住的民族，由于战争的原因，大约在1830年“祖鲁战争”期间，被全部赶走了。后来声称拥有大津巴布韦的阿孟瓜人，实际上并未在当地居住过，这里现在生活的是马绍纳族人的一个分支——卡兰加人。但他们至今还住在低矮简陋的窝棚中，他们的生活似乎和这些建筑毫无关系。而这一古迹的真正建造者，随着历史的烟云似乎已无从寻觅。

韩国的海底王陵是怎样形成的

在古代的朝鲜，人们认为龙宫是人死后灵魂应该去的地方，就幻想有座龙宫可以实现这个愿望。

根据民间的传说，在韩国庆尚北道月城郡甘浦海的海底，保存着一座完全按照王的遗嘱而建筑起来的王陵。在朝鲜的历史上，他就是新罗国赫赫有名的第30代文武王，毫无疑问，他的陵墓是这世界上独一无二的海底王陵。据估计，确切的建筑时间可能是在日本的天武时期营建的，但是直到最近，有关这座王陵的具体位置，人们还没有搞清楚。至于它的出土，也几乎可以说是出于巧合。那是1959年，在大王岩海底附近发现了为文武王精心修建的感恩寺遗址，考古学家继续发掘，进而发现了这座海底王陵。

关于这座海底王陵，还有这样的一段故事：当年文武王去世后，埋藏在海底的大岩石中，由于留恋人世的忧患，几乎在每个夜晚都幻化为龙来到感恩寺，以便镇压东海的倭寇的进犯，所以，人们就依据这些来推测说这里就是龙穴遗址。在后来对东海海上的大王岩所进行的实地考察过程中，在1967年发现了凭借着岩礁的低洼地势而营造的陵墓，也就是今天我们见到的大王岩海底陵墓。

在历史上，这位文武王的势力相当强大。他本人精明强悍，富于政治才干，他治理下的新罗国度，经济繁荣，社会安定，人民生活比较富裕，国家也积累了大量的物质财富。所以，有关的考古界业内人士就此推测，他的这座王陵中也应该会存在着数量巨大的珍贵财宝作为随葬品。上述这些推测，无疑早就引起了众多的淘金者和投机家们的浓厚兴趣，他们掀起了海底掘盗寻宝之风，可以说这种行为已经影响到水下考古行动的进展了。

毋庸置疑，这项发现填补了韩国历史的一段空白，扩充了该国社会历史方面的文献以及实物方面的资料。但是，在这里还要注意到，这些水下遗迹几乎完全是偶然发现的，即使在发现后也是很容易消失的，因此，就在某种程度上造成了进行彻底的实地考察的难度。比如说，在彻底的实地考察中，应该降低水位高度，或者将考察地的水排干，使要考察的地方露出水面。

目前，这项考古工作仍在继续进行。到时下为止，可以了解到的情况是：文武王火葬之后的骨灰是被装入石棺里，然后石棺又被沉入海底的。在石棺的上面覆盖有巨大的天然石棺盖。据传说，当海水清澈的时候，人们能够看得到整个石棺的全貌。当然，这上面覆盖着的巨石，的确倍加增添了整体上的庄重、肃穆和神秘感。

至于这样做法，究其本源，应该是有着深厚的文化内涵的。在古代的朝鲜，人们普遍相信在大海底存在有水神，就是指龙王，而且还有龙王居住的宫殿，就是龙宫。而且龙宫正是人死后的魂灵应该去的地方，也就是人希望自己可以长生，既在生前拥有享乐生活，还希望可以把它带到死后继续享用，于是，就幻想有座龙宫可以实现这个愿望。相信文武王当年许遗愿的初衷自然也不可避免地要受到这种观念的影响。正是由于他渴望在死后仍然能够享用生前的荣华富贵，因此，他宁可相信灵魂永生，也甘愿沉入海底，并且为此建造起一座海底王陵来。

土耳其地下乐园之谜

卡巴杜西亚地下隐藏着一个巨大的远古城市，地道林立，气孔随处可见，堪称“地下迷宫”。

卡巴杜西亚是一个火山岩高原的总称，面积4000平方千米，在土耳其首都安卡拉东南300千米处。远古年代，卡巴杜西亚5座火山大喷发，熔岩淌流，堆成一片高原。由于风雨的侵蚀，高原上出现了数百座金字塔形状的小山，排成密密匝匝的方阵，颇似月球上的丘陵。

1963年，卡巴杜西亚高原上的德林库尤村爆出一条特大新闻：一个名叫德米尔的农民掘地时在自家院子底下发现一个洞口。在村民协助下，他架着梯子进入井口似的入口，穿过8层过道，见到一个无所不包的地下城镇。纵横交错的隧道两旁，像蚁冢一样排列着无数住宅、厨房，有礼拜堂、作坊、水井、食物贮藏室，还有专作墓地的洞室。52个通风管道通向地面隐蔽处，几条供逃生用的地道造得尤其巧妙。据估算，这样规模的地下城可供20000人安身。

“土耳其地下迷宫”这一世外桃源是历史上哪一代人所建？他们为什么住在地下？是躲避天灾？还是外敌的侵入？这些尘封于地下的废城埋藏了怎样的文明呢？

早在公元8～9世纪的时候，这里的居民就开始开凿空石堡，将其改装成居室。人们甚至在凝灰岩体上砌出富丽堂皇的教堂，在其中供奉色彩绚丽的圣像。然而卡巴杜西亚真正引起轰动的发现埋藏在地下，这就是人们发现的地下城市。

整个卡巴杜西亚地带布满了地道和房间。地下城市是一种立体建筑，分成许多层。德林库尤村的地下城市仅最上层的面积就有4平方千米；上面的5层空间加起来可容纳1万人。今天人们猜测，当时整个地区曾有30万人逃到地下躲藏起来，仅德林库尤村的地下城市就有52口通气井和1.5万条小型地道。最深的通风井深达85米。地下城市的最下层建有蓄水池用以储藏水源。整个地下城市规划相当完整，使居民的地下生活有足够的设施保障。

到今天为止，人们在这一地区发现的地下城市不下36座。而且所发现的地下城市相互间都通过地道连续在一起。连接卡伊马克彻和德林库尤村之间的地道，足有10千米长。

不可思议的地下城市确确实实存在着，可谁是建造者呢？它们是什么时候建成的？用途又是什么？对此，人们有着不同的见解和推测。有人认为是早期基督教的信徒来这里避难并开凿了地下城市。卡巴杜西亚偏僻荒凉，绝无人迹，不会引起外人的注意。村民们一点点在岩内开凿房子，由地面岩山逐渐延伸于地下，于是发展成了地下城。

公元610～1204年，从罗马帝国东部分出一个拜占庭帝国，卡巴杜西亚人从此皈依了基督教。其时，阿拉伯人与拜占庭帝国的战争非常频繁。卡巴杜西亚一向是安全的，外地虔诚的基督徒和教士纷纷来避难，于是，学者渐多，信徒日众，俨然成了一个圣地。这些人要修造、讲学、居住，自然要开凿更多的教堂、修道院和地下村镇。

但是，1万多年前美洲与欧洲就早已经有文化联系，当时的基督教徒确曾在这里避过难，然而他们并不是真正的建造者。地下城市在他们到来之前就已存在。地下城市到底是谁在何时修建的呢？人们的推测很多，但没有定论。

悠悠岁月，人们在不断地追寻着，究竟是怎样的文明被尘封于地下？那千古的废墟淹没了多少的繁华？现代人通过不懈地努力和探求，终将揭开这些神秘的面纱。

巴西洞穴岩图之谜

在巴西的洞穴里，刻画着有6个脚趾和4根手指的奇怪人物图像。

在地处南美东部的巴西境内，有数百个曲折幽深的洞穴，这些洞穴形态各异，构成各种奇妙的景观，令人目不暇接。这些洞穴并不是人迹罕至的荒山洞穴，而是人类早期文明的遗址。有的洞穴里保存着万年的古迹，至今尚未被人们认识。

戈亚斯州拉瓜桑塔自治区距离里约热内卢大约80千米，在这个自治区里有400多个天然洞穴，其中大部分至今尚未发掘，从1971年开始，一些外国学者与巴西学者组成联合考察队，对其中的10多个洞穴进行了发掘和研究，发现了许多令人惊异的奇迹。

在拉帕韦尔梅利亚洞内，考古学家发现了一些古人类遗物和一个完整的人类头盖骨，经科学鉴定，这个头盖骨是距今1.2万～1.45万年间的拉瓜·桑塔人化石，这种古人类体质形态的主要特征是：颧骨突出、眼眶狭小、前额低平、面部倾斜而短。

佩德罗·莱奥波尔多的西坡有一块面积达100多平方米的石山，在怪石嶙峋的悬崖陡壁上，有奇幻多姿的壁画，画面上除了一系列的神秘题词外，还有4个指头的手掌、6个脚趾的脚板、一些形似牡牛头、猫和猩猩以及其他一些不能辨认出的动物形象和表现力很强的运载图、游艺图等，构图精巧奇妙，形象栩栩如生。

在塞特拉瓜斯、马托西尼奥斯、佩德罗·莱奥波尔多等地的一些天然洞穴里的石壁上，有一系列神秘莫测的雕刻绘画、象形符号和考古学家根本不认识的古怪题词，雕工技艺娴熟精湛。

在巴西亚马孙河上游森林的文化遗址上层和地面，考古学家发现了大量的陶器碎片，有些陶器碎片上刻印有拟日纹饰和几何图形纹饰，其中有一件上有浮起的鹿头装饰。从大量的石刻来看，较多的是太阳形象，这说明当时人们很信奉太阳，这里可能是古人祭拜太阳神的场所。

从这些洞穴里残存的烧炭和灰烬分析来看，在这里生活过的古人至少在9万～1.3万年以前，那时已经有相当发达的文明。这些壁画题词只有运用极锋利的金属工具才能雕刻成，可是，在几千年或一万多年以前还没有金属工具，绝不是那时使用的石刀、石凿子之类的原始工具所能完成的。那么这些壁画题词是怎样刻上去的呢？考古学家对此表示费解。

石壁上的题词很有规律地排列着，有些人认为这些题词有特殊的含义。但有些学者认为，这些题词是古人帮助记忆的一些表意符号，并且认为其中有些符号与欧洲斯堪的纳维亚所发现的远古字母颇相似，从而证明远在几千年或一万多年前美洲与欧洲就早已经有文化联系。当然，这也只是猜测，具体的联系还有待于进一步考察研究。

最让考古学家感到奇怪的是在一些石壁上刻画着奇怪的图像：图像上的人脚板上有6个脚趾、手掌上有4根指头，这明显异于常人。一些人根据这些奇怪的画像，认为此画正是“天外来客”——“宇宙人”的形象，而画得绝不是地球上的人类，因为地球上人类的每只脚只有5个脚趾、每个手掌都是5个指头。

难道这些洞穴是外星人光临地球时留下的印记？这些人物图像是外星人的自画像？真相如何，还有待考古学家们今后继续深入去探索和研究。

第五篇

可怕的政治谜团

第一章
迷雾笼罩的宫廷内外

在权力与利益的角逐中，真有胜利者吗?

尧舜禅让之谜

尧、舜是远古时期有名的贤德君主，他们之间权力交接的真相成了一个千古疑案。

尧舜是远古时期的明君，也历来是君王效法的典范，尧舜禅让更是千古传颂的佳话。尧是三皇五帝中的第四个帝，姓祁，名放勋，号陶唐氏，史称唐尧。舜姓姚，名重华，号有虞氏，史称虞舜。据史书记载，尧不“唯亲是举”，主动将权位禅让给有才干的舜，即“尧舜禅让”。其实，这只是远古时代的传说，并无文字记载，后来到春秋战国时期才形成文字。它是否真实、准确，历来就有人怀疑。

传说尧善于治理天下，任命羲、和二人掌管天地，派羲、仲等4人掌管东、南、西、北四方。他还制定了

舜帝像

历法，把一年分为春、夏、秋、冬四季，共366天，使农牧、渔猎都按季节进行。尧一共在位70年，在86岁那年，尧自觉年老力衰，想找个可靠的继承人。他的儿子丹朱很粗野，好闹事。有人推荐丹朱继位，尧不同意。后来尧又召开部落联盟议事会议，讨论继承人的人选问题。大家都推举舜，说他是个德才兼备、很能干的人物。尧听了人们的推举后，决定先考验舜。于是尧把自己的两个女儿娥皇、女英嫁给舜。

舜勤劳能干，为人忠厚，乐于帮助别人，而且心胸宽广，原谅了因嫉妒而陷害他的兄弟。经过考察，尧认为舜的确是个品德好又能干的人，就把首领的位子让给了他。这种让位，史称“禅让”。舜接位后，依然勤劳俭朴，跟老百姓一起劳动，得到大家的信任。尧去世后，舜把天下治理得更好。后来，大禹治水成功，舜把帝位传给了他。

尧舜禅让的故事传颂几千年，一直得到人们的褒奖。然而却有人认为这个传说是虚构的，说舜得到权力根本不是靠“禅让”，而是“篡夺”，并且这些人的分析有理有据。据《史记》记载：舜取得行政管理权后，为了巩固自己的统治，立即扶植亲信，排除异己，历史上称为“举十六相”“去四凶”。所谓“举十六相”，就是舜同时启用了 “八恺”“八元”， 将尧长期排除在权力中心之外。而“去四凶”，就是将尧正在宠信的混沌、穷奇、杌、饕餮同时除掉，剪除异己。通过这些手段，舜架空了尧。然后，又把尧软禁起来，逼他让位。

很多人不同意“篡夺”说，他们认为尧舜之间的权力接替不是“禅让”，更不是“篡夺”，而是“拥戴”。孟子、荀子等认为天子职位最高，权势最大，不可能把天下给人。那么，舜是如何得到天下的呢？《孟子·万章篇》记载：尧死之后，舜避尧之子丹朱于南河之南，但那时天下的诸侯不到丹朱那里朝见，反而都跑来朝见舜。于是，在大家的感召之下，舜就接受了邀请，登了帝位。按照这种说法，权力是大家给予的，不管尧禅让不禅让，诸侯和民众一“拥戴”，天下就是舜的了。到了禹的时候，也是用了同样的方法。所谓的“拥戴”，与几千年后宋太祖陈桥兵变、黄袍加身，并无不同。

此外，也有人认为舜登上帝位是因为“畏劳”，也就是说，尧舜禅让，并没有传说中的那么严肃和神圣，只不过人们将帝位当成负担而不愿承担这份辛苦罢了。

《庄子》里记载，尧想让许由接替帝位，许由不受。然后尧又让州支父子来继承，州支父子也找借口不受。他们到底为什么不愿意就帝位？韩非子认为，尧在位的时候，生活条件十分艰苦，居于陋室，吃糠咽菜，食不果腹，毫无幸福可言，所以人们都不愿意接受帝位，更别说将这份辛劳留给自己的子孙后代了。可能万般无奈之下，舜接受了这份苦差事。

看来，围绕“禅让”之说，千奇百怪的传说甚多。如果尧舜禅让确有其事，至少证明他们的高尚举动足以令后世帝王们汗颜了。

秦始皇身世之谜

有关秦始皇嬴政的身世，几千年来流传着诸多说法，其中，以他是吕不韦的私生子的传说流传最广。

秦始皇是中国历史上的第一个皇权专制社会中央集权体制国家的创立者，也是中国历史上第一个使用“皇帝”称号的君主，对中国和世界的历史产生了深远的影响。自古以来，秦始皇一直是一个备受争议的人物，誉之者称其为首创统一局面的“千古一帝”，谤之者则称其为专制独裁的“一代暴君”。

秦始皇的历史功绩和独裁暴政在历史上是比较清楚的，六国养尊处优的君主嫔妃、王孙公主、皇亲国戚无一不胆战心惊地揖首跪地、俯首称臣，然而他的身世却十分模糊。关于秦始皇的身世，几千年来，流传着诸多说法，其中，秦始皇是吕不韦的私生子的传说流传最广，这是因为《史记》和《资治通鉴》等权威史书中都有类似的记载，《汉书》的作者班固则直接称秦始皇为“吕政”，故后人多持此说。

秦始皇是继秦庄襄王(子楚)之位，以太子身份登上王位的。秦始皇之母赵姬，据说曾为吕不韦的爱姬，后献予子楚，被封为王后。那么，秦始皇到底是子楚的儿子，还是吕不韦的儿子，后人争议不休。

据《史记·吕不韦列传》记载，秦始皇的母亲赵姬原是吕不韦的姬妾，吕不韦出于政治目的将已怀孕的赵姬献给异人（即子楚），后来赵姬至大期生子名政；又据《史记·秦始皇本纪》记载，“秦始皇帝者，秦庄襄王子也。庄襄王为秦质子于赵，见吕不韦姬，悦而取之，生始皇。”作为一个并不受宠爱的质子的儿子，赵政少年时期是在赵国都城邯郸度过的，此时子楚经吕不韦从中斡旋已然回到秦国，并认华阳夫人为母，经过多次政治斗争终于获得了华阳信任，吕不韦又花费大量精力与金钱将赵姬母子接回秦国，从此赵政开始了他在秦王宫里的政治生涯。

但有人对此说表示怀疑，明代史学家王世贞认为，这是吕不韦为保住其取得的荣华富贵，自己编造出来的故事。

中国科学院原院长、著名历史学家郭沫若则认为，这种说法始于西汉初年，是吕后为夺权而让诸吕编造、散布以便制造舆论的，其目的是说明天下本是吕家的，现在被刘家夺去，理应由吕家再夺回来。

有人从秦始皇的生母赵姬的出身分析，也认为秦始皇不可能是吕不韦的儿子。在《吕不韦列传》中，当赵国要杀了子楚妻子（即赵姬）时，又说“子楚夫人赵豪家女也，得匿，以故母子竟得活”。由此可以看出赵姬出身豪门，她怎么能先做吕不韦之姬妾，再被献作子楚的妻子呢？这样，就不会存在赵姬肚子里怀上吕不韦的孩子再嫁到异人那里的故事了。

两千多年过去了，有关秦始皇身世的争论仍未取得一致看法。但不论赵姬是不是有娠而嫁，还是嬴政真为皇室血脉，这些均无法改变他在中国历史上的重要地位及作用。也许正是由于秦始皇的雄才大略和扑朔迷离的身世，才吸引了如此众多的目光。

曹操杀害华佗的真正原因

曹操之所以杀害华佗的真正原因是华佗触犯了大汉律例吗？

根据《三国演义》的记载：华佗不仅医术高明，而且医德高尚，由于不肯专门为曹操一个人看病，被曹操一怒之下给杀了。然而，华佗之死责任果真全在曹操吗？华佗真的没有任何过失吗？

《三国演义》第78回中，罗贯中详细地描写了曹操杀华佗的经过：曹操为造建始殿，亲自挥剑砍伐跃龙祠前的梨树，得罪了梨树之神，当晚做了个噩梦，惊醒之后便得了头痛顽症，遍求良医，均不见效。后来，华歆向曹操举荐了华佗，曹操立马差人星夜将华佗请来为他看病。华佗认为曹操头痛是因中风引起的，病根在脑袋中，不是服点汤药就能治好的，需要先饮“麻肺汤”(注：也就是人们所熟知的“麻沸散”，是华佗发明的一种麻醉剂)，然后用利斧砍开脑袋，取出“风涎”，才可能去掉病根。多疑的曹操以为华佗是要借机杀他，为关羽报仇，于是命令左右将华佗收监拷问，致使一代神医屈死在狱中，而华佗所著的《青囊书》也因此失传。

事实真的如此吗？历史学家认为，曹操杀害华佗另有原因。

在中国古代社会里，“万般皆下品，唯有读书高”和“学而优则仕”是众多读书人的信条。华佗所生活的东汉时期，社会上读书做官的热潮已经达到顶点，公卿大多数是熟悉经书者。汉顺帝时太学生多达3万人，学儒读经成为社会风尚，而医药技术虽为上至帝王、下至百姓所需，但为士大夫所轻视，医生的社会地位不高，名医弃医从政的例子很多。这种社会风尚不能不对华佗有所影响。

据《三国志·魏书·方技传》记载，华佗年少时曾经在徐州一带游学，是个“兼通数经”的读书人。“然本作士人，以医见业，意常自悔”，一语道破了华佗走上从医道路以后的心态。在行医的过程中，华佗深深地感到医生地位的低下。他的医术是高明的，名气越来越大，前来请他看病的高官权贵越来越多。在跟这些高官权贵的接触过程中，华佗的失落感更加强烈，性格也变得乖戾了，难以与人相处。因此，范晔在《后汉书·方术列传》中毫不客气地说他“为人性恶，难得意”。在后悔和自责的同时，他在等待入仕为官的机遇的再度降临。

曹操请华佗为他治疗“头风”顽症，华佗用针扎胭俞穴位，手到病除，效果很好。《三国志》对此的记载是，“佗针鬲，随手而差。”后来，随着政务和军务的日益繁忙，曹操的“头风”病加重了，于是，他想让华佗专门为他治疗“头风”病。华佗说：“此近难济，恒事攻治，可延岁月。”意思是说，你的病在短期内很难彻底治好，即使长期治疗，也只能苟延岁月。曹操的病果真那么严重了吗？

据中医界人士讲，“头风”病确实比较顽固，在古代的医疗条件下，想要彻底治愈确实很困难，华佗虽为神医，也未必有治愈的良策。但若说即使“恒事攻治”，也只能苟延岁月，死期将近，就未免危言耸听了，很明显有要挟的成分在内。

有学者认为，华佗正是想利用为曹操治病的机会，以医术为手段，要挟曹操给他官爵。曹操后来说，“佗能愈此。小人养吾病，欲以自重。”意思是说，华佗能治好这病，他为我治病，想借此抬高自己的身价。这说明曹操当时是明白华佗的言外之意的，但是他并没有立即满足华佗的要求。

于是，华佗便以收到家书，想回家小住几天为借口，请假回家。到家后又托词妻子有病，一直不回，对曹操进行再度要挟。曹操依照汉律，以“欺骗罪”和“不从征召罪”判处华佗死刑，华佗服罪伏诛。

据《三国志》记载，华佗回家后，曹操曾经多次写信催他回来，还曾命令郡县官员将华佗遣送回来，但是华佗还是不肯回来。

曹操大怒，派人前去查看，如果华佗的妻子果真病了，就赐给四十斛小豆，并放宽期限；如果华佗说谎，就拘捕押送他回来。于是华佗就被交付许县监狱，审讯后本人认罪。荀彧替华佗向曹操求情，曹操不理，将华佗给处死了。

那么，曹操杀华佗有法律依据吗？依照汉律的规定，华佗犯了两宗罪：一是欺骗罪；二是不从征召罪。主要是后者，汉律中有“大不敬”罪，对“亏礼废节”之犯者要处以重刑，而华佗的所为，正好给曹操以杀死他的理由。

然而，曹操杀华佗只是因此吗？有没有其他原因呢？只有等待历史学家的继续探索了。

隋炀帝杀父之谜

隋炀帝是历史上有名的暴君，为了夺取皇位，他弑父杀兄，无恶不作。

隋炀帝(公元569～618年)，即杨广。隋文帝次子，在位9年。隋炀帝即位后大兴土木，修筑宫殿，开掘运河，开辟驰道。因每项工程均耗人、物无数，国运渐衰。各地起义烽火连天，隋朝覆灭。其在江都被禁军将领宇文化及缢死。按照中国封建社会的帝王传位的习惯，本应是不该他来继承皇位的，但杨广却在隋文帝死后，君临天下了。这是怎么回事呢？有人说是他杀了自己的亲生父亲，毁掉了兄长杨勇，篡权为君的。

据史书记载，公元604年7月，隋文帝卧病在床，杨广认为自己登上皇位的时机来了，迫不及待地写信给杨素，请教如何处理隋文帝后事。不料送信人误将杨素的回信送至了隋文帝手上。隋文帝大怒，随即宣杨广入宫，当面责问他。然后，又命大臣柳述、元岩草拟诏书，废黜杨广，重立杨勇为太子。当天，隋文帝即驾崩，终年64岁。虽然历史上没有说清隋文帝是如何死的，但后来人们猜测很可能是杨广下的毒手。

自隋文帝死至今，民间一直盛传隋炀帝弑父之说，各小说笔记均载此事，史学界也大多持此观点。《隋书·后妃列传》中对隋文帝的死亡前情形是这样记载的，曰：“初，上寝疾于仁寿宫也，夫人与皇太子同侍疾，平旦出更衣，为太子所逼，夫人拒之得免，归于上所。上怪其神色有异，问其故。”夫人炫然曰：“太子无礼。上恚曰：‘畜生何足付大事，独孤诚误我，意谓献皇后也，因呼兵部尚书柳述、黄门侍郎元岩曰：‘召我，儿!’述等将呼太子，上曰‘勇也’。述，严出阁为勒书讫，示左仆射杨素。素以其事白太子，太子遣张衡入寝殿，遂令夫人与后宫同侍疾者，并出就别室。俄闻上崩，而未发丧也。”《隋书》此段记载虽未明指隋文帝被杀，但实际上已给世人留下推猜的余地，即隋文帝之死具有被谋杀的性质。

史学家不仅引史书为直接证据，而且还考察了隋炀帝的一贯品行。据说，隋文帝死后，杨广又假传文帝遗嘱，要杨勇自尽，杨勇未及回答，派去的人就将杨勇拖出杀死。杨广既然可以公然强奸父妃，又残忍地将自己的哥哥杀死，禽兽不如，他为何不能弑父呢?

当然，也有一些史学家对隋文帝是否死于杨广之手存在质疑。据史书记载，隋文帝从4月得病到7月份病危期间，宫内的情况基本正常。他留下遗诏说：“古人有云：‘知臣莫若君，知子莫若父。’……皇太子广，地居上嗣，仁孝著闻。以其行业，堪成朕志。但念内外群官，同心勠力，以此共安天下。朕虽瞑目，何所复恨？”隋文帝在遗诏中为杨广说了很多好话，对杨广来说，即位是旦夕之间的事情，他又何必冒天下之大不韪而弑父夺位呢?

因此，有的学者认为，《隋书》是唐初编纂的，唐人为了使自己的夺权名正言顺，很有可能诋毁炀帝，因而，《隋书》的记载未必可信。

以上分析虽然不无道理，但却不能完全说明隋文帝之死与杨广无关。因为，为了获得皇位，杨广已经伪装多年，在得知隋文帝已经病入膏肓后，急切地给杨素写信询问处理之策是可能的，而且，也不能排除送信人误将杨素的回信送至了隋文帝手上的可能性。隋文帝在盛怒之下要更换太子，这当然是杨广不能接受的。在这种情况下，隋文帝暴死，杨广是难逃干系的!

此事由于当时没有确切的历史记载，这也成为一个千古未解之谜。

玄武门之变之谜

玄武门之变是李世民登上皇位的跳板，围绕着这场事变也有许多迷雾。

唐高祖武德九年六月初四（公元626年7月2日）凌晨，太子李建成和四皇子齐王李元吉从长安城北门玄武门进宫朝见高祖李渊。不料二皇子秦王李世民带领人马赶来，一箭射死了李建成。李元吉也为尉迟敬德所杀。然后，李世民诛杀了两家老小，并带兵进宫朝见李渊说二人谋反。李渊随即诏立李世民为皇太子，下令军国庶事无论大小悉听皇太子处置。不久之后李世民即位，年号贞观。这就是历史上有名的“玄武门之变”。

李世民在玄武门演出了一场杀兄夺位的悲剧，登基做了皇帝，成为中国历史上一位杰出的皇帝。史料记载李建成和李元吉欲加害李世民，李世民出于无奈才发动兵变。作为皇帝，当时的史料当然会倾向于李世民，然而“玄武门之变”并不像史书说的那么清楚，围绕这次事变，有几个问题至今悬而未决。

问题之一：谁是“玄武门之变”的始作俑者。

唐高祖李渊的皇后窦氏生有四子。三子李元霸早死，长子李建成通常留居长安，协助高祖处理军国大事。次子秦王李世民领兵出征，统一全国。随着李世民在征战中屡建功勋，威望日增，李世民与李建成兄弟二人争夺皇位的斗争日趋明朗化。在这场斗争中，四子齐王李元吉一直站在李建成一边。

有人认为，玄武门之变虽然是李世民策动的，但它却是由李建成酿制，李世民只是在万不得已的情况下才采取先发制人的对策，李建成是自食恶果。据《资治通鉴》载:“世民功名日盛，上常有意以人建成，建成内不自安，乃与元吉协谋，共倾世民各引树党友。”武德七年夏季当李渊去宜君县仁智宫避暑，李建成乘机私下令庆州都督杨文干“募健儿送京师，欲以为变”，企图用武力除掉李世民。为此，李世民曾言:“彼欲以此见杀，死生有命庸何伤乎!”

也有人认为，玄武门之变是同室为争夺皇位的相互残杀，其始作俑者乃秦王李世民。据《旧唐书》记载，武德四年（公元621年），在平定王世充期间，李世民与秦王府记室房玄龄拜访了一位远知道士，道士对李世民说：“方做太平天子，愿自惜也。”李世民听后便渐渐增强了取代李建成当太子的念头，据此推断李世民以发动兵变来铲除李建成也是有可能的。

问题之二：唐高祖倾向于谁?

在李建成、李世民兄弟长期明争暗斗过程中，高祖李渊倾向于哪一方呢？有人觉得，李渊倾向于李世民。据史籍记载，太原起兵以后，李渊就曾对李世民许诺过:“若事成，则天下皆汝所致，当以汝为太子。”事变发生时，有人将消息告诉李渊并表示支持李世民称帝，李渊当即回答:“善，此吾之夙心也。”可见他倾向性是何等明显。

也有人认为，立长子为帝是自古以来的传统，李渊其实是支持李建成的，只不过李世民是成功者，由他当政时期编写的史籍，当然会进行种种有利于他的修饰，史籍上关于李渊倾向于李世民的记载大多出于贞观史臣们的虚构。

问题之三：李渊为何让位?

玄武门之变刚刚过去，唐高祖李渊就将帝位让给了李世民，此举是非常罕见的。对于李渊让位的原因，有人认为，李渊自从称帝后，生活日渐腐化，不愿再勤于政事，想要坐享清福，于是把皇帝之位让给了李世民。

也有人认为，玄武门之变后，朝廷的军政大权实际上落入李世民手中。心有余悸的李渊，为了避免落得隋文帝一样的下场，于是采取了主动将皇位禅让。有的学者甚至认为李世民暗中或许还对其父进行过威逼，令其交出权力。不管怎么说，既然李世民掌握皇权已成定局，李渊让位实属不得已的做法。

杨贵妃最终身归何处

“六军不发无奈何，宛转蛾眉马前死。”杨贵妃以一种无可奈何的结局结束了自己的生命，也留下了许多未解之谜。

公元755年，“安史之乱”爆发，叛军安禄山大举攻入长安，唐玄宗李隆基带领嫔妃及贴身侍卫连夜仓皇出逃，于第二天到达陕西境内的马嵬驿，此时随行的将士骤然发起叛变，杀死了当朝宰相杨国忠，随后又将矛头指向唐玄宗最为宠爱的杨贵妃。万般无奈之下，唐玄宗不得不“命力士赐贵妃自缢”。

有人说，杨贵妃可能死于佛堂。《旧唐书·杨贵妃传》记载：禁军将领陈玄礼等杀了杨国忠父子之后，认为“贼本尚在”，请求再杀杨贵妃以免后患。唐玄宗无奈，与贵妃诀别，“遂缢死于佛室”。唐代人李肇在《国史补》里记载：高力士把杨贵妃缢死于佛堂前的梨树下。陈鸿的《长恨歌传》记载：唐玄宗知道杨贵妃难免一死，但不忍见其死，便使人牵之而去，“仓皇辗转，竟死于尺组之下”。

杨贵妃也可能死于乱军之中。此说主要见于一些唐诗中的描述。杜甫于至德二年(公元757年)在安禄山占据的长安，作《哀江头》一首，其中有“明眸皓齿今何在，血污游魂归不得”之句，暗示杨贵妃不是被缢死于马嵬驿，因为缢死是不会见血的。还有人说她系吞金而死。总之，各种说法不尽相同。

一年后，唐玄宗派宦官改葬贵妃，结果去的人只带回了贵妃生前携带的香囊，从此民间流传出贵妃遗体失踪，贵妃可能没死的惊天奇闻。于是，1000多年来，人们纷纷猜测杨贵妃自缢是由其侍女代替的，而贵妃本人却乘机化装潜逃到了别的地方活了下来，甚至有人说杨贵妃是随“遣唐使”逃到了日本。今日的马嵬驿上重建的贵妃墓馆也只是一座衣冠冢，四川天国山脚下的红梅村有一座千年古墓，村里人世代流传着这是一座贵妃墓，经过挖掘，事实与村民的传说相去甚远，1000多年前的马嵬驿上究竟出现了什么意外，贵妃遗体失踪，贵妃可能没死的传闻是真的吗？

关于墓中的香囊，人们在查找史料的时候发现了新旧唐书两种不同的记载。在《旧唐书》里说：肌肤已坏，而香囊犹在；而《新唐书》里却只有：香囊犹在。也就是说只有香囊，而不见了贵妃的遗体。

倘若叛乱的将士没有在杨贵妃死后去检验杨贵妃的遗体，那是否预示1000多年前的马嵬驿上真的会有什么意外的情况出现呢。那件神秘的挖墓事件所产生的疑惑一直困扰着人们，贵妃的遗体为何消失得无影无踪了呢，倘若她的肌肤已坏，去的宦官为何不改葬她呢，却只带回了她生前佩带的香囊？

关于杨贵妃东渡日本的说法也是传得沸沸扬扬：当时，在马嵬驿被缢死的，乃是一个侍女。禁军将领陈玄礼惜贵妃貌美，不忍杀之，遂与高力士谋，以侍女代死。杨贵妃则由陈玄礼的亲信护送南逃，行至现上海附近扬帆出海，漂至日本久谷町久津，并在日本终其天年。

马嵬驿杨贵妃墓

杨贵妃墓在陕西兴平市马嵬驿。墓为一个陵园，面积3000平方米，墓砖砌圆形，立“杨贵妃之墓”碑，大门横书“唐杨氏贵妃之墓”七字，墓园内有历代名人题咏碑刻。

日本山口县“杨贵妃之乡”建有杨贵妃墓。1963年，有一位日本姑娘向电视观众展示了自己的一本家谱，说她就是杨贵妃的后人。2002年，日本著名影星山口百惠在接受媒体记者采访时，竟然声称她是杨贵妃的后裔。对于这个爆炸性的新闻，人们感到无比的震惊，杨贵妃的后人怎么可能跑到日本去呢？当年的杨贵妃莫非真的逃离了大唐转道东瀛了么？更多的人宁愿相信这只是山口百惠的炒作行为。

随着时间的推移，关于杨贵妃

之死的传说愈来愈生动。如今有许多学者都试图想解开杨贵妃的身死之谜,甚至花费了大量的时间、财力和精力,但事情已经过去了1000多年了，杨贵妃早已灰飞烟灭化成了泥土无处可寻，“云想衣裳花想容，春风拂槛露华浓”“回眸一笑百媚生，六宫粉黛无颜色”的历史已经一去不复返了。

其实，杨贵妃是生是死的传闻之所以相持不下，一方面是因为史料的记载粗略不详，另一方面许多文人墨客的浪漫描述给世人带来了无限的希望与幻想。不管怎么说，杨贵妃三个字已经成为形象化大唐盛世的代名词，她的生死之谜值得我们去探索，她的教训也是我们所要避免的。

“烛影斧声”：宋太祖赵匡胤缘何而死

面对权力之争，有真正的兄弟之情吗?

宋太祖赵匡胤于公元960年发动陈桥兵变，黄袍加身，到公元976年便猝然离世了。然而，《宋史·太祖本纪》中的有关他的死亡记载只有简单的两句话：“帝崩于万岁殿，年五十。”“受命杜太后，传位太宗。”而野史中的记载又说法不一。因此，他的死一直是一个不解之谜，为历史留下了又一桩悬案。

《湘山野录》中记载，开宝九年（公元976年），一个雪夜里，赵匡胤急召他的弟弟晋王赵光义入宫，兄弟二人在寝宫对饮。喝完酒已经是深夜了，赵匡胤酒后有些不舒服，就躺下休息。赵光义让所有人都离开，自己来照料哥哥。太监们在门外远处站着，只看见赵匡胤和赵匡义说了些什么，接着烛影摇晃，似乎赵匡义离席退避，随后听到铁斧戳地之声，赵匡胤高声说“好为之，好为之”，当夜赵光义留宿寝宫，第二天天刚刚亮，赵匡胤不明不白地死了。赵光义受遗诏，于灵前继位。

历史上所谓“烛影斧声”的疑案就是指此事。有人认为“烛影斧声”也许不是疑案，只是晋王赵光义戕兄夺位的借口。宋太祖安排后事是宋朝的国家大事，不可能只召其弟单独入宫，并且赵光义又在喝酒时退避。玉斧戳地的声音，这正是赵匡胤与赵光义进行过争斗的状态，晋王一狠心杀死宋太祖。然而按宫廷礼仪，赵光义是不可以在宫里睡觉的，他居然在宫里睡觉。太监、宫女不该离开皇帝，却都离开了。忙乱的人影、奇怪的斧声，以及赵匡胤“好为之，好为之”的呼喊，一一都告诉人们，这是一场事先策划的血腥谋杀。

而《烬余录》则记载，赵光义对赵匡胤的妃子花蕊夫人垂涎已久，趁赵匡胤病中昏睡不醒时半夜调戏花蕊夫人，惊醒了赵匡胤，并用玉斧砍他，但力不从心，砍了地。于是赵光义一不做二不休，杀了赵匡胤，逃回府中。

《涑水纪闻》里说：太祖去世时已是四鼓。宋皇后叫内侍王继隆把四皇子叫来。王继隆考虑到太祖早就打算传位于晋王光义，却找来了赵光义，进宫后，宋皇后问：“是德芳来了吗？”王继隆回答：“晋王来了。”宋皇后惊诧莫名，后来突然醒悟，哭着对赵光义说：“官家，我母子的性命，都托付给你了。”

另外，据说赵光义以弟弟的身份继承兄长的帝位，是他母亲杜太后的意见。说是杜太后临终时，曾对赵匡胤说：“如果后周是一个年长的皇帝继位，你怎么可能有今天呢？你和光义都是我儿子，你将来把帝位传与他，国有长君，才是社稷之纲啊！”赵匡胤表示同意，于是叫宰相赵普当面写成誓词，封存于金匮里，这就是所谓的“金匮之盟”。也就是赵光义“兄死弟及”的合法根据。

杜太后去世时，赵匡胤只有34岁，正值壮年，他的次子德昭14岁了。即使赵匡胤几年后去世，也不会出现后周柴世宗遗下7岁孤儿群龙无首的局面。况且，“金匮之盟”是赵光义登基5年后才列举证人、公布出来的。为什么不在赵匡胤死时堂堂正正公布出来呢？

另外，赵光义不等到第二年，就改换年号。新君即位，常例是次年改用新年号纪年。可是赵光义把只剩下两个月的开宝九年，改为兴国元年。这就打破常规的迫不及待，只有一个解释：抢先为自己“正名”。

最让人感到莫名其妙的是，赵光义的子孙后代却似乎相信“杀兄篡位”的说法，把皇位又传给了赵匡胤的后代。据说赵构没有儿子，谁来继承皇位呢？大臣们议论纷纷。有一种强有力的意见是：赵匡胤是开国之君，应该在他的后代中选择接班人。起初，赵构对这种议论严加贬责。忽然有一天，他又改变主意，说他做了一个梦，梦见宋太祖赵匡胤带他到了“万岁殿”，看到了当日的“烛影斧声”的全部情景，并说：“你只有把王位传给我的儿孙，国势才有可能有一线转机。”于是，赵构终于找到了赵匡胤的七世孙赵慎，并把皇位传给了他。这时离那个血腥的恐怖之夜已经有187年了。

赵匡胤之死，史学家只能根据已有记载进行推理，至今是个谜，以后也很难说清楚。人们之间即使亲如兄弟，亦多可共患难、不易共富贵，一遇权位、金钱之争往往演出一幕幕宫廷政变或残酷竞争。

“狸猫换太子”是真是假

后宫佳丽三千，为了保住自己的身份与地位，真是任何手段都可以采用。

京剧《狸猫换太子》广为流传，可谓家喻户晓。演的是宋朝龙图阁大学士钦差大人包拯巡行到一处破窑之前，被双目失明的李娘娘拦住，向他哭诉自己的身世。靠近一问，她竟是当今圣上宋仁宗的生母。原来，李娘娘是宋仁宗之父——宋真宗后宫的宫女，由于不仅长得花容月貌，而且多才多艺，深得皇帝的宠幸而怀上了“龙种”。可是，阴险毒辣的刘德妃，由于自己没有生育，十分嫉妒李娘娘，便想出一个“妙计”：在李娘娘生育之时，偷偷地用一只剥了皮的狸猫，换去刚刚生下的宋仁宗。宋真宗听说得了“龙子”，自然十分高兴，便喜滋滋来看自己的亲生骨肉，掀开被窝一看，竟然是一只血淋淋的怪物。李娘娘自感十分冤枉，可又说不清楚。而宋真宗又坚持认为李娘娘是作了孽，才得此报应，于是恼怒之下，将她打入冷宫。后来李娘娘在一位好心宫女的帮助下，逃出深宫，才算躲过刘德妃的灭口之灾。李娘娘逃出宫后，苦苦等了20年，才在清正廉明、大公无私的包拯帮助下，戳穿了这一骗局。结果坏人受到应有的惩处，李娘娘也被封为李宸妃。

人们看后，都被戏中李娘娘悲惨而又离奇的经历深深的感动。然而，历史上真有“狸猫换太子”一事吗?

宋仁宗在得知自己的生身母亲时，李宸妃已经去世很久了。

据《宋史》记载，说李宸妃确有其人，不过只是刘德妃的侍女而已。但人长得却是花容月貌，十分讨皇帝喜欢。当她怀上龙种时，刘德妃已被封为皇后，但为了能让自己有个儿子，以便将来继承皇位，她便亲自请求皇帝把侍女生下的儿子赵祯立为己子。为了掩盖事实真相，于是就设了一条妙计把孩子从侍女怀中夺走，从此侍女母子之间的联系就这样被割断了。

真宗去世之后，11岁的赵祯继承皇位，历史上称为宋仁宗。刘德妃也顺理成章地称为刘太后，辅助政权，谁也不敢挑明这个真相。但刘太后心想，现在仁宗虽然并不知道自己的生母，可自己一旦将来去世，仁宗肯定会知道实情，一定会怨恨自己，甚至迁怒于自己的后代。于是，她就暗地里晋升仁宗生母为李宸妃，并且在公元1032年李宸妃去世时，刘太后还吩咐举行隆重葬礼。

公元1033年，刘太后去世后，宋仁宗才知道自己的生母是李宸妃，便无比悲痛和愤怒，随后下令包围了刘太后的府第。这时宰相吕夷简出面劝说皇帝：太后虽然做得不对，但也有养育之恩，不能忘却，况且她还以皇后礼仪安葬了宸妃，说明她已有自悔之心。起初，仁宗并没有立即解除对刘太后府第的包围。后来在重葬生母的过程中，发现生母并没有遭到残害和虐待的迹象，随后下令解除包围。

即使重葬了生母，仁宗仍然感到对不起生母，为了弥补这份内疚之情，后来他把李宸妃的弟弟李用和一再提升，并把福康公主下嫁给李用和的儿子李玮。

如此看来，包拯与李宸妃肯定毫无关系，李宸妃更没有流落到民间。至于刘德妃如何将宋仁宗收为己子，现在已无从考证。

直到现在“狸猫换太子”的真假还不清楚。但有一点是可以肯定的，无论“狸猫换太子”是真是假，这段离奇的宫廷之争都是很引人深思的。

耸人听闻的“胡蓝之狱”

伴君如伴虎，稍不留神，不仅自己有灭顶之灾，恐怕九族都难幸免。

明初的胡惟庸案、蓝玉案，史称“胡蓝之狱”。明太祖朱元璋借此两案，大开杀戒，从公元1380～1393年的14年间，他几乎将明初的开国功臣诛杀殆尽。受株连被杀者45000余人，可谓亘古未有的最大狱案。朱元璋为什么要这么做呢?

朱元璋称帝后，大封开国功臣。其中朱元璋家乡就出了6个国公、28个侯。他们以李善长、胡惟庸为中心，组成了势力强大的“淮西帮”。

李善长做丞相之时，小心谨慎，与朱元璋的冲突并不激烈。胡惟庸当了丞相后，飞扬跋扈，独掌生杀大权。他竟敢拆阅呈给皇帝的奏折，径自处理，对不利自己的奏折隐匿不报；还时常不奏报朱元璋，独断专行官员的生杀升黜大事；甚至还在朝廷中不断培植私人势力，并拉拢军界。于是，他的门下出现了一个文臣武将齐集的小集团。朱元璋为此深感不安，皇权与相权产生了激烈的冲突。

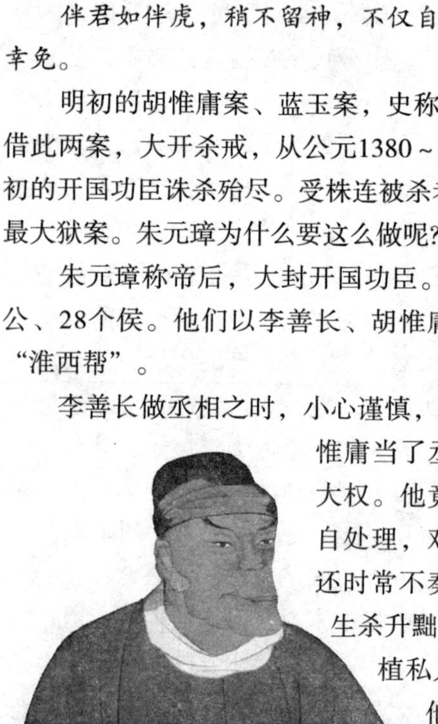

朱元璋像

明太祖朱元璋(公元1328～1398年)，幼名重八、兴宗，字国瑞，早年为僧，后参加义军。元至正二十八年，在应天称帝，国号大明，建元洪武。

洪武十三年（公元1380年），朱元璋以“擅权植党”的罪名杀了左丞相胡惟庸，同时对和胡来往密切的官员也进行抄家灭族。以后又几兴大狱，使“胡惟庸案”不断牵连扩大，到洪武二十三年（公元1390年），功臣李善长等人也以与胡惟庸“交通谋反”罪被杀。当时李善长已经77岁，被赐自缢，其家属70余人皆被杀。大批淮西帮的异姓公侯家族都被处以极刑。著名儒臣、文学家宋濂只因受孙子连累，全家被贬到四川，他也病死于途中。此案延续了10年之久，前后被杀的几十家王公贵族，共30000多人。

蓝玉是开国功臣常遇春的妻弟，因南征北战平定边疆有功，被封为凉国公。但是蓝玉为人骄横，霸占民田、广蓄庄奴、有许多义子仗势欺人，朱元璋对其多次申斥。洪武二十六年（公元1393年），特务头子锦衣卫指挥控告蓝玉“谋反”，并严刑拷打成案。不但蓝玉全家被杀，列侯以下被族诛的不可胜数，受此案株连被杀的达15000人。这一案，几乎把军中勇武刚强之将杀了个精光。至此，淮西帮的军事力量基本被摧毁了。

除胡蓝两案被诛杀者之外，还有其他功臣被朱元璋以各种借口除去。如朱元璋的亲侄朱文止，曾在与陈友谅大战中坚守南昌85日，立有大功，却被朱元璋加以“亲近儒生，胸怀怨望”，鞭挞致死；开国第一功臣徐达，曾是朱元璋患难与共的战友，但在洪武十八年（公元1385年）他生背疽时，朱元璋明知此病最忌吃蒸鹅，偏偏赐蒸鹅给他，逼着徐达当着使者之面吃下，不久病重而死。杀来杀去，最后，只剩下一个告老还乡的汤和幸免于难。

朱元璋为什么要兴“胡蓝之狱”呢?有人认为可能有两点原因：

1.巩固皇权

朱元璋是中国封建社会唯一贫民出身的皇帝。称帝前，朱元璋和他那帮出生入死的朋友们，不分彼此，平起平坐；称帝后，政体却要求把朱元璋神圣化，这些人突然之间要在朱元璋面前拜倒称臣，这种巨变，他们不适应。另外，他们在平定天下后成为新贵，占有大量的良田美宅，政治上经济上都极力扩张，与朱元璋的统治集团的利益不可避免地发生尖锐冲突。胡惟庸的“擅权挠政”，蓝玉的“进退自恣”，都是想搞专制的朱元璋所不能容忍的。所以，朱元璋屡兴大狱，目的是巩固自己的统治，绝不是简单地处置几个不忠的大臣。

2.永葆江山

朱元璋41岁称帝，到天下大定时，他都已60岁了。他从一个贫穷百姓一跃跻身于帝王之列。对其弱子幼孙能否坐稳江山，是他考虑的最多的问题。当他大开杀戒时，文弱儒雅的太子朱标曾劝谏他不要滥杀无辜，以免伤了君臣和气，他当时没有做声。第二天，他拿着一根棘杖丢在地下，让朱标去捡。朱标看到上面都是刺，面露难色。这时，朱元璋拿起棘杖，用利剑削去上面的刺，交给朱标说：“你怕刺不敢拿，我替你把这些刺削掉，再交给你岂不更好!我杀的都是奸恶之人，把内部整顿好了，你才能当这个家。”

为了建立绝对皇权，朱元璋是不惜采取一切手段的，哪怕这些手段是极其残忍，极其野蛮，极其不合情理!

建文帝是自焚而死吗

建文帝的结局到底怎样，众说纷纭，莫衷一是，在各种野史、戏剧里可以看到人们无尽的猜测和演绎。

明洪武三十一年（公元1398年），明太祖朱元璋驾崩。临终前他立下遗诏，把皇位传给皇太孙朱允炆，史称为“建文帝”。第二年，建文帝的四叔燕王朱棣以“清君侧”为由在北平起兵，号称“靖难”。经过三年苦战，朱棣终于攻破南京。正当曹国公李景隆等人打开金川门、迎接朱棣进城的时候，后宫忽然起了一场大火，建文帝就在这场大火中下落不明，其去向至今仍然是一桩疑案。

被载入正史的是最先传出来的“阖宫自焚说”。

《太宗实录》记载说，朱棣攻破南京城，率领众人抵达金川门。“诸王文武群臣父老人等皆欲出迎，左右悉散，唯内侍数人而已”。看着身边几个内侍，建文帝不禁叹息说：“我还有什么脸面见他？”遂“阖宫自焚”。朱棣进宫后，到处寻找建文帝，最后在一片灰烬中找到一具面目全非的尸体，有人说这就是建文帝。于是朱棣令以皇帝的礼仪将其埋葬。夺取皇位这一年，朱棣在给朝鲜国王的诏书中说："高皇帝弃群臣，建文嗣位，权归奸慝，变乱宪章，戕害骨肉，祸几及朕。于是钦承祖训，不得已而起兵，以清敦恶。不期建文为汉奸逼胁，阖宫自焚。"假惺惺地表明，自己不过是想要"清君侧"而已，自己没有想到会导致建文帝的自焚。

首先创"焚死"说的是清代的王鸿绪，他在其所著的《明史稿·史例议》中花了大量篇幅专门论述建文帝必定焚死。此外，清代的学者钱大昕在作《万斯同传》的时候，也采用了这个说法。至于永乐年间的《实录》和清代修编的《明史》，也都是重复这个说法。建文帝自焚而死一说大有盖棺论定之意。

但是，大多数人认为焚死说不可信，他们认为建文帝并没有丧生火海中。这些人从"正史"的字里行间，找到了另外一些蛛丝马迹。其中最能引起人们怀疑的即是《明史》。

《明史·恭闵帝本纪》中关于建文帝死亡的记载如下："都城陷，宫中起火，帝不知所终，燕王遣中使出帝后尸于火中，越八日壬申葬之。"人们以此为发端，提出疑问：既然是"不知所终"，怎么能辨认出那个被烧得面目全非的尸体就是建文帝？而既已发现了帝尸，为何又说是"不知所终"？这种自相矛盾的记载难道不值得人怀疑吗？更有人认为这段话根本就是含混的话语，因为"帝后尸于火中"似乎可以理解成仅仅得到了皇后的尸体。而乾隆年间补纂《明史本纪》称："棣遣中使出后尸于火，诡言帝尸。"则更为明确地道出当时根本就没有找到建文帝的尸体，不过"诡言"而已。

于是，另外一种说法就出现了，说在朱棣攻破南京那天，建文帝正欲拔刀自刎，被身边人救下，然后由程济等贴身亲信22人带领，从地道或御沟中逃跑了。逃走后的建文帝又匿向何方？有人说他由宫中的主录僧溥洽为他削发，扮成和尚，藏匿于某处寺院了。当然，也有南逃至海外的种种传闻。

众多说法中流传较为广泛的是出家为僧说。有记载，建文帝在南京城被攻破后出亡为和尚，晚年还曾经返回京师，去世后埋葬于北京西山。在《明史·程济传》中写道："金川门启，济亡去。或曰帝亦为僧出亡，济从之，莫知所终。"在《明朝小史》中的记述则更为生动："高皇大渐时，封钥一小匣，甚固，密授帝，戒以遇危难始启。及靖难兵入城，启之，乃杨应能度牒也。遂削发披缁，自御沟中逃出。"从此，建文帝以僧人身份四处流浪，直到朱棣死后才来归。建文帝在朱棣死后回归的故事在明代王鏊《震泽纪闻》及其他明代四家记述中有传奇般的记载。据说，这个流浪四方多年的老僧在宫内安然地度过了最后的日月，死后葬在北京西山，未加封号，号称"天下大师"。

记载这段故事的王鏊生于公元1450年，同"老僧"出现的时间相近，后来又做了户部尚书、文渊阁大学士的高官，其说大致可信。

关于建文帝并没有死的消息在社会上的广泛流传，这对朱棣来说震动自然很大。他当然知道，自己是冒着"夺嫡"和"篡位"的罪名登上皇位的，正式的皇帝在世或者出逃，对他的帝位是一个极大的威胁。于是一方面他为了安定人心，不得不煞有其事地发布建文帝已死的诏书，另一方面又不得不根据传闻中的蛛丝马迹苦苦寻觅。关于朱棣寻找建文帝的故事也就自然有很多了。

如《明史·姚广孝传》说，84岁高龄的姚广孝病危的时候，永乐皇帝亲自到广寿寺看他，他说："和尚溥洽关押太久，希望能够放掉他。" 溥洽是谁？就是皇宫里的主录僧，他就是传闻中替建文帝剃头改装，被认为知道建文帝下落的人。这样一个和尚被关押16年，可见永乐皇帝对建文帝的下落有多么担心。《明史·胡荧传》则记载了永乐皇帝派遣胡荧暗察建文帝下落一事。永乐二十一年，以寻访仙人张三丰为名、通行天下州郡乡邑遍访建文帝下落的胡荧还朝时，已经就寝的永乐皇帝深夜召见他，直到四更才出。这再次暴露了朱棣的紧张。

还有人说郑和之所以下西洋，其主要目的也是为了寻找建文帝的下落。《明史·郑和传》记载："成帝疑惠帝(建文帝)亡海外，欲踪迹之，且欲耀兵异域，示中国富强。"看来，朱棣自己也认为"不知所终"才是建文帝结局的最真实的结论。

随着时间的推移，建文帝的遗迹屡有发现，随之而来的便是新的疑问和新的谜团。著名历史学家顾颉刚在北大求学期间，居然在颐和园后面的红山上，找到了"前明天下大师之墓"；1928年的《艺林旬刊》还刊出了"明建文帝衣钵塔"及云南武定狮山佛寺塑造的"明天下大师像"的照片，照片的图注肯定地说："天下大师者，明建文帝也。"看来，建文帝下落之谜，仍然会被史学家及对此有兴趣的读者探究出来。

明代"壬寅宫变"之谜

即使是病猫也有发威之时，手无寸铁的宫女也会做出惊天动地的大事来。

皇帝为防人行刺，往往会日日夜夜命人巡逻守卫，所以皇宫自古以来就是防范最森严的地方。明朝也不例外。明朝皇帝的寝宫是紫禁城内的乾清宫。除了皇帝和皇后，其余人都不可以在此居住，妃嫔们也只是按次序进御，除非皇帝允许久住，否则当夜就要离开。

嘉靖年间的乾清宫，暖阁设在后面，共9间。每间分上下两层，各有楼梯相通；每间设床3张，或在上，或在下，共有27个床位，皇上可以从中任选一张居住。因此，皇上睡在哪里，谁也不能知道。这种布置使皇上的安全大大加强了。

然而这种防范只能对外有效，一旦内部发生变故呢？谁又能防备那些守在皇帝身边的宫女呢？就是这群宫女，干出了惊天动地的大事。当时史料曾有如下记载：

嘉靖二十一年（公元1542年）十月二十一日凌晨，十几个宫女决定趁朱厚熜熟睡时把他勒死。先是杨玉香把一条粗绳递给苏川药，这条粗绳是用从仪仗上取下来的丝花绳搓成的，苏川药又将拴绳套递给杨金英。邢翠莲把黄绫抹布递给姚淑皋，姚淑皋蒙住朱厚熜的脸，紧紧地掐住他的脖子。邢翠莲按住他的前胸，王槐香按住他的上身，苏川药和关梅秀分把左右手。刘妙莲、陈菊花分别按着两腿。待杨金英拴上绳套，姚淑皋和关梅秀两人便用力去拉绳套。眼看她们就要得手，绳套却被杨金英拴成了死结，最终才没有将这位万岁爷送上绝路。宫女张金莲见势不好，连忙跑出去报告方皇后。前来解救的方皇后也被姚淑皋打了一拳。王秀兰叫陈菊花吹灭灯，后来又被总牌陈芙蓉点上了，徐秋花、郑金香又把灯扑灭。这时管事的被陈芙蓉叫来了，这些宫女才被捉住。朱厚熜虽没有被勒断气，但由于惊吓过度，一直昏迷不醒，好久才醒来。这就是历史上的“壬寅宫变”。

事后，司礼监对她们进行了多次的严刑拷打，对她们逼供，但供招均与杨金英相同。最终司礼监得出：“杨金英等同谋弑逆。张金莲、徐秋花等将灯扑灭，都参与其中，一并处罚。”

从司礼监的题本中可知，朱厚熜后来下了道圣旨：“这群逆婢，并曹氏、王氏合谋弑于卧所，凶恶悖乱，罪及当死，你们既已打问明白，不分首从，都依律凌迟处死。其族属，如参与其中，逐一查出，着锦衣卫拿送法司，依律处决，没收其财产，收入国库。陈芙蓉虽系逆婢，阻拦免究。钦此钦遵。”刑部等衙门领了皇命，就赶紧去执行了。有个回奏，记录了后来的回执情况：“臣等奉了圣旨，随即会同锦衣卫掌卫事、左都督陈寅等，捆绑案犯赴市曹，依律将其一一凌迟处死，剉尸枭首示众，并将黄花绳黄绫抹布封收官库。然后继续捉拿各犯亲属，到时均依法处决。”圣旨中提到了曹氏、王氏是谁呢？据考证，她们是宁嫔王氏和端妃曹氏，因此有人根据这道圣旨得出结论，是曹氏、王氏指使发动这场宫廷政变的。

司礼监题本中记录了杨金英的口供：“本月十九日的东梢间里有王、曹侍长(可能指宁嫔王氏、端妃曹氏)，在点灯时分商说：‘咱们快下手吧，否则就死在手里了(手字前可能漏一个‘他’字，指朱厚熜，或有意避讳）。’”有些人便以这一记载作为主谋是曹氏、王氏的证据。

然而有人则不以为然，认为如果主谋是曹氏和王氏，那么史料上应该记载宁嫔王氏和端妃曹氏的情况，而在以上所述的行刑过程当中，却从未见到过对曹氏和王氏的处置描述，因此主谋是谁尚不能断定。

“深闺燕闲，不过衔昭阳日影之怨”，是明末历史学家谈迁对此案的看法。但事实究竟如何，无人知晓。

谁是“红丸案”的幕后主谋

宫廷淫乱，自古皆然。小小红丸，了结性命。

明代末年，宫廷接连发生离奇的三大案，和朝廷派系斗争紧紧纠缠在一起。各种势力纷纷介入，因此案情变得扑朔迷离。著名的“红丸案”便是其中之一。那么什么是红丸呢？红丸案究竟是怎么回事呢？

所谓红丸，是“红铅金丹”，又称“三元丹”，取处女初潮之经血，谓之“先天红铅”，加上夜半的第一滴露水及乌梅等药物，煮过七次，变成药浆，再加上红铅、秋石（人尿）、人乳、辰砂（湖南辰州出产的朱砂）、松脂等药物炮制而成。

万历四十八年（公元1620年）七月二十一日，万历皇帝病死。八月初一朱常洛登基也就是明光宗，郑贵妃立即向明光宗进献8位美女，取悦于明光宗。好色的明光宗照单全收，“退朝内宴，以女乐承应”“一生二旦，俱御幸焉”，由于淫欲过度，八月初十日便病倒。司礼监秉笔兼掌御药房太监崔文升进以泻药，服后病益剧，连泻三四十次，乃召阁臣方从哲等人受顾命，询问册立皇太子之事。众臣退下之后，只留方从哲一人。

皇上问方从哲道：“鸿胪寺官进药，人在哪儿?”方从哲说：“鸿胪寺丞李可灼自称有仙丹妙药，臣等未敢轻信。”皇上听后，命宫中侍人立即传唤李可灼到御前，给皇帝看病诊脉。等他谈到发病的原因以及医治的方法时，皇帝非常高兴，命令进药，让诸臣退去，并令李可灼和御医们研究如何用药。辅臣刘一燝说：“我有两乡人同用此丸，一个失效，一个有效，此药并非十全十美。”礼部官员孙如游说：“这药有用与否，关系极大，不可以轻举妄动。”然而皇上催促众人配药，诸臣又回到御前，李可灼将药物调好，进到皇上面前。皇上从前喝汤都喘，现在服了李可灼的药，不再气喘了。皇上反复地称道李可灼忠心可鉴。

然而大臣们都心怀不安，等候在宫门外。一位太监高兴地出来传话：皇上服了红丸后，“暖润舒畅，思进饮膳”。诸臣欢呼雀跃，退出宫外。到了傍晚，李可灼说：“服了红丸药，皇上感觉舒畅，又怕药力过劲，想要再给服一丸，如果效果好的话，圣体就能康复了。”诸医官认为不宜吃得太急。但皇上催促进药非常急迫，众人难违圣命。众臣即问服药后的效果如何?李可灼说：“圣躬服后，和前一粒感觉一样安稳舒适。”方从哲等人才放心离开。谁曾想到次日早晨，宫中紧急传出圣旨，召集群臣速进宫。当群臣将要跑入宫中时，便传来一片悲哀哭号之声。这是大明泰昌元年(公元1620年)九月初一日。

明光宗在登基大典时，“玉履安和”，“冲粹无病容”，步态稳健、仪态正常，没有疾病的征象。明光宗在公元1620年7月22日、24日，各发银100万两犒劳辽东等处边防将士，罢免矿税、榷税，撤回矿税使，增补阁臣，运转中枢，“朝野感动”。本来以为新君继位会有一番作为，没想到竟出现如此之事。

对于这突如其来的变故，满朝舆论哗然，在感到惊愕的同时，人们联想到新皇帝登基一个月来的遭遇，不约而同地都把疑点转到了郑贵妃身上。郑贵妃给太子献美女，指使崔文升进药，大家有目共睹，但李可灼是否受她指使，却没有实据。本来，光宗当时已病入膏肓，难以治愈，但因为吃了江湖怪药，事情就变得不简单了。最后，此案不但追查到郑贵妃，而且方从哲也被迫辞职，李可灼被充军，崔文升被贬放南京。究竟幕后有主使吗?到底是谁?现在也不得而知。

戚继光斩子之谜

戚继光是著名的抗倭英雄，他为严肃军纪而斩子的故事也广为流传。

戚继光（公元1528～1588年），字元敬，号南塘，山东登州(今山东蓬莱）人。戚继光出生将门，自幼便立志驰骋疆场，保家卫国，曾挥笔写下“封侯非我意，但愿海波平”的著名诗句。戚继光一生最大的功绩就是守卫海疆、抵抗倭寇，他是我国著名的抗倭名将、民族英雄。

戚继光统军打仗，军纪严明，违令者定斩不赦。正因为戚继光如此强调军纪的重要性，才有了后来戚继光斩子故事的发生。

戚继光像

戚继光斩子的故事几百年来一直在闽、浙一带广为流传。在福建莆田，这一故事还被改编为闽剧《戚继光斩子》，以艺术的形式在民间盛传不衰。此外，在福建宁德、连江、闽侯，浙江义乌等地也有类似的传说，但内容不尽相同。究竟戚继光斩子的故事是不是历史事实呢？到底发生在哪个地方呢？一直以来众说纷纭，没有定论。

有一说认为，戚继光斩子的故事发生在浙江台州地区。话说有一次戚继光率领军队在台州府围剿一股倭寇，倭寇打败，就想绕道逃跑。为了彻底消灭这股倭寇，戚继光立即命自己的儿子戚印率军伏击，并交代不可求胜，而要佯装失败，将敌人诱至仙居城外再予以反击，以迫使城中的倭寇出援，一举歼灭。无论是谁，违反军令定要按军法处置。谁料戚印只顾奋勇杀敌，竟然忘记了父亲临行前的交代。后来戚印率军回营，将士们都言戚印作战勇敢，杀敌有功。但戚继光却在听完儿子禀报之后，勃然大怒。说他违反军纪，不服从指挥，应该以军法处置，便命将校将其绑出辕门外正法。诸将虽然苦苦求情，说戚印虽然是触犯了军令，但其大败倭寇，也是有功之臣，可将功抵罪。但戚继光却认为戚印明令故犯，贻误军机，不容不诛！若是不杀则军纪难以严明如初。为了严肃军纪，戚继光将儿子正法。当地的百姓怀念戚公子，便在常风岭上为他建造了一座太尉殿，据说这座大殿的残迹至今犹存。

还有一种说法认为，戚继光斩子的故事不是发生在浙江常风岭，而是发生自福建麒麟山；斩的儿子不是戚印，而是戚狄平。据说在一次战役前，戚继光晓谕全军："只许勇往直前，不准犹疑回顾。违令者斩！"他任命自己的儿子戚狄平为先锋官，率领3000精锐部队打先锋。然而在攻击过程中，戚狄平担心父亲年老力衰，跟随不上，便立马回头向樟湾方向望了望。这时跟在后面的将士以为先锋有令要传达，不觉也都脚下一顿，停了下来。戚继光勃然大怒，立刻令人将戚狄平绑至马前。戚继光身边的将士纷纷跪地说情，也无济于事，戚继光还是按军法处置了儿子，将其斩于军前。

最终，戚家军胜利地攻占了横屿，斩杀倭寇2600余人，彻底捣毁了横屿上倭寇盘踞的巢穴。戚继光带军回师时，路过麒麟山，想起被自己斩杀于此的儿子，不禁伤心落泪。后来，当地的人民感于戚将军父子的抗倭功劳，就在戚继光当年立足思子的地方建起一座六角凉亭，取名为"思儿亭"。在戚公子被斩的麒麟山角立了一块石碑，名曰"恩泽坛"，以永远纪念戚继光和戚狄平抗倭保民的万世恩泽。

此外，据《仙游县志》记载："继光至莆田，将出师，烟雾四塞，其子印为前锋，勒马回，求驻师。继光怒其犯令，杀之。"因此有人指出戚继光斩子的故事应该就是发生在福建莆田，斩杀儿子为戚印。

对于戚继光斩子的传说，史学界另有看法。戚继光斩子的故事在《明史》、《罪惟录》、《明书》和汪道昆的《孟诸戚公墓志铭》、董承诏《戚大将军孟诸公小传》、《闽书》中的《戚继光传》等较为可信的史料中均无记载，戚继光后人所编著的《戚少保年谱耆编》中也没有关于此事的记载。

据《戚继光墓志铭》的记载，戚继光的正房夫人王氏，一生只生有一个女儿，并无传说故事中的长子戚印这个人。戚继光在军中所纳的小妾陈氏、沈氏、杨氏等人虽然先后为他生了戚祚国、戚安国、戚报国、戚昌国、戚兴国等几个儿子。但这些儿子在戚继光抗倭时期都还是襁褓中的小儿，根本不可能成为统军打仗的将领。

因此，许多历史研究者认为，戚继光斩子之事，纯粹是子虚乌有。民间之所以会有这样的故事流传，也许是人们根据戚继光将军治军严明、军纪如山的特点演绎出来的。究竟事实是否如此，还有待史学界的进一步证明。

孝庄太后下嫁之谜

孝庄贵为太后，是否下嫁给她的小叔子多尔衮了呢?

纵观清朝300年，尤以清初最为混乱，疑案层出不穷，其中最为著名的要数清宫三大案了，它们分别是太后下嫁、顺治出家、雍正即位。而在这三大案中又以太后下嫁争议最多。

康熙二十六年（公元1687年），孝庄太皇太后去世，享年75岁。这位为清朝披肝沥胆的巾帼至尊，死后并未按惯例全国举哀，她的棺椁在“暂安殿”内一停就是40年，直至雍正朝才下葬，而且葬在清东陵的风水墙外，令人不得其解。后人猜测，这和她传说下嫁给多尔衮有关。

其实，太后下嫁之说，首先起因于顺治五年(公元1648年)，多尔衮被封为“皇父摄政王”。这个怪异的称呼使人们引起了各种的猜测。大家认为，皇帝之母降贵屈尊下嫁，才使多尔衮有了这种尊称。而也有人称当时顺治是为了孝顺，考虑到母亲的孤苦及与多尔衮多年的情谊，和多尔衮对自己拥立帝位的恩情，在大臣的提议下议请多尔衮与母亲结合。父死子娶其庶母，兄死弟娶其嫂的婚俗，在当时满洲风俗来说十分正常。但不管怎样，太后下嫁的故事，折射出了顺治帝和孝庄太后这对孤儿寡母当时尴尬险恶的政治处境。而明代的张煌言作诗“上寿觞称为合卺尊，慈宁宫里烂盈门，春宫昨进新仪注，大礼恭逢太后婚”倒是实有其事。

多数人认为太后下嫁与权力之争有莫大的关系。据说清太宗皇太极驾崩后，清朝贵族内部争夺皇位的斗争到了白热化的程度，最主要的两大政治集团是努尔哈赤十四子多尔衮和皇太极长子豪格。就在这时，还是妃子的孝庄文皇后找到了多尔衮，提出让多尔衮拥戴福临即位，作为条件之一就是多尔衮担任摄政王，多尔衮权衡利弊后，同意了孝庄文皇后的意见。然而多尔衮对孝庄文皇后垂涎已久，孝庄文皇后知道：多尔衮权倾朝野，羽翼丰满，废帝自立，易如反掌。一旦生变，不但自己母子性命难保，连大清江山也可能断送在八旗内乱之中。于是，福临登基后，太后正式下嫁多尔衮为妻。而因此，孝庄死后，康熙等后代子孙因其丢了爱新觉罗家的脸面，将她葬在了清东陵陵区外。

还有一说是，摄政王多尔衮在逼死政敌豪格后，娶了豪格的福晋，来自科尔沁蒙古草原的博尔济吉特氏。但是民间却以讹传讹，传说同样来自科尔沁蒙古草原的当今皇太后下嫁多尔衮，文人们还写成文章，编造了种种传说，生动描绘了皇太后和摄政王的亲事。野史中所载的大婚恩诏，显为文学笔法，系好事者杜撰，自不足信。

对太后下嫁的故事，虽然野史中记载很多，但在清代档案和典籍中却没有任何记载。从事实来看，孝庄死后，清王朝又延续了200多年。这期间，大清诸朝对她尊崇备至，极尽歌功颂德之事，在陵寝祭祀方面也把其放在首位，如真有太后下嫁之事，清皇朝为何自取其辱呢？有人认为，那是因为后来清朝统治者觉得这件事不光彩，于是销毁了有关档案，删改了史籍中的记录。据说到了乾隆时期，纪晓岚在整理清宫档案时，觉得这一事件有辱皇家尊严，因此奏请皇帝批准，从档案中删去这一部分内容，从此，再没有人提起这件事。不过，皇后下嫁的故事却广为流传。

总之，太后下嫁这桩疑案流传虽广，却无任何的证据。历史是一门科学，没有确凿的证据不能妄下定论，凭借部分史料，也不能推断太后就一定下嫁了多尔衮。因此，我们说，孝庄是否下嫁仍然是一个历史疑案。当然，作为人们的茶余谈资，或是文学作品的绝佳素材，它还会一直流传下去。

顺治帝的踪迹何在

爱江山还是爱美人，对帝王来说确实是两难之举，清王朝的顺治帝做出了怎样的抉择呢?

清世祖爱新觉罗·福临，为清太宗皇太极第九子，6岁即位，年号顺治。顺治十七年 (公元1660年) 八月十九日，爱妃董鄂氏去世，他十分悲痛，不仅辍朝五日，而且将她晋封为皇后，谥号“孝献庄和至德宣仁温惠端敬皇后”。传说半年后，顺治看破红尘，于次年正月遁入山西五台山，削发为僧。顺治真的出家了吗?

1.出家说

戏剧《董小宛与冒辟疆》叙述了这样一件事：世家公子江南名士冒辟疆，在绛云楼主人钱谦益及其妾柳如是的促成下，纳秦淮名妓董小宛为妾。清军南侵，董、冒失散。降清的明将洪承畴得到了董小宛，得知其为辟疆之妾，为泄私愤，将董伪作皇室董鄂王之女，改名董鄂氏，送到皇宫，顺治对董宠爱非常，封为贵妃。冒辟疆知道后，通过已做礼部侍郎的钱谦益，买通太监，混进宫中。夫妻相见，分外悲伤，正在此时，皇太后与皇后闯了进来，见状大怒，遂将董小宛白绫赐死。顺治一气之下，放弃帝位，于五台山皈依空门；而冒辟疆回到故乡江苏，终身不仕，老死乡里。

这个剧本的情节虽说很富有戏剧性，事实上顺治的宠妃董鄂氏并非董小宛，因为“当小宛艳帜高张之日”，是“世祖呱呱坠地之年”。董小宛的丈夫冒辟疆写的《影梅庵忆语》明白地写着董于顺治八年 (公元1651年) 去世。当时，海内无数名流以诗词相吊，这时世祖才14岁，不可能纳董小宛为贵妃。

蔡东藩在《清史演义》一书中写道：“宫中有位董鄂妃，乃是南中汉人，被虏北去，没入宫内。顺治帝见她身材窈窕，秀外慧中，格外宠幸，竟把她封为贵妃。”后来，“可怜一朵娇花”，“与流水同逝”了。“顺治帝十分悲痛，辍朝五日……顺治帝经此惨事，益看破世情，遂于次年正月，脱离尘世，只留重诏一纸，传出宫中”。此外，还有《清稗类钞》、《清代野史大观》等书中都有关顺治帝因董鄂妃去世而削发出家的故事。这样，顺治帝出家的传闻就在民间广泛地流传开来了。传说终归是传说，顺治帝到底有没有出家呢？出家的原因是什么呢？

顺治一向好佛，早有削发为僧的念头，他曾这样对木陈吝说过：“愿老和尚勿以天子视朕，当如门弟子旅庵相待。”临宣布他去世前几天，他还叫最宠信的内监吴良辅去悯忠寺 (今北京广安门外法源寺) 削发做和尚。顺治与孝惠皇后颇为不合，宠爱的董鄂氏一死，他以死为借口皈依了佛门。据说，康熙帝曾四次去五台山，前三次都是为看他父亲去的，每至，必屏侍人独造高峰叩谒。第四次去，顺治已死，康熙见景生情，有诗哀悼：“又到清凉境，巉岩卷复垂。芳心愧自省，瘦骨久鸣悲。膏雨随芳节，寒霜惜大时。文殊色相在，惟愿鬼神知。”十分悲恸。又传说在康熙年间，两宫西狩，经过晋北，地方上无法准备供御器具，却在五台山上找到了内廷器物，于是顺治帝出家便有了更充分的证据。

2.死于天花

据王熙《王文靖集·自撰年谱》载：“奉召人养心殿，谕朕患痘势将不起。”王熙是顺治进士，授检讨，后在康熙朝官至保和殿大学士，并奉命专管密本。因此，他的记述有一定的可靠性。同时，张宸在《青琱集》中亦称：“传谕民间毋炒豆、毋燃灯，毋泼水，始知上疾为出痘。”张宸也是当时人，曾任兵部主事。王、张两个所记完全相合，可以互相印证。似乎清世祖死于出痘是无疑的了。

民国初年，史学界对顺治出家一案很感兴趣，纷纷进行考证。其中考证最详尽的一篇文章是已故明清史专家孟森的《世祖出家事考实》。他举了《东华录》等史书的记载，认为清世祖死于痘疹，没有出家。又认为吴梅村诗中“房”为天驷，“房星未动”是指顺治本将幸五台山而忽然去世。后几句诗孟森认为是自责之词。但是他没有对康熙帝为什么四次去五台山，五台山为什么存有这么多供御器具，还有顺治帝生痘疹怎么会短短几天就去世等问题作出解释。

顺治出家与否？是死于痘疹吗？仍是未解之谜。

雍正皇帝继位之谜

一个堂堂正正的帝王，竟然为了自己是否合法继位而辩解，为什么呢？

提起雍正皇帝胤禛，200多年来常是民间传闻野史的要角，特别是雍正继位，更是议论纷纷，就连雍正自己也不得不亲自写作《大义觉迷录》来为此事辩白。那么，雍正究竟是如何即位的呢？历史学家有如下几种看法：

1.根本不存在篡位的问题

第一，康熙遗诏是用满文写成，用满语宣读的，不可能篡改。第二，隆科多与雍正原无深交，何苦冒险矫诏拥立？有关矫诏夺位的种种传闻，无非出于政敌中伤。第三，胤祯若真是康熙未来的皇储，为何长期滞留边陲，令人费解。第四，根据《清圣祖实录》记载，康熙病危前夕，曾将几位皇子和大臣召至御榻前说：“四子胤禛，人品贵重，深肖朕躬，必能克承大统，着继朕登基，即皇帝位。”康熙口谕，很明确。况且，康熙临死前曾命胤禛代行郊祀大典，可见“康熙想立的就是胤禛”。胤禛是根据康熙的遗诏继位，是合法的，不存在疑案。

2.谋父篡位

第一，康熙让雍亲王代他天坛祭天，不能证明将皇位传于他。康熙心目中的皇位继承人是十四子胤祯，这可以从康熙让胤祯在西陲主持军务一事看出。因为西征之役关系到中国半壁江山谁属和清朝今后安危的重大问题，康熙必须认真地选择他所最信任、最有能力的人充当大将军。对胤祯的任命是为了提高胤祯的威信，使群臣倾心悦服，也是康熙以新的方式选择、培训皇太子的决定性的环节。第二，据意大利人马国贤目睹记载：康熙驾崩之夕，号呼之声，不安之状，无鸩毒之事，亦必突然大变。由此可以推断胤禛谋父篡位是有根据的。第三，遗诏是隆科多独自宣布的，完全可以将“十”字改为“于”字。

3.康熙的无奈选择

康熙原本要在胤禛和胤祯两人选择一个继承人，而最终确定了胤禛。胤祯被任命为抚远大将军，确实说明他是康熙选择皇太子的候选人之一，但还未最后选定，否则为何让他长期滞留边陲呢？而胤禛在康熙四十八年晋封为亲王后，在皇子中的地位逐步提高，先后22次参与祭祀活动，次数之多，居众皇子之冠。康熙还屡次让他参与政务，赐给他圆明园和狮子园，并常去他的花园内游玩，这是对他的特殊恩遇。此外，康熙十分喜爱胤禛之子弘历，称赞其母是“有福之人”，由此可见，胤禛是后来居上的皇太子候选人。也有人认为，康熙临终时本想传位于胤祯，但他远在边疆，若将他叫回再宣布诏书，在空位阶段必定发生皇位纠纷，不得已只好传位于胤禛。

帝王继位，从来众说纷纭。雍正皇帝胤禛一生被神秘和疑案环绕，本人和周围却充满阴暗气象。雍正继位的疑案并没有因为他继位而结束，至今仍是一个悬案。

乾隆皇帝身世之谜

乾隆皇帝的历史功绩赫赫有名，然而他的身世之谜至今没有解开。

乾隆皇帝，即爱新觉罗·弘历，是清王朝定鼎中原后的第四位皇帝。他在位60年，励精图治，在康熙、雍正两朝文治武功的基础上，进一步完成了多民族国家的统一。社会经济文化有了进一步发展，形成了中国历史上著名的“康乾盛世”。

乾隆皇帝是中国封建社会后期赫赫有名的一位皇帝，他是中国有文字记载以来享年最高的皇帝，也是中国历史上实际执政时间最长的皇帝。乾隆曾自我总结一生有“十全武功”，自诩为“十全老人”。同时，乾隆又是在民间传闻最多、被文艺作品演绎最多和官方文献记载疑点最多的皇帝之一。乾隆的一生，为后世留下了许许多多的故事，其中人们最津津乐道的，莫过于他的身世之谜了。

谜题之一：乾隆皇帝的出生地在哪里？

据史书记载，乾隆认为自己生在雍和宫。雍和宫坐落在北京城东北安定门内，是著名的喇嘛庙。在康熙时代，这里原是雍亲王的府邸，也就是雍正做皇子时的王府，当时并不叫雍和宫。乾隆登基后，把他父亲雍正的画像供奉在这座府邸里的神御殿，派喇嘛每天诵经，后来这里就改名叫雍和宫。乾隆曾经多次以诗的形式表明自己是生在雍和宫，如“斋阁东厢胥熟路，忆亲唯念我初生”，指出自己出生在雍和宫的东厢房。

然而，令人奇怪的是，乾隆的儿子嘉庆帝无论在给父亲的祝寿诗中还是最终的遗诏中，都把父亲的出生地写成避暑山庄，这着实令人费解。嘉庆元年（公元1796年）八月十三日，乾隆帝86岁大寿，以太上皇身份到避暑山庄过生日。嘉庆跟随去了，写下《万万寿节率王公大臣行庆贺礼恭纪》诗庆贺。诗中提到乾隆的出生：“肇建山庄辛卯年，寿同无量庆因缘。”其诗下注云：“康熙辛卯肇建山庄，皇父以是年诞生都福之庭。”嘉庆在这里明白无误地点明皇父乾隆诞生于避暑山庄的都福之庭。

嘉庆二十五年（公元1820年）七月二十五日，嘉庆帝突然在避暑山庄驾崩。在御前大臣、军机大臣、内务府大臣以嘉庆名义撰写的《遗诏》末有“皇祖降生避暑山庄”一语，就是说乾隆当年就生在滦阳行宫，即避暑山庄。新继位的道光帝发现这一问题后，立即命令以每天600里加急，将已经发往琉球、越南、缅甸等藩属国的嘉庆《遗诏》从路上追回来。改写后的《遗诏》，把原来说乾隆生在避暑山庄，很牵强地说成乾隆的画像挂在避暑山庄。

乾隆帝到底是出生在北京雍和宫，还是出生在承德避暑山庄？至今学术界没有定论，仍然是一个历史疑案。

乾隆就是这么一位很有名的皇帝，不但他的出生地闹不清楚，甚至就连他的母亲是谁人们也产生了怀疑。

在中国第一历史档案馆保存的《玉牒》和生卒记录底稿上，都清楚地写着：乾隆的亲生母亲是钮祜禄氏。《实录》和《圣训》中也有同样的记载。

乾隆是大孝子，他在慈宁宫为母亲60岁诞辰举行盛大寿宴，并把它绘画叫《慈宁燕喜图》，侍奉母亲三次上泰山，四次下江南，多次到塞外避暑山庄。还别出心裁，用3000多两黄金做了一个金塔，专门用来存放供奉他母亲梳头时掉下来的头发，叫金发塔。乾隆爱写诗，在他的诗中，有不少是称颂生母钮祜禄氏养育之恩的。

然而坊间却不这么认为，关于乾隆生母的传说很多。最为逼真的一个传说称乾隆生母是浙江海宁大学士陈世倌的夫人。陈世倌与皇四子雍亲王胤禛的关系十分密切。当时，雍亲王的福晋和陈世倌的夫人，同月同日分别生了孩子。雍亲王生了一个女孩，而陈家生了一个男孩。雍亲王就让陈家把孩子抱入王府看看。可是，等孩子再送出来时，陈家的男孩竟变成了女孩。陈世倌意识到此事性命攸关，不敢做声。人们说雍亲王为登上皇位，便将自己的女儿与陈家儿子调换，而那个被换入王府的男孩，就是后来的乾隆皇帝。民间甚至传说，乾隆登基后六下江南，目的就是探望亲生父母。而他六次南巡竟有四次住在陈世倌的私家园林，这是明显的“假公济私”，为的是探望自己的生身父母。

乾隆皇帝身世之谜就如同他的“十全武功”一样出名，历来让人议论纷纷，然而，这一切只是人们的推测，毕竟缺乏确凿的史书记载，不可完全当真。

袁世凯猝死之谜

袁世凯为什么在当了短短83天的皇帝后，就突然死去了呢？

袁世凯是中国近代史上著名的政治人物。他曾是北洋军阀的领导人，在辛亥革命后，袁世凯逼宣统退位，成为“中华民国”首任大总统，后复辟称帝被推翻。

戊戌变法期间，袁世凯伪装赞成变法，暗中背弃维新派，受慈禧太后宠信。后来又升任为山东巡抚，血腥镇压义和团。1901年担任北洋大臣后，逐渐掌握大权，成为北洋军阀首领，权倾朝野。1911年武昌起义后，凭借北洋势力和帝国主义支持，出任内阁总理大臣。1912年，袁世凯挟制清帝退位，窃取中华民国临时大总统职位。

袁世凯祭天

1915年12月12日，袁世凯宣布承受帝位，改国号为“中华帝国”，以次年为“洪宪”元年。图为袁世凯（左三）称帝后在天坛祭天。

1915年5月，袁世凯接受日本提出的无理要求，签订了丧权辱国的不平等条约《二十一条》，以换取其支持复辟帝制。1915年12月，袁世凯宣布恢复中国的君主制，建立中华帝国，并改元洪宪。因为护国运动的兴起和全国人民的声讨，袁世凯被迫于1916年3月22日取消帝制，称帝仅83天。1916年6月6日，在亿万民众的声讨中，袁世凯魂归西天，结束了传奇的一生。

袁世凯一生很“得志”，步步高升，并且很少得病，精神和体力一向很好。摄政王载沣在罢他职的时候，说他“现患足疾，步行维艰”，命令他“回籍养痾”。这不过是要除掉他的一种借口罢了。其实他腿上只有很轻微的风寒病，并不是真有什么不能走路的大毛病。

那么，究竟是什么原因造成了这个窃国大盗的猝死呢？有人认为他是病死的，有的认为他是被气死的，当然这也是人们的猜测。

有人根据史料称，袁世凯患尿毒症，最初的症状是小便困难。这个时候，如果住院导尿或开刀，是不会有生命危险的。但是，袁世凯的两个儿子意见分歧，大儿子袁克定相信西医，主张动手术；二儿子袁克文则竭力反对，相持不下。而袁世凯一向坚信中医，从不肯找西医来诊视。因此贻误了时机，终致不治。

民间还有这样一个传说：当年袁世凯在彰德修养时，有个术士给他算命，称“袁不得过五十八岁”。袁世凯询问破解的办法，道士说非得龙袍加身不可，袁世凯听后没说什么，只是赐酒给术士，术士出门后就死了。从此以后，袁世凯便有了称帝之心。1915年，袁世凯称帝后却事事不顺，遭到国人的普遍反对，内外遭受夹攻，最终众叛亲离。于是积忧成疾，最终死去。

对袁世凯本人来说，始终没有向后人交代他为何人所气而难以治愈。这个窃国大盗在咽气前，只是有气无力地说：“是他害了我!”他是谁？有人说是老部下冯国璋、段祺瑞，他们希望继任总统所以对帝制暧昧；或者是陈宧、汤芗铭始从终弃，反而对他倒打一耙；也有说是“太子”袁克定，为了当上合法接班人，极力怂恿老子做皇帝，更有说是杨度等“筹安会”成员等，众说纷纭，答案仍不清楚，其用意和含义更是令人费解，也给后世留下了千古之谜。

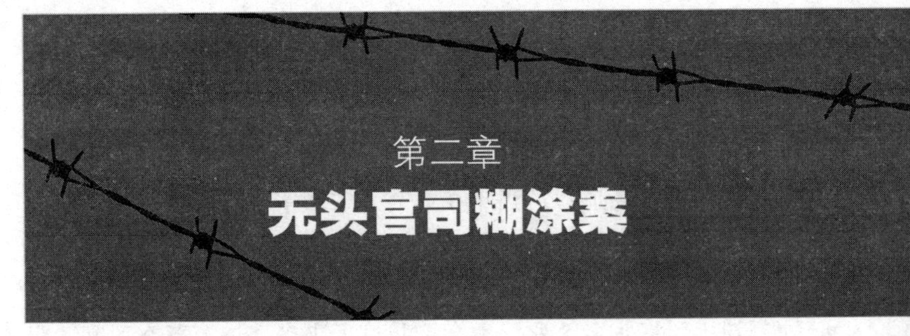

第二章 无头官司糊涂案

葫芦僧判葫芦案。昼审阳间，夜审阴间的包拯有几个？

南宋假冒皇侄案

当世上连人都可以假冒的时候，还有什么不能假冒的。

南宋绍兴八年（公元1138年）十二月，南宋与金国议和。朝廷下诏寻访宗室，并命地方官将所访宗室发遣至“行在”临安（杭州）。不久，单州砀山发生一起假冒皇侄的案件。

北宋时，单州砀山县有一个名叫朱从因的染匠，以染布为业，兼做贩卖生意。一年，朱从因贩运一批大枣前往南京，在一个被人称为刘婆的妇人家中见一小儿，名叫刘僧遇，相貌可人。朱从因对刘婆说，自己很喜欢这孩子，愿将他收做养子，并以所贩大枣作为酬报。刘婆同意，朱从因于是将刘僧遇带往砀山。

至南宋高宗时，砀山已被金军占领。一天，有几个金兵看见刘僧遇，感到惊奇，因为刘僧遇的相貌与多年前被掠往金国的钦宗皇帝的相貌十分相似。几个金兵一再注目，并说：“此儿似赵家少帝。”“少帝”即宋钦宗（宋高宗之兄），刘僧遇听后，将金兵所言，记在心里。

当时，刘僧遇白天帮朱从因做工，晚间闲暇时，便去戏园看皮影戏。戏园所演故事大都取材于宋徽宗、宋钦宗两朝宫廷旧事，刘僧遇将有关唱词牢记在心里。绍兴十年（公元1140年），当刘僧遇得知朝廷下诏寻访宗室的消息后，便声称自己是“少帝”宋钦宗的次子。

砀山知县得知这一消息后，便差人查问此事。刘僧遇不仅一一回答有关问题，并道：“当年在翁翁（宋徽宗）怀中，见翁翁腋下有一黑痣，常以手抚玩。”使差又问刘僧遇为何流落在民间？刘僧遇答：京城破守，少帝使近侍张金背负我出城。逃至夏邑，遇见刘统领。刘统领将张金杀死，后来，我逃了出来，遂流落在民间，最后归于染匠朱从因家。

之后，寻访到刘统领。刘僧遇私下对刘统领说：我真是少帝次子，公所言，当与我一致。若有不同，我便将公累年过失告于朝廷。刘僧遇对刘统领多年的过失均是从戏园看戏时得知的。刘统领听了刘僧遇的这番话，感到恐惧。虽然明知刘僧遇所言不实，但是仍一如刘僧遇所言。至此，砀山知县对于刘僧遇的真伪不再怀疑，便将此事禀报单州。单州知州桑夏卿派专人护送刘僧遇前往临安。

到了泗州，司法参军孙守信见到刘僧遇后，认为事情可疑，便将心里所疑之处告诉了泗州知州王伯路。王伯路决定暂时让“皇侄”住在公馆，同时将此事上奏朝廷。若证实刘僧遇是真皇侄，再用船护送至临安。

奏章上达后，朝廷以为此事非同小可，便命有关官员调查。之后，得知一准确消息，即钦宗帝并无第二子。随即，朝廷便派金牌付转运使往泗州，与孙守信共同会审此案。

刘僧遇等人全部下狱。谁知，第二天城内一片传言说：皇侄在狱后，夜间狱屋上有“火光赤气”。更有一干百姓携带酒肉前来探视皇侄。

孙守信见人心惶惶，便告诉下官，不得严刑拷问，当以智推之。之后，追到刘婆作证，事情终于有了结果。

案后，奉旨将刘僧遇“决脊。杖二十。刺配琼州牢城”。刘僧遇被押解至来安县时，竟在当地兴国寺题了一首诗：“三千里地孤寒客，七八年前富贵家。沧海玉龙惊雪浪，权藏头角混泥沙。”此时的刘僧遇竟真的将自己当做一个“皇侄”了。

“梃击案”始末

宫廷之中无父无子，无兄无弟，着实是一个充满血腥的角斗场。

明朝万历末期至天启初年，发生了轰动朝野的三大案，分别为梃击案、红丸案、移宫案。这些案子都与皇帝后宫有关。明神宗万历帝于10岁时即位，到万历四十八年(公元1620年)去世，在位49年，是明朝历史上在位时间最长的皇帝。也就是在这期间发生了“梃击案”。

万历皇帝非常宠爱郑贵妃，也十分宠爱郑贵妃所生的儿子朱常洵。这本来都是小事，但皇帝的偏爱却逐渐发展成为令朝廷上下不安的大问题，即所谓的“国本”之争。因为按照传统，册立太子应遵循立长或立嫡的原则，而郑贵妃之子不是长子，按道理是不能被立为太子的。

万历皇帝没有嫡子，而恭妃王氏所生长子朱常洛又一直受冷遇。万历皇帝一直拖延着，迟迟不册立太子，他还表示要把三个儿子同日封王，以示自己同等视之。由于大臣们的一再催促，万历二十九年(公元1601年)十月，万历皇帝才正式册立朱常洛为太子，朱常洵则被封为福王。

万历四十三年(公元1615年)五月初四日，发生了“梃击案”，梃击的目标直指太子。当时有一个名叫张差的男子，手持枣木棍(即木梃)，不由分说地闯入太子朱常洛居住的慈庆宫，逢人便打，击伤守门官员多人，一直打到殿前的房檐下。被打中的人的呼喝声、号救声，连成一片。多亏内官(宫中小臣)朝本用反应比较快，眼疾手快地将持棍男子抓获，宫内才平静下来。这时的东宫警备不严，内廷的太监们往往托病离去，侍卫人员也只有几个，所以就发生了张差梃击事件，也就是“梃击案”。

张差被捆缚到东华门守卫处，收禁起来。次日，皇太子据实报给神宗万历皇帝，万历皇帝命法司(掌司法刑狱的官衙门)提审问罪。巡视皇城御史刘廷元按律当场审讯。可是，张差没说上几句话，就开始颠三倒四，像一个疯子。御史再三诱供，可张差总是胡言乱语，什么吃斋，什么讨封，问答了数小时，也没有将实情供出，惹得审判官不耐烦，只好退堂，把他交给了刑部定论。交到刑部后，由郎中胡士相等人重新提审，结果也是同前审一样，毫无结果。刑部主事王之认为其中必有隐情，说张差肯定不疯不狂，而是有心计、有胆量。最后张差扛不住了，供认自己是红封教的成员。在当时，秘密结社盛行，红封教是北京附近地区白莲教的一支，马三道、李守才为教主，都住在蓟州地方的井儿峪。张差招供说自己是受郑贵妃宫中的太监庞保、刘成的指使而打入慈庆宫的，事成之后，他们答应给张差30亩地。参与此事的还有张差的姐夫孔道。消息传开后，朝野内外开始议论纷纷，都怀疑郑贵妃想要谋杀太子，以便扶立福王。

事情发生后，太子和郑贵妃先后赶来见万历皇帝。太子朱常洛气愤地说："张差做的事，一定有人主使!"郑贵妃光着脚走来，对天发誓，然后撒起泼来，嘴里唠叨着说："奴家若做此事，全家甘受千刀万剐!"万历皇帝看到双方如此对立，拍案而起，指着郑贵妃说："群情激怒，朕也不便解脱，你自去求太子吧!"朱常洛看到父亲生气，又听出话中有音，只得将态度缓和，并说："这件事只要张差一人承担便可结案，请速令执法部门办理，不能再株连其他人。"万历皇帝听后，顿时眉开眼笑，频频点头，说道："还是太子说得对。"于是，一场家务案就此降下帷幕。

案子就这么有头无尾的结了。但是今天看来，这个案子中的诸多疑点表明，定然与郑贵妃脱不了干系。从案卷的记录来看，张差也许确实属于类似疯癫的人，但是他不是完完全全的疯子，能够在人的引诱和指使之下行事，郑贵妃等人寻找这样的人行事也许正是为了不惹起怀疑。但这只是后人的推测，事实的情况是否如此，没有充足的证据，谁也不敢说的确就是如此。

江南乡试舞弊奇案

科场舞弊，无一幸免。幸乎？灾乎？

顺治十四年（公元1657年），丁酉年江南乡试开榜，应试者都抱着期待的心情去看榜。然而，不看还好，一看榜单，马上群情奋起，骂声一片。这是怎么回事呢？

原来，榜单上多行贿者的名字。落第的士子们群集在贡院门前，呐喊抗议。还有人贴了一副对子："孔方主试付钱神（指考官方犹和、钱开宗），题义先分富与贫。"这一年试题，取《论语》中"贫而无谄"为题。并且有人将门上贡院两个大字，贡字的中间加了一个'四'字，则'贡'字改成了'賣'（卖）字；'院'字用纸贴去'阝'旁，变成了'完'字。这样"贡院"就最后变成了"卖完"。正、副主考方犹与钱开宗一看形势不好，匆匆整理行装登船离开。闻讯赶到的考生紧追不舍，叫骂声中，砖头瓦片如蝗飞来。船至常州、苏州时，又遭当地考生追击咒骂。

此事传至京城，顺治帝批示"着严察逮讯"。就这样，一起科场大案波然兴起。

顺治十五年（公元1658年）十一月，刑部大员经过审理，对江南乡试作弊一案提出这样的处理意见：正主考官方犹拟斩，副主考官钱开宗拟绞，同考官叶楚槐等拟遣尚阳堡，举人方章钺等俱革去举人。顺治帝看到这个审处意见，深为不满，认为这样处理太轻了，于是颁下一道严谕，对江南科场案御断钦决，上谕说：主考官"方犹、钱开宗差出典试，经朕面谕，务令简拔真才，严绝弊窦。辄敢违朕面谕，纳贿作弊，大为可恶，如此背旨之人，若不重加惩治，何以儆戒将来？方犹、钱开宗俱着即正法，妻子家产籍没入官。"18名同考官"俱着即处绞，妻子家产籍没入官。已死卢铸鼎，妻子家产亦籍没入官。"7名犯有舞弊情节的试子"俱着责40板，家产籍没入官，父母兄弟妻子并流徙黑龙江宁古塔。"

这样，主持江南乡试的正副主考官方犹、钱开宗被斩首，18名同考官被绞死，他们的家产全部没收，妻子入宫终身为奴。8名举人各责40大板，家资也全部没收，父母兄弟妻子儿女也都随同流放宁古塔。

顺治帝谕令吏部，对刑部办案拖拉拟罪过轻的大臣酌加处分，吏部详议后提出：这些人"谳狱疏忽，分别革职，革前程并所加之级，仍罚俸。"顺治帝于十五年（公元1658年）十二月二十五日发下谕旨："图海等本当依议，姑从宽，免革职，着革去少保太子太保并所加之级，其无加级者，着降一级留任。"

顺治帝决定亲自复试丁酉科江南举人。复试之日，新科举人心惊胆战地进入紫禁城，肃立在太和殿的丹墀之下。"堂上命二书一赋一诗，试官罗列侦视，堂下列武士，锒铛而外，黄铜之夹棍，腰市之刀，悉森布焉。""每举人一名，命护军二员持刀夹两旁，与试者悉惴惴其栗，几不能下笔。"考场如同刑场一般，森严可怕。

根据江南新科举人的复试结果，顺治帝对24名试卷欠佳的举人罚停会试二科，仍准保留其举人功名，对14名试子的试卷谬误太多，革去他们的举人。

在这场科场院案中，大名士吴兆骞交了白卷，这一件事更为当时所轰动。吴兆骞为江南名士，号汉槎，江苏吴县人。平日，他的文章"惊才绝艳"，可说万人传诵，有口皆碑。而这次皇帝亲试，他却交了白卷。于是众意哗然，有人说他是惊魂未定，所以提笔时脑中茫然，一片空白，故此交了白卷。也有人说他恃才傲物，故意卖弄。吴兆骞看到当时如同刑场一样的景象，感慨万端，把笔一扔，说："焉有吴兆骞而以一举人行贿的吗？"此事触怒了顺治帝，在顺治十五年（公元1658年）戊戌八月，吴兆骞被发配到黑龙江宁古塔充军。

江南新科举人经皇上复试后，自以为总算过了关，便各自回到江南老家。没想到，事过一年，到了顺治十六年（公元1659年）二月，忽有一道严谕颁下，说对这些举人要再次复试。各郡县官员奉旨后，便纷纷催促他们，立即上路赴京，再次接受朝廷的复试。该科举人闻命后，手足无措，当天就仓促备装，打点行李，北上应考。各家父母兄弟无不挥泪而别，生怕倘有不测，而被发遣流放，有去无回。因有上次赴京复试，应酬往来，各举子已花费不小，现在各家又不得不拿出大把的银子，四处活动，以致有的空了家底。闰三月二十八日，顺治帝对这些举人再次复试。举人们参加完这第二次复试，个个提心吊胆。四月初九日，公布复试结果，参加复试的98名举人，前90名仍准作举人，其中13人获准参加会试，59人罚停会试一科，18人罚停会试二科，另外8人则革去举人。丁酉江南乡试、一科举人，竟经三次大试，且屡遭斥革，这在科举史上实在是少见。

丁酉科江南乡试科场案，各考试官员从主考到同考，均遭重刑，无一幸免，并连累妻室，最后还追究办案大臣定罪过轻的责任。对科场案惩处如此严厉，在清代确是罕见的。顺治帝究竟为什么会如此处理此事，众说纷纭。

一本书引发的血案

口说无凭，白纸黑字，想抵赖，不可能。悠悠性命，悬于笔墨纸砚之间。

康熙的开明和宽容在清朝诸帝中可谓绝无仅有，但是在他执政的后期，却发生了株连300余人、震惊朝野的文字狱大案——戴名世《南山集》案。这究竟是怎么回事呢？

戴名世52岁，赴顺天乡试，中第五十七名举人。第二年参加会试未中，复于康熙四十八年（公元1709年）再试，中会试第一名，殿试以一甲第二名进士及第（俗称榜眼），授翰林院编修，在京供职，参与明史馆的编纂工作。

在康熙四十一年（公元1702年）的时候，戴名世的弟子尤云鹗把自己抄录的戴氏古文百余篇刊刻行世。由于戴氏居南山冈，遂命名为《南山集偶抄》，即著名的《南山集》。此书一经问世，立即风行江南各省，其发行量之大，流传之广，在当时同类的私家著作中是罕见的。

康熙五十年（公元1711年），即因行世已久的《南山集》中录有南明桂王时史事，并多用南明三五年号。左都御史赵申乔以"狂妄不谨"的罪名弹劾戴名世，谓其"妄窃文名，恃才放荡，前为诸生时，私刻文集，肆口游谈，倒置是非，语多狂悖，逞一时之私见，为不经之乱道……今名世身膺异教，叨列巍科，犹不追悔前非，焚书削板；似此狂诞之徒，岂容滥侧清华？臣与名世，素无嫌怨，但法纪所关，何敢徇隐不言？……"

康熙皇帝命刑部审核此事。刑部官员从《南山集》的《与余生书》中找到了"罪证"。《与余生书》是戴名世写给他的一个门人余湛的。余湛曾偶然同僧人犁支交谈，说及南明桂王之事。犁支本是南明桂王宫中宦者，桂王被吴三桂所杀后，他遂削发为僧，皈依佛门。犁支是亲自经历过南明朝之人，他所述之事应当比较可靠。戴名世得知此消息后，忙赶至余生处，但犁支已离去，二人未能晤面。戴名世于是嘱咐余生把所听到的情况写给他，并与方孝标所著《滇黔纪闻》加以对照，考其异同，发现了一些可疑之处。于是，戴名世又写信给余生，询问犁支下落，欲与其"面谈共事"。

这毫无疑问触动了清统治者敏感的政治神经。康熙皇帝龙颜大怒，刑部遂穷究猛治，以"大逆"定狱，提出了株连九族的惩办意见。拟将"戴名世凌迟处死，其弟平世斩决，其祖、父、子孙、兄弟、伯叔父兄弟之子，俱解部立暂，其母女妻妾姊妹、子之妻妾、十五岁以下子孙、伯叔父兄弟之子，给功臣为奴"。康熙五十二年（公元1713年）二月又下诏"法外施仁"，把戴名世凌迟改为斩首，其家人等皆加恩宽免。

与此事有瓜葛被株连者甚众。为刻《南山集》出资的尤云鹗、刻《南山集·孑遗录》的方正玉、为《南山集》作序的方苞等人以绞刑论处。后来康熙又出于收买人心的需要，将原定处死的近百人改为流徙黑龙江宁古塔，罚入汉军旗籍。这时余湛已先死于狱中。

后来康熙得知方苞擅长古文，是个难得的人才，遂又下令将其召回，赦免其罪，加以任用。又因《南山集》多采用方孝标《滇黔纪闻》中所载南明桂王明史事，遂牵连至方氏宗族，一并治罪。当时方孝标已经去世，亦因《滇黔纪闻》文字案被剖棺戳尸，妻儿等人被发配流放于黑龙江（后亦被宽免），财产尽没入官。

《南山集》案牵连人数达300人之多，是清前期较大的一桩文字狱案。而戴名世、方孝标的所有著作及书版被清查以烧毁，列为禁书。

两淮特大盐引案

贪污受贿，历朝历代屡禁不止。索贿不成，则翻脸不认人。

“盐引”，相当于今天大家熟悉的专营商品的经营许可证。在古代，盐是一种特殊的商品，它只允许官营，绝不许私盐的买卖。商人只有在缴纳盐价和税款后，官府才会发给他们用以支领和运销食盐的凭证，这就是“盐引”。这一制度早在宋代就已经确立了，明清时期一直沿用，其目的就是为了防止私盐的泛滥。“盐引”也是中央财政收入的一个重要来源，所以历代封建统治者也就特别重视盐政。

在乾隆南巡之时，两淮盐政以备置乾隆南巡为由，每引私自提取白银3两，而这项名目早在乾隆十一年（公元1746年）就已经开始征收了。20余年来，中间经历了多位盐运使，累计银两数目已过千余万两。这笔巨额款项历任盐政从没有奏报，都是私行支用，这一切在户部的档案中也从来就没有见过造报派用文册。这么大数目的贪腐案件怎么20多年来就没有发现呢，而为什么又偏偏在乾隆三十三年（公元1768年）爆发了呢？

乾隆三十三年（公元1768年），尤拔世担任两淮盐政。由于此前他早就深知扬州盐商积弊丛生，于是就居奇索贿，索贿未遂，就将扬州盐政的问题捅了出来。他在上奏中先指出了他的前任普福：“上年普福奏请预提戊子纲引，仍令每引缴银三两，以备公用，共缴贮运库银二十七万八千有奇。普福任内，所办玉器古玩等项，共动支过银八万五千余两，其余见存十九万余两，请交内府查收！”

在接下来的清查中，爆发了一场大震荡。乾隆密令江苏巡抚彰宝会同那位禀报的盐运使尤拔世一起详细清查。据彰宝等人的查复：“节年预行提引，商人缴纳余息银两，共有一千余万两，均未归公。前任盐政高恒任内，查出收受商人所缴银至十三万之多；普福任内，收受丁亥纲银私自开销者，八万余两，其历次代购物件，借端开用者，尚未逐一查出。”于是，20余年来的旧账一起被翻了出来，前后数任盐运使卢见曾、高恒、普福等都被牵扯出来了。这1200万两除了有467万两是用于公务开销外，其他所有的“竟隐匿不报”。

要不是事情如此之轰动，影响如此之大，这案子最终到底会如何处置也就很难说了。

高恒，字立斋，满洲镶黄旗人，大学士高斌之子，乾隆慧贤皇贵妃高佳氏之兄长，也就是大清国的国舅爷。所以，他的任职都是一些位重禄厚的肥缺，诸如出监山海关、淮安、张家口榷税；署长芦盐政、两淮盐政。在两淮盐案引发后，据扬州盐总商供称，盐商们因为高恒特殊的身份，另累计送给高恒白银13万余两。而当高恒因案坐罪后，孝贤纯皇后的弟弟大学士傅恒居然还从容地向乾隆帝进言，乞求看在高恒的妹妹慧贤皇贵妃的面子上免其一死。最终乾隆还是下定了主意，要将高恒正法，便对傅恒说：“如皇后兄弟犯法，当奈何？”在这样的情景下，傅恒只能作罢，战栗不敢言，以免得引火烧身。

傅恒为高恒求情的主要原因除高恒是他的心腹外，更为主要的是在为皇亲国戚们挽回颜面的同时，可以通过这一次机会形成并造就以国戚之特殊身份可以豁免死罪这样的判例，这绝对是一条隐秘的长线伏笔。不然的话，何来乾隆那句非常敏感的责问：“如皇后兄弟犯法，当奈何？”因为乾隆对傅恒这位国舅爷一直就很倚重，再加上他平日一贯勤廉谨慎，不借贵戚功阀以自重，所以即便“偶有小节疏失，即加以戒约”而已。所以，乾隆皇帝对傅恒为“盐引案”涉案者求情一事也并没有深究，随着案子的了结，事情也就这么过去了。

然而在这场盐引案中，被牵连进去的纪晓岚就没有那么幸运了。此时的纪晓岚也可以说是乾隆的宠臣之一，他正任职侍读学士、南书房行走。因为常在内廷奉职的缘故，消息也就非常灵通，再加上在官场多年以来历练所得的敏锐嗅觉，当他得知自己的亲家前任两淮盐运使卢见曾与盐引一案也脱不了干系，也被查出了亏帑之事，正在廷议没其家产。纪学士“微闻其说”，便立即给这位亲家通风报信，最后纪晓岚遂因泄漏抄家一事而被遣戍乌鲁木齐。

兵部大印被盗案

做官的什么都可以丢，但是有一样不能丢，如果丢了，后果不堪设想。

大印是官员的命根子，做官掉印，可是要杀头的。可是在大清朝就出现了这样的事，而且丢的还是兵部大印。

乾隆后期，尤其和珅专权以后，可以说是“礼崩乐坏”。嘉庆即位后虽竭力整顿，无奈积重难返，不可挽救。

嘉庆二十五年(公元1820年)三月初八，嘉庆皇帝率领宗室王公、文武百官前往河北遵化的东陵(乾隆陵寝)。刚走到汤山行宫，就接到兵部奏报，说是贮于库内的印信遗失，钥匙和钥匙牌也一并无存。嘉庆闻听又惊又气，以前历朝历代哪里听说过兵部大印丢失的事？立即命令军机处传谕步军统领衙门，令其告知京师五城多派捕役，严密访察。又谕令留京的王公大臣同刑部立即将兵部守库人员拘捕审讯。

嘉庆感到十分奇怪，因为兵部大印与其他一些印信都储藏在同一个大箱，存于兵部的大库内。各印都是铜质的，只有兵部大印和印钥是银制的。三月七日开箱取印，其他各印俱在，唯有银印和印钥失盗，窃贼为什么只将这两件东西窃去呢?再说，印钥也不值钱，为何一并窃取呢?所以，嘉庆一路上就不断督催该管大臣，一定要将此案审个水落石出。经连日审讯，供词说是上年九月初三，皇帝行围之后回京的当天，就已经将这枚印信和其他印信一道储箱入库了，直到今年三月初七那天又需用时，才发现大印遗失。嘉庆对这篇破绽百出的供词并不相信，又派人把上年随围的有关人员一并提来审讯。

四月三日嘉庆谒陵之后还京，发现审讯仍无结果，非常恼火，斥责有关官员。将庄亲王绵课、大学士曹振镛、吏部尚书英和，以及刑部堂官，一并罚俸半年；各衙门派来审理此案的官员，均罚俸一年。令绵课等人从此早去晚散，不可懈怠，若再拖拖拉拉，还要重罚。绵课无奈，递折上奏，请求议处，其实他是想把这个烫手的山芋推给他人，自己脱身。嘉庆不准，把绵课的花翎先行裁去，还让他加紧审讯，并以五月五日为限，到时再审不出来，定将他从严治罪。在如此严厉的督促之下，绵课等人日夜逼供，鲍干方才承认，其实去年收印时并没打开查看，恐怕是去年行围的路上就遗失了。

审讯结果报到嘉庆处，嘉庆反复思忖，仍觉可疑：行印有正、备印匣两份，只有正印匣有印钥，备印匣则无。如果行围路上大印丢失，那么印钥包括印匣必须是一并失去了，去年九月初三怎么交的印呢?既然交了，必定是交的备用印匣，那么既无印钥，负责收储印信的鲍干怎么肯接收呢?于是，下令再审。直到四月二十四日，嘉庆才得知，去年八月二十八日，当他从承德秋围之后回京，路过巴克什营时，看守印信的书吏睡熟，印信连同印匣被窃贼乘机窃走了。这位书吏害怕，便买通鲍干，把备用匣冒混入库，鲍干又买通值班的书役，设置了行印在库被窃的假现场。这场并不复杂的案子在审了一个半月之后，终于真相大白。

为了寻找偷印的窃贼，嘉庆又多次命军机处督促直隶总督等大员，在古北口、巴克什营、密云一线穿梭往来，明察暗访，却一无所获。嘉庆也知此印估计是找不回来了，只得命人重铸一个。至于原来的行印究竟被何人偷去，偷去何用，便再也无从得知了。

由于此案，管理部旗事务的年已86岁的大学士明亮，受到掖职降五级的处分。兵部尚书和左、右侍郎，也都被摘去顶戴，或降或调。

当时人对此有诸多揣测。宗室昭梿在《啸亭杂录》一书中曾记述，他亲耳听主事何炳彝说，当时收取印信时，正轮到何炳彝值班，是何炳彝与另一满员亲手把印匣接过来的。印信确实还在。昭梿还记得有人说过，这枚印信是某人贿赂鲍干从库中窃走的，目的是相约举事。结果事尚未发，丢印之事就出来了。因为不知道这事牵连到哪个，大臣们怕嘉庆因此而兴大狱，于是编造了印信在行帐中丢失的谎言以消弭事端。而嘉庆对审讯的结果是不是真信，只有他自己知道。

紫禁城失火奇案

月黑风高夜，杀人放火天。月朗星稀，放火，而且是在紫禁城，胆子更大。

1923年6月27日晚，天上月朗星稀，地下燥热无风，北京城的许多人家都在外面打扇纳凉。9点多钟，一道火光从紫禁城东北角冲天而起，熊熊的火光映红了夏日的夜空。这一场特大火灾从紫禁城东路静怡轩开始烧起，延烧到延寿阁。宏伟高大的延寿阁倒塌时，将正燃烧的椽梁架在别的宫殿上，这样一来，慧曜楼、吉云楼、碧琳馆、妙莲花池、积翠亭、广生楼、凝辉楼、香云亭等顿时化为一片火海。宫中数百年的参天松柏也变成一棵棵火树。

紫禁城俯瞰

这场大火据说是意大利使馆的消防队发现并首先赶到的。但大火发生时，内务府中堂绍英为防意外，令紫禁城卫队先不要开宫门，结果消防队被阻在宫外，导致火势蔓延。及至宫门打开，军警和全城的消防队赶到，又因宫中无水而一时无用武之地。后来将所有的水龙头接在一起，取紫禁城外御河之水扑救，一根水龙面对一片火海亦是杯水车薪。意大利消防队指挥大家拆除房屋、隔断火道，直到次日早上才将这场大火扑灭。

这场大火共烧毁房屋三四百间。这些楼阁建筑都非常宏伟壮丽，里边存放的奇珍异宝堆积成山，是清宫存放珍宝最多的地方。烧毁的珍品主要有：敬慎斋所藏明景泰年间刻制的大藏经版数千块，广生楼所藏全部大藏经，吉云楼、凝辉楼所藏钻石顶金亭四座、金佛及金质法器数千件，中正殿所藏大金塔一座、全藏真经一部。此外，还有清代9个皇帝的画像和行乐图，历代名人字画、古铜、古瓷，以及溥仪结婚时所收的全部礼品。

事后清理火场，仅将熔入土中的金水重新熔化而成的纯金即达三四百斤之多。这场特大火灾造成的损失没有具体统计，但无疑是极为惨重的。火灾以后，溥仪下令追查责任。然而，对于这场特大火灾的起因，众说不一。

第一种说法是宫内太监监守自盗。溥仪退位以后，经常与溥杰等人将宫中珍玩偷盗出宫，太妃们也常将珍贵物品交心腹太监运出变卖。“上有所好，下必甚焉”，内务府官员与太监勾结，偷盗之风愈来愈严重。仅1922年至1923年6月火灾前，已经查实的被盗物品就有重达百余斤的金钟两个，古铜器、金器、玉器数十件。北京当时的古玩铺，经常发现宫内的古物。大火以后，建福宫首领黄进禄供述了太监多次偷盗古物的内情。

那段时间，溥仪无所事事，经常与庄士敦在一起，叫太监们将宫内收藏的古玩一一取来欣赏。有几次，溥仪所要的古玩竟然取不出来，监守自盗的太监们眼看纸包不住火，罪行马上就要暴露，于是纵火灭迹。

据参加宫中灭火的消防队说，他们初到宫中时，曾闻到一股浓烈的煤油味。溥仪闻讯后，认定太监监守自盗，纵火灭迹，下令拘捕了几名太监，但是谁也不承认自己是纵火犯，因查无实据，只得不了了之。

这场大火以后不久，养心殿东暖阁又着火，所幸被及时扑灭。溥仪认为，太监不仅监守自盗，还图谋报复，要将他活活烧死，于是下令将太监驱逐出紫禁城。驱逐太监与火灾仅隔20天，太监一走，火灾的起因更无法查清了。

第二种说法是电线走火。当时紫禁城里造有一座小型发电厂，专供宫内照明之用。因电线质量差及敷设使用不得法，宫内已不止一次发生电线漏电走火的事，但未酿成火灾。此次大火烧毁的东路楼阁，全部敷设有电线。起火的晚上，东路楼阁有7个太监值守，彼此证明未纵火。也未见有其他人纵火。9时左右，火从静怡轩起。

第三种说法是渎职失火。紫禁城当时虽已采用电灯照明，但因紫禁城面积大，房间多，发电厂功率小，尚不可能全部采用电灯照明。许多地方仍采用旧法，用铁油灯挂在柱上照明。日久天长，木柱烤焦，便易引发火灾，还有太监晚间行路，以灯照明，也是火灾的隐患。清代仅道光以后就发生失火案数起：道光十六年 (公元1836年)，太监韩进钰失火延烧西佛堂；道光二十五年(公元1845年)，太监马庭贵失火延烧延禧宫；咸丰八年 (公元1858年)，太监禹得馨失火延烧延辉阁；同治八年 (公元1869年)，匠役城钰失火延烧武英殿；光绪十四年 (公元1888年)，护军富山失火延烧贞度门。

紫禁城这场特大火灾，谁是肇事者？没有人能说得清。

“苏报案”

法庭上，一边是“普天之下，莫非王土”的清朝，另一边是手无寸铁的文弱书生，谁将赢得最终的诉讼呢？

“苏报案”是晚清中国影响最大的一次文字狱。在这次事件中，“国中之国”的上海租界7次公开审理，结果是邹容奉献了年轻的生命，章太炎付出了3年牢狱的代价，陈范为此流离失所、家庭破碎。在19世纪初，天幕上放射过光芒的《苏报》像星星般陨落。“苏报案”的真相究竟是怎样的呢？

1896年6月，《苏报》在上海公共租界创刊之初，只是一份格调低下的小报，常以黄色新闻招徕读者。创办者胡璋以日籍妻子生驹悦名义注册，挂的是“日商”的牌子。1898年冬天，因“营业不利”，胡璋将《苏报》转手卖给了罢官后蛰居上海、“思以清议救天下”的陈范。陈范初掌《苏报》，以汪文溥为主笔。陈范有过宦海经历，深谙官场黑暗，目睹朝廷的专制、腐败，戊戌变法的失败。曾领时代潮流的康有为从维新转向保皇。他对汪文溥说：“中国势当改革，而康君所持非也，君盍偕我以文学饷国人，俾无再入迷途。”《苏报》言论从此逐渐转向革命。正式聘请爱国学社学生章士钊任《苏报》馆主笔后，《苏报》迅速向辉煌的顶峰攀升。

1903年，章士钊以“爱读革命军者”的笔名发表《读〈革命军〉》文，以热情洋溢的语言对少年邹容的《革命军》大加赞赏，称之为“今日国民教育之第一教科书”。同一天，在“新书介绍”栏刊出《革命军》出版的广告，称“笔极犀利，语极沉痛，稍有种族思想者读之，当无不拔剑起舞，发冲眉竖”。又发表章太炎署名的《〈革命军〉序》，称之为“雷霆之声”“义师先声”。

1903年6月20日，推荐章太炎的《驳康有为论革命书》，誉为“警钟棒喝”。22日，发表论说《杀人主义》，有“杀尽胡儿才罢手”“借君颈血，购我文明，不斩楼兰死不休，壮哉杀人！”这样激进的词句。《苏报》之所以如此放言无忌，一个不能忽略的原因是：《苏报》的言论态度得到了租界工部局总办、伦敦《泰晤士报》驻沪通讯员濮兰德等的支持。工部局多次找《苏报》撰稿人谈话：“你们只是读书与批评，没有军火么？如其没有，官要捕你们，我们保护你们。”吴稚晖的回忆也证实，租界老巡捕房捕头蓝博森曾对他说：“没有兵器，你们说话好了，我们能保护你们。”正是有了租界当局的承诺，他们才放言革命。

6月29日，经过多次密谋，在清王朝的要求下，租界工部局终于发出对钱允生、陈吉甫、陈叔畴、章太炎、邹容、龙积之、陈范等7人的拘票。当天，巡捕、警探到苏报馆抓人，陈吉甫率先被捕。他们问：“陈范在吗？”陈范正好在场，却叫人说不在，他们也未深究。陈范曾让儿子到爱国学社向章太炎示警，章说：“诸教员方整理学社未竟，不能去，坐待捕耳。”有人劝他走避，他“嗤之以鼻”。6月30日，等到巡捕来时，他自指其鼻：“余皆没有，章炳麟是我。”他不仅自己不屑逃走，还在巡捕房写信叫邹容、龙积之投案。龙积之当晚自行到案。邹容本已藏匿在虹口一个外国传教士处，7月1日徒步到租界四马路巡捕房投案，自称：“我邹容。”至此，除陈范外，名列拘票的其余5人全部被捕，酿成了名动百年史的“苏报案”。

从章太炎、邹容被捕之日起，清朝就为引渡他们而与租界展开了一场马拉松式的艰难交涉，台前幕后，数不清的算计。上海、南京、武汉、北京之间，要员、坐探（如志赞希、赵竹君）、密友（如《新闻报》的福开森）之间文电交驰，仅收入故宫档案的往来电文就有近190封。可以说，清廷为此绞尽了脑汁，用尽了手段，目的无非是要将他们置之死地。

“苏报案”发生后，租界当局认为：“此租界事，当于租界决之，为保障租界内居民之生命自由起见，绝不可不维持吾外人之治外法权。”因为他们的坚持，先是清政府的引渡计划失败，最后也未能按自己的如意算盘处置章、邹。对一个从不把自己的人民放在眼里的王朝来说，无疑大大地失了颜面。

孙中山后来这样评论：“此案涉及清帝个人，为朝廷与人民聚讼之始，清朝以来所未有也。清政府虽讼胜，而章、邹不过仅得囚禁两年而已。于是民气为之大壮。”

法国王冠钻石失踪案

法国王冠上的钻石曾经那么的光彩夺目，然而它们却在混乱中神秘失踪，失去了下落。

法国王冠上有世界上最美丽的钻石与珠宝，每逢重大节日，在保安警察的监护下，巴黎人民才可在陈列柜前匆匆走过，观赏珍宝。历代法国工匠都为王冠添上新的珠宝感到荣幸，这些稀世珍宝，历来都是保存在珍宝贮藏室里。自从法王路易十六执政以来，这些珍宝就交给忠诚可靠的克雷西看管。

1789年，法国爆发资产阶级革命，路易十六表面接受立宪政体，实则力图绞杀革命。1791年6月20日，路易十六偕同王室逃至法奥边境瓦伦，两天后被群众押回巴黎，历时1500多年的法国封建王朝从此崩溃。

几天之后，法国制宪议会一位议员向公众提出了警告，提醒人们内外敌人正在试图夺取王冠上的钻石。在议员的警告下，制宪议会组成了由3位议员和11位专家参加的专门委员会，负责清点保存法国王室的稀世珍宝。经过3个月的紧张工作，委员会共清点出钻石9547颗，总值达3000万法郎之巨。此后，每星期一人们都可参观这些珍宝。然而负责看管的克雷西对此却十分担心，他怕给不法之徒们以可乘之机。可是不知为什么，克雷西的职务很快被内务大臣罗兰的心腹雷斯图所代替。

1792年9月，路易十六因阴谋复辟而被废黜。此时，法国处在危机之中，外部面临欧洲联盟的入侵，国内各派争斗激烈，到处是失业与饥荒、恐怖与暗杀。在这严峻的时刻，为了安全起见，珍宝贮藏室被贴上了封条。但令人惊奇的是，这么多奇珍异宝竟然无人看守。9月17日，内务大臣罗兰在国民议会突然宣布："珍宝贮藏室门被撬，钻石全部丢失!"这个消息震惊了法国人民。

据称，自9月11日深夜至14日深夜，盗匪3次光顾珍宝贮藏室，竟无人觉察。在16日当盗匪第四次盗窃时才被国民自卫军巡逻队抓获。至此，罗兰才于17日宣布钻石失盗。

这起骇人听闻的盗窃案，确实令人深思。为什么议员会事先提出珍宝被盗的警告？为什么忠实可靠的克雷西被撤职？为什么不多派人看守珍宝贮藏室？为什么会连续发生4次盗窃案？谁是幕后策划者？

盗窃案发生后，内务大臣罗兰指控他的政敌、国防大臣丹东及丹东的朋友应该负责，丹东又反过来指责罗兰和罗兰的朋友应完全负责，各派唇枪舌剑，指责对方。

9月21日，刑事法庭审判了抓获的两名盗匪，并判处他们死刑。次日死刑即将执行的时候，一个临死的囚犯向庭长供出了藏在他家厕所的一袋共有100多颗的钻石。不久，警察又抓住了一个叫勒图的窃贼，在他的供认下，警察又抓住了一个17岁的盗匪。这个年轻人的父亲得知儿子入狱时，声称要揭发一桩耸人听闻的案子。但是第二天早上，他就被人毒死了，他的儿子也死在监狱。这一连串的事情，使人莫名其妙。

路易十六因阴谋复辟而被废黜隐藏着什么样的秘密呢？这些问题，在珍宝失盗的1792年9月，法国正处于内忧外患、形势危难之际。当时法国正在进行瓦尔密战役，很快就因敌方撤军而取得了胜利。从战略上讲，敌方指挥官不应发布撤退命令。这使人怀疑在战线后是不是进行了某种交易。事实上，当双方军队打仗时，举行了某次秘密会议，法国得花一大笔钱，以换取敌方撤军。8月11日，法国特使就已答应付给从杜伊勒利宫掠夺来的3000万法郎，然而贪得无厌的敌人想要更多的钱。法国议员帕尼斯知道这笔交易后，就建议从珍宝贮藏室找差额部分。他的建议被采纳了。9月17日，罗兰宣布珍宝贮藏室失盗一周后，敌我双方举行了瓦尔密会议，于是出现了瓦尔密战役神秘的胜利。

人们只知道拿破仑指挥瓦尔密战役的胜利，拯救了巴黎和法兰西民族，然而，瓦尔密战役胜利的奥秘，过去、现在以至将来也永远不会被揭开。法国王冠上钻石失踪的秘密究竟是否与瓦尔密战争的蹊跷胜利有关呢？这也是一个未解之谜。

真假公主之谜

她是公主，全家惨遭杀害，可却找不到她的尸首。安娜塔西娅，到底是生还是死？

1917年2月中旬，一场革命在彼得格勒爆发了。在布尔什维克的领导下，彼得格勒起义工人和士兵很快就取得了胜利。彼得格勒起义胜利的消息，推动了其他城市和前线士兵的起义。统治俄国达300年之久的罗曼诺夫王朝终于被革命力量推翻。

1918年，俄国沙皇尼古拉二世的家庭成员(包括皇后、22岁的女儿奥尔加、21岁的女儿塔吉扬娜、19岁的女儿玛丽亚、17岁的女儿安娜塔西娅、13岁的有先天性血友病的儿子阿列克谢)，都被逮捕，押送到乌拉尔地区。“十月革命”以后，尼古拉二世全家，以及他们的医生、厨师和皇后的女佣，都被执行枪决。行刑队枪决后把这些人丢到废矿井用硫酸处理后又用汽油烧毁了。

1920年2月，在欧洲梅克佳堡有一位叫巴巴拉的公爵夫人自称是沙皇尼古拉二世的幼女安娜塔西娅公主，她以继承人的身份向政府索要俄国沙皇在英国银行的存款及皇后的珠宝。这则消息使整个世界为之震惊。

然而，在这件事情还没有水落石出的时候，在美国又有一位安娜·安德森夫人宣称自己才是安娜塔西娅公主。一时间，世界所有报纸的头条都在报道这些消息。众所周知，沙皇一家被集体枪决，怎么会在几年后又出现了活着的公主呢？而且一下就是两个。就算其中的一个是真正的公主，那么当年她是如何从枪口下逃脱的呢？

1924年，苏联政府派索霍洛夫负责调查皇室灭门案，索霍洛夫后在巴黎出版《俄国皇帝一家被杀的司法调查》，以及1926年苏维埃政府出版《沙皇最后的日子》的官方报道，都没有对安娜塔西娅的生死做出明确的解释和说明。

当新闻的爆炸性渐渐平息的时候，在梵蒂冈修道院做了20年总管的修女帕斯库亚丽娜在临终前向人披露了一个秘密，那就是在1928年西伯利亚的叶卡特琳堡落入红色卫队手中时，俄国皇室的成员并没有全部被击毙，仅仅是沙皇、皇后和王子阿列克谢被枪杀。4位女公爵全都死里逃生，并几次受到梵蒂冈教皇的秘密接见。

虽然这个秘密与安娜·安德森夫人当年所陈述的相距甚远，但使人们再次将视线落到安娜·安德森身上。虽然屡被质疑，但安娜·安德森一直没有放弃过证明自己的身份，并为之奋斗了60年。人们对此案的疑惑一直未能消除：到底谁说的是真的呢？假如帕斯库亚丽娜修女说的是真的，安娜的姐姐们都还活在人世，为什么不出来为她作证却要保持缄默呢？如果安娜·安德森在冒充公主，为何要为证明自己的身份而坚持了60年呢？安娜公主的身份之谜也许又会成为一个永世之谜。

1991年，考古学家在乌拉尔地区发现了沙皇家族被杀的残骸，令他们吃惊的是，小公主安娜塔西娅和王子阿列克谢的尸骨并未找到。有人分析指出，阿列克谢患有血友病，身体状况很差，他可能在逃亡的路上就死去了，即便不是这样，他的生命也不会持续太长。而小公主安娜塔西娅的去向却令人迷惑不解。

1995年，一个老太太自称她是真正的“末代公主”。2000年，这个年近百岁的“公主”宣称：1917年俄国革命前，她父亲尼古拉二世早将大笔金钱和黄金运送到欧洲的几家银行，作为幸存的继承人，她有权继承这笔庞大遗产。据悉1917年尼古拉二世被推翻前两个月，他就和妻子将他们的私人财产装满150只大箱子，用一艘英国军舰经由摩尔曼斯克运往了英国。据称1917年3月沙皇被推翻后，这批黄金被中途运转的国家给没收了。尽管如此，仍有价值连城的沙皇遗产至今仍沉睡在欧洲银行的金库里。这名“末代公主”称，如果这笔财产被追回，她愿意将其全部捐赠给俄国国库。

近一个世纪以来，好像全世界都在寻找这位俄国公主，尽管事关几百吨黄金的继承人问题，然而“钱”在这件事情上并不是主旋律，人们只想解开公主之谜。

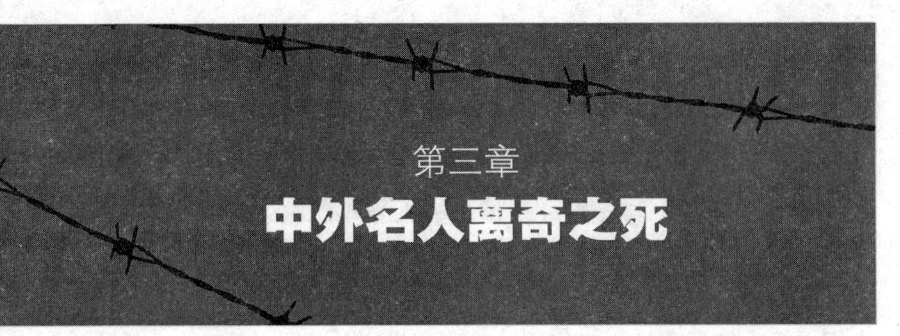

凡人之死，一了百了。名人虽死，不得安生。

永泰公主死因之谜

永泰公主，香魂依依；众说纷纭，扑朔迷离。生于皇家，必然一生都伴随着谜团。

在唐高宗和武则天合葬墓乾陵东南约1.5里处，有一座特别引人注目的陪葬墓，埋葬着一位薄命公主——永泰公主。永泰公主李仙蕙，是唐高宗李治与女皇武则天的亲孙女，中宗李显的第七个女儿，死于武则天大足元年（公元701年），年仅17岁。究竟死于何因呢？

关于永泰公主的死因，《新唐书·则天顺圣武皇后纪》中说：大足元年“九月壬申，杀邵王重润及永泰郡主、主婿武延基。”《资治通鉴·则天顺圣皇后》中说：“太后春秋高，政事多委张易之兄弟，邵王重润与其妹永泰郡主、主婿魏王武延基窃议其事，易之诉于太后，九月壬申，太后皆逼令自杀。”

史书记载均为永泰公主与其夫武延基（武则天之侄孙）及其兄懿德太子李重润等，议论武则天的男宠张易之、张昌宗兄弟的胡作非为，触怒了武则天，被其逼令自杀。一千多年来，史学家对此观点无有异议。然而，1982年，在永泰公主墓中出土了《大唐故永泰公主墓志铭》墓石，从此引起了对永泰公主死因的争论。

根据《新唐书》、《旧唐书》和《资治通鉴》等史书，论证永泰公主是被武则天杀害的；可是，有人考释《大唐故永泰公主墓志铭》后，竟发现永泰公主的死因与史书所说全然不同。从墓志铭中"自蛟丧雄愕，鸾愁孤影，槐火未移，柏舟空泛"来看，是隐喻武延基被杀，永泰公主为他守寡而孤独地生活着，并未同罹其害。墓志铭还有一段有趣的文字，说："（永泰公主）珠胎毁月，怨十里之无香，琼萼调春，忿双童之秘药。女娥篪曲，乘碧烟而忽去。弄玉箫声，入彩云而不返。呜呼哀哉！以大足元年九月四日薨，春秋十有七。"这就清楚地告诉人们，永泰公主不是武则天直接杀害的。

更有人根据永泰公主墓出土的11块骨盆碎片，复原了永泰公主的骨盆，经科学测量与鉴定，认为"永泰公主骨盆各部位较之同龄女性骨盆都显得狭小，显然，如此狭小的骨盆，即使一般胎儿也难顺产……并结合墓志铭"珠胎毁月"句，断定"永泰公主死于难产"。因此，就史书的记载应予否定。

还有人基本上接受对墓志铭所作的考释，但仍坚持传统的观点，认为造成永泰公主等死亡的首要原因是武则天的加害，而永泰公主怀孕患病则是次要原因。其理由是：一、史书记载武则天杀李重润、永泰公主及武延基于"九月壬申"，即九月初三，这个时间仅仅比墓志铭所记永泰公主死于"九月初四"早一天，故不能说永泰公主之死与李重润、武延基的事毫无联系。二、尽管唐代律法中有孕妇犯罪可缓刑的规定，但不等于惯用刑杀的武则天对永泰公主免于处死，至多也只是缓刑而已。这恐怕才是墓志铭中"槐火未移"的真正所指。三、永泰公主未遭杀害，却又突然死去，可能是由于其夫被杀，精神受到打击而小产病亡，或者是服毒堕胎而死，也有可能是武则天采取其他手段使她流产而丧生。

关于永泰公主的死因，说法种种，尚难判定。真相究竟如何？只能借助考古发现！

郑成功猝死之谜

郑成功收复台湾，为中国统一作出了巨大的贡献。然而38岁时，他却暴病身亡。是谋杀？还是病故？

郑成功（公元1624～1662年），福建南安人。明隆武帝曾赐姓朱，号成功。因此后人也多称其为“国姓爷”。郑成功是伟大的民族英雄，公元1662年初，他将荷兰侵略者赶出了中国台湾，他的驱荷复台的立场和功绩，维护国家主权和领土完整，不仅是中国人民崇拜的民族英雄，而且是全世界人民共同崇敬的历史名人，堪称“国际英雄”。

然而郑成功收复台湾不久，却突然暴病而亡，年仅38岁。关于郑成功的死，有这样的说法：郑成功在收复台湾的同时，也接到凶信，说他父亲郑芝龙被家奴伊大器告发，伊大器称郑芝龙和郑成功之间不时有书信往来，图谋不轨。清朝廷震怒，将郑芝龙全家处死。郑成功听到消息后，捶胸顿足，望北恸哭。不久郑成功又得知，叛将黄梧在自己家乡挖了郑氏祖坟，郑成功更是捶胸拍案，整天悲恸欲绝。

然而，后来又发生了一件让郑成功震怒的事。郑成功的部下唐显悦告发郑成功的儿子郑经与乳母通奸，郑成功顿时气塞胸膛，立刻派人到厦门，欲斩郑经与其所生婴儿及乳母陈氏，但留守厦门的众将不执行命令。郑成功天天登高眺望澎湖方向有船来否，因而患上风寒，到了第八天，突然发狂地喊叫道：“吾有何面目见先帝于地下也？”既而用两手抓面而逝。

对于郑成功之死的记载，同时代人如李光地、林时对、夏琳等人的笔记都很简单，一般是说“伤风寒”“感冒风寒”，《台湾通志》上也说郑成功是死于感冒风寒。但一个正值壮年的人怎会轻易地被“风寒”夺去生命？

根据郑成功临终前的异常情况和当时郑氏集团内部斗争的背景，有人认为郑成功是被人投毒杀死的，这一说法目前最引人注目。此说主要的依据有：

第一，郑成功死前的情状与中毒后毒性发作的症状极似。另外，夏琳《闽海纪要》中记载郑成功临终前都督洪秉诚调药以进，成功将药投之于地，然后成功“顿足扶膺，大呼而殂”。郑成功大概察觉出有人谋害自己，但为时已晚。

第二，一个重大疑点是马信神秘地死去。马信是清降将，后来成为郑成功的亲信，郑成功去世当天，由他荐一医师投药一帖，夜里郑成功死去，他本人也突然无病而卒。照李光地的说法，马信在郑成功去世的第二天就死去，江日升《台湾外纪》中记载，其死期距郑成功去世仅仅5天。因此马信可能直接参与谋害郑成功的活动，但后来又被人杀害以灭口。

郑成功像

郑成功（公元1624～1662年），本名森，又名福松，字明俨，号大木，明末清初福建南安人。郑成功甚为明隆武帝器重，授总统使、招讨大将军，赐姓朱，号成功，人称“国姓爷”。明永历十五年（顺治十八年，公元1661年），率军二万渡海到台湾鹿耳门，围赤嵌城，败荷兰殖民军，收复台湾全岛。不久，即暴卒。

假若郑成功是被人毒死，那么作案者是谁呢？当然，清政府有重大的嫌疑，同时，还有人认为是郑成功兄弟辈的郑泰、郑鸣骏、郑袭等人，特别是郑泰。

生性暴烈的郑成功，用法严峻，郑氏部下，包括他的长辈亲族因过被处以极刑者很多，众将人心惶惶，其中很多人在清廷高官厚禄诱惑下叛逃，郑氏集团内部关系极其紧张。郑泰对郑成功早存异心，对郑成功出兵收复台湾曾极力反对。郑成功去世后，郑泰等人伪造郑成功的遗命讨伐郑经，并抬出有野心但无才干的郑袭来承兄续统。

最后，他们的阴谋被郑经挫败，郑泰入狱而死，郑鸣骏等率部众携亲眷投降清朝。据此分析，策划谋害郑成功的有可能就是郑泰等人。

郑成功死后，郑经先是忙于对付郑泰的叛乱，后又追讨郑泰存在日本的巨款，他本人又因通奸险些被郑成功杀死，对郑成功之死也许心存侥幸，因此郑成功的死因在当时没有被深究。海天茫茫，一代民族英雄的死因需要更多的史料发现来证实了，这也可能是一个永远都解不开的谜了。

雍正帝暴毙之谜

雍正帝继位离奇，驾崩更是疑云重重。

雍正十三年(公元1735年)八月二十三日，雍正帝在圆明园猝然去世。雍正帝死得十分突然，无论是他的皇后皇子，还是身边最得宠的大臣都没有丝毫心理上的准备。据雍正朝大学士张廷玉的《自订年谱》中记载，张廷玉在雍正帝死之前不久，还曾“每日觐见”，雍正帝驾崩那天，张廷玉被急召进宫，得知雍正帝已濒弥留，这个消息使他“惊骇欲绝”。或许正因为如此，才给历史留下了种种难解的疑团。

1.患病而死

据雍正《起居注》记载：雍正帝在八月二十一日的时候，感觉身体有点不适，但仍可以召见臣工。到了二十二日的时候，雍正帝没有再召见臣工，皇子宝亲王、和亲王终日守在身旁，以防不测。到了戌时雍正帝的病情突然加重，宫中传出急诏召诸王、内大臣及大学士觐见。结果到了二十三日子时，雍正帝就龙驭上宾了。但是官书正史上并未言明雍正帝到底是患了什么疾病，而且官书实录、《起居注》等文献对雍正帝生病期间的状况也稀有记载。以至于时人后人都对雍正帝的死因妄加猜测，众说纷纭。雍正帝驾崩之后，他的灵柩在清宫只停放了19天就被移到雍和宫永佑殿。为什么他的灵柩会这么着急地从皇宫中移到寺庙里来呢？难道雍正帝的死真的有什么不正常的地方吗？

2.被吕四娘刺杀而死

这是民间最为流行的观点，在《清朝外史》、《清宫遗闻》、

《清宫十三朝》等野史中也有记载。

传说吕四娘是吕留良的女儿，也有说是吕留良的孙女。当年，吕留良因文字狱被处死后戮尸，吕氏一门，或被处死，或被遣戍。但吕四娘携母及一仆逃出，隐姓埋名，潜藏民间。后来，吕四娘拜师习武，勤学苦练，尤长剑术，技艺高超。而吕四娘的师傅，据说原是雍正帝手下的剑客大侠甘凤池，后来大侠甘凤池因为不满意雍正帝的作为而离开了雍正帝，又收养了吕四娘为徒。再后来，吕四娘乔装改扮，混入深宫，一日，乘机砍掉了雍正帝的脑袋。宫中大惊，谎称雍正病重，急召诸位王爷大臣们入宫，并封锁了雍正帝被杀的消息，只说雍正帝是突然得病去世了。还有传言说，雍正帝的棺木中收敛的是一具无头尸体，因为没有真的头，就给他做了一个金头。

这个民间传说，可信度有多少呢？有学者认为这种行刺之说纯属谣言。因为吕案发生后，他的家人都处于严密的控制之下，根本不可能有人漏网。此外，圆明园在雍正帝生前的时候，防守极为森严，吕四娘根本不可能穿过昼夜巡逻的卫兵，轻易地就进入寝宫，刺杀皇帝。

3.服丹药中毒而死

雍正帝继位之前就相信武夷山道士的算命，为了求得长生不老，他在宫里蓄养了大批的和尚、道士，经常服用道士们进献的丹药。在朝鲜的史籍中就有关于雍正帝沉迷方术，以至于病入膏肓，自腰以下不能动的记载。

另外，雍正帝死后仅隔了一天，乾隆帝就突然下了一道谕旨，驱逐圆明园中炼丹的道士们出宫，并对炼丹道士张太虚、王定干等人说："若伊等因内廷行走数年，捏称在大行皇帝(指雍正)御前一言一字……一经访闻，定严行拿究，立即正法。"新君刚刚继位，雍正帝大丧未完，朝中有众多事务需要处理。乾隆帝别的事情不去做，而急着下令驱逐数名道士，这种做法确有奇怪之处。驱逐道士的同时，乾隆帝还另外降下一道谕旨谕令宫中的太监、宫女，不许妄行传说国事。“恐皇太后闻之心烦”，“凡外间闲话，无故向内廷传说者，即为背法之人”，“定行正法”。乾隆帝为什么不许宫中太监宫女们乱说，难道此间真的有什么不想为外人知道的隐情。联系前面乾隆对和尚道士们的处理，也许“中毒身亡”之说确实有几分可能。

雍正帝的死因为后人留下了悬疑。也许根本就没有什么悬疑之处，只是后人的种种传言才给他披上了层层的神秘面纱，变得扑朔迷离，让人难以看清其中的真相罢了。

林则徐死因之谜

虎门销烟，振奋了中国人的精神，打击了殖民侵略者，也为林则徐之死埋下了伏笔。

林则徐生于乾隆五十年（公元1785年），卒于道光三十年（公元1850年），福建侯官人。他是中华民族抵御外辱过程中伟大的民族英雄，因主张严禁鸦片、抵抗西方的侵略、坚持维护中国主权和民族利益而深受全世界中国人的敬仰。

道光十八年(公元1838年)，道光帝特命林则徐为钦差大臣赴广东查办禁烟。道光十九年四月二十二日(公元1839年6月3日)，林则徐在虎门海滩上将从英国手里收缴的全部鸦片近20000箱（约237万斤）当众销毁，沉重地打击了侵略者的嚣张气焰。

林则徐抗英有功，却遭投降派诬陷。道光二十一年(公元1841年7月14日)，昏庸、刚愎的道光帝为讨好英帝国主义，将在广东查禁鸦片立有首功的林则徐罢去钦差大臣和两广总督的职务，调往浙江军营“戴罪立功”。一个月之后，林则徐又被道光皇帝一道谕旨“从重发往伊犁，效力赎罪。”他忍辱负重，踏上戍途。

道光三十年(公元1850年)清政府为进剿太平军，再任命他为钦差大臣，督理广西军务。他带着儿子林聪勇和亲信幕僚刘存仁，离开了家乡福建，星夜兼程，直奔广西。当一行人路经广东普宁时，林则徐突然发病，且病情越来越重，不省人事了。公元1850年11月22

日，林则徐暴卒于潮州普宁县行馆，终年66岁。

关于林则徐为何突然发病而死，民间认为可能是被人陷害。因为林则徐在广东大力禁烟，得罪了不少人，被人下毒害死也是可能的。至于下毒之人，传得沸沸扬扬的就是林则徐在广东查办鸦片时雇用的厨子郑发，林则徐获罪充军伊犁后，郑发就投靠洋人了。

据坊间传言，林则徐临死前大喊“星斗南”三字，按福州方言，“星斗南”乃“新豆栏”。而“新豆栏”在广东十三行附近。按林则徐曾孙林兰岑的分析，广东十三行行商们，乃食夷利者，特恨林公，怕他重来使坏，故买通厨人郑发，用巴豆这种十分厉害的泻药熬粥给林公喝，林公于是病泻不已，委顿而死。更有人直接点名，最恨林公的，乃是行商商总伍家，听说林公复督粤事，巨恐，遂遣亲信带巨款贿赂林公厨人。林则徐死后，广东一带就传说：有人亲眼看见在广州一家客栈，十三行总头目伍绍荣手下的一名亲信与郑发窃窃私语，桌上有一堆白花花的元宝。还有人说，林则徐轿子的扶手上，抹有剧毒……

近年来有人根据新近发现的林则徐《讣文》和林则徐之子林汝舟《致陈子茂书》等材料，认为林则徐的死因不是被毒死也并不只是腹泻。自11月12日至15日，林则徐一直在赶路，没有服药，所以吐泻情况已很严重。15、16日服用“中和之剂”后，吐泻情况有所好转，但林则徐抱病继续日夜兼程，辛劳颠簸，身体得不到休息，病情则转为“胸次结胀”“痰喘发厥”，引发了心肺旧疾，以致“两脉俱空，上喘下坠”，“喘急愈甚”。在元气大亏、脾胃虚寒的情况下，医生却又“投以参桂重剂”“连进葠剂”，结果药力未及奏效，反使喘咳增加，舌蹇气促，加上他已是66岁高龄之人，经不起路途颠簸，终致无法挽救。

有关林则徐暴死的原因，还有其他说法，但仍是众说纷纭，莫衷一是，成为100多年来的一个谜。

光绪帝死因之谜

1908年11月14日傍晚，光绪帝驾崩；第二天下午，慈禧太后也断了气。38岁的光绪死在74岁的慈禧前面，而且仅隔一天。

1908年11月14日，光绪帝突然“驾崩”于北京中南海，死时年仅38岁。11月15日，掌控晚清政权达半个世纪之久的慈禧太后也死在中南海仪鸾殿内，终年74岁。皇帝和太后一前一后死亡，相隔不到20小时，消息一传出，顿时轰动北京，震动中国。

光绪帝的死亡很不寻常，他正当盛年，并且恰恰死在慈禧死的前一天。那些逃亡海外的保皇党，一边为光绪帝吊丧，一边大肆声讨慈禧太后与袁世凯，指责他们是谋害光绪帝的主犯；国内众人也狐疑满腹，流言纷纷。

光绪帝的死引起许多猜测，留下了许多不解之谜。

关于光绪帝的死因，历史上有许多不同说法，但大都与慈禧太后有关：

说法之一：慈禧知道将不久于人世，害怕自己死后光绪帝重新掌权，推翻自己的历史，于是派人毒死了光绪帝。清末名医屈桂庭多次给光绪帝看病，他在回忆录中说：“光绪帝在临死前三天，在床上不停地翻滚，并且不停地大叫‘肚子疼得不得了’。脸色发暗，舌头又黄又黑，明显是中毒症状。”根据这种说法，可判定光绪帝是被毒死的，最大的嫌疑人是慈禧太后，她掌控政权，又严密控制光绪帝，为保政权最可能下毒。

说法之二：袁世凯曾在戊戌变法中出卖光绪帝，他怕慈禧死后，光绪帝报复自己，于是通过太监用剧毒药物害死了光绪帝。据末代皇帝溥仪回忆：“我亲耳听到一个侍候光绪帝的老太监讲：‘光绪帝死前一天，只是用了一剂药，才变坏的。后来才知道这剂药是袁世凯送的。’”

说法之三：太监李莲英胡作非为，罪恶滔天，在得悉光绪帝的日记中载有西太后死后将诛袁世凯和他的消息后，与慈禧一起毒害了光绪帝。

说法之四：光绪帝体质虚弱，据医学专家根据光绪帝生前的病历，结合当时的历史背景和现代中医学理论，推断光绪帝是因为严重肺结核病加上其他并发症而死的。

然而，猜疑归猜疑，流言归流言，谁也无法提供光绪被害的确凿证据，究竟哪一个说法更接近于事实呢？光绪帝的确切死因到底是什么？史学界关于光绪帝死因的辩论从未停止，怀疑谋杀说和正常死亡说几经交锋，却一直没能形成学术定论。因此，光绪帝的死因似乎成为历史上一个无法破解之谜。

时间进入21世纪，随着科技的发展和考古工作的进展，光绪帝死因终于在他死后百年之际得到破解。科学家通过提炼光绪帝头发中的元素含量，经过科学测算，发现他摄入体内的砒霜总量明显大于致死量。

后来，又按照规范的法医检验要求和方法，提取了光绪遗骨及衣物样品测试，结果肩胛骨、脊椎骨和每件衣物的胃区部位、系带和领肩部位的含砷量很高；内层衣物的含砷量大大高于外层。再对光绪帝棺椁内、墓内物品和陵区水土等进行对比实验，最后他们得出结论：光绪帝头发上的高含量砷并非为慢性中毒自然代谢产生，而是来自外部沾染；大量的砷化合物曾存留于光绪帝尸体的胃腹部，尸体腐败过程进行再分布，侵蚀了遗骨、头发和衣物。而砷化合物也就是剧毒的砒霜。因此，专家认为，光绪帝是死于砒霜中毒。

可以肯定的是，光绪帝是被下毒谋杀的，那么谋害他的最大犯罪嫌疑人就是慈禧。光绪帝与慈禧太后之间积怨太久，仇恨太深，早已到了势不两立，有我无你、有你无我的地步。慈禧曾多次想害死光绪帝，她极为害怕自己死后，光绪帝报复她，让她死后不得安宁、死不瞑目，所以她可能预先设计毒死了光绪帝。

光绪帝在死亡前一天，向全国发布诏令，命令各地总督巡抚寻找名医名方，推荐进京，为皇帝治病。这件事起码说明了两点，一是皇帝这时非常清醒，不像一个意识模糊、即将升天的人；二是皇帝对治好自己的病充满信心。但是第二天皇帝就突然死了，令人感到奇怪。

更让人奇怪的是，就在同一天，清政府以光绪帝的名义发布两道诏令。第一道：命醇亲王之子溥仪，在宫内教养，并在上疏房读书。第二道：授溥仪之父载沣为摄政王。光绪帝早已无权力，不可能任命自己的接班人，那么最有可能下这道命令的人就是慈禧。慈禧一定要光绪帝死在她之前。果然，诏令下达第二天，光绪帝驾崩。第三天，慈禧也驾鹤西去了。

当然，这只是光绪帝中毒最大的可能性，下毒之人或许也永远不能确定，因为一切关键人物都已经不在人世了，但是，有一点是可以确定的，那就是谋害光绪帝的阴谋一定与慈禧有关，最大嫌疑人也是慈禧。

李莲英身首异处之谜

为一朝荣华，自阉而进宫，死后身首异处。

李莲英可以说是“自清以来太监中官品最高、权威最大、财富最多、任职时间最长的太监。”1966年的时候，李莲英的坟墓被打开，在他的坟墓中发现了大量的珍宝，不过令人吃惊的是，他的棺材里除一颗头颅和一条长辫子外，没有尸身。这是怎么回事呢？李莲英是怎么死的呢？

根据李莲英的墓志铭记载，他生于道光二十八年(公元1848年)，“年九岁入内廷充役使。”清宫档案的记载也证明，李莲英是于咸丰七年十月十一日由郑亲王端华府送进皇宫当太监的，但年龄是13岁。也许李莲英在净了身之后，没有直接到皇宫当差，而是在王府当了几年的差，才被郑亲王送进皇宫的。进宫后，他为人乖巧圆滑，左右逢源，工于心计，知道如何讨主子的欢心。很快便受到了慈禧太后的赏识，为慈禧太后面前的大红人。

李莲英在慈禧面前做了40多年的太监，真可谓是宫中少有的不倒翁。在这40多年中，李莲英借着得势的机会，收敛了大量的钱财。关于李莲英到底积聚了多少钱财，历史上并没有确切的记载。不过据说他曾经一次就收受过袁世凯20万两白银的贿赂。还有人说李莲英在光绪末年仅仅存放在京城各银号中的白银就有1600多万两。同时，李莲英还收敛了大量的地产和无数的玉器珠宝。从当时的记载来看，李莲英手中的钱财绝对是一个巨大数目。

光绪三十四年（公元1908年）十月二十二日，慈禧死后，李莲英办理完慈禧的丧事后便悄然消失了。对于他的下落至今仍然是一个谜。有人说他在慈禧太后死后，便向隆裕太后请求告老还乡，回到慈禧生前赐给他的南花园过起了低调的生活。他没有大兴土木，也没有过于招摇，只是悄悄地过继了几个侄子为自己的儿子，自己则整天像个花匠似的侍弄花草。直到3年后得痢疾而死。其间，甚至没有人知道他就是曾经在慈禧太后面前呼风唤雨的大太监李莲英。

也有人说，李莲英是被隆裕太后处死的，他死后隆裕太后还把他的巨额财产充了公。还有人说李莲英一生大量受贿于朝廷内外官员，在慈禧面前呼风唤雨得罪了不少的人，再加上手中的巨额财产也实在是为众多的贪财之徒侧目以待，想夺为己有。于是，李莲英在离开皇宫后不久就被人给暗杀了。甚至还有人说，李莲英是在山东和河北交界处被大盗给劫杀的，他被大盗一刀就结果了性命。

据《清稗类钞》宦官类记载和李家的后人回忆：李莲英并不是死于非命，而是得病而死。记载中称："孝钦殂后，不意又为隆裕后所庇……殆其病卒，隆裕后特赏银两千两。"李莲英的墓志铭中也说李莲英"退居之时，年已衰老，公殒于宣统三年二月初四日"。但李莲英到底是不是善终的呢？

从李莲英墓里的情况来看，李莲英似乎真的是被人杀了个身首异处而死的。不过也有人说，有些太监的墓里面都是只有一个头，这是因为那个时代的人都很迷信，以为自己的残缺之身是有辱祖宗容颜的事情，死后也没脸去见自己的列祖列宗。于是，死后只藏埋自己的头颅，而将身体舍弃。李莲英死后是不是也是这种情况呢？

法老图坦卡蒙死因之谜

法老图坦卡蒙的猝死，给世人留下了无限的悬念与遐想。谜底在哪？我们期待更多的资料来揭开这个谜底。

古埃及第18王朝，一个尚不谙世事、年仅9岁的小王子，在宰相的辅佐下登基做了该朝的第12位法老，他就是今天知名度最高的古埃及法老——图坦卡蒙。然而，图坦卡蒙在18岁的时候却突然神秘死亡。他的死因是什么呢？

1968年，为了对图坦卡蒙的死因进行研究，经批准，英国利物浦大学的研究人员对其木乃伊进行了X光透视。结果显示，在死者的脑腔中有一块曾移位的骨头，而在后脑勺处有一片颇似血凝块的阴影。对此，研究小组的负责人、埃及最高文物委员会主席哈瓦斯博士声称："这团阴影边缘并无异常，但事实上可能是由该部位的一次脑膜内出血造成的。而这次内出血大概是后脑遭到重击的结果。反过来说，这一击极有可能就是导致死亡的原因，也就是说图坦卡蒙很有可能死于一次谋杀。"当然，他也表示这也可能是一起意外事故造成的结果。但更令人惊奇的是，图坦卡蒙的颈骨似乎被木乃伊的制作者煞费苦心地重新对接过。那么，除了谋杀，还有什么原因能使法老的颈椎折断呢？一时间，图坦卡蒙死于宫廷谋杀的猜测甚嚣尘上。

虽然图坦卡蒙被谋杀的说法具有很强的说服性，但哈瓦斯博士对这一结论并不满意。哈瓦斯是埃及现代考古界一名具有传奇色彩的人物。30多年的职业生涯让他成为当今世界上发掘的古埃及法老陵墓以及接触到的木乃伊数目最多的考古学家。虽然屡屡"惊动法老神灵"，可是却安然无恙。

2004年10月，哈瓦斯顶住重重压力，毅然决定再次打开图坦卡蒙的棺木，以期彻底揭开困扰世人千年的有关图坦卡蒙死因之谜。2005年1月初，一支由哈瓦斯直接领导，另外4名埃及、2名意大利和1名瑞士的病理学家和人类学家组成的8人专家团成立。他们将图坦卡蒙法老的木乃伊再次从陵寝中取出，利用CT机对木乃伊进行了全身“体检”。检查过程花费了大约15分钟，从头到脚共为木乃伊拍摄了1700多张照片。

历时近3个月的深入研究，哈瓦斯终于在3月8日正式宣布：“图坦卡蒙法老并非被谋杀！”此声明一经传出，立即引起轩然大波。

哈瓦斯指出，图坦卡蒙破裂的头骨可能是负责埋葬制作木乃伊的工人造成的。他们可能在头骨上凿了一个孔，以便让尸体防腐技工把树脂和其他液体注入其中，准备将尸体做成木乃伊。研究小组的一些科学家还推测，头骨和上颈的损伤可能是考古队伍的操作失误造成的。在发现图坦卡蒙完好无损的墓室后，他们曾试图将金面具从图坦卡蒙木乃伊上分离下来，结果使木乃伊遭受到一定程度的损坏。

如果图坦卡蒙不是被谋杀的，那么他真正的死因又是什么呢？在研究中，专家们发现在图坦卡蒙的左大腿骨上有一个伤疤。依据这一伤疤的厉害程度，专家们断定图坦卡蒙在死前大腿一定受过重伤，因没得到及时治疗，致使伤口感染发炎。在那个时代，古埃及虽然很富饶，但是也没有能力生产出可以治疗感染的药物，更不会截肢的医学技术，这就可能导致图坦卡蒙的英年早逝。

被谋杀的疑团似乎解开了，但是专家们所给出的真正的死亡之因也只是推测而已。图坦卡蒙法老的木乃伊所隐藏的诸多谜团，什么时候能破解呢？这位3000多年前死亡的法老，何时才能够真正得以安息呢？

亚历山大大帝死于谁手

究竟是什么原因使驰骋三大洲的亚历山大大帝一病不起，历史学家会告诉我们答案吗？

亚历山大大帝一生纵横无敌，他曾率领马其顿希腊联军发起对波斯帝国的远征，用近10年的时间征服了东方广大地区，从而建立了横跨欧、亚、非三大洲的庞大帝国。但是，公元前323年夏，亚历山大在巴比伦突然患病逝世了，其病因始终是一个未解的疑团，他到底死于什么原因呢?

生于马其顿都城伯拉的亚历山大大帝(公元前356～公元前323年)出生于新兴的王族家庭，父亲是腓力二世。他小时候曾拜著名哲学家亚里士多德为师，受到良好的希腊文化教育；16岁就随父出征，又学得不少军事知识。他公元前336年即位，先后平定宫廷内乱，制服北方诸侯反叛，并击败了希腊各邦的反马其顿运动。公元前334年春，亚历山大带领着他的马其顿希腊联军，穿过赫斯湾海峡远征波斯。公元前333年，在小亚细亚伊苏城附近把大流士三世率领的波斯军队打得落花流水，并俘获了大流士三世的母亲和妻子。公元前327年夏，利用印度诸国之间的矛盾，亚历山大占领印度西北的许多地区。但是，由于当地人民的顽强抵抗以及战士的厌战情绪，再加上当地气温高，瘟疫流行，公元前324年，亚历山大军队分别从海陆两路回到了巴比伦。至此，历经将近10年的远征告一段落。

公元前323年夏，亚历山大突然暴病而亡，这时他正准备着一次新的远征。是何种疾病夺去了亚历山大的生命呢?

1.酒宴之后，一病不起

英国著名史学家赫·乔·韦尔斯在《世界史纲》中认为：“亚历山大在巴比伦有一回酩酊大醉以后，突然发烧，病倒、死去了。”《大英百科全书》同样认为，“在一次延长时间的酒宴之后，他突然得了病，十天之后，即公元前323年6月13日去世了”。美国学者杜兰·威尔在《世界文明史》中写道：“回到巴比伦后，亚历山大更是一天比一天沉湎于美酒。在一次宴会上，他喝光一杯可装6夸脱酒的大酒杯里所有的酒。第二天晚上，他又痛饮；那天夜里，天气突然转坏变冷，他得了感冒，于是病倒在床上。……到了第11天，他就死了。”日本学者大牟田章根据古希腊史学家的记述在《亚历山大》一书中的“宫廷日志”中对他发病以后的情况有详细的记载，并且流传下来。“夜色已残，醉意更深，亚历山大准备回房休歇了，可是却又禁不住密迪亚斯的请求，继续宴饮作乐。他整夜狂饮，第二天又喝了一整天的酒，到了6月1日，他发觉自己患了热病。……亚历山大被迁往河对岸的王宫，热度仍然未退，过了8天之后病情却越来越恶化，这时亚历山大已不能说话，兵士们一个个鱼贯而入，从他的病床旁经过，他用眼睛向兵士们一一致意，一切尽在无言之中，这是最后的生离死别!”

2.都是疟疾惹的祸

原苏联学者塞尔格叶夫在《古希腊史》中提出：“亚历山大死于恶性疟疾。”美国学者爱德华·麦克诺尔·伯恩斯和菲利普·李·拉尔夫在《世界文明史》中也写道：“公元前323年，他身染巴比伦疟疾，死时年32岁。”另一位美国学者富勒将军在《亚历山大新传》中进一步认为：“可能是因为他长期在沼泽地区与野蛮人作战染上了恶性疟疾，于6月13日日落时，他永远地闭上了眼睛,既未留下遗嘱，也未指定继承人……”

3.为毒药所害

古希腊史学家阿瑞安在《亚历山大远征记》中除记述了亚历山大连日跟迈狄亚斯 (密迪亚斯) 一起饮酒作乐，以致受寒发烧，最后死去外，还叙述了其他一些情节，说部将安提帕特曾送给亚历山大一服药，他是吃了这服药才死的，并说这服药是亚里士多德替安提帕特配的。药是盛在一个骡子的蹄子里，由安提帕特的儿子卡山德送到亚历山大那里去。卡山德的弟弟埃欧拉斯是亚历山大的御杯侍从，不久前亚历山大曾冤枉了他，他一直怀恨在心。还有人说，在这件事情中，迈狄亚斯还插了一手，那次狂饮就是迈狄亚斯提议的。说亚历山大一口把那杯酒喝完后就感觉剧烈疼痛，这就是他当时离席的原因。

古希腊史学家普鲁塔克也有类似的描写，他说，亚历山大曾怀疑他的朋友。最大的忧虑是安提帕特及其儿子们：埃欧拉斯和卡山德。卡山德曾在看一些野蛮人朝拜国王时抑制不住大笑起来，这使亚历山大十分恼怒，以致用双手抓住他的头发并把他的头往墙上猛撞。另一次，卡山德为了保护安提帕特，指责那些告发者，而受到亚历山大的训斥。所有这些，在卡山德的头脑中留下了深刻的印象，以致很久以后当他成为马其顿国王时，每次来往经过特尔斐神庙看到亚历山大塑像时，都会突然感到极大恐惧，并全身发抖，头脑发晕，眼睛翻转，且要过很长时间才能恢复过来。他还说，当时并没有人怀疑亚历山大是被人毒害的，但是由于6年后的一些情况，有人认为亚历山大的死是亚里士多德劝安提帕特干的，还为安提帕特提供了毒药。毒药是从诺那克里斯岩石中蒸馏出的，似冰的水，盛在骡子的蹄子里。

到底是什么原因使得亚历山大大帝一病不起，古今学者一直在探寻，但至今谜底仍未解开。

埃及艳后死因之谜

英雄难过美人关，美色成为女人成功的资本，又有多少英雄在此落马！

《埃及艳后》的影片相信不少人都看过。克里奥帕特拉那令人倾倒的姿色、狡猾的手腕、传奇风流的一生让人难忘。有人说，克里奥帕特拉是“尼罗河畔的妖妇”，是“尼罗河的花蛇”；也有人说，克里奥帕特拉是世界上所有诗人的情妇，是世界上所有狂欢者的女主人；罗马人对她痛恨不已，因为她差一点让罗马变成埃及的一个行省；埃及人称颂她是勇士，因为她为弱小的埃及赢得了22年的和平……然而，就是这样的一代埃及艳后的死因，竟然一直成为不解之谜。

克里奥帕特拉七世是埃及国王托勒密十二世和克里奥帕特拉五世的女儿。公元前51年，托勒密十二世去世，按照遗诏和当时法律规定，21岁的克里奥帕特拉和比她小6岁的异母弟弟结成夫妻，共同执政。由于在宫廷斗争中失败，公元前48年，她被其弟逐出亚历山大城。她野心勃勃，在埃及和叙利亚边界一带招募军队，准备回埃及跟弟弟争夺王位。此时，适逢罗马国家元首恺撒追击其政敌庞培来到埃及，克里奥帕特拉的一个党人想出了一条巧计：把女王包在毯子里，然后派士兵化装成商人，把女王克里奥帕特拉抬到行馆。

当时恺撒还以为是行囊，打开一看，使恺撒又惊又喜，出现在他面前的竟是一位具有维纳斯女神般的黄金身段、妩媚卓越的风姿、甜美艳丽的女子——克里奥帕特拉。恺撒立刻为她的美貌所倾倒，两人一见钟情。

克里奥帕特拉夜闯军营的“壮举”，后来自然得到了满意的回报，她成了大权独揽的埃及女王。

公元前45年，克里奥帕特拉七世就应恺撒之邀来到罗马。当她进入罗马城时，恺撒亲自去迎接，同时也轰动了整个罗马上层社会。不料恺撒于公元前44年3月15日遇刺身亡，她怅然离开了罗马。

恺撒死后，安东尼称雄罗马。克里奥帕特拉很快便投入了他的怀抱。为了讨得艳后的欢心，安东尼遗弃了他的妻子，与克里奥帕特拉举行婚礼，并擅自将罗马帝国在东方的大片殖民地送给了被他尊为“众王之女王”的克里奥帕特拉。为此，他激起了罗马人的愤怒，在屋大维的煽动下，罗马元老院和公民大会撤销了他的执政官职务，并剥夺了他的一切权力。

公元前31年，安东尼与屋大维会战于阿克提乌姆海角，安东尼战败自杀。

克里奥帕特拉之死
海战的失利和安东尼的死，使艳后失去了活下去的勇气。

克里奥帕特拉被屋大维生俘后，她还抱着一丝幻想。然而，当她得知她将作为战利品被带到罗马游街示众的消息后，便恳求屋大维让她为去世的安东尼祭奠。她写了自己的遗书，沐浴后，用了一顿丰盛的晚餐。

此后，便怅然地进入自己的卧室，安详地平躺在一张金床上，从此再也没有醒来。

克里奥帕特拉女王真的是自杀吗?

克里奥帕特拉在自杀前，曾向屋大维送出了一封自杀信。美国明尼苏达州明尼阿波利斯市犯罪研究专家帕特·布朗说：“这显然不符合自杀者的性格。一个决心自杀的人绝不会事先向某人先送出一份示警性的遗书，好让他跑来拯救自己。”

另外，史料记载，克里奥帕特拉用于自杀的是一条埃及眼镜蛇，在实验数据中，被眼镜蛇咬中最快的死亡也要两小时；尽管医学史也记载着一些中了眼镜蛇毒后20分钟内就死亡的事件，可屋大维的卫兵接获命令冲到埃及艳后住处时，距埃及艳后遣人送信仅相隔几分钟时间。但当卫兵抵达现场时，埃及艳后已经香消玉殒了。

帕特·布朗称，众多证据都显示埃及艳后很可能是死于一场精心策划的谋杀，最有嫌疑的正是后来成为奥古斯都大帝的屋大维。因为他后来又杀死了克里奥帕特拉和恺撒的私生子恺撒利昂。况且“在埃及从没有女仆陪主人自杀的传统，为什么那两名女仆埃拉斯和查米恩在埃及艳后恐怖自杀后不立即撞门喊卫兵帮忙，而是选择一起死亡呢？答案非常简单：屋大维除掉了所有目击者。”

克里奥帕特拉之死究竟是自杀还是他杀？迄今为止历史学家都没有做出最终结论。

威廉二世死因之谜

自古宫廷多纷争，手足、亲人相残之事比比皆是，威廉二世也是为此而命丧狩猎场的。

威廉二世 (公元1056～1100年)，又名“胡佛”，自公元1087年成为英王直到公元1100年，其势力覆盖诺曼底,以及在苏格兰也具有影响力。

威廉二世最让人记忆深刻的不是他的历史功绩，而是他在皇家狩猎苑新林狩猎时的意外死亡。在那次狩猎中，他被一箭穿心而射杀，但事情的真实情况至今不得而知。

在公元1100年8月的一个白天，威廉二世在皇家狩猎苑新林骑马狩猎，他的弟弟亨利和一些随从同行。一行人分为几个狩猎小组，国王和他的亲信蒂雷尔一组猎鹿。国王看见一只赤鹿跑过，立刻射了一箭，射中了赤鹿，但并没射死。在威廉二世观察那只受伤的赤鹿的行走路线的时候，蒂雷尔射了一箭，鹿没有射到，却射中了国王。受了重伤的国王一声不吭，只是一手折断了射入他胸口的箭，这更加速了他的死亡。惊恐之下，蒂雷尔跃马而去，拼命地逃跑，尽管当时没有人在追踪他：有些人为他感到遗憾，有的人则协助了他的逃亡。

国王死后，亨利则和其他的人策马飞奔，赶到临近的收藏皇室财宝的曼彻斯特，亨利把财宝抢到并确实予以掌握后，便马上赶回伦敦，加冕登基为亨利一世。此时，距威廉二世去世之日仅3天，众人从猎鹿的树林离开时，威廉二世仍然暴尸荒野。

几个世纪以来，关于威廉二世是被谋杀的传言屡禁不止，历史学家认为像蒂雷尔那样的神箭手，是不可能出这样的纰漏。威廉二世的兄弟亨利，曾经参与了那次狩猎活动，是威廉二世之死的直接受益人，在威廉二世死后不久他就登基。

威廉二世之死至今仍是疑点重重：威廉二世是死于意外，还是被他那充满野心的弟弟谋害了呢？或是如最近有人所说的威廉二世心甘情愿依照异教徒的可怕教规自杀身亡呢？大多数人当然相信传说中所出现的凶兆，这凶兆是威廉二世到新林狩猎前夕所做的一个噩梦，梦见自己躺在血泊中而被惊醒，惊醒时不断狂叫。此外，还有人说听见国王命令蒂雷尔杀死他，因为根据威廉二世信仰的“宗教”，他已经老而无用，作为一个权力逐渐衰落的国王，必须在仪式中引颈就戮。

据记载，威廉二世和弟弟亨利的关系并不好，威廉一世共有3个儿子，威廉二世是老二。威廉一世在世时已给3个儿子分家，留给长子罗伯特的是法国的诺曼底，给次子威廉的是英国，亨利则没有土地，只获得一笔财富。罗伯特与威廉二人经常争执不下，甚至兵戈相见，但是二人在公元1096年以诺曼底为抵押，罗伯特向威廉借了他们所需的钱。罗伯特在公元1100年夏季启程返国时，还娶了一个十分富有的女人。威廉决定，决不让哥哥还债把诺曼底赎回，他开始计划强夺诺曼底。新林猎鹿驾崩事件就是在做这种准备的时候发生的。

如果亨利真的企图篡夺王位，他一定已把形势看得非常清楚。出乎意料的新发展对他篡位的计划有所妨碍，所以亨利先下手为强，其后只需对付一个哥哥而不必再与两位兄长争雄。威廉驾崩，罗伯特又远在他乡，亨利就能篡夺他原本无权过问的王位。而证明亨利要对猎鹿时发生“意外事故”负责的一个有力证据是：他从未试图抓蒂雷尔回来以弑君之罪论处，甚至没有没收蒂雷尔的土地以示惩罚。

可是，以亨利的本领和为人是否能组织这样一个谋朝篡位的大阴谋呢？蒂雷尔跟主谋勾结杀掉恩公和朋友，又会得到什么好处呢？事实上自惨祸发生后直到去世时，蒂雷尔都不承认他有弑君行为。

威廉二世之死，亨利的嫌疑可谓是最大。真凶何在，我们只能拭目以待。

麦哲伦之死

麦哲伦的一生都是在海上度过的，他的生命也是在航海中结束的。

费尔南多·麦哲伦（约公元1480～1521年），出生在葡萄牙北部。作为葡萄牙著名航海家和探险家，麦哲伦先后为葡萄牙（约公元1505～1512年）和西班牙（约公元1519～1521年）作航海探险。从西班牙出发，绕过南美洲，发现麦哲伦海峡，然后横渡太平洋。虽在菲律宾群岛被杀，但他的船队依然继续西航回到西班牙，完成史上第一次环球航行，被世界认为是人类历史上第一次环球航行的组织者。

公元1522年9月6日的西班牙塞维尔港一派热闹繁忙的景象，一条名为“维多利亚号”的航船返回了。这条船上，有著名的航海英雄麦哲伦。但当船只靠岸时，沸腾的人群立即平静下来，因为眼前的情景太悲惨了：在仅有的一只海船上走下了18名骨瘦如柴的船员，始终没有看到麦哲伦的影子……

麦哲伦于公元1480年出生在葡萄牙一个没落的骑士家庭，属于四级贵族子弟。少年时被父亲送进王宫服役，曾做过王后的侍童。16岁进入国家航海事务厅。由于这段经历，年轻的麦哲伦对航海十分神往。

公元1505年，麦哲伦参加了葡萄牙的远征队，先后到过东部非洲、印度和马六甲等地进行探险和殖民活动。麦哲伦为葡萄牙建立过功勋，但8年航行归来后，除了身上的战伤和一个跟随他的马来西亚奴仆亨利外，麦哲伦一无所有。

33岁时，麦哲伦回到了家乡葡萄牙。他向葡萄牙国王曼努埃尔申请组织船队去探险，进行一次环球航行。可是，国王没有答应，因为国王认为东方贸易已经得到有效的控制，没有必要再去开辟新航道了。

公元1517年，麦哲伦放弃葡萄牙国籍，移居西班牙。他向西班牙国王查理一世呈献了一幅绘制得十分详尽的彩色地球仪，上面标明了拟定的航线。国王非常欣赏他的才能和勇气，立即答应了麦哲伦的要求，出资装备了船队。

公元1519年9月20日，麦哲伦率领一支由5条海船、265名水手组成的远航队，从西班牙圣卢卡港出发了。船队在浩渺的大西洋中航行了70天后，到达了巴西海岸。船队继续向南行驶，于公元1520年3月31日，到达现在阿根廷境内的圣胡利安港。

在这里停留期间，由于天气寒冷，再加上粮食不够吃，船员疲惫不堪，情绪十分低落。后来，船员内部发生叛乱，3个船长联合反对麦哲伦，不服从麦哲伦的指挥，责令麦哲伦去谈判。面对突如其来的变故，麦哲伦非常镇静，他派人假意去送一封同意谈判的信，并趁机刺杀了叛乱的船长官员，机智地镇压了叛乱。但仍有两条船在骚乱中被浮冰撞碎，沉入海底。

公元1520年8月，船队继续向南航行，两个月后，奇迹终于出现了：大家梦牵魂绕的“大海峡”就在眼前。麦哲伦带领剩下的3条船只经过28天航行，终于在10月28日走出了海峡的西口。后来，为纪念麦哲伦的功绩，人们就把这个海峡称为“麦哲伦海峡”。

船队再往西行，来到现今的菲律宾群岛。此时，麦哲伦和他的同伴们终于首次完成横渡太平洋的壮举，证实了美洲与亚洲之间存在着一片辽阔的水域，而且这个水域要比大西洋宽阔得多。这样为后人的航海事业起到了开路先锋的作用。

菲律宾群岛是麦哲伦环球航行中最辉煌的地方，也是他辉煌生命的终点。公元1521年4月7日，麦哲伦的船队到达了村庄林立、人口众多的宿务岛。在隆隆的鞭炮声中，西班牙人在岛上竖起了巨大的十字架，宣称该岛属于西班牙国王。

随后他们又要求当地土著人接受基督教的洗礼，接着又强迫宿务岛周围岛屿的土著人屈服。其中的马克坦岛反抗最为激烈。公元1521年4月26日半夜，麦哲伦率领着60名船员，分乘3条船，前往马克坦岛，准备凭借先进的武器来镇压马克坦岛人的反抗。

不料，反抗的岛民们早已严阵以待，麦哲伦命令火炮手和弓箭手向他们开火，可是攻不进去。接着，岛民向他们猛扑过来，船员们抵挡不住，边打边退，岛民们紧紧追赶。麦哲伦急于解围，下令烧毁这个村庄，以扰乱人心。岛民们见到自己的房子被烧，更加愤怒地追击他们，射来了密集的箭矢，掷来了无数的标枪和石块。当他们得知麦哲伦是船队司令时，攻击更加猛烈，许多人奋不顾身，纷纷向他投来了标枪，或用大斧砍来。麦哲伦就在这场战斗撤退中先被马克坦岛民投来的标枪刺中腿部跌倒在地，继而马克坦岛人蜂拥而上，结束了冒险家的性命。

由于他的同伴们撤退紧急，连岛民们后来怎么处理的麦哲伦尸体都不知道。当日下午，剩余的船员试图用金银财宝赎回麦哲伦的尸体，但遭到了拒绝。就这样，麦哲伦的生命之船在马克坦岛搁浅了。

从公元1519年9月到公元1522年9月，麦哲伦和他的船员们花了整整3年的时间，终于完成人类的第一次环球航行。麦哲伦船队的环球航行，用实践证明了地球是一个球体。这在人类历史上是永远不可磨灭的伟大功勋。麦哲伦虽然死去了，但是他对后世航海事业和科学事业所作的贡献，却是让我们每一个人都不能忘记的。

拿破仑死因之谜

三位随从的神秘死亡、验尸报告的有意疏忽和19年后尸体的完好无损，为拿破仑的死亡之谜蒙上了一层神秘面纱。

曾经不可一世的法国皇帝拿破仑在他亲手建立的法兰西第一帝国垮台后，被英国人囚禁在南大西洋孤岛圣赫勒拿岛上，度过了生命中的最后6年光阴。1821年5月5日17时49分，这位曾叱咤欧洲大陆的风云人物与世长辞。当时的尸检结果是死于胃癌。拿破仑的家族有癌症史，且在被解剖时他的胃已溃烂，于是人们在相当长的时间内相信了这个权威性的结果。

拿破仑死于胃癌之说之所以备受争议，是因为其中存在太多的疑点，似乎有种种迹象表明他是被神秘谋杀的。1819年，拿破仑最忠实的随从，从小与拿破仑相识，同样来自科西嘉的塞普裏亚尼突然生

拿破仑的棺木

病并死亡，在此之前还有另外两个仆人也是这样神秘地死亡。拿破仑因此“预感”到自己将是这一连串阴谋事件的最终目标。拿破仑因此在遗嘱中特别吩咐，一定要对他的身体进行最详细的检查。在经历了一个月极其痛苦的折磨后，拿破仑于1821年5月5日逝世。

1982年，一个瑞典牙医宣布拿破仑是被慢性砒霜毒死的，几乎震惊了世界。这位拿破仑的崇拜者进行了20多年的研究，包括关于拿破仑的论文和医疗记载。曾随拿破仑一起流放圣赫勒拿岛的仆人马尔尚在其日记中写道，拿破仑去世前“经常失眠，腿部肿胀无力，掉头发，偶尔抽搐，总是觉得口渴”。这名牙医发现拿破仑患病期间的症状完全符合慢性砷中毒的结果。而且他还找到了拿破仑生前赠送友人的几缕头发，那里面的砷含量也是远远高于正常人。这更加坚定了他的信心。

拿破仑如果真的是砷中毒而死，那么这背后的黑手是谁呢？有人怀疑是英国政府，但对于英国人来说，当时的拿破仑不具有潜在威胁。那他对谁才具有威慑性呢？有人认为是他的侄子路易·波拿巴，当时的法国皇帝。但是谁能证明他侄子曾经派人去下毒害死自己的伯父呢？这都只是猜测。

很明显，那个谋杀犯应该在拿破仑被流放的整个时期都在圣赫勒拿岛。拿破仑战败被囚禁在圣赫勒拿岛之后，从头至尾陪伴拿破仑的只有蒙托隆和第一仆人马尔尚两个。人们从蒙托隆第五代子女家中发现蒙托隆写给妻子阿尔比娜的信件、私人日记、回忆文章和许多草稿等。在书信中人们发现了蒙托隆下毒的“确凿证据”。

蒙托隆出身贵族，是个公爵，因对拿破仑献媚而被封为将军。当时，蒙托隆欠下大笔债务，为了使自己得到资金接济，他很有可能觊觎拿破仑的钱财，希望凭借自己对拿破仑的一片赤诚和殷勤伺候，能得到拿破仑巨大遗产的一大部分。事实上，拿破仑在遗嘱中已经答应给他200万法郎金币的遗产。但蒙托隆的胃口比这要大得多，因而对拿破仑产生不满。在当时，蒙托隆伯爵是唯一有机会下毒的人。如果是通过饭菜下毒，那么岛上其他人也不能幸免，肯定是通过酒下毒。岛上有一个拿破仑私人专有的地下酒窖，而只有蒙托隆伯爵才能进入酒窖。

也有一些历史学家认为，蒙托隆与波旁王朝皇帝路易十八世的弟弟、后来的法国皇帝查理十世关系密切，是法国保皇党和英国的“走狗”，而这两派力量均希望能“尽早除掉拿破仑”，以防他再次回到法国“闹革命”。有人称，在法国国王路易十八的兄弟阿图瓦公爵指使下，蒙托隆多次阴谋杀害拿破仑。这位公爵作为王室继承人，担心拿破仑复出推翻君主政体，因此非常热衷组织和资助暗杀拿破仑的行动。

自此，很多人相信拿破仑是被人下毒害死的。然而最近又有专家坚定地认为拿破仑最后是因胃癌去世。于是，一些专家指出，弄清拿破仑死因的最好方法就是能“开棺验尸”，并对其遗体进行“DNA测试”，但这对许多法国人来说，是件“完全不能接受的事情”。一些拿破仑亲属则认为，“有关拿破仑的死因并不重要，因为他还有许多更重要的问题需要进行研究。”

拿破仑死后19年，也就是1840年，在跟随他一起流亡的几个随从的监督下，拿破仑的坟墓被重新挖开，尸体最终被一直放置在巴黎的荣军医院教堂。现在，那里已经成为一个神殿和旅游胜地。虽然人们对拿破仑的死因仍争论不休，但法国人提起这位曾经叱咤风云的皇帝，仍感到十分自豪，因此他的墓碑前每天都围满了参观者。

柴可夫斯基死因之谜

柴可夫斯基为我们留下了许多动听的音乐，然而他的死因至今还没有确切的说法。

1893年11月6日凌晨，俄国著名音乐大师柴可夫斯基突然结束了他那瑰丽的一生。这一年，音乐家的个人声誉急剧提高，事业达到了辉煌的阶段。他的溘然长逝使人们对他的死亡充满了好奇。

柴可夫斯基的音乐上至沙皇，下到寻常百姓，人人皆爱，在西方他总是被誉为最著名的俄国作曲家。从传统的角度而言，柴可夫斯基的一生可谓体面风光。他生于1840年，接着是顺利地学习、工作和创作，完成10部歌剧、3部芭蕾、6首交响乐以及无数的其他体裁的音乐作品。虽然一些传记对柴可夫斯基无端的寂寞和深沉的痛苦穿凿附会。但是这些折磨心灵的真正原因，长久以来一直是无解的谜。

在柴可夫斯基死后的第12天，也就是1896年11月18日，他创作的《第六交响乐》（悲怆）第二次公演，取得了巨大的成功。乐曲自始至终的悲剧性的形象和气氛，给人们留下了美好而又深刻的印象。然而，也正是由于作品流露出的这种悲哀痛苦的情绪，使得人们更加关注柴可夫斯基的死因，好像悲怆的《第六交响乐》成了柴可夫斯基“自杀”的“预言”。 他创作《第六交响乐》，原意是想献给自己的外甥费拉奇米尔·达维多夫的。不料命运之神却跟他开了一个大玩笑，这支交响乐的演出竟与他的死紧密相连，并成为他的死因之谜。

柴可夫斯基死后，官方宣布了他的死因：在彼得堡爱乐厅指挥《第六交响乐》（悲怆）之后，柴可夫斯基在其弟马德斯特和其他家人的陪同下，走进涅瓦大街一家名为莱涅拉的时髦餐厅。当时柴可夫斯基有点口干，于是向餐厅要了一杯水解渴。第二天他便患上急病，医生认为柴可夫斯基所喝的水里带有霍乱病菌，使得柴可夫斯基因而感染霍乱。几天后（1893年11月6日）柴可夫斯基便与世长辞。

但是，一百多年以来，人们一直对这种官方说法抱有很大的怀疑，喝水感染霍乱的奇怪说法无法令人信服。柴可夫斯基多年来身受肠胃病之苦，严格遵守饮食规定，对于食物的卫生尤其重视。因此当医生的警语和医疗指南在所有的报纸上大加倡导之时，一杯生水和传染病的故事，看起来实在有点不合情理。

后来，有人发现一份所谓柴可夫斯基写的“秘密标题”的草稿，上面写着：这部交响乐的计划的最终本质是生活。第一部分——全是冲动的热情、信心和渴望活动，必须短（终曲：死亡——崩溃的结果）；第二部分——爱；第三部分——失望；第四部分——以死亡为终结（也要短）。于是，人们以此为据，证明柴可夫斯基死于“自杀”。然而，《第六交响乐》却绝不是作者为自己“自杀”所写的“挽歌”。因为，1893年这一年，是作者获得极高荣誉的一年。此时他的声望在俄国如日中天，并获得世界各国音乐界的肯定，而且有亚历山大三世的大力庇护，给予终身养老金，还制订长远的生活计划，可谓前景无量。况且在柴可夫斯基的书信和日记中，没有沉重危机和极度忧伤的只言片语，足以逼迫音乐家走上绝望之路。人们怎么也找不出他自杀的理由。

后来学者又通过考证认为，柴可夫斯基很有可能是自己服用砒霜而自杀。但是，这都只限于猜测。声名显赫的柴可夫斯基是否真是自杀，至今仍然还是一个谜。

在真相没有水落石出之前，围绕柴可夫斯基死因的争论必然还很多。然而无论音乐家的真正死因为何，柴可夫斯基在音乐史上的地位和他在音乐爱好者心中的价值，永远是崇高和珍贵的。他的音乐美化人类的感情，点缀凡俗的生活，留给世间心灵的火花和美丽的宴飨。

朝鲜皇帝李熙暴死之谜

朝鲜的“三·一”起义因其皇帝的暴死而起，至于皇帝暴死的原因，仍是一个疑案。

1919年1月22日，朝鲜第26代皇帝李熙突然暴死，直接导致了震惊世界的朝鲜“三·一”起义。然而，李熙为什么会猝然死去却成了一个疑案。

李熙生于1852年，是大院君李罡应的第二个儿子，12岁即位，号高宗。李熙在孩童时代可谓享尽了一代帝王的荣华富贵生活，然而当他亲掌政权时，朝廷内部展开了争权夺利的斗争，国力日衰，而雪上加霜的是，日、俄帝国主义乘虚而入，占领了朝鲜。从此，李熙过上了悲惨的生活，饱尝了受人欺侮的岁月。

1894年6月21日，日本驻朝鲜公使无视皇帝尊严，公然带兵冲进王宫抢劫财物，将李家王朝500多年来聚积的珍宝抢夺一空。面对日本强盗，李熙吓得脸无人色，浑身发抖，却又无可奈何。1895年10月，在日本公使和汉城日军守卫队长的策划下，日军包围了王宫，并向王宫卫队开火。40多名日本暴徒带刀闯进宫内，王后、大臣、宫女都惨遭杀害。

更为嚣张的是，日本公使还强迫高宗下“断发令”，强制朝鲜人改变传统习俗，禁止留发。在暴力威逼之下，李熙只好和儿子一起带头剪发。受尽侮辱的皇帝感到日本人实在是欺人过甚，于是想依靠俄国人来重振威风。然而俄国人却趁机在朝鲜作威作福，并唆使朝奸在1898年9月12日皇帝祝寿之日，在寿茶中放毒药加害皇帝，还好高宗躲过一劫。

在走投无路的困境下，为了维护国家的独立，挽救皇帝尊严，李熙于1907年派遣使臣前往海牙向参加第二届“万国和平会议”的代表要求保护朝鲜独立，废除日本强迫朝鲜签订的保护条约，但此事不仅未成，反为日本所嫉恨。

1907年，日本帝国主义便迫使李熙退位，并把他幽禁在德寿宫内，将其子李坧扶上台做傀儡皇帝，此时的朝鲜政府已名存实亡。1910年，日本公开抛出了《日韩合并条约》，正式将朝鲜吞并。

此后，李熙父子作为日本天皇统治下的特殊臣民，被囿禁在旧王宫里，终日过着寂寞怨恨的亡国生活。1917年，当李熙听说他的第四个儿子同日本姑娘芳子结婚时，顿时悲愤交加，从此一直卧床不起。1919年1月22日，李熙猝然死去，终年67岁。

对于李熙的死，朝鲜民众议论纷纷，从王宫中传出，李熙是被毒死的。说日本人指使朝奸韩相鹤把毒药放到李熙食用的醋中，李熙吃过此醋后，不久毒性发作，次日凌晨3时即死去。死后两眼赤色，全身有红斑且有腐烂，不像病亡。而日本殖民当局为了遮人耳目，便发出公告，说李熙皇帝因脑出血而死去，但又没公布详细的病情报告。

朝鲜的人民一直把李熙看成是国家的代表、臣民崇拜的偶像，猝死之事引起了朝鲜民众的愤慨，各地民众都披麻戴孝来到首都吊丧，整整7天7夜吊唁的人络绎不绝，把皇帝的葬礼变成了一次反日民族大起义。3月1日，广大民众唱着《祖国光复》歌，纷纷涌进汉城塔洞公园，宣读《独立宣言》，散发《宣言书》，并以祭奠为名，在汉城举行了一场声势浩大的游行示威。虽然日本军队挥舞着刀棍向赤手空拳的群众扑去，但游行队伍丝毫没有畏惧，还是浩浩荡荡的向日本侵略者冲去。

这股反日斗争烽火迅速燃遍了朝鲜的三千里江山。李熙皇帝的暴死成了朝鲜"三·一"人民大起义的导火线。但是，李熙皇帝究竟是病死的，还是被毒死的？至今仍是一个悬案。

苏联政治家基洛夫死因莫测

温馨甜蜜的爱情与政治斗争似乎是风马牛不相及的事情，然而，这二者却总是发生某种微妙的关系。苏联政治新星基洛夫被刺一案就给人们留下了谜团。

1934年12月1日，联共(布)中央政治局委员、列宁格勒州委第一书记基洛夫去找州委第二书记丘多夫了解关于取消列宁格勒实行的面包配给制的问题所做的准备工作进度情况。这个时候，基洛夫的警卫却违反了警卫工作守则，走在距离基洛夫很远的地方。当基洛夫伸手去开门时，一个潜伏在走廊已久的刺客向他射出了子弹。

基洛夫被誉为刚刚升起的政治新星，在党内的地位简直可以同斯大林平起平坐了，为什么他会如此神秘地陨落了呢?基洛夫为何会如此轻易地被谋杀?有没有其他的人在幕后指使?到了今天，人们尽管已揭露了许多真相，印证了许多事实，但还是有许多不被人所知的谜有待解开。

说法一是基洛夫死于情杀；说法二是情杀的背后隐藏着一场政治阴谋。总之，似乎都与一个"情"字有关。

许多当事人在回忆这起震撼整个苏联的"基洛夫案"时，谁都没有提到基洛夫有可能死于情杀。但却有大量的事实被揭露，是关于凶手尼古拉耶夫如何杀害基洛夫的内幕。亚历山大·奥尔洛夫将军曾经是一位苏联内务部官员，做了如下的记述：

“在党内地位愈发举足轻重的基洛夫，逐渐成了斯大林的绊脚石，而且他从不对斯大林唯唯诺诺。但在1934年的时候，斯大林还没有足够的权力随意处置一位政治局委员。更何况随着基洛夫的威望越来越高，他的地位也越来越重要，要想定他的罪并不是一件容易的事。唯一的办法就是除掉他，并把这个弥天大罪加在原反对派领袖的头上，继而一箭双雕，一面高喊着‘血债血还’的口号，一面大刀阔斧地除掉所有对领袖具有威胁的人。”

而且几乎所有当事人、知情人都非常肯定，“基洛夫案”是有着幕后策划的政治阴谋。常言道：“若要人不知，除非己莫为。”据有关人士透露，早在1934年夏，基洛夫在哈萨克斯坦出差时，就有人企图杀害他。距基洛夫被害的1个月前，一位在内部工作的高级官员忧心忡忡并好像有先见之明地对他的朋友说：“一场可怕的暗杀活动正在列宁格勒酝酿着。”

如果说基洛夫遇害前的种种迹象已向世人表明，这是一场蓄谋已久的政治阴谋，那么在案发后案件的见证人纷纷“失踪”，就更让人坚信这是一场政治阴谋。

当然，在这个问题上，也有不同意这是一场政治阴谋的说法。基里琳娜就断言，关于斯大林参与谋杀基洛夫的说法是没有根据的，因为从来就没有发现过任何证据，无论间接的还是直接的。

看来，基洛夫被刺案的真相还有待于资料的进一步揭示。

墨索里尼是丘吉尔下令除掉的吗

有关墨索里尼之死的说法充满了各种传奇色彩和争议，也一直是个让人不解的谜。

墨索里尼是意大利法西斯独裁者，国家法西斯党党魁，首相，第二次世界大战主要战犯。

根据官方历史记载，1945年4月28日下午4时10分，墨索里尼和他的情妇在意大利科莫湖畔被意大利游击队处决。然而，事实真是如此吗？

意官方电视台播出的一部纪录片中声称，当时，法西斯阵营失败，墨索里尼认为有盟军和游击队生擒的危险，为逃避正义的制裁，准备化装逃走。墨索里尼仓皇出逃时，身上带有一份英首相丘吉尔的秘密信件。在这封信中，丘吉尔试图和意方面达成妥协，让意抛弃自己仍在两线苦战的德国轴心国盟友，单独和西方媾和。但问题是，丘吉尔在这封信中的内容完全违背了他和美国总统罗斯福1943年在北非卡萨布兰卡会议上达成的共识。

参与制作这部纪录片的美国资深记者彼得·托普金斯表示，丘吉尔试图和身为法西斯头目的墨索里尼达成妥协，是为了准备战后应对来自苏联的威胁。

根据解密的部分信件使托普金斯的说法变得非常可信。墨索里尼1945年4月24日写下的他一生中最后一封信件，他恳求丘吉尔，让他能“亲自出面干预”，保证他“得到公正的待遇，并获得自我辩护的机会”。

可能是为了不让自己和墨索里尼之间的秘密协议在这位法西斯头目被捕后公之于众，英国领导层最终决定除掉墨索里尼。前意大利共产党游击队员席格诺·洛纳蒂站出来证实说：“约翰上尉”潜入意北部活动的特别目的，就是为了除掉墨索里尼，而且为了行动的保密性，他的行动直接向英国、意大利战区的指挥官亚历山大陆军上将报告。

在得知墨索里尼等人被意共游击队逮捕之后，“约翰上尉”就和他一起偷偷前往关押地点。他们得到风声，墨索里尼被捕时身边有一只手提箱，墨索里尼口口声声对游击队员说箱子里面的东西“对于意大利的未来具有极为重要的意义”。

当潜入房间之后，洛纳蒂发现墨索里尼的情妇正坐在床上，而墨索里尼本人则站在一边。这时“约翰上尉”对洛纳蒂传达了来自伦敦最高层的行动指令：除掉房间内的这两个人。之所以要处决墨索里尼的情妇，是因为她知道的秘密太多了。当时的时间是4月28日上午11时。

在处决完两人之后，“约翰上尉”从自己的背包中取出照相机，拍下了两名死者的照片，他同时还找到了墨索里尼持有的“非常重要的文件”。

在听到枪声后，意游击队员随即赶到现场，带走了两具尸体，并将墨索里尼的尸体竖了起来，导演了一场“假枪毙”。墨索里尼和他的情妇又死了一次。

为了查明真相，墨索里尼之孙委托律师向意大利北部科莫的一家法院提出申请，要求当局进行验尸，以查明事件真相。事情会有结果吗？历史学家的质疑仍在进行中。

希特勒死亡之谜

第二次世界大战已经过去60多年了，但头号元凶希特勒的大结局仍然引人猜测。

作为第二次世界大战的发动者和头号战犯，希特勒一直是世界近代史上举足轻重的人物。有关希特勒的书籍不计其数，但对他最后时刻的描写，许多人都认为他是自杀身亡的。然而，事实上存在的种种疑点一直萦绕在人们的头脑中，希特勒死亡之谜至今尚未解开。

1945年4月30日，面对苏联红军对柏林的疯狂轰炸，希特勒宣称自己要与第三帝国共存亡。他和情妇爱娃·布劳恩双双服下毒药，然后又朝自己头部开了一枪。根据希特勒生前的命令，他和爱娃的尸体被人用毯子裹着搬到总理府暗堡外花园内，浇上汽油焚烧了。1945年5月4日，苏联侦察员在帝国总理府花园的一个弹坑里发现了被推测为希特勒和爱娃的两具焦尸。

一些历史学家认为苏军发现的其实并不是希特勒的尸首，而是他的替身。据说斯大林接到苏军报告后也认为希特勒没死，只是隐匿起来了，他对美国和英国领导人谈了这一看法。当时，英国首相艾德礼也认为希特勒仍在世。1945年6月在波茨坦会议上，他说出了这一推测。

如果希特勒没死，那么他会去哪里呢？有的说他去了意大利隐居；有的说他去瑞士做了修道士；还有人说他在英国做了渔夫；20世纪80年代末还有人声称见过他。当然，这只是传闻，不足为信。

1945年4月，攻入德国首都柏林的苏联红军的一个法医小组在总理府暗堡附近挖出被认为是希特勒的尸体。这具尸体的头骨有部分缺失，疑似开枪自杀所致。但其下颌与牙齿的情形与希特勒牙医的供述完全吻合。一年之后，那块缺失的头盖骨碎片终于在暗堡外找到。这块头骨碎片与早先发现的希特勒下颌骨以及他自杀时坐的血迹斑斑的沙发残骸一起被封存于苏联情报机构。

这块头盖骨碎片一直被认为是希特勒已死的“铁证”，而美国科学家经过DNA检测发现，这块头盖骨来自一名女性。这块头盖骨碎片应该也不属于当时33岁的爱娃，虽然她年龄和性别都符合，但过去文献中没有任何关于她开枪自杀或被枪杀的记录，她是被毒死的。这给希特勒的死亡增添了一个问号。

莫斯科犯罪学实验室对据说是希特勒开枪自尽时在沙发上留下的血迹的鉴定表明，这不是血，而是色泽相像的液体。就连被认为是希特勒的那具焦尸上的血型，同希特勒的真实血型也不符。焦尸的大脑内也未发现弹痕。

据此，有人认为当初在帝国总理府花园内发现的尸首并非希特勒。但是，现在已无法重新鉴别了，因为苏联克格勃主席安德罗波夫曾于1970年下令挖出并彻底焚毁埋葬在民主德国马格德堡苏军兵营里的希特勒和戈培尔全家的尸骨，骨灰随后抛入河中。有关焚毁过程的记录保存至今。

事实上，不管希特勒当年有没有死亡，他现在肯定已经死定了，因为如果他还活着，将有120多岁了。

谁帮助了戈林自杀

赫尔曼·戈林曾是法西斯德国“响当当”的人物，可却服毒自杀了，在连蚊子都不能自由进出的监狱里。

赫尔曼·戈林长期追随希特勒，深得希特勒的信任和赏识。在德国纳粹党他的地位也是仅次于元首希特勒，1939年，希特勒亲自将他定为自己的接班人，1940年，又授予他“帝国元帅”的称号，可谓是权倾一时。在第二次世界大战爆发之前，戈林掌管着德国的经济大权，他积极扩充军备，策划战争。第二次世界大战爆发后，戈林不仅亲自指挥空军作战，还制定了对犹太人的种族迫害政策，犯下了滔天罪行。可是随着战争的深入，戈林指挥的空军作战不利，使德国丧失了制空权；再加上老对头鲍曼在希特勒面前不停地打他的小报告，1945年，失宠的戈林被希特勒以“叛国罪”的名义逮捕，投进了监狱。第二次世界大战结束德国战败之后，他又落到了美军手中。

戈林被俘后，由于他的身份特殊，监狱采取了严密的看守措施。先是狱守彻底搜查了他的全身，除了卫生用品和必需的衣物以外的几乎一切东西都被没收了，在关押他的囚室四周安装铁栅栏，还设了高高的瞭望台。房子的每个角落都有士兵把守，连窗户也用铁丝网围着。囚室内除了床和椅子，再也没有别的东西。后来戈林又被转到纽伦堡监狱第五囚室，对他的管制就更加严格了。除了一套供换洗的衣服外，其他衣物都被收走。床是固定在地上的，桌椅白天给他搬进囚室，晚上又搬走。屋里所有的电线和金属物都拆走了，连窗玻璃也换成了透明的有机玻璃，室内整夜亮着灯，看守透过门上的监视镜来观察他的一举一动。每次战犯们出庭时，监狱都会对囚室进行仔细的检查，防止囚犯私藏物品用来自杀。

随着审判的进行，罪大恶极的战犯们一个一个地被法庭量刑定罪。戈林似乎也预感到自己的末日已经不远了，拒绝了同家属的最后见面。到了对纳粹战犯执行绞刑的那天，戈林居然平静下来了，在囚室里看了一会儿书，还记了笔记。绞刑定在午夜12时整举行，晚饭后医生为他作了身体检查，他还同前来告别的神父聊了一会儿，然后，他就睡下了。

大约21时20分的时候，中尉军官乌特尔巡视到了戈林的囚室，看到戈林仰面躺着，手放在毯子上，看上去就像睡着了。再过三个小时，戈林就要被送上绞刑架了，他觉得很诧异，为什么一个临刑的人还能睡得这么踏实？22时30分左右时，看守戈林的卫兵约翰逊突然看到戈林将双手举起放在胸口上，随后头向墙里歪去。他急忙冲进囚室，发现戈林自杀了！

在绞刑执行前两个小时戈林服毒自杀的消息传开，立即引起了不小的震动。这位大名鼎鼎的纳粹战犯显然不愿意在众目睽睽之下被送上绞架，罪有应得的他没有得到应该属于他的死亡方式。经过法医鉴定，戈林是服下了剧毒化学物氰化钾自杀的。谁能想到，戈林居然能在连一个蚊子都不能自由进出的情况下从容地服毒自杀，逃避全世界人民对他的审判。问题是，他的毒药是从哪儿来的？

为了弄清楚这个问题，调查人员检查了戈林在囚室中的私人物品，最后在他的奶油罐中发现了毒药瓶。这说明，戈林在整个关押期间一直藏有毒药，可是这个奶油罐早已被没收，放在监狱的储藏室中，根本没有在戈林身边。那么，在如此严密的监视下，戈林是如何把毒药顺利取出来的，到底是谁帮了他？

戈林元帅（前右二）走在维也纳总督雷赫斯赖特·冯·施拉赫和里斯特元帅中间。戈林元帅在德国纳粹党中位置仅次于希特勒。甚至在战争后期希特勒将他视为帝国的理想接班人。

人们推测，装氰化钾的胶囊一直藏在戈林的行李中，后来一同进入监狱。很有可能是掌管行李间钥匙的惠利斯中尉帮助了戈林，因为他一直对戈林很友好，还曾接受过戈林送给他的小礼物。另外一种可能是戈林自己在未按要求登记的情况下经惠利斯中尉默许进入行李间自行取出胶囊。戈林的妻子埃米·戈林在戈林死后多年向外界说："此事一定是一位美国朋友所为。"她在1946年7月最后一次探视戈林时曾问过他有胶囊没有，戈林立即回答说没有。1991年，戈林的侄子克劳斯·里格尔承认，是惠利斯中尉把毒药给了戈林。但是这些都只是一种猜测，没有任何证据证明是惠利斯中尉帮助了戈林，何况惠利斯中尉也早已去世，死无对证了。

近年来，关于戈林毒药来源又有了新说法：有人说毒药是藏在戈林的陶土制的烟斗里的，在要被处决的那天戈林将烟斗剖开；也有人说他将毒药藏在肚脐里；也有人说戈林吞服了缓慢释放毒素的毒药……

戈林的尸体与其他被绞死的纳粹战犯放在一起，拍完照后被火化，美军把火化后的骨灰倒进了一条小溪里。戈林在这个世界上虽已灰飞烟灭，但是他是如何弄到毒药自杀的，却作为一桩悬案遗留了下来。

斯大林死因之谜

斯大林的生活以神秘开始，又以神秘告终，他的死亡原因至今仍不清楚。

第二次世界大战开始后，在欧洲战场上，面对希特勒的疯狂进攻，法国、英国纷纷败下阵来。这时候，斯大林的一声怒吼，使世界又看到了一位巨人。红场阅兵之后，勇敢的苏联人用火炮击碎德国人的坦克。斯大林为反法西斯战争的胜利做出了巨大的贡献，然而20多年后，这位巨人却死得不明不白。关于他的死因，至今仍是一个谜。

1953年3月6日清晨6时，莫斯科还处于黎明前的酣睡中。这时，广播电台传来了著名播音员列维坦缓慢、低沉和悲哀的通报："列宁的战友和列宁事业的天才继承者，共产党和苏联人民英明的领袖和导师约瑟夫·维萨里昂诺维奇·斯大林的心脏停止了跳动。”这一消息立即通过无线电传遍苏联，传向全世界。

苏联、东欧、中国人民都为这一消息所震惊，各国上下笼罩在一片沉重的哀思之中。东西方国家政府都迅速召开会议，商讨斯大林的去世造成的时局变化。与此同时，许多人开始怀疑斯大林死于谋杀。这种观点最初在斯大林卫队及其服务人员中流传，接着在斯大林的故乡格鲁吉亚也开始广泛流传。斯大林的儿子瓦西里更是在抢救斯大林期间破口大骂，认定他的父亲是被毒死或者是被杀害的。

斯大林的逝世的确留下了一个历史之谜。在斯大林逝世后，他病重期间照顾他的医生撰写了《1953年3月2日～5日，约·维·斯大林病史》，记述了从医生们3月2日到达斯大林的别墅，直到3天后斯大林去世这段时间的病史。这份报告直到1953年7月才完成，整整写了4个多月。从苏联内务部档案看，这份稿子至少修改了两遍，而且两份草稿在许多重大问题上都不相同。这份病史被盖上“绝密”的印章，提交给苏共中央委员会。50多年来，两份草稿都保存在那里，没有发表，也没人能读到。

1976年，流亡西方的苏联学者、被西方誉为“克里姆林宫学家”的阿夫托尔哈诺夫提出了“斯大林不是自然死亡，而是被人谋杀”的观点。他认定，贝利亚是主谋，赫鲁晓夫、马林科夫、布尔加宁都是加速斯大林死亡的帮凶。这种观点在当时引起了全世界的广泛注意。

从现存的治疗记录来看，斯大林是死于中毒。1953年3月5日子夜前，第一批血液和尿样分析结果一出来，就把医生们吓了一跳。此时毒素已进入斯大林体内，不可逆转地损害了斯大林的心脏和整个血液循环系统，包括特别危险的地方——大脑。这时再采取措施为时已晚。

据医生分析，斯大林中的很可能是天然蛋白质有机物毒药。这类天然毒药存在于蛇、蜘蛛和蝎子的毒液内，甚至在一些植物和细菌中也有。它们可以破坏呼吸和血液循环，损伤淋巴结、眼睛和大脑等，并在某种情况下致死。斯大林死后，医生对其遗体进行了解剖，更加证实了“克里姆林宫医疗管理局中央临床诊断实验室”的各种检验报告。

关于事实的真相，关于斯大林身死的秘密，在当时进行了隐瞒，理由是“这属于斯大林家庭的私人秘密，75年之后才允许解密，即要等到2028年”。

后来，直到赫鲁晓夫执政时期，一直有这样一种传说流传着：斯大林并不像正式公告所宣布的那样死在克里姆林宫里，他是在近郊别墅去世的。这不过也是传说而已，在未找到确凿证据之前，斯大林的死亡之谜仍然不能定论。

梦露为什么一丝不挂地死去

在梦露死后的数十年中，各方面陆续爆出惊人内幕，且都与一个神秘的家族有关。

她的美举世公认，以普通人的身份幸运地进入影坛并一炮走红，她演绎了无数动人的故事，并塑造了众多光彩夺目的女性形象，被好莱坞称为性感女神。然而40多年的时间验证了性感是会消逝的，而魅力则可以永恒。她就是万众瞩目的玛丽莲·梦露。

1962年8月5日凌晨4时25分，洛杉矶警察局接到了梦露私人医生惊恐万状的电话，电话的内容同样令人瞠目结舌，他说梦露死了。在死寂般的两秒之后，凶案组急速赶往梦露的寓所。随即，眼前的一幕令所有人大惊失色：

梦露赤裸地平躺在床上，脸部盖在枕头下，手里还握着电话筒，两条腿直伸着，床边散放着一些安眠药药瓶。药瓶的出现仿佛暗示着这是一场典型的自杀事件，但其中的细节却让警官杰克·克莱蒙产生了怀疑。凭着丰富的办案经验，克莱蒙知道自杀者在服药过量后会有一系列反应，包括恶心、呕吐、痉挛，最后会痛苦难忍地死去，可从现场梦露的死状来看，她似乎并未经历痛苦的过程。此外，她手中的电话表明，她在死前正在打电话，而且死得很突然，连电话都没来得及挂上。这不可能是一个蓄意自杀者的行为。

而当他问及梦露的护士何时发现梦露死亡时，得到的答案是：午夜24时整。那么在梦露死后的4个多小时的时间里，都发生了什么呢？据梦露的心理医生格林森所说：之所以没有报案，是因为他们先向20世纪福克斯公司通知了这件事，并在等制片厂广告宣传部的“绿灯”。接下来的发现却让克莱蒙对格林森所言的真实性产生了怀疑：梦露文件柜中日记、备忘录和书信却消失不见了，死前3小时的通话记录和部分电话簿也不翼而飞。这些缺失的内容足以让人对那几个小时内所发生的事浮想联翩。整件事越来越不像所谓的自杀事件，而更像是一起严密策划的谋杀。那么凶手是谁呢？最后人们将目光不约而同地锁定了肯尼迪兄弟。

英国著名传记作家安东尼·萨默思，在加利福尼亚得知梦露的电话记录被人取走后，也推测这其中必定有人在干预。

卡尔波齐曾是梦露生前的传记作者，两人私交很好。梦露死前一个月曾打电话跟他谈及了未来自传的写作，因此卡尔波齐实在不相信梦露可能突然自杀。为此他也进行了开始长达10年的追查。结果卡尔波齐发现梦露的私人护士莫瑞在出席完梦露的葬礼后，秘密飞往了肯尼迪家族的麻省寓所。卡尔波齐在1973年，找到莫瑞对质，并录制了一盘两个小时的访谈录音带。这其中透露出了很多鲜为人

生前荣誉无数的梦露死后仍不乏鲜花。

知的秘密。卡尔波齐在2000年5月去世，他当时已差不多完成了一本名为《机密的梦露》的书。书中观点一语中的：梦露之死是肯尼迪兄弟的“杰作”。

卡尔波齐认为肯尼迪兄弟之所以谋害梦露原因有二：首先约翰·肯尼迪怕梦露将自己与黑手党的内幕透露出去；而罗伯特·肯尼迪则害怕梦露为自己堕胎的事被人发现从而断送政治前途。因此两人决定杀人灭口。

执行谋杀行动的是梦露的心理医生格林森，而护士莫瑞则被安排照顾梦露，并将梦露的一举一动向格林森汇报。格林森在8月4日晚前往梦露的好莱坞寓所，向梦露讹称为她注入一种药剂缓解失眠症。格林森深得梦露信任，梦露在服用了安眠药之后接受了注射。午夜24时护士莫瑞发现梦露死了，她在凌晨1时30分致电格林森。此后肯尼迪的妹夫彼得·劳福德，负责将所有肯尼迪兄弟与梦露有关系的证据销毁，并制造出了梦露自杀身亡的现场。至清晨4时25分，梦露的死讯由另一名稍后被召唤到她家的医生通知警方。卡尔波齐在书中还透露，劳福德为担心消灭证据的工作做得不够妥善，曾在当天清晨5时20分派一名私家侦探到梦露家中再调查一次，结果证实一切妥当。卡尔波齐甚至查出在梦露死后不久，劳福德便前往约翰·肯尼迪的麻省住宅，几天之后，护士莫瑞也飞往麻省，而机票则是由肯尼迪家族的美国运通卡签账。

梦露和肯尼迪兄弟之间有什么关系呢？他们为什么一定要杀害梦露呢？

1961年,在肯尼迪妹夫劳福德家举办的一次晚会上，梦露和约翰·肯尼迪总统之间萌发了强烈的感情。随着两人感情的深入，梦露变得更加不能自拔，她对约翰·肯尼迪的爱很炽热，不仅经常打电话到其办公室，还多次化装成约翰·肯尼迪的私人秘书混迹白宫。然而，约翰·肯尼迪一方的态度可想而知，他有一个如此适合做第一夫人的妻子和一个众所周知的美满家庭，难道他会甘愿放弃这一切，而和一个“傻瓜美人”在一起吗？因此，面对梦露，约翰·肯尼迪表现出的永远是“貌似殷勤，实则傲慢”的姿态。

然而，梦露的穷追不舍最终还是让约翰·肯尼迪无法忍受了，也许是厌倦了，也许是开始有什么担忧，总之约翰·肯尼迪不能再容许这样一个女人紧随其后。为此，他派罗伯特·肯尼迪从中劝导，希望能打消梦露的非分之想。可没想到的是，罗伯特·肯尼迪为梦露难以抗拒的魅力俘获，很快竟成了梦露的又一个秘密情人。肯尼迪兄弟和梦露之间展开了盘根交错的三角关系，她卷进了一场危险游戏中。

1962年5月29日，是约翰·肯尼迪45岁的生日。梦露为了庆祝他的生日，特意定做了一块劳力士金表，并在金表的背面镌刻下了自己爱的心声：杰克(约翰·肯尼迪的昵称)，梦露永远爱你。

装表的金盒上附着一首名为《在你生日之际，提出我真心的请求》的爱情诗，诗中这样写道：“让相爱的人呼吸他们的叹息，让玫瑰盛开音乐响起，让激情焚烧我们的嘴唇和眼睛。让我爱你，否则不如死去！”这次生日盛典是梦露第一次与约翰·肯尼迪同时公开亮相，因此意义非凡。梦露专门邀请法国服装设计师让·路易为自己设计晚礼服。让·路易根据梦露的身体特点，设计了一件由金属饰片和珠线装饰的裙子，后面开口，裙摆及地，几近赤裸。它“引人注目，别出心裁，且只有梦露才敢穿着，具有真正的历史意义”。梦露则更是直言不讳地表明心意，为这件礼服命名为“肯尼迪装”。加工小组在日夜赶制了7天之后，将这件造价高达12000美元璀璨夺目的礼服制作完成。晚会上，当梦露身着它款款走来的时候，所有人都为她的美艳绝伦折服了。

梦露还为约翰·肯尼迪献唱了一首后来家喻户晓的歌曲《总统，祝你生日快乐》，其神态和嗓音无不透露着暧昧的信息。这一切都引发了约翰·肯尼迪的忧虑，梦露送的礼物和性感的造型，都昭示着两人的关系非同一般。

与此同时，政敌和反对党都在极力搜集有关不利于约翰·肯尼迪的负面材料，梦露难脱干系。此外，梦露经常在与他人交谈时无意间透露在与约翰·肯尼迪的交往中接触到的一些重要机密。其中就包括约翰·肯尼迪同芝加哥黑手党之间不可告人的秘密。

约翰·肯尼迪意识到了这段关系的危险程度，这场游戏到了该收场的时候。1962年7月20日，梦露在洛杉矶巴嫩雪松医院秘密做了堕胎手术，这个孩子的父亲是罗伯特·肯尼迪。1962年8月2日，梦露在约翰·肯尼迪下榻的酒店留下口讯，说如果不向她当面解释原因，她就在下星期一举行记者招待会，揭露她与肯尼迪兄弟的关系。1962年8月4日梦露前往塔河湖度周末，当天，梦露在与发型师谈话时偶然说起了约翰·肯尼迪与黑手党有关联。罗伯特·肯尼迪马上就获知了这一信息，他派人警告梦露，不要胡言乱语。当晚，梦露再次接到数个电话，包括她以前的情人乔斯·波兰诺。波兰诺莫名其妙地批评梦露道："你泄露了天机，这将震惊世界。"一天之后的8月5日，梦露神秘地死在家中，身后留下了一个40多年未解的谜团，然而，随着1962年11月22日约翰·肯尼迪遇刺，1968年6月5日罗伯特·肯尼迪在加州惨遭暗杀，一切有关肯尼迪兄弟谋害梦露的事实便再也无从考证，留给了美国乃至全世界挥之不去的连绵魅惑。

列侬为什么会遇刺身亡

曾经主宰了整个摇滚乐坛的"披头士"乐队创始人约翰·列侬，突然遇刺身亡，给后人留下了未解之谜。

凡是爱好音乐的人没有不知道"披头士"乐队的大名，而对于乐队的创始人约翰·列侬更是崇拜万分，直到现在，还有不少人收藏"披头士"的唱片。这个成立于20世纪50年代的乐队，在60年代可以说是主宰了整个摇滚乐坛。吸引无数青年人的不仅是他们的音乐，还有爱德华七世时代的服饰和那一头拖把似的长发，他们所到之处，受欢迎的程度可以用狂热一词来形容。这支独特的以敲打乐组成的乐队风靡了欧美各国，在世界各地巡回演出并发行了大量的唱片专集，给英国财政赚回了不少外汇。因此，1965年的时候，英国政府特意为乐队颁发了大英帝国勋章。而作为整个乐队灵魂的列侬，不但演唱出色，而且还具有非凡的创作才华，写了不少迷人动听的歌曲。随着他们的代表作品被制成唱片在国内外大量发行，列侬的名气也如日中天，拥有了越来越多的歌迷和崇拜者，许多人日夜守候在列侬可能出现的地方，只为能够得到一张列侬的亲笔签名。

可是，就是这样一位天才的音乐家，却在1980年12月8日的深夜在纽约达科他寓所门口被人枪击而死。列侬的死震惊了全世界，成千上万的人为他的死悲痛、惊叹、沮丧、愤怒，以各种方式来哀悼他，不亚于对谋害诸如肯尼迪兄弟等有胆量和受人欢迎的政治家，或者像精神领袖马丁·路德·金遇害的反应，因为在他们的心中，列侬已经成为一代人的象征。

历史定格在12月8日那个令人心碎的凄惨夜晚，列侬在录音棚里工作到了很晚才回家。当天一直下着小雨，透过雨丝看到属于他的那扇窗口中的昏黄的灯光，列侬不知不觉地加快了脚步。“列侬先生，”黑暗中有人叫着他的名字，他刚要转过身去，只见一个穿着黑雨衣的男子突然从阴影中冲了出来。同时列侬听见了一声巨大的枪响，等他醒悟过来时，一颗子弹已经飞快地穿进了他的胸膛，然后是第二发、第三发、第四发……这时家家户户的电视中正在放着同一个画面，那就是当天下午列侬在接受旧金山电视台的访问实况，电视上的列侬微笑着对电视机前所有看到他的人说：“我希望前程万里。”

由于一切是在突然和可怕的情况下意外发生的，致使人们对整个事件的发生充满了疑惑：凶手为什么要杀死列侬？这是不是一次蓄意谋杀？

有人认为列侬是因为拒绝为可能是歌迷或崇拜者的凶手签名，便遭到了恼羞成怒的凶手的杀害。中国1981年第六期《电影世界》上刊登了一篇题为《“披头士”歌星约翰·列侬》的文章中说：“他在纽约的寓所门口，因拒绝为人签名，被一个莫名其妙的凶手开枪打死。”而列侬的遗孀大野洋子则认为，凶手可能是个糊涂人，他们常想制造轰动事件来使自己出名，于是，凶手把目标锁定在了当时红得发紫的列侬。

可是有人认为列侬的遇害并不简单，是一次有预谋的暗杀。事后很快就抓住了凶手，他是一个住在夏威夷的25岁的青年马克·查普曼，以前当过保安人员。在事发前两天，他来到纽约，住在离列侬家有9个街区的基督教男青年会里，并且和许多崇拜者一起到列侬的住所门口，希望得到列侬的亲笔签名。而在列侬给查普曼签名以后的几个小时，他再一次等待列侬的出现，并向他开枪。当警察抓住他时，发现他身上还带着有列侬亲笔签名的纪念册，可是凶手始终没有说出自己杀害列侬的动机。有人推测查普曼可能是个偏执狂或是歇斯底里症患者，这些人在情绪激动或受到某种刺激后便无法控制住自己的行为。

艺术界很多人也同意列侬是被谋杀的说法，因为列侬与“披头士”乐队其他成员比，更加关注政治，其中后期的作品包含有对社会的评论；列侬还是一个参加和平运动的积极分子，因此，他遭到过很多次别人的攻击，生命也多次受过威胁。早在1964年，乐队在法国举行第一次音乐会时，列侬在后台就收到了一张纸条：“我要在今天晚上9点钟把你打死。”而且，在查普曼到达纽约的当天晚上，他叫了一辆出租汽车，去了格林尼治村一趟。第二天晚上他就突然离开青年会，搬到希尔顿中心的一家饭店里去住，并且还大吃了一顿。第三天晚上他就开枪杀死了列侬，这实在是令人不得不怀疑，凶手极可能是受雇于人。

列侬的歌曲可以说是一代人的最大的希望和最美的梦想的集合体，歌者虽然去了另外一个世界，那些优美的旋律永远留在了一代又一代人的心目中。

第六篇

骇人的军事谜团

和平是人类一直都在追求的梦想，然而战争如同影子般伴随其左右，又像悬在人类头顶的达摩克斯之剑，让人类在和平中如履薄冰。

“上帝之鞭”折于钓鱼城之谜

在“东方的麦加城”，“上帝之鞭”折断，令人叹息不已。

公元1258年2月，蒙古大汗蒙哥亲率御营亲兵10万，分三路进攻四川，连克南宋许多州县，兵临钓鱼城下。蒙哥宣称：“不出一月，我将踏平钓鱼城。”可是，从公元1259年2月起，蒙哥亲自指挥蒙古军数次进攻，损兵折将，蒙哥这位横扫欧亚无敌手、使欧洲人闻之哆嗦的“上帝之鞭”也折于城下。钓鱼城也因之而被各国史学家称为“东方的麦加城”“上帝折鞭处”。由于史料对蒙哥死因记载不明，所以，蒙哥的死因引起了史学家的诸多猜测。主要有以下几种说法：

1.溺水身亡

口授而成的《海屯纪年》说蒙哥是在进攻宋军时，乘坐的战船被宋军潜水者凿穿船底，落水而死。

2.为炮风震伤而死

清代《古今图书集成》中的《钓鱼城记》一文中说蒙哥是在架设望楼窥视钓鱼城时，遭到城内宋军的炮石轰击，蒙哥为“炮风所震，因成疾。班师至愁军山，病甚……次过金剑山温汤峡（今四川重庆北碚北温泉）而殁”。公元1484年，明朝四川巡按谢士元在《游钓鱼山诗序》里也说蒙哥是遭“炮风致疾”而死。民国时张森楷先生主持编修的《合川县志》也有相同记载，并说蒙哥中炮风的地方就是今钓鱼城嘉陵江对岸的东山（现称炮台山）。1980年出版的西南师范学院历史系编写的《钓鱼城史实考察》一书采纳了《钓鱼城记》的观点。还说合州知州王坚在蒙哥中炮风之后，又命人把从钓鱼城天池里捞起来的30多斤重的大鱼和几百个面饼送到蒙哥营中，并附书一封，告诉蒙哥把鱼煎了和面饼吃，并说城里粮食和水都很充足，蒙哥再有10年也攻不破钓鱼城。重伤中的蒙哥见到物和信，又羞又气，退兵温汤峡而亡。

3.被宋军射死

南宋著名诗人刘克庄在《蜀捷》中有：“吠南初谓予堪侮，折北俄闻彼不支。挞览果歼强弩下，鬼章有入槛车时”的诗句。叙利亚阿部耳法剌底编著的《世界史节本》，翦伯赞主编的《中国史纲要》，张传玺、李培浩编著的《中国通史讲授纲要》对蒙哥之死都持飞矢射死的观点。现存于四川省合川区钓鱼城旧址钓鱼山忠义祠内，明正德十二年（公元1517年）合州所立的《新建二公祠堂记》石碑碑文也说蒙哥是“中飞矢而死”。

4.炮石所伤致死

刘译华、冯尔康编著的《中国古代史》及邱树森著的《元朝史话》均采纳此种观点，认为蒙哥在率军攻城时，被宋军所发炮石击中，因伤势过重而死。

5.生病医治无效而死

波斯政治家和文学家剌施特哀丁编著的《史集》中说，蒙哥好饮酒，时天气炎热，蒙哥军中流行痢疾，蒙哥亦染疾而死。清朝人毕沅在《续资治通鉴》一书中也持这种说法。

然而，虽然众说纷纭，“上帝之鞭”究竟如何折断，仍然没有定论。

袁崇焕被杀之谜

袁崇焕被他忠心死守的崇祯帝杀害，却被他抗击的清朝的皇帝乾隆平反。

袁崇焕，明末抗清英雄，然而在他抗击金军、守卫北京取得巨大功绩的时候，崇祯帝却以谋逆之罪将其打入大牢。崇祯三年（公元1630年）八月十六日，袁崇焕被以“莫须有”的罪名，在北京西市遭凌迟处死，时年46岁。

当时北京的百姓不明真相，受到奸臣阉党宣传的蒙蔽，都相信袁崇焕通敌卖国的说法而对其恨之入骨，于是，出现了历史上最为悲惨的一面：“见磔崇焕，时百姓将银一钱买肉一块，如手指大，啖之。食时必骂一声，须臾，崇焕肉悉卖尽”。“皮骨已尽，心肺之间叫声不绝，半日乃止。再开膛出五脏，截寸而沽。百姓买得，和烧酒生吞，血流齿颊”（《石匮书》）。面对千古奇冤，袁崇焕至死莫白，成为历史的一个悲剧。

袁崇焕死后150多年，乾隆皇帝为他平反，千古奇冤得到昭雪。在《清高宗实录》第1170卷，乾隆四十七年（公元1782年）十二月初四日留下了这样的记载：“昨披阅《明史》，袁崇焕督师蓟、辽，虽与我朝为难，但尚能忠于所事。彼时主昏政暗，不能罄其忱悃，以致身罹重辟，深可悯恻。袁崇焕系广东东莞人，现在有无子孙？曾否出仕？著传谕尚安，详悉查明，遇便覆奏。”从此时起，才有人公开祭奠袁崇焕。袁崇焕也终于卸下了卖国贼的枷锁，重新登上民族英雄的祭坛。

袁崇焕的死因，近400年来一直是个悬谜，从明朝灭亡到清朝中叶，大抵有“通敌说”“报仇说”“冤杀说”，至150多年后的清朝乾隆中期，又有“误杀说”“中计说”，等等。崇祯给他定的10大罪说是：付托不效、专恃欺隐、斩帅建约、和皇太极私通、卖米给蒙古人、让喇嘛进城搞破坏等，当然，此种“莫须有”的罪名均属子虚之谈。生性多疑又刚愎自用的崇祯皇帝究竟出于何种原因非杀袁崇焕不可？长期以来显得扑朔迷离，隐秘莫测，令人真假难辨，莫衷一是。

《明史·袁崇焕传》说："会我大清设间，谓崇焕密有成约，令所获宦官知之，阴纵使去。其人奔告于帝，帝信之不疑。"由此可见，皇太极为了除掉袁崇焕这个心腹大患而使用了反间计，并最终得逞。当然，皇太极的反间计漏洞百出，这8个月里如果崇祯皇帝仔细地查证，事情一定会大白于天下，但是袁崇焕还是被处死。这除了皇太极反间计得逞之外，还有更深的原因。

首先是袁崇焕失去了崇祯皇帝的信任。崇祯皇帝与历史上的亡国之君比较起来，可以说并不是那么昏庸，甚至"即位之初，沉机独断，刈除奸逆，天下想望治平"。但是，崇祯皇帝却是一个多疑刻薄、刚愎自用的皇帝。起初他对袁崇焕是非常信任的。4月即位后，7月他就召见袁崇焕，咨询平定辽东的方略。可是袁崇焕过于自信，夸下一个5年平下后金的海口。实际上，此时的辽东边境上后金在军事力量上已经占据了优势，袁崇焕的许诺或许仅仅是为了安慰年轻的皇帝，但是崇祯皇帝却信以为真。

后来发生的毛文龙事件也为袁崇焕的死埋下了伏笔。毛文龙是明朝边境的地方军阀，他的部队独处海岛，朝廷很难节制。由于毛文龙不听调遣，崇祯二年（公元1629年）六月，袁崇焕以其"冒饷饰功""不受节制"等12条罪状，当众以尚方剑将其斩杀。毛文龙被杀后，后金军队所受牵制大大减少，崇祯皇帝听到毛文龙被杀的消息"意殊骇，念既死，且方倚崇焕，乃优旨褒答。俄传谕暴文龙罪，以安崇焕心"。袁崇焕杀毛文龙属于先斩后奏。皇帝对于袁崇焕擅杀的行为肯定是心中有怨言的，而且也是感到可怕的。因此，虽然后来袁崇焕力解北京之围，崇祯皇帝也对袁崇焕进行了奖赏，但之前发生的毛文龙事件，加上后金军队的屡次骚扰，使得崇祯皇帝内心深处对袁崇焕已有所不满。

崇祯皇帝处死袁崇焕还有一个原因，那就是袁崇焕与后金的和议。努尔哈赤死后，袁崇焕未经朝廷允许，私自派使者吊唁。后金皇太极趁机遣使回复，谋求议和。当时，尽管明朝军队屡战屡败，但基于天朝尊严，“诸将罔敢议战守”。虽然袁崇焕的和议战略完全正确，而且崇祯皇帝起初也同意，但这种与皇太极关于和议的私下书信往来，让崇祯皇帝产生了怀疑。

后来，后金的军队越过袁崇焕的防线，进逼京城，袁崇焕在山海关以外设的重防全部失效。后金军队进逼京城，在皇帝和京城里的百姓看来，这是袁崇焕严重的失职。当时就有谣言说后金军队是袁崇焕引来的。实际上，皇太极的反间计只是一个铺垫，崇祯皇帝可能早就有了杀袁崇焕之心。袁崇焕虽然没有投敌，但他引起了一个多疑皇帝的疑心，所以结局悲惨。

袁崇焕是抗金重臣，崇祯皇帝错杀袁崇焕实则是自取灭亡，“自崇焕死，边事益无人，明亡征决矣”。相比较崇祯的悲剧而言，袁崇焕的经历更具悲剧色彩。这样一个有可能挽狂澜于既倒的爱国将领，最后不是死在战场上，反而死在自己所保卫的朝廷和百姓之手，这是一个怎样的悲剧啊！

李自成兵败后的生死之谜

处于乱世之中，虽然苟活，也是小心翼翼。

公元1644年，李自成起义军攻入北京城，推翻明朝的统治。但是山海关一战，农民军遭吴三桂部和清兵的夹击，大败而归，李自成匆匆在武英殿举行即位典礼，随即放火焚烧明宫并撤出北京。公元1645年行军至湖北九宫山时，遭地方乡兵袭击，李自成不知所终，留给后人一个谜团。

关于李自成的行踪，历史学家有两种看法：

1.李自成死于九宫山

阿齐格向清廷的奏报写道：“反兵逃窜至九宫山中，我军随后搜遍全山，不见李自成，李自成身边的随从共20人，被困，自缢而死。派遣一见过李自成者，前往辨认，但尸体已腐烂，不能够看清，是生是死，继续追查。”南明兵部尚书何腾蛟给唐王的奏报则说："在九宫山已将李自成斩首，首级不慎丢失。"以后这两封奏报成了多数史学研究人士的根据。

据《明史》、《小腆纪年》、《南疆逸史》等史籍记载，李自成到九宫山后，队伍散去，李自成本人被程九百等乡民所杀。同治《通山悬志》、嘉庆《湖北通志》都赞成此说。20世纪80年代在湖北通山县新发现的《朱氏宗谱》、《程氏宗谱》为"九宫山说"提供了新的证据。在新中国刚刚成立之时，曾掀起一场关于李自成葬身何地的争论，最终李文治撰文考证李自成葬身之地为湖北省通山县九宫山。郭沫若赞成此说法，学术界对这一结论也基本认可。

但是，不仅"尸朽莫辨"令人怀疑，而且上呈奏报的阿齐格和何腾蛟两人当时并未在九宫山，只是从手下将士嘴里听到的消息。

2.老死于灵泉寺

李自成墓碑

清朝湖南澧州知州何璘所作《书李自成传后》一文记载，李自成在九宫山并未死去，而是制造的假象，以迷惑追兵从而摆脱清军。在从湖北公安逃到湖南澧州的过程中，大多数部下见闯王大势已去，便纷纷另谋生路。到安福县境内，闯王甩开随从十余人，单独来到夹山灵泉寺削发为僧，也就是夹山灵泉寺的祖师"奉天大和尚"，法号"奉天玉"。李自成曾经称自己为"奉天倡议大元帅"，其中"奉天玉"隐含"奉天王"之义。奉天玉和尚于康熙十三年

(公元1674年)死于灵泉寺中。何璘亲自见到了曾伺候过奉天玉和尚的老僧，据老僧讲，奉天玉和尚在顺治初年来到灵泉寺，说话带有陕西口音。寺内还收藏有奉天玉和尚的画像，与《明史》记载相符。留在澧州的起义军余部一直没有推举新的首领，也是由于李自成还健在的缘故。

清末民初著名学者章太炎赞同这种说法，并亲自到澧州进行过实地考察，发现李自成在夹山隐居时，曾作诗百首来赞赏梅花。在澧州发现建有奉天玉和尚的墓地并有骨灰坛出土。20世纪50年代在奉天玉断碑上发现有“子门徒已数千指中兴”等句，完全是一派将领的豪言壮语。重修夹山寺时，又发现刻有《梅花百韵》诗的残版，上面残留九首诗歌；同时还发掘到“永昌通宝”铜币(永昌是李自成大顺政权的年号)，刻有“永昌元年”字样的竹制扇骨、铜制熏炉等。据史学家称，奉天玉和尚墓出土的符碑上面，刻有四句四言偈语，十分接近于李自成的家乡米脂的传统随葬符碑，其中有三句和在米脂地区出土的一块符碑上的三句完全相同，这与石门的传统发葬习俗有明显区别。

解开最终的谜底，仍有待时日。

吴三桂降清疑点颇多

吴三桂引清军入关是否代表他投降了清朝，这一说法又成为历史谜团。

明崇祯十七年(公元1644年)三月十九日，李自成率领的农民起义军攻陷了明朝的都城北京，崇祯在煤山自缢，明山海关总兵吴三桂在增援途中闻讯后，仓皇逃回山海关。李自成亲率大军开赴山海关，想以武力逼降吴三桂，吴三桂非常害怕，便向清朝求援。当李、吴两军在山海关前展开血战之时，清朝的精骑突然杀出，农民军毫无防备，惨败而归，从此一蹶不振。由于史书中的种种记载，史学界一直瞩目吴三桂引清军入关镇压农民起义这一事件，人们一直认为吴三桂此举便是投降了清朝。但近年有人认为，吴三桂引清军入关并不是表明他投降了清朝，并提出了种种证据。这一说法使似乎让本已盖棺论定的问题重又成为历史谜团。

至少还有两点理由可以说明吴三桂投降了清朝：第一，清朝最高统治者视吴三桂为降将，如清摄政王多尔衮就把吴三桂作为部下来驱使，“命三桂兵各白布系肩为号”，“命三桂军先锋”，又“命吴三桂以步骑二万前驱追贼”。清廷为了奖励吴三桂在战争中的功劳，还“授三桂平西王勒印”(《圣武记》)。后来清帝剥除吴三桂爵位时，也把他称为降将。“逆贼吴三桂穷蹙来归，我世祖章皇帝念其输未投降，授之军旅。”(《清圣祖仁皇帝实录》)在清朝廷的眼中，吴三桂就是一个明朝降将。第二，吴三桂入关后的所作所为也表明他已真心降清，吴三桂打着为明王朝复仇的旗号引清入关，但是在南明政权的福王多次派人拉拢吴三桂时，吴三桂却断然拒绝。如当福王的侍郎左懋第“谒三桂，出银币且致福藩意”时，吴三桂说“时势如此，我何敢受赐，唯有闭门束甲以俟后命耳”(《明季稗史汇编》)。除了福王之外，还有几任南明王，吴三桂都不曾表示要协同反清复明，与此相反，他竟然亲自出兵缅甸追杀南明永历王。可以看出，不管当初引清兵入关时吴三桂是怎么想的，在清兵入关后，他就投降了清朝，此时，他已经不敢违抗清廷的命令，更不敢有任何反清复明的想法了。为了向清王朝表示他的忠心，他“破流贼，定陕，定川、定滇，取南明王于缅甸，又平水西土司安氏”(《圣武记》)，俨然成为清廷平定天下的一把利刃。

否认吴三桂“降清”的人则认为，北京失守后，形成了三股较强的政治势力并存的局面，即吴三桂、农民军、清王朝。而夹在这两股势力中间的吴三桂势力最弱，因此他能走的路只有两条：要么抗清，要么镇压农民军，考虑到其父亲被农民军扣押、爱妾受辱，为报此仇，吴三桂选择了联合清朝的道路，但这并不能说明他投降清朝。主要理由如下：

第一，吴三桂一贯抗清的态度决定了他不会轻易降清。在任辽东宁远总兵期间，吴三桂曾多次参加抗清斗争，甚至在明清松锦战役后，明军明显处于下风的情况下，他的态度仍很坚决。吴三桂对明朝降清的劝降函都“答书不从”。

第二，多尔衮在山海关战后加强了对吴三桂的控制可以证明吴三桂未降。史载，多尔衮在山海关之战胜利的当天，玩弄权术，封吴三桂为平西王，又将1万步兵交给吴三桂。这说明吴三桂受到了多尔衮的拉拢和控制。

第三，山海关战后发表的檄文证明其未降。清军与吴三桂乘胜追击，吴三桂提出了“周命未改，汉德可思”“试看赤县之归心，仍是朱家之正统”的口号，如吴三桂已降，也不会发布这样的檄文，清廷也不会允许他这样做。

第四，在山海关一役后，在攻陷北京前后吴三桂欲立朱明太子的行动证明其未降。李自成败退永平，吴三桂提出“约自成回军，速离京城，吾将奉太子即位”，又“传帖至今，言义兵不日入城，凡我臣民为先帝服丧，整备迎候东宫”，可是“多尔衮命其西行追贼”的策略打乱了吴三桂的如意算盘。吴三桂因其势力太弱，只得听从了多尔衮。

第五，暗中积蓄实力以反清复明也可证明吴三桂未降。他一边广招贤才，暗布党羽，“阴养天下骁健，收忍荆楚奇才”，一边厉兵秣马，为将来的战争“殖货财”。他之所以没有实现反清复明的愿望，是因为清朝政治统治的日渐强大使“反清复明”的旗帜没有了号召力。而吴三桂是否降清这一历史问题已不能用后来的历史进程说明了。

李秀成投降书是真是假

“忠王”李秀成是太平天国人物评价上争议最大的人物之一，他真的是叛徒吗？

“忠王”李秀成，太平天国后期重要的领导人之一。当太平天国的京城被清军攻破后，他不幸被湘军俘虏。被俘后的李秀成一改往日之英勇，竟然在曾国藩的囚笼里写下了长达五六万字的《亲供》，即后人所说的《李秀成自述》。这篇《自述》使李秀成成了一个晚节不保的叛徒，给自己从前十余年无所畏惧的征战历程抹了很大的污点。长期以来，很多人对李秀成进行口诛笔伐。但是很多学者对李秀成投降书的真伪问题提出了质疑，认为这个由清政府宣布的投降书是非常有争议的，而以此书来断言李秀成是晚节不保的叛徒，这显然有失公允。

李秀成真的是叛徒吗？李秀成的投降书是真的吗？

李秀成投降书的原稿在后世一直不为外界所知。当时李秀成被害后，曾国藩命人将他的《自述》删改、誊抄了一份上报军机处，这份誊抄的文本后来由九如堂刊刻，即所谓的“九如堂本”。至于原稿的去处，世传曾国藩既没有上交朝廷，也不肯公开示人，而是私下扣留，他的后人也对此讳莫如深，严加保管，对外人一概保密。当曾国藩的刻本问世后，人们就对其真实性提出了种种怀疑。

有人从根本上否认了这个投降书的真实性。如呤唎的《太平天国革命亲历记》一文说：“1852年，在太平军占领南京以前，清朝官方即已捏造一篇他们名为《天德供状》的文件，伪托是叛军领袖的供状，谎称他们俘获了这个领袖。《忠王自述》很可能也是同样靠不住的。这篇文件或为某个著名的俘虏所伪造(他可能因此而得赦免)，或为两江总督曾国藩的狡猾幕僚所伪造。”呤唎认为李秀成投降书根本就是别人伪造的，甚至李秀成被俘虏一事也可能是伪造的。

1944年，广西通志馆的吕集义来到湖南湘乡曾国藩的老家，在百般请求下终于在曾家的藏书楼中阅读到了投降书的原稿，抄补了5000多字，还拍摄了14幅照片，之后根据这些文字和原来“九如堂本”的2.7万多字出版了《忠王李秀成自述原稿校补本》。罗尔纲先生根据吕氏的校补本和照片进行研究，写出了著名的《忠王李秀成自传原稿笺证》。该书以笔迹、语汇、用词、语气、内容等方面的鉴定作为依据，指出曾国藩后人出示的李秀成《自述》的确是忠王的亲笔。例如，罗尔纲先生一字一句、一笔一画地拿“原稿”和庞际云收藏的李秀成亲笔答词28字真迹对照，还征求了笔迹鉴定专家的意见，最后断定“原稿”是真品。从内容看，“原稿”十分清楚地描述了从金田起义到天京陷落14年间的每个过程和细节，这是曾国藩难以捏造的。此外，罗尔纲还指出，“原稿”的称谓大都遵循太平天国的制度，这也不是旁人能够清楚知道的，曾国藩等人也不可能做到自然地遵守。而“原稿”的大量李秀成家乡的方言，更是曾国藩等人无法伪造的。

罗尔纲的这一观点曾一度成为定论，但是，随着曾氏后人所存的“原稿”的出版，更多人看到了李秀成《自述》的全貌。在20世纪80年代前后，学术界再次掀起了一场论战，如荣孟源曾经两次撰文断定这份“原稿”并不是李秀成的真迹，而是“曾国藩修改后重抄的冒牌货”。他的理由主要包括以下几点：

首先，根据其他史料记载，李秀成的自述一共写了9天，每一天若干页。按照常理，全文应该有8个间隔，但是今天所见的《李自成自述》“原稿”的影印本文字相连，每天都写到最后一页纸的最后一行字，看不出每天的间隔。何况，既然是每天各交一些，真迹就应该是散页或分装成9本，但是今本却是一本装订好的本子。由此可以推测，所谓的“原稿”显然是曾国藩派人将李秀成每天所写的真迹汇抄在一起的。

其次，根据很多材料的记载，李秀成当时写了5万多字，然而今天的“原稿”影印本却只有3.6万多字。那少了的1万多字到哪里去了呢？显然应该是被曾国藩撕毁了的。既然是被撕毁，那么“原稿”的内容就应该上下不相衔接。可是在影印本中，每页都标有页码，整齐清楚，并且前后内容完全相连，人为的痕迹十分明显，显然是删节后的抄本。

第三，从写作的形式等方面看也有问题。太平天国有严格的书写规定，而“原稿”的影印本中出现的“上帝”“天王”等词多数并不抬头；一些该避讳的时候不避讳，不该避讳的时候却避讳了，如凡“清”字均不讳，而不该讳的“青”却写成了“菁”等。这些显然都是违背太平天国的避讳制度的。何况，这样的笔误在“原稿”中出现的次数很多，不能简单地看成是笔误。

针对荣孟源的意见，也有人提出反对。陈旭麓认为，我们不可能设想当时的李秀成好像后来的作家一样，有一个每天分节写出的章节安排。至于书写形式，李秀成作为一个成年人早就已经形成了通行的书写习惯，尽管他熟悉太平天国的书写格式，但因疏忽犯讳，并不奇怪。说曾国藩作假也不合情理，他若要作假应该是在上报军机处和刊刻的时候就完成，何必造个假东西当做宝贝传之后代？曾氏后人又何必要将这个显然会招来众议的假东西公之于众？而钱远熔认为这个“原稿”不仅是李秀成的真迹，还是完整无缺的。曾国藩只对它进行了删改，并没有撕毁或是偷换。对钱远熔“完整无缺”的观点，罗尔纲先生虽然不同意，认为“原稿”确实有被曾国藩撕毁的地方，但他仍然坚持“原稿”并不是冒牌货，是李秀成的真迹。

不仅国内学术界对《李秀成自述书》的真伪争论不已，国际上也有很多人予以关注。1978年国际友人路易·艾黎即对此发表了自己的看法：“如果像曾国藩这样一个肆无忌惮的卖国贼官吏竟然会不去充分利用被俘的李秀成来进一步达到自己的目的，这是绝对不可思议的。他可以先鼓励李写下他本人的历史，然后再通过他的专家在同样的纸张，以同样的文风，添加上有害于太平天国事业的东西。之后，在显示他本人宽宏大量的同时，对全部东西加以剪裁。”又说：“由于自首书是经过篡改的，所以，曾国藩对它的完整显得异常的神经过敏。他曾命令其家属不得给他人看这份自首书。我曾亲自在上海听见过他的孙子说过这件事。”还有一些国外学者持与此相反的看法，认为今天所见到的《李秀成自述》确实是李秀成亲手写的，等等。

李秀成生前在战场上英勇善战，对后期的太平天国的政治、经济、军事都产生了重大的影响。被后世争论了半个世纪之久的《李秀成自述》的真伪，也许是论断他功过的最好证据吧。世人希望这个谜能赶快解开。

北洋水师全军覆没之谜

北洋水师号称“亚洲第一”，却仅仅一战就全军覆没，令人痛惜。

当年，一部家喻户晓的电影《甲午风云》深入人心：1894年7月25日，日海军吉野、浪速、秋津洲等3艘防护巡洋舰于丰岛海面袭击大清帝国北洋水师济远、广乙两艘巡洋舰，甲午中日海战爆发。1895年2月17日，大清帝国北洋水师投降，这场中日较量，以中国失败而告终。

战前大清帝国海军居世界海上力量第六位,亚洲第一，北洋水师本身的力量,放置其他国家,也可进入世界十甲。而当时日本的海上力量在1892年时,排名在13位左右。北洋水师曾经是大清的辉煌，记载了一个泱泱大国走出大陆、走向海洋、走向世界的梦想。然而，一场全军覆没的甲午海战，北洋官兵的壮烈牺牲，粉碎了这个虚幻的梦。为什么日本能够以不沉一舰、全歼北洋水师的辉煌战果傲然进入世界强国之林,而北洋水师却全军覆没呢?

甲午海战，一直是中国近代史上不可回避的一章，几乎的笔伐都指向无能的清廷，人们一致认为朝廷腐败、官员内斗、水师资金挪作他用，才导致“亚洲第一”的北洋水师败给了日本海军。在战争之前，慈禧太后为了修建颐和园，甚至挪用了海军的军资，历来被人们所痛骂。清政府的专制体制及其必然带来的政治和经济的腐败。从身居要位的历届海军大臣，到北洋舰队普通的一员，大家首先考虑的不是民族、国家和军队的利益，而是个人的利害。再强大的军队，也难以抵御这种腐败的侵蚀。

其实，围绕着北洋水师的一些传说，大多受感情的左右，甚至取代了事实。近年来，许多军事专家经过详细的研究，发现北洋水师覆没的事实并非如此简单。

甲午战争，是近代史以至现代史上，中国军队与入侵外敌交战时武器装备差距最小的一次战争。然而，战争双方装备实力与最终结局反差如此之大，不得不令人深思。

清朝末年政治腐败导致军事失败，已是不争的事实。但仅此，还远不能解释清楚为什么竟败至如此之惨。在国内的甲午战争研究中，有一个例子被反复引用，以证明北洋水师管理混乱、纪律松懈。1891年“北洋水师”访日，日本军官看到水兵在“定远”舰主炮上晾衣，并摸到了一手灰，从而认为“北洋水师”不堪一击。战争是检验一支军队的最终尺度，北洋水师虽然装备比较好，但疏于管理，战斗力自然不强。

在战略方面，身居水师高位的官员由于缺少经验，不知道如何使用花费无数白银建成的舰队。北洋海军成军后，便以为“自守有余”，停止了继续外购战舰的海军经费。在整个战争期间，北洋水师没有明确和联合舰队以舰队决战夺取制海权的战略，未制订出战略计划，日本海军则制订了明确的作战预案，是以夺取制海权为中心的海军制胜的方案。导致联合舰队掌握了战争的主动权，导致北洋水师战略上陷于被动。

在海战过程中，北洋水师组织不起像样的进攻，甚至连基本的防御也做得很差，战场上的北洋海军完全像一支未加训练的舰队。其6年合操实战尚不能成一阵，而组建时间很短的日本联合舰队，在整个作战过程中队形不乱，“始终信号相通，秩序井然，如在操演中”。据统计，黄海海战中日舰平均中弹11.17发，而北洋各舰平均中弹107.71发。日舰火炮命中率高出北洋舰队9倍以上。

中国发展海军的历程是几经曲折的。当时的中国人根本就不知道，在封建生产方式的土壤上是生产不出来强大的海军的。北洋海军成军之初，能够出海作战的战舰只有7艘。应该说，舰队战舰太少这一先天缺陷，给它的临敌布阵造成了许多困难，极大地减弱了它的战斗力。到底是谁埋葬了北洋水师，恐怕不能简单地归结到某一个原因或某一个人的身上吧？

国民党部队离奇失踪之谜

部队被消灭是战争中常见的事，可国民党一支部队没有被消灭，却莫名其妙地消失在了茫茫青山之中。

在我国抗日战争初期的南京保卫战中，一个团的中国部队在撤入南京东南30余里外的青龙山山区时神秘失踪，从此再无消息，直到现在真相也未被查明。

1937年12月初，侵华日军进逼南京，近20万国民党军队云集南京城内外，参加首都保卫战。守城部队中有许多是从别的战场临时抽调过来的。其中，72军、74军、93军等部队是从湘沪战场边战边退，来到南京城外布防的；还有几个师，是最高统帅部从四川、安徽、湖北、江西等省紧急抽调来的。这些部队虽然同仇敌忾，士气高昂，但装备太差，只有步枪、机枪、手榴弹及少量迫击炮，无法形成坚固的防御战线。而乘胜进攻的日寇装备精良、训练有素，拥有重炮、装甲车、坦克，还有大队飞机助威，张牙舞爪，不可一世，一路乘胜追击，气焰非常嚣张。

激战中，由于双方力量悬殊，中国军队损失惨重。据当地人回忆，损失最为惨重的是远道开来的川军某师。他们的枪弹多为劣质品，不堪使用，显然是被混入国民党军队后勤供给部门的日谍和汉奸暗中做了手脚。如此条件下，官兵们的血肉之躯怎能抵挡得住日寇疯狂的枪弹呢？因此该部虽然奋力抵抗，最终还是几乎全军覆没。该师的一个团因担任阵地左翼京杭国道一侧对敌警戒的任务，未直接参加战斗。在总体战事失利后，该团团长为保住有生力量，于是带上全团2000余官兵急行军向南撤退。然而，在进入绵延十几千米的青龙山山区后，该团便失去了联系，从此再无音讯，消失得无影无踪。

攻占南京后，日寇总指挥部在统计侵略战果时，发现中国守军有一个整团未被歼灭或俘虏，也未放下武器进入城内的由万国红十字会划出的难民区，而是毫无声息地转移走了。可是从别的部队的报告来看，该团似乎又没有突破日寇的两道包围圈。日军经过调查也没发现这支部队的下落，感到十分蹊跷。

重庆国民党作战大本营于1939年统计作战情况时，也注意到这一怪事，在寻找未果后，将其列为“全团失踪”。军令部还查出该团团长名叫伍新华，四川天全县人，川军讲武堂毕业生，原为川军刘湘部下，参加过军阀混战，有作战经验，1934年，在南京中央陆军大学中级班受过一年培训。抗战胜利后，国民党军政部、军令部都派出专人对此做专项调查，但仍未查清楚真相，最终不了了之。

根据军事专家研究推测，这个团在当时不可能突围。因为日酋松井石根大将采用了大迂回战术，于1937年12月1日出动两个精锐师团从上海南边的杭州湾登陆，包抄了中国大军后方。12月10日，这支日军的一部在南京东南部重镇汤山与沿无锡、镇江、句容一线打过来的，然后又同日寇主力会师，从三面对南京实行大包围。中国军队中只有93军等少数部队，趁日军尚未合围之际撤出包围圈。而在这之后，没有一支成建制的中国守军能冲出日寇严密的封锁圈。

古往今来，曾发生了无数失踪事件。可是，像南京青龙山这样整支部队的人员较大规模的集体失踪着实让人费解。在南京地区，不少关注这一神秘失踪事件的人认为与青龙山山区的溶洞有关。20世纪70年代初，在开发苏南煤田的高潮中，人们无意中发现过几个洞穴里有几顶锈烂的军用钢盔、朽坏的步枪和几具骸骨，一时，众说纷纭，莫衷一是。据当地乡亲们介绍，山区中有许多很深的洞穴，还有一些洞穴因洞口隐蔽或被山洪暴发的泥石浆掩埋住而未被人们发现。传说其中一座山的山岩下就有很大的溶洞，因为如用铁锤敲击某一处岩壁，可隐隐听到回音……

或许，当年川军部队为了躲逃日寇的追杀，躲入了山里某一巨大的洞穴，后因敌机轰炸震塌了洞口，致使全体人员被困洞内，最终窒息而死,全部葬身于洞中；也有可能当时这个团化整为零突围逃生，只有部分人逃出了封锁圈……

20世纪80年代以来，随着对UFO现象的关注，有人持“外星人劫持说”。或许在地球之外的某个星球上，存在着比人类更高级的智慧生命。出于好奇心或其他一些实际的目的，它们或是驾着飞行器从外太空闯入，或是在地球上人迹罕至的地带建立了隐秘的基地，经常劫持地球生物，作为它们研究的标本。

可是，许多专家学者在经过了长时间的研究分析之后，认为以上观点完全是无稽之谈，因为“雁过留声，鸟过留毛”，如果外星人真的在地球上出现过，而且又活动地那么频繁，它们总会留下一些蛛丝马迹的。但是到目前为止，还没有找到一丝一毫站得住脚的、能真正证明外星人“光临”过地球的雪泥鸿爪。

总之，大半个世纪过去了，抗战初期一团国民党军队在南京东南郊青龙山地区神秘地失踪事件，至今仍是一个未解开的谜。

真假特洛伊战争

特洛伊仅仅是古希腊神话中的城市，还是一座确实存在过的“失落之城”呢？

特洛伊也称“伊利昂”，位于小亚细亚半岛西端赫勒斯滂海峡（即达达尼尔海峡）东南，公元前16世纪前后由古希腊人所建。

特洛伊王子帕里斯来到希腊斯巴达王迈锡尼宫做客，受到了迈锡尼的盛情款待，但是帕里斯却拐走了迈锡尼的妻子。迈锡尼和他的兄弟决定讨伐特洛伊。由于特洛伊城池牢固，易守难攻，攻战十年未能如愿。最后英雄奥德修斯献计，让迈锡尼士兵烧毁营帐，登上战船离开，造成撤退回国的假象，并故意在城下留下一具巨大的木马。特洛伊人把木马当做战胜品拖进城内。当晚，正当特洛伊人酣歌畅饮欢庆胜利的时候，藏在木马中的迈锡尼士兵悄悄溜出，打开城门，放进早已埋伏在城外的希腊军队，结果一夜之间特洛伊化为废墟。

正是这场战争引出了两大史诗，从而成为西方文学的源头。那么，这场战争是真是假呢？在那样一个人神界限特别模糊、人类很像神灵而神灵身上又表现出太多人性的时代，特洛伊成为这一时代人神之中最伟大者交锋的场所。

历史上很多人认为这是历史事实，并真正发生在希沙立克。但是，自从18世纪开始，学者们对此提出了质疑。许多人怀疑特洛伊曾经发生过战争，甚至更有一些人怀疑荷马的存在，至少怀疑荷马作为一个单独的个人而非一系列诗人的存在。

到了19世纪下半叶，只有极少数学者相信《荷马史诗》是对历史上的真实事件的记录。而相信特洛伊——假如它真的存在过的话——在希沙立克的人则更少。然而，还是有人相信特洛伊的存在，这其中包括业余考古学家弗兰克·卡尔弗特——美国驻这一地区的领事。19世纪60年代中期，卡尔弗特与其合作者德国富翁海因里希·谢里曼对希沙立克进行了发掘，发现了古典时期的神殿和一些高大的建筑物。后来，曾做过谢里曼助手的威廉·德普费尔德继续进行他未完成的事业。德普费尔德发现了更多的大房屋、一座瞭望塔、300米长的城墙。

德普费尔德的看法一直流行，直到40年后，一支美国探险队在卡尔·布利根的带领下来到希沙立克。布利根认为，特洛伊的覆灭，绝对不可能是希腊人入侵造成的。因为城墙的一部分地基发生了移动，而其他部分则似乎彻底坍塌了。他认为这种破坏不可能是人为的，可能是一场地震导致如此。

究竟是特洛伊战争成就了《荷马史诗》，还是《荷马史诗》成就了特洛伊战争。特洛伊战争究竟是真是假，这一切都湮没在漫漫的历史长河之中了。

表现特洛伊战争的想象图

希腊军队采用了奥德修斯的计策，军士们藏在巨大的木马之中，特洛伊人把木马拖进城，希腊人破马而出，里应外合，攻下了伊利昂城，长达10年之久的特洛伊战争结束。

汉尼拔兵败之谜

汉尼拔远征罗马，节节胜利，却因为一系列原因最终兵败溃逃。

汉尼拔（公元前247～公元前183年），迦太基著名的军事统帅，他自小接受严格、艰苦的军事锻炼，随父亲哈米尔卡·巴卡进军西班牙，并在父亲面前发下一生的誓言，要终身与罗马为敌。

公元前221年，汉尼拔任西班牙的迦太基统帅后，着手进行征服罗马的战争准备。

公元前218年，第二次布匿战争爆发，汉尼拔率领迦太基军队开始对意大利的大规模军事远征。当汉尼拔越过险峻的阿尔卑斯山，突然出现在北意大利时，犹如神兵从天而降，整个罗马被恐慌不安所笼罩。

尔后，汉尼拔率军直捣意大利中南部，在特拉西美诺湖、坎尼等会战中巧妙运用计策（地形、兵种及天气变化)引诱，多次大败罗马军队，尤其是坎尼战役后，罗马可谓已陷入绝境，汉尼拔几乎就要实现其征服罗马的梦想了。

坎尼战役之后，罗马人深感此人之军事威胁，特别是在情报搜集、行军布阵及外交分化罗马联盟上。于是他们减少与汉尼拔的军团发生正面冲突，加强同罗马联盟之间的关系，施用焦土战略，阻断汉尼拔的军需物资补给，并从汉尼拔身上学会及改用游击战略，才逐渐夺回意大利南部的要塞。公元前204年，罗马人在大西庇阿的率领下入侵迦太基本土，迫使汉尼拔回到非洲。公元前202年，大西庇阿于扎马战役击败汉尼拔。

战后，汉尼拔成为迦太基的行政官，帮助迦太基从战争的疮痍中恢复。公元前195年，在罗马人的施压下，汉尼拔出走东方，流亡到塞琉西王国，直到公元前189年，罗马打败安条克三世，并要求引渡汉尼拔，汉尼拔才逃到小亚细亚北部的比提尼亚王国。即便如此，罗马人仍然不放心汉尼拔，一直争取把他引渡到罗马受审，终于逼至汉尼拔在公元前183年服毒自尽。

有人认为，汉尼拔之所以未能征服罗马，是因为共和制罗马当时正处于蓬勃发展时期。尽管它是一个贵族共和国，作为统治阶级的贵族和平民之间存在着矛盾，但是平民在经过两个多世纪的斗争获得一定的政治权益之后，阶级矛盾得以缓和，国家政治生活暂时比较安定，这些为罗马战胜汉尼拔的进攻提供了重要的政治和社会前提。

同时，在与迦太基作战的问题上，罗马奴隶主统治阶级内部是比较一致的。罗马进行战争的主要工具是组织严密的军团，这些军团由罗马公民组成，平民特别是农民是罗马军团的中坚力量。由于他们希望从战争中获得一份土地，因此作战特别尽力。虽然罗马在布匿战争过程中屡遭失败，但在每次失败之后又可以迅速得到人力、物力的补充，直到最后取得胜利。

相比之下，迦太基在许多方面远不如罗马。迦太基在征服北非土地之后统治阶级内部明显分为两派：一派代表大土地所有者的利益，另一派为商业集团。两派之间一直进行着尖锐的斗争，时常此起彼伏，影响和左右了迦太基的对外政策。汉尼拔代表的主要是商业集团的利益，主要活动基地和据点是西班牙的新迦太基城。汉尼拔转战意大利期间一直没有得到过迦太基政府的支援，原因就在这里。

也有人认为，汉尼拔之所以在罗马战败，其致命错误就是在战略上没有适时地将打击重点放在攻占罗马城上。当汉尼拔取得一系列胜利后，罗马军的主力已不复存在，整个半岛的大部地区已摆脱了罗马的控制，罗马城几乎成了座孤城。如果汉尼拔能抓住这个时机给予罗马城一击，攻占罗马城的可能性极大。然而他错过了这个机会，给了罗马人喘息的机会。

由于罗马城的存在，罗马人有了重建军备的基地，得以东山再起。而罗马城也是其他阵地的精神寄托，罗马人保住了一个罗马城便赢得了整个战争。

古罗马起义将领斯巴达克为何率军南下

一名将领的决策力，往往决定千千万万人的生死，一旦决策失误，即刻血流成河。

公元前71年春，斯巴达克领导的起义军与罗马奴隶主的官军举行了一场最后的决战。双方在阿普里亚境内展开激战，斯巴达克和6万名部下英勇战死，官军把被俘的6000名起义军全部钉死在从阿普里亚到罗马大道两边的十字架上。起义虽然失败了，但是人们在分析斯巴达克失败的原因时，一直不明白斯巴达克曾一度制订北上出境计划，如果认真施行这个计划，他们离开罗马返回色雷斯结果会怎么样呢?那么，他放弃北上计划的原因究竟是为什么呢?

公元前73年，斯巴达克领导奴隶起义，反对罗马奴隶主统治，起义很快席卷整个意大利半岛。当斯巴达克起义军将克劳狄乌斯和瓦利尼乌斯的围剿接连粉碎后，斯巴达克曾拟订了一个北上计划：“全军向阿尔卑斯山前进，越过高山，北上出境，返回故土。”重获自由，这也是人之常情。不过副将克里克苏对斯巴达克提出的这个计划坚决反对。随后，克里克苏率领两万人愤然出走，不幸被官军消灭。斯巴达克率军继续北上，将楞图鲁斯和盖利乌斯的前堵后追挫败，义军一度攻打到阿尔卑斯山脚下的穆提那城。但斯巴达克此时突然放弃北上计划，率领全军调头南下。

罗马元老院害怕起义军会攻打罗马城，立即派独裁官克拉苏带领8个军团前往镇压奴隶起义。克拉苏采用古老的《十一抽杀律》：凡战败或临阵脱逃者，10人当中抽签选出1人处死。如此严明的军纪使罗马军队的战斗力大大提高。

被赶到意大利半岛南端的布鲁提翁的起义军准备渡海去西西里，但失败了。克拉苏下令在半岛最南端挖了一条两端通海的大壕沟，企图将起义军的退路截断，将起义军就地歼灭。起义军尽管奇迹般地冲过封锁，但损失巨大，不久就陷入困境。罗马元老院又在此时命令鲁库鲁斯从马其顿、庞培从西班牙回师，会同克拉苏从东、北、南三面包围起义军。

在这个紧要关头，起义军内部牧民出身的康格尼斯不同意撤离意大利半岛，带领1.2万起义军离开队伍，结果很快被克拉苏消灭。

南下义军的最终失败，很大原因是起义军内部始终在去与留的问题上存在严重的分歧。这与起义军来源有很大的关系：斯巴达克等人是来自色雷斯的角斗士，有很强的乡土意识，希望有朝一日能回归故土色雷斯。而另外一些起义军过去是罗马破产农民，不愿意离开罗马。这种强烈的本土意识使他们在大敌当前时意识不到真正的危险而团结起来。当初他们放弃北上计划的原因又是什么呢?

有人认为，阿尔卑斯山的恶劣条件改变了起义军北上翻越山岭的计划。阿尔卑斯山平均海拔3000米左右，是欧洲最高的山峰，许多山峰终年积雪，山上气候千变万化。12万起义将士到达阿尔卑斯山脚下时，身上的单衣无法御寒，再加上起义军给养不足，只好取消了北上计划。

还有人认为，斯巴达克计划的改变缘于客观形势的变化。起义之初，敌强我弱，斯巴达克感到很难对付罗马官军，不宜久留罗马，所以他拟订北上计划，先在敌人力量比较薄弱的北部地区发展自己，争取早点翻越阿尔卑斯山返回故土。但北上途中的节节胜利，尤其是起义军将罗马执政官克劳狄乌斯、名将楞图鲁斯和盖利乌斯的围剿接连挫败之后，声势大振，敌我力量对比出现了一些变化。起义军因此变得自信起来，觉得可以留在罗马“一搏”。

如果斯巴达克继续北上，并且成功地翻越阿尔卑斯山，返回了色雷斯，将会是什么结局呢?罗马官军是想把斯巴达克逐出本土，还是想将其一网打尽呢？这些问题有待后人进一步去解答。

古罗马远征安息的大军流落何处

“人过留名，雁过留声。”这一支6000余人的军队却无声无息地失踪了，他们到底去了哪里呢?

公元前53年，古罗马帝国纠集7个军团，在古罗马“三巨头”

之一的执政官克拉苏的带领下，发动了对安息(今伊朗一带)的侵略战争。罗马军队在卡尔莱遭到安息军队的围歼，克拉苏本人被杀，他儿子普布利乌斯率领的第一军团6000余人拼死突围成功。但突围之后却杳无音信，古罗马人几番寻找也不见他们的影踪。他们去了哪里？这是2000年来留给人们的一个难解之谜。

公元前20年，古罗马帝国与安息签订和约。当时，古罗马帝国要求遣返33年前卡尔莱战役中被俘的战俘，并寻找普布利乌斯的下落。然而，时过境迁，普布利乌斯及其所率余部早已无影无踪。

史海茫茫，中外学者一直探究着这支罗马军的去向。

据《汉书·陈汤传》记载，公元前36年，西汉西域都护府将领甘延寿、陈汤率4万多名将士讨伐郅支单于，战于郅支城(今哈萨克斯坦江布尔城)时，陈汤等遇上了一支奇特的军队，“步兵百余人，夹门鱼鳞阵，讲习用兵……”“土城外有重木城”。交锋后，西汉军队“以生虏百四十五，降虏千余人”而告胜。这种用圆形质牌连成鱼鳞形状进行防御的阵式以及修“重木城”的做法，只有罗马军队采用。据此，学者们认为，这支军队极可能是在卡尔莱战役中突围并已失踪17年的罗马军队残部。

学者们进一步研读史料时发现：几乎是在古罗马向安息要求遣返罗马战俘的同期，中国西汉的版图上出现了一个被命名为骊靬的县。它设置在今甘肃省永昌县城之南，从《汉书》到《隋书》，都准确无误地记载了这个县的存在。

当时，中国多称罗马帝国为大秦国，或称骊靬。司马迁在《史记》中，就把罗马帝国称做骊靬。西汉何以设置以骊靬命名的县？《后汉书》载：“汉初设骊靬县，取国名为县。”清代学者惠栋在《后汉书补注》中说：骊靬县“本以骊靬降人置”。

澳大利亚专家戴维·哈里斯也对此进行了深入分析，推断这支奇特军队就是克拉苏东征部队的残部。当年他们从帕提亚的卡雷突围之后，辗转各地。后来又突破安息东部防线，进入中亚，被郅支单于收编为雇佣军。在公元前36年西汉与郅支之战中被陈汤收降，带回中国。他还根据材料推断，骊靬城旧址就在今甘肃省永昌县境内。

另外，中国、澳大利亚和原苏联的一些史学家也对此进行深入研究，他们找到一张公元前9年绘制的地图。根据地图指示，确认骊靬县就是现在的焦家庄乡者来寨。

但是也有一些持不同意见的人否定戴维·哈里斯的推断。他们说，“重木城”和“鱼鳞阵”并非完全属于罗马人的军事艺术。在中国，编木或夯土为城古已有之，外城为郭、内城为城是中国古代通制。而且《左传》中记载，中国古代也曾使用“鱼鳞阵”，当时其正式名称叫“鱼丽阵”。

还有一些学者认为，即使当初罗马人的确曾到过此地，经过与当地居民2000多年的通婚、融合，面貌恐怕早已大大改变，不再具有当初的特征。

另外，也有人认为，这个地区外来人口一直比较复杂，很难依据现在那些地区存在酷似欧洲人的居民这一事实判定罗马人后裔生活在这里。

古罗马远征军究竟有没有到中国，如果没有，他们到哪里去了呢？

西班牙“无敌舰队”覆灭之谜

最幸运的舰队，不可击败的舰队，没想到却是一战而败。

英国与西班牙原来一直保持着十分密切友好的关系。可是在公元16世纪初，英王亨利八世的一段婚外恋情却在两国之间埋下了祸根。到新教徒伊丽莎白一世继承了英国王位以后，两国因争夺一个叫尼德兰的地方，使矛盾达到极致。

为了争夺海上霸权，西班牙和英国于公元1588年8月在英吉利海峡进行了一场举世瞩目、激烈壮观的大海战。这次海战，西班牙实力强大，武器先进，战船威力巨大，且兵力达3万余人，号称“无敌舰队”。而当时英国军队规模不大，整个舰队的作战人员也只有

9000人。两军相比，众寡悬殊，西班牙明显占据绝对优势。但是，出人意料的是这场海战的结局以西班牙惨遭毁灭性的失败而告终，“无敌舰队”几乎全军覆没。从此以后西班牙急剧衰落，英国则成为海上霸权国，开启了伊丽莎白一世的盛世。

为什么强大的“无敌舰队”竟然在寡弱对手面前如此不堪一击呢？

对此，学者一般有三种看法：

第一种说法认为“无敌舰队”遇上了天灾。它首先遇到的对手，是非常可怕而又无法战胜的大西洋的狂风巨浪，这是进军时机选择不当造成的。在“无敌舰队”起航不久即遇到大西洋风暴的袭击，许多船只被毁坏，淡水从仓促制成的木桶中漏出，食物大量腐烂变质，水手们疲惫不堪，大多数步兵也因为晕船而失去战斗力。“无敌舰队”还没有与英国交战先折兵，战斗力大大受到削弱。不得已，西顿尼亚带着这样一支失去战斗力的舰队与英军开战，从而导致噩运的发生。回国时，在苏格兰北部海域再次遇到大风暴，一些舰船又被海浪吞噬或触礁沉没。至此，“无敌舰队”几乎全军覆没。

第二种说法认为，西班牙的强盛，只是表面上的暂时的虚假繁荣。西班牙国王腓力二世加强专制统治，搜刮民财，连年征战，专横残忍，挥霍无度，激起了广大人民的愤恨，国内危机四伏。这次战争根本是不得民心的。

“无敌舰队”溃败

画中描绘了公元1588年侵入英国的西班牙“无敌舰队”在英国舰队的炮火轰击下慌张撤退的情景。

第三种说法认为，“无敌舰队”的惨败是由于西班牙国王用人不当造成的。公元1588年4月25日，腓力二世在里斯本大教堂举行授旗仪式，任命大贵族西顿尼亚公爵为舰队总司令，率领舰队远征。西顿尼亚出身名门望族，在贵族中有较高威望，深得国王信赖，所以被任命为舰队统帅。但是他本来是一名陆将，根本不懂海战，对指挥庞大的舰队在海上作战毫无经验，而且晕船。对这项任命他始料不及，根本没有任何思想准备和信心指挥这场战争。他也曾要求腓力二世另请高明，但未被获准。试想，这样的将领指挥海战，焉有不败之理?

无论是什么原因，西班牙“无敌舰队”的覆灭都给军事家以深刻的反省。

列克星敦的枪声

列克星敦的枪声打响了美国争取独立的第一枪，揭开了北美独立战争的序幕。

从公元1607 ~ 1733年，英国在北美大西洋沿岸先后建立了13个殖民地，经过100多年的开拓，北美的经济发展起来了：北部殖民地工商业十分发达，其产品足以同英国竞争；中部则成为北美的粮仓；南部盛行大种植园经济，成为英国重要的原料产地。

然而英国希望北美永远成为其原料产地和商品市场，因而极力压制北美工商业的发展。同时，为了填补与法国交战引发的国库亏空，英国政府想方设法加强掠夺北美殖民地民众创造的财富，巧立名目，不断征收苛捐杂税。英国还向北美大陆派去大量军队，控制民众反抗的局面。

公元1773年，英国政府又决定在北美殖民地实行“茶叶税法”。征收“茶叶税”，事实上是强迫北美民众饮用英国在东印度公司租存的茶叶，同时还要民众掏钱交税。英国的高压政策不断激起北美人民的反抗，他们到处抵制英货，费城、纽约、波士顿等港口也拒绝给运英国茶叶的货船卸货，那些船只好停在港口里。公元1773年12月16日夜里，波士顿的50名青年潜到垄断北美茶叶贸易的英属东印度公司的船上，将价值18000英镑的茶叶全部倒入海中，这就是“波士顿倾茶事件。”

“波士顿倾茶事件”招致了英国的严厉报复，先后通过了四项强制性的法令，但波士顿人并没有屈服，他们反而储藏弹药，准备以武力抗衡。

公元1775年4月19日，英国总督得知离波士顿不远的康科德藏有民兵的军火武器，于是派出士兵前往查缴没收，并试图偷袭列克星敦和康科德两地民兵的军械库。工兵保尔·瑞维尔得知消息后，星夜疾驰，通知各个村庄的民兵组织起来，迎击英军。英军和民兵在列克星敦发生激战，英军尽管赶到康科德，夺取了部分武器，但遭到民兵的伏击，死伤200多人，被迫退回波士顿。嗣后，民兵包围了波士顿，双方发展为军事对抗。

列克星敦的枪声揭开了北美独立战争的序幕。因此，在美国建国的历史进程中，波士顿具有不可磨灭的作用。“列克星敦的枪声”也不仅仅是枪声的意思，而是转变成一个事件的代名词，即美国独立战争的开始。这一仗，北美民兵共打死打伤英国士兵247人，取得辉煌的战绩。这枪声像信号一样，很快传遍英属北美13个殖民地。从此，反对英国殖民统治的战火燃遍了北美大地。

公元1775年5月10日召开的北美第二届“大陆会议”决定，成立以华盛顿为首的大陆军，以武力争取北美人民的自由权利。1776年7月4日，“大陆会议”发布了《美利坚十三联合邦的一致宣言》，即著名的《独立宣言》，宣告北美殖民地从此解除同英国的政治联系和隶属关系，成立独立的美利坚合众国。《独立宣言》的发表具有重大的意义，它使北美人民从改变殖民地地位的斗争转向了争取国家独立的民族战争。7月4日因而被确定为美国的国庆日。

《独立宣言》的发表极大地鼓舞了北美人民的战斗意志，虽然他们在兵力、武器装备等方面处于劣势，但他们英勇善战，并利用北美地域广阔、森林密布、交通不便的地理特点，开展游击战和运动战，顽强地与敌人周旋，多次在战斗中重创英军。而英国由于在同法国、西班牙等国争夺殖民地的战争中接连失利，无暇西顾，最后不得不放弃北美殖民地。公元1783年，英国正式承认美国独立。

独立战争胜利后，人们把列克星敦当做美国自由独立的象征，赞誉它是“美国自由的摇篮”。美国人民还在列克星敦镇中心区，树立了一座美国独立战争纪念碑。碑座上是一尊手握步枪、头戴草帽的民兵铜像。碑下刻着一段铭文：“坚守阵地。在敌人没有开枪射击以前，不要先开枪；但是，如果敌人硬要把战争强加在我们头上，那么，就让战争从这儿开始吧！”

拿破仑滑铁卢惨败之谜

痔疮引起的蝴蝶效应，导致了一场决定历史走向的战争的惨败？

历史牢牢记住了公元1815年6月18日。滑铁卢之战不仅终结了一个英雄的梦想，也终结了一个王朝的梦想。拿破仑，这位曾给予很多法兰西人以光明、自由和希望的天之骄子，从此被流放。然而，人们对于拿破仑在滑铁卢战役的失败原因，一直没有放弃推测，但是也一直是众说纷纭。

一般认为拿破仑在滑铁卢战役失败有如下原因：

1.元帅指挥不力

内伊元帅尽管在滑铁卢之战中表现出了非凡的勇气，但其指挥是不力的。在里尼迂回时，不分主次，与两万英军纠缠，致使8万普军被歼灭。

格鲁希元帅更是昏庸，他在滑铁卢有3.4万兵力，无所事事。听到滑铁卢炮声却以没接到命令为由不回援。其部下4军团司令吉拉尔将军一再力谏，都被其拒绝。

而作为总参谋长的苏尔特元帅，也是不称职的。第一次担任此职的苏尔特，尽管于18日晨及时提醒了拿破仑调回格鲁希部，也有一些好的建议，但其参谋部千疮百孔。法军在里尼、滑铁卢一再不知敌情。在里尼，参谋部竟不知普军右翼远处有两万英军，在内伊被牵制时，也没有及时命令其以主力投入主战场。而6军团竟因驻地远，调动迟，而未能赶到。在滑铁卢，参谋部既不知普军来援，也不知格鲁希的去向。

2.军队仓促组建，素质差

尽管拿破仑任命名将达武元帅为陆军部长，在两个月内组织了28.4万军队，且部队中也有不少老兵，但整个部队毕竟是仓促组建，缺乏训练，枪械、弹药、马匹也十分缺乏。部队的高、中级指挥员更是缺乏，以致格鲁希这样的平庸之辈也要独当一面。

法军在滑铁卢决战时，进攻被迫采用师纵队，每营成三列横队，每师则形成正面200人，纵深24～27列的庞大方阵，行动笨拙。

3.兵力分散，调动不及

拿破仑历来主张集中优势兵力，但此役奇怪的是一开始就分散使用兵力。拿破仑计划集中兵力各个击破普军、英军，法军先于滑铁卢决战前两天的6月16日，在里尼击溃布吕歇尔的普军。但因1军团迷路，没有及时赶到战场，6军团又距离过远，调动太迟，致使里尼之战成为击溃战，而不是预想的歼灭战。

拿破仑也没有在16日黄昏组织追击普军，而是在第二天派出格鲁希元帅率3.4万人追击。但为时已晚，格鲁希根本没有找到普军，反而浪费了大量兵力，使普军最后与英军会合。

然而最近，又有学者表示，拿破仑的滑铁卢惨败是由于他的痔疮所导致。

理查德·德扎克斯曾在《西方文明的另类历史》叙述说，拿破仑的痔疮实际上困扰他一生，“在他极其焦虑的常见姿势中，他经常搔自己的身体，经常搔得疮口出血为止。他经常说：‘我只在皮肤上感觉到活着。’可是，经常困扰他的，并不仅仅是他脸上的皮肤。滑铁卢战争期间，他的痔疮经常恶性发作，这使拿破仑这位极聪明的进攻型战略家，无法骑马外出视察军队，也无法与战地军官们商讨战争局势。特别是在最后两天，当时那场战争仍然是有希望打赢的。有好几种来源证实，在很多时间他是用止痛的鸦片在帐篷里抽得飘飘然。”据可靠史料记载，由于连年征战，拿破仑可谓身心疲惫，并且患上了日益严重的痔疮和膀胱炎。滑铁卢之战的前一天，正逢暴雨如注，年近50岁的拿破仑面临决战，不得不连续骑马奔波于泥泞之中，终于导致痔疮复发以致肛裂。所以，第二天决战之时，这位伟大的战略家再也无法看战况和部队，更无法亲自带领士兵冲锋陷阵。痔疮，就这样无情而又坚决地控制了拿破仑，使他欲哭无泪，也使法军失去了一个个瞬间反攻的大好时机，从而彻底埋葬了拿破仑天才般的机动指挥才能。但历史并没有突出拿破仑的这一隐痛。

理查德·德扎克斯如此说：“因为要强调人性的一面，历史上一些粗俗的小事情会使一些教科书的编著者十分不安。历史不再是按照逻辑从一个时代走向另一个时代的，哪怕这些逻辑就像教室的钟摆一样，滴滴答答催你入睡。”

晨星之子卡斯特的最后一击

一场战争可以成就一名将军，也可以毁灭一名将军，无论是精神，还是肉体。

乔治·阿姆斯特朗·卡斯特——晨星之子，是美国历史上的传奇人物。这位在南北战争中受到林肯青睐的骁勇善战的年轻将军，被派到西部去镇压印第安人，却在小比格奥战役中全军覆没，惨死在印第安人手中，其失败的原因至今依然未有令人信服的解释。

1876年，在南达科他领地的黑山地区发现了金矿。消息迅速传开，涌入南达科他领地的淘金客快速增加。

然而，黑山地区对许多部落来说是不可侵犯的圣山。在1868年美国政府和苏族及夏安族所订定的协议当中，明订“白人不可在黑山地区定居或是占地，也不可以在未经印第安人许可之下擅入”。印第安人则被要求不可反对在邻近地区进行铁路建设、也不可骚扰新移民。

但是利益高于一切，1876年1月，美国政府决定无视1868年的条约，指令印第安人搬进美国政府划定的“印第安保留区”，否则就是美国的敌人。

但许多印第安人不但没有听从如此恫吓，反而组织起来离开保留区，驻扎在黄石河谷，和当地新移民之间的冲突也屡屡发生。美国政府下令惩罚这些不遵守命令、不肯去保留区的印第安人，决定从不同方向同时发动攻击。

阿尔弗雷德·特里派遣卡斯特将军和第七骑兵团往西南行，到山上去，而他自己的部队则带着大炮与步兵从侧边逼近。他的战略是包围印第安人，并且以全军之力在小巨角河击溃他们。

3天后，卡斯特将军和他的骑兵团接近搭建在小巨角河河畔的巨大印第安人营帐。当时印第安的军力有4000～5000人，当中包括约2500位战士，卡斯特将军不理会特里叫他先按兵不动等待会合的命令，准备立刻发动攻击。他将自己所率领的骑兵团分成三路，两路从侧面进攻，他自己则带领211名骑兵从正面进攻。在蒙大拿州小比格霍恩河附近的山谷里，他们遭到了印第安人的伏击。面对绰号“疯马”的印第安酋长所率领的3500名印第安战士的攻击，卡斯特率领部下进行了浴血抵抗。然而不到3小时，他本人就和手下的所有人马一起被斩尽杀绝，惨死在印第安人手中。

战役之后，印第安人检视这些尸体，将尸体身上的衣服剥光，并毁坏穿着军装的尸体。因为他们相信尸体遭受毁坏的亡魂将无法抵达幽冥世界，也就不用在死后还得跟敌人碰面。为了某些原因，他们把卡斯特将军身上的衣服剥光，但让他的尸体保留完整。最早期的美方说法是因为印第安人崇敬他的战斗精神。后来慢慢出现因为卡斯特将军当时没有穿军装，所以让印第安人以为他不是兵士，以及因为卡斯特将军在当时已经开始头发稀疏，让印第安人觉得这样的头颅不值得当成战利品等说法，众说纷纭。

在小巨角之役后，印第安人四散而去。他们的确击败了卡斯特将军，但是他们也了解到印第安的时代已经过去，也知道他们无法再继续抵抗这些白人。美国政府方面以伟大的南北战争英雄竟然在建国百年时遭到杀害，必须剿灭印第安人以告慰这位英雄为名，数千人的骑兵部队陆续被派到这个区域作战，在往后一年中，他们毫不留情地追赶在此役后四散的印第安人，逼迫一位位酋长俯首称臣。卡斯特的最后堡垒同时也是苏族人的最后堡垒。

25万童子军参战之谜

童子军并不只是发生在遥远的古代，第二次世界大战期间英国真的组织过一支童子军。

在第一次世界大战爆发90周年之际，英国隆重推出了一部名为《英国童子军》的纪录片。该片爆出一个惊人的事实：第一次世界大战期间，英国军方招募了25万名不到参军年龄的童子军，其中近一半人最后惨遭伤亡。而且，多年来，英国政府对这个“丑闻”一直刻意隐瞒，所以很少有人知道真相！

英国第一次世界大战的历史学家理查德·凡·埃姆登为这部纪录片进行了大量研究，提供了详尽的历史资料。他透露说，英国是1914年8月14日宣布参加第一次世界大战的，从那以后，在许多“你的国家需要你”等文字的宣传和鼓动下，不到两个月，英国军方就招募到了75万名志愿参战的士兵，赶赴血雨腥风的欧洲战场。这些“男孩士兵”的年龄全都低于法定的服役年龄——18岁，其中，还包括25万名年龄只有十来岁、根本不到18岁的男孩，而且有的甚至只有14岁！他们一腔热血，希望参加战斗保卫祖国，所以不顾一切地渴望加入军队。尽管当时的英国首相阿斯奎斯和他的内阁明知道许多征召入伍的男孩都未达到法定服役年龄，但为了招募到足够多的兵力，全都睁一只眼闭一只眼。在战场上，几乎一半左右“男孩士兵”阵亡或负伤。

当年参战的一名幸存者、今年106岁高龄的威瑟斯透露说，当时他只有17岁，但在政府的鼓动下一心想参战，于是他没有告诉父母，自己独自在征兵处虚报了姓名、年龄以及家庭住址，负责招募的人什么都没有多问，也没有核实，就让他加入了军队。威瑟斯说：“当时很多只有15岁左右的男孩都谎称自己有19岁或者20岁。”

据悉，第一次世界大战期间，几乎每天都有数百名甚至数千名英国士兵阵亡。面对异常残忍的战争，不少英国士兵心生胆怯、畏惧，所以不时有士兵临阵脱逃、抗拒上战场或开小差。为稳定军心，迫使军队死守战壕，与德国兵血战到底，英国军队最高统帅部强化了行刑队的执法，凡被军事法院判处死刑的开小差的士兵，一律由行刑队快速处决。而“童子军”如果在战场上发生开小差当逃兵的行为，同样要被行刑队处死，东伦敦男孩亚伯拉罕·贝维斯泰因就是其中不幸的一个。1914年9月他入伍时只有16岁，1915年2月，贝维斯泰因在吉旺希的一场战役中后背中弹受伤，被送往一家医院接受治疗。在即将返回前线时，一枚手榴弹在他身边不远处爆炸，饱受惊吓的贝维斯泰因不愿再回到战场去。后来他又拒绝服从长官的命令后，于1916年3月20日遭到了处决。当时他的死亡记录显示他有21岁，然而事实上，他当时只有17岁。

来自英国设菲尔德市的霍拉斯·伊莱斯是当时最年轻的英国“童子军”之一，当他入伍时只有14岁。两年后，在法国索姆河战役的第一天，他就被敌方炮弹击中丧生。

据悉，英国当时自由党议员亚瑟·马克汉姆对这些年轻孩子的生命安全感到忧虑，愤怒地指责英政府采用欺骗性的手段骗这些孩子入伍。为了让军方下令撤回这些只有十来岁的童子军，他一直以各种方式奔走、呼吁、请愿，试图说服英国战争办公室负责人、陆军大臣基奇纳将“童子军”从欧洲战场上平安撤回。然而，英国政府对马克汉姆的呼吁置若罔闻，在当时的情况下，他的声音也显得微不足道，所以他的这些努力最终全是徒劳。

1916年8月，50岁的马克汉姆死于心脏病突发，直到临终，他也没能看到英国军方在招募士兵时加强对年龄的管制，所以说，他是带着遗憾走的。从此再没有人为“童子军”参战一事向英国政府表达抗议了。

希特勒“血洗冲锋队”之谜

当利益的天平发生倾斜时，希特勒会做出怎样的决定呢？

1936年6月30日凌晨，法西斯魔王希特勒在戈培尔及大批随行陪同下，乘一长列汽车由慕尼黑抵达维西，进行了一场骇人听闻的大屠杀。一天之内，包括参谋长罗姆在内的数百名冲锋队要人、干将惨遭杀戮，随后又宣布解散冲锋队，这就是震惊世界的“血洗冲锋队”事件。杀人狂草菅无辜原不足怪，然而希特勒这次竟然对他的患难老友开刀，并解散为其上台立下汗马功劳的冲锋队。这就要使人发问：希特勒为什么要这样做呢？

1.冲锋队自己惹火烧身

冲锋队的成员主要是退役军人、破产者、失业者和获释罪犯。这些社会下层寄希望于纳粹掌权后给他们带来好处，但希特勒政权完全代表资产阶级的利益，并未满足他们的要求。所以，冲锋队里有一种抱怨希特勒“背叛了他们”的情绪。罗姆便利用这种情绪叫嚣所谓“二次革命”，其用意只是向希特勒施加压力，为冲锋队争取某种利益。但冲锋队的这种鼓噪，以及他们肆意捕人、迫害犹太人、攻击教会等暴行，既让德国资产阶级感到恐惧，又为纳粹政权招惹了许多麻烦和攻击。所以，希特勒便以冲锋队阴谋“二次革命”为口实，顺水推舟将取悦资产阶级和除掉惹是生非的冲锋队这两个目的在政治清洗中“毕其功于一役”。

2.希特勒与罗姆的矛盾激化

罗姆是希特勒较早的政治伙伴，曾一起搞过政治阴谋，事情败露后又同蹲一个监狱，可谓是患难之交。但

希特勒检阅冲锋队

同时两人又有分歧，罗姆是冲锋队的实际创始人，而希特勒起初并未让他领导冲锋队。1925年冲锋队重建时，罗姆主张冲锋队独立，反对搞党务者插手，企图把冲锋队建成变相的军队。而希特勒仅仅把它看成是一种政治舆论工具，为纳粹上台提供必要的暴力和恐怖，无意把它建成一支常备武装力量。因此，两人只好暂告分手。1929年希特勒重新起用罗姆，委以参谋长之职，让他领导冲锋队。罗姆掌权后仍然按其原先设想大力扩充冲锋队，积极推进军事化，力图将来取代国防军。希特勒上台后，罗姆不仅加紧发展冲锋队，而且叫嚣进行“二次革命”，建立真正的“民族社会主义”国家。这使得纳粹政权难以容忍，希特勒便考虑解决冲锋队的问题。正因为两人是生死之交，所以希特勒在最后解决之前曾和罗姆进行了长达5小时的密谈，以图达成谅解；而且在血洗冲锋队之时，希特勒还吩咐手下把一支手枪留在罗姆的桌上。

3.希姆莱借刀杀人

成立于1925年的党卫队 (黑衫党) 最初是冲锋队的下属组织，在冲锋队膨胀的同时，作为希特勒铁杆卫队的党卫队亦迅速发展壮大。这两支政治力量在争权取宠的竞争中难免发生矛盾冲突，尤其自1929年希姆莱出任党卫队全国领袖后，双方的矛盾日趋激化。1930年，党卫队基本从冲锋队独立出来，其组织机构日益完善。加上党卫队纪律严明，组织性极强，又受希特勒偏爱，尽管只有几万队员，但仍成为冲锋队的强大对手。正当希特勒在解决冲锋队问题上犹豫不决之际，是希姆莱促成希特勒相信“罗姆要发动政变”，从而最后采取了过激措施。党卫队在血洗过程中亦充当了刽子手的角色。

4.权力制衡的牺牲品

第一次世界大战后德国军队受到限制。陆军方面在冲锋队成立之初出于重新武装德国的目的，对冲锋队采取了扶持态度，把它看成后备军。但随着罗姆取代国防军的企图日渐暴露，军界感到其特权受到了威胁。特别是在1934年年初，罗姆表现出要作武装力量总指挥的野心，人数已达300多万的冲锋队又要求承担东部边防任务，军官团便不能容忍了。国防部长勃洛姆堡强烈要求希特勒限制冲锋队，将其排斥于武装部队之外，只承认国防军为“唯一的武器持有者”。希特勒在决定二者取舍的考虑过程中，按理说应偏袒他的发迹资本冲锋队，但这样做有两大难题不好处理。一则保留庞大的冲锋队使他难以对欧洲各国作出恰当解释，使其外交陷于难堪境地；二则得罪了国防军就难以达到继承命在旦夕的兴登堡总统职位的野心。所以，希特勒权衡再三，最后决定牺牲冲锋队，顺从国防军。事实上，希特勒在血洗冲锋队之前已得到了军界支持他继任总统的承诺。这样，同年8月2日兴登堡死后，希特勒政府便宣布总统的职务已与总理的职务合并为一，希特勒顺利地成为元首兼德国总理。国防军随即宣誓效忠于元首。

点点滴滴的答案都有其合理的解释，然而究竟是什么原因真正促成希特勒最后下决心的呢？至今仍然没有答案。

“黄色计划”的神秘力量

“黄色计划”是奠定德国在第二次世界大战初期获得胜利的基础，它到底有什么神秘之处呢？

1939年9月，纳粹德国占领波兰之后，就对西欧虎视眈眈，并开始策划进攻西欧诸国的作战计划。10月9日，希特勒下达了进攻西欧的第六号指令，德国陆军总司令部随即开始制订代号为“黄色方案”的进攻计划，该计划实际上是第一次世界大战中德军“史里芬计划”的翻版，即经比利时中部以法国巴黎为主要突击方向。

1940年1月10日，德军总参谋部一名携带着该计划的军官因座机迷航而在比利时境内迫降，该计划因此落入英、法之手。在这种情况下，希特勒及其最高统帅部决定全面修改进攻西线的计划，并决定委托A集团军群参谋长曼施泰因担此重任。曼施泰因这次要制订的是德国入侵荷兰、比利时、卢森堡和法国的计划。1940年2月24日，德军最高统帅部正式采纳了曼施泰因的建议，经过修改后的作战计划规定，德军主力将翻越阿登山区，攻击荷兰、比利时、卢森堡和法国北部，然后再从西、北两方向进攻巴黎。在法国精心构筑的马其诺防线正面，德军则组织佯攻，牵制当面之敌，等到主力攻占巴黎，并推进至该防线侧后时，再发起进攻，与主力前后夹击，聚歼当面法军。这个计划后来被称之为“曼施泰因计划”。

1940年4月，德军占领丹麦，并在挪威取得了决定性胜利后，德军统帅部认为进攻西欧的时机已经成熟，准备于5月初开始进攻。此时，希特勒按照已修改过的进攻西线的“黄色方案”，把136个师、2580辆坦克和3824架飞机组成A、B、C三个集团军群，在从北海到瑞士边境800千米长的战线上部署就绪：

A集团军群共45个师，其中7个坦克师、3个摩托化师，由伦斯德上将指挥，第3航空队支援，负责中段。任务是越过比利时东南的阿登山区和卢森堡，突破马斯河的法军防线，直趋英吉利海峡。

B集团军群共28个师，其中有3个坦克师、2个摩托化师，由包克上将指挥，第2航空队予以支援，在北段从北海沿岸到亚琛之间展开攻势。任务是占领荷兰全境和比利时北部，阻止荷军与其盟军会合，并突破比利时军队在艾伯特运河上建立的防线。

C集团军群共17个师，由利布上将指挥，在南段法、卢边界至巴塞尔地段发起佯攻，迷惑法军指挥部，以便牵制马其诺防线的莱茵河一带的法军。

在同盟国一方，法国认为德国在占领波兰后、必将进攻苏联，进攻法国至少要在四五年之后；英国认为自己海军力量比较强大，因此主要负责对德国实施海上封锁和战略轰炸，地面作战则主要由盟国承担；荷兰、比利时和卢森堡一厢情愿地认为只要严守中立，就可避免卷入战争。所以，这些国家都还没有进行充分准备。

1940年5月10日，德军从荷兰至法国全线发起攻击，首先出动3000余架次飞机空袭了荷兰、比利时和法国。德军空降部队于11日攻占了被誉为欧洲最坚固的工事——埃本·埃马尔要塞，使德军主力得以迅速通过马斯河，突破列日防线。

5月13日，德军装甲部队突破荷军防线，与在首都鹿特丹空降的伞兵会合。14日德军攻占鹿特丹，荷兰女王搭乘英军驱逐舰逃往英国。5月15日，荷兰最高统帅部在德军强大攻势的压力下，荷兰武装部队总司令温克尔曼将军命令他的部队放下武器，并签署了正式投降书。

5月15日，即荷军投降的这一天，德军B集团军群突破法军色当防线，对法军第9集团军展开扇形攻势，法军全线崩溃。德军直插英法后方，打开了通向巴黎的道路。5月17日，德军肃清了英、法军的抵抗，占领比利时首都布鲁塞尔，然后继续向西发起进攻。A集团军群也很快挺进到英吉利海峡沿岸。就这样，德军A、B两个集团军群以沿海地区为目标，展开了规模宏大的钳形攻势。德军以平均每天20~40千米的速度向西挺进，如入无人之境。5月28日，比利时国王宣布向德国无条件投降。

在这不可思议的6周中，士气高昂的德军征服了法国、比利时、卢森堡和荷兰，并把英国军队赶出了欧洲大陆。英军在慌乱中几乎把所有的武器装备和运输工具都留在了敦刻尔克。要不是5月24日希特勒下令装甲部队停止追击，英法联军恐怕要在敦刻尔克全军覆没。

为什么盟军的高级将领对德国实施“黄色计划”的反应如此迟钝且毫无准备呢？这是第二次世界大战中的一个难解之谜。

“诺曼底”号烧毁之谜

“诺曼底”号邮船曾经是一个传奇，然而却被神秘地烧毁在纽约港。

“诺曼底”号邮船堪称有史以来最豪华的巨型邮船，是划时代的杰作，至今仍然给人一种怀疑其是否确实存在过的感觉。据说，登上“诺曼底”号邮船的人都如同在梦里一般，被誉为“震惊世界的最豪华、最漂亮的邮船”“在世界客船史上享有不灭的名望”。

1939年9月1日，当德国发动了对波兰的进攻时，“诺曼底”号正在公海上航行，虽然几经波折，但它还是安全地驶进了纽约港。在纽约港，没有人认为会有人对它进行破坏或纵火。“诺曼底”号的设计师魏德米·亚克维奇甚至认为，该船是有史以来建造的船只里防火性能最好的一艘。

其实，在德国，纳粹组织早就盯上了这艘巨大的法国邮船。1940年6月22日，法国向德国投降。在这之后的两周，德军反情报机构的头目就发出密电，让美国的纳粹间谍严密注意“诺曼底”号。希特勒和他的纳粹集团明白，美国一旦宣布参战，很有可能征用这艘邮船，而这艘法国巨轮一次就能够运输12000名美国海军士兵到欧洲参战。

1941年的深秋，法国巨轮“诺曼底”号静静地停泊在纽约港的哈得森河88号码头上。

1941年12月7日，日本偷袭了珍珠港。4天后，希特勒让德国议会不经表决就通过了对美国开战的宣言。就在同一天，希特勒的盟友、意大利独裁者墨索里尼也对美国宣战。

果然，就像希特勒所担心的那样，美国海军立即征用了“诺曼底”号，并对它进行了改装，以便运送军队和武器到欧洲。改装任务非常紧迫，1500多名工人登上这艘浮动的海上璇宫，剥掉豪华装潢，拆掉娱乐设施，将其变成运兵船。1942年1月15日，它被交给国防部。预计在2月开始执行首次任务，向太平洋诸岛，尤其是夏威夷群岛增援兵力。

然而在1942年2月9日，灾难发生了。由于计划不久之后出发，大批的粮食、食品、被服、衣物和救生设施被送上了船，四处堆放在船舱内。下午两点半左右，“诺曼底”号突然起火。人们匆忙扑上船去灭火，但是，由于当天风很大，火势迅速蔓延，很快就失去了控制。巧合的是，这天船上消火栓里没水。人们只能眼睁睁地看着火漫过了甲板，不到一小时，整条船就变成了火的海洋。更“巧合”的是，纽约消防局12分钟后才接到报告。赶到码头的纽约消防队员开始向船内灌水，以扑灭大火。但是随着船身内积水的增多，消防队员们恐惧地发现，船身逐渐地向左翻过去。第二天凌晨两点半，这艘巨大的邮船终因进水太多、倾斜过度而翻了过去。而此时，距“诺曼底”号远征欧洲的起程日期还有3周的时间，这一计划就这样夭折了。

事发后，美国政府立即成立了几个调查组，以查明这起备受公众关注的大事故，联邦调查局和福兰克·霍根律师盘问了100多位证人。与此同时，海军也成立了以退休海军少将莱姆·雷黑为首的调查组。然而，两个月后，国会海事委员会成立的调查组发布结论说：“起火的直接原因应归结于民工的疏忽和管理上的疏漏。”这个理由听起来就是推托之词。

当然，广大人民并不相信政府的结论，为什么一个如此巨大的邮轮在有大量防火设施的情况下能够爆发大火，并在几小时内变成一堆焦炭？是不是有纳粹破坏分子渗透到船上纵火烧毁了这条船？如果是这样的话，散布在船上每一个角落的1500名工人为什么没有发现有人纵火呢？

“诺曼底”号的烧毁是不是纳粹所为，已经伴随着这场大火造成的重大损失成为一个巨大的谜团。可以肯定的是，它永远地失去了为第二次世界大战作出贡献的机会。

“皇家橡树”号沉没之谜

号称密不透风的英国军港，却被德军偷袭，炸沉了一艘战舰。这究竟是怎么回事？

1939年9月1日，纳粹德国突然袭击波兰，拉开了欧战的序幕。作为波兰盟国的英国于9月3日对德宣战。9月4日，英国首次动用轰炸机空袭德军战舰。然而，仅仅过了一个月，纳粹德国的潜艇U–47悄然钻到英国斯卡帕湾沿海军港，将一艘3万吨的大型军舰击沉，近千名英国士兵不幸遇难，这创造了潜艇作战的一个奇迹。

斯卡帕湾位于英国苏格兰东北部，是皇家海军最大基地之一，东面扼守北海，西面200 多千米就是浩瀚的大西洋。第二次世界大战开始后，英国巡洋舰、战列舰和航母等大型战舰纷纷停泊在斯卡帕湾。纳粹德国发现斯卡帕湾停泊那么多大型战舰后，决定展开偷袭作战。英国海军对斯卡帕湾采取了严密的防范措施，湾内7个入口加强了反潜拦截，包括布设反潜网和安放沉船等。整个航道“机关”重重，任何擅自闯入者无疑自杀，随时可能葬身。

1939年10月13日深夜，皓月当空，斯卡帕湾一片寂静。然而，纳粹的U-47号潜艇利用北海的夜色，躲过英国东北沿海反潜部队的警戒，悄然钻进斯卡帕湾，开始了欧战以来对英国本土目标最为凶狠的海上偷袭行动。凌晨两点，德国海军潜艇用鱼雷攻击了英国皇家海军的“皇家橡树”号战列舰，战列舰迅速沉入海中，包括第一战列舰分队司令梅勒少将在内的近千名官兵无一生还。

这是第二次世界大战开始以来英国被击沉的第一艘战列舰，也是英国被击沉的第一艘3万吨级大型战舰，也是第二次世界大战开始以来英国战舰伤亡最惨重的事件。后来人们把它比为英国的“珍珠港事件”。那么，在号称“固若金汤”的斯卡帕湾，德军究竟如何能潜入并颠覆了英国海军引以为豪的“皇家橡树”号呢?

当时担任英国海军大臣的丘吉尔得知此事后，痛心不已，称这是英国“皇家海军史上最黑暗的一天”。因为“皇家橡树”号是英国海军最强大的主力舰，曾多次作为英王的座舰出访各国，舰上的贵宾室内永久性地放着英王的宝座，墙壁上悬挂着历代英王的画像。在英国国民的眼里，“皇家橡树”号成为战无不胜的皇家海军的象征。

当事故调查委员会发现“皇家橡树”号是被德国潜艇发射的鱼雷击沉的时候，英国人都震惊了，在专家们看来，这简直是天方夜谭，他们无法想象德国潜艇是如何在深夜从水下绕过重重障碍进入港内的。百思不得其解的丘吉尔下令将斯卡帕湾海军基地高级军官统统撤职。不过，对外则谎称，“皇家橡树”号是因锅炉爆炸而沉没的。

第二次世界大战结束后，此事终于大白于天下。原来，庞大的“皇家橡树”号葬送于一个名叫阿尔伯特·奥特尔的德国间谍之手。阿尔伯特·奥特尔的真实身份是德国海军军官阿夫雷德·魏赫云中尉，他隐姓埋名化装成一名瑞士钟表匠，在奥科内岛上开了一家小商店。潜伏12年后，魏赫云终于将斯卡帕湾的军事设施、令人难以预测的洋流以及航行障碍等的详细情况摸清楚，并将情况汇报给了德国海军司令部。

德国海军司令部在接到情报后，决定立即采取行动：派遣由王牌艇长冈瑟·普里恩上尉指挥U–47号潜艇夜袭斯卡帕湾。1939年10月14日深夜，普里恩上尉根据情报提供的港湾航道图指挥潜艇潜进了斯卡帕湾，并在9号锚地找到了“皇家橡树”号。U–47号潜艇在距“皇家橡树”号180米处发射了6枚鱼雷，击中了舰上的弹药库，将这艘3万吨级的巨舰炸成两截。随后乘乱撤出港湾，在约定地点浮出水面，接上早已等候于此的间谍，一起返回了德国。

对于第三帝国，这是巨大的海上胜利。当普里恩和他的船员回到柏林时，受到了英雄般的欢迎，希特勒本人还亲手向普里恩颁发了武士十字勋章。

斯大林为何不防德军突袭

在当时很多人看来，苏德爆发战争是迟早的事，可是斯大林为何不事先预防德军的突袭呢？

1940年6月22日，法国投降后，希特勒称霸西欧大陆，威逼英国，不可一世。他认为他蓄谋已久的计划已经实现，在欧洲和全世界建立法西斯德国霸权的时候已经来到。此时，苏联是希特勒称霸欧洲和世界的主要障碍。因此，希特勒决定把其战略重心由西方转向东方，把侵略矛头指向苏联。

1940年12月18日，希特勒发布第21号指令，正式下达了代号为“巴巴罗萨”的侵苏计划。该计划主要内容有：一、在对英作战结束之前，以一次快速的战役，在一个半月到两个月的时间内打垮苏联；二、先以突袭的办法歼灭苏联西部各军区的部队，使其无法退往内地，然后以坦克部队为先导，并辅之以空军支援，分三路向苏联腹地进攻，占领莫斯科、彼得格勒和顿巴斯。

面对德寇咄咄逼人的气势，苏联并非毫无警觉。但是，考虑到自身应变措施还不够充分，苏联希望尽可能避免或延缓苏德关系的破裂，以便争取更多的时间进行战争准备。为此目的，苏联极力表白自己的和平诚意，继续遵照两国贸易协定交货，并在广播上驳斥那些预告苏德之间即将开战的预言。

1941年6月22日，德国突然不宣而战，190个师又3个独立旅共550多万人、47000门火炮、4500架飞机、4500辆坦克，分北方、中央、南方三个集群在漫长的战线上对苏联发起突然袭击，德军就像在进行军事演习一样，十分顺利地实施着“巴巴罗萨”计划，而苏联方面毫无防备。战争初期，苏军损失惨重，一个师一个军整建制地被德军消灭或俘虏。

不过，据后来披露的内幕显示，在苏德战争爆发前，苏联最高领导人斯大林曾从多个渠道得知德国将发动进攻的消息。其中一些情报准确地告知了德军的规模和战争开始的时间。按1973年的统计，斯大林至少获得过84份类似的报告，但它们都被红军情报总局归入了“可疑情报来源”。斯大林为什么没有做出应有防范呢？

斯大林刚愎自用的个性使他无法接受任何逆耳的属下建议，加上他对于《互不侵犯条约》的盲目信心，他越来越高估苏联的实力。在1941年春季，斯大林的情报机关不断发出德国即将展开侵略的警告，但都没有被斯大林重视。尽管斯大林和其幕僚也体会到攻击的可能性，但由于斯大林对于红军实力的迷信，苏联决定避免挑衅希特勒。当德军的大规模闪电战开始后，斯大林仍认为这是不可能的，所以没有及时下达反击的命令，结果令苏联红军在战争开始付出了极为惨重的代价。

许多人指责斯大林在如此众多的警报下，居然还会轻信希特勒。但也有人认为，斯大林并没有相信希特勒，也没有完全忽视情报的存在。对此最有说服力的事实是：在庞大的德国战争机器缓缓向东部移动的同时，苏联的军事机器也在发动之中。

1941年以后，德军在进境地区的集结已经越来越明显，苏军为此也做了一些准备。3～4月间，朱可夫向斯大林报告：根据计算，苏联西部边境地区的部队不足以抵抗德军的突击，必须从内地军区紧急动员若干个集团军，在5月初调到边境地区。5月间，总参谋部下令从内地军区向边境军区调派部队，共计28个步兵师和4个集团军的指挥机关。到6月，苏联在边境地区已经集结了290万人、1500架作战飞机、1800辆坦克。为了企图隐蔽，上述部队的转移是在部队野营训练的伪装下，不改变铁路正常运行时刻表而隐蔽地进行的。这和德军集结兵力的手法非常相似。

但是，希特勒到底比斯大林快了一步。先发制人，后发制于人。苏联因此吃了大亏。

敦刻尔克大撤退之谜

敦刻尔克大撤退为盟军保存了有生力量，也是希特勒犯下的一个不可逆转的错误。

敦刻尔克本是一个名不见经传的法国港口城市，在第二次世界大战期间，它却以世界上最大一次撤退的发生地而闻名于世。在1940年5月27日至6月4日短短9天的时间里，33.8万英法联军在这里奇迹般地逃脱了德军的三面重围，回到英国本土，从而为英国后来的反攻保存了实力。

1939年9月1日，第二次世界大战爆发。9月3日，英国和法国被迫对德国宣战。西欧作战打响后，法军与英军几乎是一溃千里。德军直扑布列塔尼半岛，将几十万英法联军包围在了敦刻尔克，除非出现奇迹，否则包围圈内的盟军就将全军覆没。然而，奇迹真的就发生了。

1940年5月23日，当时德国军队从西、南、东三个方向向敦刻尔克步步紧逼，德军古德里安上将的第19装甲军离敦刻尔克仅有16千米。5月24日，德国围攻敦刻尔克的坦克突击兵团接到了希特勒亲自下达的命令：停止攻击行动，消灭敦刻尔克敌军的任务改由地面炮兵和步兵配合空军完成。希特勒的这一命令使德军坦克部队的将领们大惑不解。

当时，古德里安正在吃午饭。他接到这个命令之后大吃一惊，马上询问总部这究竟是怎么回事儿。可是，他得到的回答是："元首的命令不可更改。"直到48小时之后，希特勒才下达了重新恢复前进的命令。

48小时的时间，让几十万英法联军有了绝好的逃生机会，联军在敦刻尔克加强了防御力量，挡住了德军的进攻。而这时，英法联军的唯一生路就是敦刻尔克40千米长的海岸线。5月26日18时57分，英国海军中将拉姆齐下令实施"发电机计划"，从而拉开了敦刻尔克大撤退的序幕。

从敦刻尔克到英国有3条航线，但由于德军的炮火封锁，唯一能够使用的只有Y航线，全程近76海里，需要6小时到达英国。Y航线航程是原计划的两倍多，要想撤出同样多的人，就得需要两倍以上的船只。焦急的英国人顾不上保守秘密，在无线电广播里大声向全国呼吁，号召所有拥有船只的人都来加入撤运联军的舰队。数以千计的民众驾驶着各式各样的船只闻讯赶来。至6月4日14时23分大撤退结束，联军共从敦刻尔克撤走了33.8万名官兵。就这样，希特勒的一个奇怪的命令，让英国人创造了战争史上的一个奇迹。

希特勒为什么要下达这样一个奇怪的命令？据专家分析，希特勒的这一命令是有他的考虑，而且不能完全归结为他一人的责任。

首先，在法国北部的战事明朗后，德军需要为下一步作战行动保存装甲部队实力。西线作战开始后，德军进攻速度快到不仅打乱了英法联军作战指挥的时间表，而且打乱了德国人自己的作战指挥的时间表。希特勒在走访了A集团军群司令部后，认为有必要让突前的装甲部队停止前进，阻挡敌军突围。德军装甲部队是德国陆军的精华，也是德国赖以支持战争的支柱力量，还将要在对法国南部和对苏联作战中发挥作用，而敦刻尔克地势遍地沼泽和低洼，希特勒担心装甲部队受困于敦刻尔克外围的河道纵横的地带陷入阵地战，导致装甲部队遭受重大损失，于是下命令让古德里安的部队停止前进。

第二个因素出自纳粹德军中地位仅次于希特勒的赫尔曼·戈林。西线战役时，戈林担任纳粹德国空军总司令。戈林为了纳粹空军的利益出发，建议和怂恿希特勒相信德国空军可以消灭敦刻尔克包围圈的英法联军。于是希特勒相信了戈林，命令陆军停止前进，由戈林指挥空军袭击英法联军。后来证明空军在敦刻尔克的海滩上威力发挥有限，炮台落在海滩上，威力大减。

此外，也有人认为希特勒有政治上的打算。希特勒一直想诱降英国，于是让一部分英军撤回英国，不消灭英国的有生力量，让英国成为战败的英雄，这样在政治上有助于与英国媾和，共同对付苏联，可以避免德国两线作战。

英国著名的军事历史学家亨利·莫尔指出，欧洲的光复和德国的失败就是从敦刻尔克开始的！这绝不是一场奇耻大辱的败退。而德国决定由空军取代地面装甲部队消灭敦刻尔克的盟军则被视为第二次世界大战初期“德军最大的失误”。希特勒的一个命令让33.8万人在绝境中撤回了英伦三岛，进而为后来的盟军大反攻准备了有生力量。

“珍珠港事件”是美国的苦肉计吗

战争让任何人都有可能成为牺牲品，充当炮灰，因为一切以大局为重。

1941年12月6日晚，在美国白宫，美海军部长诺克斯、海军作战部长斯塔克、陆军部长史汀生、陆军参谋长马歇尔和商务部长霍普金斯少见地聚在一起，他们在等待。

1941年12月7日，日本海军特混舰队长途奔袭，以舰载机偷袭了美军太平洋舰队基地珍珠港。美军被击沉和受重创战列舰8艘、轻巡洋舰6艘、驱逐舰1艘，损毁飞机270架，伤亡3400余人。次日，罗

偷袭珍珠港

斯福总统在国会大厦发表慷慨激昂的演讲和战争咨文，正式对日宣战。

白宫历史性的一幕是由当时在场的海军部长诺克斯对其密友詹姆斯·斯尔曼透露的。这是怎么回事？难道说美国知道日本要偷袭珍珠港吗？

1935年，美国陆军重新组建由密码专家威廉·弗里德曼领导的监听机关——信号情报处。它与随后成立的海军通信保密科被冠以“魔术”的代号。

至1941年，“魔术”已能截获并破译出绝大多数日本人用九七式打字机发出的“紫色密码”外交电报。1941年年底，他们破译的秘密外交电报平均每周多达200页。这其中包括许多有关珍珠港的情报：1941年9月24日，日本海军通过外务省致电檀香山总领事馆，要求了解美军太平洋舰队军舰在珍珠港的停泊位置；11月15日，日本外务省要求驻檀香山总领事馆每周至少报告两次珍珠港美军军舰的动向；11月18日，日本驻檀香山总领事馆向外务省汇报了美军军舰进珍珠港后航向变化角度和从港口到达停泊点的时间；11月28日，日本外务省要求檀香山总领事馆销毁密码和密码机；12月2日，日本驻檀香山总领事馆用低级密码继续报告美军的一举一动……

“魔术”将最重要的情报由特别信使及时递交给总统、陆军部和海军部的部长、作战部长、情报局长、国务卿等军政首脑，而其他人极少能接触到这些情报。但华盛顿并没有将上述与珍珠港密切相关的情报通知太平洋舰队司令金梅尔海军上将和夏威夷基地司令肖特陆军中将。金梅尔将军后来在接受调查时直言不讳：“海军部扣下了珍珠港将可能遭受袭击的有关情报，太平洋舰队被剥夺了一次战斗机会，导致1941年12月7日的灾难性局面。”对于这种反常的行为，斯塔克解释道：“我不希望通知金梅尔司令，因为这样会泄密。”他怕泄露的究竟是日本人的秘密还是华盛顿的秘密？

即使美国高层害怕泄密，也应该在大战即将来临之际想方设法加强珍珠港太平洋舰队的实力。事实上在1941年年初，太平洋舰队包括1艘航空母舰、3艘战列舰、4艘巡洋舰、17艘驱逐舰在内1/4的作战力量被调拨给了大西洋舰队。此外，海军部还把舰队中素质最好的指挥官和水兵也成批调往大西洋舰队。为此，金梅尔曾多次向海军作战部长斯塔克陈述加强太平洋舰队实力的重要性。他在1941年9月12日写给斯塔克的信中言语恳切地说：“一支强大的太平洋舰队，无疑是对日本的威慑，而弱小的舰队也许会引来日本人……在我们能够保持足够对付日本舰队的兵力之前，我们在太平洋是不安全的。”但海军部丝毫不理会金梅尔的呼吁。更奇怪的是，当日本飞机对珍珠港狂轰滥炸时，太平洋舰队的主力——3艘航空母舰恰巧全部外出(“萨拉托加”号停在圣迭戈检修，“列克星敦”号正在行驶途中，“企业”号在珍珠港以西200海里的归途中)，它们因此逃过劫难。

1995年9月5日，当时的美国总统克林顿收到一个名叫海伦·哈曼女士的一封来信。她在信中称她的父亲史密斯曾向她讲述过一些关于珍珠港事件的惊人内幕，在第二次世界大战时她父亲任美军后勤部副主管。她父亲说，珍珠港事件爆发前不久，罗斯福总统紧急召开了一个由极少数军官参加的秘密会议。总统在会议上透露了一个惊人的消息：美国高层已经预见到日本海军将要偷袭珍珠港，可能造成大量人员伤亡和财产损失。他命令与会者尽快准备将一批医务人员和急救物资集结到美国西海岸的一个港口，随时待命启运。罗斯福总统特别强调禁止将会议内容向外透露，包括珍珠港的军事指挥官和红十字会的官员。面对与会官员的惊讶与不解，罗斯福解释说，只有当美国本土遭到攻击时，犹豫不决的美国民众才会同意他宣布投入战争。这封信引起了很大轰动，但哈曼不是当事人，而她父亲史密斯又已于1990年去世，人们无法从中得到更加详尽和更有说服力的材料。

克林顿收到信后不久，美国红十字会夏威夷分会的工作人员在查阅该会1941～1942年财政年度报告的影印件和有关国家档案时，意外发现美国红十字会和美军后勤医疗部队在珍珠港事件前一两个月曾进行过非常规的人员和储备物资紧急调动。例如，在那段时间里，夏威夷分会通过正常渠道从国家红十字会总部得到价值2.5万美元的医疗急救物品，同时还通过秘密渠道接收到价值5万美元的药品和物资。

这批额外补给，在偷袭珍珠港事件后的急救工作中发挥了重要作用。1941年11月的美国红十字会总部的月度报告也显示，那个月夏威夷分会共接收了2534名医护人员，其中1505名是被秘密调去的临时人员。有关人员还从夏威夷红十字分会会长阿尔弗雷德·卡瑟尔的弟弟威廉·卡瑟尔的日记中发现：12月6日，夏威夷分会的全体人员奉命战备值班。

美国史专家查尔斯·比尔德和著名作家约翰·托兰等人分析认为：面对国内浓厚的孤立主义情绪，具有远见卓识的罗斯福总统和他的高级幕僚们为了使美国在纳粹德国和日本法西斯全面征服欧亚大陆之前投入战争，上演了这出“苦肉计”。同时，为了减少损失，他又将3艘航空母舰调出了珍珠港，并通过秘密渠道不露声色地运去大批医护人员和急救物资。

但由于人们至今仍未找到最有力的直接证据，有关“苦肉计”之说至今仍然是一个未解之谜。

诺曼底登陆之谜

诺曼底登陆是第二次世界大战的一个重要转折点，它胜利地开辟了欧洲第二次世界大战战场，加速了德军的失败。

诺曼底登陆战役发生在1944年6月6日早6时30分，是第二次世界大战中盟军在欧洲西线战场发起的一场大规模攻势。诺曼底登陆战是第二次世界大战中规模、影响都很大的一次战役，它直接决定了第二次世界大战的结局，对盟军来说，这本来是一次十足的军事冒险，然而，冒险成功了。

自1941年德国入侵苏联后，苏联红军便一直单独地在广大的欧洲大陆上与德军作战，斯大林就向丘吉尔提出在欧洲开辟第二战场对纳粹德国实施战略夹击的要求。

1943年5月，英美华盛顿会议决定于1944年5月在欧洲大陆实施登陆，开辟第二战场。盟军立即开始制订登陆计划，首先确定登陆地点，根据历次登陆作战的经验教训，登陆地点要具备以下三个条件：一、要在从英国机场起飞的战斗机半径内；二、航渡距离要尽可能短；三、附近要有大港口。几经权衡比较，盟军选择了诺曼底。

诺曼底虽然距离英国较远，但诺曼底登陆也有许多对盟军有利的条件。当时德国潜水艇已经基本被肃清；盟军空军已经赢得了制空权；由于法国抵抗组织的破坏，法国北部已经成为“无铁路区”。另外，德国对盟军可能从什么地方登陆，琢磨不清。英国成功的对德国实施了疑兵之计，他们集结了一支假的“舰队”，同时还发出大量电讯，造成盟军司令部在肯特的假象。此外，美国著名将领巴顿也引人注目地出现在肯特，让德国情报认为，他已经受命指挥装甲部队进行主攻。

盟军统帅部还通过电台不断地给加莱方向假设的地下组织发布命令，提出策应盟军登陆的种种要求。德国人善于勤奋地搜集资料，并有一种卡片索引式的思维，盟军制造的假情报无一遗漏地被他们记录在案。终于，德军西线司令部小心翼翼地上了钩，德国最高统帅部判断盟军最有可能选择狭窄的多佛尔海峡登陆，而诺曼底行动只是佯攻。这就导致了德军在西线的大部分兵力、兵器被浪费在加莱地区，而在诺曼底则因兵力单薄无法抵御盟军的登陆。而战后缴获的文件表明，希特勒倒还没有完全上钩，出于外人无法理喻的直觉，他反复叫嚷，要注意诺曼底！

1944年6月5日夜晚，英吉利海峡狂风呼啸，波浪滔滔。一支由英国、美国、加拿大海军组成的强大舰部从英格兰南海岸起航出海了。这支舰队包括143艘英国和加拿大战舰、46艘美军战舰、11艘其他盟军海军战舰。为舰队打头阵的，是数百架英国皇家空军重型轰炸机。2.3万名伞兵,滑航和运载的突击部队，紧随舰队的5000艘其他各种船只装载着17.6万人的进攻部队、20000多辆军车。这支联合舰队将决定纳粹德国的命运，它预计在48小时内渡过英吉利海峡，登上法国诺曼底海岸。

6月6日，联军在诺曼底海岸登陆，完全出乎德军的意外，对德军指挥和行动造成了极大混乱。德军未能及时向装甲预备队下达向登陆场开进的命令，预备队开进时又受到联军空军阻挠，丧失了有利时机，组织不起来强有力的反击。至6月12日，诺曼底德军认为已无力夺回被占领的海滩阵地，恢复原态势时，就全面转入防御，限制联军扩大登陆场，以等待更多的预备队反突击。

诺曼底登陆的胜利，宣告了盟军在欧洲大陆第二战场的开辟，意味着纳粹德国陷入两面作战，减轻了苏军的压力，协同苏军有利的攻克柏林，迫使法西斯德国提前无条件投降后，以便美军把主力投入太平洋对日全力作战，加快了第二次世界大战的结束。

第二章 无孔不入的暗杀

政治的非常规手段，最卑鄙的是暗杀，最直接的也是暗杀。

恺撒大帝的预感

在政治斗争中的任何疏忽都可能导致危险，甚至有性命之忧。

恺撒是古罗马最著名的军事家和政治家，他出生于罗马有名的尤利乌斯家庭。公元前73年，恺撒在军队中担任参将之职，从此仕途得意。到公元前60年，他与克拉苏和庞培结成“前三头同盟”，并于次年在克拉苏和庞培的支持下，成功当选为执政官，逐渐掌握了国家大权。

恺撒和庞培早年都曾担任过执政官。当恺撒在古罗马帝国西部打仗的时候，庞培在帝国东部也屡建战功。庞培虽然是恺撒的亲密朋友，却十分嫉妒恺撒。恺撒征服的地方越来越多，在士兵中的威信又日益增高，使庞培深感不安。公元前49年，他怂恿元老院解除恺撒的兵权，命令他立即从高卢返回罗马。恺撒接到命令，知道这是庞培的阴谋。他反复考虑，决定利用这次机会在古罗马建立独裁政权。

恺撒带领军队，走到一条叫做卢比孔的小河边。罗马法律规定：任何将军没有接到命令，不得带领军队越过这条小河，否则，就要当做谋反来治罪。恺撒当机立断，对着部下大声喊道：“骰子已经掷下去了!”他跨上战马，跃进溪流，大军紧紧跟随在后，很快就越过了卢比孔河。庞培没有料到恺撒会这样果断地进军古罗马，迎战不及，只得带着2.5万人仓皇逃往希腊。

恺撒进入罗马后，迫使元老院同意他成为古罗马的“独裁者”，随后又得到了统治整个意大利半岛的权力。等古罗马局势稍稍稳定以后，恺撒立即进军希腊，讨伐庞培。

恺撒的凯旋受到罗马人热烈的欢迎，有些人甚至想拥戴他当皇帝。从公元前509年塔克文被赶走以后，古罗马就没有过帝王。古罗马人仇视帝王，反对恢复帝王的职位。

恺撒虽然内心十分想当皇帝，但不敢轻举妄动。在一次节日盛会上，执政官安东尼突然把一顶皇冠戴在恺撒头上。可是只有少数人鼓掌，大多数人都在叹息。恺撒一看这种情况，认定还不到称帝的时候，就取下皇冠扔在地上。安东尼连忙拾起皇冠又给他戴上，他又扔掉了。人们看到恺撒一再拒绝戴上皇冠，就欢呼起来，纷纷向他致敬。恺撒虽然没有当上皇帝，却已经拥有许多尊贵的称号，如“终身保民官”“祖国之父”等。法律规定他坐在黄金象牙宝座上处理公务，他的画像同天神放在一起。他获得了无限期的独裁权力。

有些人看出，恺撒的权力愈来愈大，总有一天会戴上皇冠的。因此，他们组织了阴谋集团，决心除掉他。这些阴谋者当中，有一个就是那位受到恺撒信任的布鲁图。公元前44年3月15日，元老院举行会议。恺撒单身一人来到会议厅，虽然他事先已经得到警告，说有人这天要谋刺他，但是他仍然拒绝带卫队。他说：“要卫队来保护，那是胆小鬼干的事。”恺撒大步走进大厅，坐到黄金宝座上，笑着说：“现在不就是3月15日吗?”

这时候，阴谋者都身藏短剑，像朋友一样围在他身边。其中的一个人跑到他面前，抓住他的紫袍，像是有什么事要请求他似的。原来这就是动手的暗号。众人一拥而上，用短剑刺向恺撒。恺撒没带任何武器，他奋力夺下紫袍，进行反抗。他的腰部中了一剑，接着，一剑又刺进了他的大腿。他看见这一剑正是他最信任的布鲁图刺的，不由得惊呼："你也这样，我的儿子!"他放弃了抵抗，用紫袍蒙面，听任他的仇敌乱刺、乱砍。他的身上一共被刺23处，其中3处是致命的，恰巧死在庞培雕像的脚下。

在出席元老会的前一天，恺撒和他的骑兵长雷必达一起用餐时，突然提出一个问题，"怎样一种死法是最好的?"大家纷纷发表意见，最后，恺撒表示，他愿意突然而死。谁料想，第二天他的预言真的应验了。

恺撒被杀死以后，布鲁图说："我爱恺撒，但我更爱罗马!"可是古罗马的平民没有一个人对恺撒之死表示高兴。当凶手们手提着血淋淋的短剑走出元老院的时候，和他们所预料的欢呼场面相反，看到的只是表情冷漠、充满怀疑目光的人群。

布鲁图是布鲁图家族的后裔，生于约公元前85年，母亲是塞尔维利娅，父亲则不确定。有人认为他的父亲是被庞培所杀的M·I·布鲁图，有人认为是被他杀死的恺撒，即布鲁图是恺撒的私生子。尽管恺撒有许多情妇，但他最爱的是布鲁图的母亲塞尔维利娅。早在公元前59年，在恺撒出任第一任执政官期间，他曾买了价值600万塞斯特尔奇银元的珍珠送给塞尔维利娅。恺撒年轻时与塞尔维利娅如胶似漆、疯狂相爱。恰恰在恺撒和塞尔维利娅热恋的时候，布鲁图出生了。因此，恺撒有理由认为布鲁图是自己的儿子。

给布鲁图和恺撒做传的普鲁塔克认为，恺撒对反对他的布鲁图所采取的仁慈，正是出于父亲对儿子的爱。他命令部下，在战争中，不得杀死布鲁图；如果布鲁图愿意投降，就让他当俘虏；如果他不愿意当俘虏，就随他便，不要对他动武。

在莎士比亚笔下，布鲁图是"一个最高贵的罗马人"。但在但丁笔下，布鲁图却被当成一个邪恶的出卖者，受到无情鞭笞。事情的真相究竟如何，各人有各人的猜测。

何人刺杀的伊丽莎白女王

特殊的时代，肩负着特殊的使命，扑朔迷离的关系也为事情的本原笼罩上了迷雾。谁解真相，唯有当事人。

公元15世纪下半叶，英国兰加斯特家族和约克家族之间为争夺王位的红白玫瑰战争进行了几十年，王位也在这两个家族之间转移了多次。这场战争最终以公元1485年由兰加斯特家族的远亲都铎·亨利七世登上王位而告终。不久，亨利八世继承了王位，他同罗马教皇断绝了关系，自封为英国教会的领袖。他解散了教堂，没收了教堂的大片领地和许多信仰天主教的贵族的田庄。这笔巨大的财富绝大部分落到了亨利王朝贵族手里。因此，他们最担心天主教复辟，一旦复辟，那么土地将复归原主。

亨利八世的儿子爱德华六世做了几年国王，而后就把王位让给了他的姐姐玛丽。玛丽虽恢复了天主教，却不敢叫那些新贵族带来的土地还给罗马教会。

公元1558年，英国女王玛丽一世死后，伊丽莎白是英王亨利八世与王后安娜·波琳的女儿，是合法的王位继承人。但是，由于亨利八世是在教皇未同意与第一个王后离婚的情况下与安娜·波琳结合的，后来安娜·波琳又被控失节而处死，亨利与她的婚姻便成为非法的。国际上的反英势力便以此为由，反对伊丽莎白王位的合法性。英国陷入了扑朔迷离的宫廷斗争之中。

当时反对伊丽莎白的势力主要有：

1.玛丽一世的表妹、信奉天主教的苏格兰女王玛丽·斯图亚特觊觎英国王位，宣称自己是英王的合法继承人，便勾结法国和西班牙反对伊丽莎白。

2.西班牙国王飞利浦二世出于和英国的海上竞争，极力支持亲西班牙的玛丽·斯图亚特登上英国王位。

3.罗马教皇则因为伊丽莎白即位伊始便宣布取消玛丽一世在位时所恢复的天主教，把基督教定为英国国教而怀恨在心。教皇庇护五世以教廷惩治君王的“破门令”把伊丽莎白逐出教门，并支持欧洲所有天主教国家反对信奉新教的英国。

在众多的反英阴谋活动中，尤以“帕里阴谋”更富有神秘色彩，整个事件显得复杂而暧昧不清，以致事隔400多年后的今天也无法辨明阴谋的主事者威廉·帕里到底是为谁卖命。

威廉·帕里原是个医生，自称是贵族后裔，实际上是个挥霍无度的浪荡子。为了逃避债务，他投身于贝尔利勋爵领导的英国间谍组织，多次来往于欧洲大陆刺探教廷和耶稣会教士反英活动的情报。他只与贝尔利一人秘密联系。公元1580年秋他回到英国，马上陷入债主的包围之中。他盛怒之下想杀死债主，并抢劫其财产以摆脱困境，但事败被捕，判成死刑。后经伊丽莎白女王赦免，于公元1581年初被保释出狱，肩负女王特殊使命，再次秘密赴欧洲大陆，经巴黎到达米兰、威尼斯，通过教皇驻威尼斯使节和首席红衣主教科莫介绍与罗马教廷取得联系。他表示愿竭尽全力反对英国女王，为教廷效劳。为取信于教皇，他扬言若向教皇披露一项只有女王和他本人才知道的秘密计划，将会给女王以沉重打击。他向科莫提出，想去罗马谒见教皇。教皇表示同意，但是帕里始终未敢去罗马，他担心不慎暴露自己的身份被教廷逮捕，会有辱女王圣命而获罪。

接着，他去了法国里昂，在那里致书贝尔利勋爵，发誓为了女王的利益，不惜牺牲自己的生命，定要使教廷的阴谋失败。随后，他又赴巴黎，与苏格兰女王玛丽·斯图亚特的驻法代表托马斯·摩根取得联系，秘密策划暗杀伊丽莎白女王的计划。公元1583年12月10日深夜，他又乔装成天主教神父，与摩根悄悄来到教皇驻巴黎使节的府邸，请求转达他给科莫与教皇的两封书信，再次竭诚表示为天主教事业效劳的愿望，并将采取对耶稣教会和苏格兰女王极有利的行动。

与此同时，英国驻法大使爱德华·斯塔福德却向英国女王呈文，说威廉·帕里要立即回国陈述极其重要的情报，并为他请功。

公元1584年1月，帕里回到英国，女王在白厅单独召见了他。帕里当面奏称，他是耶稣会教士在教皇指使下派来暗杀女王陛下的。不久，帕里又收到从巴黎转来的教皇与科莫的两封信，要他“实现自己神圣而崇高的意愿”，答应“将让他在天国里得到优厚的报酬”。他立即把两封信呈献给了女王。为此，他得到女王的优厚奖赏。公元1584年11月，他当选为肯特郡的议员。此后，女王还多次召见过他。

可是，正当他取得女王宠信、飞黄腾达之时，他却干出了两件不可思议的事：一是多次与爱德华·内维尔——英国派遣在法国的间谍——提到暗杀女王的计划。二是同年12月他被昆斯博罗地区推选为上议院议员后，竟在议会公开、尖锐地抨击政府反天主教徒的新法律，引起议会的愤怒。上议院要求逮捕他，后来由于女王的干涉和他的道歉，才得到宽恕。此事平息不久，他又一次向内维尔提出谋杀女王的计划。内维尔出于恐惧，向首席大臣弗仑西斯·沃辛海告密。帕里为什么要这样做呢？是为了继续蒙骗罗马教皇，还是确有谋杀女王之心呢？使人百思不解。

不久威廉·帕里被捕，交付法庭审判。法庭仍认定他是受教皇委托派到伦敦来执行暗杀女王计划的，犯有叛国罪，判以死刑。公元1585年3月2日，帕里被送上断头台。这样的处决对帕里来说是冤案呢，还是罪有应得？很难说清。这次阴谋的组织者到底是谁呢？

帕里是被送上了断头台，但是留给后人的谜团并没有结束，一直无人可以解答。

沙皇彼得三世死于叶卡捷琳娜之手吗

权力面前无亲情。以亲情和生命为代价的权力之争又有多少胜者能心安？

封建宫廷中始终存在着阴险欺诈与不择手段的争斗，很多人因此而成为专制独裁与宫廷政变的牺牲品。公元1762年，叶卡捷琳娜发动宫廷政变，推翻彼得三世的统治。7月，彼得三世在狱中突然死去。他因何而死?他的死与叶卡捷琳娜是否有关呢?

叶卡捷琳娜原名索菲亚·奥古斯特，出生于德国什未青一个贫穷的家庭。当她得知自己成了彼得未婚妻后非常激动，当即和母亲一起不远万里来到俄国首府彼得堡。为了做个称职的皇后，她努力学习俄语，还改信了东正教。不久，她就能用标准的俄语虔诚地朗诵东正教的誓言，在场的大主教和教徒们听后十分感动，并流下了眼泪。公元1745年8月，彼得正式娶叶卡捷琳娜为妻。但是婚后，叶卡捷琳娜才发现彼得是个好色之徒，他甚至把情妇领到家中。同时，伊丽莎白也对她这个异邦女子有所怀疑，并派人监视她。年轻的叶卡捷琳娜暗暗地记着这些仇恨，但并未做过多的反抗。她一面刻苦读书学习如何治国，一面在政界和军队中扶植拉拢亲信，并将情夫们都安排到重要部门，以为她夺权做准备。

公元1762年，伊丽莎白女王逝世，彼得继位，也就是彼得三世。由于国内政局长期动荡，人们都希望彼得三世可以整顿一下国家。然而，刚刚上台的彼得三世却经常以自己的喜好对俄国现行制度和法令乱加改动，他推动的一些政策损害了教会与贵族的利益，令他们十分不满。尤其是在对外政策上，彼得三世的所作所为让政界和军界非常反感。

公元1762年6月24日，彼得三世离开彼得堡去奥拉宁堡发动对丹麦的进攻，叶卡捷琳娜被留在彼得堡。7月9日凌晨5时，叶卡捷琳娜发动政变，控制了首都局势，成为女皇。彼得三世要求与女皇平分政权，但遭到了断然拒绝。他只好宣布退位，最后的条件就是女皇能归还他的情人、小提琴和一只猴子，以便他能度过后半生。7月18日，叶卡捷琳娜在枢密院正式登基，史称叶卡捷琳娜二世。就在叶卡捷琳娜就任皇位的同一天，彼得三世暴死在狱中。

但彼得三世因何而死?第一种说法是为除后患，女皇派人勒死了彼得三世。第二种说法称彼得三世是在酒后与人打骂被人失手打死的。第三种说法则称他是被人毒死的，当时法国外交部档案记载：一些人按照俄国风俗吻彼得三世的遗体以示告别，这些人的嘴唇后来却奇怪地肿了起来。

彼得三世的真正死因是什么?叶卡捷琳娜又在其中做了什么手脚呢？这一切都随着彼得三世的死而成为谜案。

林肯遇刺之谜

林肯遇刺之前，自己曾有所预感，但是为什么竟然没有避免呢?

德国首相俾斯麦说:“林肯的死是基督徒世界的重大损失。美国可能没人能够沿着他伟大的足迹前行，而银行家们将会重新掌握那些富有的人。我担心外国银行家以他们高超和残酷的手腕会最终得到美国的富饶，然后用它来系统地腐蚀现代文明。”林肯之死所造成的损失是无法弥补的，那么林肯究竟是被谁所害呢?

1865年4月14日晚，在首都华盛顿，林肯邀请格兰特将军及夫人去福特剧院观看歌剧。在去陆军部的路途中，林肯忽然有一种不祥的预感，他犹豫起来，觉得自己是不是应该取消去剧院的计划，但很快便放弃了这个念头。为了自身的安全考虑，他亲自要求作战部长斯特顿派一个名为埃克特的陆军上校来做自己的保卫，但斯特顿通知总统，埃克特早已在当晚安排了任务。后来只得委派一名叫布莱恩的军官作为总统当晚身边的警卫官。

演出十分精彩，剧情慢慢发展到高潮，有人悄悄走进了总统的包厢。不久传出一声枪响，子弹击中了总统的后脑，总统应声倒下，再也没有醒来。4月15日清晨7时22分，虽然医生全力抢救，但仍是回天乏术，林肯总统命赴黄泉。

枪击林肯后，慌乱中的凶手急于逃跑，不慎碰伤了自己的脚，警察沿着血迹找到了他，并开枪将其击毙。刺杀总统的真凶究竟是什么人?他怎么能在有警卫的情况下溜进包厢呢?

亚伯拉罕·林肯是19世纪中期美国北方资产阶级民主派的代表人物，也是美国历史上的第16任总统。他在任职期间提出了废奴主张，并领导美国人民取得了南北战争的伟大胜利。

1860年11月，林肯成功当选为美国第16任总统。南方诸州在其上台后的3个月中，先后有11个州退出联邦，组成新美国政府，推举出总统和副总统，并制定了新宪法。奴隶主分裂了联邦，开始公开叛乱。

美国国内形势十分危急，内战一触即发，北方政权岌岌可危，宣誓就职后的林肯面临着严峻的考验。1863年4月12日，萨姆特要塞一声炮响，南北战争拉开帷幕。

战争进行了一年，但战场上的情形却几乎没有进展，黑奴问题也没有解决，原因是林肯政府一直认为，战争只是为了维护宪法和联邦的统一。当时的林肯综合各方面的意见，做事非常谨慎，认为立刻废除黑奴制不妥。人民与资产阶级“左派”对他的做法感到不满，并不支持他。

1864年元旦，林肯签署了“联邦成立以来美国历史上最重要的文件”——《解放奴隶宣言》。此举赢得了全国人民与资产阶级“左派”的支持，并因此扭转了战争局势。

1865年4月，美国内战终以北方的胜利而告终。林肯开始忙于战后的重建工作，他希望总统任期结束后，能回家乡去开一个律师事务所，但他的愿望没有能够实现。

林肯被刺杀以后，警方经过调查发现，凶手是一位名叫约翰·韦克斯的职业演员。据说，在内战爆发初期，他是站在北方这边的，但后来不知为什么却突然支持南方政权。他曾不止一次地对人说有朝一日一定要杀死林肯，这样不但一下子除去了这个新执政者，而且干掉林肯会使自己出名。他刺杀总统的原因真的如此简单吗?很多人都不相信这种说法，他们认为刺杀总统一案一定是一个阴谋，有不可告人的内情。

我们在前面提到，林肯在去剧院之前曾有过不祥的预感，而且还对作战部长点名要求要埃克特陆军上校担任自己的警卫，作战部长借口说埃克特上校当晚要执行别的任务而改派他人。事实上，埃克特那晚根本就没有执行什么任务，他在家里待了一晚上。作战部长为什么要说谎呢?后来派去顶替埃克特的布莱恩，一向行为不轨，认识他的人对他都没什么好印象。但林肯夫人亲自点名要他保卫林肯，其中是不是藏着什么玄机呢?至于对凶手的追捕，抓活口也不是不可能的，可最终却把唯一的直接参与者击毙了，是谁开枪打死他的?又是谁下命令要把凶手杀死的呢?

德国的铁血首相俾斯麦曾指出："他（林肯）从国会那里得到授权通过向人民出售国债来进行借债，这样政府和国家就从外国金融家的圈套中跳了出来。

当他们（国际金融家）明白过来美国将逃出他们的掌握时，林肯的死期就不远了。"当林肯解放了黑奴，统一了南方以后，立即宣布南方在战争中所负的战争债务全部一笔勾销。在战争中一直为南方提供巨额金融支持的国际银行家们，损失惨重。为了报复林肯，更是为了颠覆林肯的货币新政，他们纠集了对林肯总统不满意的各种势力，严密策划了刺杀行动。

这种说法似乎有一定的道理。但是1926年，林肯的儿子罗伯特·托德·林肯离开人世，他去世之前，把父亲的一些私人文件付之一炬。他告诉朋友，他要把那些文件毁掉的原因是这些文件里有内阁成员犯有叛国罪的证据。现在人们已无法得知他所说的情况是否属实。如果是真的，罗伯特为什么要将这些证据焚毁呢?为什么不向世人公开呢?这成为林肯之死的谜中之谜。

女盲人为何刺杀列宁

在政治生活中，不要小瞧任何人，任何弱小者，都可能给你致命一击。

苏联经典影片《列宁在1918》中，有一组经典的镜头，女特务芬妮·卡普兰趁列宁去米赫利松工厂演讲之际，举起手枪，向列宁射出罪恶的子弹，列宁中弹倒下。也许有些人认为电影只是虚构的而已，事实上，芬妮·卡普兰确实刺杀过列宁，而且她竟然还是个盲人。事情究竟是怎么回事呢?

1918年8月30日，列宁在做完演讲后离开位于莫斯科大谢尔普霍夫卡大街的米海利松工厂。他穿过人群，走向自己的汽车，工人和水兵簇拥着领袖，高声叫喊着，大家都沉浸在喜悦之中。

突然，响起一阵枪声，列宁倒下了。愤怒的人们冲上前，将一个女人打倒在地——这个女人就是芬妮·卡普兰。卡普兰也因谋杀列宁而很快被处决。

然而，俄《共青团真理报》报道称，当时的情形并非这样。当晚11时左右，列宁来到大街上，夜色已经很深，周围一片嘈杂声。因此，枪响的时候根本没人听见。列宁倒下后片刻，人们开始四处逃散，只有一个人保持了冷静——苏维埃步兵师政治委员助理巴图林。巴图林发现不远处的一棵树下独自站着一个妇女，只见她一只手拿着个破皮包，另一只手攥着把雨伞。巴图林走了过去，搜了搜她的身，这个女人没有反抗。他在这个女人身上没有找到任何可疑的东西，但他最后还是问了句：“您为什么向列宁同志开枪？”这个女人没有否认，准确地说，她是没有任何表示。这个女人就是芬妮·卡普兰。

医生诊断后发现，子弹击中列宁的颈部，所幸没有生命危险，“子弹若是偏离1毫米，列宁肯定就没命了”。

然而，档案资料显示，开枪的卡普兰几乎是个瞎子。正是这一点让许多历史学家对案件的真相产生了怀疑。

1890年，卡普兰出生在乌克兰沃伦省一个犹太人家庭。俄国1905年革命后，卡普兰开始接近无政府主义者。1906年，16岁的卡普兰第一次参加恐怖活动。那次，她策划组织对基辅行政长官的暗杀失败后被捕，基辅当局军事法庭本来判处她死刑，但鉴于她实施的恐怖活动并未成功，又将死刑改判终生苦役。俄罗斯解禁的历史资料披露说，卡普兰当时几乎完全失明，之后一直没有恢复。

在监狱里，卡普兰结识了著名的右翼社会革命党活动家玛利亚·斯别里多诺瓦娅，她的思想开始从无政府主义转向社会革命党人的观点。1917年俄国二月革命后，她被大赦出狱。十月革命后，她被迫转移到乌克兰的哈里科夫市，在那里接受了眼科手术治疗。

在莫斯科米海利松工厂原址的列宁纪念馆里，完好地保存着苏维埃契卡（苏维埃安全谍报机构）人员对卡普兰的审讯材料和照片。照片显示，卡普兰是在一辆公共汽车旁朝列宁开枪的，当时她的位置距离列宁非常近。侦查人员认为，即使杀手是一个高度近视的人，这么近的距离开枪也不可能不命中目标。侦查结果是，卡普兰开了4枪，其中两枪击中列宁。档案中还有对卡普兰的同党诺维科夫的审讯记录：诺维科夫当天负责在列宁讲演的车间门口阻挡人群，掩护卡普兰向列宁开枪。

俄罗斯学者尤里雅·史卡列娃在其研究著作中证实说，卡普兰在被捕后3天遭枪决。行刑的现场就在克里姆林宫内，当时开来一辆轻型卡车，执行的枪声被卡车马达的轰鸣声掩盖了。

卡普兰死后，她的尸体没有被掩埋，而是被塞进一个铁桶里浇上汽油焚烧了。另一篇俄罗斯学者写的历史研究文章称，卡普兰在最开始的审讯中就承认，向列宁开枪的凶手就是她。她还宣称，刺杀列宁是因为她坚决反对十月革命，刺杀计划是1918年2月她在辛菲罗波里疗养的时候，立宪议会的领导人与她谈话后制订好的。还有一份文件则称："卡普兰在受审时承认，立宪议会认为列宁出卖了革命，他的行为偏离社会主义思想几十年。"——但是，卡普兰强调，开枪的决定完全是她自己做出的，没有任何党派具体指使。

尤里雅·史卡列娃说："遗憾的是，卡普兰没来得及将自己的秘密，也许是一个时代的秘密讲述出来，就被枪毙了。这对历史，对苏维埃政权都是一个不小的遗憾，因为事件的真相并没有完全大白于天下，死刑执行得太快了，以至于草率。"

尽管事件已过去100余年，但是不是几乎失明的芬妮·卡普兰向列宁开的枪，为什么开枪，用的什么枪，俄罗斯学术界至今仍争论不休。

丘吉尔生日宴会的暗杀

第二次世界大战时期，间谍渗透到世界的各个角落，丘吉尔的生日宴会也被间谍盯上了。

1943年11月30日是英国首相丘吉尔的69岁寿辰。当时，第二次世界大战进入了十分微妙的阶段，为了彻底摧毁世界法西斯联盟，丘吉尔以庆祝生日的名义，邀请了美国总统罗斯福和苏联统帅斯大林等34位贵宾，前往埃及开罗召开“德黑兰会议”，以便共商大事。

1943年11月12日，丘吉尔搭乘英国“里纳翁”号战舰离开不莱茅特港踏上赴开罗的旅途。蒋介石夫妇、埃西莫夫将军和罗斯福总统也同一天抵达开罗。贵宾们到处于战时紧急状态下的开罗后，纳粹的特务们也迅速云集这座古城，企图暗算盟军领导人。“德黑兰会议”在苏联使馆举行。会议进行了几天，讨论了许多重大的问题。敌人在会议期间企图制造混乱，但被挫败了。11月30日丘吉尔将举办一场隆重的生日庆祝宴会，而庆祝宴会的安全工作则由丘吉尔的侍卫长汤普森负责。汤普森命令情报机构严格排查，仔细调查每一个来宾的详细情况。

不久，情报机构查到罗斯福总统新聘的私人秘书霍克似乎有问题，他在瑞士曾与德国纳粹的特务有过接触。来到伦敦后，他又两次单独上街，把情报机构派去盯梢的特工也甩掉了，去向不明。汤普森立即去找丘吉尔首相，建议庆祝宴会不让罗斯福的新任秘书霍克参加。丘吉尔认为没有确凿的证据而不让霍克参加庆祝宴会是说不过去的，可能会影响反法西斯同盟。

第二天，丘吉尔首相的生日庆祝宴会准时举行了。汤普森的目光一刻也没离开霍克。他是与罗斯福总统同车到达的，手上拎着一只精致的小包。汤普森趁霍克在寻找座位时，将小包拿出大厅检查。包里是一只金钟，钟面上镶嵌着钻石，显得十分昂贵。汤普森看了一下制造厂家，那是瑞士一家世界闻名的钟表厂生产的，后面还刻着一行祝词：生命与时间并存。这显然是送给丘吉尔的生日礼物，汤普森仔细地检查了金钟，没有发现问题，又将其放了回去。

晚会开始后，丘吉尔首相春风满面，跟罗斯福总统快活地交谈着。在他的左右，坐着首相的女儿和美国大使，斯大林坐得稍远一点，显得有点心事重重。而他的卫队长米雅夫神色更是紧张，他的右手插在裤袋里，不停地在斯大林周围转来转去，仔细打量着每一个走近的人。与米雅夫相反，罗斯福总统的侍卫长鲍杰却一脸馋相，吃完这个吃那个，仿佛已有多年没上宴席了。

这时，霍克与一帮秘书们坐在一起，显得安分而又不惹人注意。但是，汤普森注意到，每当有侍者在门口出现时，他都要仔细端详一番。汤普森断定霍克在等人，立刻警觉了起来。

这时，餐厅的南门突然开启，一个侍者手托一只大盘子出现在门口。盘子里放满布丁和盛有冰激凌的杯子，看上去堆得很高，也很重。汤普森还来不及思索，却发现那个侍者脸上露出了惊恐痛苦的表情，脚步踉跄，摇晃着要跌倒下来。而霍克似乎也发现了异常，他站起来，双手抖动着，不知如何是好。

正在这时，罗斯福总统的侍卫长鲍杰也挤了过来，像是要挑些什么可口的东西。突然，侍者摇晃着倒在他的身上，盘子里的布丁和冰激凌也跟着倾倒在鲍杰身上，弄得他浑身上下白一块红一块，非常滑稽。来宾们听到侍者栽倒的响声，看见鲍杰浑身涂满冰激凌，不禁哈哈大笑起来。

刹那间，餐厅里断电了，四周一片漆黑。汤普森立刻叫道："抓住那个侍者！"这时，枪声响起来了，碗碟的碎裂声、桌椅的翻倒声和来宾的惊叫声混成一片。保卫人员很快亮起了备用手电筒，丘吉尔、罗斯福和斯大林3人安然无恙，被他们的警卫人员团团围住。然后，在警卫的保护下，3位领袖马上被转移到另一房间。

汤普森赶上前去，发现美国总统的新秘书霍克头部中弹，鲜血淋淋地倒在椅子上，他的身旁掉落了一把手枪。那个侍者也倒卧在地上，身体已变得冰凉，他的喉管上被人吹中了一根毒针。

汤普森检查侍者的盘子后发现，它的底部被装上一枚小型定时炸弹，指针指在12时上，而这时离爆炸时间还有3分钟。在场的人都吸了一口冷气，如果那枚炸弹准点爆炸，餐厅里的人都难免一死。

然而，在三十几位客人中究竟是谁打死了霍克和侍者，迄今仍是个谜。

巴顿将军之死

车祸之中侥幸逃生，却在医院的抢救已脱离危险之时，遭遇死神。

美国陆军四星上将乔治·巴顿号称“铁胆将军”。粗鲁、野蛮是他在战争中留给后人的印象，潘兴元帅甚至把他叫做“美军中的匪徒”。就是这样一位军人，却死于战后的一次车祸，并给后人留下了一个不解之谜。

1941 年时的巴顿将军

1945年6月，巴顿最后一次回家，尽管他被美国民众当成英雄来欢迎，他却对家人说，这是他们最后一次见他了——“我的气数尽了。我不知道将会怎么发生，但我是一定会死在那边的。”巴顿说这番话时，欧洲战争已经结束。就在当年的12月9日，巴顿将军在去养雉场打猎的路上发生了车祸。

这真是一场特别可怕的事故。但是最令人吃惊的是，除巴顿将军外，另外两人没有受到任何伤，而且巴顿将军的脊柱严重错位，头骨也受了重伤。

令人高兴的是，巴顿将军经过医生精心救治后，情况有了很大好转。很快，他的一条胳膊变得有力，一条腿也有了一些较微弱的知觉。在巴顿将军受伤住院一周后，医生们认为他已经脱离危险，至少是性命无忧了，但是能恢复到何种程度他们仍然无法预知。然而就在12月20日下午，血栓突然没有预兆地发生了。巴顿将军的情况急转直下，这令医生们束手无策。12月21日5时55分，巴顿将军停止了呼吸。巴顿将军去世了，但是人们没有忘记他。人们感到导致他遇难的车祸非常可疑。

首先，当时轿车里共有3人，其他两人皆毫发无损，为何偏偏只有巴顿将军遇难呢?其次，肇事司机居然能够在案发后溜掉，这点尤其让人感到不可思议，而且宪兵们对现场进行的例行调查特别草率，甚至都没有留下任何官方记录。有人指出，宪兵队长巴巴拉思中尉曾经写下一份调查报告，但是后来不见了。据此，有人认为巴顿将军之死带有一定的政治背景，跟他与艾森豪威尔将军的矛盾有关。

巴顿曾指挥美国第3集团军，在诺曼底登陆后攻占了法国的大片土地，但盟军最高指挥官艾森豪威尔制止了他在苏军之前进入柏林的雄心。巴顿认为，艾森豪威尔1944年秋天错误地阻止他关闭“法莱斯缺口”，这使数十万德军逃出了包围圈，德军随后发动了阿登战役，数千美军在战役中丧生。为了安抚斯大林，第3集团军在抵达德国边境时被令停止前进，未能在苏联人之前夺取柏林或布拉格。美国军事历史学家罗格特·威尔科斯称：“巴顿当时正准备辞去军队的职务，他想与俄国人开战，政府认为他疯了。他还知道可能毁掉许多人前程的战争机密。如果巴顿活着说出他想说的一切，我不认为艾森豪威尔将能成功竞选总统。我认为，如果上法庭的话，我有足够的证据让陪审团提出起诉，但不一定能得到有罪判决。”巴顿历史学会主席查尔斯-普罗旺斯称：

“有许多人因为巴顿的死而欢呼雀跃，他当时正准备说出许多足以毁掉他们前程的事情。”

巴顿将军到底是因何而死？他的死是否与艾森豪威尔总统有关？美国著名电视节目主持人约翰·巴彻勒的观点最具代表性，“虽然不能确信他是被暗杀，但也不能肯定他不是被暗杀的。”

甘地遇刺之谜

“圣雄”甘地为印度的独立解放做出了巨大贡献，最终被刺身亡，令人遗憾。

莫罕达斯·卡拉姆吕德·甘地是印度民族主义运动和国大党领袖。他既是印度的国父，也是印度最伟大的政治领袖，他带领国家迈向独立，脱离英国的殖民统治，人们尊称他为“圣雄”。

1948年1月30日，甘地在德里做晚祷，5时10分，甘地在摩奴与阿巴的扶持下走向晚祷会场的草坪。就在甘地即将走向平台的一刹那，早已潜伏在此的国民公仆团的头目纳图拉姆·戈德森跑到甘地面前。

他先向甘地鞠躬行礼，口中低声说:“圣父，您好！”然后猛然推开摩奴，从口袋里掏出手枪，顶住甘地赤裸的胸口连开几枪。甘地双手合十，似乎想迈出最后一步，口中喃喃念道：“神啊！”随后徐徐倒地，倒地时，这一双手合十的姿势依然未变。这位终身提倡“非暴力”的老人就这样死在狂热分子的枪口之下，结束了他那伟大而不平凡的一生，终年79岁。

凶手打死甘地后并未趁机逃走，反而大声呼喊警察，束手就擒。凶手纳图拉姆·戈德森是一个狂热的教徒，出身婆罗门。他早年崇拜甘地，投身“不合作运动”，并因此而入狱。1937年，他受沙瓦迦尔的影响，参加了以复兴印度教统治地位为目标的印度教大会，并创办了“国民公仆团”。在法庭上，他说自己是为了印度母亲而向被称做“印度国父”的甘地行刺，因为甘地对于印度“没有尽到一个父亲的责任”。

对于甘地之死，很多人感到不解。首先是1月20日甘地的比尔拉寓所被炸后，警方已经通过审讯掌握了刺杀甘地的计划。一个叫贾恩的教授也向警方反映过凶手的情况，但不知为何警方没有采取有力的措施保护甘地，使得凶手完全能够按照当初的计划对甘地行刺。另外，当时社会上一些狂热分子已经叫嚣要处死甘地，而印度政府中当权人物几乎都是甘地信徒，为何对这一严重事件视若无睹？

这一切成了一个永远也解不开的谜。

卢蒙巴总理遇害之谜

卢蒙巴实现了刚果的独立，却被神秘地杀害，遇害情况至今不明。

帕特里斯·埃梅里·卢蒙巴是著名的刚果民族英雄，刚果共和国首任总理。带领刚果人民抵抗比利时的殖民统治，为实现国家独立、捍卫国家主权和统一做出了巨大的贡献。

1960年9月，刚果陆军参谋长蒙博托发动军事政变。10月10日，刚果国民军和联合国军以“保护”为名，将卢蒙巴软禁在总理官邸。

1961年1月17日晚，卢蒙巴与一同被捕的参议院院长奥基托及体育部长莫波洛3人被秘密用飞机送往伊丽莎白维尔。在伊丽莎白维尔，3人被带到郊外一所孤零零的别墅里，加丹加宪兵里3层外3层将别墅围个严严实实。3人被蒙住双眼，反绑一起，受尽了非人的折磨。加丹加宪兵不让他们吃饭，不让他们喝水，用各种方法对3人进行侮辱、殴打。随后不久即传出卢蒙巴的死讯。

但到底是谁杀害了卢蒙巴呢？为什么要杀害卢蒙巴总理呢？很多人认为，卢蒙巴之死一定与比利时有莫大的关系。

比利时社会学家卢多·德维特在他的著作《杀害卢蒙巴》中言之凿凿地指出了比利时的政府、军队和警察在杀害卢蒙巴这一事件中所扮演的角色，证明了这位前刚果领导人的预感，最终推翻了在这以前比利时政府一直宣称的原因：就是卢蒙巴被害应归结在“黑人政客”之间的算账行为的论点。

至此，比利时名为路易·米歇尔的现任副首相兼外交大臣，也只好同意成立一个议会调查委员会，宣称一定要还总统一个清白。据德维特揭露，在比利时外交部的文件资料详细地记载着卢蒙巴被害“是比利时政府做出的决定，并且是由比利时的军官和外交官员以及一些拥护比利时的刚果人共同执行的”，而且比利时前非洲事务大臣哈罗德、达斯普勒蒙、兰当在1960年10月5日发给比利时驻布拉柴维尔领事馆的一份电报中指出：“为了刚果、加丹加和比利时的利益，一定要除掉卢蒙巴。”

为什么比利时领导人如此仇恨卢蒙巴，以至于要策划和组织杀害卢蒙巴呢？首先，他们痛恨卢蒙巴使刚果军队实现非洲化，加快比利时人离开刚果的进程。其次，在冷战时期，比利时及其政治盟友为继续控制富裕的加丹加省，曾企图将其分裂出去。为此，1960年6月15日，比利时议会修改了关于刚果结构的基本法。卢蒙巴反对加丹加分裂出去，为了捍卫本国领土完整，他接受了苏联的援助，这就损害了比利时的利益和其政治盟友的计划。所以，为除掉卢蒙巴，达到自己的目的，比利时有可能痛下杀手。

对于卢蒙巴是怎么死的，当时众说纷纭，莫衷一是。

加丹加分裂政府的内政部长穆农果说：卢蒙巴于12日凌晨在伊丽莎白维尔西北约210英里的一个小村庄被当地村民杀死。

联合国调查委员会认为，卢蒙巴是抵达伊丽莎白维尔当天晚上，当着加丹加省高级官员即冲伯、穆农果之面被杀害的。有的说他被枪杀；也有的说他被扔进硫酸桶里活活烧死；还有的说他被活埋在一个无人知晓的地方等。总之，卢蒙巴是如何被杀尚没有确凿的证据，仍是个未解之谜。天理昭昭，相信终有一天，真相会大白于天下。

肯尼迪遇刺之谜

一个刺杀的背后，必然隐藏着一个强大的利益集团。

1963年11月22日，美国总统约翰·肯尼迪在众目睽睽之下遇刺身亡，举国震惊！数十万美国人怀着悲痛涌向华盛顿参加葬礼。40多年过去了，肯尼迪的遇刺事件真相仍然扑朔迷离，各种版本的不同说法引发争议和关注：有人认为凶手杀总统是为出名，有人认为是越南共和国政府的谋杀，更有人认为是当时的副总统策划了这一切……

1963年11月22日，肯尼迪偕夫人杰奎琳正在美国南部得克萨斯州达拉斯城进行政务视察。12时30分，当总统车队徐徐拐入榆树街时，突然听到“砰！砰！”两声枪响，随后又是数声，只见敞篷轿车上的肯尼迪先用手护住颈部，接着前额也被击中，这是致命的一击，他的身体随之猛地向后倒去，倒在了杰奎琳的膝上。随后肯尼迪被紧急送往帕克兰医院，13时院方宣布，肯尼迪总统抢救无效死亡。凶手奥斯瓦尔德被当场抓获。

由于事情发生得太突然，国会决定由副总统约翰逊继任总统。约翰逊上任后，立即成立了一个7人调查委员会，由最高法院大法官沃伦领导。经多方取证和认真调查之后，该调查委员会于1964年9月发布了该案件的调查报告，报告指出刺杀行动是奥斯瓦尔德一人所为，和其他部门与集团一概无关。一时间，舆论哗然，这一结论难以让人信服，案情仍是迷雾重重。

1990年召开的一个记者招待会披露出了一些鲜为人知的内幕事件。记者招待会是一个名为珍尼佛·怀特的妇女召开的，她声称自己的丈夫罗克斯曾是一名杀手，与奥斯瓦尔德和鲁比同时受命于美国中央情报局。

珍尼佛曾经亲耳听到他们商量刺杀现任总统的计划。肯尼迪遇刺后第4年，罗克斯被中央情报局出卖，接着就死于一场匪夷所思的爆炸事件。到了1982年，珍尼佛的儿子李奇·怀特无意间在家中发现了父亲珍藏的私人日记，日记中对1963年的事件进行了详细的记录。美国联邦调查局得知此消息后迅速派人取走了该本日记，至今尚未归还。

刺杀事件发生后的20年内，涉及该案的重要证人都接二连三地丢掉了性命，死亡人数已近200人，而该案的真相却始终未浮出水面。很多人注意到了这样一个事实，那就是得克萨斯州法律规定死于当地的人尸体必须在当地解剖。但是肯尼迪的尸体却被直接送到了位于贝塞斯德的美国海军医疗中心，并且总统的遗体是在其家属尚未知晓的情况下进行秘密解剖的。于是，有人断言当时运到贝塞斯德的青铜棺内并无尸体，这一切只是为了掩人耳目。

整个事件充满了神秘气息，然而这只是肯尼迪家族半个世纪以来悲剧的开始，约翰·肯尼迪的弟弟罗伯特·肯尼迪在总统竞选时也遭人枪杀。

对此有一种说法是因为有人担心一旦罗伯特·肯尼迪进入白宫，便会下令调查哥哥被害事件的整个内幕。肯尼迪家族的其他成员也由于各种各样奇怪的原因死于非命，或是终身瘫痪，或是失去了一切政治资本。这个家族悲剧还延续到了下一代人，肯尼迪的儿子小约翰·肯尼迪尽管遵循母亲杰奎琳的教诲低调生活，远离政治，却也未能摆脱不明不白的死亡结局。

刺杀肯尼迪总统的幕后凶手究竟是谁呢?

众所周知，保护美国大财团、大企业家的利益一向是总统制定政策的行为准则。肯尼迪总统是个有进取心的年轻总统，“旧的时代已经结束，旧的行为和旧的思维方式已不再适用”是他竞选总统的著名言论。肯尼迪当选后，便以改变保守的政治机器为己任，这使他与美国主要经济部门大亨们的矛盾日益激化。到了凶案发生的前一年，这些大亨们已无法容忍，可肯尼迪当时的威信很高，大亨们担心他连任下一届总统会继续影响他们的权益。另一方面，肯尼迪与中央情报局在古巴问题上也有很大的分歧，中情局的人极有可能也想拔去这颗眼中钉。

也有人认为此事件最为关键的是以胡佛为首的联邦调查局。胡佛历经几代总统，位高权重，手中掌握了很多政客的把柄，在美国政界几乎可以一手遮天。可是肯尼迪不肯向他妥协，积极限制胡佛的权力，两人势如水火。据说，在肯尼迪遇刺之前，撤换胡佛一事已提上了工作日程。于是，大财团、中情局、胡佛三者联手策划此次谋杀事件也是在意料之中的。

政府有关肯尼迪遇刺案的各种调查似乎已经停止，但是民间对此事的调查仍在继续。

"不要问你们的国家能为你们做些什么，而要问你们能为自己的国家做些什么。"在尚未完成的承诺中，扑朔迷离的死因更让人争论不休。

谁杀害了马丁·路德·金

马丁·路德·金的遇害，与美国总统肯尼迪遇害一样，成为20世纪最大的几个死亡谜团之一。

马丁·路德·金作为闻名世界的黑人领袖，于1964年获得了"诺贝尔和平奖"，在美国黑人中享有崇高威望。他的《我有一个梦想》的演讲词更是在世界引起强烈的轰动。然而，他的遇刺至今仍然是个谜。

1968年4月4日下午6时左右，马丁·路德·金和几名助手在下榻的洛兰宾馆306房间内进餐。他们慢慢地品尝着，不时交谈几句无关紧要的话。马丁·路德·金始终不多语，似乎在聚精会神地考虑当晚将举行的集会。晚饭后，马丁·路德·金神思着走到阳台上，把臂肘支在栏杆上面，凝望着远方夕阳的余晖，黑暗即将来临了。突如其来的一颗子弹穿过美国黑人民权运动领袖马丁·路德·金的颈部，就这样，这位为争取黑人权利而不懈奋斗的勇士的生命结束了。

马丁·路德·金的遇害震惊了美国，数十万上百万黑人涌上街头，向政府发泄着愤怒情绪。美国政府立即表态要全力缉拿凶手，并很快抓获了真凶詹姆斯·厄尔·雷。1968年11月12日，孟菲斯法院开庭审理此案。由于雷承认了刺杀行为，法庭当天就做出判决，雷被判处99年徒刑。

判决作出后，马丁·路德·金的妻子当场提出抗议，她认为如此周密的谋杀，不可能是雷一人所为，他的背后一定有指使者。然而，法院极力要使公众相信这次刺杀只是雷的个人行为，背后没有阴谋。在判决公布的3天后，雷突然提出翻案，他表示自己是无辜的，是被人逼迫、诱骗认罪的。他的翻案言辞激烈，明眼人一看就知道他有冤情。雷先后两次提出上诉请求，但都被驳回。在后来的10年里，雷又多次要求翻案，但多个法院态度一致，对他的要求置之不理。

马丁·路德·金被刺现场

凶手已经被抓到，但事实似乎并没有那么简单，真正的凶手或幕后指挥者又是谁呢?

其实，还有很多人与马丁·路德·金的妻子持同样怀疑态度，他们怀疑这起谋杀是政府有关人员在背后指使。于是，一些人开始暗中调查。

这种调查很快就发现很多疑点：

雷虽然是惯犯，但水平低劣。1949年，他在洛杉矶企图盗窃一架打字机，却慌慌张张地把自己的存折丢在现场，从而导致被捕。1952年，他持枪抢劫了一个出租车司机，仅抢到可怜的11美元，可他驾车逃跑时，在一个拐弯处竟把自己甩出车外，导致再次被捕。获释后，他又企图洗劫一家杂货铺，被判20年徒刑。在服刑的13年中，他多次想越狱，但屡屡失败，换来的是48年的刑期。

这些都说明，雷是个笨蛋，如果没有高人指点和帮助，他不可能完成刺杀马丁·路德·金这样周密的刺杀行动。

另外，调查者还发现，这次审判前后，雷更换了辩护律师。雷在支付了前任律师半年的费用后，以他当时的经济状况，哪有财力再请一位更著名的律师呢？

1978年，美国国会对马丁·路德·金被刺一案进行专门调查，这次调查规模很大，仅收集的材料就多达数10万页，总结报告达800页。调查终于作出了马丁·路德·金死于密谋的新结论。但是，至于密谋的具体情况和都有哪些参与者，国会却表示无法查明。

有人认为，在政府看来，马丁·路德·金领导组织集会、发动游行、颠覆美国百余年的种族制度、扰乱社会“正常”秩序，属于危险分子。联邦政府一度对马丁·路德·金笼络收买，但遭到严词拒绝，于是就动用专政手段，十余次把他抓进监狱。在这种情况下，联邦政府对马丁·路德·金采取某种极端行为以彻底消除隐患，也不是不可能的。当然，这只是推测，没有证据，因为人们在寻找证据的过程中遇到了太多的障碍，有些障碍是无法逾越的。

马丁·路德·金的被害真相仍是一个谜。

第三章 谍影憧憧

无间道的生活，让你的身边充满幽灵。

女王的保护神

作为英国历史上的丰碑，伊丽莎白一世不但在政敌的觊觎中保住了自己的王位，而且为以后日不落帝国的强盛打下了基础，一个弱女子为什么能够取得如此辉煌的成就，她是如何做到的呢?

伊丽莎白一世执政期间，英国经济出现了黄金时代，但英国国内宗教派别之间仍然矛盾不断。自从登上王位以后，作为新教徒的伊丽莎白女王就不断受到来自天主教徒的谋杀威胁。然而却从来都是有惊无险，躲过了一劫又一劫。是谁在暗中保护这位幸运的女王呢?

苏格兰女王玛丽由于宫廷兵变，从苏格兰逃到了英国避难，在她周围很快聚集了一群对伊丽莎白女王一世心怀不满的人。在他们的策划下，一系列的阴谋活动开始在英国各地发生，这些针对伊丽莎白女王的阴谋活动最后都被及时地发现了。

为了自身的安全，在英国避难的玛丽女王居无定所，不得不经常更换自己的居住地。看起来她似乎比较风光，但玛丽早就成了伊丽莎白的囚犯,她自己更不知道她的所有行动,包括书信往来，都已经处在英国的首席间谍沃辛汉爵士的严密监控之下。但为了找到玛丽女王企图谋反的证据，沃辛汉可以说费尽心机。他等待这个机会一直等了几乎20年的时间。公元1586年，沃辛汉终于找到证据证明玛丽女王正在同以安东尼·巴宾顿为首的一伙阴谋分子进行的通信、企图谋杀伊丽莎白一世、拥立玛丽为英王的阴谋。这下他多年的心血总算没有白费。

沃辛汉派了手下一位名叫吉福德的间谍以双重间谍的身份与当地的一位啤酒制造商交上了朋友。在吉福德的授意下，这位啤酒商成功说服玛丽同意让吉福德利用啤酒桶作掩护处理她同外界进行通信。通过这枚嵌入敌人内部的棋子，沃辛汉得以非常轻松地截获和破译玛丽的私人信件，并将破解过来的报文送交伊丽莎白女王。在获悉密信的内容后，吉福德会重新将密信封入啤酒桶内，这样信件得以在被软禁的玛丽与其同伙之间继续流通。沃辛汉一直在等待着机会，等待获得玛丽一伙谋反的确切证据。

玛丽一伙终于中了沃辛汉的圈套，在他们的通信中，沃辛汉不仅掌握了他们谋反的详细计划，而且获得了参加谋反者的详细名单。沃辛汉很快准备收网了。

玛丽也意识到自己掉进了沃辛汉精心设计的陷阱里。在被审判的时候,她对沃辛汉进行了人身攻击：“间谍都是一群没有信义的人,他们当面一套,背后一套。”由于阴谋伙同他人企图刺杀伊丽莎白一世取而代之，玛丽被指控犯了叛国罪,最终被判死刑。事后，女王曾表示反悔，责骂臣僚欺骗了自己，也有人怀疑沃辛汉是伪造凭证，玛丽是无辜的受害者。玛丽是真的有罪还是无辜的受害者，可能只有沃辛汉与玛丽本人最清楚了，但是间谍那可怕的渗透确实让人不寒而栗。

公元16世纪中叶的英国，正处于封建社会都铎王朝(公元1485～1603年)时期。和欧洲其他国家一样，英国的间谍活动都是通过大使、使者充当特务或在国内外雇人刺探情报。这种情报工作的最大弱点是一旦情报工作的组织者失宠或被处死，他那不像样的情报组织也会随之销声匿迹。而沃辛汉建立的保密局却弥补了情报工作的这一弱点。沃辛汉在年轻的时候所学的专业是律师。他是一位脑袋很灵活的人,由于机智过人,而且铁面无私,伊丽莎白一世起用他来负责日益重要的谍报工作。很快，沃辛汉在英国的情报搜集行动中扮演了关键性的角色。同他的前任不一样，沃辛汉没有其他什么任务,他将主要的精力都投入到了“伊丽莎白女王的间谍网”的工作上。

保密局尽管规模不大，但已具有现代谍报机关的雏形。它拥有一批具有专门技能的间谍。沃辛汉还用薪水雇用间谍，同时他还创办了一所专门训练间谍的学校，教授密写和破译技术。沃辛汉的间谍在国内外无孔不入，以至于从罗马发出的情报还没有到达西班牙国王手中，远在伦敦的沃辛汉却早已洞悉无遗了。他还建立了密码破译组织和一个规模不小的商业间谍组织。密码破译组织能够破译当时使用的大多数密码，商业间谍组织的活动范围则从低地国家(指现在的荷兰、比利时、卢森堡等国)一直延伸至瑞典和俄国。

沃辛汉建立的保密局成为英国早期间谍史的一面旗帜。他的间谍生涯对以后间谍工作的开展产生了深远影响，成为英国谍报工作的奠基者。

沃辛汉去世后，英国一时找不到合适人选接替他的工作，沃辛汉用一生心血建立起的情报机构日见衰萎。直至17世纪中期克伦威尔执政时期，才对情报机构进行了大刀阔斧的改革，并亲自拟定“间谍工作守则”，使保密局重新焕发出旺盛的生命力。有人评价当时的间谍数量就像“埃及到处有跳蚤和蛤蟆一样”，威尼斯驻伦敦的大使萨格雷多曾向国内报告：“世界上没有一个政府能像英国政府那样保密保得牢、了解别人了解得这样快。”

致命的脱衣舞娘

红颜祸水，祸的是女人，还是男人？对彼此都意味着什么呢？

一曲脱衣舞，让无数男人匍匐在她的脚下，也让无数男人向她吐露她想知道的秘密。然后，她又让无数男人因为这些秘密而送命。或许，她需要的真的只是金钱，但她的这种需要却让无数男人赔上了性命。

她是男人眼中绝对的尤物，她拥有天使般的脸孔、魔鬼般的身材，一颦一笑间让男人丧魂失魄。英雄难过美人关，男人天生的弱点给了她可乘之机。她用美色做饵，以生命做赌，在色与戒间完成神秘使命。“战争让女人走开”，正是对女人的这种蔑视让男人们付出了血的代价。玛塔·哈里，她让男人汗颜，也让男人不寒而栗。

1903年，一位专门跳印度婆罗门神婆舞蹈的舞娘出现在巴黎，她就是玛塔·哈里，在爪哇语中意为“清晨的明眸”。

玛塔·哈里的优雅的舞姿、迷人的微笑，使法国的军政要员和巴黎的各界名流纷纷拜倒在她的石榴裙下。她被许多贵族和富商追捧，公子哥们在她身上花了多少钱，谁也数不清。她从来就没想过节俭，她想的仅仅是趁着年轻充分享受生活。但是，女人总是会衰老的。当年华老去，容颜不再，她感到了一丝不安，因为她快40岁了。但玛塔·哈里仍像过去一样挥霍无度，即便有再多的钱财也无法支撑太久。当她开始感到经济困难的时候，她开始想通过其他的办法挣钱。

1915年，她正式成为德国情报机关的间谍。她利用美色引诱法国的军政要人，从数不清的身居要职的情人那里骗取军事机密，并把情报卖给德国。德国人为此向她付出了数百万美元的报酬。

第一次世界大战开始后，德国就利用玛塔·哈里提供的情报，取得了战场上的主动。马恩河战役前夕，玛塔·哈里从一名即将奔赴战场的法国将军那里盗取了情报。这位交际花丝毫不懂军事，自然不了解这个情报的厉害，她不会知道这关乎几十万法国士兵的性命。更何况，在金钱面前，她已经不在乎了。在一次舞会上，她把法军的出发地点传给了德方。按照这个情报，德军知晓了法军的战略意图，第一天就有几千法军倒在德军的枪口下。而在整个战争期间，共有10多万法国士兵因为玛塔·哈里的情报而白白送命。一女能抵10万兵，没有人敢再轻视女人。

玛塔·哈里对于倒在她的情报下的这些生命其实毫不知情，她所做的一切仅仅是因为她太爱金钱了，就像她在法庭上所辩解的:“我是妓女，这没错，但我不是叛徒，永远不是。”她的背叛与爱国精神或政治毫无关系。她同时为德国人和法国人工作，成为各国间谍机关最痛恨也最头疼的人——双重间谍。玛塔·哈里将双重间谍的工作做得十分到位，她在德国与法国两国间左右逢源。正如《间谍大师：阿兰·杜勒斯》一书的作者詹姆斯·史劳德斯很多年后对她的评价：“从任何角度来看，她的工作都非常出色。”

玛塔·哈里的间谍生涯充满了传奇，而盗取“英-19”型坦克设计图则是她一生中的经典之一。1915年3月，玛塔·哈里接到德国人的一个命令，让她盗取一份藏在法军统帅部高级机要官莫尔根将军家的绝密金库中的“英-19”型坦克设计图。玛塔·哈里当即回电：“静候佳音。”

经过周密策划，玛塔·哈里在一次舞会上“邂逅”了独身的莫尔根将军。不久，他们俩就同居了。玛塔·哈里在俘获了目标之后，每天利用收拾房间的机会寻找存放金库的位置。终于，有一天她在书房的一张巨幅古典油画后面找到了密库。她发现库门上有一个号码拨盘，上面有0～9的数字。她试图找到有关提示密码的蛛丝马迹，但是均告失败。

德国人已经有点等不及了，向她下了最后通牒：“务必于24小时内把胶卷送出，不得有误。”为了完成任务，当晚，她悄悄地将大量安眠药倒入莫尔根的酒杯，很快使莫尔根将军进入了梦乡。

玛塔·哈里走进书房，开始试着拨保险柜的密码。此前，德国人曾经告诉她密码是6位数，于是她先试事先猜想过的一些数码，但都一一碰壁。之后，她就不断随手拨上6位数。她越拨越快，不到两小时，她的手指就已麻木，臂膀酸痛不堪，汗流浃背，精疲力竭。歇了几分钟，她继续试拨。可是她知道，6位数字就是151200个组合，这样随机地拨下去，恐怕一个月都打不开。

“难道就要前功尽弃了吗？”在绝望中，她隐隐约约地听到隔壁房间里的女仆已经起床了。按惯例，过不了多久，她就要前来打扫书房。玛塔·哈里甚至要放弃了，但倔强的个性又使她不甘心就这样惨败。在焦急中，她突然想到莫尔根曾在一次饭后说：“唉，老了，这几年记性真是越来越差了。”既然如此，一定有提示6位数密码的东西，而这种东西很可能就安置在金库四周，以便开库门时随时可看见。

玛塔·哈里当即仔细环视金库周围，忽然，她的目光在墙上的老式挂钟上停住：黎明将近，钟为什么却停在9时35分15秒？关于这只钟，她曾经问过莫尔根为什么不叫钟表匠来修，莫尔根回答说以前修过几次，但没修好。

玛塔·哈里记起当时莫尔根在回答这个问题时神情似乎有点不自然。秘密一定就在这钟里，9时35分15秒，不是93515吗？可是只有5位数，还少1位呢。

时间一分一秒地过去了，女仆已经在收拾隔壁房间了，留给玛塔·哈里的时间不多了。她死死盯住挂钟，苦苦思索。猛然间，她灵光一闪，9时不就是21时吗？6位数出来了！她快步走到密库前，用有些颤抖的手拨出了“213515”这组数字，“咔嚓”一声轻响，锁开了！“213515”后来成了世界间谍史上的传奇数字。

尽管为德国人干活十分得心应手，但随着第一次世界大战进入相持阶段，玛塔·哈里担心有朝一日协约国取得胜利，自己给德国做间谍的事情被人知道。因此，她开始有意识地向法国靠拢。她设法与法国间谍头目拉杜见了面。她告诉拉杜自己可以为他搞到德国的机密情报。就这样，玛塔·哈里又成了法国间谍。为了好好表现，玛塔·哈里开始向法国方面传递大量的德军消息。结果，很多德军成了玛塔·哈里间谍成绩的牺牲品。

1917年，玛塔·哈里抵达中立国西班牙开始巡演。她的到来，令西班牙人痴狂。据说，甚至有情侣因为她反目成仇。她与社会名流们打得火热，在演出获得成功的同时，她将西班牙政府的一些动态源源不断地发往柏林。但她的活动已经被英国谍报机构监视，英国方面立即将她的动向通报给法国反间谍机构。

法国方面在此时也截获一份德国密电，密电写道：“通知H21速回巴黎，并支付1万～5万法郎费用。”而玛塔·哈里这时竟突然中断在西班牙的演出返回法国。综合有关情报，法国情报部门认为H21就是玛塔·哈里，她极有可能为德国方面提供了大量情报。1917年2月13日，玛塔·哈里刚刚抵达法国边境，就以间谍罪被逮捕。法国反间谍部门指控玛塔·哈里使用美人计为德国人窃取情报，造成数万法国士兵身亡。玛塔·哈里的情人参议员埃米利奥·胡诺伊证实，她当时的确接到过一封来自巴黎的电报，不过，法国情报部门截获的那封电报纯粹是有人为陷害玛塔·哈里设的局。但法庭无情地驳回了她的律师的申诉，最后，玛塔·哈里被判死刑。

1917年8月15日，玛塔·哈里被带出巴黎女子监狱执行枪决。这一天，她刻意打扮了一番，戴上了一顶宽檐黑帽，手戴一副黑色的羊皮手套，脚穿一双漂亮的红舞鞋。临死前，玛塔·哈里拒绝被蒙上双眼，她说想看着那些杀死她的男人的眼睛。在巴黎郊外的空地上，这个41岁的女人面对11个行刑队员的枪口，笑着对领刑的军官说：“这是第一次有人肯付12法郎占有我。”(在法语中，“法郎”和“子弹”是同一词汇。)枪手扣动扳机前，她向他们送去了最后的飞吻。也许，对于她来讲，死亡是最后的解脱，是她对男人最大的嘲笑。

不管玛塔·哈里是为了正义还是邪恶，她的生命还是以死亡告终了，留给世界的只是一朵永不凋零的溅血玫瑰。

“哑谜机”密码之谜

“哑谜机”虽然神秘，保密原理异常复杂，但也不是密不可破的。

1939年7月25日，第二次世界大战爆发一个半月后，在华沙市郊外莫洛科密林深处一个地下室里，波兰情报官员把第三帝国的无价秘密交给英国情报人员。那是一台复杂到不可思议的机器，名叫“哑谜”，可以用来编制和译解德国的全部军用密码。第二天，哑谜机便被运往英国。英国政府对此非常重视，立刻在一所名叫布特奇利园的乡村大宅内成立了专门的研究中心。

“哑谜机”又名恩尼格玛密码机，是一种用于加密与解密文件的密码机。它形如电动打字机，用电池供电，携带方便。按动键盘上任何一个键，由3个轮子组成的复杂系统马上运转，每个轮子边上刻有一套字母。机内有26个小灯泡，分别与不同的字母相对应，按一个字母键，就会亮起相应的灯泡，表示这个字母的代码。密电的收发双方，每次通讯前都要先根据一种特定的方法，定出机器里的一种代码法。这样，任何一句话能够编制出千百万种组合形式，纵有非凡的智能，也无法破译。这就是“哑谜”机的保密原理。

为了破解德国的密码，盟军集结了当时世界上一流的解码专家，包括当时最卓越的数学家杜林。他发明了一台机器，能够高速测试“哑谜”机所编制的密码字母组合，一次能细查17576种组合。而德国人经常在通讯中使用某些词语，例如“奉元首之命”“司令官”等，这在无意中也帮了英国专家的忙。这类词一旦在一次密电中译出来，就能够为同类词语的其他密电提供重要线索。

“哑谜”机并不是密不可破的，它本身也有缺陷，最明显的是一个字母不能用为本身的代码。英军便利用这一缺点来帮助自己译解密码。他们派轰炸机去炸一个无关紧要的目标，暗中截取德国“哑谜”机发出的空袭报告，然后选出那些未出现的原来地名中所含字母加以测试，就不难找出那个地名的代码。弄懂了“哑谜”机发出的密电，布特奇利园研究中心就把德方的轰炸计划、潜艇位置、陆军兵力等一一转告战场指挥官，结果往往使德军损失惨重。比如德军空军空袭还未展开，英军战斗机早已在目标附近集结待命。

1940年，希特勒取消进攻英国的“海狮行动”。英国人从“哑谜”机的密电里获取了情报，迅速把兵力转向其他方面。

1941年，英军依靠“哑谜”机密电，事先获悉隆美尔元帅的计划，派轰炸机轰炸了载兵到北非的运兵船“俾斯麦号”。

1944年，盟军又靠“哑谜”机之助，得悉德国误以为6月6日盟军大举反攻的主要登陆地点是法国的加莱而不是诺曼底，因而准确预知诺曼底德国军队的防守兵力，轻而易举地攻占了诺曼底，为开辟第二战场、最终战胜德国法西斯立下了大功。

许多盟军对“哑谜”机的保密是极其严格的，即使高级将领也不知道那些准确情报是怎样得来的。而德军指挥部却以为有内奸通敌，把潜艇战失利的原因归于盟军侦察技术有了改进。德国人的这个错误一直延续到大战结束。破译“哑谜”机的内情，一直到1970年以后才为世人所知。直到现在，许多有关的技术、设备还未公开。

“哑谜”机在第二次世界大战中的作用是不可忽视的，盟军破译了德国的密码，使第二次世界大战的胜利提前了两年。

双重间谍的无间道

剑能伤人，但被敌人掌握就会伤己。间谍无疑是一柄杀敌制胜的利剑。为了掌握这柄利剑，英德在第二次世界大战中展开了激烈的间谍争夺。

1940年9月6日晚，只听见“隆隆”的飞机发动机声由远而近，在英国白金汉郡的一片田地里，朦胧夜色中摇摇晃晃地出现了一个黑点，由高而低，那个黑色物体连同上面的锥形包一起稳稳地落在田野中。

第二次世界大战期间，英德之间展开了殊死的较量，间谍自古以来就是战争中的重要砝码，而那个锥形包也不是什么物品，而是德国为了获取英国的机密而派遣的一名间谍，不过德国的这次间谍行动不仅没有收到预期的效果，反而给了英国获得双重间谍的机会，可谓是赔了夫人又折兵。

1940年9月7日清晨，一位农家少女向警察所报告，她发现她家的庄稼地里好像有人踩过。当地警方立刻展开调查，不久，一个陌生人被带到埃尔兹伯里警察所，并被迅速转交给军情五处，军情五处的军官们立即确定了他的身份。

他是一名代号为3719的间谍，昨晚被空投到当地，他的真实姓名是戈斯塔·卡罗里。卡罗里被编入一个称做“莉娜队”的间谍小组，负责管理他们的是汉堡空军一处的尼古劳斯·里特少校。实际上，英国军情五处早已打入了这个间谍网，而且正在操纵这个网中的一名间谍分子充当双重间谍。因此，无论德国人怎样制订他们的间谍潜入英国的方案，英国的反间谍组织皆了如指掌。

军情五处并不打算以间谍罪对卡罗里进行处理，他们试图通过争取使他成为双重间谍。在军情五处的威逼利诱下，被德国视为敢作敢为、智勇双全的卡罗里最后完全缴械，他在投诚的同时又提出：假如军情五处同意给他的一位同事同样的待遇，他将说出此人抵达英国的详细计划。这人就是第二次世界大战最著名的双重间谍武尔夫·施密特。

施密特的父亲是德国人，曾服务于德国空军，母亲是丹麦人。施密特是一个富有才华、金发碧眼的帅小伙，他非常喜欢希特勒《我的奋斗》一书中的哲学思想，他具有乐于冒险的性格，这使他自然而然地成为德国秘密间谍人员的招募对象。

施密特本来就能读写英文，也能说一点，他悟性高、名声好，里特少校确信他是派往英国的理想人物。于是，1940年9月19日夜间，施密特登上一架德国军用飞机，朝英国飞去。当降落伞打开的一刹那，他还为此行的顺利而扬扬得意，完全不知道有人已经在下面张开大网等着他。

施密特着陆时，降落伞碰上了一棵树，他的足踝在黑暗中扭伤了。疼痛的脚使他行走不便，当他走过一个村口时，看见了一台抽水机正在抽水，他走上前去洗脚，想以此减轻痛苦。这时，一个国民巡逻兵走了过来，并对他说：“请拿出你的证件，先生。”他的外国口音引起了这位巡逻兵的怀疑，于是，他被带往剑桥警察局。

其实，根据卡罗里的供述，他的行踪早已经被跟踪，他的被捕只是英国谍报机关为了不引起轰动而精心导演的一出戏。

施密特同样被很快转移到军情五处，令他意想不到的是，在这里，他受到了彬彬有礼的接待。他面前是两名陆军军官和哈罗德·迪尔登博士。

“当我被带到那里审问时，我被这位穿便服的奇怪老人强烈地吸引住了。他正在翻一本杂志，我走进来时，他只瞥了我一眼，就又继续翻看着杂志。我简直不能将我的眼睛从他身上移开。”这是施密特后来对迪尔登博士的评价。

所谓惺惺相惜，迪尔登感到，在某些方面，施密特是独一无二的，恰恰由于这一点，使他比卡罗里更有价值。在施密特身上，有一点必须利用，那就是他有幽默感，这正是他可能转变的因素。审问是在一种彬彬有礼的交谈中进行的，很少提什么问题，仅仅提出种种暗示，如军情五处已掌握了他的什么情况等。

在反复的较量中，施密特终于投降，英国谍报机关给他的代号是“塔特”。英国谍报机关将塔特视为他们的双重间谍杰作。一位高级官员曾经这样评价他：“他成了我们最可信赖的无线电谍报员之一，而且，作为谍报员，保持了长距离通讯记录，从1940年10月到1945年5月，他始终为我们从汉堡收报或发报。他的工作具有巨大的价值。最初是为了反间谍目的，后来是欺骗敌人。他帮助我们从德国人那里搞来了大笔金钱。”

作为双重间谍，塔特在德国间谍部门的眼里同样优秀。塔特按照德国方面给他的任务，定期地发送着有关英国战斗机和军舰制造计划方面的情报。当然，这些内容都是“真实的谎言”，比如夸大机场被轰炸后损失的程度，诱开德空军偏离轰炸的目标，提供虚假的军舰制造计划，低报新的飞机产量。直到1945年春天，塔特还发回了关于海上布雷区的错误情报，诱使德国潜艇不能进入有效的封锁区。

在德国间谍的档案里，他的领导里特少校这样写道：“3725号间谍抵达后不久就积极为我方异常勤奋地工作，除按时发给我们气象预报以外，他发来了关于机场及其他战略目标的情报。所有这一切，柏林主管当局均予高度评价，认为是极有价值的。”

德国方面一经确信塔特是他们在英国最好的间谍，便向他提出了各式各样的问题，如：“在福克斯通、利明和奥尔厂通地区有无足以阻碍空降的任何建筑物或机械装置？在切斯特以西的哈瓦登是否已建成一家维克斯地下工厂？”在英国军情五处的帮助下，他总能顺利地提供假情况。

德国人也有怀疑的时候。在向塔特提供了许多金钱后，德国人就提出让他到更大范围的地方去活动。于是军情五处为塔特设想了一个虚构的女朋友，叫玛丽，在艾森豪威尔将军的司令部工作，而这个“玛丽”也只能有部分虚构，以躲避德国人的核对。于是，一个原在政府某部的密码部门工作的姑娘，被调到艾森豪威尔司令部。塔特也时常给德国人提供某些真实的情报，比如他被允许泄露关于空袭迪埃普的确切情报，以此使德国人相信他提供的其他的假情报。

但对双重间谍的利用也不是万无一失的。1941年年初，卡罗里在剑桥郡的欣克松附近同塔特一起度过圣诞节后，他感到背叛祖国的羞辱，企图自杀，结果被及时发现，阻止了事态的发展。没几天之后，他又偷了一辆摩托车，向沼泽地带跑去。那辆摩托车在路上坏了，卡罗里在伊利再次被捕。英国间谍部门的一个负责人这样说道：“他如果逃跑成功的话，确会把我们的一切策划都毁掉……双重间谍是些狡猾的家伙，需要不但从物质方面而且在心理方面，予以最严密的监视。要监视他的每一点情绪变化，要研究他对各种事件的每一点反应。由于这种原因，我们以后一直坚持，办案官须负责管好每一个间谍。”

假如卡罗里的逃跑成功，也许德英的战事局面就会重写，或者正是这些双重间谍改变了战争的进程。这些双重间谍一方面经受着“无间道”式的煎熬，在另一方面又直接影响着战争的进程。

华盛顿的日本间谍之谜

如果能够查清在华盛顿的日本间谍，美国或许能够避免珍珠港事件。

1941年的春天，虽然第二次世界大战的战火尚未烧到美国，但战争的阴云已经密布在太平洋上空，美国人感受到了战争可能来临的气息。为了截获和破译日本最高机密的情报，美国专门发动了代号为“魔术”的行动。当美国不断截获日本情报的时候，总部设在东京郊外的日本帝国总司令部完全没有意识到美国军队已经破译了他们的密码并且在监听他们的无线电信号。

“魔术”行动由设在夏威夷的海军作战情报局和美军特殊情报服务局联合进行。海军作战情报局由海军上尉约瑟夫·雷伏特领导，特殊情报服务局由著名的年轻译码学家威廉·佛莱德曼陆军上校指挥。

由于工作人员不足，而日本无线电信号往来频繁，因而破译工作非常繁重。但是，大量截获的情报表明，在官方宣布中立的美国，尤其在华盛顿特区，聚集了大量的日本和德国间谍。情报还表明，在罗斯福政府中有数量不详的高官在有意或无意地为东京或柏林提供高级情报，这对美国国土安全是巨大的威胁。

根据美国截获的情报，日本驻美国大使在华盛顿向东京汇报说有“J”和“W”这样两个人，他们能够靠近总统及其夫人，是日本可靠的情报员。那么这两个人到底是谁呢？是总统的社交熟人还是政府官员，抑或是罗斯福政府中身居敏感部门的高官？由于情报资料有限，美国情报机关尚不能找到间谍，不过他们一直在通过各种途径寻找日本大使所说的“J”和“W”这两个人。

1941年5月，美国情报部门再次截获了日本间谍头目、日本大使发出的情报。狡猾的日本大使向总部汇报说用于发展情报事业的50万美元已经收到。那么，在华盛顿谁是这笔巨款的收款人呢？美国情报部门立刻寻找这个人。

日本大使在日本的大使馆里控制了整个西半球的日本间谍，他通过与东京的无线电来往操控在美国的日本间谍。5月19日，这个毕业于美国布朗大学的日本大使在校友会上与两个以前的同班同学交谈甚欢，这就是所谓的“J”和“W”。其中，“W”在美国外交部欧洲司供职，另外一个是著名的议员。这个日本人说这两个人对他很有用，“有用”是什么意思？

胡佛领导的高效的联邦调查局和军队的情报机构对这些华盛顿高官有意或无意地帮助日本和德国的行为进行监视了吗？这些问题都无从知道了。

土语编织“无敌密码”

少就是多。被遗忘的、被忽略的往往却是最能置人于死地的。

著名导演吴宇森导演的影片《风语者》描述了这样一个故事：第二次世界大战期间的太平洋战场上，日军总能用各种方法破译美军的密电码，这令美军在战场上吃尽了苦头。为了改变这种局面，1942年，几百名印第安纳瓦霍族人被征召入伍，因为他们的语言没有外族人能够听懂，所以美军将他们训练成了专门的译电员，人称“风语者”。作为美国海军的秘密武器，每个“风语者”都肩负着美军的至高机密，因此，他们也受到了特别的“照顾”，每个纳瓦霍译电员都由一名海军士兵贴身保护，一方面，确保其人身安全，另一方面，如果译电员即将被日军俘获，保护者必须杀死他以保证密码不外泄。

正如丘吉尔所说，密码员就是“下了金蛋却从不叫唤的鹅”。第二次世界大战中，英国倾全国之力，破译了德国的“谜语机”密码，为战胜纳粹德国做出重要贡献；美国则破译了日军密码，由此发动空袭，击毁日本大将山本五十六的座机。

美国总统布什在国会山上举行隆重仪式，为一些已经沉默了半个多世纪的印第安“特殊密码员”颁发了美国政府最高勋章——国会金质奖章。当年，正是他们编制出不可破译的“无敌密码”，为盟军最终胜利立下了汗马功劳。

对这迟到了半个世纪的表彰，布什也不胜感慨。他说：“他们勇敢工作，出色地完成了自己的任务……他们对国家的贡献值得所有美国人尊敬和感谢。”

在表彰仪式上，4名白发苍苍的印第安老战士更是激动异常。当年，正是包括他们在内的29名印第安纳瓦霍族人，编制出了这套“无敌密码”。现在，其中25人已离开人世。

一名叫布朗的密码员激动地说：“让我们永远不要忘记历史。”纳瓦霍语密码员协会的主席萨姆·比利森也接受了奖章。他表示，他对此悲喜交加，但不觉得苦涩，因为“土地是我们的母亲，而保卫母亲是做人之本”。

用纳瓦霍语编制军事密码，是一个叫菲利普·约翰逊的白人出的主意。约翰逊的父亲是传教士，曾到过纳瓦霍部落，能说一口流利的纳瓦霍语，而在当时，纳瓦霍语对部落外的人来说，无异于“鸟语”。极具军事头脑的约翰逊认为，如果用纳瓦霍语编制军事密码，将非常可靠而且无法破译。因为这种语言口口相传，没有文字，其语法、声调、音节都非常复杂，没有经过专门的长期训练，根本不可能弄懂它的意思。另外，根据当时的资料记载，通晓这一语言的非纳瓦霍族人全球不过30人，其中没有一个是日本人。

1942年年初，约翰逊向美国太平洋舰队上将克莱登·沃格尔提出了这个建议。约翰逊说，根据他的实验，用纳瓦霍语编制的密码可以在20秒内将3行英文信息传递出去，而同样的信息用机器密码却需要30分钟。

沃格尔接受了约翰逊的建议。1942年5月，第一批29名纳瓦霍族人被征召入伍，并被安排在加利福尼亚一处海滨编制密码。他们根据纳瓦霍语共创建了有500个常用军事术语的词汇表。由于纳瓦霍语没有描述现代军事设备的词语，因此他们经常使用比喻说法和拟声词。

在太平洋战争期间，美国海军陆战队共征召了420名纳瓦霍族人充当密码通讯员。这些纳瓦霍族人参加了美军在太平洋地区发动的每一场战役。他们用密码下达战斗命令，通报战情。

攻占硫磺岛是美军在太平洋战争中打的一场经典战役，美军把旗帜插上硫磺岛的照片，成为美国在第二次世界大战中浴血奋战的象征。硫磺岛战役结束后，负责联络的霍华德·康纳上校曾感慨地说："如果不是因为纳瓦霍族人，美国海军将永远攻占不了硫磺岛。"当时，康纳手下共有6名纳瓦霍密码员，在战斗开始的前两天，他们通宵工作，没有一刻休息。整个战斗中，他们共收发了800多条消息，没有出现任何差错。

除了纳瓦霍语外，美军在第二次世界大战中还曾使用另一种印第安语——科曼切语作为密码。纳瓦霍语主要在太平洋战场使用；而科曼切语则在欧洲战场大显身手。查尔斯·希比蒂是目前唯一在世的科曼切语密码员，现已78岁，居住在出生地俄克拉何马。他仍然清楚地记得当初参战的经历。

老人回忆说："我是1941年1月入伍的，当时不满20岁，还是个孩子。我是看到当地报纸上的广告后参军的。广告说，'征召年轻的科曼切人。要求未婚、无家庭拖累、会说本族语。'他们在语言方面要求极为严格。如果你说得不流利，他们就不要你。"

应征入伍后，希比蒂和其他12人随即被送至佐治亚州本宁堡接受基本军事训练，学习无线电发报技术。但直到当年夏天，他们方才明白工作的真正性质。8月，他们被召集到了阅兵场。一名叫休·福斯特的中尉告诉他们："对信号链来说，你们的土语非常重要。它从未用文字书写。除了你们没有人说这种语言，也没有人听得懂。这意味着，它是无法破译的，是绝妙的密码。美国陆军需要你们去执行一项特殊的任务。需要你们成为密码通讯员。"

美军根据科曼切语创建出包括250个军事术语的词汇表。在这个词汇表里，轰炸机成了科曼切语中的"怀孕的鸟"，自动化武器由于发出时断时续的声音而被称为"缝纫机"。一天，福斯特与这些印第安人见面时带来了一张照片：“我们需要给这个人起一个代号。”这些印第安人看了看照片，那是一个黑发、留着卓别林式的胡子、表情严肃的德国男子。希比蒂想起了他看过的欧洲新闻短片，于是说：“‘疯了’怎么样？或者‘疯狂’？”后来就确定使用“疯狂的白人”来称呼这个元首，而此人就是希特勒。

1944年1月，希比蒂在入伍近3年后被派往英国，旋即参加了诺曼底登陆战役。当他登上犹他滩时，听到指挥官在向他喊话：“酋长，我需要你发报。通知总部我们成功登陆了。重复一遍——登陆成功，现正准备占领敌方阵地。”

顶着炮弹掀起的沙子和海水，希比蒂掏出他的无线电发报机，迅速用科曼切语发出了这条信息。这似乎只是历史上一个微不足道的瞬间，但美国陆军竟在近半个世纪的时间里，一直拒绝公开承认这个事实：科曼切密码通讯员希比蒂发出了第一条登陆诺曼底的信息。

犹他滩上，炮弹和曳光弹不断在头顶上爆炸。一阵静电干扰之后，无线发报机重新开始工作：“信息收到。守住滩头阵地，弄清敌人方位。增援部队很快抵达。完毕。”希比蒂迅速将电文从科曼切语译成英语，并报告给他的指挥官。

继在诺曼底滩头大显神通之后，希比蒂又被派往法国，目睹了盟军在巴黎的军事行动。

对于这种密码，纳粹德国的情报部门也绞尽了脑汁，甚至他们在确认这是一种语言之后，也始终未能找到破译的方法。

但同纳瓦霍语密码员一样，科曼切语密码员没有因为作战勇敢或为国服役而在战时或战后获得表彰。相反，五角大楼命令他们严格保守秘密。当时的五角大楼出于冷战的考虑，认为这些密码员可能再派上其他重要用场，因而不宜暴露。直到世界迈入新的世纪，密码技术的进步使得这些密码显得多余，这些密码员才终于获得了迟到的荣誉，但他们当中的大多数都已经默默无闻地离开了人世。

神秘的“007”原型

“007”是人们心目中的英雄，然而他的故事只是虚构的，那么他的原型是谁呢？

自从1962年登上银幕以来，詹姆斯·邦德这个间谍的原型是谁，就一直是人们猜测的话题。“007”系列小说的作者伊恩·弗莱明，对此也是讳莫如深。他唯一一次表态是在1962年10月。当时他在《泰晤士报》上撰文称：“詹姆斯·邦德是一位真实间谍的传奇版本，那个人也许就是威廉·史蒂芬森。”第二次世界大战期间，这位绰号“无畏”的加拿大人是英国情报机构在整个西半球的最高代表，他还帮助美国人成立了“战略情报局”（中央情报局前身）。

1896年1月23日，威廉·史蒂芬森出生在加拿大的温尼伯湖地区。第一次世界大战期间，他志愿加入加拿大陆军，后来被调到英国皇家陆军航空队。由于作战英勇，战友们送给他一个绰号“无畏”。战争结束后史蒂芬森下海经商，由于业务关系，他在许多国家都结交了朋友，这些人脉成为他日后重要的情报来源。

1936年4月，史蒂芬森得到信息，希特勒正在疯狂扩张军力，并对外掩盖了8亿英镑的军费开支。这严重违反了《凡尔赛条约》，将对欧洲乃至国际安全构成威胁。史蒂芬森将这些情报报告给了当时的反对党议员温斯顿·丘吉尔，受到后者的高度重视。他以这些情报为炮弹，在议会里炮轰张伯伦政府的“绥靖政策”。

第二次世界大战打响后，史蒂芬森受命于英国政府，丘吉尔将其派往纽约秘密建立 “英国安全协调局”。该机构实际就是英国情报机构在西半球的“总代理”。到战争结束时，“英国安全协调局”已经成为负责整个南、北美以及加勒比海地区的间谍情报活动的总办事处。史蒂芬森的正式头衔是“英国护照控制官员”，私下里他还是丘吉尔首相安排在罗斯福总统身边的私人代表。

史蒂芬森作为英国情报机构在西半球的最高代表，丘吉尔对他极其信任。在史蒂芬森的领导下，“英国安全协调局”成功影响了美国媒体和公众舆论，许多著名专栏作家纷纷发表亲英反德的文章。

战争期间，史蒂芬森在加拿大成立了“X训练营”，这是北美地区第一所培训战时秘密行动人员的学校。在1941～1945年前，约有2000名英、美、加拿大等国的特工在此接受过培训，他们活跃各敌后战场，为盟军取得最终胜利做出了巨大贡献。

伊恩·弗莱明也在“X训练营”进修过。007系列小说《金手指》中有一个抢劫诺克斯堡金库的情节，据说它的灵感就来自史蒂芬森一个大胆的计划：盟军派遣特工潜入法属殖民地马提尼克岛，盗取法国傀儡政府储藏在那里的巨额黄金储备。该计划由于种种原因最后没有实施。

第二次世界大战结束后史蒂芬森受到英国、美国的嘉奖，在自己的祖国也得到了巨大荣誉，加拿大许多街道以他的名字命名。1989年，史蒂芬森在百慕大群岛去世。

除了威廉·史蒂芬森外，达斯科·波波夫也被许多人认为是007的原型。

波波夫是纳粹德国最信任的间谍之一，是英国军情五处最成功的双重间谍。同时，他又是英国谍报史上最著名的“风流间谍”。许多专家认为，詹姆斯·邦德周围围绕着那么多漂亮的“邦女郎”，以及他身上那种令女人无法抵挡的魅力就取自波波夫这个原型。

1940年，波波夫加入纳粹间谍机构。后来，他偷偷加入了英国军情五处，为抵抗纳粹德国而战斗。在德国人那里他的代号是“伊万”，在军情五处他的代号是“侦察兵”。

波波夫经常往返于伦敦和中立国葡萄牙的里斯本搜集情报。一方面，他向德国人提供了大量由军情五处精心编造的有真有假、无关紧要的情报，或得了纳粹的信任。另一方面，他将德国发展火箭、德军战略部署以及国内防御等方面的重要情报源源不断地报告给英国人。

1941年7月，德国人派波波夫前往美国建立一个间谍小组。他们交给他一个缩微照片胶卷，上面列出情报搜集的主要目标，其中一项就是对珍珠港海军基地港口布局、设施以及兵力部署的详细调查。波波夫结合自己发现的种种迹象，判定日本人很有可能袭击珍珠港，于是想亲自把这个情报交给胡佛，不料反而遭到冷遇。1941年12月7日，日本偷袭珍珠港得手，波波夫的情报得到了验证。

波波夫作为谍报人员无疑是非常成功的，凭借英国给他提供的一些交给德国人的情报，波波夫深得纳粹的信任，甚至被誉为“元首的最好特工”，希特勒对他笃信不疑。

从1940～1944年间，波波夫为盟军提供了大量有价值的情报，也向德军方面提供了众多虚假的报告，导致德军日后在战略上的失误，可谓厥功至伟。波波夫为第二次世界大战的胜利做出了巨大的贡献，第二次世界大战结束后，波波夫被授予大英帝国勋章。

“仙人掌”猎获“孔雀”

自信过头就是自负，山本五十六对电报密码的自负，让他付出了生命的代价，也偿还了一笔血债。

珍珠港让美国人记住了一个人——山本五十六。击毙山本五十六就成了美国人的一个心愿。已被美国人瞄准的山本五十六并没有意识到危险的存在，于是当他如同一只骄傲的孔雀一样飞来飞去的时候，美国人轻易地就将其击落了。

1943年4月18日一大早，山本五十六司令身穿雪白的海军新军装，走近他的座机。然后，转身向腊包尔的海军司令草鹿任一中将说：“我明晨出发，黄昏前回来，别忘了等我一起用晚餐。”他不知道在前方，美军已经为他预备好了另一顿大餐，这顿大餐让他再也没有与别人共进晚餐的机会。

这时的瓜岛“亨特森”机场，气氛却远比这里紧张。美“仙人掌”航空部队第339大队的18架P－38“闪电”式战斗机轰鸣着引擎，已经随时准备出击。米歇尔登上机翼，敏捷地坐到座椅上。此时，专程来送行的米彻尔少将紧闭着嘴，神态严峻，斩钉截铁地下了最后一道命令："不论怎样都必须坚决完成任务！"

山本五十六的座机于东京时间6时整准时离开腊包尔。有6架"零"式战斗机在他们上空护航，经过3个多小时的飞行，布干维尔岛在左下方出现后不久，机群开始降低飞行高度，准备在巴莱尔机场着陆。

在美军阵地上，7时35分整，米歇尔带头进入跑道，由于在起飞时有两架出了故障没能起飞成功，结果只起飞了16架。从瓜岛飞抵目的地的直线距离是480千米，为了避开日军雷达网的探测，还必须绕道飞行。经过准确计算，双方将于9时35分在空中相遇。此时，只见狙击队穿过布干维尔岛绿色的海岸线，在一片丛林上空盘旋，他们只比山本五十六座机的预定到达时间早了45秒。

这时，护航的日本"零"式战斗机已发现了空中伏击者。米歇尔立即爬上6000米高空，引诱日机。"零"式战斗机甩开山本五十六的座机，勇敢地向美战斗机扑去。而在另一边，担任截击任务的兰菲尔狙击队迅速按下机头，4架P－38"闪电"式战斗机向山本五十六的座机扑去。上当的日本"零"式护航机大吃一惊，赶紧俯冲，以掩护山本五十六的座机，可为时已晚。

美国P–38战斗机群凯旋后，米彻尔海军少将立即向哈尔西将军发电汇报战果。哈尔西将军立即回电表示祝贺，他在电文中幽默地说："祝贺你和米歇尔少校以及他的猎手们作战成功！在猎获的鸭子中，似乎还夹着一只孔雀。"

山本五十六的行踪是日本海军的高度机密，美军又是如何知道的呢?

1943年4月14日上午11时，在华盛顿美国海军部，一份被破译的日本海军绝密电报呈放在海军部长诺克斯的办公桌上。刚从参议院开会回来的诺克斯用眼睛扫了一下电文，看到电文的内容是山本五十六海军大将将飞抵前线视察以及视察的详细日程表。这种电报在海军部里已是司空见惯，似乎毫无价值可言。于是，诺克斯就顺手将电报塞进了军装口袋里。

恰巧，诺克斯应邀到白宫与罗斯福共进午餐。其间，诺克斯在闲谈中提到了那份电报。罗斯福总统马上问道："哦，是一份什么内容的电报？"诺克斯顺手将电报递给了罗斯福，罗斯福见电报中写道："山本五十六司令将于4月18日上午6时由腊包尔起飞，前往布干维尔岛南端布因岛视察，希做好一切护航准备。"

山本五十六的名字强烈刺激了罗斯福，珍珠港仇恨立刻在他心中燃烧：击落山本五十六的座机，干掉这个家伙，以报珍珠港一箭之仇！但罗斯福只是不显山不露水地顺手把它压在了餐具底下。山本五十六的命运就在这一压中决定了。

当天下午14时，罗斯福总统指示尼米兹将军，要坚决干掉山本五十六，他还给这一行动起了耐人寻味的名字——"复仇"。很快，刚刚就任所罗门群岛美航空部队司令官20来天的米彻尔海军少将就收到了哈尔西的下述命令："山本五十六司令将于4月18日清晨由新不列颠岛北端的腊包尔，去东南方最前线航空基地布干维尔岛南端的卡希利（日本人称布因），但不是直达卡希利，而是在巴莱尔机场降落，然后乘猎潜艇到达对岸的卡希利，预定到达巴莱尔岛的时间是上午9时45分。……总统重视这次战斗。结果速报华盛顿！这份电报不得转抄和保存，战斗结束后立即销毁！"

在电报的结尾处，哈尔西将军幽默地说："看来'孔雀'会准时飞来，用鞭子狠狠地抽它的尾巴。"没想到，这次行动不仅抽打了"孔雀"的尾巴，还结果了"孔雀"的性命。

对于山本五十六的这次视察行动，今村大将充满担忧，因为自己在布干维尔岛附近曾遭到1架美国战斗机的攻击而差点丧命，山本五十六却坚持己见。当负责通信的军官无线电发出通知时，有关人员认为美国人能截收到电报并有可能破译，可通讯官却坚持道："这部密码4月1日才启用，不可能被破译。"

1943年4月13日黄昏，位于腊包尔的第8方面军司令部里，发出了决定山本五十六命运的绝密电波。而美国的间谍迅速破译电报，并快速行动，干净利落的击落了山本五十六的座机，报了珍珠港的一箭之仇。

1943年5月17日上午10时，载着山本五十六骨灰的“武藏”号战列舰由特鲁克海军基地起航直达东京湾。5月21日，日本大本营正式发布了山本五十六的死讯。美军奇袭山本五十六是太平洋战争中最富有戏剧性的事件之一。山本五十六暴死，对东京大本营来说，是战争爆发以来一次沉重的打击，被日本大本营称为“甲级事件”。

山本五十六事件也进一步说明，在间谍战中，美国当时已经逐渐摆脱了战争初期的不利局面。而对于山本五十六的死因，还有很多说法，但有一点毋庸置疑的是，在击毙山本五十六的行动中，美国的间谍机构对日本电报密码的成功破译是这次行动成功的关键，美国间谍机构在这次行动中厥功至伟。

只缘“情报”遮慧眼

假作真时真亦假，从天而降的英国少校是真是假？德国得到的情报是真的吗？

1943年，英国“马丁少校”从伦敦飞往北非执行任务过程中，因为飞机失事在西班牙韦尔港溺死。英国领事馆为“马丁少校”举行了葬礼，他的未婚妻帕姆送来了花圈和哀伤卡片。驻西班牙的英国大使馆人员则在此前后频频分批前往哀悼。同时，在英国《泰晤士报》公布的由海军公证司伤亡处提供的阵亡将士名单上，“马丁少校”的名字赫然其中。这是怎么回事？“马丁少校”是谁呢？飞机因何而失事？

在第二次世界大战中，西班牙表面上是中立国，但与德国有着千丝万缕的联系，于是，“马丁少校”的尸体被发现后，连同他的公文包一起被交给了德国。英国驻西班牙大使塞缪尔·霍尔爵士当即向西班牙提出交涉，要求尽快归还尸体和公文包。德国人很快就把尸体和公文包还给了英国大使。

英国大使收到“马丁少校”的公文包后，立刻把它送往伦敦，海军情报局17F科科长尤恩·蒙太古中校拿到从西班牙送回的公文包后，立即送技术侦察处检查，结果很快出来了，文件已经用专业技术拆开过了，也就是说，文件中的军事机密全部被德国知晓了。知道这一结果后，蒙太古终于松了一口气。原来，整个“马丁少校”是为了蒙蔽希特勒而精心设计的一个诱饵，盟国的目的就是让他带着假情报让德国搞不清盟军在意大利登陆的地点。这就是“肉馅计划”。

在第二次世界大战中，所有稍微具有军事常识的人都非常清楚，当盟军肃清了北非的轴心国之后，盟军在地中海战区的下一个目标毫无疑问将是西西里岛，正如英国首相丘吉尔所说的：“傻瓜都知道下一步是西西里岛！”

希特勒当然不是傻子，所以，为了对付盟军，当时德意军在西西里岛已经部署了约30万的兵力等待着盟军的到来，这使盟国的登陆战役面临巨大的困难。如果不能让希特勒分散兵力，如果不能让希特勒放松西西里岛的防御，那么登陆作战将会面临失败，即使取得胜利，也必将付出惨重的代价。

所以，现在盟军的主要任务就是让不是笨蛋的德国最高统帅部相信，登陆将在其他地点进行。但盟军司令部并没有对此抱有太大的希望，他们计划只要能让德国人怀疑西西里是盟军登陆作战的目标就足够了。因为这样，他们就有可能分散守卫部队，使攻打西西里的登陆部队少遇到些阻碍，也使盟军减少伤亡。

这个艰巨的任务就落在了谍报部门的肩上，而“马丁少校”则成了这次任务的主要执行者。这个计划是英国谍报人员乔治中尉构思的。当初，在讨论如何欺骗希特勒的过程中，方案一个个被蒙太古否决，最后乔治中尉突发奇想，把一个尸体装扮成总参谋部的一名意外死亡的参谋人员，在其随身携带的公文包里装上一份明确表示打算进攻西西里以外的某一地点的级别较高的文件，将尸体抛入大海，利用潮汐把他送到德国人手里，让德国人上当。

1943年4月17日，“马丁少校”的尸体装入了印有“光学仪器”

标签的金属圆筒，在苏格兰格里诺克军港被运上英国海军“六翼天使”号潜艇。4月19日，担负着特殊使命的“六翼天使”号潜艇从苏格兰格里诺克军港起航。第二天拂晓，“六翼天使”号潜艇在西班牙韦尔瓦附近浮出水面，一名艇员给“马丁少校”的救生衣吹足了气，将公文包用铁链系在手腕上，然后放入海中，顺着潮汐向海滩漂去。天亮后，尸体被潮汐推上了海滩，很快就被渔民发现并被交给了德国。

一切似乎天衣无缝，但对于如此重要的情报，德国人怎么会轻易相信呢？虽然德国军事情报局鉴定“马丁少校”所携带的文件全部是真实的，希特勒还是命令必须对此进行调查。

5月中旬，德国的王牌间谍对出售马丁穿着内衣的商店、发出欠款信的银行以及女友住处都进行了细致的调查，在英国间谍机构的精密安排下，一切都毫无破绽，这样，终于使德国情报机关相信“马丁少校”是真的！

1943年5月14日，希特勒在会见墨索里尼时，向他透露了“马丁少校”信件的内容，并且说：“我想这的确是真的！在我们举棋不定时，这个情报太重要了。”当墨索里尼提出质疑说：“我总有一种预感，盟军还是要进攻西西里岛。”希特勒说：“直觉并没有情报重要，我们得到了可靠的情报！情报！”

在第二天召开的最高统帅部作战会议上，希特勒命令：“所有与地中海防御有关的德军指挥部迅速密切协同，集中全部兵力和火器，在6月30日前完成对撒丁岛和伯罗奔尼撒的集结和部署。”

按照希特勒的部署，隆美尔元帅被派往希腊，组织一个集团军群，会同随后从法国南部调来的第一装甲师，在希腊东部的爱琴海域设下3道防线，希特勒又从苏德战场抽出两个装甲师，命9天内抵达希腊。同时，他又把党卫旅派往撒丁岛，从西西里岛抽出装甲部队加强科西嘉岛的防卫。而在盟军要登陆的真正地点——西西里岛，其防御力量却较弱。

奉希特勒的命令，当隆美尔元帅把他的大本营搬到希腊时，盟军集中主力于1943年7月9日夜在西西里岛登陆了，以假乱真的“肉馅计划”帮助盟军成功地攻占了这个具有战略意义的岛屿。此战，德意军队伤亡及被俘22.7万余人，而英美军队仅伤亡2.1万余人。

间谍川岛芳子死因之谜

间谍之事，真真假假，假假真真，谁能分得清呢？

1948年3月25日的黎明，在河北第一监狱广场的西南角上，随着一声枪响，一个女囚像散了架似的栽倒在地上，立即断了气。这个被处决的女犯人就是川岛芳子。然而川岛芳子真的被击毙了吗？

川岛芳子，本姓爱新觉罗，名显玗，中国清末皇族肃亲王善耆的第14个女儿。6岁时给策划满蒙独立的日本人川岛浪速做养女并随其养母赴日本。

1927年，川岛芳子由日本关东军参谋长斋藤弥平太与炸死张作霖的主谋河本大作参谋做媒，在旅顺与蒙古东都督巴布扎布二子甘珠儿扎布结婚。但她对丈夫不感兴趣，婚后第二年便主动为丈夫找了一个代替自己的女人，她本人溜到东京去了，后又偷偷跑回上海，过着放荡的生活。不久结识了日本陆军特务机关田中隆吉少佐。从此，川岛芳子便开始了其出卖中国的特务活动。以后又勾引上了日军华北军司令多田骏大将，当上了拥有3000人马的“安国司令”。这个女间谍变化无常，时而男装丽人，时而全副武装，前呼后拥，俨然威风凛凛的司令；时而穿着华丽无比、满身珠宝，肩上蹲着一只小猴的贵妇人；时而成了舞厅里的伴舞女郎；时而又摇身一变，成了国民党要人的私人秘书兼情人。

日本投降之后，几名手持短枪的国民党政府宪兵，在北京的一条胡同的住所逮捕了川岛芳子。1947年秋的一天，在北平紫禁城外司法部大街法院公审川岛芳子，根据国际间谍处罚条令第四条第一款，于1947年10月22日宣判川岛芳子死刑，但未及时执行。一直拖延到1948年3月25日早晨6时40分，才在第一监狱西南角的场地上秘密枪决。

在行刑前她给养父和典狱长等人写了遗书，并曾要求穿黑上衣，白绸裤，但未得到准许。在行刑前本已通知各报记者莅场采访，但执行死刑时，只允许美籍美联社记者一人参观，全体中国新闻记者均被拒之门外。

事后在第一监狱后门的自强路停放一女尸，监狱方面在7时30分，才引导记者参观此尸。尸体头朝南、脚朝北，身着灰色囚衣，内穿红色毛衣、蓝色毛裤，子弹是从后脑射入，从鼻梁射出，头发散乱，满脸血污，面目无法辨认。后来尸体由住在北京东单观音寺胡同20号的日本济宗妙必寺古川大行长老、日善后联络班广赖和川岛芳子堂姐金幼贞领尸火化处理。

但是，对川岛芳子的枪决真相却是传说纷纷。传闻最多的是一位名叫刘风玲的女犯做了川岛芳子死刑的替身，其代价是10根金条。这件事的经过是这样：囚犯刘风玲在监狱里得了重病，医生诊断没有治好的希望。监狱官员便找了刘风玲的妈妈，说要其女儿为某个身份很高的人做枪决的替身，如答应可换来10根金条，若不答应，母女二人性命难保，其母亲就边哭边答应了。但当时只领了4根金条为定钱，剩余6根待执行死刑后去取。当母亲按约定的日期领金条时，就再也没有回来。女囚刘风玲的妹妹刘风贞便向当局要母亲，并向报界公开揭露了此事的始末。

川岛芳子像

1972年，日本一位研究川岛芳子的专家、东京大学渡边龙策教授就川岛芳子之死也提出了一系列质疑：为什么最为关键的行刑场面搞得如此神秘？无视惯例，把新闻记者都赶出了现场？为什么将被处决者的脸部弄得那么多血污和泥土，以致难于辨认人的面目？为什么单单选择看不清人的面孔的时间行刑？渡边龙策教授还提及：川岛芳子的哥哥金宪立说川岛芳子已到了蒙古，后来北去苏联；还有人说川岛芳子已去了美国。但证据都不充分。所以川岛芳子之死仍是一个疑团。

柏林墙下有耳

无间道，间谍无处不在，说话小心，隔墙有耳。

柏林墙是东西方冷战的见证，一幕幕历史话剧在这里上演，有的惊心动魄，有的变幻莫测，柏林墙因此成了杀人边界，成了东西方明争暗斗的战场。

在这场你死我活的较量中，间谍战扮演着至关重要的角色。美国媒体披露，柏林墙下就是个神秘的间谍战场，中情局有一条对付苏联的窃听隧道，凭着这条隧道，中情局打赢了不少间谍战。如今，柏林墙已经不复存在了，这条窃听隧道已被废弃或仍然活跃，还是个不解之谜。

当时的美国中央情报局局长是希伦科特，此人足智多谋，是一位间谍老手，他认为柏林是东西方的结合点，是一个从事间谍活动最理想的所在地。那时候，窃听是最普遍也是最行之有效的间谍活动之一，希伦科特自然不会漠视窃听的作用。在经过深思熟虑后，希伦科特脑海里形成了一项注定将载入间谍史的庞大计划——对苏联展开大规模陆上窃听。

希伦科特自称视金钱如粪土，但他却把这项窃听工程命名为“黄金”，因为优质的情报比黄金还有价值。希伦科特把数名间谍专家召集到中情局总部召开了一次秘密会议，专家们指出，对苏联进行情报战，柏林的确是一个理想的地方，但苏联对美国的间谍活动十分敏感，稍有风吹草动，苏联人就会给予出其不意的还击。中情局在这方面曾吃过不少苦头，所以，这项耗资巨大的窃听计划必须从长计议，周密计议，力保万无一失。专家们发现，苏联军事设施有地下通信电缆通往民主德国和东欧各国，中情局完全可以在这方面做文章。希伦科特在认真地听取了专家们的意见后一不做，二不休，决定迅速在苏军通讯电缆附近秘密挖掘隧道，沿线窃听。

然而，希伦科特很快就发现，面对强大的克格勃，要顺利实施这一窃听计划难度相当大，如果计划不周，甚至有前功尽弃的危险。久经间谍战的希伦科特此时把眼光投向了英伦：要说间谍战，英国人似乎天生就是间谍料，历史上竟然出了那么多的间谍天才，他们干得比美国人还要出色。况且，英国得益于工业革命，间谍窃听技术已经走在了世界前面，面对强手苏联，不把英国人拉进来显然是不明智的做法。于是，希伦科特亲笔写就密信一封，寄往英国间谍机构军情五处，明确无误地要求英国人参加这项针对苏联的窃听行动。

英国间谍出手不凡，他们以令人吃惊的速度查出苏联与民主德国及东欧驻军的通讯是以东柏林为中心。英国间谍提出的具体实施计划同样让希伦科特怦然心动：如果从西柏林建窃听隧道穿过勃兰登堡门，再向东或西伸延进入东柏林，截听苏联军事通讯将易如反掌，而且隐秘性极高。

勃兰登堡门位于东柏林，是柏林唯一保留下来的城门，也是柏林的凯旋门，1791年建成。1961年8月，苏联领导人赫鲁晓夫在冷战危机中下令筑起柏林墙，由勃兰登堡门至汉柏海佛一段是最能刺痛柏林人的冷酷之墙。但苏联和民主德国领袖们被英美蒙在鼓里，他们一直得意于柏林墙这一杰作，却不知道，墙下有耳——早在柏林墙建成之前，美国人便开始实施窃听隧道计划，他们在地下5米开挖，直指苏联的地下通信电缆。后来的柏林墙反而成了间谍活动的掩体。

这条秘密隧道以西柏林南面一处美军设施为起点，伸延至东柏林，主段长500多米，里面布满了电子窃听器，能清楚地截听到苏军的电话和密码信息。窃听隧道的建设就此大功告成。西方情报人员事后透露，苏联人所发现的仅是隧道的其中一段，尚有隐秘支线一直未被发现，继续长期运作。

1990年10月3日德国统一后，这些中情局地下设施便成了一个谜，虽然美国现在主要靠间谍卫星窃听全球情报，但陆地秘密设施绝非毫无作为。

世界上身价最高的间谍

5000名战俘交换一名间谍，这名间谍的价值简直是无法估量，他是谁呢？

1968年，埃及与以色列之间的战争结束后，以色列开始同埃及就交换战俘的问题谈判，以色列情报机构长官梅厄·阿米特坚持要将一名间谍列入战俘交换之列。但是以色列政界却不愿意公开承认这名间谍。直到阿米特以辞职相威胁，最终，以色列政府表示，以释放包括9名埃及将军在内的5000名埃及战俘换回这名间谍。这名间谍是谁呢，竟有如此高的身价？

沃尔夫冈·洛茨是继伊利·科恩之后以色列情报机构摩萨德又一位著名的间谍。他幼年生活在德国，后移居巴勒斯坦，第二次世界大战爆发后曾加入德国军队，1962年被阿穆恩（以色列军事情报局）派往埃及。

洛茨以一名德国旅游者和育马人的身份，踏上了埃及的国土。他仅用了6个多月的时间，便结识了当地社会的精英人士。他尤其注意与埃及军官建立友谊，陪他们一起喝酒、打牌，在吃喝玩乐中得到了不少有价值的情报。

在法国旅游期间，洛茨在火车上结识了一位德裔美国女子，名叫瓦尔特劳德，两人一见钟情，仅仅两周时间便双双坠入情网。洛茨带着漂亮的妻子回到埃及后，每天早晨总是站在一个5米高的塔楼上，手持高倍望远镜观察驯马，但他真正注意的并不是他的马。他只要把手中的望远镜稍稍向右移动一下，便可将军事基地内的一切活动尽收眼底。

洛茨夫妇的朋友极其广泛，除了骑士俱乐部的尤瑟福将军及年轻军官们之外，还有军事后勤专家阿卜杜勒·萨拉姆将军、军事反间谍局的福阿德·奥斯曼将军和穆赫辛·赛义德上校，乃至埃及共和国的副总统侯赛因·沙菲。他们都把洛茨视作值得信任的前纳粹军官，因此往往在不经意间吐露出许多宝贵的情报来。

一次宴会畅饮之后，洛茨恰好坐在阿卜杜勒·萨拉姆将军身边。这位将军负责陆海空三军的调动和弹药运输，因此，听他的谈话极为重要。“近来忙吗？好久没见了。”洛茨客气地问候道。“喔，是的，非常忙。我们的一个步兵旅从此地调到了运河地区，所以我就得去苏伊士几趟。”“阿卜杜勒，有件事只有你能帮我。如果要打仗的话，请事先告诉我一声，这样我好买下足够的威士忌藏在这儿呀。”“哦，你不用太着急，还得再等一段时间。足够的武器和弹药可以帮我们占领整个中东，但是光靠这个不行。军队的现状眼下十分糟糕。”“什么？不会吧。”洛茨假装不解地说。“当然，我们的精锐部队只是少部分。我们的士兵还缺乏训练，士气也不怎么高。”“不过，据我所知，你们有外国顾问帮忙，而且军队在苏伊士战争中也积累了实战经验。”“的确如此，世界上最好的军事专家在为我们工作。但5分钟后，我们的人就开始指挥起他们了，自以为是的埃及人总是这样!而且，军队之间没有配合，或是完全失去了指挥，或是发出的命令相互矛盾。现在，我们所追求的是数量而不是军队的质量。如果继续这样下去，我们就要付出更大的代价。”“依你看，战争会在什么时候开始？”洛茨问道。“下星期或下个月肯定不会打，但肯定是要打的。”阿卜杜勒将军笑着说。当晚，洛茨从马靴里取出了微型发报机，在卫生间里向特拉维夫总部发回了搜集到的重要情报。就这样，洛茨在推杯把盏之中轻而易举地搜集到一些重要情报，并将它们源源不断地发回到阿穆恩总部。

1965年春天，洛茨夫妇和瓦尔特劳德的父母在一次出游之后，一家人驱车返回开罗，刚到家门口，便被6名大汉用手铐铐走了。随后，埃及安全机关检察长萨米尔·哈桑亲自审问了洛茨。

原来，洛茨也和在叙利亚的间谍伊利·科恩一样，是被测出发报位置而暴露的。埃及安全机关甚至录下了3年来洛茨收发的全部电讯号。事已至此，洛茨只得承认一切，说自己是德国人，只是图谋金钱才替以色列搜集情报。埃及人对此深信不疑，因为他们早已掌握了洛茨是前纳粹军官的铁证。此外，洛茨还咬定所有活动都是他一人进行的，被捕12天后，埃及安全机关安排洛茨夫妇接受电视台的采访，洛茨想这正是一个告诉以色列情报机关这里到底发生了什么的好机会。

在采访中，洛茨承认自己当了间谍，是个见财如命的德国人。采访最后，记者问他是否想对德国的亲人说点什么时，他趁机说道："如果以色列今后还派间谍来的话，它应当去找自己的公民，而不要再收买德国人或者其他外国人了。"埃及当局显然并没有意识到，以色列军方已经明白了洛茨的意思：我的假德国人身份还没有暴露，请设法据此采取营救。1965年7月27日，埃及法庭对洛茨夫妇进行了公开审判，洛茨被判终身苦役。

1967年6月5日，第三次中东战争爆发。从监狱中可以听见以色列飞机在监狱附近投下炸弹的爆炸声，洛茨分析他们攻击的目标很可能是由自己提供情报的赫勒军工厂的位置，为此他心中暗暗高兴。1968年2月3日，洛茨被叫到监狱副官办公室，监狱副官通告了释放洛茨的决定。当时，洛茨听到自己获释并没有之前想象的那么兴奋，反而内心出奇的平静。在开罗机场，洛茨等待回国的班机。突然，领事神秘地告诉洛茨，在他被释放的背后有过一场特殊的较量。战争结束后，以色列开始同埃及就交换战俘的问题进行谈判，以色列情报机构长官梅厄·阿米特坚持要将洛茨列入战俘交换之列。自从科恩被叙利亚人绞死之后，阿米特就一直对没能营救这位"间谍王子"而感到自责和沮丧。但是以色列政界却不愿意公开承认洛茨是本国间谍。直到阿米特以辞职相威胁，最终才使洛茨得以逃出囹圄。最终，以色列政府表示，埃及释放在押的洛茨和瓦尔特劳德夫妇，以色列就可以释放包括9名埃及将军在内的5000名埃及战俘。洛茨听后大吃一惊，几乎不敢相信自己竟有如此之高的身价。

以这样大的代价换取两个人的性命，的确价值不菲，洛茨可能是身价最高的间谍了吧？

拯救伦敦的"土豆"

一个业余间谍，以一己之力挽救了伦敦。

2004年4月，一辆来往于英法两国之间的"欧洲之星"列车在伦敦滑铁卢车站以迈克尔·霍拉德的名字冠名，当时，英国外交部欧洲事务大臣麦克谢恩、霍拉德的儿子文森特等人都前往出席了火车冠名典礼。霍拉德是何许人也，他有何功绩能获此殊荣？

要论起霍拉德的功绩，我们可以参考艾森豪威尔的《远征欧陆》一书，在此书中他曾经写道："如果德国早半年完善并使用他们的新式武器，那么我们对欧洲的登陆将会极为困难，也许根本不可能。"而霍拉德就是阻止希特勒实施这一切的人。

"我要在伦敦扔下50000枚V-1导弹!"希特勒狂妄地叫嚣着。为了实现这一计划，希特勒在法国的被占领地上，沿海岸线修筑了一批绝密工程，从那里可以向伦敦发射新型的V-1导弹。很快，在一条长200千米、宽30千米、大致与海岸线平行的带状地区，104座特殊的建筑建成了。在这些建筑里，都有一条长约50米的水泥槽，上面还有用蓝色油漆描成的笔直的指示线，它的方向正好指向海峡另一端的伦敦!这就是希特勒用来发射V—1导弹的发射台。所有的工程已经接近尾声，伦敦危在旦夕。而要拯救伦敦，必须炸毁这些发射台。

时间一天天在过去，离希特勒开始轰炸伦敦的日期越来越近了，难道伦敦就要这样毁于一旦？危急时刻，盟军的轰炸机终于来了。盟军的轰炸机虽然姗姗来迟，却来者不善，它们一来就开始了对V-1导弹发射台准确的轰炸，并且这种轰炸持续不断地进行了5个星期，发射基地几乎被破坏殆尽。纳粹企图炸毁伦敦的宏伟计划破产了。虽然希特勒最后还是向伦敦投射了导弹，但只有2500枚而不是50000枚，当然也没有形成预想"炸毁伦敦"的破坏力。是谁破坏了希特勒的计划？是谁透露了希特勒的天机？是谁指引了盟国的轰炸？这一切的实施者就是霍拉德。

1943年秋天，一个黎明前的短暂黑夜。一道铁丝网把法国和瑞士简单地分开，法国边境一侧安静得连只狼都没出现。这时，在法国这边的丛林中，出现了一个结实的矮个子，他就是霍拉德，他的手上紧紧拎着一袋土豆，迅速地向边界移动，这已是他第49次穿越边界了。是什么事让他冒如此的风险呢？个中缘由也许只有他自己心里明白，因为他肩上扛着的不只是土豆，在他的土豆中间还有一张图纸。这张图纸关系着整个伦敦的命运，因为这张图纸上画着V-1导弹发射基地的蓝图。

霍拉德这时正在临近边境线，他飞速地奔跑着，不一会儿，已经到了把法国与瑞士隔开的铁丝网边。他把斧子和土豆扔过了铁丝网，然后迅速地低下身，要爬过铁丝网。这时，他感觉膝盖被一个“铁钳”夹住了，回头一看，一条硕大的德国警犬牢牢直直地站在那里，血盆大口正卡在自己的膝盖上。霍拉德顿时紧张起来，他不是害怕这条警犬，而是知道附近一定有警犬的主人。情急之下，他随手拿起一根长长的棍子，用尽平生力气直插警犬气管。警犬挣扎了一会儿就死了。他挣扎着爬过铁丝网，捡起他的麻袋，却发现自己面对着两个黑洞洞的枪口，他下意识地举起手，却发现端着枪的瑞士哨兵的枪口不是对准自己，而是对准对面两个正准备射击的德国士兵。两个德国士兵无奈地把他们的枪口朝下嘟哝着跑开了。霍拉德迅速把情报送给盟军设在瑞士的间谍机构，间谍机构又迅速把情报送到伦敦，不久，伦敦方面发回电报“土豆收到”。接着，盟军的轰炸机开始轰炸V-1导弹发射台。

事后，英国陆军中将布赖恩·霍罗克斯爵士谈起这件事时说：“谁都不会怀疑，霍拉德完全有资格在勇敢方面获得最高荣誉勋章。可以毫不夸张地说，他是一个拯救了伦敦的人。”很少有人知道，霍拉德其实不是一个专业间谍。没有人要求他做间谍，也没有人帮助他成为间谍。他能够成为间谍完全是自愿、自动地干的。霍拉德在第二次世界大战前是一名工业设计师，当德国人占领巴黎，霍拉德的老板开始为德国人工作时，霍拉德辞掉了他的工作以示抗议。为了拯救自己的祖国，他变成一名间谍。在他递交给英国政府的军事情报中，曾经非常精确地描绘出纳粹德国在法国的秘密机场和海岸炮兵群的位置，甚至报告整个德国师团的调动情况，而最有价值的当然是他的这份土豆情报。

霍拉德有一个妻子和三个可爱的孩子，由于怕连累他们，他很少去看望他们。他建立了一个叫“行动网”的间谍组织，最后这个组织发展到120人。霍拉德在间谍生涯中曾经有过难以置信的逃生经历。有一次，他深夜从瑞士回来，居然忘记了隐蔽，点起了一根香烟。当德国人发出“站住”的命令时，他才如梦方醒，但他急中生智，把燃着的香烟插在树上，然后仆倒在地，爬行着迅速离开，就在这时，两颗子弹钻进了树皮。

霍拉德之所以能够探明自动控制的V-1导弹的秘密，源自一次偶然。有一次，他的同伴无意中听到了两个建筑承包商在谈论一项德国人正在搞得很不寻常的基建。那项建筑需要的水泥数量大得惊人，这引起了霍拉德的注意。为了查明真相，他打扮成牧师的模样进入了建筑工地。

他发现，工地上几百名工人正在浇灌混凝土。他还注意到了一条长约50米的水泥槽，上面还有用蓝色油漆描成的笔直的指示线，他取出随身的罗盘，发现它正好指向海峡另一端的伦敦!德国人一定又在搞什么阴谋。

他立即把他的发现向英国报告。盟军的领导人对这个消息十分重视。原先，情报部门发现德国人似乎正在制造一种“无人驾驶机”。另外，一个丹麦人曾经发现有一种显然是从天上掉下的某种奇怪武器的残骸。一切迹象表明，德国正在研制一种新的闪电式武器。在这种情况下，霍拉德的报告引起了强烈反响。英国方面通知霍拉德放下所有的其他工作，全力探寻那种神秘的建筑物。

霍拉德和他手下的4个人骑着自行车到法国北部进行了一次周密

细致的旅行。时间越来越紧迫，但由于这些秘密基地大都隐藏在深山老林之中，寻找起来特别费力，同时还不得不应付德国人的严密盘查。经过他们的不懈努力，3周后他们发现这种神秘基地竟有100多处。后来，一个巧合让霍拉德毫不费劲地获得了V-1导弹发射台分布总图。

这一天，在卡利的一个基地已经竣工，4个德国工程师进行了验收。霍拉德驾驶一辆小汽车，远远地跟踪到了一座灰色的二层小楼。幸运的是，他发现自己的一位朋友就在这栋楼里工作。几天以后，在霍拉德的精心安排下，一份复印的V-1导弹发射台分布总图便到了他的手里。

霍拉德还不放心，他将所有零碎资料拼凑起来，与图纸进行了比较，证明这就是自己想要的希特勒最有威慑力的新武器——V-1导弹的发射基地的图纸。

霍拉德随后又乔装打扮，发现了德军藏在诺曼底奥菲村的一个火车站的包装箱中的大量V-1导弹。随后，他把这些情报放在土豆里送给了盟军。

霍拉德把这件无价之宝交上去之后，他紧张的神经才突然松弛下来，这时，他感到极度疲倦了。英国当局出于对他的感激和考虑到他的安全，坚持要他暂住瑞士，他确实想这么做了，但想到那些冒着生命危险仍然在法国坚持工作的同事，他又义无反顾地回到了法国。不幸的是，几个月之后，由于一个同事的疏忽，他在一家小酒店里被捕了。在监狱中，霍拉德受尽了折磨，幸运的是他未被枪毙，战争结束后，他被营救了出来。

英国皇家空军派了一架飞机去接他到伦敦，去接受外国人在英国所能获得的最高军事勋章，即“功勋勋章”。当载着他的飞机飞过V-1导弹基地时，飞行员特意降低了高度，霍拉德第一次看到他发现的V-1导弹基地上东倒西歪地残留着的屋梁和瓦砾。

第七篇

惊险的考古谜团

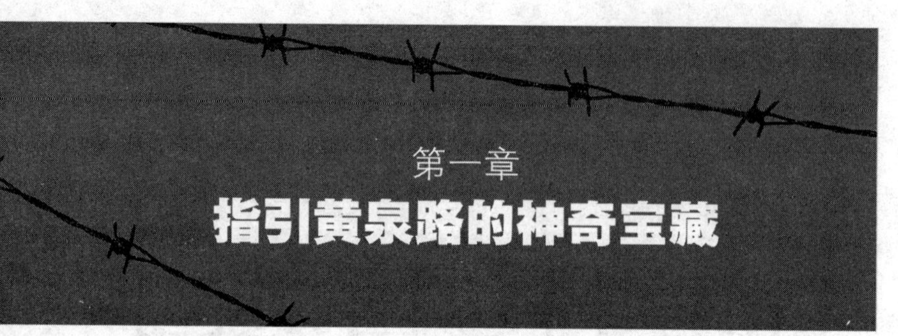

宝藏从来都是埋于地下，沉于海底。冥冥中注定了黄泉路的诱惑。

大禹九鼎之谜

鼎的重量不可问，是因为其原本就不存在，还是真的因为它是国家权力的象征？

大禹即位后，一举平定了三苗，为显示权威，维护夏朝和诸侯国的统属关系，大禹发出号令：命天下各州的首领务必前来涂山会盟宣誓。在会上，大禹对诸侯说："此次盛会标志着天下太平，华夏团结。今后如有图谋不轨者，天下共诛之！"后来，为纪念这次盛会，大禹决定将各方进献的青铜铸成代表九州的九尊鼎。九鼎既然为国家社稷之象征，就应被各国极端珍视，可是大禹九鼎的失踪却非常神秘。这是怎么回事呢？

关于九鼎的内容，《山海经补注·序》中有相关描述："收九牧之金，以铸鼎。鼎象物，则取远方之图，山之奇，水之奇，草之奇，木之奇，禽之奇，兽之奇，说其形，别其性，分其类，其神其殊汇，骇视警听者，或见或闻，或恒有，或时有，或不必有，皆一一画焉。"《山海经新校正·序》中则记载了九鼎上面的文字："按其文，有国名，有山川，有神灵奇怪之所际，是鼎所图也。"

由此可见，九鼎之上不仅有山川河岳、草木鸟兽的图，还有关于各种物象的文字介绍，简直可以称得上是古代的地图。

夏朝被商朝灭亡，九鼎就迁到了商朝的都城亳邑。商朝为周所灭，九鼎就迁到了周朝的镐京。及至成王迁都洛邑，九鼎又随之被安置在洛邑，谓之定鼎。这时候，九鼎已经成为“天命”之所在，代表着王权的至高无上、国家的繁荣统一，即所谓“鼎在国在，鼎失国亡”。公元前606年，春秋五霸之一的楚庄王势力日益强大，一次，他兴兵攻击陆浑之戎，逼近洛邑郊外，威胁周朝，周定王无奈之下，为他举行慰劳欢迎之礼，庄王就曾“问鼎小大轻重”，表明了他有灭周的野心。

秦始皇统一六国后，也一直在寻找九鼎。公元前219年，秦始皇在泰山完成祭天大典后，曾专程来到彭城泗水之滨，派人打捞周鼎，但毫无结果。《史记·秦始皇本纪》中载：“过彭城，斋戒祷祠，欲出周鼎泗水，使千人没水求之，弗得。”北魏郦道元的《水经注·泗水》则这样记载：“九鼎伦没泗渊，秦始皇时，而鼎见于斯水，始皇自以德和三代，大喜，使千人没水求之，弗得，所谓‘鼎伏’也。亦云系而行之，未出，龙齿啮断其系。故语曰：‘称乐太早，鼎绝系。’”这个故事在汉代民间广为流传，还被制成了很多画像石、画像砖。目前，已经发现的“泗水捞鼎”的画像有数十幅，画面大同小异，基本为一条上有拱形桥的河，桥上正有车马行人通过。桥的左右两侧各站一排人正在用力拉绳，绳子系在柱子上，中间一人负责绳子的方向。绳子的另一端分别拴在铜鼎的两个耳上，铜鼎刚刚被拉出水面，这时，从水里跃出一条蛟龙将绳子咬断，铜鼎又落入水里。这就是《水经注·泗水》中描述的故事梗概，也是关于九鼎的最后记载，从此以后，九鼎从史籍中消失，其下落也成为千古之谜。

到了清代，历史学家王先谦对九鼎的去向进行了长期的研究，提出了新的观点。他在《汉书补注·郊祀志》中认为：东周王室逐渐衰落，而各个实力雄厚的诸侯国却虎视眈眈，力图统一中国，取代周的地位。因此，象征王权和“天命所归”的九鼎，自然成为各诸侯争相夺取的稀世国宝。而此时周王室已经入不敷出，为解决财政困难，也为避免诸侯国兵刃相向，前来问鼎，于是将九鼎销毁铸成铜钱，对外则诡称九鼎已不知去向，这种说法虽有一定道理，但却没有历史记载和实物的证实，不足为信。

由于大禹九鼎下落不明，且在北魏以后历史全无记载，也有人开始怀疑大禹制鼎的真实性。

但是史籍中有多处关于九鼎的记载。《墨子·耕柱》曰：“昔日夏后开（启）使蜚廉折金于山川，而陶铸之于昆吾……九鼎既成，迁于三国。”《左传》中也谈到九鼎铸造的情况：夏朝初年，朝廷划天下为九州，州设州牧。夏令九州牧贡献青铜，铸造九鼎。造鼎之前，曾先派人将全国各州的名胜之地和代表性的奇异之物画成图册，造鼎时即把这些画仿刻于九鼎之上，以一鼎象征一州。九鼎即为九州，分别为冀州、兖州、青州、徐州、扬州、荆州、豫州、梁州和雍州。各州以自然的山河为界。其中豫州鼎为中央大鼎，象征豫州作为中央枢纽的地位。九鼎集中到夏王朝都城阳城，反映了全国的统一和王权的高度集中，表明夏王大禹成了九州之主。

关于大禹九鼎的争论很多，大家各执一词。九鼎究竟存在与否？如果存在，其又在何处呢？

传国玉玺和氏璧

传国玉玺是皇权的象征，然而它却神秘地失踪了，至今下落不明。

中国历史上，堪称国之重宝的器物不在少数，但恐怕没有一件比得上传国玉玺。传国玉玺为中国古代皇帝的信物，史书记载传国玉玺乃和氏璧雕成。长久以来，传国玉玺一直被刀光剑影所笼罩，它的出现和消失，成为王朝更替、江山易帜的象征。

传国玉玺来历非凡。公元前221年，秦始皇灭六国统一中国，建立起中国历史上第一个封建王朝。也许是为了显示自己至尊伟大，秦始皇用和氏璧制作了“传国玉玺”。从此，传国玉玺成为承天受命的象征，历代帝王皆以得此玺为符应，奉若奇珍。得之则象征其“受命于天”，失之则表现其“气数已尽”。

其实，用来制作传国玉玺的和氏璧，本身就充满了传奇色彩。春秋时，楚人卞和在山中看见有凤凰栖落在青石板上，依据“凤凰不落无宝之地”的传说，他终于在山中发现一块玉璞。卞和先后将它献给楚厉王和武王，都被认为是石头，结果以欺君罪失去了左右脚。及文王即位，卞和抱玉哭于荆山之下，以致满眼溢血。文王令玉匠进行打磨，发现里面异光闪烁，璀璨夺目，果然是稀世珍宝。最后由良工雕琢成璧，取名“和氏璧”。

据传，公元前219年，也就是传国玉玺制成后的第九年，秦始皇乘龙舟过洞庭湖，风浪骤起，龙舟将倾，秦始皇慌忙将传国玉玺抛入湖中，祈求神灵镇浪。玉玺由此失落。而8年后，华阴平舒道有人又将此传国玉玺奉上。

秦末战乱，刘邦率兵先入咸阳。秦二世死后，由子婴把传国玉玺献给刘邦。刘邦建汉登基，佩此传国玉玺，授之为“汉传国玉玺”。此后玉玺珍藏在长乐宫，成为皇权象征。西汉末年王莽篡位自立，派堂弟向孝元皇太后逼索传国玉玺，太后震怒，将玉玺掷于地上摔崩了一个角，王莽让人用黄金镶补，尽管手艺精巧，但玉玺终究留下了缺角之痕。

东汉末年，宦官专权。袁绍入宫诛杀宦官，段珪携帝出逃，玉玺在乱军中失踪。后来，董卓作乱，各路诸侯讨伐董卓时，孙坚率军攻入洛阳，其部下在洛阳城南甄宫井中打捞出一宫女尸体，从她颈下锦囊中发现“传国玉玺”。孙坚将玺秘藏于妻吴氏处，后来袁术抓了孙坚的妻子，夺得玉玺。袁术称帝失败后，荆州刺史徐璆携玺至许昌，当时曹操挟汉献帝以令诸侯，至此，传国玉玺又归汉室。

三国鼎立时，玉玺属魏，三国一统，玉玺归晋。西晋末年，北方陷入朝代更迭频繁、动荡不安的时代，传国玉玺也屡易其主。公元311年，前赵刘聪虏晋怀帝司马炽，玺归前赵。公元329年，后赵石勒灭前赵，得玺，在右侧加刻“天命石氏”。公元350年，再传冉魏，后冉魏乞求东晋军救援，传玉玺为晋将领骗走，并以300精骑连夜送至首都建康（南京），这样，传国玉玺重归晋朝司马家。在南朝，传国玉玺历经了宋、齐、梁、陈的更迭。隋朝一统中国后，传国玉玺入了隋宫。

公元618年3月，隋炀帝杨广被杀于江都，隋亡后，萧后携太子元德携传国玉玺遁入漠北突厥。唐初，太宗李世民因没有传国玉玺，遂刻了几方“受命宝”“定命宝”等玉玺聊以自慰。贞观四年（公元630年），萧后与元德太子返归中原，传国玉玺方归李唐，令唐太宗龙颜大悦。唐末天下大乱，后唐末帝李从珂被后晋大兵围困，李从珂与后妃于天星楼自焚而死。据说，李从珂当时便随身携带着“传国玉玺”。可是大火过后，人们从灰烬中却不见玉玺的踪影，传国玉玺就此失踪。

随后，宋、元、明、清历朝都有发现所谓传国玉玺的记载。宋哲宗绍圣年间，有农夫名段义者于耕田时发现传国玉玺，送至朝廷献给当朝皇上。后经十几名学士、大臣考证，确认真的是传国玉玺和氏璧，但还是有很多人不相信这是真的。至北宋末年，徽宗好风雅，增刻印玺10方，时人有画蛇添足之讥，其实徽宗似有淡化传国玉玺地位之深意在其中也。宋靖康元年（公元1126年），金兵破汴梁，徽钦二帝被掠，“传国玉玺”被大金国掠走，其后便销声匿迹。

到了明朝弘治年间，又有人找到一块玉璧当做和氏璧献给皇帝，但孝宗皇帝认为是假的而没使用。到清初，在当时的故宫博物院存有39块御印，其中一块被认为是和氏璧，但经乾隆皇帝钦定，证明是假的。到清朝灭亡，末代皇帝溥仪被驱逐出皇宫时，此“传国玉玺”复不见踪影。当时冯玉祥部将领鹿钟麟等人曾追索此镶金玉玺，至今仍无下文。

传国玉玺就像一个善于制造悬念的大师，留给后人的，只是一个千古之谜。由是，历经2000多年风风雨雨、扑朔迷离，“传国玉玺”数隐数现，最终湮没于历史的漫漫长河之中，至今杳无踪影，不能不令人扼腕叹息。也许它已在不断易主时丢失，也许在频繁的战乱中被毁灭，也许静静地躺在某个为人不知的角落，直到有一天突然出现在人们的眼前。

西汉巨量黄金消失之谜

价值千万的黄金，在朝代更替之时，突然消失，原因何在呢？

楚汉战争时期，陈平携黄金4万斤，到楚国行反间之计；刘邦平定天下后，叔孙通定朝仪，得赐黄金500斤；吕后死后，遗诏赐诸侯王黄金各千斤；梁孝王死后，库存黄金40万斤；卫青出击匈奴有功，受赐黄金20万斤；王莽末年，府藏黄金以万斤为一匮，尚有60匮，他处还有十数匮。秦汉黄金之多令后世惊奇，但到东汉年间黄金突然消失，退出流通领域，不仅在商品交换中以物换物，而且以黄金赏赐也极少见。那么，西汉时的巨量黄金到哪里去了呢?

学者们根据历史，作出了种种推测和考证。

1.黄金实际上都是黄铜

从历史上看，从秦汉黄金开采量上看，从对外贸易看，西汉不可能冒出那么多黄金。人们惯以“金”称号钱财，有可能把当时流通的铜称做“黄金”。

有人反对这种看法。因为汉代时金、铜区分极明显，金的开采由金官管理，铜的开采由铜官管理；黄金、铜钱都是当时流通的货币，黄金为上币，铜钱为下币，黄金的计量单位为斤，铜钱的计量单位为铢；黄金主要用于赏赐、馈赠；铜主要用于铸钱和铸造一些器物。黄铜和黄金泾渭分明。根本不可能混淆。

2.黄金造佛像

自佛教传入中国以后，到处建寺，到处塑像，大到通都大邑，小到穷乡僻壤，无不有佛寺，无不用金涂。加之风俗侈靡，用泥金写经贴金作榜，积少成多，日消月耗，就把西汉时期大量的黄金消失殆尽。

但是史书明确记载，佛教传入中国是在东汉初年，当时的佛教在中国并未站稳脚跟，只能依附于中国传统的道教和神仙思想，根本不可能大张旗鼓地修寺庙、塑神像，所以也很少用金涂塑像，即使有一些使用黄金，量也微乎其微，不至于巨量黄金突然消失。而且西汉巨量黄金退出流通领域是在东汉开国时期就发生了，当时的佛教还没有传入中国。

3.对外贸易的大量输出

西汉黄金突然消失是因为对外贸易大量输出国外造成的。但是西汉时期，中国是世界上少有的经济和文化都很发达的国家，是商品输出国，只有少量的黄金流到西域、南海各国购买奇珍异宝，且并不常见，而且许多还是邻国称臣纳贡而得，加上和汉朝有贸易往来的国家经济相对落后，对黄金的需求量也很有限。相反，西汉时期丝绸之路的开通，中国向西方国家输入了大量的丝绸和布帛，换来了大量的黄金。如当时的罗马帝国，为了获得中国的丝绸产品用大量的黄金作为交换。

4.窖藏地下

科学家预测认为，有史以来人类在地球上共开采了9万吨以上的黄金，而现在留在世上的只有6万吨，其余3万多吨窖藏在地下。而且考古工作者也不断发现地下窖藏的西汉黄金。以此说明西汉大量黄金突然消失，只能是国家或私人窖藏于地下后因战乱或人祸，藏主或亡或逃而使藏金失传。这种说法似乎很科学，而且还有考古发掘实物为证，西汉黄金消失之谜仿佛可以解开了。

但是无论是私人还是国家储存巨量黄金的金库总是留有线索的。绝不会一场战争或一场天灾人祸后所有的黄金拥有者都死去或忘记自己的财宝所在。如果说一部分因窖藏而消失还可以理解，而绝大多数黄金都因窖藏而不知所终则难以理解。

5.黄金被作为随葬品

西汉时期朝廷规定天下贡赋的1/3供宗庙，1/3用以赏赐、馈赠那些忠于汉王朝的文臣武将和敬待外国来宾，剩下的1/3则用以营造陵墓，构建再生世界。而黄金作为当时的上等货币，是财富的象征，其1/3用于随葬是完全可能的，而且这个推理和今日科学家的预测不谋而合。

但事实上，许多汉代的厚葬墓自埋葬日起就已成了盗墓者的目标，因为汉代有用玉衣随葬的习俗，所以汉墓是盗墓者首选的对象，更何况是随葬大量的黄金?埋葬在地下的并不限于黄金，还有银有铜有种种奇珍异宝，为什么唯独黄金奇迹般地消失了呢?

以上几种说法看似很合理，但是都经不起推敲。西汉巨量黄金失踪之谜仍在困扰着人们。

谁盗了“关中十八陵”

“关中十八陵”中有十七陵被盗，至今不能确定是何人所为。

著名的“关中十八陵”乃是唐朝18个皇帝的陵墓。唐代从公元618年建国,至公元907年灭亡,历时289年。共21帝20陵（高宗李治与女皇武则天合葬乾陵），除昭宗李晔和陵和哀帝李柷温陵分别在河南渑池和山东菏泽外，其余18座陵墓集中分布在陕西省乾、礼泉、泾阳、三原、富平、蒲城6县。人们习惯地称陕西省境内渭河两岸富饶土地为“八百里秦川”，实际上指的就是关中平原，简称“关中”。“关中”西起宝鸡，东到潼关，约800里，两岸土质肥沃，田畴如画，交通四通八达，故为历代唐帝所重。

“关中十八陵”从唐太宗李世民葬九峻山开始，除唐武宗端陵和唐僖宗靖陵外，都构筑在山上。“依山为陵”一方面是为了显示气势雄伟，另一方面也是为了防盗。令人遗憾的是，“关中十八陵”除乾陵幸免于难外，据史学界和考古学界专家的考证，其他陵墓都遭受过不同程度的盗掘。那么是谁盗掘了“关中十八陵”呢?据历史记载，主要有以下三种观点：

观点一：朱泚盗陵说。朱泚本为唐臣，泾原兵变、德宗出走奉天后，即自称为帝。据史料记载，唐德宗在其诏书中曾说过：

“朱泚反易天常，盗窃名器，暴犯陵寝。”新旧《唐书》、《资治通鉴》和专门记录朱泚之乱的《奉天录》也曾记载道：“斩乾陵松柏，以夜继昼……据乾陵作乐，下瞰城中，词多侮慢。”

据此，有的学者提出了异议：大多数盗陵者皆为财宝而来，而朱泚既踞京师，府库之宝取之不尽，又何必去盗皇陵呢？况且朱泚称帝不久，就率师西进，与唐军交战于奉天，兵败后逃回长安，根本就没有盗陵的时机。据此推断，德宗“盗窃名器”之言是针对朱泚自称皇帝而言的；至于“暴犯陵寝”，也仅仅是指朱泚砍伐乾陵的树木、移帐陵寝的不敬行为而已。所以，朱泚盗陵不可信。

观点二：黄巢盗陵说。黄巾军起义一度攻占长安，后来黄巢兵败退出长安。此后，在高骈写给唐僖宗的奏章中曾说到“伞则园陵开毁”。然而在新旧《唐书》僖宗记、黄巢传和《资治通鉴》中都没有记载黄巢盗陵之说。如果黄巢当时真的盗了唐陵，那么唐僖宗在镇压了起义军后，必定要下令予以修复。可事实上僖宗只下了一道《修奉太庙制》，并没有颁发修复陵寝的诏书。可见，关于黄巢盗陵之事并没有真凭实据。

观点三：温韬盗陵说。据史料记载，温韬年轻时聚众为盗，占据华原后改名李彦韬，被任命为义胜军节度使，统耀、鼎二州。后来温韬投降后梁，又降于后唐，而后唐大臣郭崇韬曾指责温韬盗掘皇陵，要求将他处死。《旧五代史·温韬传》记载：“唐诸陵在境者悉发。”《资治通鉴》中有“华原贼帅温韬聚众嵯峨山，暴掠雍州诸县，唐帝诸陵发之殆遍”的记载，而在《新五代史·温韬传》也有“韬在镇七年，唐诸陵在其境内者悉发掘之……唯乾陵风雨不可发”的言论。有的学者从分析温韬的辖地入手分析，如果温韬真的盗掘唐陵，也只是部分而已，并不是全部。据《宋会要》记载，北宋建立后，太祖赵匡胤决定修复前代帝王陵寝。为此，诏令州县检查历代帝王陵寝的存废情况，结果得知“关中十八陵”中的12座曾经被盗掘。又据考证，自从宋太祖大规模修复诸帝陵寝后，保护帝王陵墓的诏书屡著于令典，而盗掘唐陵的只字却不见于史书记载。所以说，到目前为止，“关中十八陵”中献、端、昭、定、建、元、崇、丰、章、贞、简、靖12座皇陵已被盗，而乾、庄、桥、泰、景、光6座唐陵未曾被盗。

当然，由于历代古书对“关中十八陵”的被盗记载叙之不详，有的虽有记载却难免有疏漏之处。所以，“关中十八陵”被盗情况至今尚未明了，还须考古学家作进一步的研究和探索。

敦煌藏经洞中的无价之宝

在茫茫大漠之中，藏着一批经卷，在世界上掀起了一片狂澜。这批经卷究竟价值多少？

敦煌藏经洞是莫高窟第17窟的俗称。原为敦煌高僧洪辨的影窟，可以利用的空间仅为19立方米，但其中却藏有5万余卷古代文书和其他一批精美的文物，其中有佛教经卷、社会文书、刺绣、绢画、法器等，还包括于阗文、突厥文、回鹘文、梵文、粟特文、希伯来文等现已成为“死文字”的多种文字写本以及多项世界最早的创造。敦煌藏经洞是在1900年6月22日由道士王圆禄发现的，见证了公元5～11世纪敦煌的繁荣历史，也导致了一门新兴国际显学——敦煌学的诞生。但是，数量如此众多的文书、珍品为什么会聚集在敦煌的洞窟里面呢？当时的人是出于什么原因将这些资料藏在这里呢？关于这个问题，自藏经洞被发现

敦煌藏经洞第 17 窟外景

敦煌第17窟即是闻名中外的藏经洞。图中的这一扇门在为盗贼打开的同时，也开启了中华文明的另一片天地。

后，学者们就一直在争论着，至今大致可以归纳为以下几种说法：

1.“藏经洞为供养佛教法物之地”。提出此说的文正义先生是一位僧人，他结合佛教理论与实际指出：寺院都有多处藏经之地，一类珍藏供僧人自己诵读的佛经，另一类珍藏在佛前供养的佛教内外人士发愿书写的经卷，两者虽都是寺院藏书，但却有着本质上的区别。

前者多典藏于寺院的藏经楼，而后者则供养或密藏在石龛、石窟等特殊的地方。根据敦煌藏经洞中经书保存时间长、经卷没有系统、有无坏经文的特点，推断藏经洞应为寺院供养经的藏经地。同时，莫高窟是佛教圣地，第17窟是洪辩生前的禅堂，又是其死后的影堂所在，是一处十分庄严的地方，这也完全符合寺院供养法物存放地的环境要求。另外，敦煌藏经洞内经藏的包裹方式，以及堆放的层次关系，都完全符合佛教装藏或供养法物入藏的仪轨。而藏经洞之所以封闭则是一种极为虔诚的宗教行为。由于文正义先生为佛教界内人士，所以该观点非常具有说服力。

2.“藏经洞是三界寺的经藏室”。三界寺是敦煌的一座小寺，寺址就在莫高窟，藏经洞中的文献即为三界寺的经藏扩充。持这种说法的学者以北京大学荣新江教授为代表，认为藏经洞中文物的最初摆放相当工整，且都标有佛经分类题名和千字文编号，布局非常规整。同时，藏经洞中的资料基本为完好之作，也有很多是从佛经等上面揭取下来，作修补佛经之用的，不应视为废弃物。另据研究，在藏经洞大量的佛经写本中，引首为三界寺的题名或印记者最多，这说明大多写经是与三界寺有关的，属于三界寺的所有财产。更为重要的是，这些写经、题记中还有大量的三界寺僧人道真的题名，以及有关道真为三界寺修补佛经的记载。这更为藏经洞是三界寺的经藏室提供了有力证据。

3.“废弃说”。这种说法主张敦煌藏书是在一次寺院藏书大清点中，对大批无用的经卷、文书、幡画、佛像等进行的废弃处理，就像是现在的废物掩埋。但是，佛教人士又不会对佛教用品进行损坏，于是敦煌藏经洞就担当了废物处理厂的功能。

4.“珍藏说”。这种说法与“废弃说”是相悖的，此说根据藏经洞中物品的有序堆放以及文物中大量精美完整的绢纸绘画和卷轴、刺绣等美术品，认为藏经洞中珍藏的是寺院佛经和资产，这也与佛教传统的“石室藏经”有关，即佛教中专门藏经之处。并且，藏经洞所在的位置也符合寺院或石室藏经的方位关系。

不过，也有人认为敦煌藏经洞并不具有什么特殊的性质，它的作用只相当于今天每家都有的旧物储藏室，藏经洞内的物品，也就相当于放在阳台上或储藏室中的杂物。此说应和者不多，可视为一家之言。

目前，对于藏经洞的性质普遍认同的说法却是“战争说”，即在公元1035年，敦煌被西夏人占领，在破城之前，僧人将不便带走的经卷、文书、法器等物进行了一次大规模的整理，然后将其码放在洞窟之中，封闭了洞口。这只是在战乱中力图保护佛教资产的偶然行为，并没有经过长时间的酝酿和准备，所以藏经洞并没有明确的性质。

与敦煌藏经洞的性质相对应，其封闭原因以及时间一般有两种推测：

一为“废弃说”。该观点的代表人物是匈牙利人斯坦因。1907年，斯坦因来到敦煌，买通了王道士，进入藏经洞。他从大量经卷中挑选了许多好的写本、绢画等，装了29箱，于1909年运到了英国伦敦，入藏伦敦大英博物馆。这是进入敦煌藏经洞的第一个外国人。他根据在藏经洞中发现的一些汉文残页、残经卷、木轴、丝带、布包皮、绢画残片等，推测藏经洞就是存放敦煌各寺院废弃物的处所，他还依据所见写本和绢画题记最晚为公元10世纪末的情况，认为藏经洞的封闭时间是在公元11世纪初叶。

中国社会科学院方广锠教授也持此观点，他认为藏经洞中的经卷是失去了使用价值的废弃物。因为，经过长期使用的佛经会有破损，又不许抛弃，只能另行收藏；敦煌寺庙也经常清点寺内的佛典及各类藏书，对于失去价值的就会进行汰旧更新。于是，那些破残无用的经卷、文书与废纸以及旧画佛像就被封存在第17窟。日本学者藤枝晃则认为，一千多年前，“屏风式”佛经印本从中原传到了敦煌，“卷子式”手抄本被取消后封存在石窟中。

但大部分学者认为藏经洞的封闭是莫高窟僧人为躲避战乱，而将不便携带又不忍丢失的经籍文书、铜佛法器等藏在了洞窟。这种说法又各有不同，分为：

1.避西夏之难说

公元1036年，西夏占领了敦煌以及整个河西走廊。而藏经洞中的卷本所题年号，最晚为公元1002年，故推测藏经洞的封闭应在公元1036年以前，即西夏占领敦煌之前，莫高窟僧人为保护经卷，将大批的写经和文物封藏于洞中，并在洞壁外以佛像伪装。

2.避黑韩之难说

黑韩是唐宋时期中亚东部的阿拉伯国家，北宋初年，黑韩势力东扩，公元1006年攻灭于阗(今新疆维吾尔自治区和田)，并继续东进。于阗陷没以后，大批于阗人逃到敦煌，带来了关于黑韩王朝灭佛的消息。为防备黑韩王朝的进攻，于是，当时驻守敦煌的军、政、僧界官员将佛教文物封藏起来。

3.避道教之难说

成吉思汗西征时，其军师丘处机道士与佛教为仇，每到一处必毁坏佛物。而敦煌石窟在元朝以前为大佛寺，宝藏甚丰。为免遭浩劫，故敦煌僧人在蒙古军队到来前将佛教文物秘藏石洞。

究竟是什么原因让如此之多的经卷藏身于茫茫大漠之中，至今仍然是一个谜。

张献忠金窖之谜

张献忠兵败后埋藏了大批宝藏，可是这些宝藏在哪里呢？

明末农民军领袖张献忠出身贫苦家庭。公元1644年，张献忠率农民军入蜀，在成都称帝登基，建立大西政权。可是不久即被清王朝所灭。据传张献忠战败之前，将其亿万金银采取窖藏办法埋于四川，以备东山再起。但随着张献忠的战死，这个秘密也就一直没有揭开。

据称，张献忠曾留有一张“藏宝图”。公元1646年7月，张献忠被迫撤出成都前，干了一件奇怪的事。他花费了巨大的人力，在锦江筑起高堤，但并不是为了治理水灾，而是在堤坝下游的泥沙中挖了个数丈深的大坑，将他抢来的数以万计的金银财宝埋在坑中，并以石牛和石鼓作为暗记，然后重新决堤放水，淹没了埋藏财宝的大坑，此举称为水藏。

多年来，成都有童谣唱道:“石牛对石鼓，银子万万五。有人识得破，买尽成都府！”据说即指此事。张献忠究竟是否曾经藏宝，至今仍为疑案。一首民间歌谣可能暗藏一个悬疑的宝藏秘密;一张藏宝图可能引发一场浩大的挖银工程。长期以来，多少人空怀“买尽成都府”的妄想，却苦于识不破这个秘密。

晚清时，有个叫杨白鹿的贡生知道这个惊天秘密，晚年把这个秘密告诉了他的好友马昆山，并把一张无价的“藏宝图”给了他。马昆山禁不住心花怒放，当即成立“锦江淘金公司”，于1938年农历九月开始轰轰烈烈地挖掘宝藏。几天后，果真挖出一个大石牛，还挖出了大石鼓。不久，又传来惊心动魄的“喜讯”:坑旁安置的金属探测仪突突直响，很可能是探测到了金银。锦江淘金公司当即购置了大批箩筐扁担，订购了一部起重机，等金银一出土，就集中人力搬运，直接缴存银行。然而，历史却偏偏爱和人们开玩笑，工人们奋力挖出来的不是金银，只有三大箩筐小铜钱。

据《彭山县志》载：顺治三年（公元1646年），在张献忠撤离成都时，因为旱路已被清军封阻，只好改道由水路出川。张献忠的船队从成都起程，沿锦江行至彭山县江口镇境内时，遭到明参将杨展部队的伏击，几乎全军覆灭，许多载满金银的木船就沉没在彭山县江口镇境内的水域中。

那么，彭山县江口镇境内水域到底有多少当年张献忠的沉银?

据《蜀难纪实》记载，“累亿万，载盈百艘”，因为当时张献忠船队遇到阻击时，沉船堵塞了江道，使得大部分的银两都沉没于此。

流经成都市内的锦江，其干流起于成都市金牛区洞子口，止于成都所辖的彭山县江口镇，全长97.3千米。江口镇作为锦江的下游，有没有可能与这批沉宝有联系呢？当地人这么唱道：“石龙对石虎，金银万万五，谁人识得破，买到成都府。”不同的是，石牛和石鼓换成了石龙和石虎。在江口镇的石龙沟中，石龙石虎遥遥相对。“石龙对石虎，金银万万五”又会在哪里呢？

垂涎这笔巨额财富的自然大有人在，连清朝政府也动过一番脑筋。据《彭山县志》载：“乾隆五十九年（公元1794年）冬季，渔者于江口河中获刀鞘一具，转报总督孙士毅，派员赴江口打捞数日，获银万两并珠宝玉器等物。”《清文宗实录》卷八十九记载：道光十八年（公元1830年)，清政府曾派官员到锦江实地勘察，因找不到窖藏的确切地点而中止。

咸丰三年（公元1853年），翰林院编修陈泰初又旧事重提，呈请寻找这笔财宝。当时正值太平天国革命高潮，清政府财政困难，咸丰皇帝命成都将军裕瑞“按照所呈各情形，悉心访察，是否能知其处，设法捞掘，博采舆论，酌量筹办”，但最终没能找到。

近50年中，彭山县江口镇的渔民在撒网时，曾经捞起过银制的元宝，上面有当时成都府库的烙文。这就表明了300多年前的那次水战中，张献忠的船只的确在此沉没不少。2005年4月20日，彭山县江口镇岷江大桥附近的老虎滩河床引水工程建设工地上挖掘出了一些银锭，银锭上“崇祯十六年八月（公元1643年），纹银五十两”字样清晰可见。从出土银锭中的铭文可以看出来自湖南、湖北地区，为崇祯时期的税银，与张献忠转战路线及所占地点十分吻合。

300多年来，张献忠沉银之说一直是一个谜团。挖掘出土的银锭，无论从银锭本身还是其外包装，都与史料记载相吻合，从而证实了张献忠在此沉银之说完全符合历史真实。可是，歌谣里提到的大笔财富却仍未完全浮出水面。这笔财富究竟有多少，难道另外的地方还会有吗？看来这笔财富又是一个新的“天朝国库”之谜了。

“孔雀暖玉”夜明珠

历代以来，夜明珠都是价值连城的瑰宝，伴随它的故事也很多。

茫茫宇宙，无奇不有，夜明珠之谜，也是其一。夜明珠古称“随珠”“悬珠”“垂棘”“明月珠”等，相传是世界上极为罕见的夜间能发出强烈光芒的奇宝。夜明珠在中国五千年文明史中是最具神秘色彩、最为稀有、最为珍贵的珍宝，并为皇权私有，很多时候充当着镇国宝器的作用。

在我国古代民间，夜明珠又被叫做“夜光璧”“夜光石”“放光石”。英国著名学者李约瑟在其巨著《中国科学技术史》中记载，古代中国人喜爱叙利亚产的夜明珠，它别名为“孔雀暖玉”。自古历代皇帝登基、太子还朝，夜明珠便作为“镇国之宝”陪伴皇帝及龙子龙孙入宫。因此，古时候，夜明珠成为一个国家至高、至上、至尊、至崇的权利和富贵的象征。

夜明珠本从矿石中采集而得，但它在地球上的分布却是极为稀少的，开采也很困难，故此这显得格外珍贵。据说，在古代希腊、罗马，个别帝王把它镶嵌在宫殿上或者戴在皇冠上，有的皇后、公主把它装饰在首饰上或者放在卧室里，以它作为国宝加以宣扬和赞美。

据史籍记，早在中华民族始祖炎帝时就已出现过夜明珠，如神农氏有“石璘之玉”号曰“夜明”。春秋战国时代，如“悬黎”和“垂棘之璧”，价值连城，可比和氏璧。秦始皇殉葬夜明珠，在陵墓中“以代膏烛”。唐朝时期，一颗名为“水珠”的夜明珠，售价亿万。宋、元、明时，皇室尤喜夜明珠，其中以成吉思汗夜明珠最为名贵。明代内阁也曾有数块祖母绿夜明珠，夜色有光明如烛。

有人视为珍宝，有人弃之如履。古代有人不识宝，曾将悬黎夜色明弃之湾泞。魏国一老农得到径尺大的明珠，见夜色光大怖，于是丢至远野。也有人把夜明珠当成“祸水”而“打之沙石间”。虽然有些只是传说，但夜明珠凭借其美丽、高贵及神秘在我国历史上已自成一种文化。

在历代中，最著名的夜明珠可能当数慈禧口中所含的那颗了。据盗慈禧墓的孙殿英讲：此珠分开是两块，合拢就是一个圆球，分开透明无光，合拢时透出一道绿色寒光，夜间百步之内可照见头发，慈禧含在嘴中是为保尸身不化。

据说，1900年“八国联军”侵华时，慈禧太后为了博得侵略者的欢心，曾把凤冠上的4颗夜明珠取下，意图赠给侵略者。幸运的是，她身边的宫女竟有心为国护宝，使这4颗珠子流落民间，成为近代一大悬案。1964年，这4颗夜明珠在西安被发现，并无偿献给国家。

那么，夜明珠到底是什么物质，为什么在夜间会发出强烈而又绮丽的亮光呢？对此众说纷纭。据一些专家考证，夜明珠并不是像某些人所吹嘘的那样神秘，而是几种特殊的矿物或岩石，经过人们加工后才变成圆珠形。夜明珠发出的光，并不像神话中传说的那样能把“龙宫照得如同白昼”。

一些宝石学家认为，因为在夜明珠的萤石成分中混入了硫化砷，钻石中混入了碳氢化合物。白天，这两种物质能发生“激化”，到晚上再释放出能量，变成美丽的夜光，并且能在一定的时间内持续发光，甚至永久发光。还有专家认为，夜明珠是一种萤石矿物，发光原因与它所含的稀土元素有关，是矿物内有关的电子移动所致。

夜明珠还有许多奥秘，至今还没有被专家们了解。据说，有一种叫做水晶夜明珠的，能发出“火焰”般的夜光，但其中的发光物质究竟是什么？至今还不太清楚。总之，夜明珠至今仍是尚未彻底揭开的一个千古奇谜。

西安何家村遗宝之谜

谁是何家村珍宝的主人？又缘何将其遗失千年？

1970年10月5日，在陕西西安南郊何家村的一个基建工地上,人们意外地发现了一处唐代窖藏,其内容的丰富和精美十分罕见，震惊了中国和世界,因此考古学家将它命名为何家村遗宝, 这是20世纪唐代考古的一次划时代的重大发现。其实只要稍微对何家村遗宝予以关注，每个人都会被其璀璨夺目的雍容富贵所吸引。而这些千年珍宝遗留下来的谜题也同样令人着迷。

何家村金银遗宝当年挖出之后，有段时间一直秘不示人，即使是何家村村民们也无从知晓。直至1971年6月，在北京故宫慈宁宫举办的“全国出土文物珍品展”上，何家村窖藏出土文物才首次与世人见面。

在何家村遗宝出土之后的很长时间内，很多人都认为这些宝物的主人是唐邠王李守礼。其父章怀太子李贤是武则天为唐高宗所生次子，曾被立为皇太子，后因遭武则天猜疑而被逼自杀。

近些年来，学者们又提出不同的看法。有考古学家认为唐租庸使刘震可能是何家村遗宝的主人。作为尚书租庸使，刘震有机会接触到大量的皇家物品，同时遗宝中有不少庸调的银饼，也从一个方面证明了这点。最重要的是，唐德宗时期泾原兵变时，皇帝匆忙中逃离长安城，刘震曾试图携财出逃未果，后叛乱被平定之后，刘震因投降叛军而被朝廷处死，这也使得刘震匆忙藏宝又无法取走，于是，在其宅院中遗留下了何家村的珍宝。

然而，虽然刘震是负责保管皇家物品的，但是以租庸使这样的身份，刘震又如何能拥有如此众多皇家器皿及外国进贡物品呢？它们的主人如果不是刘震又会是谁呢？

从遗宝出土的物品来看，钱币众多，早有春秋齐国“即墨法化”刀，晚有唐“开元通宝”金银币，西有东罗马金币，东有日本

“和同开宝”，同时遗宝中还有数量巨大的不流通币，也就是专门为宫廷赏赐、娱乐而制造的金开元和银开元，钱币数量繁多，种类丰富，而且成系统，那么，它们的主人会不会是一位身居要位的钱币收藏家?

何家村遗宝中还有成组成套的药具和大量药物出土，这些药物在唐代均为名贵药物，药具中有贮藏药物的罐、盒、鼎，煎药的锅、铛、铫等，还有几件被称做石榴罐的纯银器皿。据专家说，石榴罐是炼丹重要的工具，难道何家村遗宝的主人是一位与道教有密切关系的人吗？如果遗宝的主人真的是位道教信徒，也一定是位尊贵的道教信徒，因为在遗宝中出土的12条金走龙，有专家认为，走龙是道士为信途举行重大仪式时，用来向东南西北及天地六方之神表达诚意，祈求长生不老的信物，摆放时，龙头就朝着它要指向的那方神灵。走龙有金、银、铜、铁等不同的质地，金龙的级别最高，只有地位最为尊贵的信徒才可能使用。

遗宝中有很多进贡物品，有的直接墨书有“进”字，表明是地方进贡，同时也有外国贡品，像兽首玛瑙杯即使在唐代也是极品外国文物，还有很多金银器上有大量的墨书题记，它们记录了包括存放物品的名称、重量、数量，物品的使用方法和来源，以及金银器自身的重量等，内容详尽，仔细认真，这件大粒光明砂银盒，它的盒盖里、外都有墨书题记，分别记录了7种物品的数量和重量，另有一些带墨书的器皿，明显属于一组，入库时统一称重并墨书标出，经核对丝毫不差，如果私人财物没有必要做如此翔实的记录，墨书题记应该是在收藏入库时登记称重留下的笔迹，这些器物出土时，墨书题记都非常清晰，说明它们自入库登记后再没有被使用过，同时还说明对这些器物的管理是相当严格的，所有这些都将遗宝的主人指向了唐朝皇室，也只有皇室才能拥有如此超贵价格的珍宝。

何家村遗宝中有一部分金银器皿，虽然制作精美，但从纹饰上看尚未完工，这件孔雀纹银方盒，正面对称的两只孔雀相比较，左边的腹部还未錾刻出羽毛，脚下踩着的莲蓬也没有孔眼；这几件鎏金小银盒，盖面上仅仅刻画出起稿线，而且起稿线细如发丝，离纹饰加工的最终完成还有许多道工序，这些银饼、银铤、银板，上面有明显的切削痕迹，似乎是作为原材料使用的，这是否表明，它们来自一处金银作坊？专家们认为，当时地方或民间不可能有如此高水平、大规模的金银作坊出现。何家村遗宝中为什么会出现未完成品，至今没有更明确的答案。

千余件精致豪华的器物浓缩着盛唐的生活印记，也彰显了盛唐时代的社会之发达。遗宝的主人为我们留下了这批遗宝，同时，也为我们留下了许多至今无法解开的谜团。这一个个千古之谜，吸引着喜欢它的人们不断追寻和探究，而这或许是何家村遗宝的另一种魅力。

“所罗门财宝”何在

宝藏不仅仅是宝藏，而是一种象征，一种诱惑的原动力。

所罗门统治时期，是以色列——犹太王国手工业、商业，特别是对外贸易的全盛时期，被古代一些史籍描写成犹太人历史上的“黄金时代”。

按《圣经》所说，所罗门从以色列人中挑选3万民工在耶路撒冷锡安山上建筑豪华的宫殿和神庙。整个工程费时7年。这个神殿坐西朝东，长200米，宽100多米，建筑结构严谨，造型美观，内部装饰极为华丽。

这个神殿成为古犹太人宗教和政治活动的中心，教徒们都去那里朝拜和献祭敬神。“亚伯拉罕圣岩”围在神殿中央，是一块花岗岩，

所罗门宝藏的探索者

它由大理石圆柱支撑着，下面的“岩堂”高达30米。“岩堂”里设有祭坛，坛上存放着刻有“摩西十诫”石块的圣箱。在圣箱内，除存放着这些戒条外，还收藏着“西奈法典”。圣箱是用黄金制的，称为“耶和华约柜”，也叫做“黄金约柜”，它被古代犹太人视为关系着犹太民族兴衰存亡的镇国宝物。所罗门在“亚伯拉罕圣岩”修建有地下室和秘密隧道。据说，所罗门把大量的金银珠宝存放在秘密隧道和地下室里，这就是历史上举世闻名的“所罗门财宝”。

所罗门死后，到公元前586年，新巴比伦王国攻陷耶路撒冷城，灭亡犹太王国。犹太的几乎所有富裕阶层、许多手工业者，甚至包括一部分贫困居民，均被掳到巴比伦，成为“巴比伦之囚”。巴比伦军队在耶路撒冷城内大肆烧杀抢掠，神殿也被付之一炬，变成废墟。巴比伦军队没有发现“所罗门财宝”和“黄金约柜”，它们哪里去了呢?

据一些人估计，有两种可能：一是在巴比伦军队未入耶路撒冷城之前，祭司们早已把“所罗门财宝”和“黄金约柜”搬运到别的地方，隐藏起来了。二是可能仍然存放在神殿圣岩的地下室和秘密隧道里，但由于地下室和秘密隧道曲折幽深，结构复杂，像迷宫一样，因此巴比伦军队根本无法进入地下室和秘密隧道。从此以后，关于“所罗门财宝”和“黄金约柜”究竟藏在何处的问题，众说纷纭，谁也弄不清它们的真相。

公元前538年，波斯国王居鲁士攻占巴比伦城后，释放了被囚禁在巴比伦的犹太人，约4万犹太人趁机回到耶路撒冷，重建了耶路撒冷神庙。从公元前4世纪起，马其顿、托勒密、塞琉古诸王国相继侵占耶路撒冷，他们都曾想方设法寻找“所罗门财宝”和“黄金约柜”，可是都没有结果。

公元前63年，罗马军队攻占耶路撒冷后，巴勒斯坦属于罗马帝国的一个行省。公元1～2世纪罗马帝国统治时期也曾经千方百计地去寻找“所罗门财宝”和“黄金约柜”，也同样不知其踪影。

公元11～13世纪，十字军东征时，许多人涌进耶路撒冷，四处寻找，可是没有人能找到“所罗门财宝”和“黄金约柜”。

2000多年来，寻找“所罗门财宝”和“黄金约柜”的活动一直未曾停止过。20世纪初，先有英国的几个冒险家潜入耶路撒冷城内，事先用金钱贿赂守夜人，在夜深人静时悄悄进入神殿。他们撬开圣岩边的石板，挖掘泥土，把挖出的泥土运到墙外。直到快天亮时，他们把原来撬开的石块照原样盖好，不留痕迹，天亮前便悄悄地溜走。这样，一直秘密地连干了7个晚上，洞越挖越深，却毫无发现。到第八天清早天快亮时，他们的秘密活动被发觉了，那几个冒险家被吓得慌忙逃跑。事后，教徒们知道了守夜人接受英国冒险家贿赂的真相，于是极端气愤地用石头把守夜人砸死了。从此以后，教徒们夜晚加强了对神殿的守卫。

一些学者认为，所罗门担任国王时，经常派船出海，每一次归来总是金银满舱，所以人们纷纷猜测，在茫茫大海中必有一处“宝岛”，那些黄金就是从那里运来的，但这始终是个谜。到公元1568年，西班牙航海家门德纳率领一支考察队第一次踏上这个海岛时，见土著居民都戴着黄金饰物以为找到了黄金宝库。于是，把这里命名为“所罗门群岛”。此后，欧洲很多人跑到这里来找“所罗门财宝”。由于位于西南太平洋中，由6个大岛和900多个小岛组成，散布在60万平方千米的海岛上，岛上全境90%的面积覆盖在森林丛莽之中，因此寻宝活动很难展开。几百年来，千千万万的寻宝者在该岛上一无所获。有些人认为，所罗门群岛上并没有“所罗门财宝”。

“所罗门财宝”的秘密难道将成为永远的秘密？没有人知道答案。

北欧海盗宝藏之谜

在海盗的世界里，有着海盗的逻辑。他们的藏宝位置，自然也是非常人所能想到的。

早在公元前6000年，有一个民族乘着简陋的小船，走遍斯堪的纳维亚半岛，这就是维京人，也就是北欧海盗的祖先。

公元8世纪末期，他们乘着长体船活跃在西北欧的海岸线上，见到可夺的财宝便劫掠而去。人们都被北欧海盗的闪电般的抢劫吓得心惊胆战。那个时候有一句祈祷词："解放我们吧，哦，上帝，别让斯堪的纳维亚人降怒于我们!他们毁坏我们的土地。他们残杀我们的妇女和儿童。"

公元787年，维京人首次掠夺英国，而后开始攻略欧洲，从英国蔓延到苏格兰、爱尔兰、西班牙、葡萄牙、意大利、俄罗斯、君士坦丁堡、德国、法国的鲁昂、图尔、沙特尔直至巴黎。凡是他们经过的地方几乎都变成了血与火的海洋。挪威海盗在袭扰不列颠的同时，还远航到赫布里底群岛、奥克尼群岛、法罗群岛，在那里定居，并于公元874年到达冰岛，公元986年到达格陵兰岛，公元1000年左右到达北美海岸。而东路则主要是瑞典的海盗，他们于公元9世纪初进入俄国，后建立了新俄罗斯，定都于基辅。可见这些北欧海盗绝非平庸之辈，他们的祖先早在几百年前就在大不列颠岛和欧洲大陆之间扮演着举足轻重的角色。

到公元14世纪下半叶，虽然维京人的狂飙已经过去，北欧的海盗活动却有增无减。无数"独立的"海盗各行其是，他们几乎全部来自北欧的港口。在北欧水域，一支熟悉大海的野蛮的海盗队足以令所有在北海来往的船只望风而逃。在北欧的海岸线上，几乎没有一艘从事海上贸易的船只能在反抗之后得到他们的宽恕。因为他们自称是"上帝的朋友和全世界的敌人"。

当时，在丹麦女王玛格丽特强烈的扩张欲望之下，无数挪威人和瑞典人死于非命。于是，斯德哥尔摩的居民们只好求助于海盗以抵抗丹麦人的入侵。自公元1389年春天以来，丹麦人从周边农村开始，形成了一个围绕着瑞典城市的严密包围圈，使被围困的瑞典人只剩了海上一个通道。3年之后，为了支持瑞典的港口城市，梅克伦堡公爵以瑞典国王的名义发布了一个公告："所有在海盗行为中因反抗丹麦王国和挪威王国而进行抢劫、偷盗和纵火，但同时向斯德哥尔摩提供援助的人，可以在维斯马和罗斯托克领取特许证。这样他们就可以全副武装地自由进出这两个港口，同时也保证他们的战利品万无一失。”

这个签发的特许证使得很多北方的海盗船长突破封锁线，给被围困的、饥饿的斯德哥尔摩居民提供了必需的食品，从而产生了海盗们所谓的“粮食兄弟”联盟。

围斯德哥尔摩的战斗结束后，凭借这份“合法的文件”，海盗们不但劫掠丹麦的船只，而且还劫掠每艘在海上从事贸易的船只。公元1392年，他们还夺取了独立的波罗的海岛屿高特兰，这里是很多航线的起点。“粮食兄弟”的参与者们甚至开始把他们的组织向“国家”的形式发展。

克劳斯·施托尔特贝克尔就是属于“粮食兄弟”同盟的最大胆的海盗之一。他出生在德国的维斯马，常年指挥着50艘船只在北海和波罗的海劫掠。对有些人来说他是一只可怕的海狼，但在另一些人眼里他是“海上的罗宾汉”。他劫掠富人，然后把劫夺的财富赠送给穷人。

公元1393年4月以来，这些海盗们的势力越来越强大，以至于他们敢于冒险对挪威南部一座富裕的贸易城市卑尔根发起进攻，洗劫并烧毁了这座城市。他们从不放过任何船只，很多船只根本不敢到公海上来。在海上肆虐的过程中，他们不但积聚了数量众多的西方国家的珍贵物品，而且还攫取了巨量的金银宝藏。

当“粮食兄弟”的海盗船在北海变得越来越肆无忌惮时，英王理查德二世和丹麦女王玛格丽特为了共同打击海盗行径而有意联合起来，共同对敌。

公元1401年夏天，当施托尔特贝克尔在北海以“之”字形逆风航行时，遭到英格兰船只伏击。经过一场激烈的海战，海盗们最终遭到惨败。在这场战斗中，包括施托尔特贝克尔在内共有73名海盗被投进监狱，40名海盗被打死。随后，这位海盗船长被送回其祖国——德国审判，在那里被判处砍头的极刑。

公元1401年10月的一天，被捕之后的施托尔特贝克尔和他的73名海盗兄弟一起被押往格拉斯布鲁克。当时，所有的海盗都要求穿上最好的衣服踏上最后的行程——断头台。当绞索即将套上他们的脖子时，这个海盗的头目向汉堡的议员提出了条件：他将拿出一个像花环一样美丽的金锚链及无数的金币，再加上向汉堡捐赠一个金质的教堂钟楼楼顶，以此来赎买海盗们的自由。这个请求被断然拒绝，紧接着，73名海盗人头落地。随后，他们血淋淋的头颅被一排排钉在木桩上示众。

不久以后，施托尔特贝克尔的海盗船“红色魔鬼”号被一个普通的渔民买了下来，他想把船的船板、船舷和桅杆做成木柴。在锯断3根桅杆时，在凹处发现了大量的金币和银币。原来这是“粮食兄弟”抢来的战利品。但这个渔民并没有留下宝藏，而是把装满财宝的桅杆埋到了一个秘密的地方。

汉堡的议员当时确信，不论采取什么手段，他们总会找到施托尔特贝克尔的宝藏的。但后来的事实证明，这些议员们的想法错了，直到今天，北欧海盗的宝藏仍然是一个谜。

“红色处女军”的珍宝

世界并不是男人的天下，在男人的压迫之下，女人的反抗更可怕！

公元9世纪，捷克女王丽布施及其丈夫普热美斯公爵创建了古老而美丽的布拉格城堡。城堡后经多次扩建，直到1000多年后的1918年，捷克斯洛伐克共和国的总统府仍设立于此。丽布施女王以始建举世闻名的布拉格城堡而流芳千古，她手下的女卫队长普拉斯妲却以创建“红色处女军”并埋藏了一批巨额宝藏，也在捷克历史上留下千古之谜。

所谓“红色处女军”即完全由尚未结婚的处女组成的军队。有人说，普拉斯妲是个作恶多端的女妖，她诱使年轻女子去犯法；也有人称她为女中豪杰。据历史记载，她天资聪慧，而且练就了一身过人武艺，但极端憎恶男人。有人分析，普拉斯妲之所以对男性深恶痛绝，可能是因为她从小受到父亲的虐待，又在尚未成年时被男人凌辱过，所以她幼小的心灵中留下了深深的伤痕。

公元9世纪初，丽布施女王嫁给普热美斯公爵以后，建立了一支威风凛凛的皇家卫队，其队长就是普拉斯妲。这支卫队完全由清一色的年轻女子组成，她们负责保卫女王和皇宫的安全。普拉斯妲兢兢业业为女王服务，与女王结下了很深的感情。丽布施女王去世后，普拉斯妲深感悲痛，她不愿意再为普热美斯公爵效劳，便率领自己手下的女兵来到捷克北部的维多夫莱山，从此占山为王。

普热美斯公爵曾派一名使臣到维多夫莱山区，试图把普拉斯妲重新请回到王宫。结果，年轻的叛逆姑娘却把这名使臣阉割后轰了回去。普拉斯妲的这种做法激怒了普热美斯公爵，但吸引了周围地区许多年轻的姑娘。一批批年轻的女子不堪忍受男人的欺压，陆续投奔了普拉斯妲。没过多久，普拉斯妲手下就有了一支真正的部队，这就是后来威震朝野的“红色处女军”。普拉斯妲本人也开始了她传奇般的生涯。

普拉斯妲的“红色处女军”规模越来越大，最多时达到上千人。为了保证部队的给养，她率领部队离开了贫瘠的维多夫莱山，在迪尔文城堡建立起了自己的武装大本营。

随后，“红色处女军”四处打家劫舍，征收捐税，推行自己的法律。这些法律大部分是针对男人的。据说，为了蔑视男人，她有时会带着几名女兵，手持利剑和盾牌，赤身裸体地去市镇游逛，如果哪个男人胆敢朝她们看一眼，她们就会毫不迟疑地把那个男人处死。

普拉斯妲在自己的地盘上行使着至高无上的绝对权力。她规定：

1.男人不许佩带武器，不许习武，否则处以死刑。

2.男人必须种地、做买卖经商、做饭、缝补衣服、干所有女人不愿干的家务活；女人的职责则是打仗。

3.男人骑马，双腿必须悬垂在坐骑左侧，违者处以死刑。

4.女人有权选择丈夫，任何拒绝女人选择的男人都将处以死刑。

这些古怪的法律十分苛刻。普拉斯妲这一极端的做法不仅激起了当地男人的强烈反抗，也终于让普热美斯公爵觉得忍无可忍。于是，普热美斯公爵派遣大军围剿普拉斯妲。

普热美斯公爵的军队由于过于自信和轻敌，被“红色处女军”打得落花流水。当他在布拉格得知自己的军队竟被一帮女孩子弄得晕头转向，盛怒之下，亲自率领着大军浩浩荡荡地前来围剿。

在维多夫莱山区，普热美斯大军依靠人数上的优势，采取突然袭击的战术，把“红色处女军”层层包围，缩小包围圈后杀死了100多名顽强抵抗的处女军战士。在迪尔文城堡的普拉斯妲闻讯后，亲手扼死十几名俘虏，并率领自己的战友对普热美斯大军进行了殊死抵抗。一时间，山冈上杀声震天，几千米外都能听到她们和男人拼命时的喊叫声。最后，城堡中所有的处女军战士全部壮烈牺牲，没有一个逃命投降的。而普拉斯妲本人最后扔下了手中的盾牌，脱光了身上的衣服，仅仅拿着一把利剑，赤身裸体地同皇家军队进行了最后的拼杀，直到流尽了最后一滴血……

普拉斯妲多年跟随女王，见多识广，对王室的金银财宝了如指掌，加之她本人喜欢雍容华贵的奢华生活，又多年劫掠富豪，抢劫了不少的贵族城堡，聚敛起大量的金银财宝。在普热美斯军队未到之前，她早已预见到自己凶多吉少，于是她在迪尔文城堡早已把大量的宝藏埋藏起来。这笔财宝主要有金币、银币以及处女军战士不愿佩戴的大批珍贵的金银首饰，数量极为可观。处女军被全部杀死之后，后人就想到了这批珍宝。有人不断地在当年她们活动的地区挖掘，试图找到她们埋藏的珍宝，但始终没有找到。

随后，普热美斯家族以布拉格为中心建立的王朝依附神圣罗马帝国几百年。在普热美斯王朝统治波西米亚的几百年间，这几代王朝都没有忘记普拉斯妲和她埋藏的财宝。他们曾多次派人去维多夫莱山区搜寻这批宝藏，但每次都空手而归。一直到现在，也始终没有人能知道。

《尼伯龙根之歌》所记载的宝藏

太精美的东西常常命运坎坷，宝藏也是命运多多，劫运连连。

《尼伯龙根之歌》是欧洲中世纪著名的三大英雄史诗之一。它将北欧古老的传说与5世纪民族大迁徙时期匈奴王国征服勃艮第王国的史实相结合，约成书于公元1198～1204年之间，用中古高地德语创作而成，反映了封建化过程时期德国的社会生活与骑士的精神面貌。史诗结构宏大，情节跌宕起伏，戏剧冲突尖锐而集中，人物形象亦丰满完整，是中世纪后期德国最受欢迎的诗篇之一。

全诗分为《西格弗里德之死》和《克琳希尔德的复仇》两部分。传说尼伯龙根宝藏由巨龙看守。尼德兰王子西格弗里德凭借英勇和机智杀死了巨龙，以龙血沐身，成了力大无穷的勇士，并占有了尼伯龙根族的宝物。可是，微风吹来的一片叶子掉在他肩上，不仅没有沐浴到龙血，而且成为他的死穴。

听说勃艮第国王贡特的妹妹克琳希尔德美貌绝伦，西格弗里德就前往求婚。国王贡特要求西格弗里德帮助他打败撒克逊人，娶到冰岛女王，西格弗里德答允了。他利用自己的隐身帽冒充贡特国王，战胜了好战的冰岛女王布琳希尔德，使她嫁与国王贡特为妻。他也如愿以偿得以与克琳希尔德成婚。一次，姑嫂发生争执，布琳希尔德方知是西格弗里德，而不是丈夫战胜了自己，感到受了侮辱，就暗中唆使贡特的侍臣哈根趁西格弗里德打猎去泉边喝水时暗算了他。

西格弗里德死后，他的妻子克琳希尔德把尼伯龙根宝藏转移到沃尔姆斯，诗中这样描述："十二驾马车装载了数不清的宝物，/整整四天驶向山上，/每个人驾驶9个小时，/这些东西和宝石黄金没什么两样。/即使用全部土地和它交换，/也不会降低它的价值，/哈根想得到它真的不是没有原因。"可惜，这批宝藏终究还是被哈根抢走了。史诗说哈根“把它放在洞里，沉没在莱茵河里。”丈夫被杀，宝藏被夺，克琳希尔德自然发誓要复仇。

此诗为英雄史诗，自然是传说的成分多，但也有很多史实在内。勃艮第人，后来也被称为尼伯龙根人，原是生活在斯堪的纳维亚半岛的一支部族。大约在公元前200年，他们逐渐迁移到今天美茵茨以南的莱茵地区。公元435～437年，勃艮第人和匈奴人发生激烈的战斗，战争以勃艮第人的惨败而告终，几乎导致这个民族的毁灭。幸存者被赶到今天瑞士的日内瓦地区和法国东南部山区。在那里，勃艮第人又繁衍起来。与此相关的另一件事是，公元453年，匈奴国王与一个日耳曼少女希尔狄克结婚，于新婚之夜死去。史学家认为，希尔狄克是为了复仇而嫁给匈奴王的。史诗把两件史实联系在一起，加上远古的传说，经过700多年的流传，以及无数行吟诗人的传唱、加工、润色，才成为定本。

16世纪后，关于勃艮第人的命运就无从知晓了。想一想，那已经到了宗教改革时期，沧桑巨变。工业革命后科技的飞速发展，使得传统社会迅速地进入现代社会。或许，他们的后裔已成为某个普通的银行职员或货车司机，行走在今日柏林或汉堡熙熙攘攘的街头。不过，关于那笔宝藏却一直吸引着众多爱幻想的人。尤其是，时不时传来的发现宝藏的消息更证实了尼伯龙根宝藏并非子虚乌有的传说，它或许就藏在东欧的某个山洞里，或埋在莱茵河厚厚的泥沙之下。

按照时间顺序说，最早让人联想到尼伯龙根宝藏的是1837年两名罗马尼亚采石工偶然发现的宝藏。他们在两块大石之间的薄薄的泥土下面，发现了一堆金子，由很大的纯金打造的圆盘覆盖着。再挖下去，数不清的金杯、金壶、精美的纯金发夹、别针、扣环等物露出地表，所有的东西都镶嵌着大大的宝石，璀璨夺目。最后，他们整整挖出了重达75千克的宝贝，这是迄今为止所找到的中古欧洲民族大迁徙大动荡时期的最大一笔宝藏。两个采石工目不识丁，不能断定这些东西是真金还是黄铜，是否值钱。他们将所有的东西给了石匠维鲁斯，因他见多识广，经常往来于首都布加勒斯特。石匠得到的报酬是4000个皮阿斯特（约500马克）和一些男人上衣、女人头巾等生活用品。对于他们来说，这已是很大一笔财富了。他们心满意足。

不过，世上没有不透风的墙，终于有人告发了他们，国王的弟弟亲自带队来逼问维鲁斯，他不得已把人们带到邻近的一条小河旁，指出埋宝藏的地点。但人们只找到一小部分财宝，维鲁斯声称其他部分肯定是河水涨潮时把它们冲走了。

虽然有的已经严重损坏，但专门委员会还是抢救出了12件文物，经过艰苦的修补后，它们重放光辉，耀花了参加1867年巴黎世界博览会人们的眼睛，成为当时的头号新闻。随后，它们回到布加勒斯特博物馆，恭候世人的瞻仰与赞美。

太精美的东西是否常常会命运坎坷呢？就如同人长得太美，也会天妒红颜一样，这批宝藏也是命途多舛，劫运连连。博物馆的工作人员没有把这些昂贵的陈列品当回事，保安更是漫不经心。于是，1875年11月，一个风雨交加的夜晚，它们被一个“人穷志短”的大学生偷走了，他的如意算盘是卖掉它们，从此摆脱贫穷。接着和现在演电影一样，警察们紧急出动，全城搜捕。终于在一个珠宝商那里逮个正着，坩埚上正放着准备熔化的珠宝。好险！晚来一步，这些珍贵的文物就会被炼成一块毫无想象力的金块了。顺藤摸瓜，警察顺利找到了那个偷窃的大学生，其他宝物他还没来得及脱手。人们在他的钢琴里找到了剩下的宝藏。接着的灾难是一场大火，最后关头虽被抢救出来，但被损坏的部分，金匠们花了一年的时间仍然无法让它们恢复原初的美丽。然后，就是战争了。第一次世界大战的时候，为了不落入德国人之手，宝藏被转移至雅西。然而，1916年，它们却又被俄国人抢走。40年后，1956年，这批历尽劫难与沧桑的宝藏才重新回到布加勒斯特。

另一次让人们记起尼伯龙根宝藏的发现是所谓的“瓜拉萨宝藏”。1858年，一对农民夫妇十分偶然地在西班牙瓜拉萨残余的旧城墙下发现了一批宝藏，其中最珍贵的是9个用纯金做成的有无数珍珠和宝石装饰的还愿王冠。最大的一顶上刻有“国王瑞斯委兹保佑”字样，那是公元650～672年在位的西哥特国王。这批宝藏被走私到法国。但西班牙人自认是西哥特人的正宗后裔，他们坚决要求法国政府归还宝藏，为此长期争吵，无法了断。后来，在瓜拉萨，西班牙人还发掘出另外两顶精美的还愿王冠，一顶属于国王斯维提拉，一顶属于修道院院长特奥多修斯。还有一个用纯金制成的十字架，是大主教特提乌斯的遗物。

所有这些就是尼伯龙根宝藏吗？它们已经全部被发掘出来了吗？还是，它们只是另外一些古老传说中日耳曼首领的财宝？时间到了20世纪70 年代，话说有个和谢里曼一样的业余考古爱好者，美茵茨的前市长、工程学博士汉斯·雅各彼，准备向他的前辈学习，手捧《尼伯龙根之歌》，开始寻梦。雅各比博士的忠实助手是他的儿子建筑师汉斯·耶尔格。他们所在的美茵茨位于当年勃艮第人的首府沃尔姆斯以北50千米处。可以说，正是当年尼伯龙根宝藏所引起的爱情、仇恨与嫉妒的故事发生的地方。雅各彼博士认为史诗始终围绕着宝藏展开，因此，宝藏肯定是实有其事的，并不是中世纪的僧侣和行吟诗人们向壁虚构。日耳曼部落通常在受到危险的时候把国王的宝藏埋藏起来或扔进河里。因此史诗里所说的哈根把它放进洞里，沉没在莱茵河里，是民族的固有习俗。雅各彼博士相信以前发掘的那些宝藏都是其他日耳曼部落东哥特人和西哥特人首领的宝藏，真正的尼伯龙根之宝应该还在莱茵河底。并且，为了掩人耳目，按照常理推断，应该在河水最深且最不易发觉的地方。为此，他做了周密的准备，弄清莱茵河河床几百年来的变化。莱茵河平均只有几米深，但在离沃尔姆斯15千米远的格尔默尔斯海姆处，莱茵河转了个几乎180度的大弯，河水也却特别深。水流十分强大，且河床上满是冲蚀而成的洞穴。因此，雅各彼博士打算从那里入手。配备了现代化的科学仪器，诸如探测器、雷达、潜水镜等设备，雅各比博士充满信心，世人也翘首以待。毕竟，世界充满奇迹。

圣殿骑士团宝藏之谜

关于圣殿骑士团的传说很多，然而圣殿骑士团的宝藏更是令人们不断探索。

中世纪欧洲发动的十字军东征，对东、西方社会历史发展均产生了重大而深远的影响，其中圣殿骑士团的历史作用不可忽视。然而，由于圣殿骑士团的官方档案已经随着圣地的丧失而丢失，人们只能通过罗马教廷档案的侧面记载以及一些零散的资料来了解它的历史。

公元1096年，圣城耶路撒冷被十字军攻占后，很多欧洲人前往耶路撒冷朝圣，而这时十字军的主力已经回欧洲去了，朝圣者在路上常常会遭到强盗的袭击。公元1119年，一位法国贵族和其他8名骑士为了保护欧洲来的朝圣者，发起成立了一个宗教军事修会。由于该修会总部设在耶路撒冷犹太教圣殿，所以叫做“圣殿骑士团”。圣殿骑士团大多由基督教骑士组成，也包括少数军官、教士和神甫。他们将苦行僧的戒律以及骑士的侠义精神合二为一，身穿锁环连成的盔甲，披着军服似的斗篷，看上去威风凛凛。他们的盾牌以黑和白来装饰，还有一个白底的红十字，似乎在提醒自己曾在上帝面前发过甘于贫穷的誓言。

圣殿骑士团的最初职能是保护朝圣者和保证朝圣道路的安全，不久其职能就得以扩展，军事职能遂成为其基本职能。随着军事力量的增长，其政治作用也不断增强。它不仅在十字军国家的政治中具有举足轻重的地位，而且不同程度地影响了欧洲政治。

圣殿骑士团成立后，积聚了相当可观的财富。由于他们生活奢侈，贪得无厌，热衷秘术，又密谋参与政治活动，终于引起欧洲各国国王和其他修会的不满。公元1312年，罗马教皇克雷芒五世不得不正式宣布解散圣殿骑士团。

公元1307年10月5日，法国国王菲利普四世下令逮捕所有在法国的圣殿骑士团成员，想通过没收圣殿骑士团的巨额财富来补充日趋窘困的财政开支。但是，圣殿骑士团却巧妙地把大量财富隐藏了起来。有人说，罗马教皇在法国国王采取行动的前几天曾经悄悄地给圣殿骑士团通风报信。

据历史记载，当圣殿骑士团大祭司雅克·德·莫莱在狱中获悉法国国王要彻底摧毁该修会时，便让自己的侄儿基谢·德·博热伯爵秘密继承了大祭司的职位，并让他发誓将来拯救圣殿骑士团，将一些财宝一直保存到“世界末日”。据说，在他墓穴里珍藏着圣殿骑士团的档案，通过这些档案，就可以找到许多圣物和珍宝，其中包括:耶路撒冷国王们的王冠、所罗门的7支烛台和4部有圣·塞皮尔克勒插图的金福音。同时，在大祭司墓穴入口处的祭坛边上有两根大柱子，柱子的顶端能自行转动，在柱身里藏着圣殿骑士团积蓄的巨额财宝。

公元1314年，雅克·德·莫莱大祭司被法国国王处死后，基谢·德·博热伯爵成立了一个“纯建筑师”组织，并请求法国国王准许把莫莱的尸体埋葬到另外的地方。国王同意了。于是，博热乘机从圣殿骑士团教堂的大柱子里取走了黄金、白银和宝石。他把这些财宝藏在棺材和箱子里，转移到了安全的地方。由于圣殿骑士团长期热衷于秘术，有自己独特的一套神秘符号体系，他们就是用这种符号体系和秘密宗教仪式来隐藏和重新取出他们的珍宝。正因为这样，对于圣殿骑士团巨额财宝的下落至今仍然众说纷纭，成了一个难解的历史之谜。

有人根据当地的传说和发现的圣殿骑士团的神秘符号，认为藏进棺材和箱子里的财宝现仍在法国罗纳省博热伯爵封地附近的阿尔日尼城堡里。据称，那里除秘藏着圣殿骑士团的金银珠宝外，还有大量的圣物和极其罕见的档案。

1952年，对圣殿骑士团神秘符号体系颇有研究的考古学家和密码学家克拉齐阿夫人，在对阿尔日尼城堡进行实地考察后声称：“我深信圣殿骑士团的财宝就在阿尔日尼。我在那里找到了可以发现一个藏宝处的关键符号。这些符号从在进口大门的雕花板上开始出现起，一直延续到阿尔锡米塔楼，那里有最后一些符号。我认出了一个埃及古文字符号，它表明，除有宗教圣物外，还有一笔世俗财宝。”

巴黎人尚皮翁对圣殿骑士团的宝藏深感兴趣，曾经在秘术大师、占星家阿芒·巴波尔和对圣殿骑士团秘术有专门研究的作家稚克·布勒伊埃的指导下，对阿尔日尼城堡进行过发掘。由于对刻在建筑物正面的神秘符号的内涵始终束手无策，结果一无所得。

那么，圣殿骑士团的财宝是否藏在阿尔日尼城堡呢？城堡现主人雅克·德·罗斯蒙先生说：“圣殿骑士团的财宝可能埋藏在这里。但是，我们目前没有确切的理由去拆毁这座建筑物里那些令人肃然起敬的墙。也许将来的某一天，未来的科学技术能为我们指点迷津。”

法国“寻宝俱乐部”根据最新发现的资料认为，圣殿骑士团的财宝可能隐藏在法国夏朗德省巴伯齐埃尔城堡。城堡四周曾有三大块圣殿骑士团的封地，人们通过发掘墓穴发现了许许多多令人晕头转向的圣殿骑士团留下的符号。

还有人认为，圣殿骑士团的另外一些财宝可能隐藏在法国的巴扎斯·阿让以及安德尔·卢瓦尔的拉科尔小村庄附近。因为在法国瓦尔市的瓦尔克奥兹城堡的墙上也刻着圣殿骑士团的神秘符号，也有关于圣殿骑士团把财宝隐藏在那里的传说。

法国历史学家让·马塞洛认为，在法国都兰的马尔什也可能会找到圣殿骑士团的藏宝，那里以前曾是圣殿骑士团的“金缸窖和银缸窖”的所在地。

总之，人们认为，圣殿骑士团确实把一大批财宝隐藏起来了，但是，当年威风凛凛的圣殿骑士团究竟把宝藏隐藏在哪儿呢？他们那些刻在石头上的神秘符号到底意味着什么呢？其谜底也许就像刻在石头上的神秘符号一样令人难以捉摸!

印加藏金有多少

传说中的太阳城，真的是由黄金建成的吗？如果是真的，那些黄金藏在哪呢？

在公元15世纪中叶，秘鲁利马附近的印第安人建立了印加帝国。据说，印加人非常崇拜太阳神，他们看到黄金发出光泽与太阳的光辉同样璀璨，因此特别钟爱黄金，千方百计地聚敛黄金。所有神庙和宫殿都使用了大量的黄金，大多数印加人都佩戴黄金制品和收藏着黄金。印加帝国藏有巨量黄金的传说也因此而传播开来，引起了一些殖民主义者的占有欲望。

公元1525年1月，西班牙殖民者弗朗西斯科·皮萨罗，率领西班牙殖民军开始入侵印加帝国，一心想把印加帝国的巨量黄金掠为己有。公元1532年，皮萨罗率军攻占了印加帝国的卡哈马卡城后，让印加帝国的皇帝阿塔瓦尔帕交出40万千克黄金。可是，就在印加人忙于向卡哈马卡城运交黄金之时，心狠手毒的皮萨罗却杀死了阿塔瓦尔帕皇帝，向印加帝国的首都库斯科进攻。他满心以为，这下可以把印加人历来聚敛的黄金全部掠到手。然而，皮萨罗率军占领库斯科之后，并没有能找到传说中那么多的黄金。

公元1533年前后，皮萨罗得到消息说，印加帝国的大量黄金在阿塔瓦尔帕皇帝遭到杀害后，被一部分印加人偷偷地运到印加帝国“圣地”的的喀喀湖中隐藏起来了。的的喀喀湖位于秘鲁和玻利维亚交界处的安第斯山脉中，湖面海拔高度为3800多米，面积约为8300平方千米，平均水深在140～180米，最深处达280米，是世界上海拔最高的大船可通航的淡水湖。自古以来，土著印第安人就生活在湖的周围。据说，当时印加人带着巨量的黄金和宝物到了的的喀喀湖以后，便乘坐芦苇筏子向湖心划去。等到划了一段距离后，印加人就把带来的所有黄金宝物都投进了湖里。皮萨罗得知这个消息后，在公元1533年12月派部下迭戈·德尔圭罗和佩德罗·马丁内斯前去的的喀喀湖探宝。他们到了湖上东寻西找，相继干了七八年，直到皮萨罗被暗杀而死，也没有能在湖上发现巨量黄金的下落。

皮萨罗寻找黄金接连遭到挫折，这就使得原来关于印加帝国藏有巨量黄金的传说变得玄虚起来。当时有不少人开始怀疑传说是无中生有，但是，有不少人，特别是一些西班牙殖民者，对传说却是深信不疑。

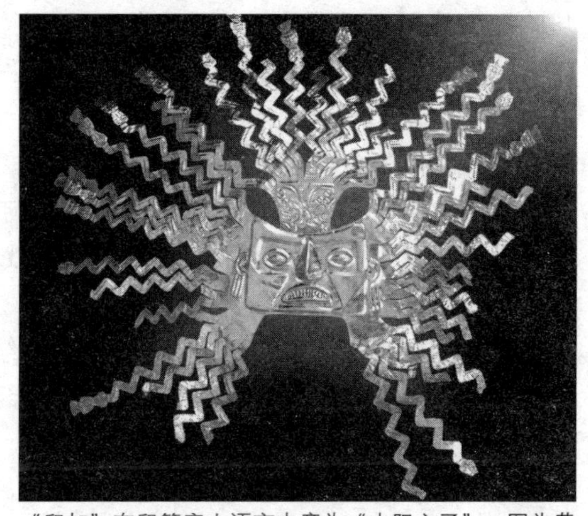
“印加”在印第安人语言中意为“太阳之子”，图为黄金制成的印加太阳神像。

在皮萨罗之后的一些西班牙殖民者，了解到位于印加帝国首都库斯科北面两千米处有一个名叫萨克萨伊瓦曼的要塞，那里的地道是印加人藏宝的传统之地。他们猜测印加的巨量黄金这次可能也被隐藏在那里，于是他们就一次次到萨克萨伊瓦曼进行搜寻。萨克萨伊瓦曼要塞建在一个山坡上，共有3道由巨石砌成的墙围着，每道墙高18米。要塞一共有21个堡垒和瞭望台。在山腰较高的一座平台上有一块坚硬的巨石，它是历代印加皇帝检阅印加部队时的宝座。要塞里还建有太阳神庙、王室浴池和竞技场等各种建筑。在要塞的中央耸立着一座圆塔式建筑物，整个要塞就像迷宫一样，十分复杂。因此，西班牙殖民者每一次进入要塞，却始终找不到地道的秘密入口处。

西班牙殖民者在萨克萨伊瓦曼要塞一无所获之后听人说：印加帝国的大量黄金和珍宝，也许隐藏在安第斯山脉中一个叫做马丘比丘的神秘城堡中。于是，他们又转而找起马丘比丘来。西班牙殖民者在安第斯山脉的群峰密林中出没，但是，一直寻了好久，也没有能找到马丘比丘城堡的踪影。

1911年，美国耶鲁大学研究拉丁美洲史的教师海勒姆·亚·宾厄姆，来到安第斯山考察。在离库斯科西北122千米处的两座峭峰之间，找到了这座传说中的马丘比丘城堡的遗址。

海勒姆对马丘比丘进行了反复细致的勘测，他发现古城堡地势险要，终年云雾缭绕，十分隐蔽。城堡内既有道路、广场、城门，也有宫殿、祭台。城内的所有建筑几乎都是用浅色花岗石砌成的，每一块石头都差不多有上吨重。有一座祭坛的一个祭台，竟然是用一块100多吨重的花岗石板搭起来的。城堡内还有许多用花岗石砌成的房屋，整个城堡充满着扑朔迷离的情景。但是，令人遗憾的是，最终他也未能如愿以偿地找到印加人隐藏的巨量黄金。

虽然探求印加帝国宝藏的人不少，但是结果却只有一个，谁也没有发现什么。印加帝国真的存在吗？还是宝藏另有藏处？

莫斯科地下藏书室

布满地下通道的莫斯科，据说有伊凡雷帝建造的地下图书馆。

莫斯科坐落在蜿蜒曲折的莫斯科河拐弯处，下面的暗河多达150条，河道用砖石垒起来变成涵洞。在这些静静流淌的暗河旁边，存在着很多不为人知的地下通道和建筑：伊凡雷大帝时期的酷刑室、监狱和秘密通道；18世纪采矿业留下的废弃采石场；20世纪70年代勃列日涅夫修建的秘密地下城；战争时期留下的防空洞……

站在莫斯科繁华的街头，也许你脚下就踩着黑洞洞的秘密。尽管政府对这些秘密空间从不发表任何公示，但它们在莫斯科几乎尽人皆知。

在莫斯科市中心，矗立着庄严的克里姆林宫、洋葱头状的俄罗斯东正教堂以及宽阔的红场，据说在克里姆林宫的主体部分之外，伊凡雷大帝还修建了“地下藏书室”，这个传说中的藏书室至今仍被视为城市考古工作者的“圣杯”。

据说，在公元1453年君士坦丁堡陷落前，一批用希伯来文字、埃及文字、希腊文字和拉丁文字等手书的古代书籍被偷运出城，辗转落到拜占庭帝国最后一个皇帝君世坦丁十一世的侄女——伊凡大帝的妻子索菲亚手里。索菲亚将这些书秘密运回莫斯科，让建筑师亚里士多德·菲奥拉万蒂为这些书册建立了一座密室，就是克里姆林宫的地下藏书室。

伊凡大帝之孙伊凡雷帝于公元1533年继承王位后，将藏书占为己有。他非常自私，将这些藏书视若珍宝，虽然找人将书中文字译成俄语，却不允许译者见到书的全貌，并且从不透露藏书的位置，只能自己独自阅读。

在伊凡雷帝统治后期，他发动了一场针对俄国贵族的恐怖镇压运动。在这段时间，为了惩罚异己，伊凡雷帝命人在克里姆林宫修建了大量隧道，用做酷刑室、监狱和秘密通道。于是，人们认为他的藏书室也在其中。但从彼得大帝到赫鲁晓夫，许多人都曾仔细搜索过地下隧道，但却一无所获。20世纪60年代初，苏联领导人赫鲁晓夫组织了一个特别行动组，负责在克里姆林宫下搜索伊凡雷帝的藏书室。1964年，随着赫鲁晓夫被解除职务，行动组也解散了。

20世纪90年代，莫斯科市长卢日科夫数次组织寻找藏书室的行动，并且使用了金属探测器，却仍然一无所获。古老的藏书、地下的秘密仍然不知所终。

现在，莫斯科将寻找地下藏书室的活动与地下探险结合起来，成为一个独特的旅游资源。探险旅游的策划者、业余历史学家的盖尔曼·斯泰尔里戈夫在地下曾发现一条满是骸骨的隧道，他们都是被伊凡雷帝秘密警察杀害的俄罗斯贵族，然而除了骸骨，斯泰尔里戈夫仍没有找到藏书室。

在1997年，87岁的历史学家阿帕劳斯·伊万诺夫曾宣布他找到了地下藏书室的具体位置，但还未来得及对世界公布就去世了，所以地下藏书室的位置仍然是个谜。

鲁滨逊·克鲁索岛的黄金之谜

因《鲁滨逊漂流记》而得名的智利“鲁滨逊·克鲁索岛”，一直传说着宝藏的秘密。

鲁滨逊·克鲁索岛又叫鲁滨逊漂流岛，位于智利海港瓦尔帕莱索以西670千米的南太平洋上，是胡安·费尔南德斯群岛中的第一大岛。它原名马萨蒂埃拉岛，后来以英国作家丹尼尔·笛福的著名小说《鲁滨逊漂流记》中主人公鲁滨逊的名字重新命名。

公元1547年11月22日，西班牙船长胡安·费尔南德斯在途经太平洋时发现了一个海上火山岛。他根据天主教历法把这个小岛命名为“圣·赛西利亚”。公元1704年，一艘名为“五港号”的船到南太平洋进行私人考察，苏格兰水手亚历山大·塞尔柯克因与船长发生纠纷，被赶上该岛。他带着一支猎枪、一把匕首、一把斧头、一磅火药、一些烟草和一本《圣经》，凭借惊人的毅力和旺盛的求生本能，孤身一人生活了4年零4个月。英国记者丹尼尔·笛福据此写成著名的《鲁滨逊漂流记》。塞尔柯克独居的小岛因此得名“鲁滨逊·克鲁索岛”。他居住的山洞，后来被称做“鲁滨逊山洞”，这个深达9米的山洞至今犹存。

从1940年开始，鲁滨逊·克鲁索岛突然变得热闹起来。一批又一批寻宝者带着大量的古代文献资料和现代化的开采工具来到这个小岛，开始在岛上各处日夜不停地挖掘。

原来，有人根据古代史料发现，200多年前，英国海盗乔治安逊曾在这个小岛埋藏下846箱黄金和大量的宝藏。

乔治·安逊是一位被英国女王加封的勋爵，但他同时又是一个声名显赫的海盗。1774年，英国海军部委托这名海盗去掠夺非洲南部西班牙帆船和殖民地上的财物。安逊把鲁滨逊·克鲁索岛作为大本营和避难所，每次出海都是从鲁滨逊·克鲁索岛出发。

一次，安逊掠夺了一艘西班牙运宝商船。据说，他那次共抢得846箱黄金和宝石，总价值高达100亿美元，属于历代以来最为巨大的一笔海盗财宝。后来，在西班牙当局穷追不舍的追捕之下，安逊撤回到鲁滨逊·克鲁索岛隐藏起来。最终，他打定主意，把这批黄金埋藏起来。于是，安逊趁夜间将宝藏埋藏在一个洞穴里，并在羊皮纸上详细记录了洞穴周围的环境、沿途的各种地形、地貌特征，决定以后一旦时机成熟就来岛上挖掘宝藏。

后来，由于“战绩”显赫，安逊被英国女王封为勋爵。碍于冠冕堂皇的身份，安逊没有机会再到鲁滨逊·克鲁索岛来寻找那批黄金，只能玩味着那张他当年画下的藏宝图。

1940年，这个小岛开始变得热闹起来。一批又一批各种身份的寻宝者带着不知从哪得来的大量的文献和史料来到鲁滨逊·克鲁索岛，开始搜寻那里的每一寸土地，日夜不停地挖掘。然而，经过几年折腾之后，这些人全都两手空空地离开了。

到了20世纪80年代，鲁滨逊·克鲁索岛上的一场瓢泼大雨再次点燃起寻宝者热情的火焰。原来，大雨在岛上造成了泥石流。雨过天晴之后，有人在山谷中意外发现了裸露在外的好多银条和少数几粒红宝石。于是，人们立刻联想到是大雨把安逊当年埋藏的宝藏从高处冲刷出来又散落在山谷里。这个消息没几天就像长了翅膀。随即，大批的寻宝者再次来到这个小岛，但是他们又一次失望而归。

20世纪90年代，一位荷兰裔的美国人贝尔纳得·凯泽对安逊当年埋藏的黄金产生了强烈的兴趣。他从岛上的居民那里获得了有关“安逊黄金”的信息，便立即开始了搜寻，并自称找到了那个当年埋宝的深达7米的藏宝洞的确切地点。

智利政府有关部门也很快得到了这个消息，并立即发表声明，称这个岛属于智利领土，没有智利政府批准任何人不得私自挖掘宝藏。随后，贝尔纳得·凯泽与智利政府达成协议：假如他找到那846箱黄金，必须把所得宝藏的75%归智利政府及鲁滨逊·克鲁索岛上的居民，剩余的25%归贝尔纳得·凯泽自己所有。然而贝尔纳得·凯泽用了各种现代化挖掘工具在岛上昼夜不停地挖掘，但收获的除了石头还是石头，最后只好宣布放弃。智利政府等待的利润分成也泡了汤。

当然，贝尔纳得·凯泽走了，并不等于别的寻宝者不来。可以确信，在以后的岁月中，只要传说中安逊的那846箱黄金不见天日，鲁滨逊·克鲁索岛就永远无法安静。

夏朗德修道院圣宝之谜

夏朗德修道院里的修道士都被杀死了，宝藏之谜也就无人能解得开了。

夏朗德位于法国西南部，居民虽然只有1000多人，但却是一座历史名城。在夏朗德，一直流传着一个夏朗德修道院圣宝之谜，数百年来，人们一直在寻找圣宝，但始终未能找到。

公元1569年，法国科利尼地区海军司令手下的一名中尉罗日·德·卡尔博尼埃男爵在占领夏朗德以后，不仅纵火烧毁了夏朗德修道院，还屠杀了所有的修道士。这座中世纪早期的历史瑰宝，在经历了整整40年的兴盛变迁后，还是被无情地毁灭了。大难之前，虽然修道士们早已把圣物和财宝隐藏了起来，然而，由于没有一个修道士幸存于世，这批圣物和财宝的下落也就成了千古之谜。

几百年来，夏朗德居民一直都会不时地奇迹般地发现闪闪发光的金银财宝和各种罕见的圣物。这也许是财宝埋藏的位置造成的，这一位置形成巧妙的折射现象，将金银财宝和圣物显现出来，这使人们更加坚信这笔财宝一定保存于此。

这些珍宝究竟藏在何处？这是一个十分难解的谜。据人们猜测，珍宝极有可能藏在地下通道里。在夏朗德的地下，布满着纵横交错的网道，这些地下网道大部分都跟地面建筑物接通，四通八达。由于年久失修，这些地下通道或被居民隔断，或早已塌方，所以要清理发掘这些地下通道几乎已不可能。要寻找圣宝，必须寻找其他线索。另外，各种传说也许能为寻宝提供一些有价值的线索。

公元1568年，有一个名叫克莱蒙的年轻牧人为了逃脱胡格清派(公元16～18世纪法国天主教徒对加尔文新教徒的称呼)的迫害，躲进夏朗德附近的一个山洞中。在山洞中他偶然发现一个地下通道网。他沿着其中一条地道一直走了两天，发现有一个出口就在离夏朗德4000米处一个极为隐蔽的地方。据克莱蒙讲，这条地道之宽，而且，地道里还有一大一小两座教堂。这说明地道可能用来藏宝、作战、修道等。

克莱蒙的这次奇遇在他的子孙中间一直流传着。据分析，克莱蒙的传说可能是真实可靠的。因为，据住在离夏朗德附近4000米处的巴罗尼埃小村里的村民回忆，以前曾经有人发现山洞里的地道，地道里有教堂一样的大厅，并且一直延伸到夏朗德城的楠特伊。另外，据当地传说，圣索弗尔修道院当年曾筑有一条20千米长的地下通道，可以直达夏朗德城的楠特伊修道院。因此，如果牧羊人克莱蒙所说的话是真的，那么夏朗德修道院的财宝圣物珍品，如金盘子、枝形大烛台、餐器，很可能藏在那里。

前几年，夏朗德有一群孩子在玩捉迷藏游戏时，在佩里隆家所在地区的一幢老房子下面发现过一条地道。孩子们非常好奇，他们偷偷溜进地道中，借着手电筒的亮光，没走多久就发现远处有一个带3个跨度的拱顶大厅，里面还有一个石头祭台。它很可能是一座地下教堂。修地下教堂的目的何在？有的历史学家认为这完全是出于一种宗教虔诚，有的人认为小教堂也许是指明财宝藏于何处的标志。

然而，从地下小教堂大厅伸延出去的地道已经有1/3被塌下来的土所填满。据曾经进入地道的人分析，过去可能有人进入过这个地道，他们很可能发现了一笔财宝，但在挖掘时，由于误触了机关而使地道塌方，结果人财两空。许多人都相信这一看法。

当地人还说，有一条从一个谷仓底下开始的地道可通到圣索弗尔修道院及其四周附属的8座教堂。这条地道可通往一座地下小教堂，并继续通往巴罗尼埃村附近的一个山洞。从这个山洞进去，可直达一座地下大教堂，在大小教堂底下还有一些地道通往神秘的地方，这些地方也许藏着巨额财宝。

总之，在布满迷宫一般的地下网道和大小教堂的古城夏朗德，有着足以勾起世人探索欲望的珍宝、圣物，也有着令人浮想联翩的传说。在夏朗德人脚下，祖先们留下来的圣宝仍然在沉睡着。

洛豪德岛宝藏之谜

为了追寻宝藏，许多人葬身洛豪德岛，海盗的遗产到底在哪里呢？

在澳大利亚有一个名为洛豪德的小岛，该岛如同大洋中千千万万个小岛一样，景色平凡无奇，并非鸟语花香、景色宜人的旅游胜地，然而，“岛不在美，有宝则名”，正是这样一个小岛，却吸引了无数人的眼球，许多人不惜冒着生命危险到岛上探险。

原来，平凡的洛豪德岛被称为“藏金岛”，相传岛上藏有无数财宝，周围海底也铺满耀眼炫目的宝石。而这些宝藏与公元16世纪被海盗抢劫的“黄金”号商船有关。

关于“黄金”号商船，有这样一段神秘的故事：在公元16世纪50～70年代，西班牙人沿着哥伦布的航迹远征美洲，在那里，他们烧杀抢夺，从印第安人手里掠夺了无数金银珠宝，然后载满船舱准备回国。然而，商船的秘密被海盗们觉察了。于是，海盗们疯狂地袭击每一艘过往的商船，惨杀船员，抢夺了大量财宝。由于财宝太多，海盗们的船太小，无法全部带走，于是海盗商量先带走一部分珠宝，将剩余部分埋藏在洛豪德岛，并绘制了藏宝图，以便日后来取。海贼们歃血为盟，纷纷表示严守秘密，绝不私吞，以图永享这笔不义之财。然而海盗们终归是海盗，没有信用可言。一批海盗将带走的财宝挥霍完之后，悄悄返回洛豪德岛企图独吞宝藏。然而别的海盗也有同样的想法，于是一时间血肉横飞，一场火并后许多海盗被杀死。失败者留下了具具尸体仓皇逃走了，胜利者则携带藏宝图混迹天下，过着花天酒地、骄奢淫逸的生活。从此，“藏金岛”的传说也不胫而走，风靡世界。

公元17世纪70年代，一位名叫威廉·菲波斯的人在偶然间发现一张有关洛豪德岛的地图，图上标有西班牙商船“黄金”号的沉没地，似乎是传说中洛豪德岛的藏宝图。菲波斯惊喜若狂，感觉到一个发财的机会到来了。

菲波斯进行了一番准备，然后揣着这张不知真假的藏宝图，登上荒凉的洛豪德岛，四处勘察。然而寻找了很久，菲波斯仍然一无所获。正当他满怀失望，在海滩徘徊的时候，无意中一只脚陷入沙中，他明显地感觉到触及一块异物，于是立刻挖掘起来。不一会儿，一丛精美绝伦的大珊瑚出现在菲波斯面前，而在珊瑚内竟又藏有一只精致木箱，箱中盛满金币、银币和珍奇宝物。菲波斯狂喜万分，他在岛上待了3个月，疯狂地寻觅，收获颇丰。3个月后，菲波斯扬帆起航，整整30吨金银珠宝装满了他的纵帆船，他终于实现了发财梦。

自此，人们知道了洛豪德岛的秘密，纷纷上岛寻宝。一时间，许多真真假假的“藏宝图”应运而生，充斥欧洲，高价出卖。不少发财狂为了实现发财梦，重金购买“藏宝图”，不惜血本。

然而，寻宝的结果并不像菲波斯那么幸运，来岛上寻宝的人中，或葬身海底，或暴死荒岛，或苦苦寻觅，久无踪影。于是，海盗的遗产成了一个充满诱惑的谜团，洛豪德岛也为世人所熟知。

神秘的橡树岛宝藏

神秘的橡树岛宝藏经过两个多世纪的挖掘，却始终没有显现出它的神秘之身。

橡树岛又名奥克岛，位于加拿大新斯科舍省东海岸5千米处，是一个极小的小岛，总共也就是一个中型体育场那么大。这个名字的来源，是因为岛上曾生长着一棵很大的橡树。虽然今天那里已经没有橡树了，但橡树岛这个名字却留了下来。

公元17世纪，橡树岛曾是海盗频繁出没之地。自公元1701年一个叫做威廉·基特的著名海盗在英国伦敦被处决时透露橡树岛藏有大量黄金宝藏后，数百年来，橡树岛一直吸引着世界各地众多寻宝者的目光。20世纪60年代，人们估计橡树岛底下的宝藏至少价值1000万美元，甚至有人估计达1亿多美元。

公元1795年10月，3名当地男孩到岛上探险，他们发现朝海一面的大片红橡树林中突然出现一片空旷地，地中间独立着一棵古橡树，在这棵大树离地面3米多高的地方，有根粗树枝被锯掉了许多，残树枝的上半部，被划出几道深深的刀痕，仿佛挂过一个古船的吊滑车，树的正下方则是一个浅坑，地面有些下陷，很像曾经埋过的样子。这一发现使他们立刻想到，可能是海盗在此埋下了宝藏。3个少年感到无比兴奋，他们立即开船返程，回去准备一套挖掘工具，再次来岛掘宝，然而那坑像一口枯井，每隔3米就挖到一块橡木板，最终他们一无所获而去。

1803年，一位年轻的医生组织了一支探宝队来到岛上挖掘财宝。经过大约两年的苦干，将洞穴挖到27米深，这时他们发现了一块刻有神秘符号的石头，经专家破译意思是：在此下面12米深处藏有2000万英镑金币。探宝队欣喜若狂，他们一边抽水一边挖掘，终于在30米深处触及了类似箱子的硬物。然而第二天，他们惊讶地发现坑中积水竟猛升18米，于是希望又成为泡影。探宝队并不因此而泄气，后来又陆续做过15次挖掘，耗资达300万美元，但全都无功而返，这个坑也被人称为无底洞“钱坑”。

1850年，又有一支新的探宝队企图找到橡树岛上的宝藏。他们运来了大型钻机，在原先的第一个坑里，一直钻到30米深，结果发现一条金表链和3个断裂的链环。操纵钻机的工人感到钻头仿佛在一大块金属之中旋转，钻头接触到的物体可能是一只巨大的箱子。然而就在这时，冬天来了，他们只得停工。

第二年春天，探宝队回到岛上继续挖掘。在离原坑大约1米的地方，他们又挖了一个新坑，到夏天结束之前，这坑已挖掘到33米深，而且钻头感觉到下面有大块的金属。正当大家确信胜利在望时，历史又重演了以往的一幕，大水突然灌进新坑，坑里的工人差一点被淹死。由于抽水工作毫无效果，人们不禁开始纳闷，这神秘的水究竟来自何方？经过一番搜索，他们发现，海滩上有一条巧夺天工的地道，从大西洋直接通往藏宝坑。当然，谁都无法把大西洋的水抽干。于是人们试图造一座大坝来挡住海水，可建造费用太昂贵，结果没有成功。

后来，其他寻宝者来到岛上，又挖了许许多多坑，弄得这一带面目全非。尽管人们做出了巨大的努力，可谁也无法克服守护宝藏秘密的人设下的人为障碍。

1893年，人们再次来到岛上发掘宝藏。这次在原来的坑里再往下钻了45米后，掘出了一些水泥般的东西，上面则又是一层木板。更令人惊异的是，钻机还带上来一张用墨书写的羊皮纸。兴奋不已的探宝者加紧工作，就在这时，他们又发现了一个海水入口，海水再次把深坑淹没，寻宝工程又以失败而告终。

据官方统计，从公元1795年至今，这些探宝队在岛上的藏宝洞中一共只挖掘出3个铜链、1小片羊皮纸、1块刻着奇怪符号的石头。而已有25个探宝公司因投入巨额资金最后两手空空而破产。在二百多年的反复挖掘中，有的人仰天长叹知难而退，有的人锲而不舍一意孤行，有的人倾家荡产，有的人抱恨终生，有的人葬身海底，但没有一个能够如愿以偿。

橡树岛的地下究竟埋有什么宝藏？是谁埋下的？在取得最后的结果以前，任何人都无法回答。但是，橡树岛对寻宝者的诱惑却是永恒的。也许，人们寻找的并非宝藏，而是一个永远无法挖掘的秘密。

羊皮纸上的藏宝图

黄金杀人，海盗所聚敛的宝藏给人的巨大诱惑，恐怕是超越生与死的。

18世纪初，印度洋和东非马达加斯加海域海盗活动猖獗。但凡途经此地的船只，大都难免遇难。而这其中最为凶暴最为显赫的，就是拉比斯。

拉比斯主要抢劫豪华商船和政府“宝船”。公元1716～1730年，他在印度洋和东非海上称霸14年，总共攫取了54万千克黄金，60万千克白银，其中还有数百颗钻石及各类珍奇宝物。公元1721年4

月，他伙同海盗泰勒狼狈为奸，抢劫了印度洋波旁岛圣但尼湾躲避风暴的葡萄牙船只“卡普圣母”号，抢走船上价值300亿法郎的金银珠宝，并将其重新装修一番，取名“胜利者”号。

拉比斯把抢劫的财物雇人运到一个岛屿上埋藏，并一举杀害所有的埋宝人。他煞有介事地透露，这个宝藏是从塞舌尔岛运到马达加斯加海角的印度海域的。他可以拿宝藏作为完全赦免的交换条件。公元1729年，法国海军终于搜捕到拉比斯，经特别刑事法庭审判，他被定为海盗罪而处以绞刑。公元1730年7月7日下午5时，拉比斯的脖子终于被套上绞索。当他被押向断头台时，突然向蜂拥而观的人们扔出一卷羊皮纸，并吼道：“我的宝藏属于那些能真正读懂它的人！”

在他遗留下来的那卷引人注目的羊皮纸上，写有一封密码信，画有17排莫名其妙的图案，这图案代表若干密码，谁能最终译出这密码的内容，谁便能够找到真正的宝藏所在地。这份密码终不得解，至今留在法国国家图书馆。它的一份影印件曾落入英国探险家瑞吉纳·克鲁瑟韦金斯手中。这个人断定拉比斯财富必在印度洋上的塞舌尔岛上，因而他携带毕生的积蓄到塞舌尔岛待了整整28年，对17排图案作了孜孜不倦的探索，终于破译了16排密码。但对其中的第12排图案却寻求不到答案，直到他因病去世时也未能解开此谜底。

除塞舌尔岛外，另6个印度洋岛屿也可能是拉比斯藏宝地：毛里求斯岛、波旁岛、马埃岛、圣玛丽岛、弗里卡特岛及罗德里格岛，这些岛屿都是拉比斯一伙海盗常来常往之地。后人根据破译出来的密码在毛里求斯岛找到了许多藏宝。

法国“寻找藏宝国际俱乐部”掌握另一份与拉比斯藏宝有关的材料，包括一份遗嘱、三封信件及两份说明书，它是掌握拉比斯宝藏秘密的法国海盗贝·德莱斯坦的东西。探宝专家们认为，在德莱斯坦熟知的财富中有一些便是拉比斯藏宝。

从公元1730年绞死拉比斯到现在，已过去近300年，探寻拉比斯密码和藏宝的活动始终不断，但是宝藏仍然是未解之谜。

“黄金船队”的海底沉宝

沉船海底的黄金船队，像一块巨大的磁铁吸引着梦想发财的人。

近3个世纪以来，在大西洋海底，冒险家们的身影接连不断，他们好像在打捞什么东西，有的人捞起许多珍贵的绿宝石、紫水晶等珠宝翡翠；有的人则是一无所获，乘兴而来，败兴而归。在这片海底究竟藏着什么秘密呢？

公元1702年的一天，一支庞大的船队悄悄离开了哈瓦那港，向西班牙领海火速进发。这支由17艘大帆船组成的船队，满载的都是从南美洲掠夺来的金银珠宝。

当时，作为近代史上第一个庞大帝国的西班牙，已是国力直趋衰退，代之而崛起的是荷兰、英国和法国。公元1700年，哈布斯堡家族的最后一位君主卡洛斯二世在精神失常中死去，他没有给王室留下继承人。为了争夺西班牙王位，欧洲各国皇族竞相争斗。经过一番激烈的王位争夺战后，法国国王路易十四的孙子费利佩五世登上西班牙王位，揭开了波旁家族在西班牙的历史。但是，欧洲并未就此平静下来。以费利佩五世为一方，奥地利莱奥波尔多皇帝之子卡洛斯大公为另一方，展开了一场国际性的王位继承战。法国支持西班牙的费利佩五世，英国与荷兰则支持卡洛斯。一时间双方剑拔弩张，从公元1702～1713年，双方在西班牙、意大利、佛兰德，甚至跨越大洋，在新征服的美洲都展开了战斗。正是在这样的形势下，费利佩五世急命西班牙在南美的殖民机构火速将掠夺的财宝运回西班牙，以解决其困窘的财政问题和军费开支。

这支“黄金船队”一路小心翼翼，历尽艰辛，终于在6月驶到了亚速尔群岛海域，这里离西班牙领海已不远。正当船员们计算着航程，心中暗暗欣喜的时候，突然间一支由150艘战舰组成的英荷联合舰队出现在了海面上。喜悦的心情被恐惧和惊慌所代替，船员们顿时乱作一团。面对着如此强大的一支舰队，抵抗是毫无意义的。“黄金船队”总司令贝拉斯科当即下令全速将船开入大西洋沿岸的维哥湾，一面死守住港口，一面想方设法将珍宝从陆地运往首都马德里。然而，当时的西班牙却有一个奇怪的规定：凡是从南美运来的东西必须首先到塞维利亚市验收。万般无奈，最后只好先把给国王和皇后的财宝从船上卸下来，改由陆路运往马德里（这部分财宝中途为强盗所劫，至今仍无下落）。

将维哥湾团团包围的英荷联军已获悉了这支船队就是西班牙运宝的黄金船队。在金银珠宝的诱惑下，士兵们内心激奋，个个奋勇争先。英荷联军由鲁克海军上将指挥，3000多门重炮轮番轰击，摧毁了维哥湾的西班牙炮台和障碍栅等防守工事，迅速强占着港湾。“黄金船队”总司令贝拉斯看着身边一名名倒下的士兵和呼啸而来的炮弹，终于彻底绝望了，他不得不下令将运载珍宝的船只全部烧毁，以免这批财宝落入敌人之手。火点起来了，西班牙士兵们默默注视着这些自己历经艰辛从南美运回来的奇珍异宝，在火海中慢慢消失，沉入深不可测的海水之中。

这一战下来，除仅存的几艘船为英荷联军及时俘获外，绝大多数都葬身于海底了。从被俘虏的西班牙海军上将恰孔的口中，人们大体知道了这批财宝的总数量。据恰孔估计，此次至少有4000～5000 辆马车的金银珍宝沉入了海底。英国人当时也曾多次冒险潜入水下，希望能打捞起这些财宝，但由于潜水技术及打捞手段的落后，他们仅仅能捞上极少的一些战利品。

随着岁月推移，风浪海潮已使宝藏蒙上厚厚泥沙，众多传闻又使宝藏增添了几分神秘，这些都无疑给探宝带来了太多的麻烦。

变幻莫测的海底世界里，到底何处是这些财宝的藏身之地呢？何时这些财宝才能重见阳光，展示于世人面前呢？

“圣荷西”号沉船的珍宝

“圣荷西”号帆船在敌舰的炮火下沉入海底，一起沉没的还有无数的珍宝。

公元1708年5月28日，天气晴朗，风和日丽。在巴拿马港口，一艘西班牙大帆船“圣荷西”号缓缓起航，向西班牙领海驶去。这艘船警备森严，船上满载着金条、银条、金币、金铸灯台、祭坛用品的珠宝，这批宝藏据估计至少值10亿美元。

当时，西班牙与英国、荷兰等国正处于敌对状态，互有战争发生。在附近海域，英国著名海军将领韦格正率领着一支强大的舰队四处巡逻，如果看到这艘巨大的西班牙帆船，他可能不下令攻击吗？因此，虽然海面上风平浪静，但危险时时伴随着“圣荷西”号。然而“圣荷西”号船长费德兹全然不顾危险地存在，一来他出海日久，回国心切；二来他过于迷信偶然性的幸运，竟天真地认为：大海这么广大，难道会这么巧遇上敌舰吗？

一连几天，“圣荷西”号帆船都在平安地行驶，并没有遇到敌舰。船长显得轻松自信了，洋洋自得。然而在6月8日，船上的人们惊恐地发现前面海域有一支一字排开的英国舰队，船长顿时傻了眼。

没有任何预告，英国舰队猛然间发动了攻击，霎时炮火密布，水柱冲天，几颗炮弹落在“圣荷西”号的甲板上。“圣荷西”号没有还手之力，任由对方的炮弹肆虐。海水渐渐吞噬着这巨大的船体，“圣荷西”号连同600多名船员以及那无数珍宝一起沉往海底，再也没有了踪迹。

后来，经过无数寻宝者的测定，沉船地点终于有了一个大概的结果：它在距哥伦比亚海岸约26千米的加勒比海225米深的海底。

俗话说：“近水楼台先得月。”1983年，哥伦比亚公共部长西格维亚正式庄严宣布：“圣荷西”号是哥伦比亚国的国家财产，不属于那些贪得无厌的寻宝者。

人们估计，哥伦比亚政府已经勘察出沉船的地点了，并计划在“适当的时候”进行打捞。尽管打捞费用高达3000万美元，但船上的宝藏估计至少值10亿美元。它与这批宝藏相比就算不了什么。至于打捞的结果如何，仍是未知数。

“琥珀屋”的宝藏

“琥珀屋”被誉为“世界第九大奇迹”，然而它现在可能躺在海底的某个角落。

公元1709年，当时的普鲁士国王腓特烈一世为了效仿法国皇帝路易十四的奢华生活，命令普鲁士最有名的建筑师兴建“琥珀屋”。“琥珀屋”约55平方米，全部用琥珀板镶成，室内的装饰板也全部用带银箔的琥珀板镶成，堪称旷世珍宝，世界一绝，被誉为“世界第九大奇迹”。不久，为了讨好俄国，腓特烈一世将这稀世之宝作为礼物送给了彼得大帝。彼得大帝病逝后，继位的女皇又对“琥珀屋”加以扩整，使之更加精美、珍贵、华丽，成为皇宫里的一颗璀璨明珠。据说，青睐权势而又风流成性的女皇既要在这里召集内阁会议又要接待情人。苏联时期，“琥珀屋”是彼得格勒人的骄傲，也成了叶卡捷琳娜宫的代名。

第二次世界大战期间，德军攻入圣彼得堡，由于种种原因，苏联政府未能将“琥珀屋”及时转移。纳粹组织将王宫中的“琥珀屋”拆卸了下来，装满27个箱子运回了德国柯尼斯堡，也就是战后成为苏联领土的加里宁格勒。“琥珀屋”曾在那里的美术馆展出，但在苏军1945年攻城前，“琥珀屋”突然不知去向。而此前一直负责琥珀收藏品管理工作的哥尼斯堡美术馆馆长罗德博士却在苏联专家找到他之前突然“病故”，据说，他的死相极端恐怖。

战后，苏联的一个寻找“琥珀屋”的组织根据一个德国人的指点，在波罗的海水中打捞起17个箱子，可是，箱内装的不是“琥珀屋”，而是滚珠和轴承。这一旷世宝藏就这样从世人眼中失去了踪影。

从第二次世界大战至今的60多年间，无论是苏联和前民主德国政府，还是来自世界各地的寻宝猎人，都对被纳粹掠走的“琥珀屋”倾注了满腔热情。一些历史学家相信，1945年，绝望中的纳粹无力将大批宝物转移，“琥珀屋”应该不会转移出柯尼斯堡，它也许被纳粹藏了起来，纳粹德军显然梦想在击败盟军后，再重新取出这些财宝。有人说，“琥珀屋”已安全转移，隐藏在柏林附近一座早已废弃的银矿，也有人说隐藏在波罗的海岸边的一座城堡里，甚至有人愿意相信“琥珀屋”早已被纳粹分子偷运到了南美。然而近些年来，越来越多的历史专家和寻宝猎人们都相信，纳粹可能将从圣彼得堡劫掠来的财宝——包括27箱被拆整为零的“琥珀屋”，全都沉到了奥地利中部山脉中的托普利茨湖底！

托普利茨湖超过1英里长，深103米。在第二次世界大战发生后，希特勒的军队曾将该湖用于秘密的水底炸弹和水下火箭实验。但第二次世界大战末期，预感末日来临的纳粹德军又将许多他们想藏匿的东西都投弃到了托普利茨湖底。在过去几十年中，托普利茨湖就一直和纳粹宝藏联系在一起，并且吸引了众多寻宝猎人、历史学家和对纳粹宝藏感兴趣的人光临。

第二次世界大战后，奥地利政府对到托普利茨湖私自潜水发布了禁令，任何人未获得政府特别许可，禁止再到湖中潜水探险。一些获得授权潜入湖底的探险者们并没有发现纳粹宝藏，只不过找到了一些战争遗物，譬如一些英镑假币，纳粹曾试图用这些假币来扰乱英国的经济；官方潜水者还找到了一些假邮票、炸药、武器和其他纪念物。

项链 法国
由钻石和红宝石做成，做工精细。

然而，奥地利当地政府承认，许多寻宝猎人经常偷偷潜入湖底，梦想寻到纳粹宝藏，他们无法说出托普利茨湖到底发生过多少次非官方潜水寻宝行动。但可以肯定的是，虽然许多寻宝者葬送了性命，但并未找到“琥珀屋”。

在1945～1950年，曾在一个秘密“纳粹研究站”工作的两名前雇员悄悄返回托普利茨湖，然而他们却死在了一场神秘的登山事故中。据当地人称，这两人横死前不久，曾在该地区进行过挖掘。

然而，来自美国“全球探险公司”的探险家们认定琥珀屋就在托普利茨湖，他们还找到了一些当年的目击者记录：1945年5月，纳粹余孽曾经将成车成车的沉重箱子沉入了托普利茨湖底。目击者对这些箱子的描述，完全和那些装着“琥珀屋”的板条箱相符。

据说一些探险家已经潜入到托普利茨湖底，并且发现了一个巨大的刻着俄罗斯文字的板条箱。还有未经证实的谣传称，探险者们已经在湖底找到了“琥珀屋”！然而美国寻宝猎人们却对他们发现了什么守口如瓶。

消息到底是真是假，现在还无法确定。也许，被称为“世界第九奇迹”的“琥珀屋”，还要在某个角落沉睡若干年。

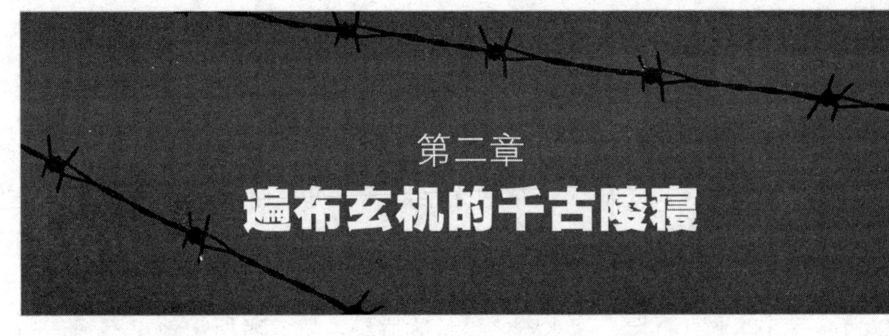

第二章
遍布玄机的千古陵寝

生前豪华奢侈，升天之后，也梦想着人世间的荣华富贵。空惹来，赌命盗墓人。

神秘的禹王碑

禹王碑传说来自大禹，然而一直以来它只是个传奇，并没有人见过原始的石碑。

禹王碑，因最先发现于衡山岣嵝峰，又称岣嵝碑，位于岳麓山顶禹碑峰东，镌石崖壁，宽140厘米，高184厘米，碑文9行，每行9字，凡77字，未有寸楷书“右帝禹制”。字体苍古难辨，有谓蝌蚪文，有谓鸟篆。系宋嘉定年间摹刻于此。

据史料记载,禹王碑是我国最古老的名刻，相传是禹治理洪水成功以后亲自撰写。禹奉舜帝之命治水, 开始头7年治水也没有取得成效，但他顽强不屈。一天，他治水来到衡山，舜说黄帝把一部以金简为页、青玉为字的治水宝书藏在衡山上，但具体在什么地方却无人知道。大禹治水心切，就杀了一匹白马，祷告天地。一天梦见一位自称苍水使者的长胡子仙人授予他金简玉书藏地密图。醒来后他按照密图寻找，果然找到了这部书。从这部书上大禹找到了开渠排水、疏通河道的办法。经过13年的艰苦努力,终于制服了洪水。大功告成后，大禹把金简玉书送回原来的地方，仍用盘石压盖起来，并在岣嵝峰上刻碑铭志。后来，人们就把大禹杀白马以祭祀的山峰叫做“白马峰”，把掘出宝书的山峰叫做“金简峰”，把那块石碑叫做“禹王碑”。在文物保护界,禹王碑与黄帝陵、炎帝陵同为中华三大瑰宝。

关于《禹王碑》最早的文字记载，见于西晋和南北朝时期。晋罗含《湘中记》：“岣嵝山有王牒，禹按其文以治水，上有禹碑。”南朝宋徐灵期《南岳记》：“云密峰有禹治水碑，皆蝌蚪文字。碑下有石坛，流水萦之，最为胜绝。”二者所记地点不一，一说在岣嵝峰（古指衡山），一说在云密峰。

禹王碑的第一次流传于世，是萧齐时期，据梁代刘显《粹玑录》载：“萧齐高祖子铄封桂阳王，有山人成翳游衡岳，得禹碑，摹而献之。王宝之，爰采佳石翻刻，始见于世。”但萧齐时拓本一直未传世。

南宋时期，据说一个名为何致的人在云密峰找到了禹碑。《游宦纪闻》载：何贤良（名致）于嘉定五年游南岳，至云密峰下，遇一樵夫说见过一石碑有数十字，于是樵夫作导，“过隐真屏，复渡二小涧，攀萝扪葛”，找到石刻。但从宋朝以后，禹王碑就谜一样的消失了。

宋代嘉定年间，在岳麓山，人们由何致从南岳衡山岣嵝峰摹刻的拓本复制了禹王碑。因唐宋以前南岳衡山是否有禹王碑真迹已无从考证，成为千古之谜，所以岳麓山禹王碑就成了目前唯一最古老的禹王碑蓝本，距今约800年历史。此后，禹王碑传遍天下，全国约有三四十处地方摹刻了禹王碑。

至今见到禹王碑上总共镌刻有77个字符，竖排六行，五整行每行15字，第六行2字。碑刻字体十分奇特，非甲骨非钟鼎、非篆非隶、非草非楷，仔细考究亦难以识读。著名历史学家、甲骨文专家郭沫若钻研其拓本三年仅识得三字。

明世宗嘉靖十一年（公元1532年），著名学者，时任河南汤阴知县的杨慎得了《岣嵝碑》的拓本，兴奋不已，经过一番潜心研究，宣布自己破译了《岣嵝碑》，全文为：

承帝曰咨，翼辅佐卿，洲渚与登，鸟兽之门，参身洪流，而明发尔兴。久旅忘家，宿岳麓庭。智营形折，心罔弗辰。往求平定，华岳泰衡，宗疏事裒，劳余神禋，郁塞昏徙，南渎衍亨，衣制食备，万国其宁，窜舞永奔。

将禹王碑77个难以辨识的字符译识为可读文字，是杨慎的重要成就，其释文也被认可并且得以流传。但是杨慎释文的依据是什么不得而知，至今也难以确定其是否准确。

不管禹王碑是不是大禹亲手所书，也不管杨慎的译释是否符合原碑的含义，但禹王碑的重要价值是不可忽视的，它记述了有史以来华夏先民征服洪水灾害的壮丽的一页，它是华夏人民赫赫功勋的历史见证，是华夏民族文化的一块璀璨的瑰宝。

秦始皇陵的奇迹

两千多年了，始终固守着脚下的一方黄土，他们还在等待什么呢？

埃及的金字塔、巴比伦的空中花园、奥林匹亚宙斯巨像、土耳其摩索拉斯陵墓、罗得岛的太阳神巨像、阿尔忒弥斯神庙、亚历山大灯塔曾被历史公认为古代世界七大奇迹。2000多年后的今

彩绘铜车 秦

此为秦代的铜车，出土于秦始皇陵，前驾四马，单舆双轮，顶上有椭圆形车盖。秦始皇出游时即乘坐此种车。

天，除了金字塔以外，其他六大奇迹早已被历史冲刷得几乎不存在了。这时，唯有秦俑从地下又重新站立了起来。它就是两千多年前东方文明古国空前绝后的历史遗址。世界第八大奇迹在东方的中国。

1974年3月29日，陕西省临渡县晏寨公社西杨村的几位村民在村南一片柿子林中打井抗旱，在井下挖土的村民发现了一个窟窿。挖开窟窿后，他看到一个类似瓦罐的东西，村民们有些丧气，以为挖到了古人的砖瓦窑。他们继续往下挖，“瓦罐”变成了像一个人的脖腔，之后便是身子、胳膊、腿、铜兵器、砖头等，他们紧张起来，以为挖到了“瓦爷庙”，挖出的东西是“瓦神爷”。“瓦神爷”是当地农民对陶质神像的俗称。这里的村民祖辈相传地底深处有“瓦神爷”，它深居地下，行踪诡秘，从不轻易露面，然后谁一旦遇见，便会带来不祥。老实忠厚的村民们总是遵循长辈告诫——倘若打井、掘墓时碰上“瓦神爷”，最好悄悄挪个地方，千万不敢声张，免得再惹祸殃。于是，整个村子沸沸扬扬地议论起此事来。晚上，村里一些上了年纪，思想上有点迷信的人，怕得罪了这些“瓦神爷”，三五成群来烧香叩头，祈求“瓦神爷”不要降罪于村民。这些村民哪里知道，一个伟大的奇迹马上就要开始。

公元前246～公元前208年，秦始皇嬴政历时39年，建造了中国第一个规模庞大、设计完善的帝王陵寝。秦始皇陵陵区分陵园区和从葬区两部分，筑有内外两重夯土城垣，象征着都城的皇城和宫城。陵冢位于内城南部，呈覆斗形，顶部平坦，腰略呈阶梯形。现存遗址高76米，东西长345米，南北宽350米，占地12万平方米。据史料记载，秦陵中还建有各式宫殿，陈列着无数珍宝。秦陵四周分布着大量形制不同、内涵各异的陪葬坑和墓葬，现已探明的有400多个。

以都城建制规划陵园布局的陵寝制度正是在秦朝形成。秦陵的布局结构以地宫为中心，四周设置了大量的大型礼制建筑、园寺吏舍建筑、陵邑衙署以及从葬坑、陪葬墓等。内城分布着许多用于祭祀、陪葬的建筑，尤以南半部较为密集。除地下宫城外，寝殿及车马仪仗、仓储等众多陪葬坑均在南半部；北半部的西区是便殿的附属建筑区，东区则是后宫人员的陪葬墓区。外城西区的地面和地下设施最为密集，其中建筑基址约占据了西区空间的2/3。由南向北依次分布着：曲尺形大型马厩坑、31座珍禽异兽坑、三组四合院式的园寺吏舍建筑基址等。外城东区的南部则有一大型“石铠甲陪葬坑”和一个“百戏俑”坑，外城象征都城内的厩苑、囿苑及园寺吏舍，供皇帝玩乐游弋等活动。外城以外的地区，有众多为建设、陪葬和管护秦始皇陵园而设置的机构、场所和坑池。

1974年3月，在陵墓以东三里的下和村和五垃村之间，发现秦始皇陵兵马俑坑。经考古工作者的发掘，才揭开了埋葬于地下的2000多年前的秦俑宝藏。

秦始皇兵马俑陪葬坑是世界上最大的地下军事博物馆。俑坑布局合理，结构奇特，在深5米左右的坑底，每隔3米架起一道东西向的承重墙，兵马俑排列在墙间空当的过洞中。陪葬坑坐西向东，3坑呈品字形排列。最早发现的是1号俑坑，呈长方形，东西长230米，南北宽62米，深约5米，总面积14260平方米，四面有斜坡门道，左右两侧又各有一个兵马俑坑，即2号坑和3号坑。

1号坑中已发掘出武士俑500余件，战车6乘，驾车马24匹，还有青铜剑、吴钩、矛、箭、弩机、铜戟等实战用的青铜兵器和铁器。俑坑东端有210个与人等高的陶武士俑，面部神态、服式、发型各不相同，排成3列横队，每列70人。其中除3个领队身着铠甲外，其余均穿短褂，腿扎裹腿，线履系带，免盔束发，挽弓挎箭，手执弩机。其后，是由6000个铠甲俑组成的主体部队，人人手执3米左右长矛、戈、戟等长兵器，同35乘驷马战车间隔在11条东西向的过洞里，排成38路纵队。南北两侧和两端，各有一列武士俑，似为卫队，以防侧尾受袭。

2号坑位于1号坑的东北侧和3号坑的东侧，呈曲尺形方阵，东西长96米，南北宽84米，总面积约为6000平方米。坑内建筑布阵更为复杂，兵种更为齐全。据初步推算，2号坑分为4个单元，有陶俑、陶马1300多件，战车80余辆，青铜兵器数万件，其中将军俑、鞍马俑、跪姿射俑为首次发现。

3号坑在1号坑西端25米处，面积约为520平方米，呈凹字形。门前有一乘战车，内有武士俑68个。从3号坑的布局看，似为总指挥部，统帅左、右、中三军。

已经挖掘的部分已是如此之规模，整个陵墓底下，究竟会有什么奇迹等着我们呢？

刘备墓之谜

刘备是三国时期家喻户晓的人物，可是他死后，人们竟然不知道他葬在了哪里。

三国时蜀国君主刘备，是个家喻户晓、耳熟能详的人物。公元223年，刘备攻打东吴，东吴大将陆逊火烧连营七百里，刘备大败而回，退驻永安县。《三国志》记载：“夏四月癸巳，先主殂于永安宫，时年六十三。”刘备死后葬身何处？到现在仍是一个未解之谜。

一般认为，刘备死后，诸葛亮将其遗体运回成都。《三国志》记载：“五月，梓宫自永安还成都，谥曰昭烈皇帝。秋，八月，葬惠陵。”现在，成都武侯祠内还有刘备陵墓的建筑。

后来，不少人认为，惠陵不过是刘备的衣冠冢。据北宋时期的《太平寰宇记》记载:“东陵，即蜀先主刘备也，今有祠存，号东陵祠。”这本书里，说刘备墓名东陵，并说:“先主祠，在府南八里，惠陵东七十步。”说明刘备墓与先主祠不是一回事。

一种说法认为刘备墓在四川彭山的莲花坝。刘备死于农历的四月，当时四川处于夏天，气温极高，而且当时交通不便，从白帝城到成都至少需要30多天时间。按当时的尸体保持技术，还没到成都刘备的尸体就可能已经腐烂。

基于上述分析，有的专家认为地处牧马山、彭山脚下的莲花村才是刘备的葬身之地，而成都的武侯祠只是刘备的“衣冠冢”。牧马山、彭山依山傍水，有5000多座汉代崖墓。牧马乡的莲花村自古就有皇坟的传说，现在的皇坟边上，被村民挖出来的墓砖四处散落，随处可见。沿着洞口往下观察，全是一层三合土、一层黄泥土夯筑起来的，靠近皇坟的地方还曾发现一块数十吨重的灌县石。

这座皇坟总面积达100多亩，全是由石灰、黄泥和这种灌县石等混合物夯筑而成，由于墓建筑中混合有石灰，所以在皇坟的半山腰以上，竟然看不到蚂蚁、蚊虫之类的东西。刘备虽然自称为中山靖王之后，皇室后裔，但他出身贫寒，父亲早亡，靠卖鞋为生。尽管如此，刘备还是不能摆脱两汉时期厚葬之风的影响。按制度规定，天子即位一年，就以天下贡赋的1/3用于修筑帝王的陵墓。刘备在位3年，尽管与魏、吴两国战争不断，但仍有足够的时间去修建坟墓。在当时的条件下，哪来那么多本地没有的黄泥？那么巨大的石头又是怎样从数百里之外的地方运到莲花村的？至今仍然是一个谜。

因为没有很好的尸体保护技术，刘备的尸体不能运到成都安葬，而彭山牧马乡莲花村离成都很近，难道刘备的尸体运到莲花村就不会腐烂吗？这个无法解答的疑问又使人们想到了传说中刘备埋葬奉节的说法。刘备出殡时，为了防止盗墓，兵马四路同时进行，使人找不到真正的墓地。

2001年3月，武侯祠博物馆植树时，在刘备墓边缘挖树坑，意外地发现几块砖，砖的一侧镂刻着蜀汉花纹图案，是典型的墓砖。武侯祠博物馆的一位研究员说，从发现的这几匹蜀汉砖的质地和纹饰看，与成都平原常见的东汉砖非常近似，这些砖都是当时专为修建墓室所制。这说明惠陵很可能就是刘备墓。

到底奉节究竟有无刘备墓，还是个未知数。也许，通过勘测发掘，刘备葬在“奉节”的疑云才会消除。围绕刘备墓的争论可能还要继续下去。我们期待新的考古发现，去揭开历史烟云中的这一神秘莫测的迷雾……

曹操七十二疑冢

一代枭雄曹操生前多疑，死后仍建72座陵墓，给世人摆下了最后的迷魂阵。

三国曹操小名阿瞒，故而有曹阿瞒之说。自幼任性好侠、放荡不羁，不修品行。统一北方后，与孙权、刘备三分天下，不可一世。他对自己的身后事提出了“薄葬”。他是中国历史上第一位提出“薄葬”的帝王。

当时，曹操虽未称帝，但权力与地位不比帝王低，为什么他不但提倡“薄葬”，而且身体力行呢？据说，曹操一生提倡节俭，他对家人和官吏要求极严。他儿子曹植的妻子因为身穿绫罗，被他按家规下诏“自裁”。宫廷中用过的布料，破了再补，不可换新的。有个时期，天下闹灾荒，财物短缺，曹操不穿皮革制服，到了冬天，朝廷的官员们都不敢戴皮帽子。

又据传，曹操早年曾干过盗墓的勾当，他目睹了许多坟墓被盗后尸骨纵横、什物狼藉的场面，为防止自己死后出现这种惨状，他一再要求“薄葬”。

为了防止盗墓，在力主和实践“薄葬”的同时，他还采取了“疑冢”的措施。布置疑冢，当然也和他生性多疑有关。生前，他因多疑，错杀了许多人；死后，他的多疑也不例外。传说，在安葬他的那一天，七十二具棺木从东南西北四个方向，同时从各个城门抬出。

这七十二座疑冢，哪座是真的呢?曹操之墓的千古之谜随之悬设。千百年来，盗墓者不计其数，但谁也没发掘出真正的曹操墓。

传说，军阀混战年代，东印度公司的一个古董商人为了寻找曹操的真墓，雇民工挖了十几座疑冢。除了土陶、瓦罐一类的东西外，一无所获。

1988年，《人民日报》发表一篇文章《“曹操七十二疑冢”之谜揭开》说，“闻名中外的河北省磁县古墓群最近被国务院列为第三批全国重点文物保护单位。过去在民间传说中被认为是‘曹操七十二疑冢'的这片古墓，现已查明实际上是北朝的大型古墓群，确切数字也不是72，而是134。"关于疑冢的说法便被确证不是准确的了。但是，关于曹操尸骨到底埋于何处，仍然是个谜。据诗曰："铜雀宫观委灰尘，魏之园陵漳水滨。即令西湟犹堪思，况复当年歌无人。"由此推断，曹操墓是在漳河河底。

又据《彰德府志》载，魏武帝曹操陵在铜雀台正南5千米的灵芝村。据考察，这也属假设。那它还有可能在哪呢？还有一种说法是，曹操陵在其故里谯县的"曹家孤堆"。

据《魏书·文帝纪》载："甲午(公元220年)，军治于谯，大飨六军及谯父老百姓于邑东。"《亳州志》载："文帝幸谯，大飨父老，立坛于故宅前树碑曰大飨之碑。"曹操死于该年正月，初二日入葬，如果是葬于邺城的话，那魏文帝曹丕为何不去邺城而返故里呢?他此行目的是不是为了纪念其父曹操呢?《魏书》还说："丙申，亲祠谯陵。"谯陵就是"曹氏孤堆"，位于城东20千米外。这里曾有曹操建的精舍，还是曹丕出生之地。此外，又据记载：亳州有庞大的曹操亲族墓群，其中曹操的祖父、父亲、子女等人之墓就在此处。由此推断，曹操之墓也当在此。

但这种说法也缺乏可信的证据，遭到许多人的质疑。

面对"曹墓不知何处去"的感叹，人们对曹操的奸诈多疑可能有了更深的认识。2009年年底，曹操墓在河南安阳被发现成为国内外热议的话题，社科院考古研究所所长王巍表示，目前确认曹操墓的西门豹和鲁潜墓志等仍然存疑，对曹操墓虽然可"根据考古研究的方法，初步断定"，但这"不是最终的结论，目前还不能盖棺认定"。

生前壮怀激烈、戎马一生，身后依然荣辱沉浮、起伏不定。谜一样的曹操，谜一样的曹操墓。

千年迷雾中的晋皇陵

神秘的晋皇陵在深山中藏了几千年，直到近年才被发现。

晋武帝司马炎是西晋的第一个皇帝，从公元265年司马炎登上皇位，到公元316年西晋被匈奴所灭，司马氏集团在洛阳的统治只维持了51年。西晋皇陵包括5座墓葬，分别是宣帝高原陵、景帝峻平陵、文帝崇阳陵、武帝峻阳陵、惠帝太阳陵。

按照中国古代惯例，皇帝都非常注重陵墓的修建。一般情况下，皇帝修建陵墓的费用占当时国家财政收入的1/3。费用如此之大，就是为了使皇陵气派、壮观，显示皇家的威严。许多皇帝一登基就开始修陵，一直到他死去。如果在位30年，就可能修建30年，可以想见皇陵的规模。奇怪的是，西晋皇陵的具体位置一直不为人所知，别说巍巍如山的大冢，就连一个小土堆也未曾被发现。这是为什么？

据人推测，由于当年司马懿借曹爽谒陵之机，成功夺取政权，所以他非常担心别人如法炮制，于是就定下了“不封不树不谒陵”的家规。没有陵墓，何谈拜谒？只要“不封不树不谒陵”，就能保证司马氏的江山万年永存，这是司马懿的高明之处。而且，“不封不树”还有两个好处：1.倡导俭葬，赢得民心；2.陵墓位置隐蔽，免得盗墓者打扰。

在河南偃师市枕头山与鏊子山下，有两个相距不远的村庄，一个名叫坟庄，一个名叫香峪。顾名思义，坟庄应该与坟有关，香峪则是烧香的山谷。古代帝王修建陵墓后，都要派人守护，守墓人的后代就地为家，慢慢繁衍，最后形成村落，这些村落的名字往往与陵、坟等有关。在西晋皇陵被发现以前，这里没有其他皇陵，这些村名当然也没有引起人们的注意。

20世纪初，附近一户农家挖红薯窖时挖到了一座晋代的墓。墓中有一方墓志，上有“北望皇陵”等记载。后来这里陆续有晋代古墓被发现，于是，人们猜想西晋皇陵就在附近，但具体位置仍是一个谜。

20世纪80年代，考古工作者利用先进的探测仪器，对这一带进行勘探，确定了西晋皇陵的具体位置，才解开了这一千年之谜。

西晋皇陵分东西两区，东区在偃师市城关镇潘屯、杜楼两村以北的枕头山下，西区在首阳山镇南蔡庄北的鏊子山下，两区相距数里。

文物工作者在枕头山下共探出5座墓葬，均坐北朝南。其中1号墓规模最大，规格最高，位于墓地东部，居尊位。枕头山下是低平、富庶的伊洛河平原，视野非常开阔。专家认为这就是司马懿、司马师、司马昭等人的陵寝。

在西晋皇陵西边的鏊子山下也有多处墓葬，均坐北朝南，其布局主次分明，排列有序，显示出死者生前的尊卑关系。其中1号墓位于墓地最东端，居于尊位，且在墓地中规模最大。故此墓主人应该是晋武帝司马炎的峻阳陵。晋武帝作为西晋的开国皇帝，在墓地选择上看来是费了一番心机。鏊子山两端分别向南伸出一道较为平缓的山梁，对墓地形成三面环抱之势，是修建帝王陵墓理想的风水宝地。

就此，"失踪"千年的西晋皇陵终于被发现，其具体情况有待于进一步发掘和考证。

乾陵之谜

这座中国乃至世界上独一无二的两朝帝王、一对夫妻皇帝合葬陵给后人们留下许多千古难解之谜。

乾陵位于陕西乾县城北的梁山上，距古城西安约80千米。由于乾陵恰好位于唐长安城的西北方向，在八卦中，西北方位属于"乾"卦，故称"乾陵"。乾陵是我国唐朝第三代皇帝唐高宗李治与大周女皇武则天的合葬墓，是我国唯一的一座两个皇帝的合葬陵寝，也是目前所知唯一没有被盗掘过的唐代帝王陵墓，被誉为"唐陵之冠"。

公元683年12月，唐高宗李治病逝。武则天命吏部尚书韦待价为山陵使，按照"依山为陵"的葬制，在梁山山腰上开始修建地宫。工程艰巨浩大，7个月后，主要工程竣工，唐高宗入葬乾陵。乾陵营建时正值盛唐时期，国力雄厚，所以陵园的规模宏大，建筑富丽雄伟。公元705年冬，武则天驾崩，也埋葬在乾陵中。

武则天与乾陵使秦川大地出现了一个神奇的巧合：圆锥形的梁山主峰之南有两个稍矮、左右对峙的乳峰，地貌恰如一位巨大的女性躯体，正像女皇帝武则天静静地仰卧在那里，默默诉讼着那段遥远的故事。

在乾陵前并立着两块巨大的石碑，西侧的一块叫“述圣碑”，这是武则天为高宗歌功颂德而立的碑，她亲自撰写了5000余字的碑文。东侧是武则天的无字碑。自秦汉以来，帝王将相无不希望死后能树碑立传，中国历史上唯一一个女皇帝的石碑却没有刻一个字，这是为什么呢？

目前有三种说法：一种说法认为武则天立“无字碑”是用以夸耀自己，表示功高德大非文字所能表达；另一种说法是认为武则天立“无字碑”是因为自知罪孽重大，感到还是不写碑文为好；第三种说法则认为武则天是一个有自知之明的人，立“无字碑”是聪明之举，功过是非让后人去评论。

还有少数人认为，武则天觉得死后与唐高宗合葬，称呼自己是皇帝还是皇后，都难落笔，因为不管这种想法是出于其骄傲抑或谦虚，武则天曾君临天下则是不可回避的事实，权衡之后，还是以无字碑更为恰当。总之，武则天立此“无字碑”，可给后人出了一道难题，至今人们还是猜不出这位女皇的真正用心。

在乾陵陵园朱雀门外的东西两侧，分布着61尊石人像，大小和真人差不多，人们在习惯上称其为“藩像”“宾王像”。这些石像大约建成于武则天去世前后。石像背后刻有文字，文字记录表明，他们是来自唐朝西部、西北部少数民族首领，或者外国使臣，他们都为唐朝的统一与和平外交作出了贡献。

令人不解的是，这些石像都没有头。经过仔细观察，发现这些身首异处的石像有被砸掉头的痕迹。乾陵所在的陕西乾县，在历史上是“丝绸之路”的要塞，也是兵家必争之地。千百年来，这里发生过的战争不计其数。61尊石人的头颅很有可能就是在连年战争中被破坏的。

据当地老百姓的说法，八国联军侵华时，见唐乾陵前立有外国使臣，感到有辱洋人的脸面，所以把石人的头砍掉了。但据历史学家考证，八国联军侵华时根本没有到达此处。因此，这种说法纯属民间传说，不能成立。

另一种说法认为是明朝，当地流行瘟疫，病死百姓不计其数。百姓认为瘟疫来源可能是这些石人在作祟，所以将石像都砸掉了头。这种说法虽有一定的可信性，但缺乏直接证据。

据有关人士分析，61尊石人像断首当在宋、元、明三朝，宋朝人游师雄曾考察藩臣石人像并留下文字记录，可见那时石人像还完好，明朝人李梦阳在一首诗中记载了石人像断首折肢，由此断定石人像被毁的时间范围应当无误。在辽、金、元三朝，统治者可能感到同族首领侍立于陵前有辱本族颜面，因而把石人像砸毁。可是，如果石人像真是毁于辽、金、元三代统治者之手，那为什么只砸掉了头，而不是毁掉全部石人像呢？关于61尊石人像头颅的下落之谜，还有待于进一步研究。

乾陵里面究竟有些什么呢？没有记载。按照古代帝王丧葬的惯例，可以这样估算，唐高宗应把当时国家财政收入用掉1/3，20多年后，武则天又花费了国家财政收入的1/3。如果从来未盗，埋在陵内的金银财宝将堆积如山。还有人以重量推测陵中的文物，说至少要有500吨。

根据考古工作者对乾陵主峰以下，垂直地宫的局部探测，以及对乾陵附近的陪葬墓的发掘，专家们推测乾陵墓室的结构，是由墓道、过洞、天井、前后通道、左右宫殿组成。左边躺着唐高宗，右边躺着武则天。

在前后通道的两侧，又各有四间石洞，洞里装满了盛唐时的珍宝。在通向金刚墙的近百米过道两旁，摆满了各种金银祭器。而最让世人感兴趣的就是那件顶尖级国宝——《兰亭序》。史书记载，李世民在遗诏里说要将《兰亭序》放在其头下。也就是说，这件宝贝应该在昭陵，而不在乾陵。可是，五代耀州刺史温韬把昭陵盗了，但在他写的出土宝物清单上，却并没有《兰亭序》，那么《兰亭序》很有可能就藏在乾陵里面。乾陵一带的民间传闻中，早就有《兰亭序》陪葬武则天一说。

然而这一切，只能等到乾陵发掘的那一天才能知道。乾陵的谜还有很多很多，作为历史上唯一的女皇帝，武则天在生前死后都给人们留下了很多谜团。

西夏王陵：神秘的东方金字塔

大夏帝国，神秘出现又神秘消失，留给后人的是谜一样的金字塔。

西夏王陵坐落在银川市西郊的贺兰山下，是中国现存规模最大、地面遗迹保存最完整的帝王陵园之一，与北京的明十三陵、河南巩义市宋陵相当。王陵中独特的陵塔有“东方金字塔”的美誉。整个西夏王陵建在约50平方千米的荒漠上，共有9座皇帝陵园和250多座达官贵人的墓葬。

770多年前，西北大地耸立着一个与宋、辽鼎立的少数民族王国——“大夏”封建王朝，西夏语为“大白高国”。因其位于同一时期的宋、辽两国之西，历史上称之为“西夏”。公元1227年，经过一番血雨腥风，蒙古成吉思汗的大军攻下了西夏王朝后，对西夏党项人进行了毁灭性的杀戮。这个在战火中湮灭的西夏王朝在历史典籍上记载极少，《二十四史》上也没有对西夏王朝的记录。如今这个曾经显赫一方的西夏王朝留给后人的，只是一个又一个谜。在这种背景下，西夏王陵的发现，几乎是天赐的奇迹。

1972年6月，中国人民解放军原兰州军区某部，准备在宁夏回族自治区贺兰山下距离银川市约40千米的地方修筑一个小型军用飞机场。然而，十几天后，在挖掘过程中就出现了古老的陶器和方砖，方砖上还有无法辨识的文字。考古人员到现场进行研究后认定，这是一个古代西夏时期的陵墓，方砖上的方块字就是传说中的西夏文。

后来勘测时，绵延的贺兰山荒漠中，金字塔形黄土建筑竟一座座默默相连——考古人员相继找到十几座高大的墓冢。最后，他们终于认定：这些雄伟的建筑正是西夏皇家陵墓！

2000年4月30日，考古队队员在对3号陵园的清理发掘中，在陵园的东北角阙，发现了一尊造型完整的人面鸟身的“鸟人”。经中国科学院考古所专家蒋忠义认定，这“鸟人”是《阿弥陀佛经》中记载的迦陵频伽。这是西夏史考古的首次发现。迦陵频伽是梵语的音译，汉语译作妙音鸟，是喜马拉雅山中的一种鸟，能发妙音，是佛教“极乐世界”之鸟，它们应是佛教建筑上的装饰物。

然而，随着研究的深入，西夏王陵的神秘也越来越令人疑惑。至今，王陵仍存在四大未解之谜：

首先，西夏王陵的夯土（指一种建筑材料）主体为什么没有损坏？

王陵的附属建筑都已毁坏了，但以夯土筑成的王陵主体却巍然独存。根据年代推算，这些王陵最晚的一座也超过了700年，如此漫长的岁月，许多砖木结构都已经土崩瓦解，为何夯土建筑却依然完好呢？

其次，王陵上为什么不长草？

贺兰山东麓是牧草丰美之地，处处长草，唯独王陵上寸草不生。有人说陵墓是夯土筑成的，既坚硬又光滑，所以不会长草。可是石头比泥土更坚硬，只要稍有裂缝，落下草籽，就能长草，陵墓难道一点缝隙也没有吗？有人说当年建造陵墓时，所有的泥土都是熏蒸过的，野草难以得到养分，所以长不出草来。可是熏蒸的作用能持久近千年吗？何况陵墓上难免有随风刮来带有草籽的浮土。

再次，王陵上为什么不落鸟？

西北地区尽管人烟稀疏，鸟兽却相对要多一些，尤其是繁殖力较强的乌鸦和麻雀，它们几乎随处歇脚，可是唯独不落在王陵上。

最后，西夏王陵的布局是否可以安排？

比如按“时间顺序”或者说“帝王的辈分”由南向北排列——但是实际上，从高空俯视，这些王陵好像是组成了一个什么图形：有人说可能是根据八卦图形定位，也有人说那是风水安排的。可是最早一个国王的逝世到最后一个国王的逝世，时间相差近200年，谁能估计到西夏王国要传多少代王位呢？

由于西夏的史料和相关的证物极少，所以有关西夏王陵的诸多谜团仍然无解。

明十三陵碑文之谜

武则天的无字碑闻名天下，可是在明十三陵中也有无字碑，这是为什么呢？

举世闻名的十三陵，是明朝十三个封建皇帝的陵墓。坐落在北京西北郊昌平区境内的燕山山麓。这里自永乐七年五月始作长陵，到明朝最后一帝崇祯葬入思陵止，其间230多年，先后修建了十三座金碧辉煌的帝王陵墓，是当今世界上保存完整、埋葬皇帝最多的墓葬群。

在明十三陵中，每座陵墓前都有一座神功圣德碑，顾名思义，此碑是记载皇帝一生功劳的碑。明长陵是十三陵首陵，碑首正面中心部位有篆额天宫，刻“大明长陵神功圣德碑”，碑身刻明仁宗朱高炽为其父成祖朱棣撰写的碑文，长达3000余字，碑的阴面，左右侧面均为清代皇帝的御文。

然而在十三陵里只有明成祖朱棣的长陵的石碑上有碑文，其余十二陵的石碑上都没有碑文，成为无字碑。既然十三陵中第一陵有碑文，为何接下来的却又无碑文呢？我国历史上无字碑很多，最有名的当数武则天的无字碑，可是像明十三陵这样，十三陵中有十二陵无碑文，还是独一无二的。

对于无字碑众说不一，有的人认为，皇帝功德太大，无法用言辞表达，这种说法是没有根据的，因为明代的立业皇帝朱棣的长陵的石碑上都刻有文字，都能用文字来表达，那么后代皇帝大多碌碌无为，怎么倒无法书写了呢？倒不如说是无功劳可书。

献陵是明仁宗(朱棣之子)朱高炽的陵墓，其神功圣德碑立于陵前约百米处。为什么从献陵开始，其后的功德碑就成了无字碑了呢？有专家分析可能与明仁宗在位时间短有关系。

永乐二十二年(公元1424年)七月十八日成祖病逝榆木川，由长子朱高炽即位，为仁宗皇帝，改年号洪熙，可是仁宗在洪熙元年(公元1425年)五月十二日去世，那么对他一生的评价特别是即位之后，实难尽善尽美的表达，因此他的儿子宣宗皇帝没有为其父撰写神功圣德碑文，再者，仁宗皇帝在临终遗诏中提出“朕临御日浅，恩泽未浃于民，不忍重劳，山陵制度务从俭约”。宣宗遵照仁宗遗诏营建山陵。从洪熙元年（公元1425年）七月兴工，到九月玄宫落成埋葬仁宗，仅用了3个月的时间，地面建筑是陆续营建的，建成后的献陵确实比较简朴，神道上没有单独设置石像生、碑亭等建筑，无重门，其他建筑也比较简单，因此后代有“献陵最朴，景陵最小”之说。既然仁宗没有立神功圣德碑，那么后代的皇帝也不好再立了，一直到嘉靖年间才为上述六帝(从仁宗—武宗)之陵立碑，但未书文。

关于无字碑的原因，还有人认为，碑文按理应由翰林学士来写，因太祖朱元璋在皇碑文中写到“况皇陵碑记皆儒臣粉饰之文，恐不足为后世子孙戒”，所以皇帝陵碑文必须由嗣皇帝撰写，如太祖碑文为成祖所撰，成祖陵碑文为仁宗所撰。据史料记载，明十三陵从第二陵开始后的六陵，开始都没立碑，补立的六块碑是嘉靖年间用6年时间做成的。做成之后，按祖训应由当朝皇帝为其撰写合适的碑文，但当时嘉靖皇帝沉迷于声色，对此根本不感兴趣，直到他去世也没写出一篇来，因此，碑虽树起来了，却始终没有碑文。

嘉靖以后的各陵，又因祖宗开了无字的先例。有人认为，最主要的原因在于，明朝中后期的皇帝们多无功绩，他们笃信方术，重用宦官，朝廷一片黑暗。立一块无字碑，或许更能掩饰一位位帝王的腐败和无能。十三陵各陵碑上虽然无字，却反映着明朝中期以后政治上的腐败。

不管这些说法怎样，到现在，这些无字碑还在十三陵中，同那些皇帝一起，真正是做到了“功过是非由后世评说”。

泰姬陵背后的故事

美丽的爱情传说背后，竟然是一个血腥的故事。

泰姬陵作为陵墓建筑中的典范，一直被人们所瞻仰和称颂，因为她背后有一个动人心弦的爱情故事。据说沙·贾汗的宠妃阿姬曼·芭奴是一位具有波斯血统的绝世美女，性情温柔，擅诗琴书画。她21岁时与当时为贾汗吉尔国王的三王子库拉姆结婚。婚后与库拉姆同甘共苦，形影相随。公元1628年，库拉姆经过一场血战继承王位，给自己取名沙·贾汗，意为世界之王。沙·贾汗也因此得到宫中最高头衔——泰姬·马哈尔。但是好景不长，公元1631年，阿姬曼·芭奴因难产而死，令沙·贾汗伤心欲绝。他决定为宠妃建造一座全世界最美丽的陵墓，以表达他对宠妃的思念之情。同时，下令宫廷为她致哀两年，禁止一切娱乐活动。然而，泰姬陵的建造真的是出自伟大的爱情动机吗?

举世闻名的泰姬陵的陵墓建筑群包括大门、玛哈墓、四座尖塔和一些附属建筑物，全部设计互相配合，浑然一体。陵墓耸立河边，气势雄伟。陵园占地42亩，布局精巧，林木成荫，风景优美，更有流水、喷泉，反映了蒙兀儿人心目中的人间仙境。

据说，每天动员20000名工匠，耗时22年才建成泰姬陵。石匠、金饰工、雕刻家和书法家把整座陵墓里里外外都装饰得美轮美奂。镶嵌那些精美的图案所用的宝石多达43种，包括玉石、水晶、黄玉、蓝宝石、钻石等。墓内到处可见纯银烛台、纯金灯座、华丽的波斯地毯，雕花大理石棺四周更围了一道纯金的栏杆。

据公元17世纪到印度旅行的欧洲人说，沙·贾汗好大喜功、权欲熏心、荒淫无度，根本不是爱情专一的丈夫。甚至有人说，他曾与长女乱伦。为了争夺皇位，他竟然不念亲情，把几位兄长和5个男性亲人全部杀害。

沙·贾汗统治期间，一直不遗余力扩张权势。他毕生都热衷于建造许多宏伟的建筑物，以炫耀帝国的财富，瑰丽的泰姬陵也许只是典型的例子。

泰姬陵建成后，沙·贾汗竟残忍地在陵墓完工后砍掉设计师的头，又砍掉众工匠的手，其血腥程度可谓世间少有。他为什么要这样做呢？无人知晓。

埃及帝王谷

“国王陛下的岩洞陵寝是我一个人监修的，谁都没有见过，谁都没有听说过。”

——建筑师依南尼

帝王谷位于开罗以南700千米，尼罗河西岸岸边7千米处，与古代底比斯城的所在地隔河相望。在离底比斯遗址不远处的一片荒无人烟的石灰岩峡谷中，断崖之下就是古代埃及新王国时期（公元前1570～公元前1090年）安葬法老的地点。

几个世纪以来，法老们就在尼罗河西岸的这些峭壁上开凿墓室，用来安放他们显贵的遗体，同时还建有许多巨大的柱廊和神庙。这里曾经是一处雄伟的墓葬群，共有60多座帝王陵墓，埋葬着埃及17～20王朝期间的64位法老，其中有图特摩斯三世、阿蒙霍特普二世、塞提一世、拉美西斯二世等最著名的法老。

这些陵墓的墓穴入口往往开在半山腰，有细小通道通向墓穴深处，通道两壁的图案和象形文字至今仍十分清晰。其中最大的一座是19王朝塞提一世之墓，从入口到最后的墓室，水平距离210米，垂直下降的距离是45米，巨大的岩石洞被挖成地下宫殿，墙壁和天花板布满壁画，装饰华丽，令人难以想象。

帝王谷是一个扑朔迷离之地，至今没有人能搞清楚它的来龙去脉。比较可靠的说法是认为帝王谷始于法老图特摩斯一世（公元前1545～公元前1515年）时期。

图特摩斯一世有感于先人的陵寝大都难免遭受盗墓人的侵害，首次把自己的陵墓同殡葬礼堂分开。他命建筑师依南尼在底比斯山西麓隐蔽的断崖下的石灰岩壁上开凿了一条坡度很陡峭的隧道作为墓穴，并将遗体安放于此。此后的500年间，法老们一个个长眠在这个山谷里。后来希腊人看到那通往墓室的长隧道很像牧童吹的长笛，便把岩穴陵墓叫做“笛穴”。

具体施工的记载得以保存下来，倒是要感谢建筑师依南尼的虚荣心了。依南尼本人的殡葬礼堂墙壁上的文字详述了他的生平，其中有一段叙述了这第一座岩洞陵墓的建筑过程。有几句很引人注目：“国王陛下的岩洞陵寝是我一个人监修的，谁都没有见过，谁都没有听说过。”然而，现代考古学家霍华德·卡特却对依南尼使用的工人数目有所估计。据估计，工人有100名以上，大多是战俘，工程结束后他们就统统被杀掉了。

图特摩斯一世为了防止盗墓者才把岩洞陵墓修建在帝王谷。然而，天不遂人愿，帝王谷注定要成为盗墓贼的天堂。

法老在安葬他们的木乃伊时极尽奢华之能事，里面每一座墓室的财富数量都远远超过最贪婪者的梦想，盗墓贼岂能不垂涎三尺？在帝王谷，法老们选定的墓穴位置是彼此靠近的，不像过去那样分散，目的是便于集中守护，而这也恰恰给盗墓贼提供了方便。不知从何时开始，一支支匪帮出没在帝王谷周围，他们采取各种手段进行疯狂的盗墓。托特米斯一世的遗体在那里待了多久不得而知，但他的后辈托特米斯四世下葬不到10年，墓就被洗劫一空，并且盗墓者还在墓室的墙上写下了得意的留言。可以说，500年的时间里，葬在那里的每一座墓室都无一例外被盗贼光顾，以至于后来的法老不得不一次又一次地将他们的先祖改葬。拉美西斯三世的遗体前后改葬了3次，阿赫密斯、阿门诺菲斯三世、图特摩斯二世以及拉美西斯大帝的遗体也都曾被改葬别处。到最后，由于再也找不到合适的地方，只好将它们几具、十几具堆在一处。1881年，开罗博物馆的一位工作人员仅在一个秘密洞穴中就发现了40多具法老木乃伊！

随着朝代更迭，3000年后，帝王谷早已被彻底废弃，成了一片破败不堪的荒漠。3000年来，一群群盗墓者把山谷翻了一遍又一遍，直到19世纪，一支支盗墓匪帮仍然在这里活跃着。可以想象，这里的陵墓遭到了怎样的浩劫。当年豪华的洞穴早被洗劫一空，许多洞穴的入口敞开着，成为野狐、沙隼和蝙蝠的巢穴。然而，即使在今天荒无人烟的帝王谷仍然很受盗贼欢迎。

同一个地方，盗墓活动持续了3000年，这在历史上恐怕绝无仅有。

神牛墓之谜

公牛是孟菲斯的神兽，永生的神牛也成了孟菲斯最大的谜团。

埃及是个信仰拜物教的国度，在埃及的历史上，神具备人形是后期的事了。古代的埃及神都以符号、植物或动物的形象出现。如女神海梭尔是一头在榕树上栖身的母牛；奈菲尔特姆神住在荷花上。但多数的神是以动物形象出现的，如赫农是公羊；赫卢斯是隼；托斯是朱鹭；赛贝克是鳄鱼。

动物神是埃及重要的信仰，除各种动物神外，有些动物只要具备一定的条件也成为崇拜的对象。孟菲斯的公牛塞拉皮斯就是最著名的神兽，它受到的崇拜礼仪也最为隆重。公牛活着的时候，由牧师在庙里喂养，死后尸体用药剂进行保护，举行隆重的葬礼，然后被同样花色的公牛接替。这些神兽的墓地的规模不下于神祇和帝王的陵墓，孟菲斯的地下神牛墓就是一个典型的例证。

提到神牛庙就不能不提一个人——法国人马利耶特。马利耶特年轻时就研究埃及学，对埃及的历史很感兴趣。1848年，他来到埃及。在埃及，马利耶特后发现了一个非常奇怪的现象：无论埃及官僚们豪华的私人花园里，还是亚历山大、开罗或吉萨的一些较新的寺庙前的狮身人面像，雕刻的风格都显然是一样的。马利耶特在开罗附近的撒卡拉城里的古代遗迹间漫步时，偶然看到一座埋在沙里只露着头部的狮身人面像，他觉得这座狮身人面像和开罗以及亚历山大港的那些像十分相似。

事情就是这么的巧，在狮身人面像上，马利耶特看到一段记载有关孟菲斯的神牛塞拉皮斯的铭文，这使他想起了斯特拉蓬的一段话："在孟菲斯还有一座塞拉皮斯神庙。当地沙子极多，到处都是被风吹成的沙堆。沙里埋有各种斯芬克斯的雕像，有些露出一半，有些只露出头部。由此可以想象，在走向这座神庙的路上，如果刮起一阵风来是相当危险的。"于是，马利耶特断定有一支湮没了的狮身人面像的行列，其尽头就是传说中的西拉皮斯神庙。

经过艰辛的考察，直到1951年2月11日，马利耶特的发掘小组才找到了孟菲斯神牛墓。在神牛地下墓室的入口处有一座安葬之前放置遗体用的教堂，其规模较之埃及贵族的平顶墓前的教堂不相上下。一条很陡的甬道通向长形墓室，里面安放着从拉美西斯大帝起数百年来无数具神牛的尸体。这些尸体各占一间墓室，许多墓室沿着约98米长的通道排成长列，加上后来出土的直至托勒密时代的墓葬，墓道总长达到约341米。对神牛的崇拜竟然到了如此地步！

神牛墓的主长廊是个在裸露的岩石上挖成的大墓穴，实际上是由几条互相交叉的长廊组成，大部分长廊的左右两边都有墓室，里面安放着神圣的神牛木乃伊。孟菲斯的神牛庙里共有64间墓室。每一个墓室里，中央都竖着一个阿玛西斯时期以后的巨大石棺。这些石棺都是用光亮平滑的黑色或红色的花岗岩凿磨制成，每个高约3米，宽约2米，长约4米，估计重约72吨。

可惜神牛庙里的许多石棺盖早已被人掀去，所以马利耶特和以后的考古者一共只找到两口内部完整无损的石棺，其他都已遭受粗暴的劫掠。这是几时发生的呢？谁也说不清，盗墓的人也并没有留下姓名。不断移动的流沙湮没了多少庙宇、墓葬和古城，盗墓者留下的痕迹早已被沙盖得无影无踪了。

如今，孟菲斯的地下神牛墓（即塞拉皮斯神庙），与图坦卡蒙的陵墓、德尔巴哈里的帝王谷木乃伊，以及塔尼斯的王室墓穴一起，并列成为埃及学四大重要的考古发现。

神秘的吉萨高地古墓

吉萨高地先后发现了160多个古墓，其形状与金字塔非常相似，然而人们直到今天也不能解读这些墓壁上的象形文字。

吉萨在尼罗河下游左岸，同开罗隔河相望。吉萨有著名的吉萨金字塔、孟菲斯遗迹和博物馆等。吉萨的三座金字塔耸立在尼罗河两岸的沙漠之上。金字塔如此高大，使人们很容易相信它们是神或巨人所建造的古代传说。

从1991年开始，吉萨高地先后发现了160多个古墓，许多古墓的形状与金字塔的外形非常相似。考古学家们虽然直到今天也不能解读这些墓壁上的象形文字，但它们显然跟金字塔有关。遗憾的是，这些古墓多半遭到盗墓贼的光顾，因此有价值的文物所剩无几。

20世纪90年代末，吉萨发现了一座特殊的古墓。这座古墓有4600多年的历史，并且保存完好，没有遭盗遭毁的任何迹象。这座古墓是传说中埃及第四王朝三代国王大祭师们的下葬地。虽说目前还无法证实墓主的真实身份，但如果真是国王大祭师墓葬的话，那么墓中一定藏有大量跟第四王朝有关的历史资料，因为埃及古王朝的历史与文化当年只掌握在这些大祭师们的手中，象形文字和解释历史是他们特有的权力。然而，吸引人的不是古墓的历史，而是古埃及的谚语和美国大预言家埃德加·凯西的预言。埃及古谚语说，每当在世纪之交的时候，埃及的一些神秘古墓就会被发现，在人类打开古墓的同时，也同时打开了一个新的世纪。

埃德加·凯西是20世纪的大预言家，他自称接到过有关大金字塔和狮身人面像来历的超自然信息，预言每当世纪之交的时候，有关金字塔或者其他信息就会被发现，他所预言的人类在19世纪末将发现胡夫金字塔人口的消息后来被证实是准确的，胡夫金字塔的原始入口1881年被英国探险家霍华德·维斯发现。

然而，埃德加更大的预言是：在狮身人面像的爪子底下或金字塔底下有一个规模浩大的地下“档案馆”，“档案馆”里收藏着有关人类起源和智慧发源的原始资料！这个地下的“档案馆”被发现的时间将是20世纪的90年代末！让人感到吃惊的是，美国和英国科学家通过地震勘测法得到的结果表明：在狮身人面像的地底下确实存在一个规模庞大的地下建筑群！

这次发掘的神秘古墓就位于被怀疑有地下“档案馆”的区域内，所以引起世人的关注。古墓共有3层，最神奇的第三层曾经被水淹过。墓穴里有4根巨大的神柱，包围着一个被水淹着的石棺。虽说这里没有让人看到预言家所说的关于人类的秘密，但如此宏大的地下建筑却让人们叹为观止。而且，地下工程的挖掘工作还远远没有完成，也许那里才隐藏着真正的秘密。

此外，埃及考古人员还展示了一些以前从来没有向人们展示过的东西。其中几幅精美的壁画甚至展示了一些高技术的影子，比如一些非常像飞船和直升机的图案。最让人惊奇的是：“直升机图案”的外形竟然跟目前美国空军使用的最先进的“阿帕奇”直升机的外形如出一辙。

不过，埃及政府和文物部门却严禁任何人接近这块“禁地”。埃及政府的做法让许多人议论纷纷，有人猜测，埃及政府一定在古墓发现了什么，也许发现了一个惊天秘密，所以没有向公众展示。许多人甚至断言：人类有可能找回过去那段失落而又高度发达的文明！

古墓长明灯不灭之谜

在一座古墓的拱顶上，一盏长明灯投射着幽幽的光芒。为什么它能长燃不灭？

公元527年，叙利亚处于东罗马帝国的统治时期，当时在叙利亚境内的东罗马士兵们曾发现，在一个关隘的壁龛里亮着一盏灯，灯被精巧的罩子罩着，罩子好像是用来挡风的。根据当时发现的铭文可知，这盏灯是在公元27年被点亮的。士兵们发现它时，这盏灯竟然已经持续燃烧了500年！遗憾的是，野蛮的士兵们很快毁坏了它。

公元1400年，人们发现古罗马国王之子派勒斯的坟墓里也点燃着这样一盏灯，这盏灯已持续燃烧了2000多年。风和水都对它无可奈何，熄灭它的唯一的方式就是抽走灯碗里那奇怪的液体。这难道是神话中的阿拉丁的神灯吗?

公元1534年，英国国王亨利八世的军队冲进了英国教堂，解散了宗教团体，挖掘和抢劫了许多坟墓。他们在约克郡挖掘罗马皇帝康斯坦丁之父的坟墓时，发现了一盏还在燃烧的灯，康斯坦丁之父死于公元300年，这意味着这盏灯燃烧了1200多年！

公元1540年，罗马教皇保罗三世在罗马的亚壁古道(一条古罗马大道)旁边的坟墓里发现了一盏燃烧的灯。这个坟墓据说是古罗马政治家西塞罗的女儿之墓，而西塞罗的女儿死于公元前44年。显然，这盏灯在这个封闭的拱形坟墓里燃烧了1584年！更有趣的是，坟墓里的尸体浸在一种未知的液体中，看起来像是刚刚才死去一样，原来古人用这种液体来保存尸体。

这些长明灯只是全世界所有发现中的几例。考古记录显示，这种古庙灯光或古墓灯光的现象在世界各地都有发现，例如印度、中国、埃及、希腊、南美、北美等许多拥有古老文明的国家和地区，就连意大利、英国、爱尔兰和法国等地也出现过。

如此神奇的长明灯为何没有保留到今天呢?古代人对所发现的长明灯不够重视吗?很奇怪，上述这些灯一旦现身，就会以某种方式很快毁坏掉，例如被野蛮的掠夺者和挖掘者毁坏。难道古人在利用某种魔咒来保守他们的技术秘密吗?

不熄之火最早出现在各种神话故事中。据说这种不熄的火光是天宫之火，是普罗米修斯把它偷偷带给了人类。总之，人类由于机缘凑巧，知道了这个秘密。也许是某位先哲把它传给了人类，就像神农氏教会了人类种植农作物，有巢氏教会了人类建造住所。一旦人类得知如何制造永久的灯光时，消息不胫而走，全世界的庙宇都想装上这种永不熄灭的灯。

根据古埃及、希腊和罗马等地的风俗，死亡的人也需要灯光驱逐黑暗，照亮道路。因此，在坟墓被密封前，习惯于放一盏灯在里面。而富贵荣华之家就要奢侈一些，放上一盏不熄的灯，永远为死者照亮。千百年以后，当这些坟墓的拱顶被打开时，挖掘者发现里面的灯还在好好地燃烧着。

一般平民的墓穴里没有这种灯。不过，并不富贵奢华的古代炼金术士的墓穴里也会出现这种灯。例如，公元1610年，一位叫洛斯克鲁兹的炼金术士的坟墓在他死后120年被掘开，人们发现里面也亮着这样一盏不熄的灯。于是，人们怀疑古时的炼金术士和铸工懂得制造这种长明灯的技术。难道不熄的灯光与金属有关吗?

遗憾的是，这种不熄的灯现在再无踪影，那些过去记载的见闻是不是真实的呢?永不熄灭的灯很自然成为学术界争论的话题。如果长明灯真的存在，那么它们的能量来源是什么呢?或者它们并不是永久长明的，但千百年长久地燃烧，若是普通的煤油灯，就要耗费多少万升的煤油。难道它们的燃料是能够不断补充的?中世纪以后，许多思想家曾经试图用补充燃料的方式制造一盏长明灯，即在燃料将耗尽时，快速补充燃料。但是没有一个实验成功过。即使利用现代的燃料连续补充技术，制造一个千百年长明的灯，也不太现实。

还有一些人大胆推测，这种灯就是使用电的灯，灯碗里那看似燃料的液体可能就是用来导电的汞，所以“燃料”看起来永不见少，这种用电的灯也不会怕风吹雨打。古时的希伯来人就秘密地保守着现代叫做电的技术。

如果神灯真的是用电能点亮，那么电能是如何产生的呢?难道庙宇或古墓中安装有能够发电的机器吗?要做到一劳永逸地不断供应电能，只有太阳能发电可以做到。神灯真的是利用太阳能发电的吗?

马其顿王陵的秘密

腓力二世是马其顿著名的君主，他建立了强大的马其顿王国，然而他的墓穴长期以来不为人所知。

在希腊北部萨洛尼卡城西南64千米的韦尔吉纳村，有一座古老的陵墓——马其顿王陵，这里“沉睡”着一位野心勃勃、妄图征服天下的国王——古希腊马其顿王腓力二世（公元前359～公元前336年在位）。

雅典的德谟斯提尼认为腓力二世是蛮人、僭主和暴君。实际上他的确是个僭主，他在其兄帕迪卡其三世死后处死了继承王位的侄子——他亡兄的儿子，自立为王。尽管他生长于马其顿这个希腊北部边陲的蛮荒国家，但他绝对不是一个蛮人。事实上他深受希腊文化的熏陶，并且认真学习了希腊有关战争的战略战术以及政治权术等方面的知识，这使他不仅受益于希腊的先进文化和技术，还熟知希腊城邦的弱点，以及它们之间的相互矛盾。这为他登基后打败希腊诸国打下了坚实的基础。

公元前4世纪，当时马其顿兴起于希腊北部，腓力二世建成了统一的马其顿王国，并使之在希腊诸邦中迅速崛起，一跃成为希腊诸邦中强大的军事强国。

公元前338年或公元前337年，腓力二世在科林斯召开全希腊城邦大会，结束了古典时代的希腊历史。以后，马其顿便成为希腊世界命运的主宰，昔日称霸一时的雅典和斯巴达两大强邦降为马其顿王国的自治区。然而，公元前336年春，在一场突发的宫廷骚乱中，腓力二世被内部的仇敌刺杀身亡。

马其顿王陵于1977年被希腊考古学家M·安兹罗尼科斯发现，并由他主持发掘。这是第二次世界大战以来希腊考古学的重大成果之一。

王陵位于距地面5.18米的地下，王陵的形状看上去像是多立克柱式神庙。它分两个墓室，前小后大，大墓室为主室。墓门是多立克柱式的门廊，横楣上还留着猎狮图壁画的残迹，墓顶为拱形结构。

主室的正中间置放着白色大理石棺，内藏纯金骨灰箱，骨灰箱内盛着腓力二世的骨灰和两颗牙齿，用紫色的锦缎包裹着，还有一顶雕镂极精的金制王冠。纯金打造的骨灰箱与金冠的制作精美绝伦，为希腊考古中所少见。小墓室中也有一个同样的小石棺，棺内也有一个纯金的骨灰箱，形制与主室中的骨灰箱相仿，不过较小。

墓内有壁画及盔甲、瓶、杯、象牙头像等随葬品，都是古希腊工艺的精品。其中最为出色的是盔甲和盾牌。盔甲上刻有雅典女神和8个狮头浮雕，出土时它的金带和金环仍然熠熠生辉。主室的石棺前放着一张木床，床上镶配着象牙浮雕和小型象牙头像，头像的雕刻技艺非常高超。发掘者认为，这是腓力二世和王后及其儿子亚历山大大帝的肖像。当时希腊盛行火葬，一般墓室较简单，这样规模的墓葬尚属罕见。

希腊是欧洲古代文明的发源地，希腊人创造了辉煌灿烂的古代文化。腓力二世虽征服了希腊，但博大精深的希腊文化却早已征服了他，他坟墓中那些杰出的希腊艺术品就是明证。

第八篇

奇谲的文化艺术谜团

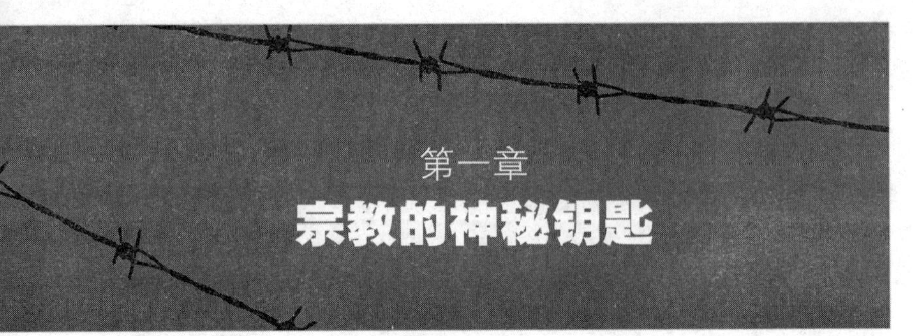

第一章 宗教的神秘钥匙

宗教给人以寄托，也带来了上帝、阿门、佛祖诸神的秘密。

峨眉山佛光之谜

很多人见过峨眉山佛光，实际上它并不是真正的佛光，只是一种自然现象。

有“天下秀”之称的峨眉山，千百年来一直蒙着一层神秘的面纱，举世闻名的日出、云海、佛光和圣灯四大奇观更为其增添了神秘色彩和灵异之感。在其他地方极为罕见，但却在峨眉山主峰金顶一带经常出现，一年中平均会出现60多次，多的时候一年甚至出现80多次，因此人们又把它称之为“峨眉宝光”。

金顶海拔3077米，与相邻的千佛顶、万佛顶三峰并峙，犹如笔架一般。三峰东临悬崖，峭壁高达2000多米，这种得天独厚的地势形成了峨眉山特有的“海底云”。在天气晴朗的日子里，当游客站在峨眉山金顶背向太阳而立，而前下方又弥漫着云雾时，有时会在前下方的天幕上，看到一个外红内紫的彩光环，中间显现出观者的身影，且人动影随，人去环空。即使两人拥抱在一起，每个人也只能看到各自的身影，令人惊异。这就是四川峨眉山神奇的“佛光”现象。

佛光因色调、形状、大小的不同，有各种不同名称的光，如有水光、辟支光、童子光、金桥、清现、反现、大现、小现等。佛光，佛家说是普贤菩萨向凡夫俗子显露真容，随缘应化，故又称“光相”。据载，峨眉山佛光每月均有出现，夏天初冬出现的次数最多，最多时全年可达100次左右。

千百年来，“峨眉佛光”驰名古今中外，佛教的渲染使其更富有传奇色彩和神秘感，吸引着无数的好奇者。许多人都试图对神秘的“佛光”做出科学解释。

历史上，峨眉山佛光很早就有记载。相传东汉永平年间，有位采药蒲公为一只仙鹿所引，登上金顶后，惊奇地发现了佛光。后经印度宝掌和尚指引，认识到佛光就是“普贤祥瑞”。蒲公于是在金顶建造了普光殿（也称光相寺）供奉菩萨，从此开创了峨眉山佛教的历史。佛家认为，要与佛有缘的人，才能看到此光，因为佛光是从佛的眉宇间放射出的救世之光，吉祥之光。清代康熙皇帝还特地题写“玉毫光”三字，赐予佛光常现的金顶华藏寺。千百年来，无数虔诚的善男信女登上金顶，在目睹了神奇的佛光后，无不惊奇为“菩萨显灵”。

那么，“佛光”是不是真的菩萨显灵呢？

气象专家介绍，其实佛光是峨眉山特殊的地理环境造成的，日光在传播过程中，经过障碍物的边缘或空隙间产生的展衍现象，即衍射作用而形成的。原来在峨眉山的“海底云”中，空气湿度很大，这为太阳光线提供了充裕的“游戏场所”。在云层之上，当太阳金灿灿地散发出万道金光时，云雾水滴中的空隙便会发生光的衍射作用，从而产生内紫外红的彩色光环，色带排列正好与虹相反，佛光的相往往不像彩虹那样清晰分明，而是像水彩画那样湿润地融合在一起。

为什么只能看到自己的身影呢？主要原因是：虽然云层中的水滴和冰晶点很多，但人们各自所见的光环，只是各自眼睛所视为顶点的那个光锥面的水滴或冰晶点作用的结果。就如同各自对照着一面小圆镜，自然照见的也就是各自的身影了。如果观者与太阳和光环恰好在同一直线上，就可以看见人影映于光环之内，人行影亦行，人舞影亦舞，仿佛是在仙境之中了。

峨眉山佛光其实是大自然的杰作，并不是菩萨显灵。大自然的许多秘密不是不可解释，只是尚未被认识清楚，这是我们都应该知道的道理。

莫高窟万道金光之谜

莫高窟出现的“金光”和“千佛”，是“佛祖显灵”呢，还是一种自然现象？

世界上任何艺术都有其光怪陆离的谜团，莫高窟就有不少，窟区出现万道金光就是其中之一。每当雨过天晴、空气清新的清晨或黄昏，莫高窟旁的三危山能放射出五彩缤纷的光芒！

佛家认为，只有与佛有缘的人，才能看到佛光，因为佛光是从佛的眉宇间放射出的救世之光、吉祥之光。传说1600多年前，敦煌莫高窟建窟前曾闪现“金光”和“千佛”的奇异景象。

公元366年的一天傍晚，在中国西北部的甘肃省敦煌市附近的一座沙山上，“金光”的一次偶尔呈现被一个叫乐僔的和尚无意中看到了。看到“金光”的乐僔当即跪下，并朗声发愿要把他见到“金光”的地方变成一个令人崇敬的圣洁宝地。受这一理念的感召，经过工匠们千余年断断续续的构筑，终于成就了我们今天看到的这座举世闻名的文化艺术瑰宝——敦煌莫高窟。

莫高窟九层楼

至今莫高窟保存的武周圣历元年（公元698年）《李克让修莫高窟佛龛碑》还有记载："有沙门乐僔，戒行清虚，执心恬静。尝杖锡林野，行至此山，忽见金光，状有千佛，逐架空凿岩，造窟一龛。"文中所指的山即三危山，所造的龛像，就是敦煌千佛洞最早的洞窟。这一碑文记载，是目前有关莫高窟开凿年代和开凿动机的最原始记录，也是被学术界普遍接受的一种观点，但长期以来，对"忽见金光，状有千佛"的认识，却是众说纷纭，莫衷一是。

"金光"和"千佛"的突现，是"佛祖显灵"还是自然奇观？

有人认为，三危山纯为砂浆岩层，属玉门系老年期山，海拔高度约1846米，岩石颜色赭黑相间，岩石内还含有石英等许多矿物质，山上不生草木。由于山岩成分和颜色较为特殊，因而在大雨刚过、黄昏将临，空气又格外清新的情况下，经落日余晖一照，山上的各色岩石便同岩面上未干的雨水及空气中的水分一齐反射出五彩缤纷的光芒，将万道金光的灿烂景象展现在人们眼前。

还有人认为，莫高窟修造在鸣沙山东麓的断崖上。崖前有条溪，在唐代叫"宕泉"，现今叫大泉河，河东侧的三危山与西侧的鸣沙山遥相对峙，形成一个夹角。傍晚，即将沉入戈壁瀚海的落日余晖，穿透空气，将五彩缤纷的万道霞光洒射在鸣沙山上，反射出万道金光，这正是我们有时看到的"夕阳西下彩霞飞"的壮丽景象。

近年来，有专家分析认为，"金光"其实是自然界在一些特殊气候、地理环境条件下形成的较为常见的一种大气现象，即"宝光"。而"千佛"则是观者自己的身影投射到"宝光"环中所形成的，由于云雾迷漫导致本影轮廓模糊，使观者误将其当做"佛祖"显灵，再加上半影或虚影的错位放大、相互重叠及遮掩作用，更觉得光环中有无数个"佛体"在跃动。

如果用现代气象物理学解释的话，莫高窟的"金光"和"千佛"就是在光的"衍射-反射"成像原理下形成的一种特殊光象，学术界称为"宝光"。这是一种在云雾山地的地方常见的一种大气现象，现在的敦煌莫高窟一带难以遇上"宝光"，是因为该地处于沙漠地带，空气干燥，湿度极低，平日较难形成云雾。只要云雾、光照条件合适，人们还是可以看到大致相仿的“宝光”景象。

无论是哪种“金光”，都是一种在特殊条件下的自然现象。但究竟哪种解释更具说服力，还有待科学家进一步探究。

千古佛灯

庐山天池佛灯,被世界著名气象学家竺可桢列为庐山三大疑案之一，至今仍无确切的解释。

在庐山，有一种奇特的自然现象——佛灯，千百年来，闪烁变幻的佛灯、神灯作为一种罕见的自然奇观，使这座风景名山更为遐迩闻名，吸引了无数人前往览胜探秘。由于佛灯是极不容易见到的，因而更增添了它的神秘色彩。

庐山天池西侧的文殊台，是观看日落拜望皓月的最佳之处。然而在农历十五日前后，当月朗星明，碧空如洗之夜，山下黑漆漆的幽谷间，会倏然涌现荧荧亮光。亮光时大时小，时聚时散，忽明忽灭，忽左忽右，或近或远，好像一盏盏灯笼游动在天池山林周围，又像是萤火虫在山间闪烁。“灯”的颜色是白色或青色，有的时候微带绿色。僧道们都说这是过路的神佛手提灯笼穿行在天地之间。这就是闻名遐迩又充满神话色彩的庐山文殊台佛灯。

千百年来，历代文人雅士和游人为拜识佛灯而不远千里来到庐山。传说晋代大书法家王羲之为了膜拜文殊台的佛灯，舍却江州太守之职，上庐山结庐守候佛灯的出现，可住在庐山的数年里，一次也没见到佛灯。他抚额长叹，自认与佛无缘，失望地离开了庐山。从此，他也就放弃了皈依佛门的念头。

一千多年前的南宋时，诗人周必大游庐山在天池寺住宿，当夜在山上看到半山腰间忽明忽暗，飘忽不定地出现了许多如繁星闪烁的火光。宋代朱熹也曾带几个学生来文殊台拜观佛灯。朱熹见“光景明灭，顷刻异状，诸生或疑其妄，予谓僧言则妄，光不可诬，岂地气之盛然耶”？

1930年天池寺主持高慧，在大雷雨过后也见到了佛灯：似乎有数百支巨大的电光，由岩底直往上升，通明的电光照在室内地下可以捡到针和芥菜籽。

从古至今，人们对佛灯现象有种种解释。范成大（青城行记）：“夜有灯出四山，以千百数，谓之圣灯。圣灯所至，多有说者，不能坚决。或云古人所藏丹药之光，或谓草木之灵者有光，或又以谓龙神山鬼所作，其深信者，则以为仙圣之所设化也。”清代蒋超亲眼看到过佛灯之奇，在《佛灯谜》中说：“若佛灯一事，或云是古木叶也，或云是千岁积雪精莹凝结也。”

1961年秋，著名气象学家竺可桢在游庐山时，曾将佛灯作为庐山大自然的三大谜题之一，向庐山有关研究所提出来，希望科学工作者能予以研究。

于是，许多人纷纷予以解释，原因也是五花八门：有人说是九江城灯火折射而致；有人说是空中星光反射到山谷云雾上而发的亮光；有人认为佛灯即民间听说的“鬼火”，系山中千百年来死去的动物骨骼中所含的磷质，或含磷地层释放出来的磷质，在空气中自燃所造成的；还有人说是石门涧瀑布飞溅的水花洒在山谷的云雾中，增加了云雾的湿度，云雾中含的水分增多、密度扩大，在月亮和星光的辉映下产生的反射，因而呈现闪烁的亮光。这许多解释都缺乏使人信服的科学依据。

还有一位当过海军航空兵的人提出一种新的解释：他认为佛灯是“天上的星星反射在云上的一种现象”。夜间无月亮时，驾驶飞机在云上飞行，这时的云层就像一面镜子，从上向下看，不易看到云影，只看到云反射的无数星星。飞行员在这种情况下易产生“倒飞错觉”，就是感到天地不分。他联想到在月黑星灿的夜晚，若有云层飘浮在庐山天池文殊台下，天上的星星反射在云上，就有可能出现佛灯现象了。由于半空中的云层高低不一，飘移不定，所以它反射的荧荧星光也不足固定的。也许在这个角度反射这一片，在那个角度就反射另外一片，从而造成闪烁离合、变化无穷的现象。然而，为什么在其他山区就不能见到这种云反射星光的现象呢？而且就是在庐山上，也只有特定地点才能一窥佛灯、神灯的风采，可见这种说法尚不足以定论。

由于众多解释都无法完全使人信服，加之佛灯不常出现，就是居住在山上几十年的人，也难得看见一次，因而佛灯之谜至今悬而未决。

云居寺之谜

云居寺保存的佛祖舍利是中国为数不多的佛祖舍利，那么它的来历是什么呢？

距离北京城约80千米的房山区南尚乐乡境内，有一处著名的旅游胜地——石经山和云居寺。由于这里珍藏有1000多年历史的10000多块石经板，吸引了众多的游人前往观瞻。

1981年11月27日，云居寺保管所的工作人员在清理著名的石经山雷音洞地面时，从原地面拜石下发掘出了明代庋藏佛舍利石函。佛舍利是以函套函的形式来珍藏的，封存严密。盛放佛祖舍利的石函有5套，打开石函，依次是隋青石函、明汉白玉函、隋银函、羊脂玉函。在羊脂玉函里，有两粒赤色、为小米粒般大小的佛舍利，旁边还伴着两颗珍珠。

佛舍利的发现非同小可，它使云居寺在佛教界名声大振，而随之而来的，便是对这两粒佛舍利的探究。

所谓舍利，其实就是佛和有德行的出家人的遗体。佛典记载，佛教祖师释迦牟尼圆寂火化后，弟子们在遗体的灰烬中得到了一块头顶骨、两块肩胛骨、四颗牙齿、一节中指指骨舍利和8.4万粒珠状真身舍利子。佛祖的这些遗留物被信众视为圣物，争相供奉。后来，摩揭陀国人和释族等8个国家分取了佛舍利，各在他们的本土上建塔安奉。

那么，佛舍利是怎样来到中国，又到了云居寺？佛舍利的安放为什么没有按照常规埋于塔下？据函盖上的文字和偶然发现的史书记载，玉函中的佛舍利是3粒，而另一粒何在？

云居寺原来的全称是“西域云居禅林”，由隋唐至明清香火不绝，鼎盛时期寺内僧侣达数百人。隋唐期间，居住在这里的静琬和尚为防止经卷毁坏，开始刻造石经，并由寺院的和尚代代相传。

据史书记载，隋文帝杨坚幼时曾寄养在尼姑智仙家中10多年。智仙说杨坚佛性自通，预言他日后定会登基，并重兴佛教。果然，杨坚登基称帝，大兴佛事。后来，一个印度僧人来中国，把一部分佛舍利献给了隋文帝杨坚。隋炀帝即位后对佛教笃信依然，在得知静琬刻经之事后，隋炀帝赐予佛祖肉身舍利以为表彰。因当时战事频仍，静琬生怕舍利遭劫，将佛祖肉身舍利安放于雷音洞中，并亲笔题写了函盖上的36个字：“大隋大业十二年，岁次甲子，四月丁巳朔，八日甲子，于此函内，安置佛舍利三粒，愿永持永劫。”

既然史料记载舍利为3粒，现在为何少了1粒呢？

据刘侗、于奕正所著的《帝京景物略》记载，明万历二十年（公元1592年）五月十二日，达观和尚来云居寺，率侍者整理雷音洞。这时发生了一种奇异的现象：“光灿岩壑，风雷动地。”达观在垫平洞中拜石时发现下面有地穴，地穴中藏有石函，内有隋大业十二年埋下的佛舍利3粒。佛宝出世，轰动朝野。慈圣太后下旨将舍利迎入宫中供养三日，后重新将舍利安放在雷音洞内。

佛舍利在安放800年后被明代的人们发现，然后又归于原处，而今天发掘时竟少了1粒，问题出哪儿呢？

有人分析，慈圣太后诚心礼佛，也许悄悄自留了1粒；有人判断，可能是迎送舍利的臣下在送还时私藏了1粒。还有的人说，迎入宫中供养期间，舍利也可能丢失。众说不一，但谁也无法肯定，因为至今还没有发现这方面的任何记载。奇怪的谜何时才能解开？

印尼千年佛坛之谜

婆罗浮屠是印尼著名的千年神坛，它的真实面目是一个谜。

印度尼西亚爪哇的婆罗浮屠是最奇异的佛教塔庙，它位于印度尼西亚爪哇岛中部马吉冷婆罗浮屠村，距首都雅加达东南约400千米，文池兰西南，东南30千米处就是日惹，高大的佛塔和神坛是寺院中最为引人注目的建筑。

“婆罗浮屠”为梵文音译，意思是“山丘上的寺院”。婆罗浮屠素有印尼的金字塔之称，又称“千佛坛”。这个大乘佛教艺术古建筑同中国长城、埃及金字塔、柬埔寨吴哥窟齐名，对研究印尼历史、文化和艺术具有重要价值。

传说，在公元8世纪的爪哇，强盛的夏连特王朝的统治者皈依大乘佛教。他们使用当时最先进的技术，大约在公元800年建造了这座设计精良的石头佛塔。婆罗浮屠塔建筑在默拉皮火山山麓的一个长123米、宽113米的矩形小山丘上，周围有4座火山。佛塔是由附近河流中的安山岩和玄武岩砌成的，塔的建筑采用大乘和密宗教义的结合形式，整个建筑物犹如一个巨大的曼陀罗（坛场）。在建造时，共用了近225万块岩石，底层用每块重约1吨的巨石铺就，总体积达5.5万立方米。

婆罗浮屠构图精美，气势磅礴。它呈金字塔形，可拾级而上。佛坛共有9层，在外形上如阶梯状的锥体。上面3层为圆形，下面6层似方形：包括一个正方形的塔基和5层带边的墙的平台组成。塔基地面部分占地1.23万平方米，由5层带边的墙的平台组成，并装饰着数以千计的反映佛陀生活的雕刻。方形平台上是4层圆形平台，上面竖立着72座钟形佛塔或佛龛，每座佛塔内都罩着一个环绕着中央大塔而建立的佛像。各层平台向上依次收缩，在顶部有一座主佛塔，直径9.9米，高7米。原高42米的塔因主佛塔顶端触雷而毁掉，留下的部分只有近35米。佛教徒必须按特定的路线登婆罗浮屠：从东面进入，按顺时针方向绕行。走向庙顶象征着一个人逐步达到完美的精神境界。

当时为了修筑婆罗浮屠塔，成千上万名工人、工匠、雕刻师和艺术家参与了建筑，工期长达七八十年。但是，出人意料的是，这个杰作寿命却异常短暂，在公元10世纪佛坛就被废弃了，任其悄然崩塌、被丛林蚕食。有人说，公元1006年此地发生了默拉皮火山喷发和地震，婆罗浮屠周围的居民因此纷纷逃离，使这个著名的建筑荒废了800多年。

这个被深深埋藏在灌木丛中的文化遗迹直到1814年才重新被发现，得以重见天日。1907～1911年，荷兰考古学家西奥多·范·埃尔普对婆罗浮屠进行了第一次修复工作，他拆除并重建了3个圆台和窣堵波。在20世纪70年代和80年代，印度尼西亚政府对婆罗浮屠进行了一次大规模的修缮。他们借助于电脑技术将石块进行复位，在10年时间里总共搬运了100万块石头。1983年2月23日，人们为婆罗浮屠举行了竣工典礼，这个世上最大的佛殿才得以重赋旧貌。

然而，婆罗浮屠谜一样的身世并没有随着它的重建而消失，相反，人们看着现在的婆罗浮屠塔，就更对原来的塔产生了种种疑问。

婆罗浮屠是一个特别的古迹。它不是寺庙，因为它没有膜拜或祭祀的地方，它是一个巨大的佛陀神殿，既是窣堵波，又是曼陀罗（坛场）。夏连特拉王朝为后人留下了这个千年不朽的佛坛，却缺少文字记载，它的历史面目，它的来龙去脉，后人知之甚少。因而，围绕夏连特拉王朝因何建筑千年佛坛，出现了种种不同的意见。

有的学者认为，婆罗浮屠是爪哇人祖先建造的。夏连特拉王朝本是爪哇一个崇尚佛教的王族，它兴起和强盛之后，统治者为了在人民心中树立一个崇拜的偶像，不惜动用大量的人力和物力，修起了这座宏伟的佛教建筑。在一些表现佛陀生活的群雕中，多处出现爪哇祖先居住的房屋、庙宇以及生产工具，这就是证明。

印度有的学者则认为，夏连特拉是梵文“山岳之帝”的音译，而“山岳之帝”是当时印度对湿婆神的尊称，而南印度潘迪亚王朝就有“米南基塔·夏连特拉”的称号。由此可见，建造婆罗浮屠的夏连特拉人可能是南印度潘迪亚人，而塔上的雕塑所带有的浓郁的印度古典色彩和陵庙风格说明了这一点。

婆罗浮屠的真实面目，至今还是个谜。

应县木塔斜而不倒之谜

比萨斜塔世界闻名，在山西省应县，也有一座斜而不倒的木塔。

应县木塔位于山西省应县城内，原名佛宫寺释迦塔，俗称应县木塔。它是我国古代高层木结构建筑的代表，也是世界上现存最高且年代最久的木结构佛塔。全塔逐层立柱，近60种斗拱相互交错，集我国古代建筑斗拱之大成，堪称世界建筑史上的杰作。

木塔之基分为上下两层，均为青石砌筑，下层为方形，上层为八角形，台基各角均有角石，上雕石狮。塔身呈八角，共有五层六檐，四级暗层，实为九层。内外两槽立柱，构成双层套筒式结构，各层柱子叠接，暗层梁檄中用斜撑，把中心柱扩大为内环柱，地檄和额仿将各层楼板紧紧相连。塔顶为八角攒尖式，上立铁刹一座，由仰莲、覆钵、相轮、火焰、仰月、宝瓶以及宝珠等物组成。木塔总高为67.31米，底层直径为30.27米，比北京北海公园之白塔高出31.41米，比西安大雁塔高出3.21米，它是国内外现存最古老、最高大之木结构建筑。

木塔建于辽清宁二年(公元1056年)，据传，当初在应县建造木塔的原因是：应县地处内长城要冲，辖有北楼口、石口、马兰口、茹越口、胡峪口等重要卫口，乃兵家必争之地，后晋石敬瑭割让燕云十六州以后，宋辽两军经常在此刀兵相见，为了窥测军情，弘扬佛事，便建造了这座高大木塔。

木塔建成后，历经近千年的风雨侵蚀和多次地震、炮击的重创，至今仍旧屹然壁立，没有倒塌。木塔设计之精密，结构之合理，质地之坚固，均为世上罕见。因此，受到了国内外各界人士高度赞扬，一致称誉它为“建筑结构与使用功能设计合理的典范”。

应县民间一直流传着这样的说法：应县木塔有避火珠、避水珠、避尘珠3颗宝珠。这3颗宝珠分别安放在释迦牟尼塑像最高贵的部位，从此，塔内一片佛光宝气，木塔可以自行防火、防水、防尘。

避火珠是说天空打雷，炮火袭击，木塔一概没有失过火，是有避火珠把火逼走了；避水珠是说原来应县城四个角都有水，可是到了塔底下就没有水，这座塔寺也不下沉，是避水珠起了作用；木塔上面一直没有尘土，就是说一有尘土，避尘珠就把尘避走了，所以塔上干净。有了这三颗宝珠，木塔才安然无恙，屹立千年。

为了弄清应县木塔千年不倒之谜，许多专家进行了实地勘察，初步揭开了木塔“长寿”之谜。专家认为，应县木塔本身精巧的结构体系和工匠对建筑材料的精心选择，以及当地易于木材保存的独特气候，是保证木塔千年不倒的原因。同时，木塔基土主要由黏土及砂类组成，工程地质条件非常好，其承载力远大于木塔赋予的载荷。所以，直到现在仍然不必担心木塔会有因“底虚”而倾倒的可能。

有的建筑专家分析道：木塔采用了分层叠合的明暗层结构，用小规格的木料组成宏大的塔身，空间结构体系近似于当今世界上一些高层建筑。另外，古代匠师在经济利用木料和选料方面所达到的水平，也令现代人为之惊叹。这座结构复杂、构件繁多、用料超过5000立方米的木塔，所有构件的用料尺寸只有6种规格，用现代力学的观点看，每种规格的尺寸，均能符合受力特性，是近乎优化选择的尺寸。

在历史上，木塔也曾经过修缮。据记载：名正德三年（公元1508年），武宗巡幸宴赏，御题“天下奇观”，出帮金，命太监周善修葺。万历间重修，州人田意记。国朝康熙六十一年、雍正四年，知州章宏、萧纲相继修葺，乾隆三十一年重修。人们在游览木塔二三层的时候常常会发现，不少木柱、阑额、普拍枋上面都残存着累累弹痕，一些被修补过的地方，“手术”痕迹仍十分明显。

在世界现存古木建筑中，形体如此高大、年代如此久远的古木塔已是孤例。木塔虽然没有倒，但也已经倾斜多年了，像个垂垂老者，不堪重负。为了使木塔能够屹立更久的时间，还是需要对它进行不断的修复的。

雷峰塔地宫之谜

雷峰塔下真的有白娘子吗？科学的考古挖掘给了我们一个明确的答案。

雷峰塔位于美丽的西子湖畔，金碧辉煌，巍峨壮丽，是一座砖身木檐的楼阁式塔。它有着1000多年的历史。公元975年，吴越国王钱弘俶为庆贺妃子黄氏得子而建，俗称黄妃塔，据说塔里奉藏有释迦牟尼真身舍利——佛螺髻发及佛经。因塔在西关外，也叫西关砖塔。后人又因塔在名为雷峰的小山上，改称“雷峰塔”。塔原共7层，重檐飞栋，窗户洞达，十分壮观。

雷峰塔曾是西湖的标志性景点，旧时雷峰塔与北山的保俶塔，一南一北，隔湖相对，有“雷峰如老衲，保俶如美人”之誉，西湖上亦呈现出“一湖映双塔，南北相对峙”的美景。每当夕阳西下，塔影横空，别有一番景色，故被称为“雷峰夕照”。

北宋宣和年间（公元1119～1125年），雷峰塔遭战乱受损。南宋初，重修为八面、五层楼阁式塔，建筑和陈设重现金碧辉煌，特别是黄昏时与落日相映生辉的景致，被命名为“雷峰夕照”。此后一直到元代，雷峰塔境况犹盛。明嘉靖三十四年（公元1555年），倭寇入侵杭州，纵火焚塔，塔檐等木结构件被毁，灾后古塔仅剩砖砌塔身，通体赤红，一派苍凉、凝重风貌。

到清朝后期，因年久失修，再加上民间盛传雷峰塔砖具有“辟邪”“宜男”“利蚕”的特异功能，盗挖塔砖的人很多，塔基开始削弱。1924年9月25日下午1时40分许，塔芯终因塔砖盗挖过多而轰然倒塌，雷峰塔仅存遗址。雷峰塔倒塌之后，不仅作为西湖十景之一的“雷峰夕照”成了空名，而且“南山之景全虚”，连山名也换成了夕照山。

对大多数人而言，雷峰塔就是白蛇和许仙浪漫故事的象征。为了爱情的白娘子就被法海镇压在雷峰塔下。白娘子就在雷峰塔下吗？1000多年来一直是一个不解之谜。

1000多年以后的今天，雷峰塔又向世人揭开了一个它埋藏了千年的秘密。2001年3月11日，雷峰塔地宫被考古队员打开，千年地宫之谜终于在一块石盖板撬开以后解密了。地宫一共出土了包括盛放佛螺髻发的金涂塔在内的68件珍贵文物。

舍利函的开启工作是在2001年3月14日晚上7时开始的，开启不久，一尊高35厘米的鎏金银质金涂塔展现在考古人员面前。这座塔的底座呈方形，透过金涂塔塔身镂空处，还可以看到塔内放置着的一个金质容器。考古人员初步断定这应该就是金棺。根据史料的记载和雷峰塔遗址中出土的碑文，神秘的佛螺髻发应该就供奉在金涂塔内的金质容器里。传说当年阿育王将佛祖释迦牟尼的舍利分成了84000份，并分供在世界各地。佛螺髻发在雷峰塔地宫中的出现，印证了一个关于佛祖释迦牟尼的古老传说的同时，再一次向世人昭示了我国南方当时繁荣的社会经济文化和积极频繁的对外交流状况。

在出土的文物中，包括银质鎏金金涂塔在内的金银器无疑是最为珍贵、最有研究价值的，这表明中国的金银饰品制作工艺在唐代达到了高峰。作为中国古代质地最为贵重的佛器，这些金银制品做工考究、造型精美，工艺水平十分高超，代表了当时吴越王朝先进的工艺制作水平。

地宫发掘完成后，专家发现，1000多年前的古人对雷峰塔地宫的修筑是非常规范和认真的。地宫上部有2.6米厚度的“防水层”，其中1.3米为坚实的夯土，1.3米为排列紧密的青砖，砖与砖间由石灰黏结，而地宫四周也是同样厚度的青砖层。因此，雷峰塔地宫的修筑在当时的科技条件下是很严谨的。至于地宫中为何会出现浸水的情况，专家解释说，这可能是地宫刚刚修筑完，就遭遇了古人无法预测的暴雨天气，又缺乏必要的防雨设备，导致低凹处的地宫口大量积水，渗透到了地宫。从发掘情况看，地宫大理石盖板由于时间或外部的作用产生了裂痕，雷峰塔遭火烧或倒塌后，水通过这些裂痕渗透到地宫中。

1999年底，浙江省暨杭州市人民政府在发掘雷峰塔地宫后，决定建造雷峰塔遗址保护设施，并对遗址保护设施的内在功能和外观形象加以延伸、拓展，按雷峰塔原有的形制、体量和风貌建造雷峰新塔。雷峰塔重建工程于2000年12月26日奠基后进展顺利。2002年10月25日，雷峰新塔如期落成。

法门寺地宫之谜

法门寺地宫是珍藏佛祖真身舍利的地方，它的挖掘，让人们一睹佛祖舍利的真容。

法门寺，在西安西面110千米的扶风县内。塔在佛教中是瘞埋舍利的标志，法门寺塔就是一座佛教舍利塔。史籍中记载着法门寺塔下有地宫，里面埋有释迦牟尼的一节指骨舍利和无数珍宝，但后人一直无法断定这是真实的存在还是虚幻的传说。

1981年8月24日，法门寺塔在度过402个年头后，半壁坍塌，另一半傲然兀立。塔的倒塌给了考古学家一个揭示秘密的机会。1987年春天，人们开始对法门寺塔进行考古发掘。4月3日，进入塔底地宫的考古学家被眼前的景象震惊了，他们不仅看到了佛教世界至高无上的真身佛舍利，也看到众多精美无比的唐代宫廷珍宝。在幽暗的禁锢中度过漫长岁月后，2000多件大唐珍藏簇拥着佛祖的真身舍利重返人间。

虽然由于塔身的巨大压力、地震以及年代久远，造成了天顶和地面损毁，但考古人员发现，洞内放置的物品却安然如初。1000多年前的阿育王塔依旧色彩夺目，它用整块汉白玉雕成，塔的四面雕刻着身姿婀娜的菩萨像，朱红色的裙裤和粉绿色的披带，就像刚刚画就的一般。

在一个白藤箱中发现的已经粘成一堆的丝绸服装，更让考古人员兴奋不已。此前人们根本不知道唐代皇家丝绸是什么样的，而这次发现的箱子里一共有几百件衣服，里面有惠安皇太后的，甚至包括武则天的裙子。遗憾的是，大部分丝织品已经炭化和部分炭化。但在炭化的丝织品中，人们惊讶地发现有5件保存完整的蹙金绣。蹙金绣的金线是用黄金拉成的，平均只有0．1毫米，最细的地方比头发丝还要细。正是这些镶嵌在织物中的金线阻挡了时光的侵蚀，让人们在1000多年后还能一睹唐代丝绸的真容。

在地宫后室里，人们首先发现了一枚玉制佛骨，后来又发现了一个锈迹斑斑的铁函。打开铁函，里面是一层银函，银函内是檀香木函，木函里有一只镶嵌着硕大宝石的水晶棺椁，最里面是洁白的小玉棺：一枚佛指静静地躺在玉棺里！这枚骨质的舍利，毫无疑问就是至高无上的佛祖释迦牟尼真身指骨。接下来，人们从汉白玉灵帐和阿育王塔中又发现了两枚玉质的佛骨。据史料记载，指骨不像其他舍利，其他舍利及同类的舍利还有若干处。但指骨世界上只有唯一的一枚，就是法门寺的这个指骨。那么地宫中为什么会有一骨三玉四枚佛指舍利呢?

据说，唐代第15位皇帝唐武宗不喜欢佛教，他从公元841～845年连续进行了5年的灭佛运动，法门寺当时受破坏最重。石碑上记载，武宗要把舍利调到面前当殿碾碎，一个法门寺的和尚冒着生命危险把舍利保留下来，做了一个假的献给了皇帝。法门寺地宫中的4枚佛指舍利与这一说法相吻合：一枚真身佛指，是灵骨；三枚玉质佛指，是影骨，也就是复制品。

在唐朝，人们一直相信这样的神话，说法门寺塔30年开启一次，把佛骨请出来让世人瞻仰，就会国泰民安，风调雨顺。唐朝第二位皇帝唐太宗李世民，在公元632年命令开启法门寺地宫，让人们礼拜佛指，祈祷佛祖保佑平安。在唐朝300多年的历史中，先后有6位皇帝迎奉过佛骨。公元874年，佛指舍利本身连同敬献佛祖的珍宝被永久地封闭在了地宫，直至公元1113年后考古人员重新开启地宫。

佛的世界充满玄机。当法门寺地宫中的珍宝终于被转移到精心修建的博物馆展厅时，人们却发现还有更多的谜团没有破解。用大理石砌的地宫为什么全部涂成了神秘的黑色？为什么法器上凡有空隙的地方都刻着各种菩萨像？为什么这些菩萨像跟一般佛教寺庙中的不一样？所有珍宝的摆放似乎是有秩序的，但那是一种什么样的秩序？又有着怎样的内涵呢？

法门寺地宫虽已经过整理发掘，但要完全破解地宫中的秘密，尚需更多的时日和更深的思考。

5000年的女神庙之谜

女神庙或许不仅仅是个祭祀的场所，它可能是中华文明的一个源头。

在我国辽宁牛河梁主梁顶向阳山坡的松林丛中，掩藏着一个距今5000~6000年的女神庙。它的上部已经塌方；下部则保存得十分完整，没有受到人为和自然的损害。它的建筑由处在同一中轴线上的一个多室和一个单室两组建筑构成，多室在北，为主体建筑；单室在南，为附属建筑。通过两组建筑就已经能初步见出神圣殿堂的雏形。

女神庙的建筑技术已有相当高的水平，顶盖墙体采用木架草筋；内外敷泥，具有承重合理、稳定性强的特点。墙面压光后再施彩绘，表明当时的建筑已有内外装修。从建筑结构看，主体建筑既有中心主室，又向外分出多室，以中轴线左右对称，另建置附属建筑，形成一个有中心，多单元对称而又富于变化的殿堂雏形。

在女神庙的四周，还有石头砌成的祭坛和积石冢环绕，形成一个统一而完整的祭祀中心。这不禁让人自然地联想起古籍中记载的大型祭祀女娲的活动。女娲在中国古代神话中是一位备受敬仰的女神，在她死后，人们仍念念不忘她给予的恩惠，以各种形式来纪念她。据古书记载，每年春月，神庙盛会，青年男女自四面八方来到此会合，举行祭神、祈神等活动，并踏歌起舞，欢娱作乐，表达对各种神灵的祝福与祈祷。如此盛大的祭祀女神的活动，在中国远古是否存在？一直是困扰在人们心中的疑问。

女神庙里出土的泥塑人像全都为女性，但是大小各不相同，一般与真人大小接近，有的是真人的3倍，人们怀疑是对主次女神的区别。有一尊真人大小的女神像保存得很完整，看上去与现代人非常相似，是典型的蒙古人种。她的嘴角微微上翘，露出一丝温和的微笑，唯一使人觉得神秘而不可捉摸的是镶嵌在眼眶内的又圆又大的眼珠，居然是深不可测的天蓝色宝石!虽然她的体形较小，且偏置于神庙一隅，可能不会是该室中的主神，但人们还是怀疑，她就是传说中的女娲。

居住在牛河梁的远古居民对庙中大小有别的女神群像的奉祀，原是对主次有序的女性祖先的崇拜。除了人像之外，还出土有神化了的大型动物塑像，可辨认的有：做蹲状的猪龙、彩绘猪龙的下颌、大鸟的双爪残块等。由此不难推想，此乃一座主神居中、众神围绕的多室布局的神殿。殿中并以各类动物塑像为陪衬，神像前还陈设着精心刻镂、造型考究的彩绘祭器。

更让人吃惊的是女神庙的附属建筑，那就是用石头砌成的祭坛和积石冢。祭坛的平面图类似北京的天坛，前圆后方；冢的结构与后世的帝王陵墓相似；而女神庙则位于中心最显著的地方，积石冢环绕女神庙四周，形成一个统一的整体，仿佛一个巨大的祭祀中心。祭坛上出土有引人注目的陶塑人像，其中两件小型孕妇裸体立像，头及右臂均已残缺，腹部凸起，臀部肥大，并有表现阴部的记号。

女神庙文化遗址的发现给人们带来了很多遐想，如果这里真的就是当年祭祀女娲的场所，那就说明它和原始宗教有着密切的关系。更有人由此推论，中华文明的源流可能不是单一的，而是多元的，除了黄河流域和长江流域之外，东北地区可能也是源头之一。

面对这些神秘的遗迹，我们的思绪无法不飞回到大约6000年前在这里举行盛大宗教仪式时的狂热场面。对伟大的至高无上的女神的崇拜，在中原文化中，仅仅于神话里还残留着一丝史影，而在女神庙遗址中，我们却能亲眼看到6000年前让人们为之崇敬、激动的伟大女神的尊容和玉体。

不过，由于迄今为止，女神庙的地下埋藏绝大部分尚未发掘出来，因此其真相仍扑朔迷离，神秘莫测。

阿尔忒弥斯神庙之谜

阿尔忒弥斯神庙虽然只剩下一根柱子残存下来，却依然无法抹去它曾经的辉煌。

阿尔忒弥斯是希腊神话中的狩猎女神，掌管狩猎，照顾妇女分娩，保护反抗和蔑视爱神的青年男女。

对古代希腊人来说，狩猎可不是休闲娱乐项目，而是养家糊口的主要手段之一。因此，作为古希腊神话中的狩猎女神，阿尔忒弥斯深受希腊人民爱戴。为了表示对她的虔诚，大约在公元前550年，古希腊人修建了举世闻名的阿尔忒弥斯神庙。阿尔忒弥斯神庙规模宏大，曾被列入古代世界七大奇迹之一。

神庙坐落在古希腊城邦埃斐索斯境内，就在今天的土耳其西海岸。公元前550年,建筑师Samos、Chersihon及他的儿子Metagenes设计建设了阿尔忒弥斯神庙，神庙建筑以大理石为基础，上面覆盖着木制屋顶，是当时世界上最大的大理石建筑，占地面积达6050平方米，比一个足球场还要大。整个神庙最著名的是内部的两排爱奥尼亚柱式大理石立柱，至少106根，每根大约12～18米高。神庙内外均由当时著名的艺术家以铜、银、黄金及象牙等浮雕装饰，在华美奇丽的神殿中央有一个“U”形祭坛，摆放着阿尔忒弥斯女神的雕像，供人膜拜。

阿尔忒弥斯神庙曾经历过7次重建。公元前356年，神庙为大火及侵略所毁，重建的时候，大理石柱长度增至21.7米，并且多了13级阶梯围绕在旁边。公元5世纪前期，东罗马帝国占领了埃斐索斯，它的皇帝奥德修斯二世是个狂热的基督教信徒，根本不信什么狩猎女神。在奥德修斯的命令下，阿尔忒弥斯神庙被彻底摧毁，从此永远在世界上消失了。

这座女神庙现存的遗址还包括一个剧场、竞技场、集市、浴室和塞尔萨斯图书馆。众多的石柱也只剩下唯一的一根了，石柱上居住着一对仙鹤。阿尔忒弥斯神庙的柱子是史学界的一个未解之谜。

非洲屋脊的独石教堂之谜

非洲有12座独特的教堂，它们竟然是在一块完整的石头上凿出来的。

拉利贝拉是埃塞俄比亚沃洛省的一个古老小城，位于埃塞俄比亚首都亚的斯亚贝巴北部300多千米的群山中，在这里保存着埃塞俄比亚古老文化的精华——拉利贝拉教堂群。

拉利贝拉城曾是扎格王朝的首都，旧称罗哈。公元1181年，扎格王朝的一个名叫拉利贝拉的王公做了国王，将罗哈定为国都，于是后人将罗哈称为拉利贝拉。拉利贝拉国王崇信宗教，是一名具有高度热忱的、虔诚的基督徒。有一次他梦见自己到了耶路撒冷，为了表示对上帝的虔诚，他下决心在色彩斑斓、坚固的火山凝灰岩地带的山岩中凿建一座教堂圣城，为此，从耶路撒冷和亚历山大城请来了熟练的工匠，并配以大量的当地劳力。据说天使安琪儿也在这里帮忙。

国王下令后，5000多名石匠在建筑大师锡迪·梅斯方尔的带领下，花费了30年的时间，终于在埋于地下的五六层楼高的整块岩石中开凿出12座独石教堂。由于教堂完全凿建在山体岩石内，工程异常艰难。首先要在山坡上寻找合适的完整的没有裂缝的巨型岩石，除去表层浮土和软岩，然后把四周凿出12～15米深的沟槽，使其与整个山体完全脱离。尔后在巨岩石内预留墙体、屋顶、祭坛、廊柱、门和窗，再极其艰难而小心地将岩石内不要的石块一点一点凿掉，形成空间，接着，在石壁上精雕细镂，最后成为一座具有特殊质感和观感的教堂。

这些教堂是在不同颜色的岩石上开凿的，颜色、大小都不相同，建筑式样也各有特点。但共同点是都没有使用一点灰浆、黏土等，都有古老的阿克苏姆式的石碑尖顶、门窗和开凿成的象征性桥梁。12座教堂之间有地下过道和岩洞相互接通。

最大的一座独石教堂是梅德哈尼·阿莱姆教堂，意即救世主教堂。它是在红色岩石上开凿出来的，长33米，宽23.7米，高11.5米，共有28根石柱。玛丽亚教堂的内部建筑艺术最为精美，天花板和拱门上都有用红、黄、绿等颜色绘成的几何图形和动物形象，令人赏心悦目，赞声不绝。戈尔戈塔——米凯尔教堂里埋葬着拉利贝拉国王，室内有雕刻精致的凳子，雕有十字架的挡板，据说都是国王的遗物。而圣·乔治教堂造型最为奇特，整个教堂被凿成十字架形，从上面俯视，犹如一个巨大的十字架放在地上。

公元1212 年，拉利贝拉国王去世后，这里的王府及四周土地遂归国家基督教堂所有。在后来的几个世纪中，由于这个地区远离商路和如今的公路，又被茂密的森林所包围，埃塞俄比亚人民所创造的这一杰作逐渐与世隔绝，长久不为世人所知。直到1974年，拉利贝拉的独石教堂才被重新发现，像新发掘出的一颗明珠，展现在人们的面前，放射出耀眼的光芒。

“德姆卡多” 是基督教洗礼之日的祭典，每当到了这一天，拉利贝拉岩石教堂周围的岩壁上，就会挤满成千上万听祭司说教的人群。凡是参加“德姆卡多”祭典的少年们，都必须盛装打扮。在少女们的低声祈祝中，他们双手捧着神具，跟随着大人进入设在广场上的小木屋里。夜晚，人们宿住于此，做虔诚的祈祷。

黎明时分，教堂的晨钟响起后，修道士们就开始对巡礼者说教。祭司会将祝圣过的圣水分洒给在场的每一个人，意味着耶稣的保佑。在随后的祭祀活动上，一个被称为“达玻多”的十诫木板会从教堂里面运出，象征着摩西从耶稣那儿得到了十诫。在木板的中央，还有一幅圣徒降服巨龙的图画。最后，这个十诫木板要被安置在广场上搭建的小木屋里。“德姆卡多”祭典一共要连续举行3天，是埃塞俄比亚高原上最大的宗教性活动。

欧洲的修道院创建之谜

电影《修女也疯狂》给人们展现了一群活力四射、可爱有加的修女及一个充满了快乐和静雅的修道院。但就现实而言，真正的修道院却并非如此。

修道院源自西方早期宗教信徒私人修道隐居的生活传统，又称“隐修院”。基督教也和不少宗教如佛教、道教等一样都具有禁欲隐修传统。基督教早期最著名的隐修者是安东尼。他将追随者组织起来集体隐修，从而创立了基督教最早的隐修院。初创的隐修院只是基督教隐修院的最早雏形，隐修者生活比较散漫，没有严格的规章，人数也不是太多。

约与安东尼同时，生于埃及的帕科米乌是使隐修院初具规模的另一著名创始人。他吸取军队生活的经验，对修道院进行统一管理，制定了一套集体隐修制度，而且将这些制度编成《隐修规则》。《隐修规则》原为埃及文，后来被译为拉丁文传入欧洲，对欧洲修道院的兴起产生了很大影响。帕科米乌修道院对要入院的修士并不是随便接纳的，要求他们经过试修和考核方能正式入院，入院后不允许存私财，各自居住在固定的寝室里，服装也是统一的，按统一作息时间起居作息，进行祈祷、礼拜、读书以及生产等活动。每个人必须参加生产劳动，或编织，或园艺，或农作，没有文化者还必须上课识字。帕科米乌生前建的修道院有10个之多，修士近1000人，临终前又帮妹妹建起了一个女修道院。

修道院传入欧洲后，数公元6世纪意大利的本笃修道院最为著名。他按自己的见解制定规章制度，严格管理。院长是修道院最高首长，全院修道人员必须绝对服从他的命令。一旦立誓入院修道则终生不可反悔，必须在院长领导下按院规过完自己的修道生涯，想入院的修道人员可以先用1年时间体验生活，再决定去留。修道士的日常生活，除祈祷、静修、礼拜等宗教活动外，主要是劳动和读书，每天要劳动12个小时，读完规定的书目。本笃修道院因为管理严格，获得很高声誉，是欧洲各地修道院的学习典范，对欧洲修道院的兴盛起了很重要的作用。大大小小的修道院发展很快，逐渐遍及欧洲。由于宗教势力强大，它们往往有较大的经济实力，进而形成了一种特殊的宗教文化。

修道院里不单单只有修女，还有面容刻板的其他隐修人士。所过的生活单一，往往不是十分丰富多彩。当然，修道院有其自身的传承和底色，旁人的看法大都不足以为信，有机会还是到那去走走看看，亲身体验一遭才最妙。

伏都教的“还魂尸”

“还魂尸”让你被卖了当奴隶，还给人数钱。

曾几何时，不知哪个美国好莱坞的制片人忽然看中了原本鲜为人知的伏都教，于是那些充满着狂热与纵欲的宗教仪式，以及光怪陆离的蛇舞等纷纷被搬上荧屏，吸引了一大批人到海地去观光猎奇。其中，最神秘也最令人毛骨悚然的可能就是“还魂尸”了。那么，“还魂尸”究竟是怎么回事呢?

“伏都”的意思是“精灵”，这一宗教是以崇拜蛇神、笃信精灵和巫术著称的。伏都教原本是流行在西非加纳等地的一种神秘宗教，白人殖民者的贩奴活动把它带到了中美洲海地等国，从此这种原始宗教便逐渐在当地的黑人居民中传播开来。

人类学家梅特罗在他的专著《海地的伏都教》中是这样描述“还魂尸”的：“他能行动，能吃东西，能听从对他说话人的指令，他甚至还能讲话，但没有记忆力，也不知道自己身处的环境。”尽管长期以来，许多外国人只是把这些传说当做有趣的神话或者笑料写进他们的论著、游记以及小说和剧本里，海地人对此却一直十分认真，许多受过现代西式教育的人对“还魂尸”的存在也是深信不疑。为了避免当“还魂尸”，不少海地人在埋葬亲属之前要先把死尸的喉管割开，或者在心脏中钉上一枚大钉子，其情形十分恐怖。

哈佛大学生物学系年轻的人种植物学专家戴维斯首先在《人

种药理学杂志》上撰文指出，所谓“还魂尸”完全可能确有其事，并推测当地的土著巫师一定是通过他们掌握的某种强效麻醉剂来制造所谓的“还魂尸”。不久，从海地传出了一个惊人的消息，一位名叫纳西斯的当地人死后当了“还魂尸”，并于18年后重返故里。据说，纳西斯是因为财产纠纷而被兄弟毒死的，1962年，经一家美国人开的名为施威泽的医院鉴定正式宣布死亡，在举行完葬礼之后就被埋进了坟墓。1980年，他居然返回了故乡，并且声称自己当了两年的“还魂尸”，被人买去在甘蔗种植园里做奴隶，以后又流浪了16年。海地太子港精神病中心的道扬博士对纳西斯做了全面的检查，得出了他“确实是被施行过还魂术”的结论。消息传到美国，正在研究“还魂尸”的戴维斯立即飞往海地。在他的努力之下，科学家们终于彻底揭开了流传已久的“还魂尸”之谜。

在去海地之前，戴维斯曾经花了9年时间遍游亚马孙河流域的几十个印第安土著部落，目睹过许多传统秘方的奇效，也耳闻了不少关于巫师使用毒药的传说。到了海地以后，他很快发现花钱从巫师那里买一份毒药来陷害仇人，在当地几乎是半公开的事，不需费多大气力就能弄到好多种据说是能制造“还魂尸”的药粉。对那些所谓的“还魂药粉”的药理学分析表明，尽管各地巫师的配方千差万别，但都以河豚毒素为主。这种取自河豚内脏的药物含有剧毒，微量即可置人于死地，据说中毒的死亡率高达89%。然而，极微量的河豚毒素却能使人有发热和兴奋的快感，在盛行吃河豚鱼的日本，还有因吃河豚中毒“死亡”之后在埋葬时又苏醒的实例。显然，海地巫师是掌握了一种恰当控制河豚毒素的方法，正如一位巫师告诉戴维斯的，还魂药的关键在于剂量，如果中毒确实太深，巫师也是还魂无术的。

除了河豚毒素外，某些还魂药中还含有蟾蜍毒素。这种毒素能影响心脏和神经系统的功能，并能引起人极强烈的幻觉。戴维斯指出，在海地炎热的气候之下，土著大都赤足行走，衣着也很单薄。施法者从巫师那里弄到一份毒药，涂在被害者的屋内外及床上、椅上和日常用具上，于是毒素便渐渐地通过皮肤渗入这个倒霉蛋的体内，使他心跳变慢、脉搏微弱，被人误以为死亡而埋入坟墓。然后，巫师又悄悄地把他从坟中挖出，再让他吃一种含有山药和曼陀罗的药剂。据说，山药是一种解药，能使人从假死状态中苏醒，而曼陀罗则是传统的麻醉剂，正是它使受害者保持半昏迷的麻醉状态，于是成了任人摆布的“还魂尸”。

在海地这类“还魂尸”的确切数目一时虽然难以统计，但估计绝不会只有一两个孤例。尽管“还魂尸”们无一例外地目光呆滞，毫无表情，并且无精打采，哪怕干最轻微的活也要费很大的劲，但他们老实听话，经常被人当做奴隶贩卖。大多数“还魂尸”过了一段时间后会慢慢地苏醒，但从此后他们也难以恢复正常的生活，因为他们的家人早就把这些“死人”遗忘了，社会上的人们则对他们敬而远之。在有家难归、境遇凄惨的情况下，那些苏醒过来的“还魂尸”大多逃不过无声无息死亡的命运，本来很容易解开的“还魂尸”之谜也因此更加神秘莫测，即使是海地的土著也难知其详了。

海地伏都教的“还魂尸”之谜至今已经真相大白了。但是那些古怪的毒药究竟由什么成分构成？海地巫师是如何掌握和使用它的？仍然是未解之谜。

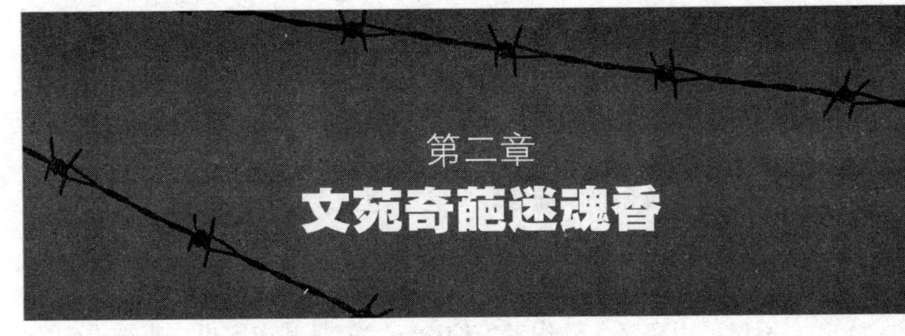

第二章 文苑奇葩迷魂香

文苑本无谜，猜的人多了，谜也就越来越重了，最后谁也找不到答案的钥匙。

《山海经》：异国风物之谜

《山海经》，就像一个虚无缥缈的海外仙境，烟涛微茫信难求。

鲁迅在他的散文《阿长和山海经》中就说，小时候他读此书，就是觉得其中那些“人面的兽、九头的蛇、三脚的鸟、生着翅膀的人、没有头而以两乳当做眼睛的怪物”十分有趣。确实，打开《山海经》，首先进入人们视野的都是些稀奇古怪的神怪动植物。《论语》说孔子“不语怪力乱神。”《庄子》也说：“六合之外，圣人存而不论。”可是古人为什么要写这样一部怪物充斥的怪书呢？这本书又是何人所作呢？自汉迄清，任凭学者们上下求索，却谁也说不清书中那些山在何方？水流何处？

按照刘向、刘歆父子和东汉王充的说法，《山海经》的作者是大禹和伯益，但人们在《山海经》中却找到了发生在大禹和伯益以后的史实。于是，关于《山海经》又有了“夷坚作说”“邹衍作说”等。当代学者袁珂认为，《山海经》实际上是无名氏的作品，而且不是一时期一人所作。

不过，有关《山海经》作者的争论并未到此为止，一些学者，特别是国外学者对《山海经》的内容作过仔细分析和研究后，得出结论说，《山海经》的真正作者很可能是外国人。法国汉学家马伯乐认为，《山海经》所述地理系受到公元前5世纪外来的印度和伊朗文化潮流的刺激和影响而成。其言下之意，暗示《山海经》的作者可能是印度人或伊朗人。而中国香港学者卫聚贤在其《古史研究》一书中，进一步明确《山海经》的作者为印度人隋巢子。

不仅《山海经》的作者争论纷纭，就是其内容也一直被人们争论不休。

汉代司马迁在《史记》中说："《禹本纪》、《山海经》所有怪物，余不敢言之也。"刘秀、王充相信此书是大禹和伯益在治理九州岛、周流天下时记载山川风土的地理风俗志；东晋学者郭璞认为此书是荟萃方外珍奇、阐发要道妙论的博物之书；朱熹称此书是依托《楚辞·天问》凑合之作，又称此书与《楚辞·天问》一样，是摹写图画而成；元代学者胡应麟视此书为古今语怪之祖，纯为战国好奇之士搜采异闻诡物编造而成；明代学者杨慎说此书记载的是禹贡九鼎上那些魑魅魍魉的图像；清代学者毕沅、吴承志、郝懿行都把《山海经》当成地理书解读，毕沅实地勘查西北地理，欲把《山海经》中的山川风物落到实处，吴承志则兼采史传与传闻，把《山海经》的地域扩展到当时的四夷边疆。到了现代，西学的输入，学者眼界大开，对《山海经》的认识也异彩纷呈、众声喧哗，鲁迅说它是古之巫书，记载的是古代巫师祭神厌鬼的方术仪典；茅盾、袁珂说它是远古神话，寄托了华夏先民丰富而奇丽的想象。

《山海经》时代的人早已不见了，但《山海经》时代的山川日月还在，他们对山川日月的观照还历历在目地载于《山海经》。古人为什么要留下这样一部著作呢？在《山海经》那异彩闪烁的表象下面究竟是否隐藏着什么秘而不宣的奥秘呢？有待于人们继续探索。

沈阳故宫的未解谜团

帝王之谜尚未解，帝王行宫之谜又笼罩云雾而来。

沈阳故宫，原名盛京宫阙，后称奉天行宫，是清军入关挪位置之前的皇宫，也是爱新觉罗氏的龙兴之地。清朝的开创者就是在这里迈出了他们入主中原的最后一步。由于史料缺失，沈阳故宫仍然有许多待解谜团。

1.罕王努尔哈赤仓促迁都只为保江山龙脉吗

公元1621年，努尔哈赤率领八旗大军以锐不可当之势挺进辽东，并将都城从赫图阿拉迁至辽东重镇辽阳，大兴土木，修筑宫室。

然而，出人意料的是，公元1625年三月初三早朝时，努尔哈赤突然召集众臣和贝勒议事，提出要迁都盛京（今沈阳），诸亲王、臣子当即强烈反对，但努尔哈赤坚持自己的主张。

努尔哈赤为何如此“仓促迁都”呢？民间一直流传，努尔哈赤深信“传统风水”，按照风水先生的指点，他在当时的东京城西南角修建娘娘庙；在东门里修建弥陀寺；在风岭山下修建千佛寺，想用3座庙把神龙压住，以保龙脉王气。

但是，3座庙宇只压住了龙头、龙爪和龙尾，城里的龙脊梁并没被压住。努尔哈赤以为龙是奉天旨意，命他在龙潜之地再修造城池，于是一座新城便拔地而起，并将此命名为“奉天”。又因为浑河古称沈水，而河的北岸为阳，所以又称“沈阳”。

当然，传说似乎过于神奇，但国家清史编纂委员会委员李治亭教授和沈阳故宫博物院研究室主任佟悦表示，历来建都建城，风水都是放首位的。沈阳在浑河之阳，上通辽河，辽河又通大海，可谓是一块“风水宝地”。

但是两位专家同时又指出，努尔哈赤迁都沈阳，更主要的目的应该是出于战略进取上的考虑。首先，沈阳乃四通八达之处，其地理位置对当时的满族而言非常有利，北征蒙古，西征明朝，南征朝鲜，进退自如。其次，原先的都城辽阳满汉民族矛盾冲突严重，而沈阳当时还只是个中等城市，人口少，便于管理，这样可以避免满汉矛盾的激化。

2.沈阳故宫究竟何年开始建造

由于史料没有任何明文记载，沈阳故宫究竟何年开始建造，也一直是历史学家们争论的一个焦点。鞍山市文物站的一位工作人员在当地发现了一本《侯氏宗谱》，其中关于修建辽阳东京城和沈阳盛京城的记载非常详细。

据《侯氏宗谱》记载，负责为沈阳故宫烧制琉璃瓦的侯振举家族是“于天命九年间迁至沈阳，复创作宫殿龙楼凤阙以及三陵各工等用”。有专家据此推断，沈阳故宫应该是在天命九年，也就是公元1624年开始建造的。

2003年1月15日，沈阳晚报发表了一篇题为《沈阳故宫到底建在哪一年?》的文章，经沈阳故宫博物院院长、清前史专家支运亭研究员多年研究，认定沈阳故宫的始建年代应为公元1624年。

但是有学者认为，《侯氏宗谱》中所说的“天命九年”指的是侯振举一家迁居沈阳的时间，而不是说侯振举搬到沈阳后就立即开始建造故宫。沈阳故宫应该是从公元1625年开始建造的，理由有二：首先，公元1624年，东京城还没有建好，许多贝勒、大臣都还在忙着建自己的住所，努尔哈赤在没有下达迁都命令之前，不可能在沈阳建造故宫。其次，努尔哈赤居住在位于城北的罕王宫，而不是故宫里。如果沈阳故宫公元1624年就开始修建的话，那么努尔哈赤为什么不住在故宫里反而要在故宫城旁居住呢?

3.谁才是沈阳故宫的“总工程师”

这些清代宫殿建筑到底是谁设计的？又是由谁建造的呢？《侯氏宗谱》掀开了冰山一角。

《侯氏宗谱》中记录了这么一段文字：“大清高皇帝兴师吊伐以得辽阳，即建都东京，于天命七年（公元1622年）修造八角金殿，需用琉璃龙砖彩瓦，即命余曾祖振举公董督其事，特授夫千总之职。后于天命九年间迁至沈阳，复创作宫殿龙楼凤阙以及三陵各工等用。又赐予壮丁六百余名以应运夫差役驱使之用也。余曾祖公竭力报效，大工于是乎兴。选择一十七名匠役，皆竭力报效……”

从以上文字可以判断，侯振举应该是建造故宫的负责人之一。但是考虑到沈阳故宫中有许多建筑是满蒙风格，侯振举作为一个汉人，不可能设计出来，所以除了侯振举之外，应该还有其他的设计者和建造者。

对此，也有人提出了不同意见。有专家认为，侯振举只是“烧制琉璃瓦的管窑人”，而不是沈阳故宫的“工程师”，因为侯振举是从海城迁至沈阳的。根据《海城县志》载：“城东南三十五里，在岩山山麓有黄瓦窑，制黄琉璃瓦。清时工部派五品官监制黄瓦。以备陵寝宫殿之用。”其卷二《民族》中有这样的记载：“侯氏，原籍山西明福县，后徙本境。清初隶汉军旗，世袭盛京五品官，监制黄瓦，族繁户众，世居城东南析木城。”该县志又在《重修缸窑岭伯灵庙碑记并序》中说：“清初修理陵寝宫殿，需用龙砖彩瓦，因赏侯振举盛京工部五品官……”

面对诸多的谜团，没有人可以给出合理的解答，谜也一直是未解之谜。

圆明园珍宝的灭顶之灾

万园之园，沧桑罹难。珍宝几多，流落海外，踪迹难寻。

“你可以去想象一个你无法用语言描绘的、仙境般的建筑，那就是圆明园。这梦幻奇景是用大理石、汉白玉、青铜和瓷器建成，雪松木作梁，以宝石点缀，用丝绸覆盖；祭台、闺房、城堡分布其中，诸神众鬼就位于内；彩釉熠熠，金碧生辉；在颇具诗人气质的能工巧匠创造出天方夜谭般的仙境之后，再加上花园、水池及水雾弥漫的喷泉、悠闲信步的天鹅、白鹮和孔雀。一言以蔽之：这是一个以宫殿、庙宇形式表现出来的充满人类神奇幻想的、夺目耀眼的宝洞，这就是圆明园……”

“埃及有金字塔，罗马有竞技场，巴黎有巴黎圣母院，东方有圆明园。尽管有人不曾见过它，但都梦想着它，这是一个震撼人心、尚不被外人熟知的杰作，就像在黄昏中，从欧洲文明的地平线上看到的遥远的亚洲文明的倩影”。

“在地球上某个地方，曾经有一个世界奇迹，它的名字叫圆明园，它汇集了一个民族，几乎是超人类的想象力所创作的全部成果……这个奇迹现已不复存在，一天，两个强盗走进了圆明园，两个胜利者一起彻底毁灭了圆明园……这两个强盗，分别叫做法兰西和英格兰。”

这里引法国著名作家雨果的几段话，因为我们无法再用更美的文字来描述圆明园给人的震撼。或许这样的文字也不够，可是，已经没有机会去考证了，面对圆明园的一片废墟，我们心里只回荡着两个词：凄凉、悲壮。有谁可以再现700多年前初建成的圆明园，让我们体会一下那种让人透不过气的美丽与辉煌呢？

圆明园的“圆”取周全之意，指个人的品德完美无缺，如同日月普照、恩泽万物，代表君王治世治国的最高境界。“明”指明达、明智，意为君王的品德修养和聪明才智都超乎常人，达到了完美无缺的最高境界。圆明园的建设工程历经百余年，它聚集了无数能工巧匠的聪明才智、寓江南水乡之明秀于北国山川之雄奇，使南北园林艺术交相辉映，号称万园之园。圆明园内最大的一处欧式园林景观为“海晏堂”。“海晏”一词取意“河清海晏，国泰民安”，用以比喻天下太平，有歌颂世界和平的吉祥含义。海晏堂中的精华就是“十二生肖水力钟”，由十二生肖铜雕组成，每到一个时辰，十二生肖即依次轮流喷水，到中午十二时则十二生肖一起喷水，颇有趣味。这座喷水池是西方传教士的创意，十二生肖雕像则有明显的中国特色，可谓中西合璧的杰作。

就是这样一座如梦似幻的天堂般的宫殿，在1860年完全被毁灭。1860年8月1日，英法联军在天津北塘登陆；第二天，大清咸丰皇帝就逃到了避暑山庄，大清帝国对侵略者毫不设防；8月21日，占领大沽口炮台；9月21日，英法联军分三路对八里桥守军发起进攻；

10月6日，占领圆明园，一场史无前例的浩劫开始了。近两万名联军士兵在圆明园中横行整整两天，拿走了圆明园中能拿走的一切珍宝，拿不走的便被毁掉了。以绅士风度和优雅著称的英法两国人在这个时候已经完全丧失了源自骨子里的高贵，他们用自己的行为向整个世界展示了本性中的无耻与贪婪，最先见证这一转变的就是圆明园。

10月8日清晨，英法联军带着大量引火材料，包围了圆明园。他们砍伐花木，砸碎游船，把它们堆放在各个楼堂殿阁内点起火来。圆明园陷入一片火海，什么繁华绝世，什么美轮美奂，什么人间天堂，此刻都被无情的大火吞噬。这一天的北京城里到处弥漫着松柏木燃烧的焦灼气味。万园之园从此在世界上消失了，十二生肖兽首也不知流落何处。

一个半世纪以来，中国人从未停止过寻找圆明园遗珍的脚步。但是，圆明园到底有多少珍宝谁也不知道，圆明园珍宝究竟流失何处也是一个谜，寻找工作极为艰难。直到2000年4月，中国香港突然传来消息称：佳士得拍卖行将于4月30日在中国香港举行“春季圆明园宫廷艺术精品专场拍卖会”，公开拍卖乾隆御制猴首铜像和牛首铜像等圆明园遗珍。苏富比拍卖行也将于5月2日在中国香港拍卖原属圆明园的乾隆御制虎首铜像。这三件铜像都是当年圆明园海晏堂前十二生肖水力钟的构件，是确凿无疑的圆明园遗珍。

得到消息的中国保利集团果断决策，绝不能让国宝再度流失。于是，保利集团指派所属保利艺术博物馆参与竞投，当天，拍卖现场气氛十分紧张。佳士得不顾民意，坚持拍卖两件圆明园国宝铜像的行为，激起了中国香港市民的极大愤慨。因此，一批中国香港市民挥舞着上书“停止拍卖贼赃，立即归还国宝”等标语的纸牌，在拍卖会场前大声抗议，现场一时颇为混乱，拍卖会被迫延迟了半个小时。最后，不得不将会场封锁。中国香港民众的爱国热情更加坚定了保利集团志在必得的决心。拍卖会上，保利集团代表易苏昊与神秘竞标人斗智斗勇，最终以3300万港币的价格拍得两件国宝。竞拍成功后的易苏昊面对记者追问会如何处理这两件艺术品时，只说了一句话："它们属于全体中国人民。"

两天后，铜虎首的竞拍过程同样惊心动魄，中国香港爱国市民的呼声越来越强烈，虽然走廊中增加了很多全副武装的警察，但仍有不少人试图冲进会场，并不断在外面高呼抗议口号，还有很多市民提交了抗议信。拍卖场里的易苏昊却显得很平静，似乎胸有成竹，最后，保利集团还是以1544万元港币竞拍成功，购回了圆明园铜虎首。

2003年9月，中国澳门著名实业家何鸿燊又以600多万元巨款携回圆明园铜猪首，并将其捐赠给保利艺术博物馆。2007年8月初，何鸿燊先生又慷慨出资，花费6910万港币从香港苏富比公司购回马首铜像并捐献给国家。至此，圆明园牛首、虎首、猴首、猪首、马首铜像终于重逢。但回归的每尊铜兽首都有了不同程度的损伤，铜像上留有英法联军很多锯齿状的枪托凿痕，这是侵略军留下的罪恶印记。

有相关人员指出：中国政府一贯主张通过法律和外交手段，追索非法流失海外的中国文物。同时，欢迎和鼓励通过捐赠的方式促成流失海外文物的回归。而且联合国教科文组织也曾在1955年提出过一个现代国际法原则，即任何因战争原因而被抢劫或丢失的文物都应该归还，没有任何时间限制（一是不论战争何时发生，二是可以在任何时候提出归还要求）。这也是佳士得和苏富比公然拍卖时为什么会受到民众抗议的原因。铜兽首本来就是中国的文物，理应无偿归还中国。可是，由于文物屡屡转手，拍卖者已经不是最初的持有者了，这就打了法律的擦边球。

希腊智慧女神为何从父身诞生

在希腊神话传说中，智慧女神雅典娜集其父母的智慧于一身，她的出生成为后代许多专家学者们研究的对象。

雅典娜是天神宙斯和智慧女神墨提斯的女儿。临产前墨提斯对宙斯说，将要出生的孩子一定会比宙斯更强壮、更聪明。宙斯唯恐降生后的孩子会危及他在奥林匹斯山的统治地位，于是他就将墨提斯吞到肚子里去了。不料，宙斯突然感到头痛欲裂，急忙让火神赫菲斯托斯用斧子劈他的脑袋，这时满身铠甲的雅典娜就从宙斯脑袋里呼叫着蹦了出来。这就是她那不寻常的诞生。

那么，雅典娜为什么不是脱胎于母腹，而是由父亲产出呢?她为什么偏偏从脑袋里蹦出来呢?

当然，对于神话，人们没必要探究其真实性，而应关注它的社会背景。长期以来，许多学者对此做了深入探讨，并从各种不同角度提出了不同的看法，归纳起来主要有以下三种：

有人认为，这段传说只是想说明雅典娜是宙斯的化身。在希腊早期神话中化身法是常用的造神手法。这种方法可使彼此孤立的神之间产生一种类似于人类的血缘关系，从而构成一定的体系，增强了神话的故事性和神秘色彩。

但是，更多的人则认为，这个传说反映了早期人类一定的历史状况。他们认为这段传说实际上反映了人类父权制开始取代母权制的情况。而且，雅典娜就曾经说过："我不是母亲所生的人。我，一个处女，是从我父亲宙斯的头里跳出来的。因此，我拥护父亲和儿子的权力，而反对母亲的权力。"这意味着女人已经依附于男子，母权制已被父权制所取代。这种说法看来论证比较严密，但也是有漏洞的。这种观点如果要成立，还必须解决如下两个问题：第一，据传说宙斯的妻子是宙斯的同胞姐姐，他们在洪水灾难中死里逃生，并结为夫妻。从这里可明显看出族内婚的痕迹，如果说父权观念在人类族内婚阶段就已出现那是绝对不可能的。第二，希腊父权制取代母权制是在英雄时代，这早已成定论。从神话描写中可看出雅典娜出生距英雄时代还有相当长的一段时间，是否能说这一过程自雅典娜诞生时已经开始，尚待探讨。

还有一种观点认为，这段传说应该与雅典娜在希腊神话传说中的地位和作用有关。雅典娜在希腊神话中是聪明过人的智慧女神，所以把她说成是智慧女神和天神宙斯的女儿。为了让雅典娜没有对手，神话的创作者又煞费苦心地让宙斯把这位老智慧女神吞进肚子里，于是聪明的母亲“隐居”了。这样一来，会更显示出其女儿过人的智慧。当然，这种推论虽然圆满地解释了这段传说中令人费解的情节，但没有涉及复杂的社会背景，是否正确也很难说。

上述三种观点各有道理，但都不能成为定论。之所以如此，可能有这样一些原因：第一，早期神话产生于非理性的、原始的心理状态。第二，神话本身具有两重性。其一是历史的、现实的，它是有其历史现实基础的；其二是虚幻的，即非历史的部分。两者交织在一起，因而神话中的历史与宗教、想象与现实的界限总是模糊的。

米洛的维纳斯断臂之谜

“断臂”使这座雕像显得很神秘，却更增添了她的残缺美。人们为了解开断臂之谜，还发挥着无尽的想象力，但这个谜也许永远都不会有答案。

古希腊神话传说中，有一个女神叫阿芙洛狄特，专管“美”和“爱”。到了古罗马时代，罗马人将她称为维纳斯。没有人见过这位女神，但是关于她的雕像却留下很多。其中最有名的就是一尊断臂的维纳斯雕像。

1820年4月的一天，农民伊沃高斯带着他的儿子在爱琴海中的米洛岛上耕地。当他们正打算铲除一些矮灌木时，突然一个大洞穴出现在他们面前。他们走进这座山洞，发现了一座非常优美的半裸的女性大理石雕像，这就是“断臂维纳斯”神像。

法国驻希腊代理领事路易·布莱斯特很快得知了这个消息，他立即向法国公使利比耶尔侯爵作了报告。侯爵以高昂的代价从伊沃高斯手中买下了这座雕像，价格高达2.5万法郎，又把它装上法国军舰，偷偷运往法国。现在这座雕像就陈列在法国巴黎著名的卢浮宫美术馆里，成为卢浮宫的镇馆珍品之一。

从那以后，世上就广为流传着有关断臂维纳斯的故事，人们不仅惊叹于维纳斯之美，也对她充满了疑问和困惑。她是谁？她的制作者又是谁？她的手脚哪里去了？臂断之前她又是怎样的呢？

这尊在米洛岛上发现的雕像是维纳斯公认的形象，被命名为“米洛的维纳斯”。有些人认为她的这个名字过于“外国化”，因此将它命名为“米洛的阿芙洛狄特”。又因为这座石像的脸型很像公元前10世纪古希腊著名雕像家普拉克西德雷斯的作品“克尼德斯的维纳斯”的头部，所以这件作品又被叫做“克尼德斯的阿芙洛蒂”。

正因为这两件作品如此相似，很多人断言她的创作者就是普拉克西德雷斯。但是也有相当一部分人认为这么优美的作品的作者应该是公元前5世纪古希腊更伟大的雕像家菲狄亚斯或菲狄亚斯的学生，因为作品的风格和这个时代相似。时至今日，比较公认的看法是认为这是一件晚至公元前1世纪希腊化时期的作品；还有一种看法认为这只是一件复制品，是仿制公元前4世纪某件原作而雕塑出来的，而原件已经消失了……总之众说纷纭，莫衷一是。

现在人们又对另一个问题产生了兴趣：她断了的两只胳膊原来是什么姿势？是拿着金苹果？是扶着战神的盾？还是拉着裹在下身的披布……近年来的考据家则较一致地认为，她的一只手正伸向站在她面前的“爱的使者”丘比特。虽然不少人曾依照各自的推测补塑了她的双臂，但总觉得很别扭，不自然，还不如就让她缺两只胳膊，让人们用自己的想象去补全它，从此她就以“断臂美神”而闻名遐迩了。

虽然这是个半裸的女性雕像，而且优美、健康、充满活力，可是给人的印象并不是柔媚和肉感。她的身姿转折有致，显得大方甚至“雄伟”；她的表情里有一种坦荡而又自尊的神态，显得很沉静。她无需故意取悦或挑逗别人，因为她不是别人的奴隶；她也毫无装腔作势、盛气凌人之感，因为她也不想高踞他人之上。在她的面前，人们感到的是亲切、喜悦以及对于完美的人和生命自由的向往。

自普拉克西德雷斯以来，艺术家们为了歌颂这位女神的美丽与温柔，塑造了各种姿态的裸女造型，而最成功的就是这尊雕像。她体现了菲狄亚斯的简洁，普拉克西德雷斯的温情，也具有留西波斯优美的人体比例。她的面庞呈椭圆形，鼻梁垂直，额头很窄，下巴丰满，洋溢着女性典雅与温柔的气息。虽然衣裙遮住了她的下肢，但人体动态结构准确自然，艺术家的不凡技艺尽在其中。

然而，可能还是她的断臂让人们最感兴趣：美人的手臂在何处呢？

人们曾经在发现石像的同一座洞穴里找到过一些断臂与手的残碎石片，但这些究竟是不是这座雕像的手与臂的残片呢？目前还没有一致的看法。

忒修斯传说和克里特文明之谜

在古希腊神话传说中，忒修斯因其英勇而成为亮点人物。他有过许多英雄的壮举，但他最伟大的行动却是杀死牛头人身的怪物米诺陶洛斯。

米诺陶洛斯是帕西菲王后与一头公牛交配后产下的怪物。当时，强大的国王米诺斯在克里特统治着希腊，他和帕西菲结婚，但帕西菲却爱上了一头漂亮的公牛。帕西菲让发明家代达罗斯为她制作了一只木制的母牛，以便于她可以藏在里面与公牛交配。以后她生下了可怕的米诺陶洛斯——一个半人半牛的怪物。

米诺斯便求助于代达罗斯，修建了一个巨大的迷宫来囚禁这头牛头人身的怪物。每隔9年，国王都要送14个雅典童男童女到迷宫喂这头牛头人身的怪物。这也是为死于雅典人之手的米诺斯之子安德罗奇斯报仇。在忒修斯以前，从来没有一个年轻人生还。忒修斯是雅典国王埃勾斯的儿子，他自愿前往。忒修斯承诺父亲他会回来，并且将升起白色的风帆来表明他的胜利。忒修斯杀死了牛头人身怪物，走出了迷宫。这样就结束了雅典年轻人被残害的无谓牺牲，克里特对雅典的统治也就结束了。

对于忒修斯的故事和克里特文明，后人曾做过深入研究。1900年，牛津阿尔莫宁博物馆的理事亚瑟·伊文思来到了克里特。他的发现证明克里特不仅仅是伟大帝国的中心，而且有关忒修斯的故事远远不像曾经看起来的那般充满幻想。

19世纪20年代的艾伦·瓦斯和19世纪30年代的卡尔·布利根，发现了与克里特文明同时存在的“迈锡尼”文明的证据，这种文明明显独立于克里特文明。他们认为，在公元前1500年后某些时候，迈锡尼人征服了克里特人并接管了诺塞斯。至此，迈锡尼文明得以繁荣发展。

这些材料，在某种程度上似乎进一步证实了忒修斯的传说是有一定历史根据的。和迈锡尼人一样，雅典人是希腊人，所以忒修斯的胜利可能意味着在某次（或者连续几次）实际的战斗中迈锡尼希腊人击败了牛头人身的克里特人。

在迈锡尼人如何替代克里特人这一问题上，考古学家斯皮里宗·马里那多斯有自己的观点，他相信是自然灾害削弱了克里特，以致为迈锡尼人打开了方便之门。他认为，是锡拉岛上的火山爆发行使了这一使命。火山爆发可能源于地震，反过来又引起海啸毁灭了克里特。他坚持，地震和海啸的破坏足以迫使克里特人向迈锡尼人敞开大门。实际上，在克里特的考古学证据似乎表明，是火而不是火山灰或洪水引起了这里大多数的毁坏。

忒修斯找到父亲的信物 油画

所以大多数科学家——虽然不是所有的——都否定锡拉岛火山在克里特文化衰败中扮演过重要的角色。那是否就意味着忒修斯扮演了替代者的角色呢?是忒修斯（或是他作为希腊人的象征）杀死了牛头人身的怪物（或者怪物是克里特人的象征）?由于年代久远，此外也没有众多的史料可考，也许进一步的发现和研究能为这个看似完全虚构的故事增加一点可信度，从而解开克里特文明之谜。

古希腊为何有众多的裸体雕塑

人们现在已经可以从各种渠道欣赏到琳琅满目的古希腊雕塑，每每大饱眼福之后，都不禁生出一个疑问：为什么几乎所有的古希腊雕塑都是裸体的呢?

这个问题困扰了几个世纪的学者，他们的回答也大相径庭。居于主流的一种观点认为：古希腊以裸体为表现对象的人体雕塑艺术特别发达，这主要与当时战争的频繁和体育的发达有关。那是一个弱肉强食的时代，为了征服另一城邦和不被别的城邦征服，古希腊统治者对公民从小就要进行体能训练，选拔士兵时，不论男女，在竞技场上都要裸体进行比赛。古希腊法律中有这样在今天看来极不人道的律令：“体格有缺陷的婴儿一律处死。”甚至为了达到一种“优生优育”，还有这样的规定：“老夫有少妻的，必须带一个青年男子回家，以便生养体格健全的孩子。”这在客观上造就了希腊人崇尚裸体的民俗。据史料记载，在当时的全民性竞技比赛上，人们并不以裸体为耻，无论男女，为了显示自己健美的身体，常常一丝不挂，甚至特意突出自己的性器官。

古希腊人认为，“健康的精神寓于健康的躯体之中”。他们把具有健、力、美的躯体视为神的馈赠，并成为人们最高追求和崇拜的目标。他们理想中最完美的人是：具有宽阔的胸部，虎背熊腰的躯体，能掷铁饼的结实胳膊，善跑善跳的矫健腿脚。于是，古老的奥运会就成了炫耀和展示人体的盛会，运动员个个赤身裸体，参加拳击、摔跤、格斗、赛跑、赛马等各种比赛。据史料记载，不仅民间崇尚裸体美，而且统治阶层也有这种倾向。公元前4世纪，亚历山大王在特洛伊城曾率士兵围绕英雄阿喀琉斯的墓裸体赛跑。专家认为，正是这些奠定了希腊大量裸体艺术雕塑得以产生的社会人文基础。

但是近来有些学者对这一观点进行了反驳，认为希腊裸体雕塑是当时盛行性自由和性快乐主义的产物，其中学者潘绥铭的解释很有独到之处。他认为人类的裸体有三种性的特征。第一特征是男女生殖器外形的不同；第二特征是男女体形和体表的不同；第三特征是男女心理、气质的不同。这三种特征构成性吸引和性审美的三个层次：生理的、心理的和习俗的。古希腊的裸体艺术之所以发达，并非来自体育竞技，而是由于当时普遍流行性快乐主义的缘故。它的表现原则有三：第一，不隐讳外生殖器；第二，身体结构理想化，例如把女性乳房塑造为圆锥形或高耸的形状，臀部往往前后突出；第三，以动态和神态来刻画第三性特征。有一个著名的传说可以作为古希腊性快乐主义流行的佐证。《千禧日记》里有一个故事：《荷马史诗》中的《伊利亚特》曾经描写为了争夺美女海伦，希腊人与特洛伊人进行了十年大战，希腊各城邦都不堪其苦，于是召开了元老会讨论要不要停战。元老院在讨论中认为，为了一个女人打如此长时间的仗实在是不值得，应该马上回去。但是没想到海伦突然出现在他们面前，讨论者马上缄口不言，全都惊讶于海伦的美貌，于是立即改口说，哪怕再打十年也值得。

还有人认为古希腊的裸体雕塑起源于原始社会时的裸体风俗。原始社会时，人们往往裸露自己的生殖器，并以此为美。他们把性看做上天的恩赐。在今天的非洲许多土著中，还有显露外生殖器的风俗。而希腊人不仅以男性裸体为美，更以女性裸体为美。

古希腊有众多裸体雕像的原因是什么，至今还是一个谜，但古希腊的裸体雕像是西方裸体雕塑和绘画艺术的源头，它以其独一无二的完美，将永远为世人所瞻仰。

亚历山大灯塔之谜

亚历山大灯塔为许多航船指明了方向，但它却沉入了茫茫大海中，无影无踪。

公元前236年，古希腊最为显赫的风云人物亚历山大在20岁时继承了王位，成为马其顿国王。他率领希腊联军，在埃及尼罗河口建造了“亚历山大城”，命大将托勒密驻守于此。亚历山大去世后，托勒密在埃及称王，把亚历山大城定为首都。公元前280年，托勒密在法罗斯岛上建造了亚历山大灯塔。

关于这座灯塔，历史上有过记录。公元前2世纪，腓尼基旅行家昂蒂帕特将其列为古代世界七大奇迹之一。公元1165年，阿拉伯史学家伊本·谢赫访问亚历山大，写成了《艾列夫巴》一书，较为详尽地描述了灯塔。

灯塔的塔身是由上、中、下三个部分组成的。下层塔身底部呈方形，塔身随着上升逐渐收缩，高约71米，上面四个角各安置一尊海神波塞冬的儿子口吹海螺号角的铸像，以此来表示风向方位。中层呈八角形，高约34米。

上层呈圆柱形，高约9米，上层塔身之上是一圆形塔顶，其中一个巨大的火炬不分昼夜地冒着火焰。塔顶之上铸着一尊高约7米的海神波塞冬青铜立像。灯塔高度约为135米，在距离它60千米外的海面上就能看到它的巨大躯体。聪明的设计师还采用反光的原理，用镜子把灯光反射到更远的海面上，使夜航船只在很远的地方就能够找到开往亚历山大港的航向。1500年来，亚历山大灯塔一直在暗夜中为水手们指引进港的路线。

公元14世纪，亚历山大城发生了一场罕见的大地震，摇晃的大地以巨大的力量摧毁了这座古代世界的建筑奇迹，为古代航海事业做出非凡贡献的亚历山大灯塔从此销声匿迹。公元1472年，统治埃及的马穆鲁克王朝为了抵御外来入侵，在灯塔的原址修造了一座军事要塞，命名为马穆鲁克要塞。

一段时间以来，由于一直没有关于灯塔的实质的东西出现，以至于人们怀疑，历史典籍中所描绘的高耸入云的亚历山大灯塔也许只是个美丽的传说。

1994年，在法罗斯灯塔旧址附近修筑防波堤时，意外地发现古代石料船之类的东西。一场令世人瞩目的海底考古开始了。

考察队在亚历山大灯塔旧址周围发现了大量的古代文物，很多都是托勒密王朝二世时期制作的。经过长时间水下搜索，考察队终于找到了亚历山大灯塔塔身。经测量，灯塔边长大约36米。在灯塔的每个侧面，都有大量的精美巨型雕像作为装饰。不难想象，当初亚历山大灯塔是何等壮观。

令人困惑的是，打捞出来的文物中竟然有古埃及的方尖塔。它是太阳神的象征，也是法老时代的遗物。该方尖塔的头部是花岗岩制成，在塔的下面还用象形文字刻有赛帝一世的名号和它统治的第十九王朝守护神的形象。据推测，此文物应有3000多年的历史。此外，他们还发现在不少文物上都刻有大量的象形文字和法老时代的符号。

失落已久的亚历山大灯塔终于重见天日，长期以来人们对灯塔是否存在的疑虑被彻底打消了。但为什么在亚历山大灯塔周围发现了公元前3000年前古埃及时代的遗物？灯塔本身到底是在什么时候建造的呢？

有人认为，灯塔本身是出自3000多年前法老时代的古埃及人之手。也有人认为，灯塔是托勒密王朝所建，这些古埃及时代的雕像和石材只是亚历山大大帝征服埃及后从古埃及神庙征调来的。亚历山大灯塔究竟是在什么时候，由什么人建造的，至今尚无定论。

埃及亚历山大城遗址图中那个圆柱形的可能就是后来人复制的亚历山大灯塔。

她为谁而笑

神秘的蒙娜丽莎，神秘的微笑，她是谁？她因何微笑？她为谁微笑？

500多年来，人们一直对《蒙娜丽莎》神秘的微笑莫衷一是。不同的观者或在不同的时间去看，感受似乎都不同。有时觉得她笑得舒畅温柔，有时又显得严肃，有时像是略含哀伤，有时甚至显出讥嘲和揶揄。在一幅画中，光线的变化不能像在雕塑中产生那样大的差别。但在蒙娜丽莎的脸上，微暗的阴影时隐时现，为她的双眼与唇部披上了一层面纱。因此，才会有这令人捉摸不定的“神秘的微笑”。

几百年来，“微笑”的新解层出不穷。

美国马里兰州的约瑟夫·鲍考夫斯基博士认为：蒙娜丽莎压根儿就没笑，她的面部表情很典型地说明她想掩饰自己没长门牙。

法国里昂的脑外科专家让·雅克·孔代特博士认为：蒙娜丽莎刚得过一场中风，她半个脸的肌肉是松弛的，脸歪着所以才显得微笑。

英国医生肯尼思·基友博士相信蒙娜丽莎怀孕了。他的根据是：她的脸上流露出满意的表情，皮肤鲜嫩，双手交叉着放在腹部。

性学专家推测：蒙娜丽莎刚刚经历了性高潮，所以才表现出令世人倾倒的微笑。

而关于蒙娜丽莎的原型也有不少说法：

1.佐贡多夫人说

在关于蒙娜丽莎原型的讨论中，最多的一种说法认为其原型是佛罗伦萨富商弗朗西斯科·德·佐贡多的妻子。

按照这种说法，达·芬奇应佐贡多的请求，用4年的时间为这位名叫丽莎·迪·格拉尔第尼的贵妇绘制了这幅画像。格拉尔第尼生于公元1479年，在达·芬奇绘制这幅画时，她刚刚24岁，传言中她还是一位名叫莫迪西的绅士的情妇。

2.斯福尔扎说

据《泰晤士报》报道，德国艺术史学家泽斯特在研究多年之后宣称，《蒙娜丽莎》的原型其实就是意大利的传奇女子斯福尔扎。

斯福尔扎在成为克雷迪的模特时刚刚25岁，她是米兰公爵的私生女，在文艺复兴时期的意大利极富传奇色彩，有“悍妇”之称。公元1462年，15岁的她嫁给了教皇西克思图斯四世的侄儿，聘礼是弗利和伊莫拉两座城市。她的第一任丈夫、情人与第二任丈夫先后被杀。公元1500年，斯福尔扎的家族在与博尔吉亚家族的争斗中失败，在城破后被囚禁一年。被释放8年后，斯福尔扎去世，享年46岁。

3.妓女说

那不勒斯的卡罗·维斯教授认为，画中的蒙娜丽莎不是良家女子，而是那不勒斯的一名高级妓女，达·芬奇捕捉到了一名职业诱惑者的微笑。或许这种说法有其可信之处，因为达·芬奇在佛罗伦萨期间的确是各种风月场合的常客。

4.达·芬奇自画像说

贝尔实验室的莉莲·施瓦茨有一天忽发奇想，在电脑上将《蒙娜丽莎》与达·芬奇的自画像相重叠，发现二者的眼睛、发际线与鼻子等轮廓竟然能够完全重合。施瓦茨最终得出结论，《蒙娜丽莎》就是达·芬奇的自画像。至于达·芬奇为什么要把自己画成一个永恒的女性形象，一种解释是因为他要用这种方式隐晦地挑战以基督教为代表的西方男性霸权话语。蒙娜丽莎是一个雌雄合体，这是达·芬奇心目中人性最理想的结合方式，男人和女人平等地融合在一起。从字源上来看，古埃及的生殖男神叫Amon，生殖女神叫Lisa，稍微玩一点变体的游戏，合在一起的话，就变成了 Mona Lisa。

神秘的蒙娜丽莎，神秘的微笑。你究竟是谁？你究竟是在向谁微笑呢？

莎士比亚密码

一个人的作品流传几百年，到头来却不知其作者是何人？

举世闻名的四大悲剧《哈姆雷特》、《奥赛罗》、《李尔王》和《麦克白》奠定了莎士比亚在世界文学史上的“巨人”地位，莎士比亚的名字早已越出国界，成为各国人民所崇敬的世界文化巨人。

然而，作为欧洲文艺复兴时期最伟大的戏剧家，有关自己的身世，莎士比亚本人未曾留下只字片言。在他去世时，居然没有人按照当地习俗为他写一首哀诗。于是，人们开始怀疑是否真有莎士比亚其人。以威廉·莎士比亚的名字发表的那些惊世之作，究竟是他本人写的，还是另有其人呢？

1.莎士比亚就是英国著名哲学家弗兰西斯·培根

把哲学家培根的笔记内容和莎士比亚初版作品比较分析，两者有难以想象的相似之处。莎剧上至天文地理，外及异邦他国，内涉皇朝宫闱，通达古今，精深博大，出身卑微且从未踏进大学门槛的普通演员是不可能写作完成的。

作者艺术功底深，生活阅历广，剧本情节生动感人，语言准确优美，全景式描绘了当时英国封建制度解体和资本主义兴起时期各种社会力量的冲突，提倡个性解放，反对封建束缚和神权桎梏，人物栩栩如生，久演不衰。这种传世之作应当出于造诣精深的哲人培根之手更合乎情理。

莎士比亚所处时代正是英国伊丽莎白王朝政治、宗教的变化动荡时期，上流社会和达官显贵认为编剧演戏为有伤风化的耻事。但是，在剑桥大学和牛津大学的知识分子阶层仍有一些学者暗地里写戏演戏。迫于社会压力和公众的舆论指责，剧本的撰稿者就虚构了一个“莎士比亚”的笔名。与同时代的其他学者相比，弗兰西斯·培根文才出众、阅历丰富、善于思考、勤奋攻读，理所当然是这些作品的执笔人。

2.莎士比亚就是英国的伊丽莎白女王

“莎士比亚”只是伊丽莎白女王假借的名字。莎士比亚戏剧中的许多主角所处的环境与女王本人颇具相似之处，女王知识广博，语词丰富多样，说话机智善辩，所以反映在莎剧作品中的单词数量达21000多个，一般的人显然难以做到这一点。同时，在伊丽莎白女王去世后，以“莎士比亚”为名发表的作品数量明显下降，在质量上也较前大为逊色，人们设想这些很可能是女王早期的不成熟之作，而在她死后由别人收集、整理后出版的。凑巧的是，莎士比亚第一本戏剧集的出版者潘勃鲁克伯爵夫人，恰恰又是伊丽莎白女王的挚友亲信和遗嘱执行者。

专家们认为，通观莎士比亚作品的精彩语言与丰富剧情内容，只有伊丽莎白女王才具有那些杰作的作者所特有的广博的学识、凝练的语言和对于人们感情意志的高度洞察力。

3.莎士比亚是当时的一名贵族爱德华·德维尔

一个叫“德维尔学会”的文学学会宣称，牛津伯爵爱德华·德维尔才是被官方认定的莎士比亚37部戏剧作品的真正作者。“他是最适合这种工作的人”“他受过(相应的)教育，并有(相关)旅行经历，而莎士比亚并没有(这些背景)”。

德维尔是牛津17世伯爵，比莎士比亚年长15岁，公元1550年出生在赫丁厄姆堡。德维尔曾在牛津大学和剑桥大学求学，并在欧洲大部分地方旅行过。根据德维尔学会的描述，莎士比亚仅仅是运气好而已。当他身无分文地来到伦敦时，正好被身为贵族的德维尔抓住，为他带有揭露和讽刺意味的写作和表演充当一种“掩护”。

德维尔学会秘书理查德·马利姆说：“如果你坚持认为埃文河畔斯特拉特福的威廉·莎士比亚是作家，你就扭曲了整个文学历史。”

但是位于莎士比亚家乡的莎士比亚出生地基金会主席斯坦利·韦尔斯教授说，“他(莎士比亚)那个时代有足够证据证明，莎士比亚是很被看重的一位作家，尤其是剧作家。”德维尔作为一个大忙人，却能“在他各种各样的活动间隙写出如此多的杰作，这本身就是荒谬的”。

莎士比亚作品的真正主人究竟是谁？是哲学家培根，还是伊丽莎白女王，或者爱德华·德维尔，抑或另有人选，众说不一，至今仍是一个未解之谜。

米开朗琪罗的“怪癖”与其创作有关吗

意大利文艺复兴时期出现过一位多才多艺的巨人。他不仅是伟大的雕刻家、画家，而且也是一位杰出的建筑家和诗人。这个人就是米开朗琪罗。

米开朗琪罗是欧洲文艺复兴时期雕塑艺术上最具代表性的人物，他创作的人物雕像气魄宏大，雄伟健壮，蕴含着无穷的力量。他的大量作品显示了写实基础上非同寻常的理想加工，典型地象征了当时的整个时代。但是生活中的米开朗琪罗却给人以“怪人”的感觉。

年轻时代的米开朗琪罗因酷爱学习而陷入了绝对的孤独。别人都把他看成一个孤芳自赏、性格乖僻、疯疯癫癫的人物。米开朗琪罗总是表现得举止粗俗，与社会格格不入，社交活动总使他感到腻烦。这与达·芬奇的相貌堂堂、举止优雅、风度翩翩、受到上流社会人士的喜爱形成鲜明的对照。他只和几位严肃的人士来往，没有其他朋友。他终身未婚，生平只爱过著名的德·贝斯凯尔侯爵夫人维多利阳·柯罗娜，然而却是一种柏拉图式的恋爱。

米开朗琪罗创作时需要绝对的孤独是他的又一个怪异之处，只要旁边有一个人在场，就能将他的情绪完全扰乱。他必须获得一种与世隔绝之感，方能得心应手地工作。为身边琐事所纠缠，对于他来说简直是种折磨。

在他塑造的成千上万的人物形象之中，他没有遗忘过一个。他说，只有预先回忆一下以前是否用过这个形象，然后才能决定是否让人动手勾画草图。因此，在他笔下，从来没有重复现象。在艺术上他表现出让人难以想象的多疑和苛求。他亲手为自己制造锯子、雕刀，不管是什么细枝末节，他都不信任别人。

米开朗琪罗追求完美有时达到苛刻的程度，一旦他在一件雕像中发现有错，他就将整个作品放弃，转而另雕一块石头。这种追求完美的理想使他毁掉了不少成型的作品，甚至在他的才华达到炉火纯青的地步时，他所完成的雕像也并不多。有一次，他在一刹那间失去了耐心，竟打碎了一座几乎竣工的巨大群像，这是一座名叫《哀悼基督》的雕像。

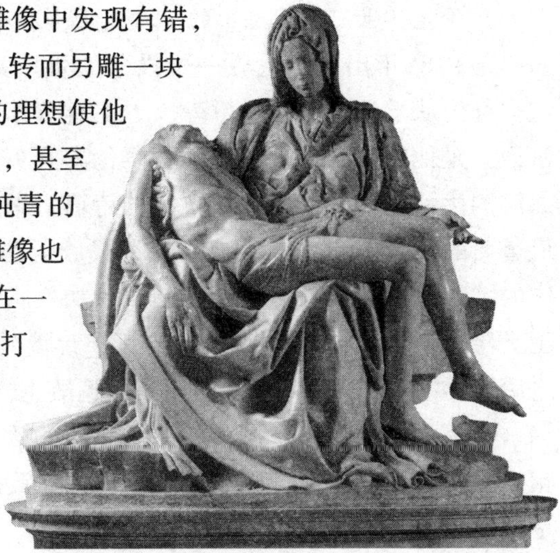

米开朗琪罗著名雕塑《比埃塔》

描绘死去的耶稣躺在圣母膝上的情景，比埃塔的含义是圣母玛利亚悲痛地抱着耶稣的尸体。通常这样的人物形象会痛苦不堪，但作者采取了古典主义的节制表现法，使人物显得更加崇高神圣。

米开朗琪罗一生孜孜以求，从不懈怠。一天，红衣主教法尔耐兹在斗兽场附近与这位已是风烛残年的老人在雪地里相见了，主教停下车子，问道："在这样的鬼天气，这样的高龄，你还出门上哪去?""上学院去。"他答复道，"想努一把力，学点东西。"

骑士利翁纳是米开朗琪罗的门徒，他曾把米开朗琪罗的肖像刻在一块纪念碑上，当他向米开朗琪罗征求意见，问他想在阴面刻上什么的时候，米开朗琪罗请他刻上一个盲人，前面由一条狗引路并加上下面的题词：我将以你的道路去启示有罪之人，于是不贞洁的心灵都将皈依于你。

人们认为一般艺术家都有怪癖，但米开朗琪罗的性格确实十分独特。这位伟大的艺术家的创作与其性格竟是什么关系呢?可能性格之于人就像双刃剑吧。

诗人拜伦为何长期漂流国外

拜伦是19世纪英国杰出的诗人，至今在世界上仍享有盛誉。

他1788年出生于伦敦一个没落的贵族家庭，10岁继承男爵爵位。拜伦从学生时代开始写诗，1812年发表的《恰尔德·哈罗尔德游记》是他的成名作。1816年，拜伦离开英国移居意大利，之后在漂流的生活中写了许多歌颂自由的诗篇，未完成的《唐·璜》是他最著名的代表作。1823年初，希腊民族运动高涨，拜伦放下正在写作的《唐·璜》，毅然前往希腊，参加希腊人民争取自由、独立的正义斗争，不幸于1824年4月19日死于希腊军中。从1812年离开英国之后，拜伦在有生之年就再也没有重返故土。

有人说，拜伦流亡国外的原因是他的政治信仰与英国主流思想相抵触，所以只好离开国家避难。拜伦在英国不仅是一个诗人，还是一个政治活动家和演说家。

他向往当时的美国资产阶级共和国，公开为捍卫人权、反抗暴政而斗争。他为了维护工人的权益，在上议院发表演说攻击当时的托利党统治，同时与当时势力很大的在野党辉格党也不苟合。曾经有人找过拜伦，告诉他如果放弃自己的政治立场，那么将停止对他的攻击。《伦敦评论》的编辑约翰·司格特后来承认，他接受当局的指派，对诗人进行了不公正的攻击。然而拜伦对于反对派毫不屈服，他说：“能够忍耐的，我将尽量忍耐；不能忍耐的，我将反抗，他们至多不过使我离开这个社会。对这个社会，我一向不奉承，一向没满意过。”

还有人说，拜伦之所以远走他乡，是因为他的个性不容于英国上流社会。1811年，拜伦在第一次到地中海各岸游历回来之后创作了长诗《恰尔德·哈罗尔德游记》，结果一举成名。在英国上流社会，拜伦成了最耀眼的明星，一时间贵妇小姐们纷纷拜倒在他脚下。可是好景不长，贵族们对拜伦追求自由的个性逐渐不满，于是纷纷对他进行攻击，温和一点的否定他的诗作，恶毒一点的诋毁拜伦的人格，甚至连他的跛脚也要攻击，谩骂和侮辱像暴风雨一样向诗人袭来。在这种情况下，诗人痛苦地说：“如果那些叽叽喳喳的流言都是真的，我没有脸面居住在英国，如果那都是谣言，我也不稀罕这个英国！”于是，拜伦痛苦地离开了，也没有再回来。

也有人说，拜伦离开英国是因为婚姻变故。拜伦本来不是个喜欢受家庭束缚的人，而他的妻子密尔班克是一个比较庸俗的女人，她无法理解诗人的性格，也不能宽宥诗人的过失，于是在感到婚后的失落之后，就想和拜伦离婚，而仍然爱着妻子的拜伦坚持不肯。密尔班克就串通医生，开具拜伦有精神病的证明，不久干脆带着小女儿离开了拜伦。

拜伦一直盼望着妻子回心转意，但是却等来了岳父的一封信，信中催促他赶快办理与密尔班克离婚的手续。诗人感觉到心灰意冷，英国再也没有东西值得他留恋了，他要与这个让他伤心的地方诀别，在浪迹天涯中修复心中的伤痕。

但是流传更广的说法是，因为拜伦的私生活混乱，致使他的声誉受损，所以不得不离开英国。其中，拜伦和他同父异母的姐姐奥格斯塔之间的关系尤为世人所嘲讽。拜伦自小就很喜欢姐姐奥格斯塔。后来奥格斯塔嫁给了一个军官，但是婚姻并不幸福，拜伦出于同情和奥格斯塔交往越来越多，但是后来同情演变成怜惜又发展成爱情。他在一首写给奥格斯塔的诗中这样说：

没有一个美貌的女人
有像你这样的魅力；
我听到你说话的声音
与水上的音乐无异。

可见拜伦对姐姐爱恋到了何种程度。很多人传言拜伦甚至与奥格斯塔生了一个女儿，这个女儿由拜伦的夫人抚养长大。乱伦是一种“畸恋”，拜伦也常常感到不安，他在另一首诗中说：

你的名字我不说出口，我不思索，
那声音中有悲哀，说起来有罪过：

但是我颊上流着的热泪默默地
表示了我内心深处的情意。
为热情嫌太促，为宁静嫌太久，
那一段时光——其苦其乐能否小休?
我们忏悔，弃绝，要把锁链打破!
我们要分离，要飞走——再度结合!

拜伦的这种放浪行为不能见谅于社会，所以他终于离开父母之邦，漫游欧陆，以至于身死他乡。

究竟是什么原因促使拜伦作出永远不再返回故土的决定呢？或许这其中还有许多不为人知的细节，所以直到今天仍然是一个悬案。

安徒生是王子身份吗

安徒生的作品我们都非常熟知和喜爱，可你知道他的身份吗?

如果你到丹麦首都哥本哈根旅游，一定会注意到一个美丽的雕像——《海的女儿》，并且导游一定会向你讲述一个与此相关的童话故事：一个万籁俱寂的夜晚，月亮温柔地注视着大海，在海面上缓缓浮出一个人身鱼尾的少女，她是海底的公主，要去和人间的恋人——英俊的王子长相厮守。可是她的鱼尾却阻碍着她的美梦。海巫婆告诉她：“有一种药物，可以化鱼尾为双腿，但是你必须放弃你三百年的生命。”她毫不犹豫地把药喝了下去……当她醒来时，慈祥的阳光抚摸着她漂亮的眼睫毛，心爱的王子正抱着她，对着她微笑……

许多人几乎是在安徒生童话的陪伴中长大的。他们为卖火柴的小女孩洒下同情的泪水；做过丑小鸭变为白天鹅的美梦；为皇帝的新装捧腹大笑。

一般的安徒生传记是这样叙述安徒生的生平：1805年4月2日出生于丹麦富恩岛上一个鞋匠之家，一家人都挤在一间低矮破旧的平房里。父亲早早就离开了人世。此后家境更为贫困，母亲不得已而改嫁，于是安徒生开始了一生的漂泊。他做过各种行业的学徒，经常梦想着长大后能做一个演员，可以在舞台上成为威严的国王、英俊潇洒的王子。14岁时，他到丹麦皇家剧院做临时演员，可是因为失声，他的演员之梦破灭了，之后尝试给剧团写剧本，可是每次都被退回，幸亏一个导演看中他的才华，动了惜才之心，就资助他读完大学，这样安徒生才有可能进行学习与积累，奠定了文学创作的基础。因为感慨于自己童年的不幸，他就决定给全世界的孩子写故事，以让所有的孩子有一个梦一般美丽的童年。

1835年，安徒生出版了第一本童话集，反响非常好，于是一发而不可收，以后每年圣诞节，他都新出一本童话集，作为给孩子们的新年礼物。在40年的创作生涯里，他写了160多篇童话，这些童话，今天成为流行全世界的文学经典。有人对安徒生的身世提出了怀疑，认为他实际上是一个“落难王子”。这场争论越来越热闹，以至于1990年在安徒生的家乡欧登塞大学举办了数百名学者参加的研讨会，专门讨论安徒生的身世。

历史学家廷斯·约根森在他的著作《安徒生——一个真正的童话》中，认为安徒生是丹麦皇室的私生子。他的生母是王储克利斯蒂安的情妇。安徒生出生后，为了遮丑，就被送给一个鞋匠收养。此后安徒生其实一直受到皇室的照顾，不然一个平民少年，怎么可能出入皇家剧院呢？所谓安徒生吃苦的事情，纯粹是皇室故意编造，为的是掩人耳目罢了。另外有人从安徒生童话中寻找证据，发现许多童话都与王子和皇室有关，并且在安徒生童话中还有这样一个故事：一个鞋匠与一个洗衣妇结婚，生下了一个丑儿，却不能自己抚养，这个孩子四处流浪，无意中得到贵人相助，结果发了财，成为社会名流。最后丑儿知道了自己发财的原因：原来自己是国王的私生子。

这个童话中，丑儿显然是安徒生自己的写照，因为他的“父亲”是一个鞋匠，“母亲”是一个洗衣妇，并且最后安徒生也功成名就。那么这个故事的后半部分是不是也是作家的真实经历呢？专家们作了这样的猜测：安徒生后来获知自己的身份，也得知自己的成功原来也是别人的刻意帮助，于是非常烦闷，又不能把这件事公布出去，就只能将之编成童话。

为了搞清楚安徒生的真实身份，丹麦政府也提供了大力支持。在政府的许可下，丹麦历史学家塔格·卡尔斯泰德查阅了克利斯蒂安的档案，结果发现，这位风流的国王确实有一个普通的平民情妇。档案中有这样的材料：国王得知自己有了私生子后，曾经派人送钱给他们母子，并且为他的私生子安排了工作。但是说得很模糊，历史学家没有找到有安徒生母子的明确材料。

海明威自杀之谜

海明威素来以硬汉形象出现，他究竟因何而脆弱地自杀呢？

欧内斯特·海明威是美国著名小说家，他一生写了许多著名的作品，如《太阳照样升起》、《永别了，武器》、《丧钟为谁而鸣》以及《老人与海》等。在他的晚年，由于发表了《老人与海》等不朽之作，对世界文学做出了巨大贡献而获得了诺贝尔文学奖。

谁也不会想到，这位闻名世界的大文豪竟然在1961年7月2日，用猎枪悄悄地结束了自己的生命。海明威为什么要自杀呢？这引起世人的极大关注。

有人认为，海明威自杀是“精神抑郁症”造成的。海明威长期忽视甚至糟蹋自己的健康，致使他肉体上、精神上都受到了严重的损伤。他无法忍受病痛使他“丧失尊严”，他要以自杀的方式来与疾病作最后的搏斗，并以此来维护自己那种“可以被消灭但不能被击败”的男子汉的“尊严”。

另一种观点认为，海明威是因为对自己才思枯竭感到绝望而自杀。由于频繁的电疗，海明威的记忆力逐渐减退。导致他的自传性作品《流动的圣餐》的创作陷入了困境，因而选择了自杀。海明威赞同尼采的观点：“适时而死。死在幸福之峰巅者最光荣。”是的，电疗致使记忆衰竭。他一生奉行的至理名言就是：人可以被毁灭，但绝不能被打败。也许，是他担心自己被打败，而毁灭了自己。

然而这两种观点都没有极有力的证据。海明威自杀的起初动机始终没有定论。他在自己的遗嘱中是这样说的：“我所有的希望已破灭，我那意味着一切的天赋如今抛弃我，我辉煌的历程已尽，为维护完美的自我，我必然消灭自己。”但是，人们并不完全相信他自己对这一行为的解释。

2000年7月，人们从一本新出版的海明威传记中窥见了这个谜团的冰山一角。这本传记的作者是肯尼思·林。他在书中明确指出，海明威在其成名后的很长时间里，一种我们今天所说的ED（勃起功能障碍）一直困扰着他。这种疾病严重地影响了他与几任妻子的关系和他相当一部分的家庭生活，海明威对自己的ED症感到非常绝望，认为只有将自己的肉体消灭，才能维护自己的尊严。因此，海明威的自杀之举存在着一定的内在必然性。

纵观海明威的一生我们可以发现，在相当长的时间里，他的生活和创作一直都与ED对他的影响有密切的关系：ED首先将他的人格扭曲了，继而这种人格的扭曲又被带入了他的行为和创作中，最终彻底毁灭了他。如果肯尼思·林的论述能够成立的话，或者说海明威的确是一个ED患者，那么海明威在各种作品中刻意为自己塑造的“硬汉”形象，只不过是作为一个掩盖自己疾病的幌子罢了。

难道这就能说明海明威自杀的原因吗？似乎海明威的自杀并不这么简单，在这背后还隐藏着许多我们未知的东西。

沉睡海底的“阿甲克斯”

人们渴望发现古希腊艺术品，但是当它出现在人们面前时，却又密云重重。

在整个西方美术传统中，古希腊雕塑占有十分重要的地位。西方美术崇尚的典范模式、庄重的艺术品格和严谨的写实精神，可以说都是从古希腊开始的。

1972年，一个风和日丽的日子，一个游泳者在意大利的莱奇·马林纳海滨游泳。但在他潜入水后不久，竟在海底摸到了一尊铜像。铜像被打捞上来并经过8年的修复，当它在人们面前展露其真实面目的时候，在西方艺术界引起了很大的轰动：

青铜像是直立人体，塑像头部与身高比为1∶8，头侧向左，面部表情庄严，头发与须髯卷曲；右臂微曲下垂，左臂曲时，双手成握，左手似执武器；上身肌肉紧张，尤其是双臂，肌肉鼓起，使作品形象显得非常健壮；而双腿则相对放松，略分开，左腿微曲，右腿支撑全身。比例协调，透着内在的力的美。

据一些专家测定，这座青铜塑像属于公元前5世纪的作品，所塑造的是希腊英雄阿甲克斯，是希腊文化“黄金时代”的作品真迹。这件艺术珍品的“出世”，无疑引起了许多研究者、爱好者的兴趣：这件希腊雕塑怎么会沉睡在意大利的海底？哪位雕塑名家创造了它呢？

一些学者认为“阿甲克斯”是古罗马人从希腊抢来的，而在逾海运输途中船只遇难才沉入海底的。是古罗马人的战利品或和平时的掠夺，还是希腊人的供奉？

古罗马拥有自己业绩辉煌的文化艺术，而其文明之源头则在希腊。因而，古罗马人对灿烂夺目的希腊文明十分羡慕，简直快到顶礼膜拜的程度。真正的艺术家努力地向希腊人学习，而社会的上层“爱好者”则追求对艺术品的占有，于是希腊的艺术家和工匠们就大量地复制那些艺术精品和杰作。

然而，随着罗马势力的日臻强大，希腊终于在公元前146年以后成为罗马的掌中之物。在这有利条件下，罗马的那些“爱好者”就不能满足于只拥有复制品了，他们把眼光直接投向那些珍品。据说，罗马帝国皇帝尼禄仅在德尔菲城，就搬走了500座雕像。那么，整个希腊在罗马统治时期有多少艺术品流失了呢？那可能是数以万计，而阿甲克斯也就在其列吧！这些被劫掠的希腊艺术珍品被装船运往罗马。但在罗马周围的海上经常有强大的风暴，这些风暴常使海上行船遭受灭顶之灾，罗马的许多战船曾因此倾覆，而阿甲克斯的遭遇可能就是如此。这种解释是不是唯一的答案，还未有定论，因为灾难也可能来自其他方面，例如地中海上的强盗（该地区海盗猖獗）。可以肯定的是，“阿甲克斯”肯定是在船运过程中沉入海底的，但何去何从，又因为什么，这些问题则尚无从查证。

大批被劫掠至罗马的艺术珍品，在千余年的历史中因战火等浩劫已不复存在，而如“阿甲克斯”一样沉入海底的艺术品，其中有不少可能现在仍静静地躺在某个迷人的海湾里。另外，因为没有相关的背景材料，这件艺术珍品是公元前5世纪哪位大师的杰作，也成为谜中之谜。

比萨古船的谜题

盛极必衰是古比萨的悲剧，又何尝不是一切事物的悲剧呢？

长久以来，意大利的比萨城以其斜塔闻名于世。如今，考古学家又在比萨发掘到了古罗马帝国时期的17艘古船。这是迄今发现的最大一批古船遗迹。船上的珍贵货物都完整地保存了下来，其中包括要运往竞技场的狮子遗留下的牙齿。究竟是何等惨烈的灾难把这些船只深埋地下的呢？

1998年2月，意大利的比萨城比萨斜塔以南正在进行铁路延伸工程。这一带经常出土文物，这一次也不例外。考古学家伊林娜·罗西挖出一艘近2000年前的古罗马船只。木船保存完好，古代造船工人留下的工具整修痕迹清晰可见。就在几米开外，伊林娜与她的同事发现了另一艘古船遗迹。它的货物还原封未动，船员的鞋子就在附近出土，令人惊讶的是，这两艘船仅仅是故事的开始。

几天后，她又看到了第三艘船、第四艘船，这种发现一天天多了起来。三号古船的缆绳与索具仍奇迹般地保留在原处，四号古船有18米长，已经翻了个。后来几乎每天都能挖出一艘“新的”古船。到最后总数竟达17艘。

考古学家把注意力放在其中一艘船上。这艘船的年代约为公元前1世纪，大约是恺撒时期。船身的长度有9米，有公共汽车般大小，侧舷有12个水手的座位，船上还有一面纵帆。考古学家从来没有见过这样的文物：古船的船头上有用来攻击其他船只的撞角，靠12个水手划桨和一面风帆提供动力。

在17艘各类船只中，有一艘是货船。货船上有一个水手的遗骸，身旁是他忠实的狗。除了水手的物品外，这艘船至少还携带了300只双耳陶瓶。那是古代罗马人的储藏罐。古船上的货品距今已有2000年的历史，人们可以借此了解古罗马帝国的进口贸易。

考古学家使用X光对船上货物进行了分析。分析表明，陶罐中装有酒类、樱桃干和葡萄。但最令人惊奇的是，一个装有沙粒的罐子，里面的沙粒都是经过人工挑选的。这些沙子来自南方，来自800千米以外的坎帕尼亚。也许就像某些人所说的，这是建筑竞技场所需的优质沙粒，用来吸干那些为生命而战的角斗士的鲜血。

究竟是什么力量使船只沉没，什么力量堵塞了沟渠、掩埋了港口呢？考古学家测定出船只的年代后，第一条线索出现了。这些船只并非出现于同一时代，它们前后跨越了800年的时间，这些古船必然是被一连串的灾难所摧毁。比萨那800年的历史就是不断被淹没的历史，每次水灾都极其猛烈而且携来大量泥沙。泥沙淤积后，海岸线被退至几百米外，连续的水患把海岸线越推越远，致使城市与海洋的距离达到了11千米。

古代比萨人民建设了港口，但它被洪水带来的泥浆淹没。他们重建港口，新的洪水再次将它摧毁。这样的重复持续了800年，直到比萨人民征服了洪水猛兽。但港口永远消失了。

这个非凡的古船给世人带来了无尽的想象，也带了非凡的谜团，不知何日能解。

第九篇

惊魂的自然谜团

第一章
不为人知的人类角落

1000多年前，武陵人发现了桃花源；1000多年后的今天，又不断发现“野人”、水怪的出没，对于这个星球我们究竟知道多少呢？还有多少不为我们所知的角落呢？

青海湖惊现水怪

神秘的西部，神秘的青海湖，神秘的水怪！

青海湖，古称“西海”，是我国最大的内陆湖，海拔3196米，面积4583平方千米，最深处达30多米。这里自古荒凉，有许多神话传说，近几十年关于水怪的传闻又为它涂上了一层更加神秘的色彩。

1955年6月中旬，一小队解放军战士陪同一位科学家在青海湖进行科学考察。一天，他们10个人分乘两辆水陆汽车，从海星山东侧向对岸开去。中午11～12时，天气比往常热，水面较平静。当行进大约十七八千米时，班长李孝安发现右前方80米处出现一个10余米长、宽2米左右的黑黄色东西，其顶端基本与水面持平。当时，李孝安以为是遇上了长着青苔的沙丘，便提醒司机注意。“沙丘”越来越近了，在与战士们相距30米左右时，肉眼都可以看清它。正当人们议论它时，突然看见“沙丘”向上闪动了一下，露出水面约30厘米，接着马上又下沉，消失不见了。

1982年5月23日下午，青海湖农场五大队二号渔船职工再次目击到“水怪”。那天下午天气闷热，湖面风平浪静，4时多这艘渔船开始返航。后来站在船尾的两名工人看见在海星山偏北20度东面，有一个巨大的黑黄色怪物在水面上一动一动的，像一只舢板船反扣的形状，比舢板船稍大，不露头尾，大约13～14米。舵手立即掉转船头直冲这个水怪，但船开到距离这个怪物大约50米的地方，可能由于渔船声音太大，惊动了它，怪物马上潜下水去。从发现怪物到其下潜，共约5分钟。下潜时怪物身上闪着鱼皮似的光，水面上出现了一道又宽又大的回旋水流，一直持续了很长时间。令人高兴的是，渔船记录簿上详细记述了整个目击经过，为研究青海湖水怪提供了第一次真实可靠的文字记载。

青海湖有5个大岛，最大的是海心山。水怪出没地点都在海心山与湖东岸之间，所见都为黑或黑黄色，长度都是10多米，估计是同一动物，起码是同一类动物。从形状看，它们肯定不是蛇颈龙之类的远古爬行动物，因为3次都是不露头，不露尾，背部也没有多大的“驼峰”。

青海湖水怪是什么呢？是大鱼，还是真正的水怪，抑或其他什么生物？谁也说不清楚。

喀纳斯湖水怪

新疆维吾尔自治区给人所带来的神秘，越来越多，人类究竟什么时候才能破解其中的谜团呢？

“喀纳斯”，蒙古语意为“峡谷中的湖”。喀纳斯湖湖面海拔1374米，南北长24千米，平均宽约1.9千米，湖水最深约196米，面积44.78平方千米。就在这个形如弯月的湖泊中，竟然藏着“大水怪”。

2005年6月7日，一群来自北京的游客在喀纳斯湖湖面上乘船游览，当船行进到三道湾附近时，离船200多米远的水面上突然激起1米多高、20多米长的浪花。突然出现的浪花快速向湖心方向涌动。

游客李筱陵拍摄到了这十分珍贵的场景。

在一阵大浪涌过之后，人们发现，远处的水面下出现了一个巨大的身影，而且这个身影也在快速向湖心方向游动。过了一会儿，原本连在一起的不明物体变成了两个，一前一后在水面下潜行。大约两分钟以后，两个不明物体隐身水下，迅速地消失了。这是人类唯一一次近距离拍摄到喀纳斯湖的不明物体。这次目击事件使得世人重新想起流传已久的喀纳斯湖水怪的传说。那水面下舞动的身影就是传说中的水怪吗？它究竟有多大？又会是什么呢？

喀纳斯管理局的护林员金刚，是水怪最早的目击者之一。1975年8月1日那天，金刚看到整个喀纳斯湖中间有一个巨大的红色物体漂浮着，长度有十五六米。这是他第一次在喀纳斯湖看到如此大的漂浮物，并发现不明物体正在缓慢地移动。奇怪的是，当第二天再来观察时，那个物体却早已经消失得无影无踪。

金刚看到的物体会不会是枯木呢?因为在喀纳斯湖上游经常会堆积一些枯木，并漂有很多动物的尸骨，在这里造成恐怖现象。但是，为什么那些枯木没有顺流而下，反倒沉积在上游呢？如果不是那又会是什么呢？

两年后的秋天，金刚骑马巡山时，他再次看见湖的中间有一个大概四五十厘米高的不明物体。当他到附近的牧民家里借一架望远镜想看个究竟时，却遭到了当地居民的训斥，并且告诉金刚这是不能乱说的。这让金刚十分意外和迷惑，这些老人似乎在刻意隐瞒着什么秘密。

喀纳斯湖附近的土瓦族也有人说曾看到过一个1米长的背鳍，但是并不知道那是什么东西。看来，大家也知道湖水里面存在一些神秘的东西。而且当地流传了许多关于水怪的传说。那么，为什么当地人要编造这些传说呢?难道这背后真的有什么不为人知的秘密么？

水怪的传闻一直流传着，在风平浪静的湖面上，没有一条船，但是会经常奇怪地突然出现大浪。2003年9月27日下午7时左右，喀纳斯管理局的干部赛力克和同事坐着汽艇去湖面巡视，汽艇行至二道湾，轰然一声掀起了一个巨浪，一个巨大的黑色物体跃出水面20米左右……

这次目击事件被传得沸沸扬扬，加上之前的种种传闻与目击事件，使得人们相信，喀纳斯湖真的有水怪存在。

1985年夏天，一支科学考察队曾经来到过喀纳斯湖，目的之一就是考察喀纳斯湖是否真的有水怪存在。通过考察，科学家们一致倾向于所谓的喀纳斯湖水怪就是哲罗鲑。因为它非常凶猛，行为诡异，肚皮白色，身上有红色的斑点，成年后红色的斑点会更加明显。这也正好符合目击看到的水怪的颜色。但是过去人们捕捉到的哲罗鲑最大记录却只有两米多一点。为什么这次看到的哲罗鲑却如此巨大，达到10米以上呢？

一方面是来自各层次目击者的充足证据，另一方面是来自鱼类研究专家的强烈质疑，究竟谁更接近真实呢？在喀纳斯幽深的湖底究竟还隐藏着多少秘密呢？至今仍然无人解开这一谜团。

尼斯湖水怪之谜

你看过影片《尼斯湖水怪》吗？你见过真正的尼斯湖水怪吗？

2007年，美国上映了一部惊险大片《尼斯湖水怪》，描述了这样一个故事：在第二次世界大战期间，一个名叫安格斯·麦克莫洛的孤独苏格兰小男孩和妈妈安妮、姐姐克丝蒂生活在一起。他每天都在默默地祈祷，希望他那奔赴战场的父亲能够早日回家。然而，安格斯在海滩上发现一个神秘且充满了魔法的魔蛋。它很快孵化出一只暴躁难以控制的奇怪爬行类生物，长相介于马、海龟和海豹之间，安格斯称它为“克鲁奥斯”。克鲁奥斯性格虽然焦躁，却极听安格斯的话。为了不让妈妈和姐姐发现自己带回了一个怪物，安格斯将克鲁奥斯藏在了自家的浴缸里。

妈妈找回来帮着家里打零工的刘易斯对安格斯说，克鲁奥斯很可能就是传说中的尼斯湖水怪，一种只存在于凯尔特人的神话中的独特海洋生物。而且，克鲁奥斯的成长速度是非常惊人的，它的身材已经快变成恐龙大小了，安格斯的家里再也藏不住它了，他不得不将克鲁奥斯从它藏身的地方赶进湖里，希望它能由此游向海洋，奔向自由。然而，就在位于海口的地带，却是由好战的军队把守着的，他们警惕着水面上一切可疑的波纹。那么，像克鲁奥斯这么大的生物，又要如何在这些人的眼皮底下逃生呢？为了保护好友，也为了将传奇继续下去，等待安格斯的将会是什么呢？

尼斯湖位于英国苏格兰高原北部的大峡谷中，湖长39千米，宽2.4千米。面积并不大，却很深，平均深度达200米，最深处达293米。该湖终年不冻，两岸陡峭，树林茂密。湖北端有河流与北海相通。尼斯湖水怪，是地球上最神秘也最吸引人的谜之一。

关于水怪的最早记载可追溯到公元565年，爱尔兰传教士圣哥伦伯和他的仆人在湖中游泳，水怪突然向仆人袭来，多亏教士及时相救，仆人才游回岸上，保住性命。自此以后，十多个世纪里，有关水怪出现的消息达10000多宗。但当时的人们对此并不相信，认为不过是古代的传说或无稽之谈。

直到1934年4月，伦敦医生威尔逊途经尼斯湖，正好发现水怪在湖中游动。威尔逊连忙用相机拍下了水怪的照片，照片虽不十分清晰，但还是明确地显出了水怪的特征：长长的脖子和扁小的头部，看上去完全不像任何一种水生动物，而很像早7000多万年前灭绝的巨大爬行动物蛇颈龙。

蛇颈龙，是生活在距今1亿多年前到7000多万年前的一种巨大的水生爬行动物，也是恐龙的远亲。它有一个细长的脖子、椭圆形的身体和长长的尾巴，嘴里长着利齿，以鱼类为食，是中生代海上的霸王。如果尼斯湖水怪真是蛇颈龙的话，那它无疑是极为珍贵的残存下来

尼斯湖水怪想象图

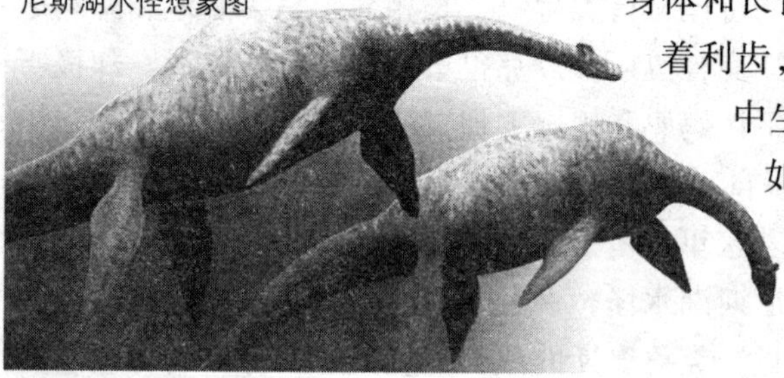

的史前动物，这一发现也将在动物学上占有重要地位。

因此这张照片刊出后，很快就引起了举世轰动，伴随着20世纪的“恐龙热”，人们开始把水怪与蛇颈龙可能仍然生存着联系起来，对此给予极大关注。1960年4月3日，英国航空工程师丁斯德在尼斯湖拍了15米多长的影片，影片虽较粗糙，但放映时仍可明显地看到一个黑色长颈的巨型生物游过尼斯湖。有些原来对此持否定态度的科学家，看了影片后改变了看法。皇家空军联合空中侦察情报中心分析了丁斯德的影片，结论是“那东西大概是生物”。

进入20世纪70年代，科学家们开始借助先进的仪器设备，大举搜索水怪。1972年8月，美国波士顿应用一些利用水下摄影机和声呐仪，在尼斯湖中拍下了一些照片，其中一幅显示有一个两米长的菱形鳍状肢附在一巨大的生物体上。同时，声呐仪也寻得了巨大物体在湖中移动的情况。

1975年6月，该院再派考察队到尼斯湖，拍下了更多的照片。其中有两幅特别令人感兴趣：一幅显示有一个长着长脖子的巨大身躯，还可以显示该物体的两个粗短的鳍状肢。从照片上估计，该生物长6.5米，其中头额长2.7米，确实像一只蛇颈龙。另一幅照片拍到了水怪的头部，经过电脑放大，可以看到水怪头上短短的触角和张大的嘴。最后的结论是“尼斯湖中确有一种大型的未知水生动物”。

1972年和1975年的发现曾轰动一时，使人感到揭开水怪之谜或者说捕获活的蛇颈龙已迫在眉睫了。此后英、美联合组织了大型考察队，派24艘考察船排成一字长蛇阵，在尼斯湖上拉网式地驶过，企图将水怪一举捕获。但遗憾的是，除了又录下一些声呐资料之外，一无所获。

由于追捕水怪的失败，持否定的观点又流行起来。一位退休的电子工程师在英国《新科学家》杂志上撰文称：尼斯湖水怪并不是动物，而是古代的松树。他说，1万多年前，尼斯湖附近长着许多松树，冰期结束时“湖水上涨，许多松树沉入湖底。由于水的压力，使树干内的树脂排到表面，而由此产生的气体排不出来。于是，这些松树有时就会浮上水面，但在水面上释放出一些气体后又会沉入水底。这在远处的人看来，就像是水怪的头颈和身体”。

但这种观点无法使那些声称目睹了水怪的人们信服，而且在20世纪70年代后期，又有人几次拍下了水怪的照片。

那么，为什么人们至今还未能捕获水怪呢?

这要从尼斯湖特殊的地质构造谈起。原来尼斯湖水中含有大量泥炭，这使湖水非常混浊，水中能见底不足三四尺。而且湖底地形复杂，到处是曲折如迷宫般的深谷沟壑，即使是体形巨大的水生动物也很容易静静地在其间，避过电子仪器的侦察。湖中鱼类繁多，水怪不必外出觅食，而该湖又与海相通，水怪出入方便，因此想要捕获水怪，谈何容易。

但只要没有真正找到水怪，这个谜就没有揭开。直到现在，人们对于水怪是否存在仍争论不休，谁也不能妄下结论。

神农架有“野人”吗

在人类的进化中，是否存在另一个物种，也就是“野人”呢?

《山海经·中次九经》中记载：“熊山（即今鄂西北神农架）中有一种身高一丈左右，浑身长毛，长发、健走、善笑的‘赣巨人’或称为‘枭阳’、‘狒狒’的动物。西汉时期成书的《尔雅》中记载：‘狒狒’人形长丈，面黑色，身有毛，若反踵，见人而笑。”这是历史上关于神农架“野人”的传说。然而，现实中的神农架真的有“野人”吗?

1915年，神农架边缘地带的房县，有个叫王老中的人，他以打猎为生。一天，王老中进山打猎，中午吃过干粮，抱着猎枪在一棵大树下休息。不一会儿，他就迷迷糊糊地睡着了。朦胧中，他听到一声怪叫，睁眼一看，有一个两米多高、遍身红毛的怪物已近在咫尺。他的那只心爱的猎犬早已被撕成了血淋淋的碎片。王老中惊恐地举起猎枪……

没想到红毛怪物的速度更快，瞬间跨前一大步，夺过猎枪，在岩石上摔得粉碎。然后，笑眯眯地把吓得抖成一团的王老中抱进怀中……

王老中迷迷糊糊中，只感到耳边生风，估计红毛怪物正抱着自己在飞跑。不知翻过多少座险峰大山，最后他们爬进了一个悬崖峭壁上的深邃山洞。王老中渐渐地清醒过来，这才看清红毛怪物的胸前有两个像葫芦一样大的乳房。他立刻明白了，这个怪物原来是个女“野人”。

白天，女“野人”外出寻食。临走的时候，她便搬来一块巨石堵在洞口。晚上，女“野人”便抱着王老中睡觉。

一年后，女“野人”生下一个小“野人”。这个小“野人”与一般小孩相似，只是浑身也长有红毛。小“野人”长得很快，身材高大，力大无穷，已能搬得动堵洞口的巨石了。由于王老中思念家乡的父母和妻儿，总想偷跑回家，无奈巨石堵死了他的出路。因此，当小“野人”有了力气后，他就有意识地训练小“野人”搬石爬山。一天，女“野人”又出去寻找食物，王老中便用手势让小“野人”把堵在洞口的巨石搬开，接着自己爬下山崖，蹚过一条湍急的河流，往家乡飞跑。就在这时，女“野人”回洞发现王老中不在洞里，迅速攀到崖顶号叫。小“野人”听到叫声，野性大发，边号边往回跑。由于小“野人”不知河水的深浅，一下子被急流卷走。女“野人”也凄惨地大叫一声，从崖顶一头栽到水中，也随急流而去。

已不成人形的王老中逃回家中，家人惊恐万状，竟不敢相认。原来他已失踪十几年了，家人都认为他早已死了。

这个离奇的传说，似乎说明，“野人”真的存在，而且能与人类婚配，二者应该有一定的血缘关系。

在湖北省委和中国科学院的领导下，1977年组织了新中国成立以来最大的“野人”考察队。考察队员来自北京、上海、陕西、四川、湖北等省市的科研机构、大专院校、博物馆、动物园的专业人员，武汉33700部队派出了侦察支队，房县和神农架林区派出了熟悉情况的干部和向导。这次考察历时140天，足迹遍布神农架及其周围方圆1500多平方千米的深山峡谷，收集了大量的资料。

1977年6月19日晚，“野考”一队李健（原湖北省郧阳地委宣传部副部长）接到一个紧急电话，报告了房县桥上公社群力大队女社员龚玉兰和她的4岁的儿子杨明安在水池垭路遇“野人”。在龚玉兰的带领下，找到“野人”蹭痒的那棵大松树，并在那棵树上取下几十根棕褐色的毛。毛是从1.3～1.8米高处的树干上找到的。从形状、粗细来看，与人的头发十分相似。后经武汉、北京等科研部门用显微镜观察，并与灵长目的动物——猕猴、金丝猴、白眉长臂猿、大猩猩、黑猩猩以及现代人的毛发做了比较。结果证明：“野人”毛发主要形态结构特征明显不同于上述灵长目动物。以后又从7个地方找到了7份“野人”毛发，均是如此。

作为另一个有力的证据，就是化验“野人”的粪便。1976年11月前，在靠近神农架的房县蔡子洼东侧，曾有多人多次在这个地方发现过“野人”，考察队对这里进行了现场搜索，在山梁半坡一个陡崖顶部发现了“野人”的6堆粪便，都已干燥。经观察，有较多未消化的果皮、野栗皮等残渣，在青年工人萧兴扬发现“野人”的地方找到的粪便中，还发现大量昆虫蛹皮，粪便直径2.5厘米，这些粪便与熊、猴、猩猩的均不相同，且又与人的粪便有差异。因为人是不会吃昆虫与野果皮的。1980年考察队又多次找到“野人”的粪便，经分析粪便内有未消化的竹笋、橡子及小动物的毛骨，粪便呈盘状。在两个呈八字形的脚印之间，这明显和其他动物大便方式不同，而与人相似。

大量的证据似乎证明神农架的野人确实存在，然而如何才能找到他们呢？

喜马拉雅山的雪人之谜

在全世界流传的关于喜马拉雅山的雪人的神秘传说，给人类带来无限的幻想空间。

女作家吉尔宁在她那部引起轰动的著名探险记《雪人和它的伴

侣们》里，描述了这样的经历：一次，她在一群尼泊尔少女的陪同下深入喜马拉雅山南麓寻觅雪人。一个阳光明媚的日子里，这群少女在雪山间的一条山涧里裸泳嬉戏，不幸被十几头夜帝（当地的夏尔巴人称喜马拉雅山的雪人为夜帝）发现。它们呼啸着一拥而上，将这群可怜的少女尽情掳走。吉尔宁幸而未及下水——在一处山崖旁观赏雪景，因此得以脱逃。喜马拉雅山真有“雪人”吗？

雪人，意思是居住在岩石上的动物。它行动极快，人们有时会在厚厚的积雪上看到它留下的一串足迹，世界的很多高山上似乎都留有它的足迹。但更多的线索则是存在于中国西藏自治区和尼泊尔交界处的喜马拉雅山脉中。

关于雪人的神秘传说总是从当地的夏尔巴山人口中传出，一些声称见到过夜帝的当地人这样描述这个动物：它们高1.5～4.6米不等，头颅尖耸，红发披顶，周身长满灰黄色的毛，步履快捷。其硕大的双脚可以在不转身的情况下迅速转向180度以便爬升和逃跑。

一个关于夜帝的神奇描述出现在1938年。当时的加尔各答维多利亚纪念馆馆长奥维古（音译）上尉，独自在喜马拉雅山旅行时，一场突然的暴风雪横扫喜马拉雅山，顷刻间他患了雪盲，在寒冷的风雪中坐以待毙。就在他接近死亡时，被一个近3米高的动物掩护住身体，保住了性命。直到他的感觉恢复，能适应周围环境时，这个神秘的动物才消失。

在很多其他的传说中，夜帝就没有这么仁慈了。一个放牧牦牛的夏尔巴女孩曾描述了她被夜帝惊吓的过程：一个平常的日子，女

在这组镜头中，在大约 40 米远处，“雪人”似乎有意地回头望了镜头一眼。

孩赶着牦牛在山中放牧，突然，一个有着黑灰毛发的巨大类猿动物出现在这个夏尔巴女孩面前。一开始拖着她，好像要带走她似的，但后来好像是被她惊恐的尖叫声镇住了，就放了她。这个巨大的动物还野蛮地杀死了她的两头牦牛。女孩逃回家中，把这个事件报告给了当地的警察局，随后赶到的警察发现了脚印。

这样的故事足以最大限度地勾起探险家的想象力，探寻神秘的雪人成为他们永驻心头的向往。最早关于雪人的比较可靠的报道是在1925年，当希腊摄影师汤巴兹，作为英国地质探险队的一名成员在喜马拉雅山上探险时，一个人形动物在远处一个低斜坡穿过，闯入他们的眼帘。在海拔4500米的高处，这个人形动物几乎离他们有300米远。“毫无疑问，这个动物的体形确实很像一个人，直立行走并且偶尔停下时，会连根拔起或拉起一些矮小的树丛，”汤巴兹说，“与雪比起来它显得有点黑，直到我能够辨认它并没有穿衣服。”

在汤巴兹摁下照相机快门之前，这个动物消失并且再也没有出现。他走向那个他曾发现这个动物的地方，看到了在雪地上的脚印。“它们在外形上非常像人脚的形状，但在脚最宽的部分，也只有18～21厘米长，12厘米宽，5个脚趾的痕迹非常清晰，但脚后跟的轮廓却有些模糊……”

共有15个脚印被发现，每一个脚印之间的距离大概有30～60厘米，汤巴兹在茂密的丛林中错过了它的踪迹。当他问当地人这个动物的名字时，当地人告诉他那是“干城章嘉峰魔鬼”（干城章嘉峰是喜马拉雅山东部的山脉，世界第三高峰）。汤巴兹并不认为他看到的是一个魔鬼，但他也不知道那是其他什么东西。也许他看到了一个流浪的佛教徒或者印度修士，抑或是一个隐士。随着时间的流逝，其他关于雪人的故事浮出水面后，汤巴兹开始怀疑——是不是他看到的也是一个雪人呢?

与汤巴兹看到的脚印不太一样，现在人们看到的最清晰的脚印照片是英国登山家艾瑞克·西普顿和麦克尔·沃德1951年拍摄的。他们发现这些足迹是在门朗冰河的西南坡，它位于西藏自治区和尼泊尔之间，海拔6096米。他们看到的脚印要比汤巴兹看到的大得多，每一个脚印39厘米宽，54厘米长。那些痕迹似乎是新的，并且西普顿和沃德一直跟着这个足迹走了约1英里，最后它消失在硬冰里。

如此看来，雪人似乎肯定是存在的，只是人们还没能够确定它应该被怎样界定。很多关于雪人的说法显示，这种动物可能拥有类似于人的智慧，可能要比人的智慧低，比猿要高，甚至有人说会高于人的智慧。

并不是每个人都愿意相信雪人的存在，很多学者对探险家们提供的证据都表示怀疑。毕竟，所有关于雪人存在的叙述都只是来自一些可疑的证据和道听途说。

即使是西普顿拍下的清晰照片，也不能证明那就是雪人留下的。一些科学家认为这些照片并不能证实足迹就是来自某些未知的动物。那些脚印看上去倒很可能是一种猴子或棕熊走过的痕迹。他们注意到在雪中的足迹，被太阳照射后溶化，可能改变了形态并且变得更大。

意大利著名登山家莱因霍尔德·梅斯纳表示，他花了12年的时间证明“雪人”根本不存在。所谓的雪人只不过是喜马拉雅山的棕熊而已！

关于雪人的探索还远远没有结束。没有确凿的证据支持雪人的存在，但是也没有办法证明它并不存在。

美国的“蜥蜴人”

影视版的“蜘蛛侠”已经是众所周知，然而你听说过现实版的“蜥蜴人”吗？

1954年，美国拍摄了一部电影《黑湖怪物》，讲述了原始时期的人类故事。其中的景象惊奇异常，不仅有恐龙、翼龙，还有“蜥蜴人”。电影本来是虚构的，然而有谁能够想到竟然有人在现实中亲眼看到了“蜥蜴人”呢!

1988年6月29日下午，美国南卡罗来纳州李县毕肖维勒村庄外沼泽地旁，一个名叫克利斯·达维斯的17岁小伙子正换车胎时，忽然听到身后有响动，他回头一看，顿时吓得目瞪口呆：离他约25米处有一个怪物正朝他走过来，一双眼睛红得冒火。他慌忙逃进车内，并想拉上车门。不料，那状似蜥蜴的怪物已奔到面前，同时抓住了车门，双方便对拉起来，“怕是凶多吉少，说不定要和它拼一回命!”后来他回忆说，“我扭过头瞧了它一眼，清清楚楚看见它的双手只有3个指头，又黑又粗又长，绿色的皮肤非常粗糙，身材高大，强壮极了。”除达维斯外，少年罗德尼·诺尔菲和山尼·斯托基思也看见过“蜥蜴人”从他们的汽车前面飞快跑过去；工人乔治·霍罗曼说，他在世界20号公路和15号公路会合处不远的沼泽地一眼自流井抽水时，看到“蜥蜴人”在不远处徘徊。

隐秘动物学会的创立人埃利克·贝克乔分析：“‘蜥蜴人’似乎也极爱吃麦克唐纳快餐馆的夹鱼三明治。它们以沼泽地为家，也许是由于饥饿才袭击了达维斯的车子，因为车内有这种三明治，还有汉堡包和法式炸牛排。”这以后，很少再听到有关发现“蜥蜴人”的消息。

有人估计，1988年夏天美国大旱不已，活动在沼泽地区的熊都随着野餐旅游者到尤斯麦蒂国家公园去了，而“蜥蜴人”和其他大脚怪有可能留在原地没有走，成了干旱的牺牲品。诺尔菲和斯托基思俩人遇到“蜥蜴人”的消息传出后，南加州骑警麦克·霍奇等人曾专程仔细查勘了发现地周围一大片地区。发现有3处被搅得乱七八糟的纸板堆，体积约40加仑，离地2.5米高处的纸板给扯了下来。据霍奇透露，他们找到几个像人一样的脚印，十分清晰地印在发硬的红色沙地上。阿特金森则在离脚印350米处看到地面印着另外一行脚印，显然是他们搜寻期间内有位不速之客来到汽车旁边，待了一会儿又溜回去了，把脚印留在汽车的轮胎辗出的印痕上。

达维斯等人的描述与目前存档的大脚人记录材料基本一致：身材高大，红眼睛，全身披着长毛，唯一不同的是手指、脚趾，过去的记录都是5个，只有“蜥蜴人”是例外，所以具有特殊的研究价值。

那么，美国真的有“蜥蜴人”吗？不少人信以为真，认为达维斯等人的报告是可信的。但有学者认为，“蜥蜴人”不可信，因为缺乏生存和传宗接代的条件。根据最基本的生物学原理，一个高级动物种要维持生存，必须拥有一个适合的生存环境和最低基数的种群。没有足够的实物和不够这个基数，或者够这个基数但由于分散而不常接触，这个种就要灭亡。而达维斯等人看见的都是孤身的“蜥蜴人”，未见过其群体或家族，所以不可能传宗接代。

究竟可信与否，恐怕谁也不敢确定。那么，“蜥蜴人”究竟为何物呢?至今仍是谜团一片。

绿孩子的传说

地球上除了白、黄、黑三种肤色，还有绿色人种。

1887年8月的一天，对于西班牙班贺斯附近的居民来说，是终生难忘的。这天人们突然看见从山洞里走出两个绿孩子。人们简直不敢相信自己的眼睛，就十分小心翼翼地走到跟前仔细观看。没错，这两个孩子的皮肤真是绿色的，身上穿的衣服面料也从来没有见过。他们不会说西班牙语，只是惊恐地不知所措地站着。好奇和同情心使人们很快给这两个孩子送来了食物，可惜起初他们不肯进食，那个男孩也就很快地死去了。而绿女孩还比较乖巧，她居然学会了一些西班牙语，并能和人们交谈。据她后来解释自己的来历时说，他们是来自一个没有太阳的地方，有一天，被旋风卷起，后来就被抛落在了那个山洞里。这个绿女孩后来又活了5年，于1892年死去。至于她到底从哪里来，为什么皮肤是绿色，人们始终无法找到答案。

但是这两个奇怪的绿孩子的事件在地球上并不是独一无二的。

早在公元11世纪，据传说，从英国的乌尔毕特的一个山洞里也曾走出来两个绿孩子。他们的长相、皮肤和西班牙的这两个绿孩子极为相似。令人惊异的是，当时的那个绿女孩说，她们也是来自一个没有太阳的地方。

这两次奇怪的事件，始终使人们困惑不解。因为人们都知道地球上的人只有白、黄、黑三种肤色，而有些自称见过外星人的人在说到外星人时，总是把他们描绘成身材矮小，皮肤为绿色的类人生物，也被称为“小绿人”。这不禁使人们想到，在西班牙发现的绿孩子是不是与被称为“小绿人”的外星人有关。而绿孩子自称的“没有太阳的地方”，到底是哪儿呢？

神秘的“海底人”

神秘的“海底人”，是人类进化的分支，还是外星人，抑或是不为人知的新物种？

地球上是否就存在我们人类这一种智慧动物呢？进入20世纪以后，根据一些科学家和探险家的考察，认为地球上还存在着另一种神秘的智慧动物——海底人。这是真的吗？

1959年2月，在波兰的格丁尼亚港发生了一件怪事。在当地执行任务的一些人，忽然发现海边有一个人。他疲惫不堪，拖着沉重的步履在沙滩上挪动。人们立即把他送进了格丁尼亚大学的医院内。他穿着一件制服般的东西，脸部和头发好像被火烧过。医生把他单独安排在一间病房内进行检查。人们立即发现很难解开此人的衣服，因为它不是用一般呢子、棉布之类的东西缝制的，而是用金属做的。衣服上没有开口处，非得用特殊工具使大劲才能切开。体检的结果使医生大吃一惊：此人的手指和脚趾数都与众不同，此外他的血液循环系统和器官也极不平常。正当人们要对他做进一步研究时，他忽然神秘地失踪了。在此之前，他一直活在那个医院内。

这是一个什么人？他来自何方？不能不使人们浮想联翩：难道在蔚蓝色的大海深处有另一种人存在吗？

有一种观点认为，“海底人”确实存在，它们既能在“空气的海洋”里生存，又能在“海洋的空气”里生存，是史前人类的另一分支，其理由是：人类起源于海洋，现代人类的许多习惯及器官明显地保留着这方面的痕迹，例如，喜食盐，身无毛，会游泳，海生胎记，爱吃鱼腥等，而这些特征则是陆上其他哺乳动物所不具备的。

第二种观点则认为，“海底人”不是人类的水下分支，很可能是栖身于水下的特异外星人，理由是这些生物的智慧和科技水平远远超过了人类。

世界上是否真的有“海底人”，还需要科学家们进一步去证实。

巨人真的存在过吗

每个民族都创造了有关巨人的传说，在考古中也会找到巨人的遗迹，他们真的存在过吗?

那些相信历史上有过巨人的人，其中还有不少是治学严谨的科学家，如著名的瑞典自然科学家、植物界和动物界分类法的始祖卡尔·林耐竟然算出，亚当身高40米，夏娃身高35米。

巨人说的一个论据是一些不可思议的庞大建筑物，而其中最令人叫绝的是黎巴嫩位于首都贝鲁特约100千米的巴勒贝克神庙。考古学家在它的地基中发现了一些大小为21米×5米×4米、重达好几千吨的大石板，一块块石板还拼得严丝合缝，中间几乎都插不进一根针。如果不是一些巨人建筑工，还有谁能把这些石块垒起来呢?

很可能像埃及和墨西哥的金字塔、英国的巨石阵和复活节岛上的巨人石像，都是一些巨人建造起来的。

巨人们闲暇时间还玩石球，这些球是一些胡乱扔在中美洲哥斯达黎加原始森林中的大石球，有的重达16吨，直径有2.5米。

著名的希腊史诗《奥德赛》中，也写到希腊英雄俄底修斯在海岛上遇到独眼巨人的情节。

18世纪以来，随着近代人类学的研究，有关巨人的神话色彩逐渐消退。但仍有某些发现巨人遗迹的消息，引起人们的关注。

美国内华达州垂发镇西南35千米处，有一个叫做垂发洞的山洞。据在这里生活的源龙特族印第安人说，很久以前，他们曾受到一些红发巨人的威胁。这些巨人十分凶悍。他们战斗了多年，才把巨人赶走。这些传说一开始并没有引起人们注意。但1911年，一些矿工来到垂发洞挖掘鸟粪之后，竟发现了一具巨大的木乃伊，身高达2.2米，头发红色。

这个发现使人们想起了印第安人的传说，也引起了学者们的兴趣。1912年，加州伯克利大学和内华达州历史学会派人前往山洞调查。但山洞已受到开矿的破坏，劳德只找到几件印第安人的遗物。又发现了更多的大型人类骸骨，垂发镇的采矿工程师李德和其他人员测量了挖掘出的一些股骨长度，推断股骨所属的那些人，身高可达2～3米。在这里也发现了一些红发。不过有人指出，尸体的黑发从黑暗处移到阳光下后，往往会变得发红。

不知垂发洞木乃伊的头发是否发生过这种变化，一些骸骨被内华达州的亨波特博物馆收藏，直到现在还在那里。

在马来西亚的沙捞越一带，也流传着巨人的传说，20世纪初，有人在沙捞越的密林中发现了一些巨大的木棒，这些木棒长达2.5～9米，据说是巨人使用的工具。

在人类漫长的发展史上，是否有巨人存在过？如果说没有，那么在垂发洞发现的巨大骨骸是怎么回事？如果有，后来他们又到哪儿去了呢？

米纳罗人之谜

喜马拉雅山历来是奇迹的代名词，这里至今仍生活着原始部落。

在喜马拉雅山南部克什米尔的赞斯卡谷地，至今仍生息着一个与世隔绝的土著民族米纳罗人的部落。由于当地山高谷深，交通极其不便，几乎与世隔绝，至今这个部落依旧保持着原始社会的形态。

生活在喜马拉雅山南部的这些米纳罗人，属于印欧人种，具有非常明显的印欧人种的特征：高鼻蓝眼。眼睛除了蓝色外，还有黄、棕、绿色，就是没有大多数亚洲民族的那种黑色。米纳罗人没有文字，他们的语言可以分辨记录下来的约有600个单字，明显属于印欧语系。和大多数土著部落一样，米纳罗人的主要生产活动是狩猎，猎物是他们赖以生存的主要食物。狩猎用的弓是用羚羊角剖成条后做成的，和2000年前欧洲斯基泰人的弓几乎一样。米纳罗人也会种葡萄，而且能用葡萄酿出一种味道不错的酒。

米纳罗人尚处于母系社会，实行一妻多夫制。妻子在家中享有绝对的权威，与其他母系社会不同的是，米纳罗家庭里的丈夫多数是兄弟。一妻多夫的婚姻制度并未造成米纳罗部落性别的不平衡，原因大概是这个部落中妇女人数较少，而且由于卫生条件太差，妇女在分娩时的死亡率很高。米纳罗人的住房是平顶的，夏天他们喜欢露宿在屋顶，冬天则住在地窖里，全家人和牲畜同处一室，这是典型的原始社会的居住方式。

在米纳罗部落，现今还保留着十分古老的习俗，这些习俗多与欧洲民族新石器时代的习俗十分相似。例如，他们喜欢在石头上作画，其风格同欧洲几个著名石器时代的洞穴中的岩画十分相近；他们也像欧洲的史前居民一样，在山顶上建起用于判断季节的石桌、石棚，在山崖下建起祭神用的石桌、石棚；他们的墓葬也保持着欧洲原始时代的样式，土葬的尸体成蜷缩状，双臂弯曲，两手托腮。

米纳罗人是印欧语系诸民族中唯一处于原始生活状况的一支。他们对于自己民族的历史有着惊人的记忆。对于祖辈的历史，他们说起来栩栩如生，仿佛就发生在昨天。这大概是依靠整个部落的集体记忆而保存下来的。

迄今为止，人们还无法确知米纳罗人究竟是怎样从欧洲来到亚洲喜马拉雅山南部的。有的人认为，他们就是历史上著名的下落不明的以色列部落。有的则认为，他们是亚历山大大帝远征时留驻的希腊军团的后裔。这后一种说法是很有意思的。因为根据希腊史书记载，当亚历山大大帝率军到达这一带时，便已发现有白种人居住。当时的传说认为，他们是酒神狄俄尼索斯的后裔。看来，要解开这个谜，还有待于进一步的探索。

卵生人之谜

所有的人都知道人是胎生动物，可能也有人见过从卵中出生的婴儿。

人类是胎生哺乳动物，这点早在地球有人类以来便已确定。然而，在2000多年前的佛教经典中，却有这样的记载：《涅槃经》云："凡夫众生有四种生处，卵、湿、胎、化是也。此四生处人亦具足，如比丘香萨拉、比丘俄巴西巴拉等人就乃卵生；施主呢嘎拉之母亲、施主呢嘎德之母亲、施主潘夏乐之母亲等人，各个均育有五百子，此五百子皆从蛋中破壳而出。诸位母亲先各自产下一蛋，不久，众儿子即纷纷从蛋中孵化而出。由此可见，人中亦有卵生者。"而《俱舍论》中也曾说过："于彼卵生等，众生有四生，人及旁生同。"中国的《山海经·大荒南经》也说："有卵之国，其民皆生卵。"

在今天看来，卵生是非常不可思议的事，也可能是不会发生的事。然而，据报道，一队探险家在印尼婆罗洲的原始森林内，找到一个被遗忘的史前人类部落，并发现这个部落的婴孩全部是由卵生孵化出来的。这一发现可能令人类进化史改写。

探险队领队、人类学家劳·沃费兹博士和其他10名探险队员，为了研究原始部落生活，深入印尼婆罗洲的原始森林。当他们来到一处山脊，正要步入下面的山谷时，忽然头上的大树间传来一阵尖叫声。只见树枝上一些全身赤裸的怪人蹲在一个个用树叶青草砌搭成的巢穴内，目不转睛地望着他们，并不时兴奋地像鸟雀般唧唧喳喳叫个不停。过了一会儿，有20多个怪人从树上下来，慢慢地向探险队员们走来。

这些怪人大约只有1.2米高，看来十分原始，样子虽然像人形，但却有着雀鸟个性，它们只有一颗大牙，就像象牙一样，从口中凸出来，它们来到探险队员的面前，既不害怕，也没有显示出敌意，还不时用它们那鹰爪似的手拿出一些大蚯蚓来，请探险队员们吃。

这伙原始人将探险队带到树上的他们的住处——一个建筑在几棵大树上的巨大平台。探险队员爬上平台，立即看到一幕惊人的情景：大约30个女“鸟人”正各自坐在一枚白色的大蛋上进行孵化。

探险队经过一段时间观察，搞清了女“鸟人”整个生育过程。原来女“鸟人”怀孕6个月后，便会生下一枚大蛋来，再接着进行3个月孵化，直至婴儿出生，9个月的孕育过程才完成。这时，做母亲的就和常人一般，用母乳哺育婴儿。

探险队离去的时候，那些卵生的“鸟人”送给他们很多蚯蚓，还发出鸟鸣的声音欢送他们。

神秘的巴斯克人

巴斯克民族历史悠久，在现代社会仍保留着原始的生存状态。

巴斯克人主要分布在西班牙比利牛斯山脉西段和比斯开湾南岸，其余分布在法国及拉丁美洲各国。巴斯克民族的祖先可能是欧洲远古时代的居民。

巴斯克民族及其语言的由来到目前仍然是个谜，有些人认为它们可能来自高加索或是非洲北部，也有人认为它们本来就在伊比利亚半岛。现代巴斯克语使用拉丁字母书写，但根据考古出土的文物，可找到罗马化之前使用伊比利字母铭刻在器皿上的巴斯克语，而在纳瓦拉则有中世纪使用阿拉伯字母书写巴斯克语的记录。专家们至今没有搞清楚他们究竟起源于哪里，而巴斯克语又属于什么语系。

巴斯克民族形成的历史，与伊比利亚半岛其他民族显著不同。他们在半岛遭受克尔特人、罗马人、日耳曼人和阿拉伯人入侵及其统治期间，除间接受其文化影响外，在血统和语言方面一直保持自己的特点。即使在600多年罗马化的洪流中，也未受到冲击。这可能与他们偏处一隅的山地环境有关。

在不可逾越的山峦与丛林中，巴斯克民族孤立地存在了数百年。公元8～10世纪，阿拉伯人曾经入侵过巴斯克民族，但遭到巴斯克民族顽强的抵抗而未能成功。在公元13世纪，西班牙的巴斯克人与卡斯蒂利亚王国联合后，长期拥有自己的特殊权利。然而1876年后，巴斯克人的特权被取消。巴斯克人民族意识强烈，他们为“恢复古代法规”和争取平等权利进行了不懈的斗争，一直到1978年，他们才根据新宪法获得自治权。

虽然巴斯克人生活在西班牙北部的偏僻角落，但仍以神秘的角色不声不响地牵引着人们的目光。在那里，土生土长的巴斯克人依然保持着最古老的生活方式。

传统上，巴斯克人在河流通过之低地进行耕作，主要种植果树和饲养乳牛。由于农舍分散，每家每户自成一体，长久定居。财产全部传给一名嗣子或一名嗣女，所以说，巴斯克传统文化是围绕这类自成一体的“农家田舍”而成的，由于其孤立状态而使亲族意识强烈。

巴斯克人生活的地方非常美丽，茂密的树林和如茵的牧场，悠长的山谷和湍急的溪流，如同山水画大师勾勒出的仙境。早在20世纪初的时候，就有国人见证它的美景，这个人是康有为。据说他还曾赋诗：亭亭旗盖出，森森金斧批。涧流泻绝底，浑灏黄河窄。浓姿若美人，容华倚天末。不知衡岱色，颇觉台庐索。

菲律宾“矮小黑人”

菲律宾“矮小黑人”或许来自中国，他们正渐渐步入现代社会。

在菲律宾，有一个独特的民族，由于这个民族的人身材矮小，肤色棕黑，所以人们称他们为“矮小黑人”。两万年前，中国内地南部沿海一带的居民为了躲避其他部族而不断南迁，其中一部分迁移到菲律宾群岛，成为这里最早的居民，他们就是“矮小黑人”的祖先。

在菲律宾的不同的地方，人们对“矮小黑人”的称呼不同。吕宋岛北部，他们被称为阿格他人，吕宋岛中部他们被称为阿依他人，这里的“矮小黑人”擅长木雕和藤蔓编织工艺；在中部的米沙鄢地区，“矮小黑人”能歌善舞，擅长捕鱼，被称为阿提人；南部棉兰老岛的“矮小黑人”被称为马马努瓦人，以制作精巧绝伦的刺绣和串珠闻名。现在，“矮小黑人”只有不到3.3万人，占菲律宾人口0.05%。他们结群居住在北部吕宋岛、南部棉兰老岛和西部的巴拉望，从事渔猎活动。

“矮小黑人”一般都肤色棕黑，头发卷曲，面庞稍宽，鼻梁短而瘪，嘴唇略厚。男子一般身高不足1.5米，女子则在1.4米以下，体毛少，只有少数年长的男子留有胡须。

“矮小黑人”盛行文身，无论男女从十二三岁就开始在两臂、胸和背部用贝壳刺图案，年龄越大，身上的文身图案越丰富。“矮小黑人”的祖先相信巫术，害怕鬼魂，他们将特定的符咒文在身体的不同部位，如文在手臂上的图案可以增加气力，文在背上的图案可以抵御敌人或猛兽从背后袭击，文在脸部的图案可以驱赶邪恶的鬼魂。

“矮小黑人”衣着简单，男人只在下身系一条兜裆布，女人只穿一条短裙，上身赤裸。他们用贝壳做耳饰，将植物的种子串成项链和手链，用藤蔓做项圈，将木头或动物的骨骼雕成挂件、手镯和脚环等。矮小黑人相信万物有灵，如果能够将众多的物种“穿”在身上，就有更多的神灵庇佑自己。

在婚姻制度上，“矮小黑人”实行自由恋爱和一夫一妻制。男子求婚时必须亲自拉弓，将箭射入女方安放在远处的竹筒内，否则表明男方没有能力养活妻子，不能赢得佳人芳心。这就是所谓的“一箭定终身”。

早先，马来人居住在靠近沿海的平坦地区，生活在米沙鄢地区的“矮小黑人”——阿提人以耕种为生。马来人因土地争端常与阿提人发生冲突。公元1210年，菲律宾群岛中部暴雨不断，引发山洪，阿提人的庄稼颗粒无收，于是酋长带领手下到沿海平地讨要食物。马来人热情地招待了他们并给了他们粮食。为了感谢马来人的救命之恩，阿提人酋长遂以一顶金帽子和一个金盆为代价，将沿海的一些土地出售给马来人。阿提人还为马来人表演了精彩的山地舞蹈。为表示友好，马来人用锅底油灰涂抹脸部和四肢，扮装成阿提人加入舞蹈者的行列。

从此，每年雨季结束，收获开始的时候，阿提人总要成群结伙地下山，象征性地从马来人那里索要食物，并穿着马来人部落的传统服装跳舞表示感谢。于是，“假装阿提人”的风俗流传了下来，人们将每年1月的第三个星期定为“假装阿提人”节。这个节日现在已成为菲律宾的一个重要节日。

现在，“矮小黑人”的传统文化和风俗处于“濒危”境地。随着与外界交往的深入，“矮小黑人”的传统风俗逐渐被丢弃。生活在吕宋岛北部的“矮小黑人”——阿格他人，20世纪60年代初尚有600人，到了90年代末，仅剩下220人。许多年轻女子嫁到山外，外面的女子不愿到山里过近于原始的生活。

专家呼吁一定要保留“矮小黑人”的传统文化和风俗，在引导“矮小黑人”接受现代文明、改善生活状况的同时，一定要鼓励他们保留自己的风俗习惯。

“狼人”之谜

“狼人”并不是怪兽，他们也是人，只是由于基因变异造成的多毛症。

古时候欧洲暴发瘟疫，人们纷纷死去，村落里一个名字叫做科维努斯的年轻人看到这样的惨状，为了生存下去摆脱瘟疫的困扰，自己经过研究生命的起源得到启示，后来只有他一个人活了下来。科维努斯的后代一共有3位，不幸的是一位被染过病毒的蝙蝠咬伤，另一位被染了病毒的狼咬伤，只有一位是完整的作为人的形态活了下来。由于染上病毒产生变异，一位成为吸血鬼的始祖，另一位成为“狼人”的始祖。从此“狼人”和吸血鬼便在欧洲流传开来。

据报道，23岁的墨西哥男子丹尼·拉莫斯·戈梅兹出生后，全身都被浓厚的黑色毛发覆盖，看起来就像传说中的恐怖“狼人”。他和26岁的哥哥拉里从小便被当成“怪物”，被关进笼子中四处展出。

在民间，“狼人”是一个热门的话题。传说这种怪物平时从外表看与常人并无不同，但一到月圆之夜就会变身为狼。目前，在全球范围内存在近百例“狼人”，他们全身96%以上面积覆盖着浓密的毛发，看上去非常像传说中的“狼人”。

其实，我们所看到的“狼人”并不是什么怪物，实际上他们患有一种罕见的病症——先天性全身多毛症，也叫“狼人综合征”，和月亮以及狼没有任何联系，而是与基因有关。

先天性全身多毛症是一种极其罕见的先天性疾病，这种疾病会导致毛囊超时工作。

在最严重的先天性全身多毛症患者身上，除了手心和脚底之外，全身其他任何地方都会长满稠密的体毛。而导致这种疾病出现的原因可能是基因突变，也可能是潜伏在人体内的一种非常古老基因的“苏醒”，从而导致人退化到人类多毛时代。在一些罕见的例子中，有的人会长出多个乳头，还有人脊柱末端会长出类似尾巴的突体。

多毛症有几种不同的类型，先天性多毛症患者身上的体毛没有颜色，精细松软，生长稠密，会伴随人一生。痣样多毛症患者身上的某个斑点或某个地方会长出过多的稠密体毛，而正常体毛则会围绕在斑点周围。后天性多毛症是在人出生后才出现的，这不同于出生前就会出现的其他类型的那些多毛症。

据记载，法国国王亨利二世的宫廷中就曾出现过这样的“狼人”。公元1547年，一个看起来好像半人半兽的10岁男童被当做礼物送给了亨利国王。除了嘴唇和眼睛外，男孩全身覆盖着金黄色体毛。这个男孩的名字叫佩德罗·冈萨雷斯，出生在加那利群岛。后来，佩德罗娶了一位可爱的法国妇女，并成了很多孩子的父亲，他其中的5个孩子继承了他的先天性基因缺陷。曾有很多油画都把绘画主题放在了这个奇异的家庭上，直到现在仍然还有一些油画悬挂在奥地利茵斯布鲁克附近的阿姆布拉斯城堡中。

从那以后，在中国、波兰、德国、俄罗斯和墨西哥境内都发现过这种“狼人”。目前全世界只能找到19名还健在的多毛症患者。这种疾病可能比较轻，也可能比较严重，尽管严重的多毛症非常罕见。

科学家研究发现，先天性全身多毛症的根源在于DNA染色体变异，患者体内17号染色体出现严重的变异，缺失了140万个DNA碱基对。先天性全身多毛症极其罕见，从中世纪以来仅有50个有关这种病例的记载，人类患多毛症的概率为十亿分之一。

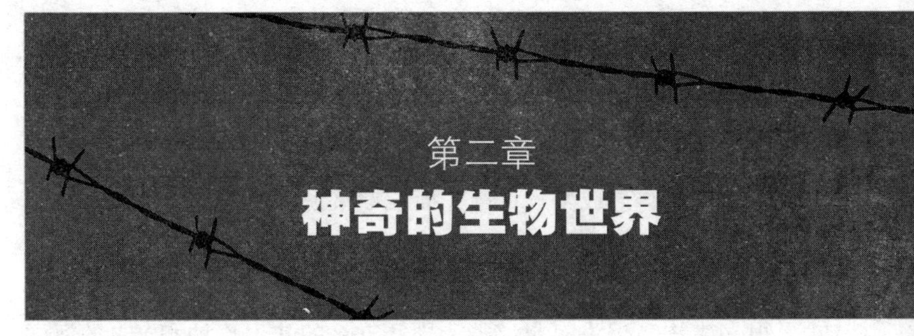

天地开辟以来，地球上究竟存在多少物种，又有多少物种灭绝了？恐龙、猛犸象，甚至更庞大的物种，在天地之间显得是多么渺小，总有消亡的一天。

二叠纪生物的毁灭

二叠纪末期是一个毁灭的时代，地球上许多生物因此灭绝。

直到大约2亿年以前，地球上还没有一块被大洋分割的独立大陆，而只是一个连成一体的巨大陆块，地质学家们称之为“联合古陆”。在这片辽阔的大地上，到处都是各种各样的植物和动物。当时恐龙还未出现，主要的陆上动物是爬行类。最常见的植物是松柏类和蕨类。地质学家们称这个时期为二叠纪。二叠纪是古生代的最后一个纪，也是重要的成煤期。二叠纪开始于距今约2.95亿年，延至2.5亿年，共经历了4500万年。

到二叠纪末，一场巨大的灾难突然降临地球。没有人确切地知道那时究竟发生了什么，但估计地球上有96%的物种灭绝了，其中90%的海洋生物和70%的陆地脊椎动物灭绝了。这次大灭绝使得占领海洋近3亿年的主要生物从此衰败并消失，让位于新生物种类，生态系统也获得了一次最彻底的更新，为恐龙等爬行类动物的进化铺平了道路。科学界普遍认为，这一大灭绝是地球历史从古生代向中生代转折的里程碑。

有的专家认为可能是火山爆发造成了这一灾难。地质研究证据显示，二叠纪末发生过大规模火山爆发，这更是证明了当时地球表面是有多个火山进行大规模的爆发。短期来说，火山爆发所释放的大量有毒气体会造成生物灭绝，而长期来说，二氧化碳类的气体则会使气候发生大变化，温度上升，造成全球性的致命后果。但经过计算，如此大规模的火山爆发会使地球温度上升5℃左右，的确会毁灭很多生物，但没有足够能力毁灭70%的陆生物种和95%的海洋物种。

有些科学家认为，陨石或小行星撞击地球导致了二叠纪末期的生物大灭绝。如果这种撞击达到一定程度，便会在全球产生一股毁灭性的冲击波，引起气候的改变和生物的死亡。但是由于科学家至今没有找到二叠纪末期遭到陨石撞击的任何遗迹，因此这个猜想很难成立。

但大多数生物科学家认为，这次大灭绝是由气候突变、沙漠范围扩大、火山爆发等一系列原因造成。在二叠纪曾经发生海平面下降和大陆漂移，这造成了最严重的物种大灭绝。那时，所有的大陆聚集成了一个联合的古陆，富饶的海岸线急剧减少，大陆架也缩小了，生态系统受到了严重的破坏，很多物种的灭绝是因为失去了生存空间。更严重的是，当浅层的大陆架暴露出来后，原先埋藏在海底的有机质被氧化，这个过程消耗了氧气，释放了二氧化碳。大气中氧的含量有可能减少了，这对生活在陆地上的动物非常不利。随着气温升高，海平面上升，又使许多陆地生物遭到灭顶之灾，海洋里也成了缺氧地带。地层中大量沉积的富含有机质的页岩是这场灾难的证明。

经历过这场大灾难，节肢动物的三叶虫只剩下少数代表，腹足类和双壳类有了新的发展。二叠纪末，四射珊瑚、横板珊瑚、三叶虫全都绝灭；腕足类大大减少，仅存少数类别。繁盛于古生代早期的三叶虫、四射珊瑚、横板珊瑚以及海百合等全部绝灭，腕足动物、菊石、棘皮动物、苔藓虫等也遭受严重的打击。

在二叠纪，生物如此大规模地灭绝，可能为恐龙的进化铺平了道路。第一批恐龙出现在2亿～1.35亿年前，它们利用地球上适宜的条件，昌盛了1亿多年。

猛犸象的灭绝

猛犸象的灭绝虽然不是突然，但也有很多令人反思之处。

猛犸，在鞑靼语中是“地下居住者”，猛犸象曾经是世界上最大的象。它身高体壮，有粗壮的腿，脚生四趾，头特别大，在其嘴部长出一对弯曲的大门牙。一头成熟的猛犸象，身长达5米，体高约3米，与亚洲象相近，门齿长1.5米左右，虽然身高不高，但身体肥硕，因而体重可达6～8吨。它身上披着黑色的细密长毛，皮很厚，具有极厚的脂肪层，厚度可达9厘米。从猛犸象的身体结构来看，它具有极强的御寒能力。猛犸象如其他大型动物一样，在距今1.3万～1.15万年之间灭绝了。然而，是所有的猛犸象都灭绝了吗？

其实有两种猛犸象灭绝了，即分布于欧亚大陆北方以及北美洲的长毛猛犸象，最后一支残存的猛犸象群则在北冰洋的朗格岛又存活了6000年，为了存活，它们的体形变小，体高还不到1.8米。究竟这些体形变小的猛犸象为何又存活了一段时间？

1.气候的突然转变

朗格岛上的猛犸象，可能是因为岛上的植物和冰河时代仍然类似而存活下来。那些植物混合着特殊的多种草本植物与香草，正好就是猛犸象主要的食粮。这些植物被称为“猛犸象干草原”，一度在欧亚大陆的北方和北美随处可见，但是在两万年前，气候变得更暖和、更潮湿，新形态的植物就取而代之了。这些植物形态最终是因温度和湿度增加而改变的，因此导致猛犸象的栖息地严重丧失，数量也急剧减少，最后完全灭绝。

关于猛犸象灭绝的“气候转变说”乍听之下很有说服力，但也遭遇某些解释上的困难。最重要的是，猛犸象在之前的许多次气候改变下都能存活，因此若说它们在最后一次冰河时代末期无法一如往常般应变调适，似乎没道理。况且猛犸象并非唯一绝种的动物，还有其他许多动物的栖息地迥异于猛犸象，甚至可能因温度、湿度上升，反而让它们的食物增加，但它们最终还是灭绝了。

2.人类大量捕杀

初到北美洲的人类首先渡过现已被水淹没的白令海峡，来到了阿拉斯加，然后向南扩张至整个美洲大陆，将大型动物屠杀殆尽。这些人建立了所谓的“克洛维斯文化”，他们的特征在于使用大型石矛尖这种致命的狩猎工具。“克洛维斯文化”在北美大陆各地都有发现，兴盛于距今1.35万～1.33万年间。古骆驼、大地懒、猛犸象从未遇到过如此强势的掠食者，因为这些人类有致命的武器，同时也能群聚在一起合作狩猎，设陷阱和埋伏。然而，说人类滥捕滥杀造成大型动物灭绝的理论也有严重的问题，因为虽然发现了一些猛犸象被宰杀的考古遗迹，但却没有直接的证据。

也有人认为，人类带来一种致命的瘟疫，散布世界，大型动物遭此病袭击。也可能是有些动物遭到猎杀，有些失去栖息地且无法适应新的气候形态。任何一地的所有动物都是动物生态社群中的一分子，一旦一种动物灭亡了，掠食者与猎物间的平衡就会改变，可能导致一连串的族群数量剧增或锐减。

但是猛犸象究竟为什么灭绝，人们还是各执一词，没有最后的答案。

恐龙的墓葬

庞大的物种，突然之间灭绝，而且竟然葬了在一起，这是谁的杰作？

在世界的一些地方，发现了大量恐龙遗骸集中埋在一处的现象，这就是“恐龙公墓”。墓中大量不同品种的恐龙在瞬间灭绝，这是怎么回事呢？

四川省自贡市是我国的“恐龙之乡”。自贡的恐龙化石其数量之多、门类之丰富、保存之完好和埋藏之集中，在我国乃至世界同一地质时代的地层中极为罕见。简直可以说是一个恐龙的墓葬群。

对于恐龙公墓产生的原因，科学家们进行了不断的探索，但始终是看法不一。

1.原地埋藏说

在1.6亿年前的中侏罗纪，大山铺地区河流纵横，湖泊广阔，气候温和，是恐龙生存繁衍的好场所，成群结队的蜥脚类恐龙生活在这水草丰美的湖滨平原上。由于大批恐龙误食了含砷量很高的植物而突然暴死，被迅速埋藏于较平静的低能沙质浅滩环境中，属未搬运的原地埋藏。但是，这种说法又使人感到证据不足。因为当时大山铺植物的砷含量的平均背景值是多少？致使恐龙暴死的砷含量又是多少？取样是否具有代表性？如能将这些质疑阐述清楚，这一理论必定是很理想而独特的。

2.异地埋藏说

本区恐龙化石已发掘采集100多个个体，其中完整或较完整的仅有30多个，约占总数的1/5；如果是原地埋藏，无疑应大都是完整或较完整的个体，事实恰好相反。

综观化石现场，除埋藏丰富、保存完整容易被人发现的特征外，还有一种不易被人注意的现象是，靠边上部或地表的化石较破碎零散，大都是恐龙的肢骨经搬运后被磨蚀得支离破碎；同时，越是接近上部岩层，小化石越多，如鱼鳞、各种牙齿遍及整个化石场，鸟脚龙、剑龙与蛇颈龙的椎体也十分零星，并具有从南到北由多到少的分布规律。下部几乎是躯体庞大的蜥脚龙，保存都不完整，很明显是经过搬运后的结果。

砾石的发现是研究沉积环境的重要证据，也是地质工作者追索的目标。发现的砾石均位于化石层的底部，从其特征判断是经过搬运的产物，可能与恐龙化石群的形成有密切关系。

更多的科学家则认为大山铺恐龙公墓中大部分系被搬运后埋藏下来的，也有少部分为原地埋藏的，是综合形成的恐龙公墓。本区恐龙与其他脊椎动物为何如此丰富？如果只有恐龙一个家族在此埋藏，两种理论都比较容易理解，但除一般恐龙外，还有能飞行的翼龙，水中生活的蛇颈龙，迷齿两栖类等。从它们的生活环境来看，各不相同。

事实证明，中侏罗纪的大山铺是一个洪泛平原，这些古老的爬行动物也可能和现生动物一样，对生活环境具有明显的选择性。恐龙中性情温和的蜥脚龙常成群结队生活于地形较低的湖滨平原上；剑龙喜居比湖滨稍高而常年杂草丛生的山林中；鸟脚龙以其形态轻巧灵活又善于奔跑的特点，活跃于较高的山间密林中。其他脊椎动物，如翼龙，仅能在湖岸间作低空飞行。恐龙与这些脊椎动物的生活环境和习性有着极大的区别，这些恐龙为什么会集中到一起来呢？

无论多么强大的生物，在宇宙与自然面前总是那么渺小。当末日来临，都是那么束手无策。

恐龙灭绝之谜

即使是再庞大的动物，即使是地球霸主，在某种力量面前也是不堪一击的。

在遥远的中生代，地球上的霸主是盛极一时的大型爬行动物——恐龙。到了中生代末期，即距今6500多万年前，一度成为地球主人的恐龙全部绝灭了。与此同时，地球上动植物中大约70%的物种也一起消失了。这一生物史上的大灭绝在地层化石中留下了清晰可辨的痕迹，但却给人类留下了一个亘古未决的悬案，大自然中的何种现象使得恐龙遭受如此灭绝之灾呢？

长期以来，最权威的观点认为，恐龙的灭绝和6500多万年前的一颗大陨星有关。据研究，当时曾有一颗直径7～10千米的小行星坠落在地球表面，引起一场大爆炸，把大量的尘埃抛入大气层，形成遮天蔽日的尘雾，导致植物的光合作用暂时停止，恐龙因此而灭绝了。

但也有许多人对这种小行星撞击论持怀疑态度，因为事实是：

蛙类、鳄鱼以及其他许多对气温很敏感的动物都顶住了白垩纪而生存下来了。这种理论无法解释为什么只有恐龙死光了。迄今为止，科学家们提出的对于恐龙灭绝原因的假想已有十几种，比较富于刺激性和戏剧性的“陨星碰撞说”不过是其中之一而已。

除了“陨星碰撞说”以外，关于恐龙灭绝的主要观点还有以下几种：

1.气候变迁说

6500多万年前，地球气候陡然变化，气温大幅下降，造成大气含氧量下降，令恐龙无法生存。也有人认为，恐龙是冷血动物，身上没有毛或保暖器官，无法适应地球气温的下降，都被冻死了。

2.大陆漂移说

地质学研究证明，在恐龙生存的年代地球的大陆只有唯一一块，即“泛古陆”。由于地壳变化，这块大陆在侏罗纪发生了较大的分裂和漂移现象，最终导致环境和气候的变化，恐龙因此而灭绝。

3.地磁变化说

现代生物学证明，某些生物的死亡与磁场有关。对磁场比较敏感的生物，在地球磁场发生变化的时候，都可能导致灭绝。由此推论，恐龙的灭绝可能与地球磁场的变化有关。

4.物种斗争说

恐龙年代末期，最初的小型哺乳类动物出现了，这些动物属啮齿类食肉动物，可能以恐龙蛋为食。由于

恐龙的灭绝

陆生恐龙和巨大的海洋爬行动物大约在6500万年前灭绝，地球当时可能受到巨大陨石的撞击，太阳被灰尘遮掩，导致了一个“漫长的冬季”，于是植物死掉了，大部分以植物为食的爬行动物以及以爬行动物为食的动物也相继灭绝了。

这种小型动物缺乏天敌，越来越多，最终吃光了恐龙蛋。

5.被子植物中毒说

恐龙年代末期，地球上的裸子植物逐渐消亡，取而代之的是大量的被子植物，这些植物中含有裸子植物中所没有的毒素，形体巨大的恐龙食量奇大，摄入被子植物导致体内毒素积累过多，终于被毒死了。

6.酸雨说

白垩纪末期可能下过强烈的酸雨，使土壤中包括锶在内的微量元素被溶解，恐龙通过饮水和食物直接或间接地摄入锶，出现急性或慢性中毒，最后一批批死掉了。

以上诸种说法各执一词，相持不下，恐龙灭绝的原因，只能有待于科学的发展和科学家作进一步的研究。

旅鼠投海自杀之谜

许多动物为保命不惜自残，可旅鼠为什么总是选择投海自杀呢?

旅鼠是一种生活在北欧寒冷地区的鼠类，它与一般田鼠差不多，尾略短，毛黑褐色，有白斑；个头有人的手掌那么大。因纽特人称其为来自天空的动物，而斯堪的纳维亚的农民则直接称之为“天鼠”。这种旅鼠有很强的适应能力和繁殖能力。一只雌性鼠每年至少可以生10只小鼠，而鼠仔6周之后性成熟，又可进入繁殖期。有人计算过，一只母鼠一年之内能发展到3000~4000只。

传说，当旅鼠数量达到顶峰时，它们就会自发地集体迁移，奔赴大海自杀，只留下少数同类留守并担当起传宗接代的神圣任务。据记载，1868年春天，一艘满载旅客的邮船曾遇到旅鼠集体自杀的情况。船上的乘客看到一群难以计数的旅鼠群在海水中游泳，前仆后继，毫不退缩。事后，这一带海面便留下了大片大片的旅鼠浮尸。

大约从那个时候起，差不多每隔三四年，北欧旅鼠就不约而同地来到海边“集体自杀”。人们在巴伦支海和北冰洋一带的海岸也时常看见旅鼠向海边迁移后集体投海自杀的怪现象。

旅鼠为什么会集体投海自杀？这是当地人始终弄不清的一个问题。数十年来，许多学者对这一自然现象进行了深入研究，试图找到旅鼠集体投海自杀的缘由，然而，直到今天，人们对这一问题仍然没有令人信服的解释。

有人认为旅鼠集体投海“自杀”，可能与它们旺盛的繁殖能力有关。旅鼠除了分布于北欧以外，在美洲西北部，俄罗斯南部草原，直到蒙古一带均有。在众多的旅鼠家族中，只有北欧挪威的旅鼠有周期性的集体跳海行为。所以，人们推测，由于旅鼠繁殖力太强，使旅鼠丧失自己正常的生存空间，过多的旅鼠得不到充足的食物和居住条件，一部分旅鼠只好迁移他乡。

在数万年前，挪威海和北海都比现在窄得多，因此，那时候的旅鼠完全可能游过大海，到达彼岸，建立起新的生活居住区。这样长此以往，旅鼠集体大迁移，已成为挪威旅鼠的本能，代代相传。然而，殊不知，时过境迁，现今波罗的海和北海的海面比过去宽多了。当它们再次企图游到对岸时，却被无情的海水所吞没。

但是，人们注意到，某些时候旅鼠也向北跳入巴伦支海与北冰洋，难道多年前在冰冷的巴伦支海北面也曾经有过陆地吗？否则旅鼠向北迁移的目的地又在哪儿呢？

不久前，俄罗斯科学家却对此提出了一个可能的解释。他们认为，在1万多年前，地球正处在寒冷的冰期，北冰洋的洋面上结成了厚厚的一层冰，风和飞鸟分别把大量的沙土和植物的种子带到冰面，因此，每逢夏季，这里仍是草木青青，旅鼠完全可能在此生存。只是由于后来气候变化，才导致原来冰块的消失，而如今向北跳入巴伦支海的旅鼠，正是为了寻找昔日的居住地。这一解释虽然有道理，但缺乏充足的证据，因此仍不尽如人意。

事实是否如此，还有待研究者们提供更充实的证据。也有一些研究者认为，这些都是一些牵强附会的解释，旅鼠自杀就像屡有发现的鲸类自杀一样，与一种目前尚不明了的纯生物学机制有关，而与北极冰原是否存在毫无关系。

“魔鬼鲨”自我爆炸之谜

“魔鬼鲨”宁死不屈，绝不苟延残喘，用爆炸诠释了自己尊严的可贵。

加布林鲨鱼是凶猛的食人鲨。它长着锋利的牙齿，攻击性非常强，长相更是令人恐怖，因此人们给它取了个外号叫“魔鬼鲨”。

“魔鬼鲨”只在深海活动，凶猛异常，它也是极为特殊的一种鲨鱼。当它被围入渔网几经挣扎不得脱身时，会通过自身类似鱼鳔的肌体控制压强变化而膨胀起来，最后自行爆炸成大大小小的碎块，宁肯粉身碎骨也不愿被人活捉，很有点宁死不屈的骨气。通常人们所见到的“魔鬼鲨”不过是它的碎块而已，断口都参差不齐，极像砖石或瓷器破碎后的样子。它们厚厚的皮肉很少有韧性和弹性，特别是鱼皮就像陶瓷制品一样硬。爆炸后的“魔鬼鲨”鱼片就像我们平时打碎了一件瓷器，断口完全可以拼接在一起，分毫不差。

“魔鬼鲨”虽然分布广泛，却一度被认为非常稀有，每抓到一条都会有记载，到20世纪末，共报道抓到了45条。“魔鬼鲨”的数量其实要比人们想象的多得多，样本少的原因可能是这种鲨鱼一般生活在数百米的深海处，不容易被捕捉到。在1995年5月到1996年10月这短短一年多的时间，在东京海底峡谷100～300米深处抓到了多达125条“魔鬼鲨”。

2004年4月的一天，几位科学家在进行一次海洋考察时，意外地遇到了一大一小两条“魔鬼鲨”。当时，他们乘坐一艘潜水艇潜入水中，慢慢接近那条小“魔鬼鲨”，并准确地用一张大网捉住了它。小“魔鬼鲨”在网中拼命挣扎，大“魔鬼鲨”则在网外奋力营救。

大“魔鬼鲨”在营救无望的情况下，忽然张开血盆大口，恶狠狠地咬向了小“魔鬼鲨”。在确定已经将小“魔鬼鲨”咬死后，大

"魔鬼鲨"的身体开始膨胀，变得很肥大，那双凶狠的小眼睛也有些向外凸起，样子非常恐怖。把自己爆炸成了无数个碎片，散在无际的海洋里。

直到现在，世界上还没有任何一个国家捉到过一条完整的魔鬼鲨。可是，为什么魔鬼鲨会自行引爆呢？人们至今还没弄明白。

动物肢体再生的奥秘

动物世界是一个弱肉强食、适者生存的世界。大自然中的竞争如此激烈，使得动物在进化过程中逐渐具备了各自的防御本领。其中有一部分动物为了自卫，可以瞬间舍弃自己的一部分肢体，掩护自己逃生，过不了多久，它们的肢体又会重新长出来。这让人惊叹不已。

动物世界中的肢体再生之王当属海绵，它有着无与伦比的再生本领。若把海绵切成许许多多的碎块，非但不能损伤它们的生命，相反，在海中它们中的每一块都能逐渐长大形成一个新海绵，各自独立生活。即使把捣烂过筛的海绵混合起来，只要条件良好，它们重新组成小海绵的个体也只需要几天的时间即可成活。

海星也分身有术。海星是养殖业的大敌，因为它吃贻贝、牡蛎、杂色蛤等养殖场的饲养物。养殖工人把海星捉起来，碾成粉末后再投入大海，结果每一块海星碎块都繁殖出了新的海星。这令养殖工人大为光火。

还有海参，遇到敌人时，它倾肠倒肚，把内脏抛给"敌人"，过不了多久，只剩躯壳的它又再造出一副内脏。再生，成了海参逃命的重要工具。

章鱼也有利用腕手逃生的本领。章鱼的腕手在平时是很结实的，当有人抓住它的某只腕手时，这只腕手就像肌肉回缩被刀切一样地断落下来，掉下来的腕手还会用吸盘吸在某种物体上蠕动。当然这只是障目法，章鱼并不是整个肢都断了，而是在整个腕手的4/5处，腕手断掉后，它的血管自行闭合，极力收缩以避免伤口处流血。6小时后，闭合的血管开始流通，受伤的组织也有血液的流动，结实的凝血块将腕足伤口盖好。第二天伤口完全愈合后，新的腕足就开始慢慢长出。1.5个月后，就能恢复到原长的1/3了。

不仅海星等水中动物有肢体再生的能力，陆地上的动物也有这方面的高手，我们最熟悉的莫过于壁虎了。处于险境的壁虎，可以自行折断尾巴，当进攻者被断了的扭动的尾巴所迷惑的时候，壁虎已逃进了洞穴。夏天未过完，壁虎尾巴折断的地方就长出了新的尾巴。

兔子也有弃皮的本领，当兔子的肋部被别的动物咬住时，它会丢掉被咬住的皮，自己逃跑。兔皮跟羊皮纸一样薄，被扯掉皮的地方没有一点儿血，并且很快地，新的皮毛就在伤口处长出来了。还有山鼠，它毛茸茸的尾巴一旦被猛兽咬住，皮很容易脱落，山鼠则秃着尾巴逃跑了。据说黄鼠、金花鼠都具有再生的本领，遇到危险时，它们也会露上一手绝技。

动物的这种“丢卒保车”般的再生本领实在令人羡慕。那么能否使人的断肢重新长出来呢？研究动物的再生能力，无疑对人类有很大的启发。

在美国，贝克尔在研究中发现了一种生物电势：蝾螈的肢体被截断了，在未复原时，有一种生物电势产生了，残肢末端的细胞通过电流获得信息，开始分裂，形成新的组织，最后新的肢体长出来了。研究表明青蛙之所以不能再生失去的肢体就是因为没有这种电流产生。老鼠前腿的下部被切断，并让电流从此断裂处通过实验的结果让人震惊，老鼠失去的肢体开始复原了。

我们是否揭开了动物再生的秘密呢？答案是否定的，因为现在还没有充足的实验证据，而且并非所有的有再生能力的动物都遵从这一理论。但是，可以肯定地说，不久的将来，我们一定能揭开动物再生之谜，那时人类肢体的再生将再也不是梦想。

“孕男”雄海马

母亲生子是很正常的现象，可你知道动物世界里的“父亲生子”的现象吗?

海马和马并没有什么特别的联系，它并不是生活在海里的马，而是一种长相奇特的小型鱼类。它有一个像“龙”似的外形，与马相似的头，一条明显的向外突起的骨栉状脊椎，从头部和躯干相交的直角状顶端一直延伸到卷绕的尾尖。它在水中游动时，利用背鳍的扇动，将身子垂直着上下游；当它停下来休息时，则依靠蜷曲的尾部将水藻缠住以固定身体。

海马以小型甲壳动物为食，主要分布在北太平洋西部的浅海地区。我国的海域里也有这种小型鱼类，南海、东海分布最多。

海马生儿育女的方式非常特殊，就是由雄性海马代替雌海马怀孕和生产。这主要是由雄性海马独特的生理结构决定的。海马的生理结构具有明显的鱼类特点。在雄海马的臀鳍末端，有一个类似于袋鼠“育儿袋”的“孵卵袋”，由两层皮膜折叠而成。袋壁中有为“胎儿”提供足够营养的大量血管。

雄海马要完成“怀孕”和“分娩”两个过程。海马的繁殖期大约在每年谷雨过后。交配的时候，雌海马把突出的输卵管插进雄海马的育儿袋中，将成熟的卵一粒一粒地送进孵卵袋。与此同时，雄海马也排出精子，这样，精子和卵子在袋里相遇、受精，雄海马孕育下一代的重任就从此开始了。

大约二三十天后，海马宝宝渐渐地发育完全，雄海马的育儿袋也越来越大，“分娩”即将到来。在“分娩”之前，雄海马的呼吸开始变得急促，情绪紧张。一般在黎明时分开始生产。此时，雄海马的身体剧烈地前后伸屈，腹部强烈地收缩。经过几次抽搐、痉挛后，小海马终于一尾一尾地从育儿袋中出来了。刚刚出生的小海马非常小，通常只有几毫米长，但可以独自在海水中游泳。

“父亲生子”虽然是动物界非常奇特的现象，但我们可以看到，生育过程不管由谁来完成，每一个小生命的诞生都凝聚了父母的心血。因此，所有的人都应该学会感恩，感谢赋予我们生命的父母。

吞食自己粪便的兔子

在许多故事中，兔子是善良的代表，深受儿童的喜爱。然而，这种大家所熟悉的动物，却有许多谜团，引起了动物学家们的兴趣。

几乎世界各地都有兔子，其中包括家兔和野兔。野兔们以自己洞穴口的粪球作为标志来划分界线。

兔子非常聪明，它们在掘洞造窝时，会留几个洞口。一个洞口被堵住了，就走别的洞口。万一被猛兽捉住了，它会舍弃一块皮毛，赶快逃命。在逃跑的时候，它还会一边跑一边回头看，根据敌手的速度来确定自己的速度，免得浪费精力。其实，兔子的跑是跳跃式的，速度高达每小时50～60千米。

兔子有敏锐的听觉，嗅觉也很敏感。突然有响动时，它们就会马上戒备或迅速逃跑。有时，它们看到陌生人或者狗、猫等，都会惊慌地发出响亮的声音或者跺脚甚至奔跑来躲避敌害。它们能通过嗅觉来准确地辨明自己亲生的小兔子。有时候，遇到不是亲生的小兔子，它们会将其咬死。

兔子的上唇很独特，有左右两片，因此，门齿容易露出，对于它们在地上吃食物和啃食树皮非常有利。它有6枚门齿，结构独特，上颌有两对，上门齿前后重叠，下颌也有一对门齿。上下门齿左右错磨，食物就很容易被磨碎。它们的盲肠非常发达，里面有大量的微生物，对粗纤维有很强的消化力。

兔子主要以草类、瓜菜等植物为食。由于这些植物缺乏盐类，野兔也经常吃一些含盐分的东西，例如鹿角、骨头以及其他动物撒过尿的土和雪。可是有人发现兔类竟然还吞吃自己的粪便。每天大约有10～40次，家兔猛地将头伸到尾巴下面，原来它是在吃刚刚排出来的粪球。经过调查研究，人们发现兔类排出的粪球可以分为两种：一种是普通的小硬粪球，里面含有很多草末；另一种是小软粪球，外面包着一层薄膜。

1963年，有两位研究人员从兔肠内取出了后一种粪球，他们用显微镜对这一粪球进行检查时，发现里面有56%的菌粪，这些菌粪的主要作用是帮助消化。除了保护膜，软粪球中纯蛋白质占了1/4，菌类本身也有许多营养物质。这种粪球在胃里停留6小时，对于兔子刚吃的植物纤维有帮助消化的作用。因此，食粪使兔子得以继续生存。

然而，仍有许多问题需要解决，兔子怎么知道排出的是营养粪球的呢？这种粪球又是怎样在体内形成的呢？现在，这种粪球已经引起了细菌学家们的极大的兴趣。相信用不了多久，这些疑问一定能得到解答。

吃掉丈夫的黑寡妇蜘蛛

体形微小的黑寡妇蜘蛛可谓臭名昭著。它罪行累累：毒害昆虫，毒害人类；最残忍的是把自己的丈夫当大餐吃掉。不幸的是，这些罪名都是真的。

世界各地都可以找到黑寡妇蜘蛛踪迹，黑寡妇蜘蛛不太会在人类的居住环境里安家落户，但以防万一，你还是要在自己的房间里仔细排查一遍。黑寡妇蜘蛛是亮黑色的，腹部有一个沙漏形的花纹，通常是红色的，或者黄色或橙色的。

直到1900年，黑寡妇蜘蛛还没有一个固定的名字，它在不同国家的叫法各不相同，在有些国家它被叫做沙漏蜘蛛，有些地方叫它鞋扣蜘蛛，还有人叫它“毒女士”。一个世纪过去了，“黑寡妇蜘蛛”这个名字被大多数人接受了，于是就这样固定下来。

在黑寡妇蜘蛛中，雌性和雄性之间有着显著的区别，这也解释了黑寡妇蜘蛛为什么如此声名狼藉。

雄性黑寡妇蜘蛛是深棕色，腹面有白色条纹。通常雄性黑寡妇蜘蛛体形特征不明显，颜色也不鲜艳。成年雄性黑寡妇蜘蛛几乎不分泌毒液，它们分泌出的“毒液”甚至还不能让小虫子晕厥。

相反，雌性黑寡妇蜘蛛腹部带有张扬的花纹，而且所有的毒腺都在不停地分泌毒液——这些毒液比响尾蛇的毒液更厉害。通常雌性黑寡妇蜘蛛比雄性大2～3倍。

黑寡妇蜘蛛有剧毒无比的毒螯，但它不会招摇过市。黑寡妇蜘蛛的毒液是用来捕食昆虫的，但这种液体对人体也是有毒的，所以我们要尽量避开黑寡妇蜘蛛。有很多资料也记载了人类被黑寡妇蜘蛛叮咬后的惨状。

1993年，一位科学家的手指被黑寡妇蜘蛛咬了一口，他记录下了自己的痛苦经历。疼痛感迅速蔓延至整条胳膊，然后胸部开始隐隐作痛，接着感到困倦，并且头痛。他的心跳减慢。很快，他的助手便不得不接替他继续记录。疼痛又蔓延至腹部，腿开始发抖，他于是被送去医院，但在去医院的途中，他便失去了交谈能力，继而呼吸困难。幸运的是，他最终活了下来，但中毒的种种症状在他的身体上持续了8天之久。

在交配季节，雄性黑寡妇蜘蛛也时刻处于死亡的边缘。在找到雌性黑寡妇蜘蛛之后，雄性会用腹部晃动蛛网向雌性黑寡妇蜘蛛发出信息，这就像是在敲门。如果此时雌性黑寡妇蜘蛛同样晃动蛛网，就表示它欢迎雄性的到来，这时雄性蜘蛛就相对安全了。否则，如果雌性刚好没心情与雄性蜘蛛交配，那雄性蜘蛛可就惨了。雌性黑寡妇蜘蛛会扑向雄性，将它用蛛丝像包木乃伊一样裹起来，吊在一旁留作点心。

如果雌性黑寡妇蜘蛛准备交配，就万事大吉了——只有雌性在极度饥饿的情况下才会在交配之后吃掉雄性蜘蛛。通常，它会放走雄蜘蛛，然后悄无声息地完成了传宗接代的重任。

大象怎样“埋葬”自己的同伴

葬礼大家都见过，“大象葬礼”恐怕很少有人知道吧！

1978年12月，在调查非洲象的分布时，一位动物学家曾声称他无意中遇到一场大象的葬礼。据他说，在距离密林不到70米的一片草原上，一头雌象被几十头大象围着。那是一头患了重病连站都站不住了的老年雌象。过了一会儿，老象蹲了下来，低着头，不停地喘着粗气，偶尔扇动一下耳朵，发出一种低沉的声音。附近的草叶被围在四周的象用鼻子卷成一束，投在雌象的嘴边。可这只雌象已经任何东西都吃不下了，只是艰难地支撑着身体。最后，终于支持不住的雌象倒在地上死了。这时，一阵哀号从周围的象群发出，为首的雄象用自己的象牙掘松地上的泥土，并用鼻子把土块卷起投到死象身上。其他的大象纷纷仿照这只雄象，把石块、泥木、枯草、树枝用鼻子卷成团，投到死象身上。不大一会儿，死象就被完全掩埋了，一个土墩在地面上堆起。为首的雄象用鼻子在土墩上加土，同时用脚踩踏土墩。其他的象也跟着它去做，将那土墩踩成了一座坚固的“坟墓”。最后，只听雄象发出一声洪亮的叫声，听到“命令”的象群马上停止踩踏，开始绕着土墩慢慢地走。就这样一直走到太阳下山，象群才耷拉着头，甩着鼻子，扇着耳朵，恋恋不舍地离开土墩，往密林深处走去。

人们对这场罕见的“大象葬礼”议论纷纷。有的动物学家从生物进化的角度对大象这种神秘的“殡葬”行为进行解释。就像前述动物学家观察的那样，群居的大象可能会对死去的同伴表现出某种怜惜，它们可能掩埋伙伴，或者为其收尸。有时候，大象也许会用长长的鼻子，把象骨和象牙卷起来放到某一个集中的处所去，即它们的“公墓区”。但有的时候，可能因为象牙是大象生命的某种象征物，所以大象会将死去同伴的象牙拿走。但是，一些科学家仍然认为，目前还缺少足够确凿的资料证实大象有真正的“殡葬”行为。所以，人类还是持谨慎态度来看待“大象葬礼”为好。

布加莱夫斯基兄弟是苏联探险家，他们曾经追寻“大象墓园”这个传说，去非洲的肯尼亚寻找象牙。据说有一天，在一座高高的山顶上，他们看见有许多白花花的动物尸骨堆在对面的山上，一头大象正摇摇摆摆地走到骨堆旁边，哀叫了一声后便倒地而亡了。兄弟俩惊喜万分，确定那里就是大象的墓地，于是立刻向那里奔了过去。但他们却在途中遭到野兽的袭击，又遇到深不可测的沼泽，只好无功而返。

既然已经看到了那块神奇的地方，布加莱夫斯基兄弟为什么又会功亏一篑？由于无法确证是否真的有人去过那里，所以人们对有关大象墓园的传说一直持怀疑态度。更多的学者则认为，自从被列入贵重商品的行列后，象牙在非洲的地位就显得日益重要，而且流传的那些有关动物生活习性的神秘说法，也日益变味走样。特别是当猎杀大象的行为被法律禁止后，一些偷猎者为了达到自己不可告人的目的，故意渲染所谓“大象墓园”的传说，以探险、科学考察为幌子，肆意捕杀大象、攫取象牙，事后却声称象牙是自己在“大象墓园”中找到的。

所以，要想更好地了解大象、保护大象，人类亟待进行一次真正意义上的科学考察。

鹦鹉为什么要学舌

鹦鹉第一次开口说话往往会让主人兴奋不已。有些鹦鹉甚至可以背诗。当我们看到鹦鹉说话时，都会忍不住想一想，鹦鹉知道自己在说什么吗？它仅仅是在模仿声音呢，还是比我们大多数人想象的更智慧？

亚西·派佩伯格博士发现，鹦鹉学舌不仅仅是模仿那么简单。鹦鹉（还有些同种的鸟类，比如长尾小鹦鹉）与许多其他动物不同，它们的声带很适合模仿人类的语言。派佩伯格博士还发现，成群的小鹦鹉会学着成年鹦鹉的样子进行交流。这也解释了鹦鹉学舌的动机，是为了得到主人的赏赐。

但是说话与交流完全是两码事。因此，派佩伯格博士在美国西北大学进行了一系列实验，试图弄清楚鹦鹉到底能够学会多少？1977年，她从宠物店买来一只非洲灰鹦鹉，取名埃利克斯（非洲灰鹦鹉是鹦鹉中的学舌能手）。起初，埃利克斯看起来与普通的鹦鹉没什么区别。可是后来，事实证明埃利克斯是一只非常聪明的鸟。

派佩伯格博士让埃利克斯待在笼子里，用托盘托着一把钥匙拿给它看。“钥匙！”埃利克斯说道，然后派佩伯格博士便把钥匙递给它。派佩伯格博士对待埃利克斯与普通的主人对待自己的宠物鹦鹉不太一样，只有当埃利克斯正确地叫出某个东西的名字时才会得到博士的奖赏。

派佩伯格博士说，过去没人相信鹦鹉能分辨物品，但现在，埃利克斯可以辨认出100多种物品，包括纸张、玉米和软木塞等等。

埃利克斯学会了辨认事物之后，下一步就是教它合成词：不仅是“钥匙”，还是“蓝色的钥匙”。埃利克斯很快就学会了各种颜色的名字。如果在它面前放一把红钥匙和一把绿钥匙，再问它：“它们之间的区别是什么？”它会立即回答：“颜色！”

当问到不同点时，埃利克斯还可以答出“形状”或者“材料”。不过它读不好“材料”这个词，派佩伯格博士说，它说“material”时，发音像是“matter”。

接受了多年的训练后，埃利克斯有点厌烦了。它先认出钥匙，把它叼在嘴里，然后又扔在地上。如果它实在玩腻了这些旧玩具，埃利克斯会要求换换花样。如果你给了它太多钥匙，它会说：“我要软木塞！”——这可是它自学的。

如果你在它面前放些新玩意儿，这个好奇心十足的小伙子甚至还会喊着：“快告诉我那是什么！”如果这时你让它说出这件物品的颜色，它通常会尝试着猜。派佩伯格博士觉得，这是因为埃利克斯想要得到这样物品。事实上，为了让埃利克斯愉快地练习辨认，派佩伯格博士的助手们逛遍了玩具店，到处搜罗各种各样的小玩意儿。

不过对埃利克斯来说，训练的过程也是艰苦的。有时它就像一个受了委屈的2岁小孩儿，大喊着：“我不！”有时，它为了证明自己才是主角，会大声宣布：“我要走啦！”然后就从研究人员眼前大步离开。

有些人认为派佩伯格博士的实验并不能证明鹦鹉可以掌握一门语言。他们的理由是，埃利克斯之所以说话是为了获得奖赏，它毕竟没有主动地与人类交谈。

对于这种观点，派佩伯格博士回答说，虽然埃利克斯不能像人类一样运用这门语言，但它至少在利用词和句子来表达自己的想法。这也就是说，在这个小家伙的大脑里，一定潜藏着某种复杂的思想。

还有件趣事：埃利克斯能叫得出香蕉、草莓和葡萄。一次，它看见了一只苹果，它大喊起来："我要香莓！"把香蕉和草莓合在一起，埃利克斯为这种它没见过的奇怪的水果造了一个新词。

戈壁中的"死亡之虫"

"死亡之虫"究竟只是一个古老的传说，还是活生生的怪异生物？

蒙古戈壁沙漠上流传着一个离奇的传说——在茫茫的戈壁沙丘中常有一种巨大的血红色虫子出没，它们形状十分怪异，会喷射出强腐蚀性的剧毒液体，此外，这些巨大的虫子还可从眼睛中放射出一股强电流，让数米之外的人或动物顷刻毙命，然后，将猎物慢慢地吞噬……大家把它称为"死亡之虫"。

许多人第一次听到蒙古传说中的"死亡之虫"时，都会认为这只是一个杜撰的玩笑而已，它就如同科幻电影和连环漫画中的怪异大虫一样。但是，"死亡之虫"却似乎并不是一个荒诞的传说，许多目击者对它的描述都惊人的一致：它生活在戈壁沙漠的沙丘之下，长1.5米左右，通体红色，身上有暗斑，头部和尾部呈穗状，头部器官模糊。由于这种恐怖的虫子从外形上很像寄居在牛肠子中的虫子，也被称为肠虫。据一位多年以来潜心研究"死亡之虫"的蒙古老者介绍，"死亡之虫"大都出没在地势险要的地方，一般六七月份降雨之后，"死亡之虫"就会钻出沙子。据说每当"死亡之虫"出现，将意味着死亡和危险，因为它不但会喷射出致命毒液，还可从眼睛放射出强电流杀死数米之外的猎物。

英文资料中第一次提及“死亡之虫”是在1926年，美国教授罗伊·查普曼·安德鲁斯在《追寻古人》一书中描述了“死亡之虫”，但是他还不能完全确信依据蒙古官员们描述的这种沙漠怪物的存在。

捷克探险家早在1990年和1992年分别两次来到蒙古寻找“死亡之虫”的踪迹，但都没有找到传说中的“死亡之虫”。

在蒙古的一个村子里，一位青年人说他3年前在一口井附近曾看到过“死亡之虫”，而且村里的居民经常看到它的踪迹。据一个表示自己曾无意碰到过“死亡之虫”的人说，当他碰到“死亡之虫”的时候，可怕的“死亡之虫”喷射的毒液将他的手臂烧伤。当他忍着疼痛将“死亡之虫”放在冷却的安全气袋，“死亡之虫”却喷出绿色腐蚀性毒液从气袋中逃脱。

如果不是“死亡之虫”的故事流传如此广泛，每一位目击者对它的描述如此一致，人们都会将它作为一个离奇的传说。可是，尽管许多牧民表示曾看到过它，但都无法提供“死亡之虫”翔实的生活习性和出没地点。究竟“死亡之虫”只是一个富有神秘色彩的蒙古传说，还是活生生的荒凉戈壁沙漠中怪异的生物？这的确是一个谜。

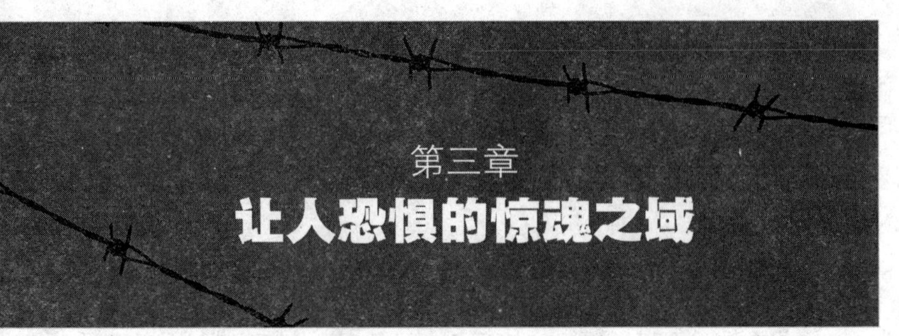

第三章
让人恐惧的惊魂之域

地球有救人之地，必有伤人之地。能发现救人圣泉，又有谁知道杀人毒泉在哪里？

“起死回生”的圣泉

灵药包治百病，圣泉起死回生。

长期以来，人们一直在寻找包治百病的灵丹妙药，结果却一无所获。然而，在法国比利牛斯山脉中有一个叫劳狄斯的小集镇，镇上有个岩洞，洞内有一眼清泉长年累月不停地流淌，泉水以其神奇的治病功能吸引了世界各地成千上万的人，这就是闻名全球的神秘“圣泉”。

传说1858年，一位名叫玛莉·伯纳·索毕拉斯的女孩在岩洞内玩耍，忽然，圣母玛利亚在她面前显圣，告诉她洞后有一眼清泉，指引她前往洗手洗脸，并且告诉她这泉水能治百病，说罢倏然不见。

100多年过去了，神奇的泉水经年不息。前来圣泉求医的各地人也络绎不绝。据统计，每年约有430万人去劳狄斯，其中不少人是身患疾病，甚至是病入膏肓，已被现代医学宣判“死刑”的病人。他们不远千里来到这儿，仅在圣泉水池内浸泡一下，病情便能减轻，有的竟不药而愈！

有个意大利青年，名叫维托利奥·密查利，他身患一种罕见的癌症，癌细胞已经破坏了他左髋骨部位的骨头和肌肉。经X光透视发现，他的左腿仅由一些软组织束同骨盆相连，看不到一点骨头成分，辗转几家医院后，他的左侧从腰部至脚趾被打上石膏，但被宣告无药可医，而且预言至多能再活一年。

1963年5月26日，他在其母亲的陪伴下，经过16小时的艰难跋涉到达劳狄斯，第二天便去圣泉沐浴。

密查利在几名护理员的照顾下，脱去衣服，光着身子被浸入冰冷的泉水中，但打着石膏的部位却未浸着，只是用泉水进行冲淋。沐浴后奇迹果然出现了，打这以后，密查利开始有了饥饿感，而且胃口之好是数月来所未有过的。

从圣泉归家后仅数星期，他突然产生从病榻上起身行走的强烈欲望，而且果真拖着那条打着石膏的左腿从屋子的一头走到另一头。此后几个星期内，他继续在屋子里来回走动，体重也增加了。到了年底，疼痛感竟全部消失。

1964年2月18日，医生们为他除去左腿上的石膏，并再次进行X光透视，片子上清晰显示出那完全损坏的骨盆组织和骨头竟然出人意料地再生。同年4月，他已能行动自如，参加半日制工作，不久便在一家羊毛加工厂就业。这一病例，现代医学竟无法解释。

圣泉这种“起死回生”的奥秘究竟何在呢？不知谁能解开这个谜团。

海底“浓烟”之谜

水火本不相容，然而海底却冒出浓烟，难道是三昧真火不成？

1979年3月，美国海洋学家巴勒带领一批科学家对墨西哥西面北纬21°的太平洋进行了一次水下考察。当科学家们乘坐的深水潜艇“阿尔文”号渐渐接近海底时，透过潜艇的舷窗，他们看到了浓雾弥漫下的一根根高达六七米的粗大的烟囱般的石柱顶口喷发出滚滚浓烟。“阿尔文”号向“浓烟”靠近，并将温度探测器伸进“浓烟”中。一看测试结果，科学家们不禁吓了一跳，这里的温度竟高达近千摄氏度。

经过仔细观察，他们发现“浓烟”原来是一种金属热液“喷泉”，当它遇到寒冷的海水时，便立刻凝结出铜、铁、锌等硫化物，并沉淀在“烟囱”的周围，堆成小丘。他们还注意到，在这些温度很高的喷口周围，竟形成了一种特殊的生存环境，这里就像是沙漠中的绿洲，生活着许多贝类、蠕虫类和其他动物群落。

巴勒等人的发现，引起了科学界的极大兴趣。美国密执安大学的奥温认为，这种海底“喷泉”可能与地球气候的变化有着密切的联系。

奥温在研究了从东太平洋海底获取的沉积物和岩样以后，发现在2000万~5000万年前的沉积物中，铁的含量为现在的5~10倍，钙的含量则为现在的3倍。为什么沉积物中钙、铁等的含量这样高呢?奥温认为，这可能与海底喷泉活动的增强有关。

据此，奥温又进一步认为，当海底喷泉活动增强时，所喷出的物质与海水中的硫酸氢钙发生反应，析出二氧化碳。已知现在的海底喷泉提供给大气的二氧化碳占大气中二氧化碳自然来源的14%~22%。因此，当钙的析出量为现在的3倍时，大气中二氧化碳的含量必将大大增加。估计相当于现在的1倍左右。众所周知，二氧化碳含量的增加，将会产生明显的温室效应，从而使全球的气温普遍升高，以至极地也出现温暖的气候。

在海底“浓烟”中还隐藏着什么秘密呢?仍然无人知晓。

神奇的尼亚加拉瀑布

鲜为人知的尼亚加拉瀑布几千年来只有印第安人知道这一自然奇观，它何时形成的呢?

尼亚加拉大瀑布是驰名世界的大瀑布，坐落在纽约州西北部美加边境处，位于尼亚加拉河的中段。这条河流发源于伊利湖，向北流入安大略湖，仅长58千米，但是因为伊利湖与安大略湖地势相差100多米，当河水流经陡峭的断岩带时，便形成了气势磅礴的大瀑布。

尼亚加拉瀑布以山羊岛为界，分为加拿大瀑布和美国瀑布两部分，由三股飞瀑组成。两处瀑布的水源虽来自同一处，可是只有6%的水从美国瀑布流下，其他94%的水是从加拿大瀑布流下。其中，在河东美国一侧的两条瀑布，有着“彩虹瀑”和“月神瀑”的美称，后者因其极为宽广细致，很像一层新娘的婚纱，又称婚纱瀑布，两瀑布中间隔着兰那岛。在河西加拿大一侧的飞瀑最为壮观，形状有如马蹄，故称马蹄瀑。马蹄瀑与前两瀑相距约二三百米，但看上去基本是“三位一体”的半弧形。

历史上的尼亚加拉瀑布，曾是美国和加拿大两国争执不休，甚至兵戎相见的必争之地。1812～1814年间，两国曾多次为此发动战争。后来，双方签订了《根特条约》，规定尼亚加拉河为两国所有，以中心线为界。从那时起近200年来，加美两国享有一条和平的边界，双方都在各自的一边设立了尼亚加拉瀑布城。150多年前，拿破仑的弟弟耶洛姆·波拿巴曾携新娘到瀑布度蜜月，开创了到此旅行结婚风俗之先河。据统计，每年来尼亚加拉瀑布旅游的游客约400万人，其中以情侣、恋人居多。

“尼亚加拉”一词来自印第安语，意即“如雷贯耳”。关于这个瀑布有一则动人的传说：从前，有一位美貌的印第安姑娘被部落的酋长相中。酋长想娶她为妻，但姑娘不愿意，于是，在新婚之夜，她独自划着独木舟沿尼亚加拉河而上。在河水中，姑娘变成了美丽的仙女，后来经常出现在大瀑布的彩虹中。

尼亚加拉瀑布原本是人迹罕至、鲜为人知之地，几千年来，只有当地的印第安人知道这一自然奇观。在他们实际上见到瀑布之前，就听到如同打雷般的声音，因此他们把它称为“Onguiaahra”，意即“巨大的水雷”。据传，欧洲人布鲁勒于公元1615年领略到尼亚加拉瀑布奇观。公元1625年，欧洲探险者雷勒门特第一个写下了这条大河与瀑布的名字，称为尼亚加拉。

据说尼亚加拉瀑布已存在约1万年了，它的形成在于不寻常的地质构造。在尼亚加拉峡谷中岩石层是接近水平的，每千米仅下降3.5～4.5米。岩石的顶层由坚硬的大理石构成，下面则是易被水力侵蚀的松软的地质层。激流能够从瀑布顶部的悬崖边缘笔直地飞泻而下，正是由松软地层上的那层坚硬的大理石地质层所起的作用。更新世时期，巨大的大陆冰川后撤，大理石层暴露出来，被从伊利湖流来的洪流淹没，形成了现今的尼亚加拉大瀑布。通过推算冰川后撤的速度，瀑布至少在7000年前就形成了，最早则有可能是在2.5万年前形成的，但具体形成于何时还有待考证。

好望角的风暴

“风暴角”改成了“好望角”，名字改了，风暴却丝毫没有退让。

好望角在非洲的西南端，北距开普敦48千米左右，西濒大西洋，北连开普敦半岛。在苏伊士运河未开通之前，是欧洲通往亚洲的海上必经之地，至于特大油轮无法进入苏伊士运河，仍需以此道航行。

公元1486年，葡萄牙航海家迪亚士率探险队从里斯本出发，寻找一条通往“黄金之国”的道路，当船队驶至大西洋和印度洋汇合处的水域时，顿时海面上狂风大作，惊涛骇浪，几乎整个船队都遭到覆没。最后巨浪把船队推到一个未知名的岬角上，这支舰队幸免于难。迪亚斯将此地命名为“风暴角”。公元1497年11月，另一位探险家达·伽马率领船队沿着好望角成功的驶入印度洋，满载黄金、丝绸回到葡萄牙。葡萄牙国王约翰二世将“风暴角”改为“好望角”，从此好望角成为欧洲人进入印度洋的海岸指路标。好望角海域几乎终年大风大浪，常常有“杀人浪”出现，海浪前部犹如悬崖峭壁，背部如缓缓的山坡，浪高近20米，遇难海船难以计数，成为世界上最危险的航海地段。公元1500年，“好望角之父”迪亚斯再度行经好望角，碰到灾难，葬身于此。

在连接红海和地中海的苏伊士运河开凿以前，这里是大西洋和印度洋之间航运的必经之路。即使在今天，37万吨以上的巨轮也还是要绕道好望角! 西欧和美国所需要的石油，一半以上需用超级油轮经好望角运送。好望角一带屡出意外引起了世界的震惊。

一批又一批的科学家来到好望角附近，调查研究这里风急浪高的原因。经过一段时间的工作，科学家将造成好望角附近海域风浪大的原因归纳成以下两种说法。

1.西风带说

有些人认为，好望角附近海域风浪大是由西风造成的。好望角位于非洲大陆的西南端，它像一个箭头突入大西洋和印度洋的汇合处。因为好望角恰恰位于西风带上，所以当地经常刮11级以上的大风，大风激起了巨浪，经过的船只就处在危险之中了。

“西风带说”的理论固然有一定的道理，但它存在一个致命缺点。因为这种学说不能解释在不刮西风的时候，为什么海浪还是如此之大。一年365天，并非天天刮西风，刮西风时海浪可能被风激得很高，但不刮西风时呢？海浪还是那么大，那又该如何解释呢？

2.海流说

美国一位科学家提出了另一种学说——“海流说”。这位科学家分析了多起在好望角附近海域发生的海难事件。他们发现，每次发生事故时，海浪总是从西南方扑向东北方，而遇难船只的行驶方向是从东北向西南。也就是说，船行的方向正好和海浪袭来的方向相反，船是顶浪行驶的。科学家还实地调查了当地的海流情况。他发现，好望角附近水下的海流与船只行驶的方向是相同的，换句话说，海底的海流推动船只顶着海浪前进，几股力量的共同作用就造成了船毁人亡的结果。

海水是流动的，很难断定，在一年的365天中，海流的方向也保持恒定。然而，不管是什么日子，船一到好望角附近的海面，马上就陷入危险的境地，这又是为什么呢？

充满魔力的吸引力

有一个古老的小屋，当你走进里面时，马上就有一股吸力抓住你，让你挣脱不得。

一提起旋涡，人们自然会想到江河湖海中的旋涡。旋涡区域，水总是一圈一圈地围绕着同一个圆心飞速旋转。在美国俄勒冈格兰特狭口外沙甸河一带，有这么一个陆上旋涡，人称“俄勒冈旋涡”。在旋涡中心，有一个古老的小屋，小屋歪斜得厉害，看上去比比萨斜塔还让人担心。其实担心是多余的，无论经过多少年的风吹雨打，小屋从未倒过。更让人惊奇的是只要踏进小屋，就会感到有一股“魔力”死死地把人往里拉，想退出，心有余而力不足。马比人的抵抗力还弱，只要靠近小屋外方圆50米的地方，立刻会不知受了什么惊吓，拼命往回跑。那么，“俄勒冈旋涡”到底是怎么回事呢?

在世界各地还有一些地方有类似“俄勒冈旋涡”的现象。在乌拉圭的温泉疗养区巴列纳角，也有一块异常区，汽车开到这里停住，有一种奇特的力量推动车辆继续前进，上坡爬行几米才刹住，平坦路段则自动滑行几十米。

美国犹他州有一条“重力之山”的斜坡道。通过这段斜坡的公路长约500米，若驱车而下，在半途刹住车，车子竟然会慢慢后退，像一股无形的力量拽着，硬是往坡顶爬去。但婴儿车、篮球等从坡顶放下去，总是一滚到底，从未出现往坡顶倒爬的现象。经过无数次的实验证明，质量越大的物体越容易往坡上爬，质量过轻就不能产生这种效应。

科学家为了揭开它的谜底特地做了一个试验。即把一根拴有13千克重的钢球的铁链子，吊在小屋的横梁上，奇怪的是，钢球根本不能垂直向下，而总是倾斜着往“旋涡”的中心摇动，好像那儿是它的家。科学家见此情况，就轻推钢球，结果，钢球一下子就进入了“旋涡”中心。但是，科学家们再要把钢球拉回来，可费了好大的劲，钢球就像刚见了母亲的小孩子死活不肯离开似的。

科学家认为，“俄勒冈旋涡”的吸引力肯定是存在的。但这是一种什么样的吸引力呢?这种吸引力又是如何产生的呢? 科学家们暂时还不能回答。

沙漠中的“魔鬼城”

“魔鬼城”并不是“魔鬼”的巢穴，而是大自然的鬼斧神工。

这是一个杳无人烟却又热闹非凡的“城市”。当晴空万里、微风吹拂时，人们在城堡漫步，耳边能听到一阵阵从远处飘来的美妙乐曲，仿佛千万只风铃在随风摇动，又宛如千万根琴弦在轻弹。可是旋风一起，飞沙走石，天昏地暗，那美妙的乐曲顿时变成了各种怪叫：像驴叫、马嘶、虎啸……又像是婴儿的啼哭、女人的尖笑；继而又像处在闹市中：叫卖声、吆喝声、吵架声不绝于耳；接着狂风骤起，黑云压顶，鬼哭狼嚎，四处迷离……城堡被笼罩在一片朦胧的昏暗中。

这座神奇的“城市”位于新疆维吾尔自治区克拉玛依市乌尔河区东南5千米处，方圆约187平方千米，地面海拔350米左右。独特的雅丹地貌使这片地区被称为“乌尔河风城”，当地人称之为“魔鬼城”。

“雅丹”是维吾尔语，19世纪末至20世纪初，瑞典人斯文·赫定和英国人斯坦因，赴罗布泊地区考察，在撰文中采用了这个词。于是，“雅丹”一词就成了世界上地理学和考古学的通用术语。在地质学上，雅丹地貌专指经长期风蚀，由一系列平行的垄脊和沟槽构成的景观。“雅丹”地貌通常发育在干旱地区的湖积平原上，在新疆维吾尔自治区罗布泊东北发育很典型，世界各地的不同荒漠，包括突厥斯坦荒漠和莫哈韦沙漠在内，都有这种地形。究竟是谁建造了这种奇特的地貌，无数奇异的声音又是从哪儿来的呢?

据说，在距今约1亿年前的白垩纪，“魔鬼城”是一个巨大的淡水湖泊，后经两次地壳变动，湖泊变为一片广阔的沙漠，遍布着沉积岩和变质岩。千百万年风雨的侵蚀造就了深浅不一的沟沟壑壑，裸露的岩层被风雨雕琢成各种奇异的形态。

这里尽是些形状奇异、大小不等的土阜、土丘，土丘又干又硬，有的拔地而起，如柱、如伞；有的匍匐在地，似狮、似虎；有的怪异，像神、像魔鬼；有的肃穆庄重，像城堡、像帐幔……干旱区的湖泊，在形成历史中往往包括反反复复的水进水退，因而发育了上下叠加的泥岩层和沙土层，风和流水带走疏松的沙土层。致密的平台形高地在暴雨的冲刷下其节理或裂隙加宽扩大，加上大风的不断剥蚀，风蚀沟谷和洼地逐渐分开形成孤岛状的平台小山，后者演变为石柱或石墩。

巨大的墩台高达12~20米，侧壁陡立，极难攀登。从侧壁断面上可以清楚地看出沉积的层理；下部是厚厚的灰绿色砂层，最上面是一层淡红色的粉砂黏土层，这是由于碳酸钙胶结得非常坚硬，而形成一个保护层，使土丘顶面非常平坦。每当大风来袭，呜呜的风声在此处如鬼哭狼嚎，让人毛骨悚然。

“魔鬼城”一名便由此而来。“魔鬼城”就像一个颓废了的古城，纵横交错的风蚀沟谷是街道，石柱和石墩是沿街而建的楼群。各种各样的造景地貌琳琅满目，惟妙惟肖，置身魔鬼城定能使你的想象力得到最大限度的发挥。其实这里还真正存在着古城堡建筑、古民房遗址——艾斯克霞尔古城堡：风蚀台上还存有长方形的土夯建筑，高约5米，这曾是古丝路的驿站。据当地人推测，此地西面的湖泊干涸之前，这里也有村庄人家，当水源游移湖泊消失后，林木飞鸟在风沙中，部分变为化石，而此地居住的人只得背井离乡，连先祖的遗骨也移走了。

科学家在经过实地考察后，指出“魔鬼城”实际上就是一个“风都城”，并没有什么鬼怪在兴风作浪，而是肆虐的风在中间发挥着作用。在气流的作用下，狂风将地面上的沙粒吹起，不断冲击、摩擦着岩石，于是各种软硬不同的岩石在风的作用下便被雕琢成各种各样奇怪的形状。

“魔鬼城”的地层是古生代的沉积岩，多为侏罗系、白垩系的红、黄、灰白及其过渡类型的彩色砂、泥岩，经过漫长岁月的积累，一层又一层相叠而成，厚薄不一，松实结合。又由于这里属于干燥少雨的沙漠气候，经过太阳的烧烤，大地在白天时一片灼热，但晚上气温会骤然下降，冷热变化十分剧烈。在热胀冷缩的作用下，岩石会碎裂成许多裂缝和孔道。

沙漠地区的风面对着准噶尔盆地老风口，再加上常年受到从中亚沙漠地区而来的西北风的影响,这些风最大的风力可达10～12级，风力极强。夹带着大量砂粒的狂风扑打在岩石上，长年累月地对那些有软有硬的岩壁进行侵蚀，这样那些岩石也就被雕琢得十分精致而且神奇。

但是，经过实地考察，雕琢“魔鬼城”的伟大工程师绝不止有“风”，还有“雨”，即流水的侵蚀、切割，是不是“风吹雨打”就足够了呢?

东非大裂谷的未来

东非大裂谷气势宏伟，景色壮观，是世界上最大的裂谷带，有人形象地将其称为“地球表皮上的一条大伤痕”。

从北面的叙利亚到南面的莫桑比克，东非大裂谷穿越20个国家，延绵6700多千米，差不多是地球圆周的1/5。这道裂口宽达100多千米，从周围高原到谷底的峭壁高达450～800米。

东非大裂谷其实并不是谷，因为在整条裂谷中，既有崇山，也有高原，而且在埃塞俄比亚南部更分成两支，直到坦桑尼亚与乌干达边界的维多利亚湖地区才重合起来。在这个地球上最长而不间断的裂口内，可以找到地球的最低点、世界最高的火山、地球上最大的湖泊。

东非大裂谷起自叙利亚，形成约旦河谷与死海。死海海面比平均海平面低400米，是各大洲中的最低点。这个地区气温很高，水分迅速蒸发，含盐量约为30%，是海水的10倍，就是不会游泳的人也能轻易浮在水面上。

距东非大裂谷起始点约800千米处，海水侵入，这道口子沿着亚喀巴湾和红海延伸，到伊索比亚宽阔的扇形达纳基勒洼地才转入非洲大陆。这片平原曾被盐度与死海相当的盐水淹没过，有些部分在海平面150多米以下。所有水蒸发后，留下了一层盐层，有些地方的盐层有5000米厚。

在沿东非大裂谷形成的湖泊中，坦噶尼喀湖、马拉维湖和维多利亚湖等淡水湖泊由于四周有干旱荒漠阻隔，湖水里生活着数百种其他地方没有的鱼。

3个湖中最浅的维多利亚湖深100米，这个湖也是形成最晚的，只有近75万年的历史。此湖形成时，西面的土地隆起，把数条河流的河道截断，结果河道加深加宽，成为小湖。维多利亚湖本身也经历变迁，在泛滥时会把原来与外界隔绝水体中的生物接收过来，在干旱期，湖中生物又会回到与世隔绝的生活。

形成裂谷的地方都位于地壳的“热点”上，温差与密度的差别令熔岩升向地壳表面，沿着裂谷的轴线火山活动频繁。非洲大陆上的最高峰——乞力马扎罗山与肯亚山就在裂谷的轴线上，第三大火山坦桑尼亚北部的恩戈罗山已坍塌的火山口成为非洲最佳野生动物保护区，火山口内有一个天然灌溉系统，全年水分充足。西面的塞伦盖蒂平原可容下比恩戈罗多100倍的动物。

古往今来，东非大裂谷一直引人注目；当今世界，东非大裂谷的未来命运，更是举世关注。

美国地理学家约翰·乔治，曾在1893年对裂谷进行了5个星期的实地调查。他推测：东非大裂谷不是由河流冲刷而成，而是因为地壳下沉，形成了一个两边峭壁相夹的沟谷凹地。现在，越来越多的科学家试图通过勘测东非大裂谷，寻找板块分离的答案。大陆漂移说和板块构造说的拥护者在研究肯尼亚裂谷带时注意到，两侧断层和火山岩的年龄，随着离开裂谷轴部的距离的增加而不断增大，因此他们认为这里是一起大陆扩张的中心。2003年1月，来自美国、欧洲国家和埃塞俄比亚的72位科学家协作完成非洲历史上最大的地震勘测。科学家们推测，火山活动频繁的东非大裂谷的“伤口”将越来越大，最终将变成海洋。但是，反对板块理论的人则认为这些都是危言耸听。他们认为大陆和大洋的相对位置无论过去和将来都不会有重大改变，地壳活动主要是做上下的垂直运动，裂谷不过是目前的沉降区而已，将来它也可能转向上升运动，隆起成高山而不是沉降为大洋。

东非大裂谷未来的命运究竟如何，人类只有拭目以待。

地球上的四大“死亡谷”

四大“死亡谷”的“爱好”不同，但吞噬生命是它们的共性。

在俄罗斯、美国、意大利和印度尼西亚，存在着地球上四大“死亡谷”，它们的神秘与恐怖景象各不相同。

在俄罗斯堪察加半岛克罗诺基山山区的“死亡谷”，长达2000米，宽100~300米不等。这里的地势凸凹不平，坑坑洼洼，不少地方有天然硫黄嶙峋露出地面。到处可见到狗熊、狼獾以及其他野兽的尸骨，令人毛骨悚然。据统计，这个“死亡谷”已吞噬过30条人命。

原苏联的科学家曾对这个“死亡谷”进行过多次探险考察，但结论仍是众说纷纭。有人认为这里多露天硫黄等矿，杀害人畜的祸首是积聚在凹陷深坑中的硫化氢和二氧化碳；有人则认为这里谷狭底深，产生的热性毒剂氢氧酸及其衍生物是元凶。可是，住在距离“死亡谷”仅一箭之地，而且没有山岳和森林阻隔的村舍农民，却不曾受到过这些毒气的影响。这到底是怎么回事呢？原苏联科学家曾对这个“死亡谷”进行过多次冒险考察，但尚无统一的结论。

在美国加利福尼亚州与内华达州相毗连的群山之中，也有一条特大的“死亡谷”。它长225千米，宽约6~26千米不等，面积达1400多平方千米。峡谷两“岸”，悬崖绝壁，地势十分险恶，险象环生，见者不寒而栗，闻者谈之色变。

据说在1949年，美国有一支寻找金矿的勘探队伍欣然前往“未开垦的处女地”，因迷失方向而涉足其间，几乎全队覆灭。几个侥幸脱险者，不久后也神秘地死去。此后，有些前去探险或试图揭开“死亡谷”之谜的人员，也屡屡葬身谷中，至今仍然未能查出死亡的原因。

后来，科学家惊诧地发现，这个地狱般的“死亡谷”，竟是飞禽走兽的“极乐世界”。据调查统计，在这“死亡谷”里繁衍着300多种鸟类，20余种蛇类，17种蜴晰，还有1500多头野驴居然在那里悠然逍遥，它们或飞、或爬、或跑、或卧，好不自在。为什么这地方对人这么凶残，而对禽兽却如此宽容？这个谜至今未被揭开。

意大利的那不勒斯和瓦唯尔诺湖附近的“死亡谷”，又另有一番特点。它只危害飞禽走兽，对人的生命却毫无威胁。据调查统计，每年在此死于非命的各种动物多达37600头，其中有各种飞禽走兽，鸟类几十种，爬行类19种，哺乳动物也有数十种。所以意大利人又称它为“动物的墓场”。它们的死，不是自相残杀，也非集体自杀，更非人为，不知是什么原因。该谷与美国的“死亡谷”成180度的大反差，其原因令人百思不得其解。意大利的一些专家、学者曾多次对“死亡谷”进行过考察研究，但至今仍未找到答案。

在印度尼西亚爪哇岛上有个更为奇异的“死亡谷”。在谷中共分布着6个庞大的山洞，洞呈喇叭状，都是大陷阱。每个山洞对人和动物的生命都有很大的威胁。不用说“误入”山洞者性命不保，就是保持距离者也难幸免。

当人或者动物从洞口经过时，会被一种强大的吸引力“拖入”洞中而“吃掉”。即使人或动物距离洞口6～7米远，也会被魔口“吸”进去，逃脱不得，由此葬身。所以山洞里至今堆满了狮子、老虎、野猪、鹿以及人体的骸骨。据侦察，山洞里已是白骨累累，难以分清哪些是人骨，哪些是兽骨。

这些山洞何以会具有这种吸摄生灵的力量？被吸进去的人和动物是中毒致死还是饿死的呢？至今也是不得而知。

阿苏伊尔幽谷之谜

阿苏伊尔幽谷的深度是个谜，然而谁也不敢去探个究竟。

阿尔及利亚的朱尔朱拉山是一个风景秀丽的游览胜地，山上有漫山遍野的鲜花、灌木，还有独具特色的雪松、橡树和山樱桃等植物，美丽的朱尔朱拉山以其独特的风采和俏丽多姿的山色吸引了一批又一批的游人前来欣赏。朱尔朱拉山有许多古老的岩洞和峡谷，它们的神秘和深邃吸引了众多勇敢的探险者前来探寻，这就是大自然奥秘的魅力。

在朱尔朱拉山的峡谷当中，最著名的一个峡谷叫“阿苏伊尔幽谷”，是非洲最深的一个大峡谷。阿苏伊尔幽谷的著名之处在于它的深度，可是它到底有多深，人们从来就没有探查清楚。那谷底到底是什么样，就更没有办法知道了。

阿苏伊尔幽谷的深度无人知晓，人们为了探寻阿苏伊尔幽谷的深度，绞尽脑汁，但在现在的科学水平上，想要探明阿苏伊尔幽谷的深度似乎还为时过早。

为了探测阿苏伊尔幽谷的确切深度，1947年，阿尔及利亚的一些专家组成了一支联合探险队来到阿苏伊尔幽谷。专家在探险队中挑选了一个身强力壮、又有丰富经验的探险队员第一个去尝试探测。这个探险队员系好保险绳，信心满满地朝着幽谷下边看了一眼，就顺着陡峭的山崖一步一步地滑了下去。谷上的探险队员们紧紧地抓着保险绳，一方面保护着探测者的安全，一方面观察着保险绳上的深度标记。

时间一分一分地过去了，随着探测队员的滑动，保险绳上的标记也在100米、300米、500米地往下移动着。在探险队员下到幽谷505米的时候，忽然觉得身体越来越有点儿不舒服，为了安全起见，这个探险队员拉了拉保险绳，让上边的队友把他拉了上来，这次探险活动也随之结束了。人们对阿苏伊尔幽谷的深度还是没有探测清楚。

1982年，另外一支考察队来到阿苏伊尔幽谷，他们决心超过505米的那个深度。第一个队员首先下去了，可是当他下到810米深的时候，再也不敢往下走了，只好爬了上来。接着，第二个队员一米一米地滑了下去。800米、810米、820米，只见保险绳又往下滑动了1米。探测队员沿着峭壁下到821米深度的时候，突然出现了一种莫名其妙的恐惧，连朝谷底深处看一眼的勇气也没有了，只好返回了。

迄今为止，821米的深度是探测阿苏伊尔幽谷最深的纪录了。至于阿苏伊尔幽谷究竟有多深，那神秘的谷底到底有些什么东西，一直到现在也没能解开这个谜。

然而，人们对阿苏伊尔幽谷深度的谜团还没有解开，山上的一些奇异现象又为朱尔朱拉山蒙上了一层神秘的色彩。

在朱尔朱拉山，每当雨季来临之际，倾盆大雨就会汇集成大水流沿着地面冲出去，可是几十米以后，水流就会奇怪地消失在山谷里面，然后在千米之下的地方再重新流淌出来。这到底是怎么回事呢?

为了解开这个谜团，许多科学家纷纷来到这里考察、研究。一年又一年后，他们提出了各自的见解。阿尔及利亚的一名洞穴专家经多次探索和研究这种奇异的现象后认为，在朱尔朱拉山的深处有一个巨大的水潭，而当雨水沿着峡谷汇集到这个水潭里儿的时候，就会急速地奔流出来。这样，就形成了山下的急流。

不过，许多科学家认为：如果流出几十米远的水都可以流到千米外的那个深水潭，那么整个朱尔朱拉山就是一座千疮百孔的漏斗山了，那样人们应该就能看到许许多多一直通往山底的峡谷，可是实际上并没有峡谷。

各种说法都有其道理，然而只有事实才能给出正确的答案。要想揭开朱尔朱拉山的谜团，只能靠进一步地考察了，希望人们最终找到那个想象中的积水潭，探明阿苏伊尔幽谷的真实面目，揭开朱尔朱拉山神秘的面纱……

海上坟地马尾藻海

进入马尾藻海的船只，就如同进了泥潭，进也不是，退也不是，只能依靠运气。

马尾藻海又称萨加索（葡语葡萄果的意思）海，是大西洋中一个没有岸的“洋中之海”，覆盖大约500万～600万平方千米的水域。马尾藻海的位置大致介于北纬20度～北纬35度、西经30度～西经75度之间，由墨西哥暖流、北赤道暖流和加那利寒流围绕而成。它的西边与北美大陆隔着宽阔的海域,其他三面都是广阔的洋面,没有海岸的海，也没有明确的海区划分界线。

公元1492年，哥伦布横渡大西洋经过这片海域时，船队发现前方视野中出现大片生机勃勃的绿色，他们惊喜地认为陆地近在咫尺了，可是当船队驶近时，才发现“绿色”原来是水中茂密生长的马尾藻。马尾藻海围绕着百慕大群岛，与大陆毫无瓜葛，所以它名虽为“海”，但实际上并不是严格意义上的海，只能说是大西洋中一个特殊的水域。

马尾藻海的海水透明度非常高，是世界上公认的最清澈的海。但是，在航海家们眼中，马尾藻海是海上荒漠和船只坟墓。在马尾藻海的海面上，布满了绿色的无根水草——马尾藻，仿佛是一派草原风光。在海风和洋流的带动下，漂浮着的马尾藻犹如一条巨大的橄榄色地毯，一直向远处伸展。在这片空旷而死寂的海域，几乎捕捞不到任何可以食用的鱼类，海龟和偶尔出现的鲸鱼似乎是唯一的生命，此外就是那些单细胞的水藻。

除此之外，这里还是一个终年无风区。在蒸汽机发明以前，不知有多少船只，因为误入这片奇特的海域，而被马尾藻死死的缠住，最终因缺乏航行动力而被活活困死。所以自古以来，马尾藻海被看做是一个可怕的“魔海”。公元1492年8月3日早晨，意大利航海家哥伦布率领的一支船队，就在那里被马尾藻包围了。他们在马尾藻海上航行了整整3个星期，才摆脱了危险。

在第二次世界大战中，英国奥兹明少校曾亲自去了马尾藻海，海上无风，“绿野”发出令人作呕的奇臭。海藻表面有极大的黏性，吸住人的手后，竟留下了血痕。到了晚上，海藻像蛇一样爬上船的甲板，似乎要将船裹住不放，为了航行，他只好把海藻扫掉，可是海藻越来越多，像潮水一样涌上甲板。经过一番搏斗，筋疲力尽的他侥幸得以逃生。

自古以来，人们把马尾藻称为“魔藻”，可是“魔藻”为什么会“吃人”呢？由于百慕大三角地带是这一海域上最著名的神秘地带，因此很多人认为“魔藻”一定与百慕大三角有关。

在海洋学家和气象学家的共同努力下，马尾藻海“诡异的宁静”和船只莫名被困的原因被找出来了。

原来，这块几百万平方千米的椭圆形海域正处于4个大洋流的包围中，西面的湾流、北面的北大西洋暖流、东面的加纳利寒流和南面的北赤道暖流相互作用的结果，使马尾藻海以顺时针方向缓慢流动，这就是这里异乎寻常“平静”的原因。正是因为这种原因，才会使古老的依赖风和洋流助动的船只在这片海域徘徊不前。由此，马尾藻海盐分偏高、海水温暖、浮游生物众多的问题，也都纷纷迎刃而解。

虽然马尾藻海中的海藻被证实了并非阻挡船只前进并吞噬海员的“魔藻”，但笼罩在它头上的神秘光晕却并未因此而消失。

挪威海底为何成“公墓”

世界上怪事多多，让人们觉得不可思议，居然有海底“公墓”。

1980年，一场高难度的悬崖跳水表演正在挪威沿海的一个寸草不生的半岛上进行。这个半岛一面是山，三面环水，悬崖下的海水深不可测。来此观看表演的人非常多。

发令枪响后，30名跳水运动员纵身飞下悬崖，做着各种精彩的空中动作，钻进了大海之中。观看者全神贯注地欣赏着运动员的精彩表演。可是，半小时过去以后，却没有一人从水面露出。人们大为惊慌，运动员的亲属伤心痛哭。表演的组织者派出救生船和潜水员寻找运动员，可是连下海救生的潜水员也一去不复返。

第二天，一名配有安全绳和通气管的经验丰富的潜水员下海探索。当安全绳下到距海面只有5米时，潜水员、安全绳和通气管以及船上的潜水救护装置被一股强大的力量全部拖进海底。表演的组织者又向瑞典抢险救生部门求援，该部门派来一艘瑞典的微型探察潜艇。可令人惊异的是，这艘微型潜艇入海后也无影无踪了。

美国派来了一艘海底潜水调查船，地质学家豪克逊主持调查工作。在电视监视器前豪克逊不停地对海底进行搜索。突然，他发现有一股强大的潜流在离船不远的地方，那30名运动员、2名潜水员的尸体和那艘微型潜艇就在那股潜流中，在海底还有不少脚上拴有铁链的人的尸体。

豪克逊非常吃惊，觉得难以置信，但监视器录像机也录下了这一奇景。

是什么造成了运动员和潜水员不能返回水面而被淹死呢?那些脚上拴着铁链的尸体又是来自何处?他们是些什么人?为什么他们的尸体没有腐烂?这些奇异现象令人百思不得其解。关于这个海底“坟墓”人们议论纷纷，说法不一。

经过调查以后豪克逊提出了自己的一些看法。他认为在这里暖流和寒流进行交会，因而一股强大的旋涡在此形成，附近的人和物体都被卷入涡心，带到水下。这里水质纯净，没有各种生物所需要的微量元素，所以尸体不会腐烂。至于那些脚上拴着铁链的尸体的来源，豪克逊认为，曾经有一座大监狱在这个半岛上，死去的犯人不断被监狱的看守们投入海底，逐渐聚积了这么多尸体。豪克逊还认为，这里寸草不生是因为半岛上的岩石能产生一种看不见的射线，这座大监狱被遗弃可能就是这个原因。但豪克逊也没有搞清楚究竟是一种什么射线。

这只是豪克逊的个人观点。对于海底“公墓”，别的学者也有不同的看法。

但想知道海底“公墓”是如何形成的，还得等待更为深入的研究。

阿尔沃兰海域之谜

这里是空难频繁发生的海域，这里是飞行员的噩梦，这里被称为“飞机墓地”。

地中海的阿尔沃兰海域，位于直布罗陀海峡与阿尔梅里亚之间，一直是海上交通要道，可是这里却充满了神秘和灾难。阿尔沃兰海域是西地中海“死亡三角区”，在这片多灾多难的区域，不断发生着飞机遇难和失踪事件。1969年5月15日18时左右,海军的一架“信天翁”式飞机也在阿尔沃兰海域莫名其妙地栽进了大海。据目击者说，那架飞机当时飞行高度很低，驾驶员可能是想强行进行水上降落而未成功。机长麦克金莱上尉侥幸还活着，他当即被送往医院抢救。尽管伤势并不重，但他根本说不清飞机出事的原因。

人们还在离海岸大约一海里的出事地点附近打捞起两名机组人员的尸体。后来几艘军舰和潜水员又仔细搜寻了几天，另外5人却始终没找到。

1969年7月29日，西班牙一架“信天翁”式飞机也在同一海域失踪。人们得到消息后，立即到该海域进行搜索。军事当局一共动用了10余架飞机和4艘水面舰船。当人们搜寻了很大一片海域后，只找到了失踪飞机上的两把座椅，其余的什么也没发现。而机长博阿多上尉在失踪前发出的最后呼叫“我们正朝巨大的太阳飞去”至今令人们无法破译。

有人透露，5月15日的飞行本来是派博阿多上尉担任机长的，临起飞才决定换上麦克金莱上尉。这样，博阿多有幸躲过了那次灾难。然而好运并没能一直照顾他。时隔两个月，也就是7月29日，已被获准休假的博阿多再次被派去担任“信天翁”式飞机的机长。这次，他没有回来。

西地中海“死亡三角区”的三个顶点，分别是比利牛斯的卡尼古山，摩洛哥、阿尔及利亚、毛里塔尼亚共同接壤的延杜夫，再加上加那利群岛。这片神秘的海域，一直是飞机的噩梦，飞行员们都十分害怕从这里飞过。

1975年7月11日上午10时30分，西班牙空军学院的4架“萨埃塔”式飞机正在这一海域进行集结队形的训练飞行。突然一道闪光掠过，紧接着，4架飞机一齐向海面栽了下去。附近的军舰、渔船以及潜水员们都参加了营救遇难者和打捞飞机的行动。他们很快就找到了5名机组人员的尸体。但是这4架刚刚起飞几分钟的飞机为什么要齐心合力朝大海扑去呢？西班牙军事当局对此没有做任何解释，报界的说法是：“原因不明。”

据统计，从1945年第二次世界大战结束到1969年的20多年和平时期中，阿尔沃兰海域竟发生过11起空难，229人丧生。每当飞机经过该海域时，机上的仪表和无线电都会受到奇怪的干扰，甚至定位系统也常出毛病，以致搞不清自己所处的方位。该海域被飞行员惊恐地称之为“飞机墓地”。

神奇的南极威德尔海

神奇的南极威德尔海那变幻莫测的自然奇观，即使人感到神秘又令人恐惧。

在南极，有一个极为神秘的海叫做威德尔海，它是南极的边缘海，南大西洋的一部分，位于南极半岛同科茨地之间，最南端达南纬83℃,北达南纬70℃，宽度在550千米以上。它因1823年英国探险家威德尔首先到达于此而得名。许多探险家因为它的魔力而视其为畏途，那么，威德尔海到底具有什么魔力呢?

流冰的巨大威力是威德尔海最大的魔力。南极的夏天，在威德尔海北部，经常有大片大片的流冰群出现。这些流冰群首尾相接，像一座白色的城墙，连成一片，有时还会有几座冰山漂浮于其中。有的冰山有一两百米高，方圆两三百平方千米，就像一个大冰原。在流冰群的缝隙中船只航行异常危险，说不定什么时候流冰就会把船只撞坏或者使船上驶入“死胡同”，再也无法冲出，航船便永远留在这南极的冰海之中。1914年，威德尔海的流冰就吞噬了英国的探险船“英迪兰斯号”。

在威德尔的冰海中航行，风向对船只的安全意义重大。在刮南风时，流冰群会散向北方，这时就会有一道道缝隙在流冰群之中出现，在缝隙中船只就可以航行。如果北风刮起，流冰就会挤到一起，船只就会被包围。所以，在威德尔海及南极其他海域，一直有“南风行船乐悠悠，一变北风逃外洋”的说法。至今，各国探险家们还不敢违背这一信条，足见威德尔海“魔力”之大了。

威德尔海的另一魔力就是绚丽多姿的极光和变化莫测的海市蜃楼。船只航行在威德尔海中，就像飘游在梦幻的世界里。它那变幻莫测的自然奇观，既使人感到神秘，又令人恐惧。有时，船只正在流冰缝隙中航行，突然陡峭的冰壁出现在流冰群周围，好像冰壁将船只包围，挡住了去路，似乎再没有出路，使人惊慌失措。霎时，这冰壁又不复存在了，使船只转危为安。有时，船只明明在水中航行，突然间好像开到冰山顶上，船员们顿时被吓得一个个魂飞胆丧。不知有多少船只被大自然演出的这一场场闹剧引入歧途，有的受幻景迷惑而进入流冰包围的绝境之中，有的竟为避虚幻的冰山而与真正的冰山相撞。

骷髅海岸

骷髅海岸遍布骷髅，谁也不知道它究竟吞噬过多少生命。

在古老的纳米布沙漠和大西洋冷水域之间，有一片白色的沙漠，这是世界上最危险而又最荒凉的海岸。因失事而破裂的船只残骸，杂乱无章地散落在海岸上面，所以被称为“骷髅海岸”，也叫“地狱海岸”。

骷髅海岸长约500千米，由于备受烈日的煎熬，海岸显得非常荒凉，却又异常美丽。从空中俯瞰，骷髅海岸是一大片褶痕斑驳的白色沙丘，从大西洋向东北延伸到内陆的沙砾平原。大风流动的沙丘，发出隆隆的呼啸声，让人产生一种不寒而栗的感觉。

骷髅海岸是一片充满危险的海域。8级大风、令人毛骨悚然的雾海和深海里参差不齐的暗礁常常使来往船只遇险失事。传说有许多失事船只的幸存者跌跌撞撞爬上了岸，以为有了一线生机，然而海滩上恶劣的自然环境和恐怖的风沙会慢慢将他们折磨致死。因此，骷髅海岸布满了各种沉船残骸和船员遗骨。1859年，瑞典生物学家安迪生来到这里，感到一阵恐惧向他袭来，他不禁大喊道：“我宁愿死也不要流落在这样的地方！”

1933年，一位瑞士飞行员诺尔从开普敦飞往伦敦时，飞机突然失事，坠落在这个海岸附近。由于种种原因打捞飞机的工作没有成功，有人认为诺尔的骸骨终有一天会在骷髅海岸找到，可是后来诺尔的骸骨一直也没有找到，骷髅海岸的神秘渐渐拉开了大幕。

1942年，英国货船“邓尼丁星”号载着21位乘客和85名船员在库内河以南40千米处触礁沉没。经过紧急救援，3个婴儿以及42名男船员乘坐汽艇登上了岸。这次救援是最困难的一次，救生员几乎用了4个星期的时间才找到所有遇难者的尸体，以及生还的船员和乘客，并把他们安全地送回文明世界。这次救援共派出了两支陆路探险队，从纳米比亚的温得和克出发，还出动了3架本图拉轰炸机和几艘轮船。然而在救援过程中，其中一艘救援船触礁，3名船员遇难。

1943年，有人在骷髅海岸沙滩上发现了12具无头骸骨横卧在一起，附近还有一具儿童骸骨。在骸骨不远处有一块久经风雨侵蚀的石板，上面有一段话："我正向北走，前往96千米处的一条河边。如有人看到这段话，照我说的方向走，神会帮助你。"从石板上所署的日期来看，这段话刻于1860年。然而直到现在也没有人知道遇难者是谁，也不知道他们是怎样在海岸遇险的，到底又为什么都掉了头颅。这是一个不解之谜。

夜晚的骷髅海岸更加恐怖，幽灵般的雾掠过骷髅海岸的沙丘，海上的风呼呼地吹着，似乎在向人们讲述着一段段悲惨的故事，也似乎是在为那些惨遭不幸的人们送上挽歌。然而，骷髅海岸的神秘却一直没有解开，谁也不知道它究竟吞噬过多少冤魂。

死海会"死"吗

在巴勒斯坦、以色列和约旦之间，有一片美丽而又神奇的水域。那里既没有水草，也没有鱼儿，甚至那片水域的四周也寸草不生，一片荒凉，人们叫它死海。

死海南北狭长，面积1000多平方千米。湖水有146米深，最深的地方有395米，湖底最深的地方在海平面以下780多米了。死海的北面有约旦河流入，南面有哈萨河流入，但是，却没有水道和海洋通连，湖里的水只进不出。由于死海的含盐量很高，水的浮力很大，因此即使不会游泳的人也不会在死海中淹死，对于一些不会游泳的游客来说死海是十分理想的休闲好去处，同时游客们还发现死海里的水还有治病的功效。随着媒体的广泛宣传，死海已成为一个奇特的旅游胜地。不但前来旅游的游客络绎不绝，一些风湿和皮肤病的患者也经常光顾此地。

长期以来在死海的前途命运问题上科学家们一直是众说不一的。从各自的理论出发，科学家们得到两种截然相反的结论：一种观点认为，死海在日趋干涸，若干年后，死海将不复存在，死海的前途也就"死"定了，等待死海的只有厄运。

经过多年研究，约旦大学地质学教授萨拉迈赫表示，虽然许多地图上标明死海水面的高度是海平面以下392米，但那并不是死海现在的高度，而是20世纪60年代测量所得的数据，现在死海水面的实际高度经过测量为海平面以下412米。这一数据清楚地表明，在过去的40年里死海的水面正以每年0.5米的速度（现在还有水位每年下降1米的说法）在下降。萨拉迈赫教授警告，如果任凭死海水面不断下降而不采取任何措施的话，死海将从地球上永远消失。

据一些科学家说，60年代死海的面积大约为1000平方千米，照这样的速度减少下去的话，再过10年其面积将减少到650平方千米。如果不能有效地控制水位继续下降，死海有可能会变成一个小湖。

但是，还有一种截然相反的观点认为，死海并不是一潭绝望的死水。

这种从地质构造的角度来考虑的观点，认为死海位于叙利亚-非洲大断裂带的最低处，而这个大断裂带正处于幼年时期，终有一天会有裂缝在死海底部产生，从地壳深处会喷涌出大量海水，随着裂缝的不断扩大，一个新的海洋终将生成。由此看来，死海的前途还是充满光明的。

而且，死海并没有绝对的“死”。20世纪80年代初，科学家发现在死海中正迅速繁衍着一种红色的小生命——“盐菌”，而且数量十分庞大，大约每立方厘米的海水中含有2000亿个盐菌，正是由于这种物质的存在才使得死海中的水正不断变红。另外，人们还发现死海中生存着一种单细胞藻类动物。这些发现似乎说明死海仍是有生命的。

尽管如此，死海的前途却不容乐观，因为一个严酷的现实是海水在咸化，干涸的威胁还在扩大，死海主要的水源——约旦河中的河水已不再流入死海；此外，死海南部因为生态平衡遭到破坏，水位也在不断下降。如果人类再不注意保护生态环境的话，或许不久的将来，死海就真的“死”了。

最大的海底溶洞——巴哈马大蓝洞

也许你见过陆地上的溶洞，但你能想象海底也有溶洞，并且虽然这个洞穴位于水下，但洞中却生机勃勃。这个神奇的海底大溶洞就是巴哈马大蓝洞。

巴哈马群岛位于美国佛罗里达半岛外的罗萨尼拉沙洲与海地岛之间，整个群岛由30个较大的岛、600多个珊瑚岛和2000多个岩礁共同组成，全长1200千米，最宽处达600多千米，其陆地面积约14万平方千米。

群岛中最大的岛屿安德罗斯岛面积有4300多平方千米，在岛的南北之间，有一个世界上最大的海底溶洞——巴哈马大蓝洞。巴哈马人称蓝洞为沸腾洞或喷水洞，这是因为有汹涌的潮流在洞口出入的缘故。涨潮时，洞口的水开始围绕着一个旋涡飞速旋动，能把任何东西吸入；落潮时，洞内喷出蘑菇形的水团。一些当地人相信，一种半似鲨鱼半似章鱼的怪物生活在蓝洞内，这种怪物会用长触须把食物拖入海底的巢穴内，吐出不需要的残余物。人们据此来解释水流出入这些洞穴时的猛烈运动。

巴哈马大蓝洞全部洞穴都在水面之下，全长800米，直通大海。各洞窟彼此都有通道连接，各通道左穿右插，又连着小洞窟，像迷宫一样。洞中遍布形态各异的钟乳石和石笋，有的像妖魔鬼怪，有的像飞禽走兽，有的像鲜花树木。这里虽然终年得不到太阳的照晒，但却充满了生机，洞壁上长满了各种各样的海绵，洞里生活着青花鱼等水生动物。

那么，为什么会在水下形成巴哈马大蓝洞呢?

巴哈马群岛原来是一条巨大的石灰岩山脉的一部分，当时地球上遍布冰川，海平面远远低于现在的海平面。后来，石灰岩受到酸性雨水的淋蚀而形成许多坑洼，逐渐成为洞穴。再以后，地下河因气候的日益干燥而消失了，洞穴也随之干燥，于是从石灰岩中析出的硫酸氢盐和钙慢慢形成石笋和钟乳石，没有水的支撑，洞顶开始坍塌，很多洞窟的顶部成了穹形。距今1.5亿年前，冰川因地球气候转暖而开始融化，海平面也逐渐升高到现在的高度，一部分陆地沦为海洋，于是巴哈马群岛上的一些洞穴就变成了水中洞穴，巴哈马大蓝洞因此形成。

由于一般的海底洞穴一旦形成了便常常被淤泥冲积物充塞掩埋，因而极少有海底洞穴存在。而巴哈马大蓝洞则因为附近大河很少，沉积物少，而且水流较急，能将附近的沉积物迅速冲走而得以存留到现在。但巴哈马群岛至今仍在下沉着，那它将来的命运又会如何呢？

银狐洞之谜

房山银狐洞是大自然的杰作，洞里的银狐栩栩如生，为世上罕见。

1991年7月1日，距北京70千米的西南郊房山区佛子庄乡下英水村，采煤掘进岩石巷道时，巧遇溶洞，因发现罕见的形似狐狸的大型白色方解石晶体而得名“银狐洞”，被称为中国北方最好的溶洞。

该洞深入地下100多米，主洞、支洞、水洞、旱洞、季节河、地下河，洞连洞，洞套洞，纵横交错，上下贯通。洞内既有一般洞穴常见的卷曲石、壁流石、石珍珠、石葡萄、石瀑布、石枝、石花、石盾、穴珠、鹅管等，也有一般洞穴中少见的云盆、石钟、大型边糟石坝、仙田晶花、方解石晶体。令人不解的是，洞内石花数量惊人，形状也十分奇特。洞顶、洞壁以及支洞深处的仙田里，菊花状、松柏枝叶形态、刺猬样的石花密布。至于为什么银狐洞的石花这样多，没人能够解释清楚。

更奇妙的是，沿着银狐洞狭窄的洞壁前行十多米，来到三叉支洞的交汇处，这儿的洞顶密布着大朵石菊花，洞底有个一米高的石台，一个长近两米、形似雪豹头银狐身的大型晶体，从洞顶垂到洞底，通体如冰雪玉雕般洁白晶莹，并且布满丝绒状的毛刺，毛刺一二寸长不等，密密麻麻，洁白纯净。此种形态及颜色，此前洞穴专家亦见所未见，闻所未闻，在世界上是首次发现。

对银狐洞的成因，有不同的说法。有从外部成因入手，认为是由于雾喷而后凝聚形成的；有从内部成因入手，认为丝绒状的晶体是含有这种物质的水从内部渗透到外部而形成的。究竟孰是孰非，目前还无从知晓。

银狐洞，一个真正的谜！

无底洞之谜

无底洞真的没有底吗？流入其中的水最终流向哪儿了呢？

地球上是否真的存在“无底洞”？按说地球是圆的，由地壳、地幔和地核三层组成，真正的“无底洞”是不应存在的，我们所看到的各种山洞、裂口、裂缝，甚至火山口，也都只是地壳浅部的一种形态。

然而我国一些古籍却多次提到海外有个神秘莫测的无底洞。《山海经》记载：“东海之外有大壑”。《列子·汤问》：“渤海之东，不知几亿万里，有大壑焉，实惟无底之谷，其下无底。名曰归墟。八紘九野之水，天汉之流，莫不注之，而无增无减焉。”

实际上，地球上确实有一个“无底洞”，它位于希腊亚各斯古城的海滨。由于濒临大海，每当海水涨潮的时候，汹涌的海水就会排山倒海一样朝着洞里边流去，形成了一股特别湍急的急流。

据推测，每天流进这个无底洞的海水足足有3万多吨。可令人奇怪的是，这么多的海水往洞里边流，却一直没有把它灌满。所以，人们曾经怀疑，这个无底洞会不会就像石灰岩地区的漏斗、竖井、落水洞一样，不管有多少水都不能灌满。不过，这类石灰岩地形的“无底洞”都会有一个出口，水会顺着出口流出去。可是，从20世纪30年代以来，人们寻找了好多地方，做了各种各样的努力，却一直没有找到希腊亚各斯古城海滨无底洞的出口。

1958年，美国地理学会曾经派出一个考察队，来到希腊亚各斯古城海滨，想揭开这个无底洞的秘密。

考察队员先把一种经久不变的深色染料放在海水里边，让其随着海水流进无底洞里去。然后，他们赶紧分头去观察附近的海面和岛上的各条河流、湖泊，看看有没有被这种染料染出颜色的海水。可是，考察队员们费尽力气察看了所有的地方，也没有发现被染料染了颜色的海水。

难道是海水的量太大，把有颜色的海水稀释得太淡了，以致人们根本看不出来吗？

过了几年以后，考察队又进行了一个新的实验。他们研究制造出来一种浅玫瑰色的塑料粒子，这种塑料粒子比海水稍微轻一些，能够漂浮在水面上不沉底，也不会被海水溶解了。

一天，考察队员们又来到希腊亚各斯古城海滨的那个无底洞。他们把130千克的塑料粒子都倒进了海水里。片刻工夫，这些塑料粒子就把无底洞吞没了。哪怕只有一粒塑料粒子在别的地方冒出来，队员就能找到“无底洞”的出口了，从而揭开“无底洞”的秘密。

结果，令人失望的是，考察队员们在各地水域里整整寻找了一年多的时间，一颗塑料粒子也没有找到。

至今，谁也不知道这么多的海水流进无底洞，最后究竟流到什么地方，也不知道这个无底洞的洞口究竟在什么地方。无底洞的秘密就像是一个谜，一直困扰着人们。

吞噬新娘的魔洞

大街上发生车祸是常见的事，可偏偏有一条街道屡次吞噬新娘，听来非常恐怖。

在埃及列基沙特亚市，有一条恐怖的勒比坦尼亚大街，从1973～1976年，先后有6位新娘在这里失踪。这个消息骇人听闻，为什么偏偏新娘会在这条大街上消失？难道街道对新娘情有独钟？

1973年3月的一个晚上，勒比坦尼亚大街第一次发生了新娘失踪事件。当时，新郎阿克沙德陪着新娘梅丽柏正在坦尼亚大街上散步，突然间路面上出现了一个不大的洞穴，新娘梅丽柏跌入洞中，随即踪影全无，阿克沙德找寻了多时也未找到自己的爱人。同年10月，一对新婚燕尔的美国夫妻来埃及旅游。当他们来到勒比坦尼亚大街上时，新娘就在众目睽睽之下失足陷入了一个刚刚在面前出现的坑穴中，人就再也看不见了。其后，1974～1976年的几年里，又发生了4起新娘失踪案。恐怖的勒比坦尼亚大街由此成为新娘的噩梦，人们虽经多次勘察，但仍找不出街上突然出现洞穴的原因。

1976年1月13日，勒比坦尼亚大街发生了有记载的新娘失踪案中的最后一起。这天上午，新郎比尔偕新娘玛利亚在坦尼亚大街上散步，正当他们边走边聊的时候，突然玛利亚被吸进了路旁的一个小洞。比尔以为是有人绑架了玛利亚，慌忙报了警。警察迅速赶到现场，只见那个小洞仅有半尺深，是水务局掘地修理地下管道后留下的一个小洞。警察马上招来水务局的工人，用铲土机把路面掘开，还向下掘四五米深，仍然没有玛利亚的影子。玛利亚就这样神秘地消失在了小洞中。

鉴于多次发生新娘失踪事件，警方专门成立了破案小组，负责对发生在勒比坦尼亚大街上的一系列失踪案进行严密的调查。然而警方调查了很久，始终没有破案，也没有查出任何蹊跷的问题来。

墓葬之岛

山不在高，有仙则名；岛不在远，有墓则惊。一个被诅咒的墓岛建筑，令人不寒而栗。

位于太平洋的波纳佩岛的东南侧，有座名叫“泰蒙”的小岛。“泰蒙”小岛有许多延伸出去的珊瑚礁浅滩。在这长约1100米、宽约450米的珊瑚礁基上，矗立着89座大大小小的高达4米的建筑物，这些建筑物系用巨大玄武岩石柱纵横交错垒起来的。据当地人说，这岛是历代酋长的墓葬重地，因而被人称为墓岛。

墓岛充满了神秘的色彩。墓岛上的建筑物半浸在海水中。人们只有在海潮时才能驾小船进去；而在退潮时，那儿是一片淤泥，人们无法进去。当地人说，这是死者的意愿，不让外人侵扰亡灵的安宁。

墓岛的气候变幻莫测。阳光明媚的日子，瞬间可能倾盆大雨，其变化之快，令人百思不解。20世纪70年代，日本的海洋生物学家白井祥平曾领略了这种天气的变化。当时，他和两位助手在去墓岛的途中，阳光普照，碧波荡漾；在当他们正进入墓岛的时候，忽然乌云密布，阴风四起，电闪雷鸣，大雨倾盆而下；当他们不得不撤出墓岛之时，风停雨止，云散日出。

据当地人说，这些墓岛建筑物有神秘的毒咒，只有酋长才知道古墓的来历及其秘密机关。酋长年老之后将这些内容口授给继承人，受传者不得向外人泄漏，否则将遭到诅咒。据说，日本占领波纳佩岛期间，一位日本科学家威逼当时的酋长说出古墓的秘密。结果这位泄密者突遭雷击身亡，而这位科学家在披露古墓秘密的写作过程中也莫名其妙地死去。之后，一位继续整理遗稿的科学家也忽然暴死。而到墓岛去掘墓盗取文物、财宝的人更是难逃厄运。

虽然科学家们不相信这是咒语的灵验，但发生在墓岛上的许多神奇的事件确实使科学家们感到费解。

此外，古墓上的建筑物也让科学家们感到不可思议。据科学家测定，古墓建筑物已有800多年的历史，整个建筑物用了100万根玄武岩石柱。这些石柱采自该岛的北岸，再运到墓地。以当时有1000名壮劳力参加建筑的话，整个建筑过程至少需要1550年。因此，科学家认为仅靠人力，这项工程很难完成。到底这一宏大的工程是怎样完成的呢？这还是一个谜。

吃人的“死神岛”

“死神岛”真的“吃人”，这里是船只的噩梦。

在距北美洲北半部、加拿大东部的哈利法克斯约100千米汹涌澎湃的北大西洋上，有一个不毛孤岛叫赛布尔岛。岛上，草不生长，鸟不歇脚，没有任何动物和植物，光秃秃的，只有坚硬无比的青石头。奇怪的是每当船舶驶近小岛附近，船上的指南针便会突然失灵，整只船就像着了魔似的被小岛吸引过去，使船只触礁沉没，好像有死神在操纵。许多航海家“望岛生畏”，叫它“死神岛”。

据考证，几千年来，由于巨大海浪的猛烈冲蚀，此岛的面积和位置不断发生变化。最早它是由沙质沉积物堆积而成的一座长120千米、宽10千米的沙洲。在最近200多年中，该岛已向东迁移了20千米，长度也减少了将近大半。现在东西长40千米，宽度却不到2000米，外形酷似狭长的月牙。赛布尔岛发现于1898年7月4日，当时法国拉·布尔戈尼号海轮不幸触沙遇难。美国学者别尔得到消息，自认为船员们可能已登上赛布尔岛，便组织了救险队，可在岛上待了几个星期，连一个人影也没有发现。

赛布尔岛位于从欧洲通往美国和加拿大的重要航线附近。几百年来，有很多船舶在此岛附近的海域遇难，从一些国家绘制的海图上可以看出，此岛的四周密布着各种沉船符号，估计先后遇难的船舶不下500艘，其中有古代的帆船，也有现代的轮船，丧生者总计在5000人以上。人们曾目睹几艘排水量5000吨、长度约120米的轮船，误入浅滩后两个月内便默默地陷没在沙滩中。赛布尔岛因此获得一个绰号——死神岛。在西方广泛流传着有关“死神岛”的许多离奇古怪的神话传说，令人听而生畏。

由于岛上浅沙滩经常移动位置，因此人们偶有机会发现沙滩中航船的残骸。19世纪，一艘美国快速帆船下落不明，直到40年前，那柚木船身才从海底露出。然而3个月后，船体上又堆上了30米高的沙丘。

1963年，岛上灯塔管理员在沙丘上发现了一具人体骨骼、一只靴子上的青铜带扣、一支枪杆和几发子弹，以及12枚1760年铸造的杜布朗金币。此后，又在沙丘中找到厚厚的一叠19世纪中叶的英国纸币，面值为100万英镑。由于航船在赛布尔岛不断罹难，船员们纷纷要求本国政府在岛上建造灯塔，设立救护站，可没有一个国家愿意在这微不足道的孤岛上付出代价。

“死神岛”给船员们带来的巨大灾难，促使科学家们努力去探索它的奥秘。有的学者认为，由于“死神岛”附近海域常常掀起威力无比的巨浪，能够击沉猝不及防的船舶；有的学者认为，“死神岛”的磁场异于其邻近海面，且变幻无常，这样就会使航行于“死神岛”附近海域的船舶上的导航罗盘等仪器失灵，从而导致船舶失事沉没。

较多学者认为，由于此岛的位置和面积经常迁移变化，岛的附近又布满流沙和浅滩，许多地方水深只有2～4米，加上气候恶劣，风暴常见，船只只要触到四周的流沙浅滩，就会遭到翻沉的厄运。

直到今天，“死神岛”的秘密都没有完全解开。关于“死神岛”之谜，仍需今后深入探索和研究。

诡秘的“幽灵岛”

“幽灵岛”就如同幽灵一样，时隐时现，时大时小，让人捉摸不透。

“幽灵岛”指的是在海洋中形迹诡秘、忽隐忽现的岛屿。它们不同于那种热带河流上常见的，由于涨水或暴风雨冲走部分河岸或沼泽地而形成的漂浮岛。

公元1707年，英国船长朱利叶斯在斯匹次培根群岛以北的地平线上发现了陆地，但他总是无法接近这块陆地，他完全相信这不是光学错觉，于是将“陆地”标在了海图上。200年后，乘“叶尔玛克”号破冰船到北极考察的海军上将玛卡洛夫

神秘失踪了30多年的老式帆船，被“幽灵岛”托出水面。

与他的考察队员们再次发现了一片陆地，而且正是朱利叶斯当年所见到的那块陆地。1925年，航海家沃尔斯列依经过该地区时，也发现过这个岛屿的轮廓。1928年，当科学家前去考察时，在此地区却没有发现任何岛屿的存在。

1831年7月10日，一艘意大利船途经地中海西西里岛西南方的海上，船员们目睹了一场突现的奇观：一股直径大约200米、高20多米的水柱喷涌而出，水柱刹那间变成了一团500多米高的烟柱，并在整个海面上扩散开来，方圆730多平方米的海域转眼间变成一团烟雾弥漫的蒸汽。船长及船员们从未见过如此景观，被惊得目瞪口呆。

8天以后，当这只船返回时，发现这儿出现了一个冒烟的小岛。四周海水中，布满了多孔的红褐色浮石和不可胜数的死鱼。这座在浓烟和沸水中诞生的小岛在以后的10多天里不断地伸展扩张，由4米长到60多米高，周长也扩展到4.8千米。由于这个小岛诞生在航运繁忙、地理位置重要的突尼斯海峡里，因此引起了各国的注意，大量的科学家前往考察。但奇怪的事情发生了，正当人们忙于绘制海图、测量、命名并多方确定其民用、军事价值时，这个岛开始缩小，仅3个月就完全隐入了水底。但它并未真正消失，在以后的岁月，它又多次出现，直到1950年它还表演过一次。于是它就成了名副其实的“幽灵岛”。

100多年前，英国探险家德克尔斯蒂在大西洋北部发现了一座盛产海豹的小岛，将其命名为德克尔斯蒂岛。后来，大批的捕捉者来到岛上建立了修船厂和营地，但此岛却在1954年夏季突然失踪了。大量的侦察机、军舰前来寻找均无结果。事隔8个月后，一艘美国潜水艇在北大西洋巡逻时突然发现一座航海图上从来没有标识过的岛屿，潜水艇艇长罗克托尔上校经常在这一带海域航行，发现此岛后大为震惊。罗克托尔上校通过潜望镜发现岛上有人居住，于是命令潜水艇靠岸登陆。经过询问岛上的居民才知道，这正是8个月前失踪的德克尔斯蒂岛。

那么，“幽灵岛”是怎样形成的呢？这种时隐时现的小岛究竟是从何而来，又因何而去的呢？

有的科学家认为，由于撒哈拉沙漠之下有巨大的暗河流入大洋，巨量沙土在海底迅速堆积增高，直至升出海面，因此临时的沙岛便这样形成了。然而，暗河水会出现越堵越汹涌的情况，并会冲击沙岛，使之迅速被冲垮，并最终被水流推到大洋的远处。

也有的科学家认为海洋上的“幽灵岛”的基础是花岗岩石，它形成的年代久远，岛上有茂盛的植物和动物群，由于它们所在的海域是地震频繁活动的地区，海底强烈的海啸和地震常常使它们葬身海底。

多数地质学家则认为是海底火山喷发的作用形成此类小岛。在海洋底部有许多活火山，火山喷发时喷出来的熔岩和碎屑物质在海底冷却、堆积、凝固起来。随着喷发物质不断增多，渐渐高出海面，便形成了新的岛屿。由于岛屿的基底与海底基岩连接得不够坚固，在海流的不断冲刷下，新岛屿自根部折断，最后消失了。

科学家的分析虽然各有道理，然而为什么有些小岛会一而再、再而三地在同一地点出现而又消失呢？与其邻近的海域却没有异常现象发生，到底是什么所为呢？这个难以解开的谜团始终困惑着人们的好奇心。

令人自焚的“火炬岛”

“火炬岛”有一种神奇的魔力，凡是踏上岛的人大多都会自燃，着实恐怖。

在东太平洋上，加拿大北部地区的帕尔斯奇湖北边，有一个面积仅1平方千米的圆形小岛，当地人称之为普罗米修斯的火炬，这就是美洲广为流传的死亡之岛——“火炬岛”。“火炬”两字并没有人类手执火炬，为世界带来光明，或为海上航船指明方向的美好含意，而是踏上此岛的人将变成一把火炬，被燃烧殆尽的警告。在美洲一直流传着一些有关此岛的骇人听闻的故事。

有这样一个古老的传说：当年，把火种带给人类的普罗米修斯准备返回天宫的时候，顺手将已经没用了的火炬扔进了北冰洋，然而有火焰的一端并没有沉下去，而是露在水面继续燃烧，天长日久，便形成了一个小岛。经过风吹雨打，小岛上的火渐渐熄灭了。但是，即使过了许多年，它依旧有一种神奇的力量，这就是人一旦踏上小岛，就会如烈焰般地自焚起来，“火炬岛”也就由此得名。传说岛上埋藏有印第安国王的宝藏。

据说早在公元17世纪50年代，有几位荷兰人来到帕尔斯奇湖。当地人再三叮嘱他们：千万不要去“火炬岛”。有位叫马斯连斯的荷兰人觉得当地居民是在吓唬他们。他认为：帕尔斯奇湖处在北极圈内，即使想在岛上点上一堆火，恐怕也要费些周折，更不用说是使人自焚了。

因此，马斯连斯固执地邀了几个同伴向“火炬岛”进发，希望找到所谓的印第安人埋藏的宝物。来到小岛边时，马斯连斯决定上岛探视一下。于是独自一人登上火炬岛，船上的同伴目送着他向“火炬岛”的深处走去，他的身影渐渐地在同伴的视野中消失了。

时隔不久，他们突然看到马斯连斯浑身是火地从岛上飞奔过来，一下子跃进湖里。但在水中马斯连斯还在继续燃烧。同伴立即冲了上去，但谁也不敢跳下去救他，只能眼睁睁地看着他活活被烧死。

1974年，加拿大普森量理工大学的伊尔福德组织了一个考察组前往“火炬岛”考察，为了安全起见，他们就都穿上了特制的绝缘耐高温的服装。来到了“火炬岛”上。在岛上，他们并没有发现什么怪异的地方。然而，就在两个小时的考察即将结束时，考察组成员莱克夫人突然说她心里发热，腹部发烧。结果莱克夫人的口鼻中喷出阵阵烟雾，同时有一股烧焦的肉味。待焚烧结束后，那套耐火服装居然完好无损，而莱克夫人的躯体已化为焦炭。

此后，仍有5个考察队前往“火炬岛”考察，每次都有人丧生。于是，当地政府不得不下令禁止任何人以科学考察的名义进入“火炬岛”。美丽的小岛更披上了一层恐惧的面纱，让好奇的人们望而却步。

人在“火炬岛”上究竟为何会燃烧？这火焰到底是怎样点着的？很多人以各种科学理论来解释这个问题，做了各种假设和推测。

有人认为，“火炬岛”上有一种特殊的植物，它在新陈代谢的过程中会排出甲烷之类的可燃性气体，这些可燃性气体在岛上特别茂盛的灌木丛中聚集，浓度越来越大，只要有一个火种就能立即引发熊熊烈火。探险寻宝者上了“火炬岛”，他们所带的金属器具相互碰撞，特别是金属挖掘工具与石块的碰撞，甚至鞋钉与岛上岩石的摩擦都会产生火花，瞬间点燃可燃性气体。火焰从地面蹿起来，人也就变成了一把火炬。

还有人认为，在“火炬岛”的空气、土壤中，存在着一种奇特的细菌。当人大量地吸入这种细菌时，它们就会在一些人身上发生作用，使人体内的某些物质发生一些奇妙的化学变化，产生一种物质，然后最终导致人体的自燃。但这种奇特细菌究竟是什么仍是一个谜。

如今，“火炬岛”已是人迹罕至了。然而，它仍旧静静地坐落在帕尔斯奇湖畔，似有意等待着人们去揭开笼罩在它身上的神秘面纱——这奇特的自然之谜到底因何而起？

“巨人岛”催人长高之谜

在浩瀚无垠的加勒比海上，有一个神奇的小岛，它的名字叫“马提尼克岛”，现在人们也称它为“巨人岛”。

从1948年起，岛上出现了一种令人们疑惑不解的奇异现象，所有成年人的身材像麦苗拔节似的呼呼往上直窜，成年男子的身高平均达1.90米，成年女子的身高也超过1.74米。而且不光本地土著居民会长高，成年的外地人到该岛来居住一段时期后也会很快长高。

为了对“巨人岛”进行科学考察，64岁的法国科学家格莱华博士和57岁的理连博士开始在岛上居住下来。两年以后，两人发现他们的身高分别增长了6厘米和5厘米。此后，又有外来老年人增高的例子出现。英国旅行家帕克夫人已经年近花甲，她在该岛旅居一个月后意外地发现自己增高了3厘米。更让科学家们感兴趣的是，不仅人会长高，岛上的动物、植物和昆虫的增长也比较迅速。从1948年起约10年时间里，岛上的苍蝇、蚂蚁、甲虫、蜥蜴和蛇等都比通常增长了约8倍。特别是该岛的老鼠，竟长得像其他地方的猫一样大。

这些奇特的现象让科学家们兴奋不已，但也让他们陷入了困惑之中。关于引起这些现象的原因，科学家们意见不一。

有些科学家认为，1948年比利山区可能有一只飞碟或是其他天外来物降落了，这个埋藏在地下的天外来物放出一种性质不明的辐射光，正是这种光使该岛生物长高。但一些科学家对上述说法持怀疑和否定态度，因为还没有确切的证据说明世界上有飞碟或其他天外来物。

有些科学家认为，这种“催高”身体的放射性物质来自该岛蕴藏的某种放射性矿物，但这种放射性物质究竟是什么，科学家们至今也不知晓。

“巨人岛”的奥秘究竟在哪里仍是一个有待于科学家们去解开的谜。

第十篇

致命的灾难谜团

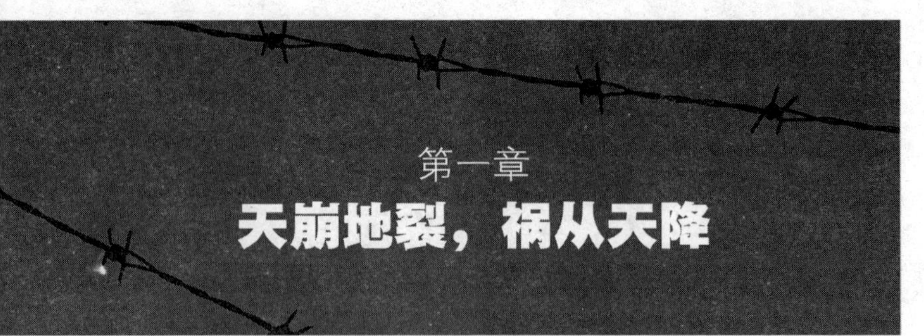

第一章 天崩地裂，祸从天降

说是天祸，有多少是人灾?

北京城莫名其妙大爆炸

霹雳一声巨响，各种诡异的灾难从天而降。

明朝天启年间，在北京城西南一带，突然发生了一场惊天动地的大爆炸，方圆23里内，顿时夷为平地。这场大爆炸之惨烈、诡秘，世所罕见，至今众说不一。

据当时的专家学者收集的目击者见闻说，当天本来天空晴朗，忽然，轰雷炸响，隆隆滚过，震撼天地。只见从东北渐到京城西南角，涌起一片遮天盖地的黑云，不一会儿，又大震一声，天崩地裂。顿时，天空漆黑一团，伸手不见五指。东至顺成门大街，北至刑部街，长三四里，周围13里，万余间房屋建筑顷刻变成一片瓦砾，20000余居民非死即伤，断臂者、折足者、破头者无数，尸骸遍地，秽气熏天，满眼狼藉，惨不忍睹，连野马鸡犬都难逃一死。王恭厂一带，地裂13丈，火光腾空……震声再南至河西务，东至通州，北至密云、昌平到处震耳欲聋，毁坏严重。老百姓有侥幸活命者，也鬼哭狼嚎，披头散发，惊恐万状。举国上下，陷入一场空前的大灾难之中。不久，只见南天上一股气冲入苍穹，天上的气团有的像乱丝，有的像灵芝，五颜六色，奇形怪状，许久才渐渐散去。

出事之时，明熹宗朱由校正在乾清宫用早膳，突然，他发现大殿震荡起来，不知发生了什么祸事，吓得不顾一切就逃。跃到门外，他拼命向交泰殿狼狈奔去，内侍们惊得不知所措，只有一个贴身内侍赶忙跟着他跑。不料，刚到建极殿旁，天上忽然飞下砖瓦，正巧砸在这个内侍的脑袋上，当即脑浆迸裂，倒地而亡。熹宗也顾不上他了，一口气跑到交泰殿，正好殿内墙角有一张大桌子，他连忙钻进去，才喘口气，躲过此劫。

这场大爆炸的消息，迅速传遍了全国，从王公贵族到黎民百姓都震骇之极，人心惶惶。当时，国家政治腐败，宦官专权，忠奸不分。因此，很多大臣认为这场大爆炸是上天对皇帝的警告，所以，纷纷上书，要求熹宗匡正时弊，重振朝纲。熹宗一看群情激愤，吃不好，睡不好，不得不下一道“罪己诏”，表示要“痛加省修”。他还下旨从国库拨出黄金一万两以救济灾民。

这场大爆炸有4大诡异之处：

1.事先征兆特异。据《东林始末》记载，5月2日夜里，前门楼角出现“鬼火”，发青发光，有好几百团，飘忽不定。不一会儿，合并成车轮大的一团。《天变杂记》记载，后宰门有一火神庙，6日早晨，忽从庙内传出音乐，一会儿声粗，一会儿声细。守门的内侍刚要进去查看，忽然有个大火球一样的东西腾空而起，俄顷，东城发出震天爆炸声。这鬼火和火球与大爆炸是什么关系呢?

2.人群失踪，极为怪异。据记载，有一位新任总兵拜客，走到元宏寺大街，只听一声巨响，他和他的7个跟班，连人带马无影无踪了。还有，西会馆的塾师和学生共36人，一声巨响之后，都没了踪影。据说，承恩街上有一八抬大轿正走着，巨响后，大轿被打破在大街上，而轿中女客和8个轿夫不知去向。更为奇怪的是，菜市口有个姓周的人，正同6个人说话，巨响后，头颅突然飞去，躯体倒地，而近旁的6个人却安然无恙。

3.石狮卷空，碎尸落地。爆炸之时，许多大树被连根拔起，飘落于远处。石驸马大街（今新文化街）有一尊1000斤重的大石狮子，几百人都推不动，居然被一卷而起，落在10里外的顺成门外，猪马牛羊、鸡鸭鹅狗更是纷纷被卷入云霄，又从天空落下。

据说，长安街一带，纷纷从天上落下人头人脸来，德胜门外一带，落下的人的四肢更多。一场碎尸雨，一直下了两个多小时。木头、石头、人头、人臂以及缺胳臂断腿的人，无头无脸的人，还有各种家禽的尸体，从天而降，绝对骇人听闻。

4.裸体奇闻。据记载，这次遇难者，不论男女，不论死活，也不管是在家在路上，很多人衣服鞋帽尽被刮去，全为裸体。《天变邸抄》记述："所伤俱赤身，寸丝不挂，不知何故？"

《日下旧闻》记载，在元宏街有一乘女轿经过，只听一声震响，轿顶被掀去，女客全身衣服都被刮走，赤身裸体坐在轿中，竟没有伤及皮肉。她们的衣服哪里去了呢？据《国榷》记载："震后，有人告，衣服俱飘至西山，挂于树梢，昌平县校场衣服成堆，器皿、首饰、银钱俱有。产部张凤奎使长班往验，果然。"真是咄咄怪事。

那么，天启年间，北京城大爆炸的罪魁祸首到底是谁？是地震，火药爆炸，还是飓风？抑或真的是上天对帝王的惩罚？无论哪种解释似乎都难以自圆其说。这个千古之谜不知何时能解。

通古斯大爆炸

通古斯大爆炸相当于1000颗原子弹的威力，如果在人类生活的密集区爆炸，会是什么结果呢？

俗话说，天有不测风云。1908年6月30日，在俄国西伯利亚森林的通古斯河畔，突然爆发出一声巨响，巨大的蘑菇云腾空而起，天空出现了强烈的白光，气温瞬间灼热烤人，其破坏力后来估计相当于1000颗原子弹爆炸的威力，周围2000平方千米被夷为平地，8000万棵树毁于一旦。据当地游牧民族埃文基族人回忆，爆炸形成的冲击波将房子和动物掀向空中。

在伊尔库茨克，距离大爆炸1500千米外的地方，地震传感器对这次事件的记录被认为是一次大地震。纵然是一天后，火球依旧照亮着周围地区，伦敦人甚至能在夜空下看报纸。究竟是什么原因引起所谓的通古斯爆炸事件呢？

几年后，侥幸逃脱灾难的谢苗诺夫回忆说：“那天早上，天空北部突然裂成了两半，林区上边的整个北部天空都被火焰覆盖了。从北面刮来一股热风，火烧火燎地灼人，衬衫烫得快要着火了。同时，天上‘砰’的一声巨响，我被摔出6米多远，顿时失去了知觉。后来，天空明亮起来，又有一股炽热的风从北边刮来……”

大爆炸产生了极大震动，欧美地震仪都记录到它的震动，地磁仪也受到明显干扰。爆炸的当量相当于1000万吨TNT炸药，它使爆炸中心地区有6万株大树倒下，1500只驯鹿被击死。

1927年，苏联科学院派出探险队赴通古斯地区考察。最初，当地人都不愿做向导，因为他们认为这是恶魔造成的灾难，是为了惩罚人类。库利克教授认为，这是陨石造成的。但他在调查过程中未发现陨石坑，也未发现一片碎陨石块。尽管他一直坚持己见，但是没有证据。

1958年，苏联又派出考察队赴通古斯调查，调查结果仍难下定论，其中有代表性的说法是：

1.核爆炸说

这是科幻作家卡尔萨夫提出的，他认为是火星人驾核动力飞船进入大气层失事造成的。

2.激光通信说

这是科幻作家阿尔特夫提出的。1883年，印度尼西亚一次火山爆发发出了强电磁信号，处在天鹅座61号星的“人”经过11年收到信号，就马上与地球人联系，他们的激光信号太强，对于他们来说是抽上一条线的伤痕，但对于我们却是一场灾难。

3.黑洞说

这是美国科学家杰克逊和瑞安于1973年提出的。一粒像石榴籽大小的黑洞穿过地球，在进入大气层时，由于它的速度高、质量大，造成了巨大的冲击波。

4.反物质说

加拿大辛哈博士于1974年提出了反物质陨石与地球的物质湮灭而引起爆炸的说法。

5.彗星说

多数科学家倾向于此。彗核以极高速度闯入大气层而造成爆炸。有些科学家甚至认为是恩克彗星碎片闯入大气层。

6.小行星说

这是美国的三位科学家于1992年提出的。

这么多的解释没有一种能自圆其说。这次爆炸至今已100多年了，仍是一个难解之谜。

史前是否爆发过核大战

人类的文明可能被自己所毁灭，而不是被天灾所灭。

第二次世界大战期间，美国在日本广岛和长崎投掷了两颗原子弹，让人们见识到了原子弹的威力。长期以来，人们一直认为这是人类历史上的第一次核战争，然而事实真的如此吗?

据印度古史诗《摩诃婆罗多》记载，在古印度，居住在恒河上游的科拉瓦人和潘达瓦人，费里希尼人和安哈卡人曾经发生过两次战争，战争的残酷程度史所罕见。

第一次战争中："英勇的阿特瓦坦，稳坐在维马纳内，发射了阿格尼亚武器，它喷火，但无烟，威力无穷：刹那间，潘达瓦人上空黑了下来，接着狂风大作，乌云翻滚，沙石不断从空中打来。太阳似乎在空中摇曳，这种武器发出可怕的灼热，使地动山摇，大片的地段内，动物倒毙，河水沸腾，鱼虾等全部烫死，该武器爆发时声如雷鸣，敌兵被烧死，如同焚焦的树干。"

第二次战争更让人毛骨悚然："古尔卡乘着快速的维马纳，向敌方三个城市发射了一枚火箭。其亮度犹如万个太阳，烟火柱翻滚着升入天空，壮观无比。”而对于战场上的悲惨景象，《摩诃婆罗多》的描写让人更觉心惊胆战，“……尸体被烧得无可辨认，毛发、指甲尽皆脱落、陶瓷器碎裂、盘旋的鸟儿在空中被毒死、食物受染中毒……”

看到此惨状，现代人会立刻联想到原子弹爆炸后产生的威力。因而，不少学者正在探索，人类早期历史上是否爆发过核大战？著名物理学家弗里德里克·索迪坚持认为：“我相信人类曾经有过多次文明，人类很早已熟悉了原子能，但由于误用，他们遭到了毁灭。”弗里德里克的观点当然仍有不少人不能赞同，但是令人感兴趣的是近年来，一些可以佐证弗里德里克观点的证据屡屡发现。考古学家在发生史前战争的战场恒河上游发现了众多已成焦土的废墟。这些废墟由人块大块的岩石黏合在一起，表面凹凸不平，物理常识告诉人们，要使岩石熔化，所需温度最低为1890℃，森林大火或火山爆发的热量，远远达不到这个温度，只有原子弹爆炸所释放的热量才能达到。

在德肯原始森林中，人们还发现了更多的焦化废墟。废墟城墙被晶化，光滑如同玻璃，不仅建筑物表面晶化，连建筑物内的石制家具表层也被玻璃化了。苏联学者戈尔波夫斯基在恒河上游惊人地发现了一具人体残骸，尸体内的放射性比常态高出50倍。

人们还发现，古印度人在时间上使用两种奇怪的概念——“卡尔帕”和“卡希达”。“卡尔帕”相当于42.32亿年，“卡希达”相当于一亿分之三秒。

核物理学家明白，在自然界里，要用亿年或百亿之几秒的时间来量度的，只有放射性同位素的分解率。例如铀238的一半寿命为45.1亿年，而K介子的半寿命只有百万分之一秒，这与“卡尔帕”“卡希达”的概念较为相近。

是不是可以从这个古印度人使用的时间概念上来推测，古印度人已经拥有了量度核物质和次核物质的技术呢？如果真是这样，那么，他们很有可能已经掌握制造核武器的技术，生产出原子弹来。

类似核战争的废墟，不仅在印度被发现，在巴比伦、撒哈拉沙漠和蒙古的戈壁滩上都被人发现有史前核战的废墟，废墟中的“玻璃石”与今天核试验场合中的“玻璃石”十分相像。

《摩诃婆罗多》这部古印度史诗，据考证，成书约在公元前1500年，书中所记载的史实则比成书时间还要早2000年，它所记载的事件至少距离今天5000多年。那么在距离5000多年前的史前究竟是否爆发过核大战，尽管已有不少学者从文献记载或考古发掘上做了许多推测，但至今仍然是个谜。

维苏威火山的阴影

维苏威火山喷发的规律似乎已经被人们掌握了，但是人类如何将危害降到最低呢?

维苏威火山在历史上多次喷发，最为著名的一次是公元79年的大规模喷发，灼热的火山碎屑流毁灭了当时极为繁华的拥有约两万人口的庞贝古城，其他几个有名的海滨城市如赫库兰尼姆、斯塔比亚等也遭到严重破坏。维苏威火山的喷发确实太可怕了。更可怕的是，科学家推测，随着时间推移，维苏威火山再次“发威”的可能性越来越大，假如现在维苏威火山发生大规模的喷发，将会毁掉整个那不勒斯，将有数百万人丧生。

据美联社报道，由美国和意大利专家组成的考察小组详细考察了距离维苏威火山9英里处的史前村庄“诺拉”的遗迹。毁灭“诺拉”的维苏威火山喷发发生在3780年前的青铜时代，被称为“艾维连奴喷发”，其威力至少

公元 79 年，维苏威火山爆发时，庞贝城中惊恐的人们。

是公元79年毁掉庞贝古城那次的两倍。

当时维苏威火山所喷发的大量火山灰随着西风，落在火山东北部方圆数千平方英里的地区里，在接下来的200年间，这一带都因此而成为死气沉沉的不毛之地。曾经有人在火山爆发结束后试图重建家园，但是都以失败告终。

在史前村庄“诺拉”的遗迹中，考古学家发现了几只狗的头盖骨和9只怀孕的山羊的尸骸，在村庄的东部，科学家还发现了一名男性与一名女性的遗骸，据推测，两人很可能是在逃跑时窒息而死。在维苏威火山周围，科学家还发现了数千个人类和动物的脚印，深深地嵌在当时潮湿的火山灰里，行走方向是背对着火山。这证明当时有许多人逃难。

维苏威火山大约在2.5万年前形成，每隔2000年就会有一次大规模的喷发，不时还会有许多小规模的喷发。在庞贝古城被毁后，维苏威火山曾经陆续喷发过30多次，最后一次喷发发生在1944年，但规模不算大。科学家指出，目前距离庞贝古城被毁的那次喷发已将近2000年，“随着时间的推移，其大规模喷发的概率越来越大”。

计算机模型的计算结果显示，如果维苏威火山再次大喷发，火山周围8英里的区域都将受灾，而那不勒斯距离维苏威火山只有6英里。虽然那不勒斯已有应对小规模喷发的应急计划，但是科学家认为这不足以应付大喷发。如果发生像“艾维连奴”那次规模的喷发，整个那不勒斯将被摧毁，超过300万的人生命岌岌可危。

面对维苏威火山喷发，难道人类真的一点办法都没有了吗?

旧金山大火

地震只是前奏，恐怖的大火才是灾难的主题，旧金山经历了一次前所未有的浩劫。

1906年4月18日早上5时13分，一场强度为里氏8.3级的大地震袭击了位于美国西海岸的旧金山，整个城市顷刻间化为一堆废墟，造成了大量的人员伤亡。更加可怕的是，地震过后不久，一场大火燃起，使震后的旧金山雪上加霜。在烈火和地震双重打击之下，旧金山经历了一场前所未有的浩劫。

这场大地震是从海岸北面的300多千米的海面突然向旧金山袭来的。强烈的地震毁灭了整个城市，旧金山在大地震中遭到了毁灭性的打击。虽然旧金山时常发生地震，1868年、1898年和1900年曾发生过几次严重的大地震，但1906年的这场地震却是最严重的一次。全市488人在这场天灾中遇难。

这场大地震仅仅持续了75秒钟，在毁灭性的75秒过后，地震终于停止了，人们相信一切都已过去了。但是，地震之后的大火却是人们始料未及的。旧金山在此之前曾遭受过6次大火的洗礼：1849年一次，1850年三次，1851年两次。各种各样原因引起的火灾已使旧金山人对这种灾害很熟悉，所以他们没有意识到这场火灾与以往有何不同。但有史以来最严重、最可怕、最惨重的一次火灾却在人们的麻痹之中向这座城市袭来。

大火开始蔓延，开始吞没旧金山。旧金山许多街区成了一片火海。巴巴利沿岸首先被烈火烧毁，紧接着一个又一个街区烧起冲天大火。震后大火，使旧金山人不得不暂时停止对付地震灾祸，全力以赴扑灭大火。旧金山消防局共有585名消防员，他们马上投入了灭火的战斗。然而，到处浓烟烈火的旧金山，585名消防员的努力收效甚微。

尽管当局做出各种决定来平复这座受伤的城市，但熊熊大火仍在燃烧，许多人意识到了事情的严重性，纷纷逃离这座火城。凶猛的火势在缺水的城市肆意蔓延，为了扑灭四下蔓延的大火，旧金山人想尽了一切办法，但却无济于事。最后人们决定用炸药封锁火势，然而，这一做法在房屋众多的旧金山城内并未收到预期的效果，反而加剧了火势的蔓延和扩大。大火整整烧了三天三夜。火魔无情地吞噬旧金山大部分地区，约8平方千米范围万物俱焚。整座城市在燃烧了3天后，终于迎来了一场大雨，使火势逐渐减弱。

旧金山38万多受灾的人们经历了一次可怕的大火，不灭的烈火将地震后剩余的部分财物统统化为灰烬。据统计，在这场火难中，有80%的房屋被烧毁，千分之一的人丧失了性命，20多万人无家可归，2.8万幢建筑物在这场火灾中化为灰烬，损失约达50亿美元。火灾给这座城市带来了极度的恐慌和不安。

火灾是地震后最易引起的灾难，旧金山这场惨痛的火灾却有着特殊的原因：强烈的地震破坏了该城的水管网络，仅有的3根从乡间输水的巨大的管道在地震中全部破裂，遇难的市民连解渴的水也没有，更不用说大量的消防用水。最终赶修好的一条管道，由于火势过大也无济于事。此外，旧金山的电气总工程师在地震开始时被砸伤了，根本没有想到要切断电源。而每一根断裂的电线都有可能引起一场火灾。瞬间之内，30个火点在旧金山城各个地区同时燃起，其迅猛之势可想而知。

地震、火灾毁灭了20世纪初的旧金山。重建后的旧金山又成为世界著名的大都市。作为一座现代化城市，虽然近几年也曾遭到过地震的袭扰，但人们最不能忘怀的则是1906年的那次大灾难。

智利大海啸

海洋与陆地原本已经分开，一旦海洋非要登陆，那么后果将不堪设想。

在智利流传着这样一个故事：上帝创造着世界，当他造完了世界后，手中还剩下最后一块宝贵的泥巴，舍不得丢弃，便随手将这块泥巴从南到北抹在了南美洲的西部，于是形成了南北长4270千米、东西宽90～435千米、地形窄长的智利。或许，就因为它是“最后一块泥巴”的缘故，这里的地壳总不那么宁静。

根据现代板块结构学说的观点，智利是太平洋板块与南美洲板块互相碰撞的俯冲地带，处于环太平洋火山活动带上。特殊的地质结构，使它位于极不稳定的地表之上，自古以来，火山不断喷发，地震接二连三，海啸频频发生。

1960年5月，厄运又笼罩了这个多灾多难的国家。

从5月21日凌晨开始，在智利的蒙特港附近海底，突然发生了世界地震史上罕见的强烈地震。震级之高、持续时间之长、波及面积之广均属罕见，在前后一个月中，共先后发生不同震级的地震225次。震级在7级以上的竟有10次之多，其中8级的有3次。

蒙特港是智利的一个重要港口，设施完备、先进，具有较强的吞吐能力。但在这场地震的淫威下，所有房屋设施都被震塌，许多人被埋进碎石瓦砾中。地震之初，蒙特港像一片完整的树叶在狂风中簌簌抖动，现在却已肢残体碎、气息奄奄。此时，这里的生命似乎已经死寂，只听见大地颤动时发出的深沉喘息。

距蒙特港北500千米之外，是智利的康塞普西翁城。在这次地震的袭击下，建筑物和房屋有的被震裂、震歪，有的则被震塌，剩下了一片片断墙残壁。一场大自然的恶作剧，使得康塞普西翁城面目全非：七零八落的混凝土梁柱、冰冷冰冷的机器残骸、东倒西歪的电线杆子、悬在空中的门窗断木……

遭到地震袭击的太平洋沿岸的城市、乡村，更是一派凄惨景象。在先前的地震中未被伤害的人们，这时跌跌撞撞地从地上爬起来，拼命地将自己的亲人、朋友从倒塌物下救起。然而，此刻人们好像被大地拽住了一样，每前进一步都十分困难，除了哭喊之外已别无他法。无奈自己也是泥菩萨过河，只得眼睁睁地看着他们淹没在乱砖碎石之中。

此时，大地一直在剧烈地摇晃，港口、码头、城镇、乡村都化为废墟，许多人来不及睁开眼睛，不容喊一声“救命”，便被埋于楼底毙命。晚上更是凄凉，周围漆黑一片，没有被压死的人也不知自己要爬向何处。因大地颤抖，无法站立，只得趴在地上，谁也没有余力去拯救别人，到处都是伤员的呼叫声和喊声……

强烈的地震刚刚过去，废墟之旁顿时乱作一团。那些逃过劫难的人们又跑了回来，悲哀地在断墙瓦砾中寻找自己的亲人，希望他们重返人间。原先躲到码头和海边的人们终于躲过一劫，但更为惨烈的悲剧却在等着他们。

大震之后，海水忽然迅速退落，露出了从来没有见过天日的海底，那些鱼、虾、蟹、贝等海洋动物，在海滩上拼命地挣扎着。此时，一些有经验的人们知道大祸即将临头，于是纷纷逃向山顶，或登上搁浅着的大船，以躲避即将发生的新的劫难。

大约过了15分钟后，海水又骤然而涨。顿时，波涛汹涌澎湃，奔腾着、翻卷着，滚滚而来。浪涛高达8～9米，最高达25米。呼啸着的巨浪，以摧枯拉朽之势，越过海岸线，越过田野，迅猛地袭击着智利和太平洋东岸的城市和乡村。那些留在广场、港口、码头和海边的人们顿时被汹涌而至的巨浪吞噬；沿岸的城镇、港口、码头、乡村即刻化为波涛汹涌的海洋；海边的船只、港口和码头的建筑物均被巨浪击得粉碎……

随即，巨浪又迅速退去。所过之处，凡是能够带动的东西，都被潮水席卷而走。海滩上一片狼藉，留下了许多还未被海涛带走的滞留物。浅滩中，漂浮着不少人畜尸体，门窗残木，船舶遗骸；滩涂上，滞留着许多房屋的木头、床板，以及成包成捆的商品和尸骸。

海潮如此一涨一落，反复震荡，持续了几个小时。太平洋东岸的城市，刚被地震摧毁变成了废墟，此时又频遭海浪的冲刷。那些掩埋于碎石瓦砾之中还没有死亡的人们，却被汹涌而来的海水淹死。在几艘大船上，有数千人在此避难，但随着大船被巨浪击碎或击沉，他们被浪涛全部吞没，无一人幸免。太平洋沿岸，以蒙特港为中心，南北800千米，几乎被洗劫一空。

在这次大海啸的灾变中，除智利首当其冲之外，还波及相当广泛的地区。太平洋东西两岸，如美国夏威夷群岛、日本、俄罗斯、中国、菲律宾等许多国家，都受到了不同程度的影响，有的损失也十分惨重。

这次地震，是世界上震级最高、最强烈的地震，震级高达8.9级，烈度为11度，影响范围在800千米长的椭圆内。大震过后，接踵引发了大海啸。海啸波以每小时几百千米的速度横扫了太平洋沿岸，把智利的康塞普西翁、塔尔卡瓦诺、奇廉等城市摧毁殆尽，造成200多万人无家可归。

地震、海啸给人类带来的灾难是十分巨大的。目前，人类对地震、海啸、火山等突变只能通过预测、观察来预防或减少它们所造成的损失，但还不能控制它们的发生。

神户地震

地震的毁灭性是彻底的，经历了地震的神户需要很久才能恢复元气。

1995年1月17日5时46分，位于日本兵库县南部的淡路岛（在从神户到淡路岛的六甲断层带上），发生了里氏7.2级的地震。这是自1923年来在日本城市发生的最为严重的一次地震。

神户大地震造成全市断水、断电、断煤气，还造成了蔓延不止的火灾。

地震破坏最为严重的就是交通，日本列岛南北高速公路和铁路运输大动脉被切断，阪神高速公路神户段也遭受了严重的破坏，高速路桥下的巨大的钢筋混凝土桥墩都被扭断，神户人引以为傲的无人驾驶电车的专用道也被毁坏，修复工程十分艰巨。地震几乎使这个日本第六大都市完全失去了城市的机能，灾后需进行大规模的重建才能使这座美丽的港城恢复生机。

神户地处日本重要的工业区，是重要的经济中心，该工业区对日本来说十分重要。在地震发生后，神户停水断电，交通瘫痪，神户很多中小企业房屋倒塌，还影响到了周边其他工业区和一些港口。神户经济的瘫痪对日本的整个经济都有很大的拖累，这些对连续3年不景气的日本经济无疑是雪上加霜。

据灾后统计资料反映，全震灾区共死亡5400余人（其中4000余人系被砸死和窒息致死，占死亡人数的90%以上），约2.7万人受伤，近30万人无家可归。地震毁坏了大约10.8万幢建筑物，水、电、煤气、公路、铁路和港湾也都遭到严重破坏。据日本官方公布，这次地震造成的经济损失约1000亿美元。总损失达国民生产总值的1%~1.5%。这次地震死伤人员多、建筑物破坏多和经济损失大，是日本关东大地震之后72年来最严重的一次，也是日本战后50年来所遭遇的最大一场灾难。

地震过后，据专家分析，主要有以下因素造成了这场灾害：

1.该地震的性质所致。神户地震为直下型地震，这种类型的地震能量积累慢、周期长，就目前的条件基本无法预测。同时，地震的震动方式特殊，垂直、水平均有振幅，烈度强，对城市的破坏性极大，而且神户与震中距离近。

2.地理环境因素和基础设施较脆弱。神户的房屋大都建设在山坡、斜坡和人工填海造地上，经过强震，地基发生形变。且房屋大都是20世纪80年代以前的建筑，很容易倒塌。神户抗震设防较差，使交通设施及生命线工程大量被毁坏，并引起了火灾等次生灾害。

3.震后救灾工作十分困难。震后，神户通信不畅，道路阻塞，人们陷入巨大的恐慌中，客观上给救灾工作带来了极大的困难，使救灾无法按预定设想组织展开。同时，震后救灾工作也反映出日本政府对震灾情况估计不足，准备不到位，行动迟缓。在实际救援中，出现了救灾指挥体系不协调、救灾物资供应混乱和火灾无法及时扑救等情况。

神户地震发生后，神户地区修改了防灾计划并积极研究防灾对策，在此后的暴雨、台风和火山喷发等自然灾害中神户均经受了考验。震灾教训在应付后来的灾害时应被有效利用，这是每个人从那次震灾中学到的最宝贵的东西。

“白色死神” 降临秘鲁

雪花飘飘，带给人的是美好的回忆；然而突如其来的雪崩，却与死神相伴。

秘鲁位于南美洲西部，是一个多山的国家，山地面积占全国面积的一半，著名的安第斯山脉的瓦斯卡兰山峰，在海拔6000米以下，山体坡度较大，峭壁陡峻。山上常年积雪，“白色死神”常常降临于此。

1960年1月10日，瓦斯卡兰山峰发生了一次大雪崩。由于春季降临，大地回暖，气温上升，使积雪开始融化。融水沿着裂隙下渗，起到了润滑剂的作用，减弱了冰雪与山体间的凝聚力。在这种情况下，山峰上的积雪与山坡间的摩擦力降低，从而引起了大规模的雪崩。冰雪巨流以140千米/时的速度运行，雪崩总量达500万立方米,毁坏了山下的6个村庄。

但是灾难并没有结束，“白色死神”一直没有走远。10年后，它又回来了。

1970年5月31日20时23分，在秘鲁安第斯山脉的瓦斯卡兰山，不少人都沉睡于甜美的梦乡之中。突然，远处传来了雷鸣般的响声。随即，大地好像波涛中的航船，顿时失去了控制，在疯狂地、猛烈地颤抖着。紧接着，又从远处传来了山崩地裂般的响声，震耳欲聋，把人们从甜美的睡梦中惊醒。

有的人醒来之后，顾不得穿衣服便稀里糊涂地向外奔跑。那些正在夜读、娱乐和工作着的人们，被这突如其来的响声惊呆了。稍待镇静下来，便都急急忙忙地逃到室外。人们还不知道究竟发生了什么事情，房屋便已东倒西歪、吱吱作响地坍塌了下来。

“地震!”“地震!”有人惊恐地呼喊着。

这时，人们才意识到地震灾祸已经降临。

那些还未来得及逃离屋子的人们，都被压在倒塌下来的乱砖碎石之中。有的已被砸死、砸晕，有的在大声地呼救、哭泣。已经跑到室外的人们，此时也都站立不稳。他们自顾不及，根本无法去抢救被压在坍塌物之下的亲朋好友。

外面，寒风凛冽，漆黑一片，谁也看不到谁，只听到隆隆的崩塌声。

忽然，又一阵惊雷似的响声由远及近，从瓦斯卡兰山峰方向传来。一会儿，山崩地裂，雪花飞扬，狂风扑面而来。

原来，由地震诱发的一次大规模的雪崩爆发了。

地震把瓦斯卡兰山峰上的岩石震裂、震松、震碎，同时也震裂、震松、震碎了坚硬的冰雪。强烈的地震波又将山峰上的岩石、冰雪击得粉碎。瞬时，冰雪和碎石犹如巨大的瀑布一样，紧贴着悬崖峭壁倾泻而下，几乎以自由落体的速度塌落了900米之多。

在瓦斯卡兰山峰下，是一片冰川粒雪盆。这里，聚积了厚厚的冰雪。此时，在山峰上落下的冰雪和碎石的猛烈冲击下，粒雪盆内的厚厚冰雪被打碎了。在巨大的气浪作用下，盆内的冰雪粉尘腾空而起，好像下了一场特大的暴风雪。顿时，雪花纷飞，漫天四溅，蘑菇似的雪云升达数百米之高，大有遮天蔽日之势。

剧烈的震动，使山顶上的冰雪和岩石连续不断地崩塌。每崩塌一次，就升起一次蘑菇状的雪云。粒雪盆里，第一次崩塌下来的冰雪堆积还没有稳定，雪粒还没有全部落下，又被再次崩塌下来的冰雪击得粉尘四起。

由于1970年雪崩的影响，冰雪流所过之处的地面已十分光滑，灌丛森林植被已失去了当年那样的阻挡能力，因而这次大雪崩更是所向披靡、势不可当。由峰顶纷纷塌落下来的冰雪碎石，在粒雪盆里汇成了非常庞大的冰雪体。盆内的冰雪愈积愈多，愈积愈厚，开始以极大的速度溢出粒雪盆口，形成了一股强大的冰雪流。这股强大的冰雪流，像脱了缰的野马，带着强大的气浪，喷着白色的烟雾，呼啸而下……

此时，从粒雪盆呼啸而出的强大冰雪流，以极高的速度急驰而下，犹如一条非常巨大的冰雪巨龙，顺着10年前雪崩的故道，以300～400千米/时的速度，疯狂地向山下冲去。

在强大气浪即“雪崩风”的震动和冲击下，沿途的积雪纷纷落下，跟随着呼啸而去，汇成的冰雪巨龙越来越大。轰隆隆之声，夹杂着噼里啪啦的断裂声，传遍了空旷山林。冰雪巨龙所到之处，岩石被击得粉碎，树木不是被连根拔除，就是被拦腰折断，房屋被冲得支离破碎。

被冰雪巨龙扫荡过的地方，留下了一片荒凉凄惨的景象。到处都是倾倒的树枝，断了头的树根，匍匐着的灌木，被剥去植被的光秃秃的山坡，破碎的房屋……

在冰雪巨龙之前形成的强大气浪，是由冰雪体高速运动引起空气的剧烈振动所造成的。这种由冰雪巨龙形成的气浪，冲击力非常之大，能将途中的石块腾空卷起。有一块重达3000千克的大石块，竟被抛到了600米之外的地方。它的破坏力远比冰雪体本身的破坏力要大得多。

这种强大的雪崩气浪，不仅成了冰雪体一路披荆斩棘的开路先锋，而且还殃及了沿途较大范围内的森林植被，使冰雪巨龙没能到达的地方也遭到了严重的祸害，大片大片的森林、果园、田地和房屋被毁。

这条冰雪巨龙在故道里高速行进着，速度之快，令人十分震惊。或许是高速运动之故，它改变了原有的前进方式，形成了罕见的跳跃式雪崩：一股高速行进中的冰雪流，带着强大的气浪，翻越了瓦斯卡兰山峰下的一个山脊，向着沟谷肆无忌惮地横扫而去。所经之处，森林植被全部被毁坏，使另一个山谷也遭到冰雪流的严重破坏。

当冰雪巨龙沿着故道冲到冰舌的末端时，崩塌而来的雪量已达到了3000万立方米，其中携带着数以百万立方米的岩石碎屑，形成高达近百米的龙头，继续呼啸着向山下的河谷、城镇冲去。一路所过，河流被截，道路被堵，城镇摧毁，农田被淹……

在瓦斯卡兰山下，有一座容加依城，当雪崩发生之时，容加依城刚遭到地震厄运的袭击，人们正在忙着抢救自己的亲人，有的准备逃离危险之地以躲避灾祸。这时，带着强大冲击力的气浪迎面袭来，把人们全部推倒在地。顷刻，巨大的冰雪巨龙呼啸而至，大多数人被压死在冰雪体之下。快速行进中的冰雪巨龙，形成的强大的空气压力，使许多人窒息而死。

当时有人记录了这十分悲惨的景况："有的张着大嘴，瞪着双目而死；有的抱着头，蜷缩身子而亡。少数没有被冰雪吞噬的，也个个呼吸困难，张大了嘴拼命地喘息着……”

这场大雪崩，将瓦斯卡兰山峰下的容加依城全部摧毁，造成了两万居民的死亡，受灾面积达23平方千米。这是迄今为止，世界上最大最悲惨的雪崩灾祸。

雾都劫难

当人类正在为征服自然的成功而洋洋自得之时，自然的反攻开始了，出其不意，防不胜防。

1952年12月4日，世界上最严重的一次大雾笼罩伦敦，浓雾持续将近一周。大雾期间，有4700多人因呼吸道疾病而死亡，雾散以后又有8000多人死于非命。这就是震惊世界的“雾都劫难”。

1952年12月3日，伦敦难得的一个可爱冬日。舒适的风从北海吹来，在晴朗的天空中点缀着绒毛状的积云。气象台报告说：一个冷锋已在夜间通过，中午时分，气温达到5.6℃，相对湿度约为70%。对于这样的天气，老年人和病人特别高兴，他们坐在太阳下，迎着从北海吹来清净的风，聊着天、喝着茶，尽情享受着大自然赐给他们的优美的一天。

然而，“好景”不长，灾难正悄悄地来临。傍晚时分，伦敦正处于一个巨大的高气压反气旋的东南边缘，强劲的北风围绕着这一高压中心顺时针吹着。第二天，即12月4日，这个反气旋沿着通常的路径向东南方移来，其中心在伦敦以西几百千米处。上午风速变小，云层几乎遮盖了伦敦上空。时至中午，乌云将太阳全部遮住。

到12月5日，这个高压中心几乎移到了伦敦上空，一个意料不到的事情发生了：伦敦气象台的风速表竟“静止”了。也就是说，空气停滞不动地悬浮在伦敦上空。无风状态下的伦敦到处是雾，站在泰晤士河桥上四面望去，恍如置身在白茫茫的云端。浓雾中，多家店铺白天不得不掌着灯。那不断加重的大雾，使行人走路都感到困难。一些地方能见度只在1米以内，人们刚走出几步便迷失了方向。据报道，一位医生要出诊，甚至雇佣盲人做向导。

12月6日，情况更坏了，相对湿度升到了100%，达到了完全饱和状态。所有飞机的飞行都被取消了，马路上只有少数有经验的司机开着车灯像蜗牛似的爬行着，步行的人沿着人行道像盲人似的摸索着走动，只有地铁仍在快速移动着。12月7日晚上下班高峰期间，多达3000名乘客排起了长队，在中央地铁站特拉福购票上车。

浓浓大雾下，工厂仍然不能停工，居民们仍然要取暖，这样，成千上万个烟囱仍然一刻不停地冒着黑烟，它们悄悄地飘进大气中与浓雾混在一起，犹如黑云压城，侵袭着一切有生命的东西，首当其冲的就是制造黑烟的人类自己。走在马路上的行人眼泪顺着面颊流下来；凡是人群集聚的地方都不时传来咳嗽声和哮喘声。前面提到的享受过来自北海爽快和风的老年人和病人只痛快了一两天，又在这污浊的空气中接受烟雾给予他们的“苦刑”：呼吸困难、哮喘不止。

美国卫生教育部大气防治污染局局长普兰特博士以他的亲身体验这样描述到：“当我们乘坐的飞机抵达伦敦时，因为伦敦机场浓雾弥漫，所以飞机只得在伦敦南32千米的多意奇机场着陆。在机场，刚一推开舱门，一股硫黄和煤烟的气味扑面而来。下了飞机，听人说夜里在伦敦街道上散步，口中似乎有金属的味道。鼻子、咽喉及眼睛受到了辛辣的刺激，很像剥洋葱时的感觉。傍晚，从旅馆的窗户往下望去，经过的人群中大约有2/3的人用围巾、口罩、手套等捂着鼻子。”

更可恶的是，烟雾像水一样见缝就钻，即使房子的门窗都关闭着，它照样有办法钻进去。特别是玩耍的孩子们跑出跑进房子时，便会把污染的空气带进室内。如此更加速了支气管炎和心脏病人的死亡，数以千计的居民感到胸口窒闷，并伴有咳嗽、喉痛、心慌、恶心等症状发生。从伦敦烟雾发生的第一天起，伦敦的死亡人数急剧上升。在烟雾期间，前往伦敦各大小医院就医的人络绎不绝。伦敦中心医院一位护士回忆当时的情况至今仍心有余悸："简直是一场噩梦，受烟雾毒害的病人接连不断地被送进病房，哮喘和咳嗽声充塞着整个医院，让人无法安宁……尸体不断地被拉走。"直到两个月后，恐怖气氛仍然笼罩着伦敦。

有着"雾都"之称的伦敦，没想到这一次竟然遭到大雾之劫，是自然的灾难，还是自然的报应呢？

北美黑风暴

北美黑风暴爆发，人类听到了自然界最严厉的警告。

1934年5月11日凌晨。

美国西部。

突然之间，草原上空卷起了一阵阵遮天蔽日的黑色狂飙。强劲的狂风挟带着泥沙自西向东呼啸而进，并向周围迅速蔓延……这场黑色风暴整整刮了三天三夜，形成了一个东西长2400千米、南北宽1440千米、高3400米的迅速移动的巨大黑色风暴带。黑色狂魔移到哪里，那里的肥田沃土便被携带而去。狂暴所到之处，溪水断流，水井干涸，田地龟裂，庄稼枯萎，牲畜渴死，千万人流离失所。

这是大自然对人类文明的一次历史性惩罚。

黑风暴是一种强沙尘暴，俗称"黑风"，它是强风、浓密度沙尘混合的灾害性天气现象。强风是启动力，具有丰富沙尘源的荒漠是构成黑风暴的物质基础。

这次黑风暴起源于加拿大西段边界和美国西部草原地区。美国西部的蒙塔那、勒萨斯、得克萨斯、俄克拉荷马和科拉多等州，曾经是一片青葱碧绿的原野。现在，经过多年的开发，已经面目全非。由于过度开发，森林、草原遭到严重毁坏，土壤风蚀十分严重。同时，连续不断的干旱，使土地沙化现象愈演愈烈。

此时，正值晚春季节。数日来，在炽热的骄阳照射下，广袤的西部大地被晒得滚烫，在靠近地面之处，气温非常高，像个蒸笼。

这时，靠近地面的热空气迅速上升，形成了一个个低气压中心；与此同时，周围的冷空气便迅速涌进补充。冷热空气的猛烈对流，很快就在这里形成了旋风。猛烈的旋风挟带着干旱的沙土扶摇直上，直达高空。许许多多的旋风连成一片，便形成了可怕的黑色狂飙——黑风暴。

黑风暴从5月9日刮起，前后持续了三天三夜，横扫了美国 2/3 的大陆。在高空气流的作用下，尘粒沙土被卷起，股股尘埃升入高空，随风向东越过北达科他、宾夕法尼亚和纽约等10多个州。从西部的沃尔斯堡刮到东边的沃耳巴尼，最北到圣保罗，最南达纳希准耳，形成了巨大的灰黑色风暴带。

据有关资料描述，黑风暴所经之处，耀眼的丽日顿时消失，原来蔚蓝色的天空，瞬间尘土飞扬，沙土像瓢泼的大雨一样从空中倾泻而下。一座座城市，一个个庄园，一块块田野，转瞬间失掉了原有的风采，到处是昏天黑地的凄荒景象。

纽约是受黑色风暴侵袭十分严重的地区。据当时记载，1934年5月11日，从上午11时45分开始，纽约上空出现了弥漫的尘雾，直到下午3时才消失，前后持续了5小时。黑色狂风席卷而来，沙土尘雾遮住了阳光，使原来明朗的晴天顿时黯然失色，变成了一片昏暗。有人从窗口向外眺望，咫尺之内的高大建筑物也只能隐约可见。遮天蔽日的风沙穿街过巷呼啸而过，发出的凄厉之声令人十分恐怖。

《纽约时报》在当天头版头条位置，刊登了题为“黑风暴——席卷1500英里，持续5小时”的专题报道。报道中说：远洋的航船因沙土尘雾影响视野而延迟出港；飞机驾驶员为了避开沙尘被迫将飞机爬高到4570多米的高空飞行；城市住房和办公室里积满了沙土尘埃；人们的眼睛、鼻孔和耳朵内都灌进了沙粒和尘土……

据纽约气象局测定，当时白天的光度只有平常的50%，大气中的沙土尘埃比平时多2.7倍，每立方英里至少含有40吨尘土。又据当时估计，这次黑风暴从西部草原刮走了3亿吨沙质土壤，仅芝加哥一处，落下的沙质尘土就达5000吨之多。

一位亲身经历过黑风暴袭击的老人，在回想起当时的情景时说："那个时候，居民们个个惊恐万状，觉得好像到了世界末日。"

这次袭击北美的黑色风暴是人类历史上空前未有的。它从加拿大的西段边界和美国西部大草原邻近几个州的干旱地区刮起，以60～100千米/时的速度向东推进，一路上侵袭了无数的村庄、城镇和大中城市，直达东部海岸，最后消失在数百里的大西洋洋面。

黑风暴的袭击给美国的农牧业生产带来了严重的影响，使它原来已经遭受旱灾的冬小麦大片枯萎而死，以致引起了当时美国谷物市场的波动，冲击着经济的发展。同时，黑色狂暴一路洗劫，将肥沃的土壤表层刮走，露出贫瘠的沙质土层，使受害之地的土壤结构发生了变化，严重地制约了受灾地区日后农业生产的发展。北美黑风暴虽然是一种严重的自然灾害，它的成因却与人类对生态环境的破坏有关。

造成这次黑风暴的原因是，人们过度的开垦和放牧，毁坏了大片的森林和草原，致使水土无法保持，地表大面积裸露，造成了生态系统的破坏，在恶劣的气候条件下，便酿成了严重的灾害。

人类在向自然界索取时种下的苦果，必然要受到自然界的严厉报复，这种报复同样是不可抗拒的。

尼奥斯火山湖湖底毒气

突然一声巨响划破了长空。酣睡中的人还没弄清发生了什么事，就被夺去了生命。

1986年8月21日晚，位于非洲喀麦隆西北部，距首都雅温德400千米的帕梅塔高原上的一个火山湖——尼奥斯火山湖，突然从湖底喷发出大量的有毒气体，它犹如泛滥的洪水，沿着山的北坡倾泻而下，向处于低谷地带的几个村庄袭去……

次日清晨，喀麦隆高原美丽的山坡上，水晶蓝色的尼奥斯火山湖突然变得一片血红，好像一只溃烂而愤怒的红眼睛。草丛里到处躺着死去的牲畜和野兽。尼奥斯火山湖湖畔的村落里，房舍、教堂、牲口棚完好无损，但是街上却没有一个人走动。走进屋里探个究竟，令人震惊的一幕映入眼帘，那里都是死人。这是多么凄惨的景象！死者中有男人、女人、儿童，甚至还有婴儿。

从幸存者的口里，人们知道了惨案发生的经过，伴随着昨晚的巨响，一股幽灵般的圆柱形蒸汽从湖中喷出，整个湖水一下子沸腾了起来，掀起的波浪袭击湖岸，直冲天空，高达80多米，然后又像一柱云烟注入下面的山谷。这时，一阵大风从湖中呼啸而起，夹着使人窒息的恶臭将这朵烟云推向四邻的小镇。

一位目击者回忆说："当时我正往下面走，我要去尼奥斯火山湖。可到了那里，才发现根本没有人了——他们全都死了！"另一人说："我去了保健中心，可病房里哪还有活人？！"还有人说："我只能站在死人堆中，因为房前屋后、里里外外都是死人，还有牛、狗……全是死的！我简直惊呆了，我数了一下，我们家56人中就死了53个！"事实上，最终统计出的死亡人数竟高达1800人。加姆尼奥村靠火山湖最近，受灾也最为严重。全村650名居民中，仅有6人幸存。

这一喷毒事件，立即引起了各国的极大关注。尼奥斯火山湖也因此闻名于世。日本、英国、美国、法国、意大利等国家，都迅速地派出了紧急救援队，并派出专家对尼奥斯火山湖喷发毒气的成分进行实测，杀人凶手究竟是谁？专家们努力地寻找答案。

前来调查的美国科学家包括乔治·克宁和比尔·伊万斯。克宁一年前曾到过此地，所以此次所见让他深感惊讶。他说："一年前的情景我至今记忆犹新。尼奥斯火山湖在我印象中是如此美丽，可现在全变了。你瞧，过去蓝蓝的、清清的湖水现在不仅变得发红，而且混浊不堪，湖面还漂着不知从何而来的草垫。山谷中，则到处是已经死亡的牲畜。"

伊万斯说：“我们刚来时，一切看来都指向火山喷发。首先，尼奥斯湖是个火山湖；其次，这次灾难的规模是如此之大；第三，一些受害者身上有烧伤。”

可是，当他们走到火山口顶部时，才意识到问题不是那么简单。要是真的发生过火山喷发，熔浆流之类的沉积物必然会从湖底冲上来，在火山口顶部留下痕迹。可问题是，在火山口顶部未能发现丝毫的这种痕迹。由此可以推测，并未发生过大规模的火山喷发。克宁和伊万斯感觉到，答案还是得去湖中找。

经过一段时间的努力工作，终于查明了尼奥斯火山湖中所喷出的有毒气体成分。专家们一致认为，喷出的气体主要有二氧化碳，而恶臭则来自硫化氢。

人们在向自然界征服和索取的同时，也遭到了大自然无情的报复。如何才能消除这一潜在的危机呢？或许只有问人类自己了。

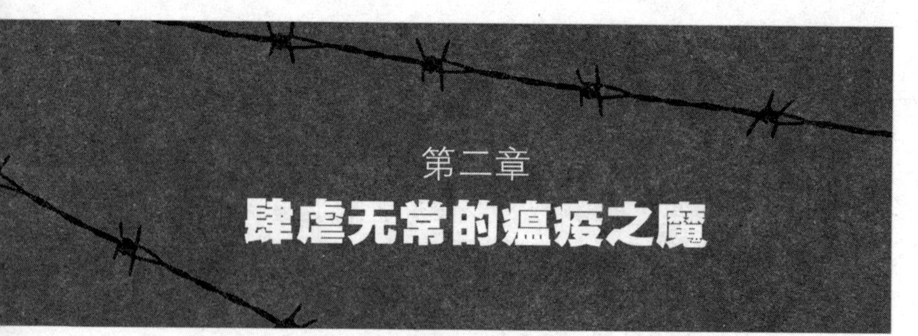

第二章 肆虐无常的瘟疫之魔

你不去招惹瘟疫，瘟疫也可能来招惹你。

天花大肆虐

“天花面前，人人平等”。在过去的岁月里，几乎没人能躲过天花的袭击。

天花，一种古老的疾病，一个令人谈之色变的瘟疫，中医称之为“痘疮”。据有关资料记载，历史上，天花先后使5亿人失去了生命，同时也给无数人留下了永久的疤痕。

公元前1157年，古埃及的法老拉姆西斯五世患上了一种奇怪的疾病，他全身皮肤出现了红色的疹子，一段时间以后，这些疹子发展成脓疱。拉姆西斯五世感到浑身疼痛难忍，他召来了很多医生，但医生从来没有见到过这种奇怪的疾病，拉姆西斯五世对此非常恼怒，据说，他一气之下杀死了好几位医生。

没多久，拉姆西斯五世就病死了。按照古埃及的习俗，他的尸体照例被涂满防腐剂，制成了木乃伊。

公元前1398年，古埃及拉姆西斯五世的木乃伊被人们发现，有人惊奇地注意到，他的尸体上有天花的疤痕。这是迄今为止，人们发现的最早的天花病人——距今已有3000多年。

那么，天花是从哪里而来，又是何时出现在地球上的呢？

自从微生物学诞生以后，科学家们才最终弄清楚，在人类历史上肆虐猖獗的天花等传染病，其元凶主要就是细菌和病毒。无论是细菌，还是病毒，它们都是地球上古老的居民，一旦地球上出现高等生命，它们就开始在这些生命体内营造自己新的家园。大约在一万年前，畜牧业和农业出现，人类开始饲养一些被驯化的动物。

从进化的角度来说，病毒是地球上最古老的生命形式，动物也早于人类来到地球上，可能这些动物感染了病毒，它们在长期的进化过程当中，对这些病毒的感染都已经适应了，或者说，它携带了病毒。

引起天花的病毒叫痘病毒，这种病毒在猴子、牛、骆驼等动物当中都有感染，对于天花病毒，动物们已经有了抵抗力，所以习以为常，而最初接触它的人类，却不具有对付这种病毒的抗体。从现代医学的角度看，天花是由天花病毒引发的烈性传染病。天花病毒是一种直径20～400纳米的微生物，它经呼吸道进入人的体内。天花病毒主要靠空气中的飞沫传播，速度极快。在感染天花病毒后的潜伏期中，感染者一般没有不舒服的感觉，但潜伏期一过就会突然发烧、乏力和头痛，而后病毒通过血液侵入皮肤生出疹子，形成脓疱……

天花的病死率一般可达25%，有时甚至高达40%。侥幸存活者，也会留下永久性的疤痕。而且它不分贵贱，皇族权贵同样不能幸免。

公元16世纪，英国女王伊丽莎白一世几乎因为天花而丧生，虽然幸免一死，却鬓发脱尽，容颜被毁，只得永远戴着假发遮丑。

据资料记载，号称“太阳王”的法国国王路易十四，在征战中获得了一颗名贵钻石，他在佩戴这颗钻石后染上了天花病毒，后来虽然痊愈，却留下了满脸的疤痕。

公元1715年9月12日，路易十四去世，年仅5岁的路易十五就任法兰西新国王。后来，为了避免重蹈路易十四的覆辙，路易十五下令把那颗钻石封存起来。然而，天花却没有对他高抬贵手。

公元1774年4月27日，路易十五一觉醒来，感到浑身不舒服，头痛、头晕，而且还发烧。几天之后，路易十五的脸、脖子等部位出现了红色疹子，而且很快变为脓疱，这些脓疱扩展的速度很快，最后在口腔、喉咙上也长满了脓疱。这是典型的天花症状。

这一年的5月10日下午3时15分，备受天花折磨、在位长达60年的路易十五痛苦地离开了人世。

天花病毒可以污染衣服、床单或其他物品，即便患者死亡，病毒也能在干燥的尘土中继续存活几个月。

大约2000年前的一场天花，在罗马肆虐了15年之久，它使城市废弃，田园荒芜，数百万人丧命。侥幸死里逃生的人们，不是瞎了眼睛就是面部严重变形，天花成为人类文明的杀手。

天花和人类的迁徙、战争紧密交织在一起，对人类的历史影响巨大。

从公元6～8世纪，随着阿拉伯人向北非和伊比利亚半岛扩张的脚步，天花也被扩散到了那里。

公元11～13世纪，在十字军东征时期（公元1096～1291年），大量的亚洲移民和非洲朝圣者、商人，跨越撒哈拉大沙漠，向西非和东非的海港城市迁徙的同时，也把可怕的天花带到了这些地区。

到了公元16世纪，伴随着探险活动的兴起，天花病毒被漂洋过海的船只和陆地的马帮带入欧洲，导致许多国家和城市天花流行。公元17世纪在英国的威廉和玛丽时代，有一部描写天花流行的书这样写道："天花流行时，坟地白骨成堆，人心惶惶不宁。它使婴儿变丑，慈母见之心碎；它使如花少女毁容，情人见之丧魂。"而在整个18世纪，欧洲死于天花的总人数据估计在1.5亿以上。

在18世纪的亚洲，天花每年吞噬的人数达80多万。所以，中国的民间早就流传着这样的谚语："孩子生下才一半，出过天花才算全。"

有人推算，在刚刚过去的20世纪里，天花杀死了3亿多无辜的生命。尽管20世纪是充满惨烈战争的时代，但死于战争的人数只是死于天花人数的1/3。

霍乱的幽灵

19世纪的世界病，一旦沾染，非死即伤。

马尔克斯在《霍乱时期的爱情》中这样描述疫情的暴发：当乌尔比诺医生“踏上故乡的土地，从海上闻到市场的臭气以及看到污水沟里的老鼠和在街上水坑里打滚的一丝不挂的孩子们时，不仅明白了为什么会发生那场不幸，而且确信不幸还将随时再次发生。”“所有的霍乱病例都是发生在贫民区……设备齐全的殖民地时期的房屋有带粪坑的厕所，但拥挤在湖边简易窝棚里的人，却有2/3在露天便溺。粪便被太阳晒干，化作尘土，随着十二月凉爽宜人的微风，被大家兴冲冲地吸进体内……”

霍乱在公元1817～1923年的100多年间，在亚、非、欧美各洲，曾先后在世界上发生过6次。只要染上，生还的机会极小。

此后，印度大部分地区连降暴雨。在人口稠密的恒河两岸洪水淹没了田野。5月份，出现的第一例霍乱病人死亡，表明这种可怕的瘟疫又开始作孽了，但在当年它还只限于在印度流行。

1817年，霍乱终于越过了印度边界来到了邻国和邻国的邻国。任何山川峡谷都不能阻挡它，任何国度都可成为它传播的舞台。它传向日本、中国、阿拉伯国家，进入波斯湾和叙利亚，然

19世纪初的伦敦脏乱不堪，使霍乱传播成为可能。其后英国政府下决心发展公共卫生事业，有效控制了霍乱等疫病的传播。

后又向北指向欧洲的门户里海。幸亏1823~1824年冬天酷冷，暂时阻隔了它的传播。

1829年夏季，霍乱又开始复活，向东、向西、向北沿着贸易路线和宗教朝圣路线迅速地向欧洲的人口密集中心推进。1830年，霍乱传到了莫斯科；1831年春天，它到达了波罗的海沿岸的圣彼得堡，从那儿它又轻易地跳到芬兰、波兰，然后向南进入匈牙利和奥地利。差不多同一时间，柏林出现了霍乱病人，紧接着汉堡和荷兰也报告出现了疫情。

在欧洲大陆到处报警的情况下，英国的政治家、医生、科学家以及广大民众都忧虑地注视着疫情的发展。1831年6月2日，国王威廉四世在国会开幕式上说："我向诸位宣布一下众所关心的可怕疾病在东欧不断发展的情况。我们必须想方设法阻止这场灾难进入英国。"可是，国王的话没有说多久，他说的想方设法还没有一丝头绪，8月份，疾病已进入英国。

英国第一个死于霍乱的人是在濒临北海的港口城市森德兰郊区被发现的。一个制陶业的画师患病后上吐下泻，排泄物就像是大麦粉加水那样的白色液体。他的手脚发凉、体出虚汗、面色青黢、两眼下陷、嘴唇青紫、口渴难耐、鼻息阴冷、讲话无力、嗓音嘶哑，脉搏细弱得几乎感觉不出它的跳动。除此之外，这位画师还发起高烧。尽管病情很严重，他还是渐渐好了起来。可是两天以后邻居家的一个仆人出现了同样的症状，结果却未能逃脱死亡的命运。

此后死亡连绵不断。对于死亡的原因，那些仅会治疗一般肠胃传染病的英国医生们只能含含糊糊地把它解释为严重的"夏季腹泻"。从1831年10月23日至12月31日，仅在森德兰一地就有202人死于霍乱，第二年的1月初，英国东北部其他地区也出现了霍乱传染。2月份，霍乱蔓延到伦敦港口区，到了夏天，整个英国首都的疫情已经相当严重。1832年一年当中，伦敦共有11000人受到传染。其中死亡人数占一半左右，而这个数字占当年英国全国的霍乱死亡人数的1/4。

霍乱漫游英国之后，又跨过圣·乔治海峡，来到了爱尔兰，从那里它渡过大西洋一直传到加拿大和美国。在欧洲它遍及法国、比利时、挪威、荷兰。

1832年春天，德国著名诗人海涅正在巴黎，他留下了活生生的描述：

“3月29日当巴黎宣布出现霍乱时，许多人都不以为然。他们讥笑疾病的恐惧者，更不理睬霍乱的出现。当天晚上多个舞厅中挤满了人，歇斯底里的狂笑声淹没了巨大的音乐声。突然，在一个舞场中，一个最使人逗笑的小丑双腿一软倒了下来。他摘下自己的面具后，人们出乎意料地发现，他的脸色已经青紫。笑声顿时消失。马车迅速地把这些狂欢者从舞场送往医院。但不久他们便一排排地倒下了，身上还穿着狂欢时的服装……”

海涅的描述可谓相当经典，短短的篇幅，十分生动而准确地呈现了霍乱传播之快、之严重，以及面对瘟疫的众生百态。

在大西洋彼岸，美洲人早已得到了警告，他们组成了专门委员会对付疾病。医生们凑在一起相互交换一旦霍乱出现的应对措施。霍乱首先在加拿大的魁北克省和蒙特利尔登陆。1832年6月26日，纽约市的一名爱尔兰移民带着霍乱病症死去。不到一星期，他的妻子和两个孩子也相继死去。纽约市立即采取了严格的隔离检疫措施。商店关门，柩车来回穿梭于大街小巷之间。由于死亡率急剧上升，街沟中常见一些尸首。

不少纽约人纷纷逃离城市，去乡下寻找避难之所，但他们发现，连逃跑也不是件容易之事。刚刚跨过长岛海峡，迎接他们的是罗得岛人连珠炮似的枪声，谁也不愿让疾病传入自己的家园。以纽约州为中心，霍乱向四周扩散。它通过伊利运河到达美国中西部地区，又乘着内地的马车和海岸线边的船只到达新奥尔良，并夺去新奥尔良5000人的生命。密歇根州伊普西兰蒂的当地民兵竟向来自底特律的邮车开枪，只因为底特律已经出现了霍乱。在随后的两年中，霍乱时起时伏，夺去了美国上千万条生命。

从1863年开始，沉寂一时的霍乱又开始死灰复燃，这次霍乱大流行历时十余年，到1875年才逐渐平息。到1881年，该病又由印度开始猛烈流行，后传至世界各地，死者不计其数。

可怕的鼠疫

老鼠过街，人人喊打。鼠疫作乱，灾难连绵。

在中世纪的一个夏日里，一个穿彩衣的陌生人大步走进德国的哈默尔恩镇。他听说这个镇里老鼠成灾，表示可以消灭它们——不过要收一笔费用。当市民们感激地表示同意时，陌生人立即拿出一支笛子，吹出了一种神奇的曲调。这曲调对老鼠有不可抗拒的诱惑力。于是老鼠从镇里的各家各户成群地跑了出来，跟着彩衣魔笛手来到威悉河岸，跟着他走进激流之中，统统淹死在河里。可是市民们却拒不付钱给他。

于是他再次把笛子拿到唇边，吹出了另一种曲调——这个曲调不是引诱老鼠而是引诱孩子的。父母们无奈地望着彩衣魔笛手吹起了欢快的笛声，带着所有的孩子走出了哈默尔恩镇。人们从此再没见到孩子们的踪影。

这是格林童话中的一则故事，哈默尔恩的魔笛停息了，但是可怕的鼠疫却并没有因此而停止。

公元1348年开始，一场大瘟疫开始肆虐整个欧洲，它首先发难于地中海沿岸，后在公元1348～1451年间陆续蔓延到欧洲各国。该病于公元1347年在西西里被发现，之后立即传播到北非、整个意大利和西班牙，接着于次年传到法国。公元1349年传播到奥地利、瑞士、德意志和尼德兰；公元1350年传播到北欧斯堪的纳维亚和波罗的海沿岸诸国。后来又在公元1361～1363年，公元1369～1371年，公元1374～1375年，公元1390年，公元1400年时有发生，前后超过50年。历史研究证明整个欧洲有2500万人死于这次瘟疫。死亡人数之多超过了历史上任何一种流行病。这次瘟疫就是鼠疫。

意大利文艺复兴时期人文主义的先驱薄伽丘在公元1348～1353年写成了《十日谈》，他在引言里谈到了佛罗伦萨特别严重的一场瘟疫，这场灾难在当时称为黑死病，实际上是鼠疫。他描写了病人怎样突然跌倒在大街上死去，或者冷冷清清地在自己的家中咽气，直到死者的尸体发出了腐烂的臭味，邻居们才知道隔壁发生的事情。

在那可怕的日子里“葬礼连绵不断，而送葬者却寥寥无几”。扛夫们抬着的往往是整个死去的家庭，把他们送到附近的教堂里去，在那里由教士们随便指派个什么地方埋葬了事。当墓地不够用的时候，他们就将占地较大的老坟挖开，然后再把几百具尸体层层叠叠地塞进去，就像往船舱里堆放货物一样。在长达6个月的鼠疫期间，佛罗伦萨的居民死掉一半以上。鼠疫对锡耶纳的蹂躏也同样残酷，为了使大量的死者尽快入土为安，那里不得不加盖新的教堂。在帕尔玛，诗人佩特拉卡的一个朋友，全家人在3天内都因鼠疫而相继死去，诗人为此留了悲伤的诗句。

没过多久，这种残酷的现象在欧洲已经比比皆是。法国的马赛有56000人死于鼠疫的传染；在佩皮尼昂，全城仅有的8名医生只有一位从鼠疫的魔掌中幸存下来；阿维尼翁的情况更糟，城中有7000所住宅被疫病弄得人死屋空，以至罗马教皇不得不为罗纳河祈祷，请求上帝允许把死者的尸体投入河中；巴黎的一座教堂在9个月当中办理了419份遗嘱，比鼠疫暴发之前增加了40倍；甚至历史上著名的英法百年战争也曾由于爆发了鼠疫被迫暂时停顿下来。

据历史记载，鼠疫给荷兰和法兰德斯地区(欧洲大陆濒临北海的一个区域，后来分属于荷兰、比利时和法国)带来的灾难也异常惨重，死亡人数之多令人难以置信。从那里经过的旅行者们见到的是荒芜的田园无人耕耘，洞开的酒窖无人问津，无主的奶牛在大街上闲逛，当地的居民却无影无踪。在比利时的图尔耐城，主教大人成了鼠疫的第一个受害者。下葬时，教堂为他敲响了丧钟。从这天起，每天早晨、中午和晚上，送葬的钟声不停地为新的死者哀鸣。

公元1348年年底，鼠疫传播到了德国和奥地利的腹地，瘟神走到哪里，哪里就有成千上万的人被鼠疫吞噬。维也纳曾经在一天当中死亡960人，德国的神职人员当中也有1/3被鼠疫夺去了生命，许多教堂和修道院因此无法维持。

在英国，由于鼠疫的蔓延，公元1349年1月，英国国王爱德华三世（公元1327～1377年）决定把国会推迟到4月27日；接着又在3月发出通知，宣布由于鼠疫会议无限期推迟。鼠疫造成了人力奇缺，为了对付鼠疫带来的慌乱，爱德华时期还制定了英国著名的劳工法案。法案的序言中写道："鉴于大部分人民，主要是工人和雇工死于鼠疫，并且某些人趁主人需要和缺乏雇工之机，要求主人付给他们极高的工资，否则不愿为主人劳动；而另一些人游手好闲，宁愿乞讨度日，也不愿为主人劳动。根据我们的高级教士和贵族及其他有技能者之建议，特规定：王国境内凡身强力壮之男子和女人，年龄在60岁以下者，无论自由或非自由的，若非靠做活为生，或无钱以维持生计……若需要为别人工作，其工资须按本王即位后第20年的惯例支付。"但是，这项法令的后果是强迫人们劳动，而不增加工资，于是发生了英国历史上最重要的一次农民大起义，即瓦特·泰勒起义。据记载，在伦敦，沃尔特·曼尼爵士出于慈悲为伦敦市民购置墓地埋葬了50000具尸体，这个地点后来建起了沃尔特修道院作为纪念。

欧洲其他地方的情况也大致相同。鼠疫使拜占庭皇帝失去了一个儿子；在斯普利特有些人虽然从瘟疫中挣扎着活了下来，却没有逃过狼群的残害；西班牙国王阿尔方斯也未能逃脱瘟神的魔掌，染病死去。

公元1351年，鼠疫渐渐地平息下去，欧洲的人口大约损失了1/3。后来的300年当中，鼠疫曾经一再重新爆发，成为欧洲死亡率最高的传染病之一。

1918年的“西班牙女士”

越是温柔的名字，往往越具有不可小瞧的杀伤力。

1918年，第一次世界大战以同盟国的战败投降而告终。战争造成了1000多万人死亡，人们盼望着和平宁静的生活。然而就在此刻，一场更大规模的灾难使得第一次世界大战的死亡幽灵相形见绌。就是所谓的“西班牙流感”。

“西班牙流感”也被称为“西班牙女士”，不过它却有些名不符实。这场流感绝对没有它的名称那样温柔。

现有的医学资料表明，“西班牙流感”最早出现在美国堪萨斯州的芬斯顿军营。1918年3月11日午餐前，这个军营的一位士兵感到发烧、嗓子疼和头疼，就去部队的医院看病，医生认为他患了普通的感冒。然而，接下来的情况出人意料：到了中午，100多名士兵都出现了相似的症状。几天之后，这个军营里已经有了500名以上的“感冒”病人。

在随后的几个月里，美国各地都出现了这种“感冒”的踪影。这一阶段美国的流感疫情似乎不那么严重，与往年相比，这次流感造成的死亡率高不了多少。在一场世界大战尚未结束时，军方很少有人注意到这次流感的暴发——尽管它几乎传遍了整个美国的军营。

随后，流感传到了西班牙，总共造成800万西班牙人死亡，这次流感也就得名“西班牙流感”。9月，流感出现在波士顿，这是“西班牙流感”最严重的一个阶段的开始。10月，美国国内流感的死亡率达到了创纪录的5%。战争中军队大规模的调动为流感的传播火上浇油。有人怀疑这场疾病是德国人的细菌战，或者是芥子气引起的。

这次流感呈现出了一个相当奇怪的特征。以往的流感总是容易杀死年老体衰的人和儿童，这次的死亡曲线却呈现出一种W形——20~40岁的青壮年人也成为死神追逐的对象。到了来年的2月份，“西班牙流感”迎来了它相对温和的第三阶段。

数月后，“西班牙流感”在地球上销声匿迹了。不过，它给人类带来的损失却是难以估量的。科学家估计，有2000万～4000万人在流感灾难中丧生。相比之下，第一次世界大战造成的死亡人数只有它的1/4～1/2。据估计，在这场流感之后，美国人的平均寿命下降了10年。

作为一种传染病，流感至少已经有了2000多年的历史。1918年“西班牙流感”的危害甚至超过了中世纪欧洲爆发的鼠疫，与最近20年流行的艾滋病打了一个平手（全球大约有7000万人感染艾滋病，2000万人死亡）。

席卷全球的麻风病

麻风病曾经肆虐全球，在医学发达的今天，仍会有人感染麻风病。

雅典瘟疫被认为是史书最早详细记载的疫病，但却算不上最早留有记录的疫病。人类文明史上最早留有记录的疫病之一，便是麻风病。

世界上有关麻风病起源的地点、时间和原因的推测众说纷纭。关于麻风病起源地点和时间的推测，多数认同最有可能源于南亚的印度，因为公元前600年前的古印度文献已经有了明确记载。另有一些人认为，麻风病发端于埃及，时间上至少在公元前1552～公元前1350年，然而这被认为只是一种很具想象力的猜测。也有人认为，此病约于3000年前来自古代文明的中国、埃及及印度等地，后来传播到欧洲、亚洲其他地方，以及最终遍布世界各地。

引起麻风病的根本原因至今不详，尽管如此，人们还是认为营养不良、卫生状况差、古老的结核病菌感染、酒精中毒，或许还有遗传变异等诸种健康保健和生活环境因素的综合作用，可能助长了麻风病的产生和传播。

麻风病可以说是人类史上分布地域相当广泛的传染病之一，世界上几乎各大洲都有过麻风病的传播。

亚洲的麻风病传播情况，被认为印度出现麻风病后不长时间，中国便成了下一个受麻风病传染的国家。尔后，该病从中国传到日本、越南，并逐渐传遍了东南亚。但对此让人不禁质疑的是，印度同中国间隔世界最高山脉喜马拉雅山，麻风病又是怎样地翻越过这条山脉而在中国内地传播的呢？是翻越山脉的野牛成就了传播链，还是人与人直接感染的呢？没人对此提供确凿答案。

那么，麻风病如何在北非流传，尔后又怎样传入欧洲的呢？古老传说中称希伯来人是一个麻风病群体，埃及人骑马经过他们的土地而染上了麻风病。因而认为古埃及的麻风病来自希伯来人。另一种传说则描述了相反情景，认为肯定是希伯来人出埃及时因遭到污染物的污染而感染上了麻风病。这些传说从《圣经》中都能找到痕迹。

麻风病传出埃及后的进一步扩散，被认为同腓尼基人有关。腓尼基航海者漂洋过海，把麻风病带入叙利亚及其他同他们经商的国家或地区，所以古希腊名医希波克拉底才把麻风病称之为“腓尼基病”。公元前8～公元前5世纪，爱琴海地区战争不断，并波及北非和西亚，有大量北非及西亚人沦为奴隶而被带入希腊半岛，因而多数学者认为是希腊人将麻风病由埃及传入欧洲的。

也有人认为是亚历山大大帝远征印度时带回了麻风病。地中海周围地区是欧洲最早受麻风病影响的地区，尔后从地中海向西传播。后来阿拉伯人的入侵、十字军征伐等都大大加重了欧洲的疫情，无任何地方幸免。

中世纪欧洲医药方面较为落后，对于麻风只有恐惧，没有有效应对的方法。

整个欧洲的麻风病高峰期是在中世纪。公元13世纪初，蔓延开来的麻风病使这一时期的欧洲估计有19000个用于隔离的麻风病禁锢所。公元14世纪中期起，麻风病疫情开始在欧洲中部和西部逐渐消退。到了公元17世纪末，除少数几个地方外，动辄感染麻风病的现象在欧洲已很罕见。19世纪挪威又出现过一次疫情高峰，但到了20世纪50年代，那里的最后一座麻风病医院也归于关闭。

19世纪初，太平洋一些岛屿遭受麻风病的袭击。麻风病途经菲律宾，沿着太平洋诸岛向夏威夷挺进，同来自美洲的传染源一同夹击了夏威夷，随后传向新卡里多尼亚，1912年又抵达瑙鲁。

美洲土生土长的印第安人原本没有麻风病流行，到了公元15世纪末~16世纪初，哥伦布发现“新大陆”后不久，才由西班牙人传入南美洲。公元1543年，哥伦比亚首先发现了麻风病人。此后欧洲殖民者贩卖非洲黑人奴隶至美洲，造成了麻风病在南美传播的扩大。以致美洲大陆中部的墨西哥、西印度群岛等地麻风病也开始盛行。

大洋洲澳大利亚和新西兰的麻风病，可能是公元16世纪经由西班牙和葡萄牙人带入，也可能是由中南半岛、印度尼西亚及波利尼西亚的移民传入。至于各大洋中那些岛屿上的麻风病最早传播者，则被认为是“地理大发现”时期来自欧洲的所谓“发现者”。

第十一篇

离奇的巧合谜团

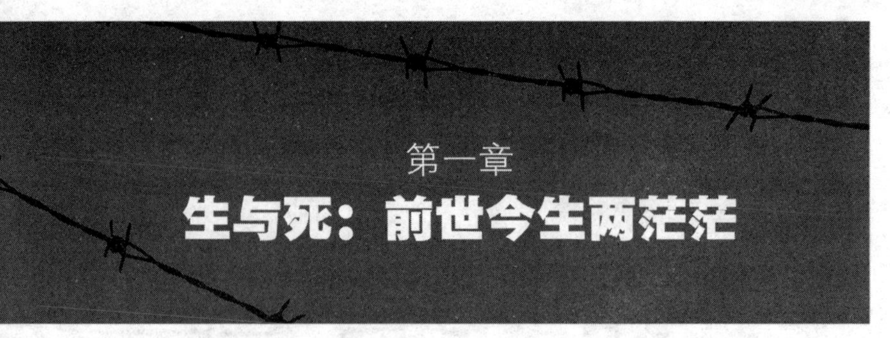

第一章 生与死：前世今生两茫茫

生死谁能定，茫茫问苍天。

特科抹人诅咒

结尾数字是零的年份当选的美国总统，将遇上危及生命的大灾大难，死于任上。

美国政府在美洲无所顾忌的征伐，没想到竟然为将来留下了莫大隐患。

传说公元1811年，美国将军威廉·亨利·哈里森率领的军队，在蒂皮卡诺大战中一举击溃了著名的美国印第安人首领特科抹人和他的军队，并对印第安人实施了残酷的屠杀。愤怒的特科抹人对美国人施加了咒语。诅咒是这样说的：我告诉你，哈里森将死。继他之后每隔20年，每个在尾数是“0”的年份当选的总统都必须在任上死去。美国每4年一任总统，所以每20年就有一任是在结尾数字是“0”的年份当选。

1840年，威廉·亨利·哈里森将军在总统大选中获胜。在就职演说当天，因天气原因感冒，1个月后就因肺炎死亡。20年后的1860年，亚伯拉罕·林肯当选总统，1865年就被枪杀。在1880年大选中获胜的詹姆斯·加菲尔德，上任4个月后就遭枪杀。1900年，当选总统的威廉·麦金莱上任一年半后被枪杀。1920年，沃伦·G·哈定当选，在旅行途中突发心脏病而死。富兰克林·D·罗斯福1940年第3次当选总统，但在第4次当选总统后不久就因大脑动脉瘤不治身亡。最年轻的美国总统约翰·肯尼迪在1960年当选美国总统，于1963年遭枪杀。

“特科抹人诅咒”究竟是巧合，还是真有此事？

子弹的记忆

人和动物有记忆，这是众所周知的。然而，有谁能想到子弹也会有记忆。

子弹也有记忆，它知道自己的目标在何方，只要锁定目标，无论遇到什么阻碍，只要它存在，就必将击中目标。

1893年，在德州经营霍尼克洛乌牧场的亨利·席格兰特结婚后，又喜欢上了另外一个名门闺秀。席格兰特十分苦恼，于是对爱人梅莉感到十分嫌恶，看她什么都不顺眼，觉得她既长得难看，又没有什么趣味。她一点也不可爱，整个人没有一点值得让他欣赏的。这个时候的席格兰特，已经完全忘记了自己当初是如何追求现在的妻子的。正因为如此，席格兰特对待自己的妻子十分冷淡无情，经常无辜打骂。这让可怜的梅莉经常独自哭泣，她不知道究竟发生了什么事情，也不知道丈夫怎么就不爱她了。终于有一天，梅莉伤心地自杀身亡了。

梅莉的兄长对于席格兰特的行为感到无比愤恨，他知道是席格兰特害得梅莉自杀的。他发誓要为梅莉报仇。于是有一天，梅莉的兄长就带着手枪向席格兰特开了枪，子弹从席格兰特的脸颊擦了过去，击中了身后的一棵大树。但是，梅莉的哥哥以为自己杀死了席格兰特，接着就举枪自杀了。

席格兰特终于与自己心爱的人在一起了。事情经过了20年之后，有一天，席格兰特要把那棵大树砍倒，但因树太硬，很不容易砍倒，于是他就用炸药来炸。当然，席格兰特并没有忘记，20年前从脸颊上擦过的那颗子弹仍留在大树上。他做好了一切准备之后，便点燃炸药，当炸药爆炸时，波及了这颗嵌在树上的子弹，它弹了出来。正巧击中了席格兰特的头部，席格兰特终于一命呜呼了。命运让席格兰特还是死在了这颗子弹下。

这颗子弹整整迟到了20年，或许它虽然在树干之中静静地等待了20年，然而复仇的灵魂已经附体，它必然有爆发的一天。

生死之交

无论是国王还是平民，在死神面前是同一终点。

互不相识的两个人，一个是高高在上的国王，一个是普通的平民百姓，两人生平从未谋面，所有的人生轨迹却异常相似。偶然的一次相遇，使两人知道了彼此的存在，而这次偶然的相遇，也是唯一的一次人间相遇。

1900年7月28日，意大利国王翁贝尔托一世偕同副官抵达米兰几英里的蒙察，准备在次日一个运动会上颁发奖品。当晚，他和副官进入一家小饭馆用膳。店主听候他们点菜时，国王发现店主无论在面貌或体格上都酷似自己，便对热情的店主说："您坐下来，我们谈谈好吗？你长得太像我啦。"在闲谈中他发现彼此有许多相同之处，他们两人都感到很惊奇。

两人都是1884年3月14日生于同地，都叫翁贝尔托；同在1868年4月22日结婚，妻子都叫玛格丽塔，各有一个取名叫维托里奥的儿子。翁贝尔托一世加冕之日，另一个翁贝尔托的饭馆开张营业。

国王在惊异这些巧合之余，问店主："既然我们有那么多的相同之处，为什么我们以前从未相遇过呢？"店主回答说："事实上我们曾两次同时获得英雄勋章，第一次是1866年，那时我是一名二等兵，国王您则是一名上校。第二次是1870年，那时我们两人分别晋升为中士及军长。"国王高兴地对副官说："我想明天给这个人颁发意大利王室骑士衔，切记要他出席运动会。"

次日，国王问起那个店主时，获悉他已于当日的一次枪击中意外丧生。国王大吃一惊，连忙吩咐副官："你去查明葬礼什么时候举行，我要亲自参加。怎么会这么巧合呢？偏偏是这个时候？”就在这时候，有个刺客连发三枪，第一枪未射中国王，其余两枪却穿过他的心脏，国王当场倒毙。

巧合，真的是太巧合了。怎么偏偏是这个时候呢？难道上天安排他们的最后一次见面，就是让他们见证自己的创造，然后就将他们一起毁灭？

命硬，由不得自己

连克五位审判官，谁是下一个？

如果一个人的命硬，就是说他的生辰八字特殊，本命强劲，不易受到刑克，适于生长，但是他却可能克死自己周围的人。

英国伊斯特本的劳工领袖布莱克曼，因为与妻子性格不合而离婚了。离婚时法院要他付钱赡养妻子。但是，布莱克曼一直不肯付钱赡养妻子。他觉得既然已经离婚了，就应该自己养活自己，怎么能再让他付钱赡养呢？这太不公平了。布莱克曼的妻子因此上诉法院。离奇的是，那些判他付钱的法官，一个个都遭到了厄运。

布莱克曼坚持拒付赡养费，所以在1922年4月首次遭到起诉，并被判入狱。审判他的一名地方法官名叫杜克，不久就去世了。

虽然如此，布莱克曼仍拒绝付钱，因而再遭判刑。此后，地方法官莫林诺斯郎莫名其妙地得了重病，很快就逝世了。

布莱克曼第三次为此事出庭受审时，在宣判后几分钟，地方法官法内尔突患脑出血，不省人事，就此与世长辞。

布莱克曼仍坚持自己的观点是对的，就是不付赡养费，于是又于1923年10月在伊斯特本郡法院由法官麦卡尼斯审讯。他再度入狱。这位法官也因此而死亡。布莱克曼出狱时，正赶上这位法官的葬礼。

1924年7月末，布莱克曼五度被判刑。布莱克曼让法院的人伤透了脑筋。到9月间，审讯此案的一名地方法官赫尔比也没有任何征兆地死了。

有记者采访布莱克曼，问他为什么会有如此奇怪的事发生，这些事情是不是与他有关。布莱克曼就5名法官的死亡事件表白说：“那可能只是个无意义的巧合，我对他们绝无半点恶意。这些事情跟我没有任何关系的。我不想害人，只是不想付赡养费而已。”

生命的轮回

人死亡后会到哪里去呢？难道真的有轮回吗？

1953年，古普塔生于印度西孟加拉邦坎帕村。1955年她只一岁半时，经常把枕头放在摇篮里不停地摇，还叫枕头“米妞”。别人非常奇怪，这样小的孩子就知道给东西起名字，还真的从来没有遇到过，于是问她“米妞”是谁，吉普塔回答说：“我的女儿。”听到这话，人们就更加奇怪了。

在随后的3年中，古普塔常对家人说起自己的丈夫、女儿及一家人的生活琐事，还说她的前生名叫玛娜，她的女儿米妞、丈夫和他的兄弟基图、卡基纳现仍居于帕德巴拉的拉塔拉，离坎帕村11千米。家人觉得不可思议，以为女儿被魔鬼附身了。

后来，古普塔请求家人带她去拉塔拉，家人从没听说过有那个地方，不知道该怎么去，古普塔说可以引路。为了验证女儿的话，家人决定带她去拉塔拉。

古普塔的父亲后来经过调查发现，确实有拉塔拉这个地方，而且真有一个名叫基图的人住在那里。他还查访到基图有一个嫂子名叫玛娜，数年前已去世，遗下一个女儿米妞。古普塔的父亲好奇心顿起，他觉得太不可思议了，这似乎是一个神话。于是，他安排两家人见面，想弄清事情的原委。

1959年夏天，古普塔和父母一起前往拉塔拉，她带路来到以前的“公公”家，把多年来提过名字的人一一认出来。最不可思议的是，她竟说出卡基纳的名字，人人只叫他库图，连近邻也不知道他的原名。难道他们之前真的认识？

古普塔认得屋内很多东西，还从一大堆别人的衣服中找到玛娜的纱丽服，向别人讲起一些关于衣服的事情。她对“丈夫”和米妞特别关心，一直不停地问这问那。大家都觉得这是一件不可思议的事情。可是，又不知道该如何来解释，只能瞪大眼睛在一旁看着。

事后进行的调查显示，这两家人以前未犯过欺诈罪，也没有欺诈的动机。也就是说，这不是一起事前安排好的骗局，那么，这究竟是真是假呢？难道古普塔真的是玛娜转世投胎？这样的故事只在传说中出现过，现实中真的会发生吗？

古普塔的故事只是史蒂文森教授收集的几百件奇怪事例中的一件。他在美国弗吉尼亚大学任教，知道有些儿童能描述别人的住宅、工作和亲属，而那些人是他们今生所不认识的，有些甚至是去世已久的，他认为这些都是轮回的真实事例，并花了20多年时间加以研究。

荷兰研究人员泰特斯与里弗斯对史蒂文森收集的很多事例表示怀疑。他们特别指出，在很多所谓轮回的事例中，“前生者”根本就是其家庭成员或是认识的人，因此“轮回者”可能只能回忆起潜意识记住的资料。

肯尼迪家族的悲剧

肯尼迪家族以其政治精英闻名世界，然而这个家族也充满了悲剧色彩。

在美国人的理念里，极为推崇成功人物和政治人物之类的明星，而在这些明星人物中，肯尼迪家族无疑是一个精英家族，或者可以说是一个童话般的家族。

肯尼迪家庭的成员都是杰出的政治人才，年轻有为，风度翩翩，美丽迷人，魅力无穷，影响美国社会近半个世纪，像约翰·肯尼迪当选美国第35任总统，罗伯特·肯尼迪当选纽约州参议员，爱德华·肯尼迪当选马萨诸塞州参议员，等等。他们不耽于财富，积极投身于服务国家和人民，为弱势群体争取权益，变成了忠诚、魅力、希望和理想的象征，被人们誉称为美国的皇室，以至于与肯尼

肯尼迪兄弟

迪家族有关联竟成了美国青年工作简历中十大谎言之一。

肯尼迪家族来自爱尔兰，信奉天主教，曾长期被排除于新英格兰富有的新教徒俱乐部之外。在新大陆，肯尼迪家族的地位与王室家庭相当，但命运将肯尼迪家族暴发户们的传奇变成了悲剧。

1963年11月22日下午，美国第35任总统约翰·肯尼迪在夫人杰奎琳·肯尼迪和得克萨斯州州长约翰·康纳利陪同下，乘坐敞篷轿车驶过得克萨斯州达拉斯的迪利广场时，遭到枪击身亡。约翰·肯尼迪是美国历史上第4位遇刺身亡的总统，也是第8位在任期内去世的总统。负责总统遇刺案调查工作的沃伦委员会在经过了长达10个月的调查之后，于1964年9月发表了一份官方报告，在此份报告中指出，刺杀约翰·肯尼迪的凶手是得克萨斯州教科书仓库大楼的雇员李·哈维·奥斯瓦尔德，正是他从教科书大楼6层上的窗口向乘坐敞篷车正从楼下经过的总统开枪将其刺杀的。

按照官方的说法，约翰·肯尼迪之死没有什么秘密，没有“神奇”子弹，没有第二杀手梯队，总而言之，没有什么阴谋。只是一个神经有点不正常的杀手李·哈维·奥斯瓦尔德躲在一个书库的6楼上暗杀的。

然而，就在约翰·肯尼迪遭暗杀的当天，达拉斯出版的一份报纸《达拉斯晨报》曾刊出过一个整版的广告。这则广告四周被围上了黑框，就像是一副讣告，而标题《欢迎光临达拉斯，总统先生!》，内容是向肯尼迪提出了12个问题。据说，在肯尼迪遇害的那天早上，他和他的夫人杰奎琳都曾阅读过这张报纸。第二天早晨，全美国的报纸都画出了黑框。对于亿万美国人来说，约翰·肯尼迪总统遇刺身亡代表着“未来的一种难以估量的损失”。难道约翰·肯尼迪的死与《达拉斯晨报》的广告只是一个巧合?

肯尼迪的家族是一个悲剧式的家族，许多家族成员因为这样那样的原因死去，有被杀、各种事故、绯闻等。

约翰·肯尼迪总统遭暗杀的阴影还未褪去时，1968年6月，他的弟弟罗伯特·肯尼迪被提名为民主党总统候选人，可是在参加总统竞选时在洛杉矶遭枪杀身亡。

1969年7月18日，爱德华·肯尼迪在恰帕魁狄克岛酒宴之后，驾车坠桥，自己九死一生活了过来,但同车的年轻女助理柯普珍却溺死车中。

约翰·肯尼迪总统的9名兄妹中有2名被暗杀，2名因飞机事故而死，1名没能过上正常的生活。

肯尼迪家族的悲剧也持续传给后代。肯尼迪总统的儿子都死于非命。他的次子在他被暗杀的3个月前因早产出生，但3天后死去。

罗伯特·肯尼迪的儿子于1984年在佛罗里达州疗养院被家人赶出后，在附近宾馆里被发现因服药过多而死亡。

1997年12月，迈克尔·肯尼迪在科罗拉多滑雪时受伤，翌日在医院不治身亡。

还有爱德华·肯尼迪的长子——爱德华·肯尼迪二世在1973年因癌症切断右腿,次子派垂克·肯尼迪，现任众议员，1986年曾因使用可卡因成瘾接受治疗。

1999年7月，随着小约翰·肯尼迪驾驶飞机一头栽进海中，一个谈不尽的话题再次被炒得沸沸扬扬：这个著名家族为何如此多灾多难?

万幸中的不幸

本来是救命，谁知踏上黄泉路。

人生在世，永远不知道下一秒究竟会发生什么事。幸与不幸总是纠缠在一起，让你不知所措。

1977年，纽约市有个男人，在街道上行走时，被一辆货车撞倒。奇怪的是，他竟然没有受伤。正当他觉得自己算是幸运，从地上爬起来准备离开时，一个过路人劝他说："你躺在地上，不要动，假装受伤。这样，你便可以向保险公司索赔。"他觉得很有道理，于是又横躺在货车前面。就在他躺下的时候，货车司机以为他已经走开，便发动车子，结果货车从他身上一碾而过，他在保险梦中一命呜呼。

1983年，洛杉矶厂主路达史华兹，在台风中，侥幸从狂风荡平了的小型厂房中逃了出来，只受了轻伤。台风后，他返回废墟视察，一堵未被摧毁的砖墙突然塌下，将他压在下面，他躲过了台风，却没有躲过台风的尾巴。

这种巧合不仅在美国发生过，欧洲的国家也不少。

1979年，英国列斯市26岁的商店售货员路达赫拉斯，由于一个龋齿疼痛异常，而他又最怕见牙医，于是请他的朋友在他的牙床骨外重击一拳，希望把龋齿打落。他的朋友不好意思推却，于是打了他一拳。不料路达赫拉斯被击中以后，站立不稳，头部撞在一块凸起的大石头上，头骨破裂而死。真是牙疼不是病，疼起来"真要命"。

1983年7月，一场风暴席卷了意大利那不勒斯市。45岁的维多利亚路易斯，在驾车回家途中，被狂风连人带车吹落激流中，几经艰辛，他才打破车窗，挣扎上岸。正当他为自己庆幸时，一棵大树被狂风连根拔起，刚巧击中他的头部，他因此而丧命。

没有什么不可能。这正应了"祸兮福之所倚，福兮祸之所伏"这句话。在没有真正脱离险境之时，不要过早庆幸。

不合时宜的思念

距离，拉不开死亡的召唤。

姊妹情深，人之常情。然而有一对姊妹由于思念的不合时宜却导致了一场悲剧的发生，最终同赴黄泉路。

居住在美国亚拉巴马州的多里斯和谢拉姐妹俩平时都特别忙。两人都有自己的公司，再加上各自有儿女，所以平时难得见面。

虽然如此，姐妹俩的感情还是非常深的。小时候两人一起上学，一起下课，一起上床睡觉，形影不离。无论买什么吃的穿的，都是一人一份。两人好得就像一个人似的。有人欺负其中一个了，另外一个绝对会出面。爸妈说她们两个是影子姐妹。邻居们也说很少见过关系这么好的姐妹。

两人渐渐地长大了。出嫁后，两人住的地方离得比较远。这使得她们很少有时间在一起了。不过，她们还是会忙里偷闲，偷空去找对方的。

有一个星期天，多里斯突然很想见见妹妹了。她想，自己都快一年没有见到妹妹了，想去找她，但并不提前通知她，到时候给她一个惊喜。于是，多里斯化了个淡妆，穿上了妹妹最喜欢自己穿的衣服，收拾好东西。提着手提包的多里斯快出门时才对正在看报纸的丈夫说："我要去拜访一下我妹妹，突然很想看到她了，孩子就由你照看了。"丈夫爽快地答应了，并且说了声："路上开车小心呀。"

于是，多里斯开着汽车从家中出发，沿第25公路朝妹妹家中行驶。很巧的是，此时妹妹谢拉也是很想见姐姐，也开着车去姐姐家，准备给姐姐一个惊喜。然而，就在路中间的某个路段，这对姐妹俩的车子不知怎么回事，突然就碰到了一起。姐妹俩当场死亡。

自杀薄情郎

到底是谁该死，巧合中有注定。

自古薄情多命舛，"婚外情""情人"泛滥的年代，不合理似乎也变成了合理。然而，天理自公正，合理的就是合理的，不合理的永远也合理不了。

维拉·捷马克在一个非常偶然的情况下，发现了丈夫藏着的一个漂亮女人的相片与信件。维拉浑身颤抖着把这些信件看完了。从这些信件中，维拉知道，她的丈夫与这个女人是在一次旅游的途中认识的，他们之间已经有了3年的婚外情。如今，这个女人要逼丈夫向自己摊牌离婚。

维拉看了这些信件后，感觉自己浑身冰冷。她是多么爱自己的丈夫呀。可是，丈夫却如此对待她。回想起自己与丈夫恋爱的每一个情节，她痛苦万分。她现在终于明白了丈夫近几年的异常行为，说公司加班，经常凌晨才回家；很多星期六、星期天都要出去，说是去见客户。她原来毫不怀疑自己的丈夫，因为她是那么爱他。可是，没想到事情原来是这样，他竟然是与情人约会。

经受不住这突如其来的打击，维拉想到了自杀。她写了一封遗书，愤怒地谴责了丈夫的负心。然后，就从3楼跳了下去。她正好落在了一名刚巧从公寓底下走过的男人身上，维拉只受了点轻伤，那个男人反而死了。维拉爬起来一看，这个男人正是她已变心的丈夫！

“黑寡妇”的巧合

三任丈夫都在婚后离奇死亡，是巧合还是谋杀？

在美国得克萨斯州达拉斯市有一位桑德拉·鲍尔斯女士，曾经三次结婚，三任丈夫先后都在婚后离奇死亡。而桑德拉则一次次得到了巨额的保险金。

桑德拉在二十几岁时和第一任丈夫牙医戴维·斯泰加尔结了婚，但婚后没多久，她的丈夫就开枪自杀身亡，桑德拉因此获得了一笔丰厚的保险金。两年后，桑德拉又嫁给了一名来自石油家族的男子鲍比·布里德威尔，但4年后，鲍比死于癌症，桑德拉又继承了一笔丰厚的遗产。

1984年，桑德拉又嫁给了银行家艾伦·里赫里格。但婚后1年，艾伦就和桑德拉分了居，不久，艾伦被人射杀在自己的汽车里，警方至今都没有找到杀死艾伦的凶手，而桑德拉再次领到了10万美元的保险赔偿金。

原本人们并没有将这几位丈夫的死与桑德拉联系起来，直到她因涉嫌欺诈罪被警方逮捕，警方在调查过程中才发现，她的前三任丈夫竟然全都在婚后离奇死亡，怎么会如此巧合呢？

由于缺少有力的证据，警方虽然怀疑桑德拉是专门杀夫谋财的“黑寡妇”，但也只能是怀疑而已。

同日生同日死的双胞胎

双胞胎因为同一胎同日出生，故而被称为双胞胎，可是你听说过双胞胎同日死亡的事情吗？

在芬兰，有一对70岁高龄的双胞胎兄弟在同一天先后因车祸丧生，出事时间只差两小时，而且两人都是骑自行车穿越同一条马路时被卡车突然撞死的，如此多的巧合发生在两个人身上，真的可以说是一件奇事了。

据了解，这对不幸的双胞胎兄弟生于1931年，一个住在帕蒂约基，另一个住在拉海，两家的距离仅有2～3千米。

这两起不幸的车祸发生在距芬兰首都赫尔辛基市北方约600千米的拉阿镇。一天，这对孪生兄弟中的哥哥骑自行车通过一条马路时，由于正刮着暴风雪，能见度很差，他没注意到马路上驶来的一辆卡车，而卡车司机也没有看见他，来不及刹车，当场将孪生兄弟中的哥哥撞倒在地。由于天气恶劣，影响了救护车的行驶速度。当医生赶到时，他已经停止了呼吸。

然而，两小时后，令人惊奇的事情发生了。孪生兄弟中的弟弟在中午时分也骑自行车外出，当时天气虽然已转晴，但路面很滑。弟弟在距哥哥死亡地点南1000多米的地方穿越同一条马路时，也被撞身亡。当时正巧一辆汽车通过，弟弟减速让过了汽车，但他没有看到汽车后面还有一辆卡车，在着急穿过马路的时候被卡车撞倒。当医生赶到时，他也早已经停止了呼吸。当时，参与救护的医生还感到非常奇怪，因为这两个人太相像了，简直认不出是两个人，他还以为自己产生了幻觉。经过调查，才知道原来两个死者是孪生兄弟。

据处理事故的交通警察表示，第二起车祸的丧生者不可能知道孪生兄弟遇难的事情，因为警方直到第二起车祸发生前不多久，才辨认出第一起车祸的死者身份。这名警察感叹道，这样的双胞胎兄弟还真少见，不但同日同地生，而且还同日同地死。难道真的是命中注定的吗？但谁又能解释得清呢？

同生同婚共死

双胞胎虽然很常见，但同一天结婚又同一天逝去的双胞胎，相信很多人都没有见过。

在印度，有一对孪生姐妹在同一天结婚，活到114岁时在同一天去世，这个惊人巧合在当地广为流传，成为一时佳话。

孪生姐妹卡利和巴图利出生于印度中部西耶市，姐妹两人从小就感情非常地深厚，非常的有默契。她们两人不但长得一模一样，连兴趣爱好也几乎是一模一样的。两人都喜欢穿绿色的衣服，都喜欢跳舞等。当然，这可能在双胞胎里不算是特别稀奇的事，可是后来发生的事情就不同寻常了。

在感情方面，姐妹俩同时爱上了自己的男友。与男友相恋一段时间后，两人又同时与男友谈婚论嫁。更为巧合的是，她们在同一天结婚，分别嫁入两个家庭，从此分开生活。不过，结婚后，姐妹俩的感情依然非常好，两个家庭之间经常来往，关系融洽得就像是一家人。

后来，她们的丈夫相继因病去世。姐姐卡利知道妹妹的丈夫也去世后，就对妹妹提议两个人搬到一起住，这样，相互之间也有个照应。妹妹同意了。于是，姐妹两人又像小时候一样再住在一起，共度余生。两姐妹可谓儿孙满堂，她们在体味姐妹情深的时候，也享尽了天伦之乐。

由于心态好，姐妹俩都非常长寿，活到了114岁，被当地人称为“人瑞”，深受人们的尊敬。有一天，卡利突然感觉身体不舒服，家人赶紧把她送往医院。可是，不幸的是，当他们把卡利送往医院后，医院经过简单的检查，遗憾地宣布她已经停止呼吸了。家人非常伤心，顿时哭作一团。

可能是巴图利和卡利心有灵犀，她也差不多同一时间在家中寿终正寝。两姐妹生前一起度过了114年，死后还将继续在一起，双胞胎之间的感应真是一件神秘的事情。

卡利和巴图利逝世后，后人知道她们姐妹情深，决定将她们合葬，令两人永不分离。生能同室，死能同穴，姐妹俩真的可以含笑九泉了。

妹妹猝死，姐姐厌世

双胞胎会产生心理感应，这是被大多数人所认可的，然而在死亡上产生感应，就不太寻常了。

2000年9月28日中午，中国台湾省台北市一双胞胎的妹妹不知何故猝死，姐姐闻讯20分钟后也出现求生意志薄弱的情况，这不能不说是一件奇事。

据了解，这对孪生姐妹关系非常好，她们有许多相似的特征。在母亲眼中两个人简直就是一个人。小时候，姐妹俩一起上学，一起下课，甚至一起喜欢上了她们英俊的班主任。平时，她们两人都喜欢穿一模一样的衣服，做一样的发型，穿一样的鞋子，非常难以区别。姐妹俩太像了，外人根本分辨不出来，甚至她们的父母有时候也经常犯糊涂，分不清究竟哪个是姐姐、哪个是妹妹，有时候会出现认错人的笑话。

后来，姐妹俩长大后都各自结婚了，有了各自的家庭，就没有再住到一起了。当然，姐妹之间的感情还是非常的好，她们的默契还是一如既往地让人吃惊。有时候，她们会相约一起回家看望父母，在父母看来，她们还是像以前一样相似。

9月28日中午，孪生姐妹刚好一起回家看望父母，吃过饭，她们一起在原来住过的屋子里玩耍、聊天。突然，孪生中的姐姐发现身体不好的妹妹口吐白沫，眼神涣散，有发病的症状，便赶紧叫来爸妈送她去医院。可是，医生还没来得及对她进行救治，妹妹就不治而亡了。

当爸爸将妹妹死亡的消息告诉了稍后赶来医院的姐姐后，姐姐非常伤心，一直对着妹妹的遗体痛哭。然而20分钟后，姐姐突然眼神呆滞，茫然若失，并且不再说话了，仿佛有厌世的情绪。她的父母害怕极了，急得直哭，赶紧找来医生进行治疗。

精神科医生经过诊断认为，双胞胎之一若猝死，另一方常常会产生厌世的念头，这是双胞胎之间的心理感应。尤其是同卵双胞胎，基因和生长环境都一样，情感联结比一般兄弟姐妹还强，常常会出现“感同身受”的情况。双胞胎姐妹的父母说，这对双胞胎不仅长得像一个模子出来的，而且二人走路的姿势也非常相像，连抽的烟都是同一个牌子。这种同样的状况，重演的概率是一般人的10倍。

与车祸结缘的人

一个人遭遇车祸是可能的，然而在几十年中经历127次车祸，我们该用什么来形容呢？

有一名英国男子名叫内尔，时年59岁，是一名建筑业经理。内尔是一个与车祸结缘的人，在其一生中总计遭遇多达127次（包括坠机和撞车在内）重大交通事故。

据了解，由于工作关系，内尔经常要出差，他去过世界许多地方，但不管是在国内还是在国外，噩运就仿佛幽灵一般跟随着他。几十年中，他遭遇了众多的重大交通事故，以至于他都不敢出门了。

内尔说，第一次车祸是在他17岁时发生的。当时他正在考驾驶执照，不料手中的换挡杆突然脱落，汽车像脱缰的野马一般横冲直撞，最终猛地撞到一堵墙上才停住，现场的考官都吓得目瞪口呆。

在他印象中最恐怖的事故发生在2002年2月，当时他正在乌克兰工作。在短短的3天时间里，他一共遭遇了3次交通事故。第1天，他乘坐的飞机坠落在一片野外的雪地上，幸好他本人只受了一点轻伤。第2天，他乘坐汽车去办事，结果汽车在冰面上失去控制，猛地撞上了一棵大树，车上所有乘客都受了伤，唯独他毫发无损。第3天，内尔亲自开着一辆崭新的马自达汽车出门。然而，当他在一个汽车维修站加油时，一辆乌克兰司机开的大卡车从后面狠狠地撞中了他的汽车。由于冲力过大，他的马自达汽车一头栽进了路边阴沟。坐飞机不行，坐汽车不行，自己开汽车业也不行，内尔都不知道该怎么办了。

然而，这还不是最不可思议的。内尔说，他的“最高车祸纪录”是在1969年——在短短8小时内，他竟出了3次车祸。当天早上8时，内尔正开车前往上班途中。突然，一辆摩托车从后面猛地撞向他的汽车尾部，那名摩托车司机则因巨大的惯性从他的汽车顶部飞过，落地后当场死亡。由于心烦意乱，半小时之后，内尔第2次与人撞车，幸好这次未造成伤亡。当天下午4时下班回家的路上，第3次车祸发生了——另一辆摩托车鬼使神差地再次撞中了内尔的汽车。

现在，内尔和妻子瓦莱丽居住在英国哈尔地区，开一辆私家汽车。2004年12月8日，内尔刚刚经历了平生第127次交通事故——由于一时疏忽，他的汽车掉进了一个60厘米宽的洞中，汽车前灯被撞坏。不过，内尔仍然是大难不死，没有生命危险。

内尔遭遇了这么多次事故，却没有受到很大的伤害，这真是一些不可思议的事情。也许是巧合吧。

第二章
灾与祸：为什么偏偏这时来

碰巧与死神相遇，怎么躲？

同一天发生海难，生还者姓名相同

同名同姓的人可能是巧合，可是多次海难的幸存者都叫同一个名字，就不是用概率论能够解释的了。

公元1665年12月5日，阳光明媚，一艘船在波澜不惊的米内海峡航行。乘客们沐浴在温暖的阳光下，心情愉快地观赏着海峡周围的美景。美丽的风景消除了人们多日旅行带来的疲累，大家都非常放松，快活地交谈着。这艘船一向行驶安全，可是，令所有人都始料未及的是，船不幸卷入一个旋涡，然后渐渐沉没。船上81名乘客几乎全部遇难，只有一个名叫休奇·威廉斯的人活了下来。至于休奇·威廉斯为什么能够幸免于难，至今还是一个谜。

公元1785年，还是在12月5日，一艘载有60名乘客的船在大海中快速地航行。可是，由于遭遇大雾，这艘船不幸触礁，船身被撞开一个大洞，进了许多水，船慢慢沉没了。59名乘客不幸遇难，只有唯一一名生还者。巧合的是，这名唯一的生还者居然也叫休奇·威廉斯。

75年后，即1860年，还是不变的12月5日，一艘海船在正常地航行中突然下沉。在下沉的过程中，大家都没有察觉。当大家意识到这一点的时候，为时已晚。至于船为什么会下沉，谁也不知道究竟是什么原因。海船沉没后，船上的许多乘客丧生了。不过，这一次船上有25名船员幸存了下来。其中一名幸存者也叫休奇·威廉斯。

难道休奇·威廉斯是一个受到上帝特殊眷顾的名字？或许只有上帝知道这个答案。这一系列“巧合”就像一道神秘的锁链，把一连串的灾祸连在一起。

这些离奇的“巧合”现象早已不再属于“概率”的范畴，谁能对它作出令人满意的解释呢？

遭遇死神五连环

海上环境变幻莫测，可能前1秒钟还是晴空万里，后1秒钟风暴就席卷着惊涛骇浪而来，因此海难事故经常上演。

1829年10月16日晨，正是风和日丽的好天气。英国“玛梅德”号快速帆船载着21名水手，乘风破浪驶出了悉尼港。好天气一直在持续，可是，到了第5天下午，乌云密布，天气骤变。入夜，狂风大作，海面上掀起了惊涛骇浪。一场大风暴刮翻了帆船，船员全部落水，他们拼着性命同狂风恶浪进行了顽强的搏斗。值得庆幸的是，几小时以后，筋疲力尽的船员们发现前方的海面上有块凸出的礁岩。大家纷纷朝它游去，攀上礁岩，等待救援。

3天以后，一艘名叫“斯依芙特修阿”的轮船通过附近海面时发现了遇难者，把他们全部搭救上船。死里逃生，人们非常地激动。谁知到了第3天，“斯依芙特修阿”也遭到厄运，陷入了强大的海流之中，被卷上了浅滩，搁浅翻船了。

可是，非常巧合的是，过了8小时，“嘎巴拿·莱迪”号船从浅滩旁驶过，救起了两艘失事船上的船员。

但是，灾难并没有停止。“嘎巴拿·莱迪”号仅航行了3小时，船上突然发生火灾，熊熊的烈火吞噬了一切。船员们乘上救生艇仓皇逃命。他们在大海上漂流，又冷又饿。

突然有人喊起来，原来一艘澳大利亚政府的独桅快艇“库梅特”号驶过，救起了船员，但不久便遇到风暴在海上沉没。命运似乎在戏弄他们。

18个小时之后，在海上挣扎的遇难者们又奇迹般地被邮船“丘比特”号发现救了起来。人们以为这次彻底摆脱了死神。出乎意料，“丘比特”号又撞上了暗礁！5名船长和123名船员重又落水。

绝望之际，又出现了救星！英国客船“希蒂·奥普·里兹”号正好经过附近海面，船员终于第5次得救了。令人不可思议的是，在不到两个星期的时间里，竟然连续5次遇难，5次获救，而且没有一个人死亡！

更令人吃惊的是，在“希蒂·奥普·里兹”号上有个身患重疾的妇女，生命垂危，弥留之际，频频呼唤儿子的姓名。医生见状，想找人顶替她的儿子安慰病人。正在这时，船员中有人自称是妇人的儿子。果然，妇人一眼认出眼前正是自己阔别多年朝思暮想的亲骨肉，顿时病情大愈……

真是有惊无险。

迟到躲过灾难

迟到是不守信用的表现，可是有15个人却因为迟到而躲过了一场灾难。

1950年，在阿比特丽斯市，一个教堂定于3月1日晚上7时15分所有的15名唱诗成员唱诗排练。事先，组织者通知大家一定要准时参加，因为这是一个非常重要的排练。可是事与愿违，当晚15人全部迟到，竟然没有一个人准时到达教堂。

负责人非常恼火，就通过各种方式联系到这15个成员，询问他们迟到的原因。令负责人吃惊的是，参加排练的15名唱诗成员各有其无法预测的小事故发生，而且这些原因听起来都不太合理，有点像是编造的。

有的人说：“也不知道是什么原因，傍晚时我的汽车总是发动不起来。但是汽车平时都好好的，而且，今天上午我还开车出去遛了一圈，也没发现汽车有什么故障。”

有的人说：“我没有准时去教堂是因为服装还未熨好。我不太会熨衣服，本来要我妈妈熨的，可是，下午我妈妈为了给妹妹梳头发，就把给我熨服装的事忘记了。而我自己也因为准备晚上的排练而化了好长时间的妆，没有提醒妈妈给我熨衣服。等我要出门的时候才发现衣服没有熨。等妈妈给我熨好了衣服，已经过了集合的时间了。我还因为这个埋怨了我妈妈呢。”

有的人的理由是这样的：“下午我的同学突然来拜访我，因为我们有3年多没有见面了，所以一见面都非常的高兴，聊得非常起劲。许多往事让我们都既兴奋又怅惘。正因为如此，我才忘记了时间，等我发现的时候，已经晚了。本来我也知道迟到是一件不好的事情，而且也知道自己快迟到了。可是，就是不知道是什么原因，竟然没有跟同学说清楚晚上的排练，这似乎不符合我平时的风格。”

还有的人说：“我下午本来准备好了要早一点过来排练的，可是，由于准备的时间比较长，中午都没顾得上吃饭，于是来教堂前就到饭店去吃饭。谁知在饭店吃饭的时候被粗心的服务员把衣服给弄脏了，等我跑回家换好衣服的时候时间已经过了……”

然而，令所有人都想不到的是，好在他们7时15分一个也未到，因为7时25分教堂就不知道因为什么原因爆炸了。而这15名唱诗成员因为迟到全部幸免于难。像这样15人同时全部迟到的离奇巧合，经计算，恐怕在100万人次中才有一次。可能是冥冥之中有人在提醒他们吧。

九死一生的人

在遭受不幸的情况下，坚强的意志往往会令奇迹发生。

1985年，在苏丹西部尼亚拉当教师的普雷斯科特决定和他的同事史密斯徒步32.5千米，越过迈拉山脉，去攀登该区最高的死火山——金巴拉山。在迈拉山山脚下的村庄里，两人遇到了丹麦人伊亚特，3人于是结伴同行，与11月27日出发，准备花3天时间爬上火山顶峰。

3人爬了两天，一切都正常。然而第3天早上，他们准备的饮用水已所剩不多。经过商量后，3人仍决定继续登上火山口边缘的山头。地图上注明火山口底部有泉水，再走半天可以抵达。他们进入火山口，开始向下走。下午3时30分左右，普雷斯科特在崎岖的山坡上失足掉到山沟里去了。山沟非常深，伊亚特和史密斯花了1小时的时间才爬到他身边，这段时间他一直昏迷着。

普雷斯科特苏醒后，觉得浑身疼痛，不能动弹，身上几处很深的伤口，大量流血。伊亚特决定去求援，可是抄近道也要一个星期才到达尼亚拉。

普雷斯科特知道自己可能等不及伊亚特和营救人员赶到就会死掉。山上的气温又超过华氏100度，他挨不了多久。普雷斯科特感觉到自己恐怕已经内出血了，知道自己不死于脱水也会死于失血过多。

伊亚特走后，史密斯一直陪在普雷斯科特身边。第二天早上，史密斯觉得干等下去没有一点用处，于是，决定下山求助。普雷斯科特同意了。临走时，他们两人相约点起火堆作为求救信号。

谁知道，由于气候干燥，火焰不久顺着枯黄的灌木丛烧过来，普雷斯科特只好艰难地一点一点挪动身子，躲避渐渐逼近的火焰，还好火烧到离他还有约1米处熄灭了。但是，不幸的是，史密斯留给他的药物和食物都被烧掉了。这使得普雷斯科特有些沮丧，但他仍然鼓励着自己。

普雷斯科特一直坚持了两天，受伤的身体因缺水而非常痛苦。为了不坐以待毙，他努力朝火山口底部移动，盼望能在那里找到泉水。

在他受伤的第4天上午10时左右，想不到伊亚特居然带着一名医疗人员回来了。他只用3天时间赶到尼亚拉，随即与医护人员先乘吉普车再换乘马匹兼程赶回来。普雷斯科特痛痛快快喝了些水，就被抬上马鞍，出了山谷。

飞机把普雷斯科特从尼亚拉送往喀土穆，在当地医院治疗了8天，再由飞机送回英国。普雷斯科特到启程回英国的前一晚才能入睡，这是他11天来第一次进入梦乡。

在伦敦一家医院，普雷斯科特进行了系统的检查，才明确断定伤势：脑壳破裂，一腕折断，3块脊椎骨碎裂，1个膝盖上的韧带与肌肉撕开。在伤势这么严重的情况下仍禁得起马匹和吉普车的颠簸，穿越沙漠，医生和普雷斯科特本人都十分惊奇，觉得这是一个奇迹。医生说，这只能用巧合来解释。因为换作是别人，肯定早就无法活了。

永远待在太空

无巧不成书，太巧了连小说都杜撰不出来。

无论做什么事，中国人都喜欢说吉利话，从而讨个吉利。如果谁说了不吉利的话，就可能在自己身上发生。有的人往往不信，终于一语中谶。

美国“哥伦比亚”号航天飞机在高空分裂解体，导致7人死亡。这震惊世界的意外事件立刻令人联想到十几年前相差不到几天、升空即爆炸的“挑战者”号的悲剧。通过比较发现，两者有着惊人的相似之处。这些巧合，是小说也杜撰不出来的情节。

“挑战者”号航天飞机在起飞时爆炸

据“中央社”报道，纽约1010频道“天天赢”电台说，

“哥伦比亚”号这次升空时间，特地挑选“挑战者”号升空周年的时间，用意就是纪念那组航天员。

“挑战者”号的7名航天员包括美国各族群与肤色，“哥伦比亚”号的7名航天员也具备不同种族背景，包括1名印度出生的美国人以及以色列第一位航天员。

载着以色列空军上校拉蒙的这个航天飞机，在德州东部一个叫做巴勒斯坦的小镇上空爆炸裂解。纽约“天天赢”电台报道说，拉蒙最后一封给家人的电子信件说，太空之旅无限平静，他真希望“永远待在太空”。

1986年1月28日，“挑战者”号升空爆炸后，里根总统曾说，在冒险扩大人类活动领域的过程中，这类痛苦事件在所难免，可是“未来不属于怯懦者，未来属于勇者”。

航天飞机计划停顿了两三年，又继续执行。布什总统在“哥伦比亚”号爆炸事件后也称，在这次悲剧彻底检讨之后，航天飞机计划也将继续，“但愿上帝继续祝福美国”。

俄罗斯空难与“9·11”事件的巧合

俄罗斯坠机不是普通的空难，而与“9·11”事件有着许多的巧合之处。

2001年9月11日是一个灾难的日子，恐怖分子劫持了飞机，在美国制造数起骇人听闻的恐怖事件，震惊了世界。然而，3年后，俄罗斯也发生了一起类似的恐怖事件，它与“9·11”恐怖事件有诸多巧合之处。

2004年8月24日晚间，由莫斯科飞往该国南部的两架俄民航客机几乎同时从雷达上消失。后来证实，其中一架图—134客机于当晚11时左右在莫斯科以南的图拉坠毁；大约9小时以后，救援人员在俄南部的罗斯托夫附近找到了另一架一度失踪的图—154客机的残骸，两机上至少有89名乘客和机组人员，可能已全无生还希望。这明显是一起严重的恐怖袭击事件，造成了大量无辜百姓的死亡。

事件发生后，尽管俄罗斯官方三缄其口，始终不透露事件的真实情况，但俄罗斯国内和国际社会立即将此事件与“9·11”事件进行了对比，得出的结论是两者之间有许多“惊人相似之处”。

1.两起空难事件都是同时同地发生的。在同一个国家、同一天夜晚、同时发生两次空难——这样的巧合很少发生。大家记忆最为深刻的一次是2001年9月11日发生在美国的恐怖袭击事件。当时，被恐怖分子劫持的两架客机在几分钟的时间里冲向了世贸大厦，还有一架撞向了五角大楼，第4架则坠毁在空地上。这次，在两架客机坠毁之前，莫斯科也发生了一起爆炸事件。

2.空难发生前官方都接到了警告。“9·11”事件发生时，美国联邦航空管理局也发出了飞机可能遭劫持的警告，但包括其中一架被劫航班在内的各航班都不愿意相信这一事实。而此次是俄罗斯的航空监管部门也向西伯利亚航空公司发出了警告，声称已接到劫机信号，要求各家航空公司提高警惕，但最终悲剧还是发生了。

3.两次事件注重的都是心理威慑。恐怖分子劫持飞机当袭击工具并非因为杀伤力大，而是看重它所造成的心理震撼效果。“9·11”事件中恐怖分子用飞机撞击的目标是五角大楼、白宫和世贸大厦，这是美国的政治、经济和权力象征，一旦遭打击，那么所产生的心理震撼力不言而喻。这次坠毁的两架客机其中一架就是飞往索契的，而时任俄罗斯总统的普京就在俄罗斯著名的疗养胜地索契度假。这无疑是在向俄罗斯发起挑衅。

4.两次恐怖事件的策划精细度如出一辙。据美国分析，本·拉登恐怖袭击事件是阿富汗境内的恐怖头目本·拉登策划的，并因此发动了阿富汗战争。事实上，俄罗斯境内的恐怖组织与拉登领导的“基地”组织有着千丝万缕的联系：俄罗斯车臣地区是“基地”组织的训练场，不少“基地”骨干都是在车臣获得了实战的经验，而车臣的恐怖组织又多半是从“基地”组织那里获得了经济和人员的支持，因此，当“基地”组织策划了“9·11”事件之后，车臣的恐怖势力很自然地仿效。车臣恐怖分子不久前就曾威胁说，要用“飞机”对俄罗斯进行袭击。据此推断，俄罗斯这次空难事件很有可能是车臣恐怖分子所为。

当然，俄罗斯官方没有说两起空难事件与恐怖有关，许多人也是根据俄罗斯的地区形势进行推测。无论怎样，俄罗斯空难事件与“9·11”恐怖事件还是有很多巧合的地方。

与电影角色同月同日死亡

是在演戏，还是在演人生？

曾主演韩国大片《太极旗飘扬》、《红字》和《向左爱，向右爱》的韩国女艺人李恩珠是人们都比较熟悉的。然而正当她主演的《火鸟》在韩国创下高收视率时，李恩珠却在2005年2月22日在家中先割腕再上吊自杀身亡，遗体旁留下血书，死时年仅24岁。

李恩珠自杀的消息震惊了韩国演艺界。据了解，李恩珠的健康检查中显示她患有忧郁症，但她拒绝了医生住院的建议，而选择了自杀，留下用血写成的遗书，表示对家人和影迷的抱歉后自杀身亡。

李恩珠曾拍过多部电影，但她在片中多半死于非命。她在《太极旗飘扬》中扮演镇泰（张东健 饰）的未婚妻被枪杀身亡，在和车太铉合演的《向左爱，向右爱》中则因病而死。最让人毛骨悚然的是她和李秉宪合演的《忧郁男孩》，她在剧中角色死亡的日期和她自杀身亡的日子同样都是2月22日，巧合得让人心惊。

超乎想象、极具震撼力的猎奇读本

惊魂的谜团